U0657137

百年卓尼实录

上册

ཀྲུང་གོའི་མི་དམངས་ཆབ་སྲིད་གྲོས་མོལ་ཚོགས་འདུ་ཅོ་ནེ་རྫོང་ཨུ་ཡོན་ལྷན་ཁང་གིས་ བསྒྲིགས།
中国人民政治协商会议卓尼县委员会 编

中国文史出版社

图书在版编目（CIP）数据

百年卓尼实录 / 中国人民政治协商会议卓尼县委员会编. -- 北京 : 中国文史出版社, 2019.10

ISBN 978-7-5205-1429-3

Ⅰ. ①百… Ⅱ. ①中… Ⅲ. ①卓尼县—地方史—史料 Ⅳ. ①K294.24

中国版本图书馆CIP数据核字（2019）第229111号

责任编辑：徐玉霞

出版发行：中国文史出版社
网　　址：www.chinawenshi.net
社　　址：北京市海淀区西八里庄路69号　　邮编：100142
电　　话：010—81136606　81136602　81136603（发行部）
传　　真：010—81136655
印　　装：北京新华印刷有限公司
经　　销：全国新华书店
开　　本：16开
印　　张：81.25　　插页：32
字　　数：1250千字
版　　次：2019年11月北京第1版
印　　次：2019年11月第1次印刷
定　　价：660.00元（上、下册）

《百年卓尼实录》编纂委员会

名誉主任：杨　武　王　忠　韩明生

主　　任：卢菊梅

副 主 任：卓玛才旦　才让当知布　梁小鹏　马淑芳
杨世栋　杨恩茂　杨东华　卢红梅
拉毛扎西　马登泰　格桑嘉措　常建国

编　　委：郝耀华　张建宏　安　俊　牛生财　格日才让
杨卫东（政协）　何寿增　李德玉　李建国

《百年卓尼实录》编辑部

主　　任：卢菊梅

副 主 任：拉毛扎西

特邀编审：陈克仁

主　　编：格日才让

编　　辑：杨卫东（政协）　王星星　张丽丽　赵明生

后期编校：格日才让　王星星　张丽丽　李雪梅　贾淑珍

20 世纪 20 年代卓尼城全景

20 世纪 70 年代卓尼县城全景

20 世纪 90 年代卓尼县城全景

2010 年，卓尼县城全景

1919 年，卓尼禅定寺大门

1924 年，约瑟夫·洛克购买卓尼版大藏经《甘珠尔》《丹珠尔》从禅定寺往外驮运

禅定寺收藏的龙树塑造的释迦牟尼十二宏化像，距今已有 2000 多年历史

1932 年，甘肃民、财、建、教四厅在五泉山武侯殿公宴洮岷游击司令部杨团长及番民代表纪念摄影

20 世纪 50 年代卓尼县藏族牧民

1926 年，卓尼北山一带藏族妇女头饰

20 世纪 60 年代卓尼县半农半牧区群众收获土豆

1926 年，卓尼半农半牧区藏族妇女头饰

1965 年 11 月，卓尼县首届民兵比武大会学员机关代表合影

1970 年，卓尼县半农半牧区藏族群众用牛车运肥

2017 年 8 月，卓尼县纳浪乡羊化村出土的甘肃洮岷路游击司令杨公德政碑志，现存于卓尼县杨土司革命纪念馆

唐故大将军李公之碑，原置于卓尼县喀尔钦镇安布族石窑洞台地上，1978 年移至甘南州博物馆，为省级文物保护之碑

2017 年 8 月，卓尼县藏巴哇镇保存的石碑，现移交卓尼县文化馆

卓尼县藏巴哇镇包舍口村发现的石碑，现存放于该村村民卢顺平之家

2007 年九甸峡水利枢纽工程开工后，从库区搬至卓尼县古雅川的一世策墨林摄政王阿旺楚臣纪念碑

有 600 多年历史的卓尼禅定寺担水古道（石板路）

九甸峡古栈道

卓尼县洮砚镇石门寺百年壁画

卓尼县洮砚镇石门寺百年顶棚彩绘

卓尼县刀告乡贡巴寺独特的班禅佛殿（内千佛，外千佛）

2017 年 4 月，卓尼县阿子滩镇甘布塔村苫子房

卓尼县完冒镇俄化村百年前就地取材所修建的百年民宅外景

卓尼县完冒镇俄化村百年民宅内景

卓尼县藏巴哇镇上扎村尼木车村百年民宅

卓尼县农牧区水磨坊

20 世纪 70 年代，卓尼县农区使用的木轮田车

卓尼县尼巴乡尼巴村百年藏寨一角

卓尼县尼巴乡尼巴村百年藏寨长庆桥

卓尼县牧区游牧民居住的牛毛帐篷

牧民夏季放牧

卓尼县扎古录镇一带藏族姑娘

高原之舟——牦牛

2001 年，卓尼县扎古录镇麻路街道一角

2007 年，改造后的卓尼县扎古录镇麻路街道

2007 年，卓尼县扎古录镇扎古录村寄宿学生生活照

卓尼县喀尔钦镇境内古代军情传播巴木墩

卓尼县洮砚镇喇嘛崖洮砚石宋坑遗址

卓尼县城原洮河（古雅）大桥

卓尼县扎古录镇麻路大桥

2010 年，卓尼县申藏乡试种成功的大棚高原哈密瓜

2010 年，卓尼县扎古录镇群众采摘大棚高原辣椒

2010 年，卓尼县阿子滩镇下阿子滩村长势喜人的高原大棚西红柿

卓尼县车巴沟牧民在架杆所晒芫根

卓尼县藏巴哇镇宗石村收割场景

卓尼县农牧民群众打碾场景

卓尼县农区传统春耕——二牛抬杠

长势喜人的藏巴哇镇药材

国家级制砚艺术大师王玉明向徒弟传授洮砚雕刻技艺

藏巴哇镇药农在家分拣药材

卓尼县完冒镇红山口景区田园风光

2005 年，卓尼县城腊月二十六集市

2017 年，卓尼县城腊月二十六集市

卓尼县“和谐杯”篮球运动会开幕式

2016 年，卓尼禅定寺航拍图

2016 年，卓尼贡巴寺航拍图

卓尼县人民政府原办公大楼

卓尼县统办大楼

2008 年新建的卓尼县人民医院

卓尼县叶儿洮河汉白玉栏杆大桥

卓尼县城洮河防洪河提

卓尼县杨土司革命纪念馆

卓尼县佳美超市

卓尼滨河路一角

卓尼县会议中心夜景

新建的卓尼县古雅洮河大桥夜景

卓尼县杓哇乡境内的合冶二级公路

卓尼县纳浪镇嘴背后生态文明小康村

卓尼县木耳镇力赛农家乐

卓尼县木耳镇力赛“花海”一角

卓尼藏区三格毛服饰

卓尼县洮砚镇加麻沟村舞巴郎庆丰年

卓尼县森林资源

卓尼洮砚——龙砚

卓尼大峪沟三角石

卓尼九甸峡大坝

卓尼县扎尕梁草原

政协卓尼县第十四届委员会全体工作人员合影

《百年卓尼实录》编纂委员会及编辑部全体人员合影

第一排：左起杨恩茂、梁小鹏、才让当知布、陈克仁、韩明生、杨武、王忠、卢菊梅、卓玛才旦、马淑芳、杨世栋
第二排：左起格日才让、常建国、拉毛扎西、杨东华、卢红梅、马登泰、格桑嘉措、张建宏、牛生财
第三排：左起郝耀华、张丽丽、贾淑珍、何寿增、杨卫东、赵明生、李德玉、李建国、王星星

序

岁序己亥，金秋如期。在这充满收获和希望的季节，凝结着全体编纂人员心血和汗水，同时也是我县有史以来第一部真实而完整记录百年发展历史的大型文史专辑——《百年卓尼实录》正式面世了。这是一部参与见证百年卓尼发展历程的社会各界人士、众多作者及编纂人员，为中华人民共和国成立70周年的一份献礼，也是我县政协文史资料工作进一步发挥“存史、资政、团结、育人”社会功能的重要标志，更是全县10万各族儿女政治文化生活中的一件大事、喜事，值得庆贺！

卓尼是多民族聚居区，藏族是世居民族之一。卓尼乃藏语“觉乃”之变音，是“两棵马尾松”的意思。县域地处黄土高原向青藏高原过渡带，农耕文明与游牧文明交汇区，位于甘肃省南部、甘南藏族自治州东南部，东与定西市岷县、漳县为邻，南与迭部县、四川省若尔盖县睦邻，西与碌曲、合作市毗连，北与临夏州和政、康乐两县及定西市渭源县接壤，中部与临潭县环接插花。全县总面积5419平方公里，海拔2000—4920米，辖11镇4乡100个行政村（社区），总人口10.6万人，其中藏族人口占63%。卓尼历史悠久，风景优美，物产丰富，人杰地灵，洮河流经卓尼174公里，是黄河上游主要水源涵养区，更是实施天然林保护工程和草原禁牧休牧工程的重点地区之一。卓尼有森林、草场、旅游、水电、矿产五大资源优势，素有“藏王故里、洮砚之乡”的美誉，更有红色土司文化、藏传佛教文化、洮砚产业文化、觉乃民俗文化、自然生态文化等五大地域特色文化，以其多样性、原始性、神秘性著称。

《百年卓尼实录》主要以20世纪和21世纪初期100年来卓尼社会变迁为背景，从不同的视角、不同的观点、不同的侧面，真实记录和反映了百年来全县政治经济、社会文化、教育科技、宗教信仰、生活生产、民俗风情等方面的重大变迁。本书记录的这100年历史中，勤劳、善良、智慧、纯朴的卓尼各族人民，和睦相处，携手并进，共同开发和建设，创造出了兼容并蓄、绚丽多姿的物质文化和精神文化，形成了独具特色的优秀传统民族文化，对中华民族文明的发展和进步做出了巨大贡献。

卓尼曾被美籍奥地利裔植物学家约瑟夫·洛克喻为“野性而又极其迷人的土地”。中华人民共和国成立前的卓尼，先后三次经历了“河湟事变”的劫难。1935年9月至1936年8月，中国工农红军红一方面军，红二、红四方面军先后两次途经卓尼第十九代土司杨积庆辖区迭部境内，杨土司暗中抢修栈道、开仓供粮，引导红军攻克天险腊子口，为红军顺利实现北上抗日做出了重大贡献。1949年9月11日，卓尼第二十代土司杨复兴率部起义。中华人民共和国成立后，在党的民族政策的光辉照耀下和政府的关怀帮助下，卓尼各族人民团结互助，共同努力用自己勤劳的双手和聪明才智建设着自己美好的家园，使全县政治、经济、文化、教育、卫生发生了翻天覆地的变化。特别是改革开放以来，卓尼各族人民迈入发展快车道，生活面貌和生存环境发生了巨大变化，实现了从勉强温饱到基本小康的飞越。卓尼的优秀民族文化得到有效保护、传承和发展；经济社会取得了长足发展，消除了绝对贫困，与全国人民共同迈向小康社会。国家实施的一系列开放开发战略和支持少数民族发展的政策措施，推动和实现着全县的繁荣发展和各族人民群众的福祉。因此，编撰《百年卓尼实录》这部史料书籍，对于记载和反映卓尼县各族人民在社会主义革命和建设、改革开放各个时期所做出的贡献、取得的成就，增进对卓尼和卓尼藏族人民的了解，增进与兄弟民族之间的团结；对于传承和弘扬民族文化遗产，增强民族自尊心、自信心，振奋民族精神，发展民族经济；对于面向未来，面向世界宣传卓尼藏族悠久的历史、灿烂的文化、人民的勤劳勇敢，都具有极为重大的现实意义和极其深远的历史意义。

《百年卓尼实录》的征编出版，得到了中共卓尼县委、县人大常委会、县人民政府、政协卓尼县委员会的亲切关怀和大力支持，编辑部坚持实事求是、求真务实的原则进行编撰。编撰过程中，撰稿人、编辑和审稿人均认真查阅资料，对史实精心采访斧正，秉笔直书。可以说，这部大型史料的编纂出版是我县为创造先进文化所作的生动实践。

浩渺行无极，扬帆但信风。改革开放40年来，我县政协的文史资料工作硕果累累，中华人民共和国成立70年来卓尼文化在继承中不断创新发展。习近平总书记强调，“没有文明的继承和发展，没有文化的弘扬和繁荣，就没有中国梦的实现”。我们必须坚持高度的文化自觉，发扬政协文史工作的优良传统，充分发掘利用好卓尼百年来广博深厚、意蕴丰富的文史宝藏，让这些珍贵的史料典籍、鸿文创意与“藏王故里、洮砚之乡”相映生辉，为建设宜游宜居的新卓尼贡献智慧和力量。

是为序。

《百年卓尼实录》编纂委员会

2019年8月

目　录

●考察闻见●

●岁月留痕●

●往事钩沉●

●红色记忆●

●建政前后●

●开放岁月●

·考察闻见·

中国西北角（节选）

范长江*

十二、杨土司

在临潭休息一日，二十日至洮河南岸访问杨土司。洮河与白龙江之间，为终年积雪之叠山，树林茂盛，山势重叠，因以得名。杨土司受封于明代，世袭已十余代，至现在土司，其家族殆已完全汉化。现任土司名积庆，号子瑜，年在四十左右，受甘肃省政府委为洮岷路保安司令，其司令部及私人住宅，原皆在卓尼，有大喇嘛庙，曰卓尼寺，曾盛极一时。十七年回乱后，迁泼鱼［博峪］，泼鱼在叠山山脉北麓，洮河南岸，为一幽美恬静之村庄，离卓尼寺十五里。记者过洮河后，山风袭来，冷不可支，经数重碉堡，始到泼鱼。杨氏住宅即为司令部，司令部门前颇缺乏振作气象，其所率军队，曰“番兵”，皆为藏民，既无组织，又无训练，有事调之出，即以乌合之形势而临阵，枪械、弹药、粮食、马匹，皆为自备，故难有统一行动。杨氏自练有特务营一营，以为护卫，完全照汉军编制、装束，唯精神不振。司令部大门内放有迫击炮数门，尘土已满。相见后，杨氏以极流利之汉语相寒暄，其院内及客室中布置，完全如汉人中上等人家。其用以待客之酒席，完全为内地大都市之材料，烟茶亦为近代都市上用品。杨氏衣汉式便服，衣料亦为舶来品之呢绒等货。记者颇惊此边陲蛮

---

* 范长江（1909—1970年），男，四川内江人。原名：希天。中国杰出的新闻记者、新闻家、社会活动家。他生前写过大量出色的新闻报道，担任过新闻机构的领导，为我国的新闻事业做出了很大贡献。

荒之中，竟有此摩登人物也。

杨氏聪敏过人，幼习汉书，汉文汉语皆甚通畅，对于藏语反所知甚少。喜摄影，据云已习照相二十余年，其摄影之成绩，以记者观之，恐非泛泛者所能望其项背。杨氏足未曾出甘肃境，但因经常读报，对国内政局，中日关系事件，知之甚详。

杨之经济与政治基础，至为薄弱。藏民之在洮河一带者谓“熟番”，对杨之赋贡，每年不过以“什一”之比例，提供其牲畜而已。其在白龙江上之藏民，每年仅纳现款二百钱，洮河银价，每元合五千文，是藏民每年对土司之赋贡，尚不到五分大洋也。此外藏民打猎所得，如虎豹之类，亦有贡纳之规定，然所得无多。杨氏所处之社会，为牧畜到初期农业时代，而其生活之消费，则已至近代工商业鼎盛时期。生产与消费相差之时代，当以千年计。杨氏经常来往商店为上海先施公司，为上海柯达公司，货物通用邮寄。尤以其对柯达公司有二三十年长期交易，信用卓著，即不汇款亦可以请公司先行寄货，且已屡试不爽。以如是之收入，作如是之支出，则其入不敷出之差额，必异常巨大。赖以为挹注之方者，唯其自己派人直接经营之土产贸易。每年伊必有大批党参运卖天津、北平等地，近年来市场阻滞，此种收入逐渐摇动。

……

政治思想方面，杨之趋向，倾于接受汉族文化，承认汉族统治，对鲁大昌之情感，虽甚恶劣，而对甘肃省政府与南京国民党中央，则绝对服从，对胡宗南部之接济，极卖气力。唯其对藏人之统治，则采完全封建的、神权的方法，毫无近代有力的政治机构，更丝毫无民族主义之意识。

但杨与记者谈过去一般汉人对彼之态度，辄摇头不已。凡与杨氏及其部下办理任何交涉之汉人，几无人不视之为野蛮愚劣之下等民族，而以愚弄、欺骗、恐吓、压迫等方法取藏人之财货。正谈话中，适有藏兵送报告至，杨氏看毕叹息，转以示记者。视之，则其第一团团长姬某所呈报告。姬团现驻白龙江南岸之杨布大庄，有某委员至杨布大庄视察碉堡，姬团整队欢迎，并妥为招待。次日，某委员问姬团长索虎豹狐狸等皮，及鹿茸麝香骡马等，姬团无以应，乃推该地不出产上述各物，某委员大怒，立命限于一日内筑成一百余座碉堡，否则呈报上峰究办。

杨土司生于安乐，无发奋有为之雄图，虽其有为藏族前途努力之机会，亦视其自身是否善于利用之耳。

杨氏晚间更对记者谈其处境之困难，请记者为之代办数事。伊仅有秘书长一人，无参谋人员，司令部中此外更无助手，当不足以言发展。次日临去时，杨谓十年来英美法人之至其辖区内调查者，已有二三十人，甚有在其家中住居一二年者，中国新闻记者之至其境者，尚以记者为第一人，言罢，不禁唏嘘。

十三、行纯藏人区域中

次日别旧城，西北行，又进入纯藏人区域。承杨土司派员护送，沿途由藏兵引道，有通司翻译，故通行尚不困难。

藏人骑马技术，实有惊人独到处，护送记者之一藏族青年，曾为记者表演上下山跑马。普通骑马是上下山都要慢慢的行进，因为上山时，马最吃力，故须慢行，下山时，人最吃力，亦须缓进，甚至上下山皆下马者。然而藏人却有一谚，恰与普通情形相反，“上山不跑非马，下山不跑非人”，他们的意思是说：上山跑不起，不是能马，下山不敢跑，不是能人。那位青年得了通司传达以后，回头向记者笑笑。只见他略整缰鞍，皮鞭响处，马蹄风生，马鬃直立，马尾平伸，顷刻间，即上山头，略无喘气，待我们后面马队赶到后，他又扬鞭一挥，怒马直狂奔下山。他安坐鞍上，到山下平地，始勒马回头向记者等招手，其英勇豪迈之姿态，令人神往不置。

在这种生活下面，骑马打枪，当以年富力强者为上选，老年人血气已衰，当然无力和青年人竞争。藏中人重少轻老，就是这个原因。老了的藏人，在自己觉得精力已衰的时候，就将自己的财产全部拿来，请喇嘛念经，念完后，尽以施舍，自己则到山林沟壑中等死，往往尚有未确死者，其家人即弃之河中，行水葬，或悬之树间，行天葬，他们以为早点葬了老人，是最道德的。“敬老尊长”，是农业社会成功后的道德观念。农业靠天时者最多，关于天时之认识，非经验多者不能有把握，故俗有“不听老人言，一定打破船”之谚。但是到了工商业社会，社会情形复杂，科学与知识日新月异，今年所知者，到明年往往已有大大变化，只有青年才能真切了解新环境，应付新环境，老年人的地位，又因此不能再维持了。

藏兵好勇，平日即喜佩剑骑马打枪，枪法最准，其命中点多在要害，与之对阵者，无不有畏惧心。但因其无组织，一切皆自备，故行动乃以个人需要为转移。粮食完了，他就回家去再行预备。弹药完了，他也就个人回去了，自想办法。如果叫前进，他们是蜂拥而上，无计划的自由放枪。如果被对方打死几个，大家遂一哄而逃。他们打仗，如果第一次冲胜了，那他们的骑兵遂漫山遍野而来，能够将对方完全消灭。如果第一次失败了，他们就会一败涂地，自相践踏，再也无法收拾。所以有组织的军队和他们战争，没有不打胜仗的道理。但是这些藏兵如果以近代方法加以组织，更装备以近代物资，再灌输以新军人精神，则哥萨克骑兵之美誉，恐难专美于欧洲也。

四十里至下弯哥罗，有杨土司部下总管驻此，款记者等以酥油炒面，西康谓之糌粑。酥油质料甚好，惜制造不得法，腥臭难闻，入口即欲呕。炒面为青稞麦粉炒成，粗涩不能下咽，其吃法系先盛热茶于碗中，以刀切酥油大片投于茶中，使之自行溶解，先喝茶数口，然后放入炒面，以手和之，至油茶面三者皆已完全混合，成为干面团为止，即以手捏小面团而食之。藏人及习惯此种生活之汉人，皆食之津津有味，记者亦能勉为其难。唯护送记者之某君，闻味即不能耐，强劝之食，食仅少许，其眼泪几已夺眶而出，亦云苦矣。

又十里至上弯哥罗，有藏民十余家，再上即为全无人家之荒野草地，且为杨土司与拉卜楞黄正清司令辖区之交界处。藏匪与回民之化装藏匪者，常于此荒原中杀人越货。因杨土司之关系，故上弯哥罗又有藏兵来会，数十骑藏马驰骋平川草地中，只有青山绿野相伴送，他们高唱藏歌，时见山坡羊马群中，发出少女歌声与之相答和，歌声婉转，清澈柔媚，歌中似有万般浓情者。

为避匪计，向导引走草地小路，四十里完全为原始草地，无巨树，无丛林，山间小溪边随处有小野兽、猞猁、崖獭之类，其数值以千百计。近陌务寺处，经一大平野，草深及马腹，大鸟甚多，不知其名。

……

（选自《中国的西北角》，新华出版社，1980年4月）

西北考察日记（节选）

顾颉刚*

［25］卓尼（5月18—20日）

十八日：十时出发，黄县长等同行。十一时半到侯家寺，寺旧名圆城，毁于民国十八年马尕喜顺之乱。今新建，有露天讲台一所，植树甚密，雅有曲阜杏坛之风。其僧正侯世麟，字宛臣，亦穿喇嘛服而娶妻，生子世袭其位。窃谓此制可推而广之，使无有怨旷；其自愿独身者则听之可耳。十二时半行，到红堡小学憩。一时又行，到上卓小学憩。三时到卓尼，安头目等来接，入禅定寺。卓尼风景佳胜，洮水清而松林黝，水边万柳毵毵，深密之甚。禅定寺独据一城，临于卓尼城之上，围城皆松与杨，行其中殊静谧。寺毁于民国十七年十月二十六日，无一完椽，今渐修建，而“大小乘”两藏版片所谓“刚角、旦角[①]”者已不可复得矣。（闻刚角为大乘经，分一百零八本，从前定价千五百元；旦角为小乘经，二百十六本，二千三百元。平均每本三百余叶，合九万余叶。一年开印三次[②]，印

① 刚角、旦角：此为译音，即刚经、禅（Dan）经。即《甘珠尔》《丹珠尔》。

② 应为二次。

* 顾颉刚（1893—1980年），汉族，原名诵坤，字铭坚；笔名有余毅、铭坚等，江苏苏州人。著名的中国现代史学家、民间文艺学家。主要论著有《古史辨》《崔东壁遗书》《当代中国史学》《汉代学术史略》等。他于民国二十七年到西北考察，并将沿途所见所闻整理成了《西北考察日记》。本文节选了其中涉及甘南的部分，自5月11日入临潭新城至7月15日出土门关，历时两月有余，内容极为丰富，具有地域政治、经济、教育、历史、地理、民族、宗教、民俗等多方面的学术和资料价值。

刚角时即不印旦角，印旦角时亦不印刚角，以其多也。）此寺明代即甚兴盛，有喇嘛三千八百。今其所辖有内寺九，外寺十八，小寺七十余，所统治之喇嘛殆五千人，势力不可忽也。杨土司肇封于明永乐间，第一代名如松，其正式官衔为指挥佥事，管藏人二百三十四族，把守隘口二十三处，其辖地直至四川松潘，盖甘省最大之土官也。自废土司，改授杨积庆氏为保安司令，去年阴历七月，其部下变乱，杨氏被戕，纷纭无主，省府立卓尼设治局，筹备于九月，成立于十二月，任吴景敖君为局长。吴君久历边疆，英年有为，敢任劳怨，旧人物不审其心，遂有交恶之趋势。餐后下山入城，访吴局长及金参谋作鼎。夜，寺中诸管家来，与之酬答。卓尼辖境，洮河以北为草原地带，藏民恃以游牧；洮河以南为山岭地带，野生森林分布甚广。农业则仅于洮河及白水江若干谷地及小型冲积平原中见之。吴局长为发展生产教育计，拟创立林业及牧业合组之职业学校一所。又白水江谷地矿藏甚富，加以洮河流域之牧业、林业，将来手工业及轻重工业之发展均极有望，为便于本区资源之调查与生产技术之研讨，拟组设一小型研究所。此两事开办费总须万元上下，向予请求，而予无权处理，徒表惆怅而已。

十九日：由宋堪布引导，参观禅定寺全部。故杨司令夫人亦移家寺中，访之，唯掩面而哭，不出一语。复访安头目及小呼图克图。安头目体态伟岸，握有藏民之实际管理权。小呼图克图者，故杨司令子，新出家。杨氏世掌政教两权，有弟兄时分掌之，一为土司治民，一为僧纲治僧；无弟兄时独掌之，以土司而兼僧纲衔。僧纲者，中央政府所予名义；呼图克图则教中称谓也。十八代至积庆，本兼任；身后遗有二子，则以长子任保安司令，次子为呼图克图。二子皆幼，长者年可十一二，参谋长杨一俊君辅之；次者才六七龄，宋堪布辅之。下午，赴设治局宴。出，到洮河边散步，由西路回寺。路中石上辄刻藏文经语，喇嘛信心之所表现也。是夕又失眠。

二十日：宋堪布召集全寺喇嘛，嘱予演讲。堪布思想开通，深感喇嘛不通汉文之不便，久欲在庙中设立半日学校，使喇嘛半日诵经，半日读书；然以事属开创，恐召旧派反感，隐而未言。兹予来此，渠即嘱予演讲现代教育之重要，以激发其新机；如其欢忻领受，则下年即可开办学校，喇嘛既识汉文，具有现代知识，将来再由彼辈教育藏民，藏民皆唯喇嘛之命是听者，改造其思想生活自必顺利。此间为汉藏杂居之地，喇嘛亦娴汉语，然南方口音终恐不解，故挽柳林小学校长杨生华君任翻译。杨君，南京蒙藏学校毕业生也。旋到小学，向教导队及小学生致辞。予谓“此间为藏民区，诸君多藏籍，诸君家庭生活虽与汉人有异，而团体生活则已全同。且所谓番者由吐蕃来，唐代吐蕃强大，并有河湟，此间人民遂为吐蕃人；及其境域缩小而番人之称则相沿不改。元、明以来，喇嘛教势力扩张，此间人之生活仍同化于西藏，同于藏而异于汉，诸君遂为藏民矣。然究其根源，则所谓番民藏民者，其初实为羌民。羌民之接受喇嘛教者为番民，此间人是也。其保存原有之巫教者仍为羌民，四川茂县一带人是也。羌人与汉人关涉三千余年，汉人中已有不少羌人血统，其最显著者为姜姓。姜即羌，已经现代学者考订。最有名之姜太公，度诸君必已知之。此外如申、吕、齐、许诸姓，亦均为姜姓之分支。以历史事实融合国族，实为此时代之迫切需求，而予发其喤引，度必有以激起其同情。三时，赴杨司令之宴，杨一俊君代表主人招待。归，堪布告予，今日演讲甚成功。此非予之能言，盖以予为中央机关所派，而喇嘛对中央有甚高之信仰，故不作反抗之言论。将来每寺一校，每校每月有三四十元即已足用；假使先办五十校，月需二千元而已。

[28] 卓尼（6月5—6日）

五日：上午十一时启行，在南门外与诸送行者握别。志青、霞波、克家诸君则将直送至卓尼与旧城。下午二时到上卓，少息。四时到卓尼，下榻柳林小学。到禅定寺，晤宋堪布及杨参谋长，留饭。夜，与谨载等到洮河滨望月，且听水声。

六日：《禹贡》朱圉山，本说在甘谷县。前在《石遗室诗话》中见王树枏诗，谓卓尼即《禹贡》朱圉之转音，若猪野之讹为居延；且其他有山殷然四合，形似朱圉者；否则朱圉反在鸟鼠之下，与《禹贡》导山次序不合。树民先来，因属寻之。上月抄得其书，谓已在上卓尼访得。早五时与俱出，至上卓尼，登山。此山自南望之，屹然一峰，诸山围之，色赤，宛若兽在圈中，称以朱圈固甚当，唯此名甚文，而彼时中原文教尚未达此，其名为何人所命殊为难索之谜耳。山为上卓尼藏民之山神，每年阴历五月十五日唪经祭神，十里以内之人皆至。唯本山藏民仅有十户，故其名不著。树民戏称之曰“伏虎山”。由高岩直下，至禅定寺下山，约行三十里。九时，到杨校长生华家进饭。出，到福音堂访孙牧师（C.E.Carlson），此间甚少蔬菜，而堂中特多，知地固任产也。又到杨头目家。晚，应杨司令复兴之宴。到吴局长家，闻雷而归。予游西北，最爱卓尼，友人劝留居，怂恿置屋。今日看屋一所，凡十四间，价四百元。拟留树民居此，作藏地之长期调查，予则俟他日之再来。

[30] 临潭、黑错（即今合作）途中（6月17—18日）

十七日：天霁。上午与诸送行者谈话，又作字数十件。同行者三人，谨载、克让、树民。永和以仪器业已运到，遄返省垣整理。十一时半启行，泥深盈尺，滑竿行殊艰苦。下午一时半至鸭（阿）子滩，稍息。沿途人烟稀少，直至二时三刻至干布塔闇门，始得食于一藏民家。闇门者，明代所筑边墙之门也；闇义不可解，疑亦藏语。边墙较人家墙垣为高大而低于城墙，伸延谷间，至山顶而止，用以别华夷，盖小规模之长城也。过闇门后入纯藏境，汉语不复通行。舆夫病，予改乘马。途中无屋可栖，至晚八时到上完科，乃得就一藏民家借宿。室中布置井井，四壁嵌橱，瓶盎杯碗俱有定所，足见其生活之有规律与妇女之娴习家政。饭毕已十时，眠甚酣。今日虽云行四十里，实际有七十里，藏民计里不甚正确，随便定数耳。此行任保护之藏兵十名，杨复兴司令所派，藏民勇悍好劫掠，以多财为名高，但纵横袭击者皆小股，带得十支枪便不足畏矣。今日过闇门后遇一人，以汉语相酬答；既而自陈为藏民，曾诵《三字经》及四书，则藏民之居近汉地者固非有不读汉书之成见也。

十八日：五时半起，收拾讫，八时半起身。行约十里，舆夫病不能兴，予又上马。舆夫之病，予心知之，藏地中无从售鸦片耳。遂与解约，令自归。西北马匹高伟，奔驰绝迅，予不娴骑术，马夫牵之而行，或前一骑者兼挽其缰；匪然者，上坡犹可，下坡便将直扑地上矣。午刻，至一平旷之山头，野餐。四顾茫然无人迹，山花怒发，各色皆备，一种大红者尤妍，不知其何名。

……

（选自《西北考察日记》；原载于《甘肃文史资料选辑》
第二十八辑，甘肃人民出版社，1988年5月）

陇游日记（节选）

王树民

洮州日记

临潭至卓尼

十八日晴。

六时起床，九时动身赴卓尼。出南门，逾大路山，至侯家寺。其本名为圆城寺，俗从僧正之姓而称之也。现有压床一人，高僧四五人，罗汉徒弟等共七八十人。压床之外，又有所谓经头者，罗汉充之，犹学塾之有大学长也。每年正月十五六日为其会期，每隔三年之正月十九日，有大会曰“打仗杆”。走施助［主］，高僧每人每日可得洋四角，罗汉一二角不等。寺产若干，人民承种，每斗地向寺年纳粮川地五升，山地三升。附近有藏族十余户，属其管辖。草草参观后，复上路，经上寨至红堡子，有私塾式之小学一，入内稍憩。复进，经马厂沟，逾一小山而抵上卓。上卓去新城二十五里，距卓尼五里，为县、局交界之处，西去旧城三十五里，新城往旧城之大路，即于此分途。其地为一极狭之山沟，居民四十余户，均傍沟为舍。有代用小学一所，学生十余人，简陋至不堪设想。自此顺沟直下，即达卓尼矣。

卓尼风景优美，在兰州时已有所闻，自岷西上后，更以日近胜境为幸。私忖临潭既与近在咫尺，想亦必有足观者，遂虚怀以待。然自入临潭境以来，一路均黄土秃山，即平地亦少树株，反致心情疑怛不定。过马厂沟小山后，去卓尼已不过六七里之遥，乃仅上卓村前山头有松林一丛入目，此外更无所睹，山回路障，唯见巨石当途而已。转折里许，忽瞥见远山呈苍郁之色，显有殊于往所遇者，心知其为卓尼之山矣。复进数里，路忽右转，豁然开朗，卓尼城出现于目前，然除有远山聊近慰意外，左右之荒枯依然也。入于城中，南、西二门，相距不过里许，设治局即在城内，司令部及禅定寺在城西矮山上。颉师为宋堪布所邀，寓于寺中，余与同行者则寓于南门外柳林小学内。卓尼之幽姿，于赴柳林小学时，始得略接及之。

自南门至洮河滨约半里许，有新筑马路贯通其间，宽直平坦，道侧绿杨夹峙，学校即在其西。校门东向，右为参天巨柳，间以杂树，掩蔽河滨，左侧麦田新绿，碧野平畴，更无余色。道左为广场，与学校夹路相错，场之外亦为平畴与绿林，而隔以一小径并土舍数间焉。洮水横亘于南，素波激湍，蜿蜒东逝。对岸高峰连天，自巅至踵，遍布苍松，郁郁葱葱，如锦绣长屏，即上卓路上所瞥见者也。北岸之西、北、东三面，亦均有山相绕成环状，唯西面之山低平，然俱无树木。环中之地虽不及一方公里，而自然配置之清幽雅邃，能令游者望影息心，尘虑一涤，入甘以来，以此为初睹矣。土人云，藏区风景尤为秀丽，此不过如初踏园门而已，闻言更为惊羡不止。

卓尼杨土司及博峪事变

十九日上午晴，下午雨。

卓尼素为杨土司统治之地，清代属洮州厅管辖。去年发生博峪事变后，建立设治局，以为设县之阶梯，而仍保留杨土司“洮岷路保安司令”之名义。地居甘肃省之西南角，西与青海蒙藏牧地相接，南与四川松潘为邻，东界西固、岷县、文县，北界临潭、康乐、宁定、和政、夏河等县局。境内旧分四十八旗，藏民数目尚无确实统计，有万余户。其生活情形、汉化程度及与土司之关系，皆随地而异。一般言之，居近汉人者，其汉化程度亦较深，地近卓尼者，其关系亦较密。总观其生活，业耕稼者约占十之三，业畜牧者约占十之七，亦即汉化深浅与关系疏密之比例也。

昔日洮州境内统治藏民之官府甚多，有“三土司，五僧纲”之称。三土司者，卓尼杨土司，资堡昝土司，着逊小杨土司也。五僧纲者，牙当寺赵僧纲，麻儞寺马僧纲，卓洛寺杨僧纲，侯家寺侯僧正及阎家寺阎僧正也。僧纲、僧正本为寺官，因寺产多由民佃，故亦兼得治民之权。八家之兴起均在明代，至于今，资堡、着逊二家已衰落为小康之世家，卓洛杨僧纲则已几伍于贫民矣，唯卓尼杨土司尚能保持其巍然之势。故除杨土司及距离较远之牙当寺赵僧纲外，各家及其辖民多已划归临潭县矣。关于土司、僧纲之源流与世系，余将别撰专文以纪之，兹仅志二日间之见闻感念于后。

卓尼四十八旗，依相沿习惯及其位置所在，可分为八大部，曰：七旗下，四什哈，北山，上叠部（今称迭部），下叠部（今称迭部），黑番，洮上各旗及洮下各旗。七旗下在卓尼附近，四什哈在旧城附近，均为与土司关系最密切者。其次，洮河上游及下游各旗关系亦尚较密。北山在四什哈之北，叠部（俗作铁布，即今之迭部）在南方叠山与白水江之间，自西而东，分上、下二部。此三部与土司之关系已甚疏，而其人则极为强悍。“黑番”在东南方，夹处于武都、西固、文县及四川松潘之间，距离为最远，关系亦最疏，本为岷县多纳赵土司之属民，赵氏亡后拨归杨土司，人民亦较柔顺，故无多事可称。

人民对土司之义务为纳粮及服役，役分兵役及差役二种，差役只近处藏民有之，远处则无。所耕之田，主权属于土司，人民耕其田而服其役，准耕不准卖，不续耕者则还之于土司，另授他人，粮额每户年纳一斗半，麻钱五百。供寺院用者曰“香火田”，供土司用者曰“兵马田”。兵役为有事即须应征，一切马匹器械概归自备。差役为轮值，每班四十人，半月一期。观其所施，实有古赋之遗风。唯田地虽有禁止私卖之制，然年久令弛，又以藏人多出家为僧，人口不殖，故私让与汉、回人者，所在多有，土司方面，因赋役无缺，遂亦任其自然。今藏区边缘数十里之间，多为汉、藏杂居之地，其由来与方式，即出于人民间之和平授受也。

自地形方面观之，其地适居黄河、长江二水支流之洮河与白水江（嘉陵江西源）之上游。洮河藏名碌曲，自西倾导源，东流经本区之中北部，两岸支流甚多，洮河水量之大实自此始。白水江藏名舟曲，亦称白龙江，发源于本区西南方之郎木寺附近，东南流，过西固、武都及文县境，经碧口入四川，于昭化县东北与嘉陵江东源相会，即《禹贡》所谓“西倾因桓是来”之路也。二水之间有大山曰叠山，高度超于雪线之外，自临潭来此经大路山时，遥见白山与浮云相乱，庄静雄奇，有令人一印于心而永磨不灭者，而山势之重叠相障，尤为生色，叠山之名，信不诬矣。山南之地即叠部，古叠州（北周建德六年置，隋废，唐复，后没于吐蕃）之遗址在焉。境内崇山峻岭极多，高度均在三千米以上，山间林木密布，牧草丰肥，实为国家蕴蓄无尽之宝藏。林木多为松桦，次以杨柳，其中野牲、蘑菇、药材等副产物，触处可得，至于涵养水源，调节气候，增益风景等，乃其余事耳。沿河多平地，宜牧宜垦。据云，白水江流域之情形尤佳，气候温和，水源充足，地宜植稻，实为理想之垦殖区域。

杨土司之本职为世袭指挥佥事，始于明永乐十六年，历明、清二代，至民国十四年始改为洮岷路保安司令，受甘肃省政府管辖。有常备兵额三团，共二千人。已故司令杨积庆，字孖余［子瑜］，以光绪二十八年袭职，御下严酷，其时岷县驻军鲁大昌，素与杨氏有隙，更从而煽诱之，终于演成去年八月间之博峪事变，除杨氏本人被杀外，卓尼全部局面亦因之而大大改观矣。

杨氏之司令部本与卓尼寺同在一处，十七年四月间为河州回军所焚，乃迁于洮河对岸之雁儿里。同年十月间马仲英部来扰，又焚毁之，乃迁于博峪。博峪一作泼鱼，西距卓尼八里，在洮河南岸博峪沟口之东，背山面河，左右有石峡足资控扼，又依险作工事二道，颇为严固，回军曾隔河攻之未逞，杨氏始稍得安全。自是司令部遂常设于博峪。

此次事变之中心人物为杨氏部下第一团团长姬从周，原定计划似以为杀死杨积庆及其子则所望之目的即达，初未虑及当如何以善其后也。准备既定，遂于二十六年8月26日夜间（阴历七月二十日）冒昧发动。所图虽成，而无以收拾全局，迁延月余，藏民乃有倡言为土司复仇者。以北山之麻利哇为首，不附姬等者为之应，遂攻入卓尼，直捣博峪，姬氏等猝不及防，逃于其东之大峪沟中，姬某中弹毙命，余众则逃往岷县等地。是为第二次事变。“麻利哇”者，乃其绰号，非本名也。既得胜后，饱取财物，旋即以分配不均而见杀闻。是为第三次事变。计三次事变相续而生，时间相隔不过月余，所获结果唯财破人亡而已。

自事变发生后，甘肃省政府即派省府委员田崑山前来查实处理，结果除以杨氏次子复兴继任司令（长子与杨氏同遇害）以维持司令部之存在外，另成立设治局以为推行新政之张本。杨复兴年方十岁，事务暂由参谋长杨一俊及司令部中人员共同处理。司令部亦仍迁回卓尼寺原址。

卓尼寺

卓尼寺本名禅定寺，建立时代未详，乃甘肃最大喇嘛寺之一，属寺甚多，有“内九寺，外十八寺，七十二小寺”之目，中以北山恰盖寺及大峪沟禾托寺与旗堡寺（一名囊多寺，今称旗布寺）等为最著。寺产甚富，人民承种曰“香火田”，纳粮如纳于土司者之数，供给寺用。寺内现有僧人数百，活佛二，一名札巴，一名伊利，俱为方转世不数年者。寺内地位最高者为僧官曰禅师，其下有管僧与大小头目等职。管僧司本寺僧人，大小头目司所属各寺事务，大小头目之下更有十七米纳，即班头也。活佛与堪布等则直属于僧官。僧人亦有高僧、罗汉、徒弟等之分，每年罗汉由考试晋为高僧者约五六人云。寺址甚广大，建筑原亦颇宏伟，经十七八年之战乱，卓尼三次被扰，全寺遂尽作劫灰，今虽已着手重建，欲复往日之故观，则非短期内所可奏功者也。今已落成者有殿堂四所：一曰讲经堂，即大经堂，在大门内，高可数丈，壁为白色，堂貌立体式而出簷，内陈各种铸画佛像，纵铺坐毡八列，每列可坐十五人至十八人，诵经时座前陈列酥油及馍，以时进食，不复出堂。一曰念经堂，读经之所也。一曰斩经堂，在大经堂之右，即咒殿，一称护神殿，内悬剥制之野猪一及野鸡数只，下列二熊，均保持其原生姿式，据言旧存本极多，有动物标本馆之象，十七年一役尽毁，深足悼惜也，今所见乃十年来渐积者。殿中广列野牲，其义未详，意者或取其威肃乎？藏民有所争执或须征信之事，每不诉之于官而来此赌咒明誓，以敢于发最重之咒誓者为胜利，盖以此为最有威力之神，对之不敢稍欺也。最后一殿曰萨利哇（藏语译音），为卜算书写之处。茶水炉在大经堂之左，内有巨铜锅四，其大可容全牛，外缘环列汉、藏文字及花纹，其一款识为康熙二十九年造。四锅之中，共起一高突，四壁立橱，以置铜罐铜勺等物，每一罗汉及其徒弟共用一份以盛水浆。除以上各殿房外，尚有僧舍、昂欠及司令部用房若干，或新建，或残余，昂欠与司令部尚垲爽，僧舍则多平卑不足道。此外则院中断壁残垣举目可睹，荒凉之情，未能使游者排之去怀也。

与殿宇同毁于难而为卓尼寺过去最负盛名者为藏文经版二部，此种经版世间只有二份，一在拉萨，一即此也。一曰《纲经》，凡一百〇八本，一曰《禅经》（禅音单），凡二百一十六本，每本三百叶。每年以二版轮流印刷一次，印刷时极其郑重，须先期择日诵经，始能开印。《纲经》每次仅印三部，每部价一千五百元，《禅经》每次仅印二部，每部价二千三百元，自康、藏、青海远至蒙古所需是项经典，均取购于是。而如此贵重之文化瓌宝，竟遭彼无情之惨劫，衷心痛惜之情固非笔墨所能寄者矣！三次破坏之时间，计为：十七年阴历十月二十六日，寺毁；同年十二月四日，《纲经》版毁；十八年五月十八日，《禅经》版毁。此项摧残，非仅藏人寺僧之损失，实人间学界所应同悼者也。

卓尼寺僧官始祖与土司同源，原系僧纲职，康熙四十九年，主僧池莲因贡赴京，敕赐崇梵净觉禅师名号，沿称至今。旧例土司生二子，以一子袭禅师，嘉庆十九年以无人承袭，由土司杨宗基兼摄，是后遂成政教合一之局。去年博峪事变后，省方既以杨复兴继任司令，乃恢复旧制，以其少第丹珠呼图克图任禅师，而年幼不克任事，于是寺方共决请阎家寺宋堪布前来主持一切。堪布现年六十九岁，思想甚开通，闻颉师此来为考察地方情形设计补助教育事业者，特发议请在卓尼设一义校，令寺中小喇嘛就学，半日读经，半日读书。颉师闻之颇为兴奋，拟于考察完毕后命余前来董其事。余固极爱卓尼之幽美，自与藏民接触后，更感其诚朴可亲，故闻命即欣然受之。

卓尼之教育及其他观感

卓尼境内之学校，现仅有三处，其一即柳林小学，为唯一之完全小学，经费年数百元，学生八九十人，藏民亦皆汉化较深。此外二校分设于大峪沟之多坝及纳麻纳旗之拉浪，形同私塾。按藏民情形有其特殊条件，自未可以一般教育方法施之，故特种教育当与普通教育并重，甚且过之，是不可不予重视者也。

国人在卓尼所办之教育事业虽稀如凤毛麟角，而为西人侵略前锋之基督教会则早于数十年前伸展及此。今卓尼城之教堂凡二所：一为内地会，在城内；一为安息日会，在相距二里许之木儿里。内地会孙牧师，美国籍，居甘已十六年，能操极流利之洮州土话，于地方情形亦十分熟悉，收藏有关资料颇富，叩其教友则仅十余人。以如此荒僻之山陬小邑，竟劳外人躬冒风霜常居其地，而数十年来所获结果不啻为零，则其使命是否专为传教，实有令人不能无疑者，然其不避艰险，孜孜矻矻，历十年如一日之精神，则诚为吾人所应取效者。又谈其教得立足于叠部之故事云，友人某君初往其地，藏民拒不纳，火其屋者凡三，彼皆安之若素，随毁随建，而不废其行医传道之业，终得致藏民之信任。此在国人中实极为罕见，有志于藏民事业者，闻之其亦知所趋乎！

设治局之成立尚未及周年，房屋亦正在建筑中，暂借一民房为办公处所。其发展计划，原则为以贸易方式刺激地方之生产力与购买力。换言之，即以经营商业谋地方经济之发展，而以组织贸易公司控制进出口之方法行之。资本拟定为十万元，官商各半（现已有商股万余元）。经营方式，一为以物易物，一方则设法推行法币，以换回流散于藏民手中之硬币。经营内容与须办事项，首先为林牧，其次为交通与教育。交通分公路与电报电话二项，教育分学校教育与藏民教育二项，详细办法尚在拟议之中云。此项计划，余对地方之认识尚浅，无可详论，但感其原则颇肖十九世纪以来帝国主义者与中国间之关系形式，倘果竟如此发展，恐非国家之长久福利也。

卓尼附近巡礼

二十日上午晴，下午阴，晚雨。

《禹贡》导山章：“西倾、朱圉、鸟鼠，至于太华。”鸟鼠山在渭源县，而朱圉山则历来说者均谓在今甘肃甘谷县境。清王树枏有“望朱圉山过羲皇故里”一诗，以其与鸟鼠之位置顺次颠倒致疑于旧说，而谓“朱圉”乃“祝敔”之借字，“卓尼”更为其音变。据陈子康之言，提出卓尼附近一形似伏虎之山拟之，以音近而形类也。其说虽为初创，而读之颇觉惬心餍理，今既至其地，为好奇心所使，遂留心访之。在临潭曾询悉即在上卓附近，然前日来此经上卓时，虽注意察之而未见。今日上午无事，乃邀西北防疫处临潭兽疫防治所主任朱建功君同往觅之，果得其所，盖即前所见其顶有松之山也，伏虎之形须自卓尼方面行来观之始显，故上次虽熟视而不睹也。因时间仓促，未能详作调查，仅识其处而归。

卓尼城周约二里许，略如土堡，自上卓流来之小河贯其中而注于洮。居民约百户，辟南、西二门。出南门东南行约二里，有桥跨洮河上曰木儿桥，桥南曰木儿里。西南行亦如之对岸曰雁儿里，即曾一度设置司令部者也，本亦有桥相通，十七年十月间为马仲英部焚毁，今有筏渡以相联络。雁儿桥故址之北端，正当卓尼西面矮山之尽头，余势构成河床，束水为急流如小瀑布状。山头之西部稍高起而屹立于河干者曰白塔山，旧有塔寺，亦毁于十七年之乱，今残壁犹存，地当山河之阻，适为卓尼之西屏，亦一形胜之地也。转过山头，势复开阔，篱舍四五，巨柳成行，马兰遍地，背承高山，面环清流，风景之美，侔于卓尼，名曰索藏。旧有百户居之，为杨积庆之族弟，民国二十三年逝世，无后而绝。索藏与卓尼间之矮山上有小村曰平角。以上四村——木儿里、雁儿里、索藏、平角——合为外四着哈，而卓尼城内外居民则共为内十二着哈。“着哈”者，本土司亲卫之义，后遂成为区分民户之单位，为直属于土司者，此外之地即分属于各旗矣。

藏民居处，分土房与帐房二种，视耕稼或畜牧而定也。卓尼附近所见者皆土房。屋为平顶，盖受藏式寺院建筑之影响。墙壁用土，隔室用木，坚固宽大。以二三层楼房为最常见，下层畜牲，中上层为住宿及贮物之用，屋顶可以行人，稍置盆景即是家庭式之小屋顶花园也。而厕所之优良，尤非内地村舍中者所可及，普通亦为二层，上层唯留一长方小洞，便溺于上而遗之于下，视纳秽于一坑者为清洁多矣。

卓尼至资堡

二十一日上午晴，午小雨，下午晴。

五时半起床，十时许动身赴资堡，沿洮河北岸东行，洮水入峡，路甚崎岖。经木儿桥北首，有碑记云：“斯桥之设，不知始于何代，每届二十余年即行改作。”下叙新桥以甲子（民国十三年）三月开工，英人安献今（甘肃内地会牧师）测量绘图，法人贺尔兹（甘肃华洋赈灾会会长、盐务监督）助款，粤人梁湛枢（赈灾会工程师）任工程员指导一切，仿兰州铁桥形式，下筑石墩而上修木架，落成后更名曰靖安桥。计共用款银九百六十八两，洋一千一百九十二元，大钱二百三十二串文。今桥又渐圮，司令部方派人修葺之中云。随路转折，进至博峪对岸，谷地稍稍展宽。左转登山，过一小峰后行于极狭之路曰羊鼻梁，左高山，右深谷，路曲如线，仅容一骑，诚险径也，乃舍骑步行，逾之即达资堡。一路所经，南岸均松山叠翠，丽景宜人，北岸则荒枯不毛，黯然之情迫人作思。盖两岸居民，南藏北汉，而此景象恰示二种意义，一为人力尚有未达，自然势力犹得完好保存者；一则已尽遭漫无检制之人力所破坏。因复思人力本为世间最可贵重者，而有时则为最可顾虑者，其咎盖不在力之本身而须视其用之者矣。

大峪沟与禾托寺

原定今日返临潭，以北乡莲花山一带有匪警传来，遂多留一日。余初拟乘间赴东部洮河南岸之拉浪一行，而相距六十里，当日未能往返，且闻无甚可观，乃改赴较近之大峪沟一察。早餐后启行，代教局长刘君为导，渡河策马，不一刻即抵多坝。大峪沟当资、新二堡间之洮河南岸，水流湍急而清澈，昨在北岸途中，遥望其注泻于洮，有如银条匹练，亘数十丈而不绝，今日亲履其地，情味更觉亲切。多坝在沟口之西岸，居民约三十户，藏民仅四五家，余均汉人，务农为本。私塾式小学一所，成立于民国十一年，校款由沟内各庄居民共负，计每家年出粮一升，大钱一串（原为五百），共可得洋二十五元，粮二石（变价为三十余元），往者司令部年助若干，今由设治局年拨六十元，现有学生二十七人。去年曾拟设一义校，后以无款而罢。

大峪沟以清光绪间为最发达，产物以木、牛、药材（大黄、党参）等为主。民国以来日渐衰微，今全沟分为二旗，犹有村庄十四，凡二百余户，乃其残余也。北部曰冬禾索旗，辖四村，自北而南为多坝、拉鲁、霖江下及出蛇。总管驻多坝。南部曰大峪沟旗，有十村，曰杀烈沟、札那、其车、占占、卡部、塔古、丙古、奇部、札力及丫角，总管驻札那。自多坝至丫角凡六十里，住民汉、藏各半，比例约为北部汉七藏三，南部反是，中部则相停。汉人之入居自同治以后始，其方式均为和平转让，要可分为二类，一为藏人因贫穷而出售其产者，一为藏人绝无后（因男子多出家为僧，故极易绝后），招汉人为婿或养子，藏人死后为之送终，即承袭其产，照样为土司纳粮当差，通曰“吃田”。二类中以后者为较多。按藏人之产本无所有权，私让实有干禁例，唯以其出于无形，遂为土司所默认，古代历史多类此者，观此一隅可以三隅反也。居民无论汉、藏，精神均不振作，嗜吸鸦片者甚多。常遭叠部藏民之拢，来者每四五人即可抢劫一村，如去年九月间，牧地有牛五百余头即被其赶去而无如之何。物产仍以畜牧为主，牧场在丫角、札力、占占、其车等地，而以丫角为最大。牲畜主要为牛，价格，犏牛每头约五六十元，牦牛十元左右，每年由洮、岷等地牛贩前来收买，转卖于各地。至其向者衰落之原因，居民自称为：（1）林木已伐尽；（2）人民懒惰不努力，且嗜鸦片。然行观山头，林木之盛似不减于他处者，询之，乃年来禁伐之功效也，然材小犹不能售，故未能恢复昔日之繁荣。

离多坝溯沟西岸行，约五里至禾托寺。一路野花缤纷，碧流淙淙，林中时有雉鸟惊起而雊，几疑身入世外之境。禾托寺为卓尼属寺，位于大峪、博峪二沟间之山脊上。万松环簇，寺房层叠而上，宏阔雅静。舍宇甚多，新建大经堂一座，费洋二千元。左近松林均寺产，为用度所资，因施助甚少也。寺中藏有《全宝经》版一部。罗汉五十余人，除汉人二名外均为藏人，后者汉语不甚通熟。僧人衣舍，材料由寺给而自造，伙食仰给于“娘家”。寺内原有高僧三人，最近有自西藏考取回寺者一人曰“该世佛”，汉义犹科举时代之解元也。按“该世”似为“格西”或“姑须”之音讹。跳神大会年共三次，阴历正月十五、六月初四及十月二十五，而以最后一次为最盛。与卓尼寺之关系为压床由彼方派定，罗汉考升喇嘛亦在彼处举行也。寺中无牛，所用酥油均购自民家。在寺中时，高僧一及管家罗汉等数人出陪，并设酥油茶及炒面为敬。炒面乃以青稞粒炒熟磨为粉末制成者，来西北后久已耳熟，然从未一试，今日初尝。取小碗府茶，加以酥油，候其溶化，以小杓加入炒面并蜂蜜少许，用五指调匀，而后捏成棒状，纳入口中，余颇甘之，连尽二碗。据云：“此乃藏民之日常食品，藏语曰糌粑，居近藏区之汉人亦多食之。”又云：“普通人家食之仅调以清茶，或唯食干面，再饮以白水，故视为苦味。则余今日所食者盖炒面中之上品矣。忆故乡——河北——亦有此物，以糖拌食，视为罕物，幼时固尝嗜之，不意其竟为别一区域中多数人民养命之源也。”

再到卓尼

二十四日阴，晚小雨。

余自经卓尼之行后，对藏区深感兴趣，遂商之颉师，离团先行，约以三十日相会于旧城。午餐后遂独行再至卓尼。

路上与临潭县府出差之班头同行，谈悉共有二班，每班十人，无工饷，生活专靠“吃老百姓”。民十五六年每经手一案可得三五十元，今则只能得“按茶”之资一二元，“刁猾”者且硬不给，每月可经手二三事，合计不如前之一事也，言下不胜其今昔之感。

二十五日上午晴，下午阴，小雨，晚晴。

连日奔波，颇感劳碌。今日在寓所休息，并整理笔记资料。

二十六日上午晴，下午阴。

五时半起床，漫步至河滨。氤氲之气，徐徐升腾，如丝如绵，如絮如烟，停者为雾，飞者成云，下自水面，上至山头，无不为其活动之所也，而松山隐雾，更有若为薄纱轻遮者。一夜清睡后，复得赏如此优美之自然诗画，心灵宜可无憾矣。

九时赴上卓，将一察王树枏氏所拟称之朱圉山也。自尾部上，至山巅松林旁，遇一牧童，得悉此山为上卓之山神，更无他名。林之东南有一砖砌方墩，方近丈，高八尺许，四无门窗，上插长竿若干，其北面上端横书二大字云：“盛德”，其下一联云：“坛壇春风大，神恩由来多。”下山入上卓访问，遇一雷姓叟，据称：“此地本居藏民十家，其姓为李、王、雷、周、宋、郑等。自祖上敬此山为山神，每家各植树五株，今所植已十数倍于其初矣。每年阴历五月十五日，十家共同祭神，念经，插竿子（每家一根），以祈神祐，俾地方风调雨顺，人畜安全，田禾无害”云云。或谓此地山神之设，昉于明逐元后，汉人来屯居，以地多雹患，乃请喇嘛为设山神以祀之。未知然否也。现村内有藏民十家，汉民二十余家，均业农牧。山下另有一菩萨庙，汉人奉祀，每年正月初八日为其诵经酎神之期。调查所得略如是，拟另写为《禹贡》札记以纪之，兹不详论。

约二时许离上卓返卓尼。初天气本晴朗，忽西风拥乌云而上，旋隆隆雷声震耳而起，私忖今日殆难免于“落汤鸡”之厄矣，乃迅步急行，于返抵寓所时，则已云散天开，计途中不过落雨数点而已。四时许阴云复合，雷声更厉，暗如昼晦，意者此次必将倾盆，孰知仅落数点，仍即杲杲出日矣。其时余云未散，双虹现于东方，东山相距不足一里，而虹竟现于其前，学童三五争奔就之，其将趋而摩之以手乎？事诚愚而趣，亦令人悲而悯也。于是策杖郊行，东山下杨土司墓地，荒草蓬蓬，零露沾濡，难于涉足。凭观少顷，反视河滨，暗云掩映，夕照林梢，艳绿夺人；回首南望，碧树青山之间，横敛炊烟一缕，心中不禁暗声叫绝。大自然变化之妙，作态之奇，诚有非吾人所能想象者，更有非笔墨语言所能传述者，唯入于目，感于心，永存之于灵泉深处而已。

二十七日上午阴，下午晴。

五时半起床，六时参加卓尼首次举行之升旗典礼，到场者有各机关、寺院、学校人员与驻军、民众等约二百人，由设治局吴局长等报告及演说，申明国旗代表国家，敬旗即敬国等意义。

拉力沟与朱札七旗

余此次重来卓尼，原拟与留此之刘克让君同赴车巴沟一行，到此后闻其处多居“生番”，语言难达，独往不便，而一时又无伴可结。会甘宁青电政管理局总务课长万幼璞君定今日赴拉力沟视察电政局之林场，万君在北大任事务职有年，在兰州数与相会，遂放弃原意，与克让同附万君之便往拉力沟一游。正午动身，傍洮河北岸西进，经索藏、多罗，逾一小山曰岸儿山，至多家，乘木筏渡河，再行数里即达。

拉力沟为朱札旗境，长约四十里，富于松林，现为卓尼境内木材出产最盛之地。民国七年，电政局以二万元购得一大山之林，专供电杆之用，最近因架设天水一带之川甘联络线，需杆甚亟，故万君亲来勘察督导以利工作。沟内仅有一村，名与沟同，在沟口之西岸，距卓尼约二十里。居民三十三户，均平顶土屋如卓尼所见者。朱札七旗大总丞驻此，托其寻觅宿处，无适当者。村内有富汉曰京客，现年六十六岁，其本名不详，幼时为僧，年长后复还俗，日俄战争时曾远游俄国，后又遍历京（北平）、沪各地，人以其曾居北京，故以“京客”呼之。家藏钜万，实为首户，仅有一女，招婿为子，方生一孩，人口简单不过如此，而广厦三重，可容数十人之居。前年万君来此曾借宿其宅，今再来时乃以无房对，又称杨土司寄物于此，恐有不便云云。初闻其绰名与往事，料为甚开通者，不意竟恰与之反也。幸万君深知其习性，不与多谈，即将行李径行搬入住下。结果，主客之间乃甚安也。

二十八日晴。

六时半起床。访总丞等询问地方情形，一以言语隔阂，一以若辈瑟缩不肯直言，虽经多方努力，终未能尽所欲知，兹略记闻见及揣论如后。

各旗之长官曰“总管”或“长宪”，“长宪”之义为“旗长”，可兼管数旗；各族中有“头人”，均由土司委派。唯朱札七旗之理事者曰“总丞”，民选而官委，乃以昔年民众与土司争讼，胜利后由上官判定特设者，故为他旗所无。而当日争论最出力者为朱札旗中之拉力沟、马底哈及加当三族人民，故总丞之被选权唯此三族中人有之。马底啥在洮河北岸，居民十一户，加当在岸儿山对岸，居民八户，普通村庄居民率若此。总丞有“大”“副”二职，在七旗中为地位最高者。大总丞驻旗内，除转达执行公事外，并可受理调解除人命与盗案以外之争讼事件，副总丞则驻寺内办事。任期三年，如中途不为人民所信任，随时可以更换。现任大总丞名麻次利，本年正月新任者也，前任者为加当人。七旗中又各有小总丞及总管（即头人）二人，由各旗自选，其职务同于大总丞，唯范围较小而已。凡受理讼件，两造须出钱为谢，计大小总丞每理一案为各一串五百文，总管七百五十文，由败讼者共付之。所谓公事，以土司拔兵征马等为主，田粮由人民直纳于司令部，不经总丞之手。

七旗之名为朱札、达力、卡车、阿吾岔、麻录、上下朱盖，皆在卓尼以西洮河两岸，合称为“七旗下”，共约有八十族，六百余户。朱札旗凡辖九族，曰拉力沟、加当、巴路庄，女子庄、雁儿里，以上五族在洮南；哈乩儿、哈谷、马底哈及多家，以上四族在洮北，共一百二十户，除因避难迁来之少数汉人外（拉力沟有十八年自旧城迁来之雷姓及新城迁来之惠姓二家），均藏民，以务农伐木为业。田地普通家有七八斗至二石之间。沟内松林均属于本村，本极茂盛，故能促成年来之发达，惜管理方法十分幼稚，实为前途隐伏莫大之危机。盖山内之木，人人得而伐之，伐下后即为其人所有。买木者可向村内任何人订货，其人即入山寻材，采伐后，以人力、畜力或水力（唯夏季可用）运至河滨，交易遂成，不仅培植无人顾及，即采伐亦滥无约束。村人但知图利，不知植本，其言谓："藏地林木，自生自长。"一若天地专为藏人生长林木者。此在采伐率未超过生长率时或犹有可说，长此以往，旦旦而伐之，唯有续蹈大峪沟之覆辙而已。今巨材日少，非入深山不能寻得。径尺丈二之松，每棵价须一元二三角，昂于昔者甚多，故中小之木已多被伐云。行于村中，道边积置大小之木累累也。闻其言，睹其景，心中为之牵念不释者久之。

此地藏民虽已稍汉化，然其风情习性犹多如旧。耕牧并重，情形一如卓尼，而汉语之不甚通行，则显为异点。如相见必互道"Dai Mao Yi Na"，意为"好啊？"颇如操英语者相见时之道"How are you？"又遥相呼时用"ARou！"更似英文之"Hello！"语意颇为优雅。总丞与余等谈话时，相称以"师爷"，至普通与汉人相见则称"掌柜的"，盖皆多年相沿之通称也。而一般汉人每谓藏人心多虞诈，又嫌其固蔽（俗言"死板"）不与外人便，其实一为出于汉人行动之反应，一则其生活本态之所当然也。如使用法币，汉人中之恶劣分子每利用其不能辨识之弱点，予以伪钞甚或冥钞，或以少作多（如一元作十元用），藏民虽诚朴，上当不过一次，再与汉人接，则无怪其多怀虞诈之心矣。今法币在此尚勉可通行，稍远即不能用，根由何在，不问可知。至一般藏民之性格，实可当"笃诚信实"四字而无愧。笃诚之极乃成保守，一事既建，在彼可视为永久如此，且不究其历史，至认为自来即是如此。与之谈话，恒闻"亘古以来，如何如何"者，盖其事物成变之观念殆已不具，由保守而达凝固之境矣。信实之极则转成驯服之性，对于土司有"我们只有一个达达"之言，其委心如此，他可想见。故其社会生活，实为自然经济所支配，一切自足，无求于人，自亦不乐为人所求，其固蔽之性固无足责也。惯于现代城市生活之人，于日常应用物品如未经"未雨绸缪"而进入其地，临时必感"有钱无处买"之苦。余与克让初均未计及此，幸万君携物甚备，得无患。此亦初涉藏区者所须注意者也。

山神为藏民信仰中之地方神，各地俱有之，大小亦随地而异。此地以每年阴历四月十三及五月十三日祭之，由村中俗人自己念经举行仪式。

上午十一时许同万君及克让步行赴电局林场，地名石墙子湾，相距十余里。途中山头松林遍遮，路侧灌木丛生，绿草清泉，杂花竞艳，时有异鸟交鸣，突破岑寂。山势虽无想象中之雄峻，而翠岭峙列，衬以蔚蓝之晴空，间有云雾蒸腾，或飞或敛。置身此境，唯觉清空爽朗，更无暇作确切之目触耳接矣。自念山水之真趣，盖今乃始领略及之！遂又感富家于崇墉複垣中叠石浚池之毫无意义，真不如以之改作旅费，以时来此等地方一赏也。

电局之电杆，以每根六角之价包与司令部代砍代运，于沟口交货。司令部派定附近各庄“老民”（犹汉人称“百姓”）分砍，每人每日可砍二根，每根发价一角二分，而工作者仅实得一角，二分则由总丞等蚀去也。前来服役者不下数十人，各以庄相聚，询其情形，则除消耗数日之时间外，更须自带工具、炒面，夜间露宿林中，而所获报酬不过数角钱，故莫不叫苦不迭。

五时许登归程，斜晖残照，牧马归群，与初往时之物情心境，显呈不同。松之生长，喜阴而怯阳，故往时山头触目为林，返时则殊寥寥，几令人疑其非产林之区，亦山中趣事也。

返回卓尼

二十九日上午、下午晴，午、夜雨。

六时起床。昨日所经虽颇愉快，而归后精神甚为委顿，或谓为受瘴气之故，实余身体本非健壮，自旅行以来，生活流动，虽适心情，体力终不克胜，故知今日之事但需休息而已。遂决停止考察工作，且回卓尼休息。

傍午动身，沿河阴之路行，经加当、卓尼沟、雁儿滩等地，均风景幽丽，各具姿态者。分言之，加当正当岸儿山前洮河之曲，广滩碧茵，缀以合围之白杨数株，虽有好鸟交鸣，而无害其静趣，倘有桃花数列，即成桃源之乡矣。卓尼沟口巨树参天，深幽邃密，行于其间，恍惚中如徜徉于北平太庙后面之河边柏下也。雁儿里之滩地最广，均已垦成麦田，而河滨多黄花丛树，显豁中尤成其淡雅之趣。

在加当村边见有持杆巡于陇头者，询悉为看田禾者，村中共雇一人司其事，平日轮流供食，秋收后家给斗粮以为酎。如有偷窃禾穗或人畜阑入田中踏坏禾苗者，为彼捉获，即行处罚，罚款自四五百钱至数角一元不等，随情节而定，罚款即为彼所有。

雁儿滩在雁儿里之西北，杨土司之故宅在焉。宅建于民国十三年，十七年四月间卓尼司令部被焚，曾一度移设于此，旋于同年十月二十四日又为马仲英军焚毁，乃迁设于博峪也。途经其前，下马入视，巨宅一所，孤处荒郊，故址斑斑可寻，而所见唯断砖残瓦，长伴蓬蒿崩榛耳。出入不足十年，即已化为徒供游人凭吊之迹，世事讵可知乎！

马夫遥指滩南矮山上松柏数株之处曰："此土司之茔墓也。"初闻之颇以为异，以东山下已有其墓地也，继念是盖效皇室之分昭穆者，土司真为土皇帝矣。

司令部故址之西，滩地最广，昔杨土司曾有辟为飞机场之议，后未果。

初行时天气本朗晴，过卓尼沟后云渐合，至司令部遗址时已丝丝作雨，瞻前山朦胧尽白，亟取雨衣披之，乃方达渡口即已雨止云收矣。晚间阴云复合，淅沥未断。据云，山中气候变化无常，多类此，故记之。

晚无事，早寝。

三十日昼雨，夜雪。

天雨神乏，在寓休息。

三十一日上午阴，下午晴。

休息之余，抄录借得之材料。

院内有牡丹数本，肥葩方盛，而夜来为积雪所压，叶倾枝敧，几于败坏，心甚愍之，念西北果为苦地，虽花木亦难脱自然之厄也！手摇雪落，则复挺立如初，塞上春花，其亦秉秋菊之德乎？

下午到宋堪布处小坐，会禾托寺之该世佛及恰盖寺之札贡巴佛亦在座，承邀同便餐。二人均年在七十左右，在其寺中之地位为最高，惜皆不能汉语，未得详谈，但知札贡巴佛为转世佛，今受卓尼寺之聘来为压床。其与人相接均彬彬有礼，因知藏人文化实未可轻为蠡测，盖其文化自与中原者异本，吾人必须置身其中，始能得其真相，徒以骄居之"门外汉"资格妄议其为无文化者，诚无谓之极也。

六月一日雨兼雪。

明日为阴历端午节，新城、旧城俱有迎神赛会，唯卓尼以藏民区故而无之。原与颉师约以上月三十日同到旧城观会，而自是日起天气陡变，雨雪不止，势不能往，则唯有放弃所望，图作暂居而已。

下午雨稍止，闲行至平角附近，田间苣荬菜甚多，信手采取一包，归佐晚餐。当地人称之曰苦苦菜，仅以饲猪，不知可食，余教以食法，尝者莫不连称“好吃”云。

下午家家门首俱插杨枝，粽子与肉之销路亦佳，均节令之作用也。

二日雪。

连日雨雪不休，乘其稍停时，携伞闲步于河滨树下，淖浆满途，而碎琼覆翠，遍布乾坤，“玉琢世界”四字实不足以尽其美也。合冬夏之景为一，岂非此地独具之奇观哉！

自博峪事变后，卓尼增加驻军一连，附办卓尼军官教导队，借柳林小学为队址。今日为旧历佳节，队中从俗放假一日，并椎牛备酒为会，余以远客被邀参加，开会仪式后有来宾演说一项，临时不免敷衍一段。其后在藏俗歌舞杂献中，遂大嚼痛饮，尽欢而散。

所唱之歌计有四种，曰本地民歌，卓瓜（藏族帐房）民歌，叠部民歌及山歌。异声奇态，颇新耳目。晚间以简谱从杨景华君写其卓瓜调一首如下：

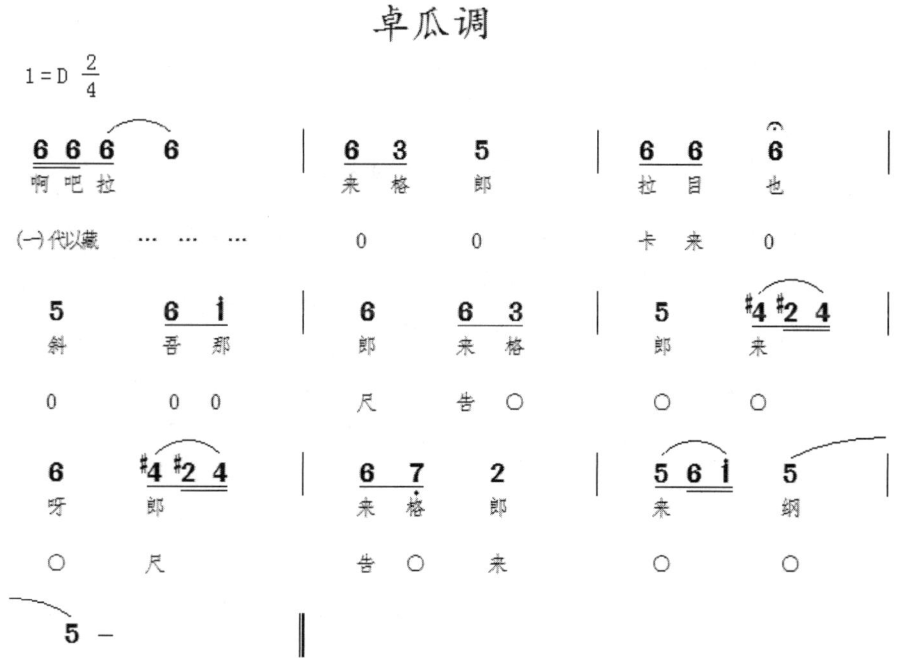

（意为西藏为佛所点之灯）

（二）都什，赞旦，莫如来。（意为：是红檀木的）

（三）都来，豪来，恰如来。（意为：里面棉芯是白的）

（四）都告，一仍，恼如来。（意为：灯火是和宝一样的）

（五）那你，不拉，大老来。（意为：从去年到今年）

（六）老老，召格，买龙少。（意为：年年吉祥如意）

首行即“啊吧拉……”为音谱，歌词反复六遍。有○处即仍唱其谱之音以为衬音。每句最后之“来”字（如“尺告来”）通唱为“郎”，以与下面“纲”字相谐，“纲”字盖即“格郎”之合音也。“格”字发音如“gei”。

三日上午细雨，下午晴。

晨密云细雨，寒甚。九时许雨止，下午云渐开。每次雨后均见山头云蒸雾涌，稍晴之天空随即复阴，今日独否，想明日可有开晴之望矣。据云，凡风雷交作时，虽天阴甚重亦必无雨而散，反之，天如得阴即恒霖雨不止也。按以数日来之经验，其言盖颇不虚者。

博峪之行

四日晴，晚小雨。

早饭后天气渐热，脱去毛衣，仅着单夹，与昨日相较，至少当有一季之差也。

旧城之行既为连日淫雨所阻，而天晴兴作，遂乘机赴博峪一察。由司令部派一人为导，十一时许动身，过木儿桥，沿洮河南岸东行，与旬日前新堡之行为同向而异岸。木儿桥当木儿沟口之东，木儿里即在其旁，居民十余户，沟内仅有之居民也。沟口西岸之山上松林间，有寺宇隐约可见曰郭牙川，有活佛居之，亦卓尼寺之属寺也，附近风景最为清幽。桥南首有二十六年六月二十六日前土司杨积庆氏禁止藏民私售兵马田与汉人之告示一纸，隐于檐下，故犹未损，然余自经大峪沟之访问后，固知其徒为具文而已。如此次司令部派来为导之王姓某，即为“吃田”之汉人也。王某本为临潭西乡丁家堡人，以承继方式取得藏籍，曾随故土司深入叠部、“黑番”各地。据云，阿哇在叠部之南，地势平衍，多草原，有水火滩及大草滩，前者常陷没人畜，后者则草盛过腹，最宜畜牧。畜产多牛羊马匹，农产甚少，间有青稞而已。受女王统治，住毡帐篷，衣毡衫，语言难通。数年前彼为司令部招流散藏民“上庄”曾一至其地。“黑番”地分三大沟，气候温暖，盛产各种粮食云。

转折数里，洮河忽自北流折而趋东，转弯处有巨石突立于崖岸间，修而秀，俗名曰石媳妇子，势颇险扼，司令部迁博峪后，筑碉楼于其上。对岸当西河沟口，西河沟之上游即流经侯家寺、红堡子等地而南之刘顺川也。十八年混乱时，回军曾由此隔河攻袭博峪，为藏兵凭险击退。过此更行约半里，有第二碉楼障于途，再行半里许即达博峪矣。

博峪沟长约四十里，仅有沟口一村，与沟同名，居其右岸，横水置木桥以利行人。居民二十四家，中有汉民约十家，均住土房如卓尼状。以砍材为生，时受叠番之扰，居民苦之。语言则藏、汉俱通行，无异于卓尼。其地本为一极小之山村，因形势险固，杨土司之司令部于卓尼及雁儿里二次被毁后，遂迁设于此，为卓尼之政治中心者几达十年，因而食宿等业颇称一时之盛。自去岁事变后，司令部迁回卓尼，各业消歇，顿复原态，今临街屋面犹存当日繁荣之迹也。故司令部在村东首，甚宽大都雅。门北向，凡三进。外院今养马匹，昔为司令部各处办公地。中院为正房，院内花木罗陈，梨花虽残，尚未尽落，恐为余此行所见之最后者矣。檐下匾额甚多，室内宏敞轩朗，用具甚备，且有电灯及收音机等物，景象颇似北平中上人家之庭院，唯各室内物件均极凌乱。据云，自事变后，司令部即封闭此院，唯留管家一人看守之，室内一仍原式，丝毫未加整理。今管家某犹以时为修整展藏院内之花木如其生时，并为指点当日叛兵架设机枪之地点及杨氏抗拒情形等，闻之令人酸鼻。后院为花园，中有经堂一所，内住喇嘛，乃平日为杨氏诵经祈福者。矮房数间，工匠数人方糊制纸人纸马等，盖备今夏为杨氏正式安葬应用者也。

事变发生于二十六年八月二十六日午夜。杨氏及其次子（即杨复兴）寝于正房左间迎窗之炕上，叛兵架机枪于窗外而扫射。杨闻警即避身于壁下，俟其一排弹尽，即持手枪破窗怒吼而出，叛兵均惊避。杨氏逃于博峪沟边一树下暂隐其身，天寒无衣，适瞥见其卫兵经过，即召命速取衣来，卫兵归而为叛兵所得，杨氏遂终于不免。其被害地点在村南里许，以时晏仅于归途中遥寄一瞥而已。杨复兴蒙被而寝，变乱竟似无与于彼者，叛兵入室，彼且起而寻其父，检视被中，弹丸累累也，而彼身则毫无损伤，故一时莫不传为异事。

沟口堆置木材甚多，而大木殊鲜，率为径三寸长丈许之幼材，每元可买十根。戕害生机之事，竟随处可以遇之。

河西岸有关帝庙一所，红壁映入眼帘，说明汉人定居于此已久矣。

五日晴。

早餐后闻有“耍把戏的”在寺前空场上演出，往视之，有洋片、杂耍等，甚简陋，如北平天桥之一角。彼等专走内地各乡镇，今则趁端午节来此而遇雨愆期者也，每年来此一二次，因机会较少，来观者颇踊跃，每日计可获利四五元。按此事具有巡回娱乐班之性质，从事社会教育者可取其形式而赋以新内容也。场外有小铺十余家，以作僧人生意为主，柳林小学教师马静山君亦设一小铺于此，从而了解各事。

午后颉师等来，随之酬酢各方。

三访上卓山神

六日晴。

四时起床，五时许与颉师步行往上卓登临其山神之山。自上次独往调查后，致函于颉师，即以“伏虎山”称之，颉师误以为实，来此后方知为一时戏称，为之拊掌，而亟欲亲往视之。至山脚下，自尾部攀登，经其南之主峰而下。时天气晴和，造巅远眺，几十里以内之山景均在目下，尤以南望洮河如带，对岸耸翠叠秀，北瞩朵山似丘，虎踞群山之上，白雪绕缭，冉冉飞升，虽数分钟之瞻眺，实予人以永远不灭之印痕也。山鸟杂鸣而不见其迹，详察之，乃伏身于土中者，体相稍大于麻雀，不知其名。归时失路，峭壁嶙峋，与颉师相援而下，抵寓已近九时矣。回思此行所经之地，率为一过即逝，罕有再至者，独此山为之专造者三，则其信否为朱圉，可置另论，山神有灵，想亦当惊奇缘于知己矣！

颉师再来此地，爱其风景之美，竟有买屋久居之意，言谈中微露于众，遂有柳林小学郝子和君欲分宅相让。午间同往观之，楼房二层凡十余间，以四百元言定，并嘱余重来此办理僧人补习班时即可居之。

告别卓尼

七日晴，下午过雨。

五时许起床，循寺前之路西行，绕白塔山而至柳林小学。自旅行以来所经之地多矣，未有若卓尼之令吾心依依不释者也，虽云停留稍久，实亦其风光之优美与余心情之际会有以使然，今日将启程赴旧城，是行也其亦足当临别之一握乎！

十一时许动身，经索藏、多罗，右转入沙盖沟，过一小山梁后行于老虎湾，更经数沟而至羊升，入村塾之小学内稍息。村口外里许有大路于右首相会，即自新城或卓尼经上卓而来者也。一路所经均童山，然多蒙牧草，是为异于临洮、陇西各地所见者。沙盖沟与老虎湾之间尤多马兰，紫花绿叶，漫布山间，蝴蝶千百，翩跹无定，启人情绪，不能自已。颉师乃占一绝云："榴红照眼忆乡关，已染胡尘不欲还。五月寻芳飞乱蝶，马兰紫遍卓尼山。"闻者莫不深具同感也。

初行时天本朗晴，至羊升，乌云一朵自右方掩上，忽闻殷殷雷鸣，旋雨雹兼至，颇急剧，约半小时始止。雹大如樟脑丸，落地反跃如跳珠然。时在旧城西道堂所设之草地帐篷内，光景尤为新奇，因戏拟洮州一景曰"羊升跳珠"，事虽不可多见，尚不失为确实有征也。

自羊升至旧城已不及十里，唯雨后途泞，殊难于行。至范家咀，转过山头，旧城即在望矣，旋经南关而达于预定之寓所。经范家咀时即遥见叠部之石门，峻伟险绝，如视五指而实远在百里以外也。

录巴湾之行

十日阴，上午小雨。

五时半起床，经南关绕东城外向北行，约二里至寺稞儿。相传其地为吐谷浑寺院遗址，今则荒冢之外无所见也，而雨后蚯蚓甚多，蠕蠕塞道，减人游兴，遂取径而归。

旧城之南有麻儞寺、录巴寺等，前者为洮州五僧纲之一，距旧城约三四里，后者在洮河南岸之录巴湾，今日随颉师前往一游。九时许于细雨蒙蒙中动身，顺沟而下。麻儞寺俗呼为麻奴寺。《洮州厅志》言，始祖力车加绽为西藏人，历授封膳王，明洪武六年授西藏膳王千户世袭，其子八点旺秀（又称巴丹旺秀）于永乐间建立寺院，并得禅师衔，升世袭僧纲，兼管百户，分守关隘中马。其后子侄相袭，至嘉靖二十八年得敕赐“麻儞寺”名号。清顺治间奉委护理旧洮指挥守备兼管部落。今寺院遭十八年之乱，为八大人（马廷贤）之回军所焚，除重要部分稍复旧观外，仍多在残破状态中。现有僧众六十余人，活佛三人。田地二三石，属民数十户。现任僧纲名马洛翁旦知江楚。按洮州民谚向有“杨家的兵，昝家的将，马家的旗”之语，谓三家之兵力最强也。马氏为僧纲，其与土司并列者，当以护理旧洮指挥守备之故，可知此语之由来亦久矣。

离麻儞寺更行四五里，道旁有元至正癸卯年（二十三年，公元1363年）立之“唐故大将军李公之碑”，高一丈五尺，宽四尺。碑石粗劣，下半已因风化而剥蚀，而土人相谓于此石上磨镰刀“特别锋利”，以致碑身受损尤甚。李将军者，西平王李晟也，相传往西十里许之菜籽沟有其墓，故为立碑于此，而地即以石碑沟为名云。

再行数里至拉柴河口，即与洮河会口处。居民十数家，河滨积木甚多，特税局在此收筏捐，由商人承包，每月十五元，半年为一期（四月至九月），今为西道堂所包。税额为大筏一元，小筏五角。地有柴市曰“折巴”，乃藏语译音，即约定之日期之意，逢五、十之日为集期，到者甚众。

渡口在其下百步许，有二船，一属神召会，一属宣道会。造船一只需价一百五六十元，可用六年。铁缆一条需价亦如之，可用十年。每年船主可获利百元以上，船夫共分得八十余元。

渡口北岸迤西有“曾太守弹压叠番碑记”，光绪二十九年十月立。前叙“叠番”时出劫抢，掠及旧城教会人士，遂派队深入“剿办”，藏民势穷，乃“投诚谢罪，愿受约束”，由杨土司代请并为保证人。碑记四条约章云：

一、叠布（“部”字俗或作“布”）番民入口经过光盖山，不准携带兵器。

二、新旧洮城及洮河一带居民商□（录脱一字，应为“家”

或“户”字）再不准番匪扰害。

三、内地商民贸易由叠布经过及住宿者均宜照拂，不准凌虐。番民入内地用工贸易，汉、回自应互相关注，不得欺凌。

四、旧城福音堂教士，各宜保护，番民勿得故为欺侮。

以上四条，杨土司担保“番匪”永不干犯，具结遍详立案。

寥寥数百字，而昔日官府于边民之压制态度及其公开媚外，显示无遗矣。

渡河后至羊巴，神召会在焉，旧城南关之福音堂即其所立也。其西数里有羊巴城，一曰石堡城，形势绝险，中有八棱碑，唐天宝八年立，纪哥舒翰战吐蕃之功者也。据云，碑之八面有字，每面五行，每行三十六字，久已仆圮剥残，民初曾被盗卖一部分于美国人云。

自羊巴沿河下行里许至录巴寺，本亦为“番”寺，属垂巴寺赵僧纲管辖，后以寺衰僧散，乃于清末永期租与宣道会，今有美籍教士斐牧师居之，承邀入稍坐。斐牧师之居此较卓尼孙牧师为尤早，洮州话亦极纯熟，观此不能不为之暗自心惊也。

寺旁居民十余家，内汉民数家，乃因十八年之乱迁来者，而旧城邮局亦在是。吾人自他处接得旧城信件，其邮戳均为“洮州旧城”，然局址实在隔河相距十余里之此地，盖自十八年变乱中旧址被毁，移设此间后迄未迁回，因相为笑语曰：“邮局尚未上庄。”然谐趣终不若隐痛为重也。

离此更近约二里至录巴湾。水清山秀，翠林碧畴，相别数日之卓尼景物又得一亲接之机会矣。村当一小山沟之口，建筑情形与卓尼及拉力沟等地所见者同。居民二十五家，藏民以一户之差居多数，属杨土司管辖，汉民则属于临潭县政府。汉民居此在民国十八年之后，其中来自临潭者七户，来自河州者五户。而旧城经商者数家亦暂避于此，其资本均在万元以上，住房则赁自藏民，三间房月金一元而已。藏民生活以农牧及砍材为主，与拉力沟同。属于本村之林二十余里，小木随意可砍，大木则须得全村人同意始能伐云。旧城一校校长苏士元君，字循卿，其侄缵武，肄业于北平辅仁大学，其家为钜商，居于是村，遂入宅稍息。

“南番十二头”

循卿之三兄士侁，字星菴，通称苏三爷，现年四十八岁。自十三岁即以负贩走藏地，后丘几寺老爷（僧官之俗称）招之为婿，生一子，为主藏民事务者多年，于“南番”“达子”等地出入多次，近以年长思乡，退居录巴湾以东数里之达子多，以贩木为业。其婿周君，家居羊巴，亦业商，与循卿同来录巴湾，遂邀二君同往访之，承谈“南番”情形云：

“南番十二头”在叠部之南，介于岷江、白水江与黄河支流德特坤都仑河等三水上源之间，地多草原，民皆帐居游牧。十二头各有土官，而以班佑为之长，曾受清帝之诰命，今以内部主持无人，久已丧失其对余部之约束力矣。十二头名目列后。（音皆据其口述）

韦·拉建（上为地名，下为官名，后仿此）——汉语通作班佑，在德特坤都仑河上源。

多玛·那姆禁儿旺——在班佑之南约四十里。

阿儿几·玛几结——通作阿细，在班佑西北约四十里。

咱雷·那姆拉特儿——通作热拉，在阿儿几西北约四十里。

热（Ra）东巴——通作热当坝，在咱雷西北六七十里，更西北行三十里即至郎木寺。

连洼——通作郎洼，在班佑西北约四十里。

霞密——通作辖慢，在连洼西北约七十里。

当库儿——通作唐昆，在霞密之西约四十里。

保（Bou）龙——通作保窝藏，在连洼西北约六十里。

江岔（Ca）——在热东巴之东三十里。

霜岔（Ca）——通作双岔，在郎木寺之北。

作儿该·尼玛——在霞密之西二百里。

有与帐房相关之土房藏民，自分七区，约在帐房之东北百里许，不在十二头之数，普通极易混淆。七区之名目如下：

阿儿几茸（茸为土房之意）。

巴儿几茸——在阿儿几茸之南二十里。

汪宰——在阿儿几茸之西北。

包座——分上、下二部，南上而北下，相距二十里，约在阿儿几茸东南五十余里。

丘几·和卡（和卡为区部之意）——当阿儿几茸、巴儿几茸及包座三沟汇合处之左岸。前二水相会东流，包座沟水自南来相会，折而东北向，其西面即为丘几矣。

格洼·和卡——在阿儿几茸之东四五十里。

与“南番十二头”同称者有“达子十一根箭”。“达子”为蒙古人之俗称，地在青海境内黄河大曲之东南部，乃明时所封，分属十一土官管辖，而受制于拉卜楞之黄河南亲王。

藏区多平阔草原，开辟甚易，如修筑公路，经岷县、西固入四川，虽系旧道，实坎坷多险，不若自临潭经旧城、江木关、双岔、郎木寺、“南番”以达松潘之路为坦夷易趋也。

凡走藏地者在彼别有名号以相称谓。如苏家曰“GaYa仓”，“Ga”之义为口，“Ya”之义为好话，“仓”之义为家，合之则为“仁义之家”也。周家曰“尕爸爸仓”，即“小叔叔家”也，因其先辈曾有秀才前往，故有是称。名称既定，则历世而不改。昔岷县有一驱白驴驮子走叠部藏区者，得“白驴”之称，死后其子继往，人乃称之曰“Bailü（驴）gaga（白）bu（儿）”义即“白驴的儿子”也。

达子多与卡车沟

达子多当卡车沟口之右岸，与拉力沟同为木材业中心，兰州巨商集此者凡四五家。居民有藏民十二户，汉民七户，后者皆以十八年之乱自旧城逃来者，生活多艰苦。卡车沟较拉力沟为深长，雨后水盛而激流清澈如常，于桥头凭观少顷，湍势崩腾，宛如玉雕蛟龙而赋予生命矣。沟口有平滩广茵曰尼坎滩，七旗下之总山神在焉。藏民以旧历五月十三日祭之曰“造山神”，请奔颇（即在家修持之藏僧）诵经，燔鲜松枝于山神之前，椎牛一头，取心洒血焚于火上，而后分割其肉，每旗族皆可得少许。凡修好释怨者，可乘此时机盟誓于神前。今日适为正日，初不之知，归途中见藏民多携肉而散者，始询悉其事，惜未得一观其仪式也。又闻十五日更念嘛呢经，设食款众，游人与售物者甚伙，成一临时市场，颇极一时之盛云。

途中野花甚繁，周、苏二君为指点其名，不下数十种，惜余非生物学家，有负此博大之自然标本陈列所也。又野果多可食，然为时太早，尚未成熟，故亦有口福不足之叹。

黄昏时返抵录巴湾，遂宿于此。

返回旧城

十一日上午晴，下午、晚雨。

晨四时许为山鸟吵醒，将圆之月犹未落山，布谷声声传自幽谷，颇有“子规啼月小楼西”之感，遂起登山，气象清新，心境至为愉快。

七时许同颉师等闲步于村后山沟中，异草杂花，蜂鸟相逐，云树悠悠，山水竞趣。旬日前所得于拉力沟者，遂又一度浮现于心头。

十时半启程返旧城，下午一时许达。旧城回教促进会与县立二小又合开欢迎会于二校内，随颉师前往参加。

旧城附近考察纪略

十二日晴。

九时许动身赴附近乡间一察，由区署派导者及马夫各一人。由西关经北关、校场向东北行，三四里至卓腊，右转登山，山及沟皆与村同名。地属杨土司，居民汉、藏兼有，十七八年乱后，人亡地荒，迄今犹多未上庄。逾一小山冈后至鹿马儿，去旧城已十里，与东南相距里许之冯旗共为一保，居民皆汉人，较为富庶，如所会见之石老者，家有牛十五头，田三十石云。前行更逾一小山冈曰青土口而至长川，其全称为长喇嘛川，去旧城十七八里。本为大镇，居民二百余户，十九皆回民，十七年旧历岁杪，驻军与地方武力相冲突，腊月二十三至二十五日，激战三天，守者终不支，阖村因以尽毁，死者以千计。至今全村上庄者不及五十家，而犹汉多于回，残墟破壁，触目皆是，则当日摧残之剧烈，较旧城实有过而无不及也。多数人未来上庄者，一因尚多心怀不安，不敢即来，一则经商胜于务农，有钱者已改行而走藏地矣。全村已耕之地约二百石，尚有若此之数遗于荒芜中。农产物以燕麦为主，次为青稞、豌豆等。村北龙王庙内有小学校，创设于民国十一年，今有学生二十一人（汉十六，回五），而四级俱全，教员则仅一人，经费年只六十元，以基金一百六十元生息及保中公摊若干充之，挂图教本尚属整齐，残破中令人稍感宽慰。南距八里之沙堡，亦汉、回杂居地，小学情形亦同此。

离此西北行，渐左转向西，更左转向西南，复逾一小山冈曰申藏梁以达申藏。离长川三里所右方有村曰小干儿，地属杨土司，居汉民十余户，皆“吃田的”也。前行更有二村遥峙于道之南北曰塔那与西当，居民前者回而后者汉，地本属于卓洛杨僧纲，今则久已失其支配力量矣。西当之北有高山矗立曰立木尖山，奇峰如削，峭拔于群山之上，自旧城即可遥望其雄姿，唯童赭无草木，逼视意反索然也。

申藏居申藏沟中，在旧城东北十里许，可以遥相望，与其西二三里之甘藏各有居民数十户，同属于卓尼杨土司之巴龙什旗。昔日为回、汉、藏杂居之地，今则同为土地纠纷问题之中心。所谓土地纠纷问题者，造端于十八年之变乱。藏区土地多由汉、回人承种，即所谓“吃田”或“通军”也，变乱中杨土司与回民军结怨，遂依旧法没收回民所耕之田而别招汉人承种。事后回民持恢复故产之理由数度要求上庄，甘省府亦数派大员前来调查处理，如二十二年夏之民政厅长林竞，二十四年夏之民政厅长王应榆及其后之马凤图等，然俱无结果。牵涉于此问题者凡十八庄，皆环于旧城附近，仅一小部涉及昝土司，大部为与杨土司有关。去年杨积庆氏逝世后，回民方面又渐趋活动，近且已作直接行动，强将已耕种之地重播他种，致田中二苗杂生并长，又运材建屋于甘藏一带，势颇严重。临潭黄县长今日为此事前来查处，故田间聚集之人民至伙。闻原居回民本无力为此大举，而西道堂方大置田产，以廉价收买其文契，使出面争地，争得后即为道堂所有矣。

申藏村西之矮山曰申藏坪，村人奉祀之山神在焉。离此西行，经坪南而达下甘藏，上甘藏与之相去里许，可以遥相望。更西南行，经仓禾、楞坎等地，山与沟及藏庄皆同名。至木儿当，时已六钟，遂止宿焉。仓禾分上下二部，为卓洛杨僧纲所属，今亦有名无实矣。

木儿当在旧城西北十五里，适居协藏沟入口处，为河州大道所必经，历次变乱实首当其冲。居民皆藏民，十八年之乱前本有二三百口，今则不过三四十口，共为十一户，内八户为杨土司之“百姓”，三户为昝土司者，又新增汉民一家，乃最近自临潭南乡宋家庄迁来者。杨土司之巴龙什旗总管今驻此，昝土司之“百姓”则由西南数里之阿子滩头人司之。生活以耕牧为主，全村共有田地约五十石，大部为耕种一年即须停息一年者，曰“扑地”或“息地”，盖以地气高寒，土力有所不及也，至旧城附近即无此现象。少部分不必停息者曰“花犁地”。作物以青稞燕麦为主。牲畜多为牛羊，牦牛每头价十七八元，犏牛四五十元，绵羊二元。牛车几乎家家有之。食品以青稞炒面为主。雇用小工，供饭之外，日给钱二百文而已。住房皆平顶土房，村口有饮牲用之小池，亦此区之一特点也。饭后登屋顶，凭栏纵目，斜晖瑞霭中，远峰皆作乳白色，东照满月，西映太白，絮云朵朵驰逐其间。闲眺移时，日间之疲乏为之顿释。

十三日上午晴、下午雨。

六时起床，即跃马赴协藏沟，云山叆叇，朝气袭人。田中布满叶似除虫菊、花似紫藤萝之野草，曰铃铛草，乃本年停息之地也。约里许至闇门。闇门者，明初所筑边墙之关隘也。墙为土筑，高厚略如北平之旧皇城，唯易朱颜为黄土之本色耳，拦沟越山，起伏不定。闇门在沟东北边山脚下，今以垣多颓毁，路已自沟中直越矣。闇门内有古堡二，分立于路之两侧，左下而右上，相传为元时所建，同治之乱，藏民曾聚保于下堡中。驱马至此，满怀塞上之感矣。闇门内外之山坡间有二村曰俄藏与日札，当二小山沟之口，为卓洛杨僧所属，十七年旧历腊月初一日，附近藏民四百余人被害于此。

出闇门行二三里至俄化，是为协藏沟四庄中之最内一庄，已入北山范围，与邻近各地共称为“口外四旗”。居民由世袭土官曰“洪布”者司之，对土司不上钱，不纳粮，仅服兵役曰“打拨儿”（译音），四旗共出人马各一千，犹为宣统年间所定之制，而言者竟谓：“亘古以来，就是这样。”出家者赴距此东北三十余里之恰盖寺。兹表列四庄之概况于次。

庄名	距闇门里数	土官名	现有居民户数	民国十八年前居民户数
俄化	约三里	杨次旦	十五户	三十五户
几要	约十里	三土官分管	十二户	五十五户

续表

庄名	距阖门里数	土官名	现有居民户数	民国十八年前居民户数
康古儿	十四五里	杨武杰	十三户	四十户
大札	十七八里	杨车相	十七户	七十户

俄化杨土官现年二十五岁，辖民二十余户，分布于四庄之内。全家本为十三口，十八年乱时尽罹劫难，唯彼以在恰盖寺为僧得免，事后乃还俗主持土务。卓尼事变中一度为主角之麻利哇即本庄人，乃村中之首户，与土官为盟友，遥瞻其子立于门下，因言语不通，未能接谈。人民生活仍以耕牧为主，田均扑地，每家可有七八斗。作物大部为青稞，余为菜籽、洋梗等。牲畜以牛马猪羊为主，鸡鸭则无。食品主要为炒面。住房与前所见者亦大同，唯稍矮小，面前多竖杆悬白布书以藏文经语，名曰“经旗”，随风飘荡，效力即如诵其经，所以祈福禳灾也。

全沟自东南至西北长四十余里，由大札以上至买吾新寺五六十里，渺无人烟，中隔一山曰完科梁，为河州道上最险僻之地，杀人越货，时有所闻，行者视为畏途。在历次乱事中，各庄受害最大，如十七八年之乱，被扰达十余次，由前表所示户数之比较，即可知损害之惨重矣。按自同治年间发生变乱以来，地方上向有“吃血酒”之规例，参加者各以经典互顶头上，并以酒肉交换饮食之，盟约一定，从此互不相犯。如光绪间变乱，回、藏间即以此相保无事。此次事变初起时，汉、回、藏之间亦曾共吃血酒于卓洛，约定“三教互保”，然终于未能相保，因之而贻害无穷也。

留俄化约一小时，归木儿当用早膳。饭后启行，十时许抵卓洛。路上山多枯黄，唯卓洛村西一山蒙以绿草，茸茸可爱，上缀白色之山神堆二，尤为动人，是为阿盖山，乃四什哈之总山神也。四什哈为包吾什旗、巴龙什旗、他那什旗、着逊什旗之总称，与七旗下同为卓尼杨土司统治力量较强之地区。每年阴历六月十五日，四旗藏民共会于此举行大祭。

卓洛为旧城西北十里之大镇，分上下二村，上村小而下村大，通称卓洛即专指下庄而言。民十八年前本有居民一百二十户，今则仅存四十余户，内汉民七户，大部皆回民，而有代表藏民余势者一家，即杨僧纲是也。杨僧纲为洮州五僧纲之一，与卓尼寺相联系。肇始于明初，自称为洪武间由西藏迁来。《洮州厅志》称："始祖杨永鲁系着藏族番目，明永乐十六年，以功授'昭信校尉洮州卫指挥使司着藏旗百户'，分守隘口。永鲁之侄锁南藏卜于宣德二年为僧，宣传佛教，授都纲司世职，招中茶马。"其后迭获赏授，似颇煊赫，然后世渐替，同治间所属之寺被毁，竟无力复建，残余僧人四五人，拨归卓尼寺。志称其管辖藏民二十三族一百一十三户（光绪间），现仅辖有四十九户，分布于上下卓洛、八舍、旧日卡、拉卜山、倚子多、塔那、卜家仗等地，其"百姓"则藏、汉、回兼而有之，对僧纲之义务仅为年纳粮少许，轻小之讼事受其裁决。然僧纲无恒产，故年来其政治约束力已随经济力量之薄弱而低落，以致消失，人民多自动转属于县政府者，僧纲亦无如之何也。如日札之藏民三十余户，以二十四年春间僧纲在其附近掘秦艽，村人认为妨害畜牧，即宣告与之脱离关系，由县府编入卓洛保，共为三甲，即其一例。今僧纲名凤彩，居舍为残寺旁之矮屋三间，简陋如窭人之室也。

回民以敏、马、丁、黎四姓为最多，分别信奉新、旧教。新教西道堂设有分堂，新建成之房舍甚修整，堂内有教民三十余口，耕地约五十石；生产有余归之于旧城本堂，不足则取给之。旧教回民本占最多数，十八年乱时所受之损失最重，现仅有二十六家，多数仍未上庄。村内有仅存之礼拜寺一，新、旧教回民共用之，参观时犹见学童五六从一老阿訇学经文于其中也。

生产方面以农耕为主，家可有地二至十石，均花犁地。作物以燕麦为主，约占全额之半以上，其次为豌豆与青稞，约各占十分之二，极少量为小麦、洋芋、菜籽、洋梗等。收获量，燕麦每石地可得四石，青稞、豌豆各三石。畜类以牛羊为主，马匹较少，耕地驾车均用牛。走藏区作生意者有七八家云。

约午时离此赴古尔占［古占］。南行入山，天渐雨，取雨衣披之，远山朦胧一色，回视无雨处则朗晴若故。经古占山，下山右折，路滑难行。至古占川，山势渐开展，前望古尔占在目，而村北之牛头城先现于右前方，雄踞一小山头上，内有碉楼二座，自云雾中望之，恍如浮于洋面之艨艟巨舰也。

古尔占一作古占，在旧城之西十里，当数川之会口，形势略如旧城。北倚牛头山，完科沟自北来，经阿子滩，傍牛头山之东侧而南，曰菜籽沟，右会达加，左纳干泥等沟，山川交错而构成中央之小盆地，当年大匠盖一仍旧城之作风以成之也。其地实为旧城之西屏，附近亦较富裕。居民一百一十七户，均汉民，是由于明代屯田之故，南、西、北三面数里之外即为藏民区。居民原有一百三四十户，乱中多被杀者，致减少为二十余户，所见街头蹀躞之老者，或颈部犹有瘢痕，则当年惨剧之景象不难想见矣。生活以农耕为主，田多花犁地，作物以青稞、燕麦、豌豆为最多，小麦、菜籽、胡麻等次之。牲畜以牛、羊、驴为多，马最少，全村共有牛约二百头，驴二十余头，犏牛价约四十五元，稚牛二十五元，马须五十元以上。工艺方面多木匠，锯木之解匠次之。赴藏区作生意者亦颇有之。

初级小学与义务学校各一所，同在村东南之旧庙内，且同在一教室内上课，盖二名而一实也，以经费来源不同而分立二名耳。前者以基金二百八十元及村内之罚金五十元发商二分生息，年得六十余元充之，后者由县府转发上级协助款项年额一百二十元，各聘教员一人，轮流上课。学生共五十人，本村者三十九人，其东南数里之古尔巴村者十一人。课本之庞杂为此行所观者之最，《大学》《中庸》《论语》《孟子》《三字经》《百家姓》《幼学故事琼林》等之外，学生案头更多放置《马可福音》《使徒行传》一类册籍者，如此繁杂之教材，不知教师如何讲授也。又闻学庸一类书籍乃学生家长坚求课读者，则又可见社会风气之闭塞也。

村北有土寨曰古占寨，相传为明洪武间逐退“达子”后所建者，今其中有汉民八户居之。又龙王庙一，曰“镇守西海感应五贵都大龙王”。西海者青海也，龙王据称为明将安世魁。安氏之事迹未详，要之当与明初移民屯垦有关。牛头山更在寨北，牛头城在其上，即途中所见者也，相传为吐谷浑城遗址，凡前后二城，雨止后攀登一探，唯见禾黍油油而已。

在此逗留几个小时，承保长魏君及初小教师牛君等为述有关情节。四时许登程，经辛庄（杨土司属）、吊路及西凤山下之达子沟，返抵相别二日之旧城，已近六时矣。

八龙池、古城与龙骨泉

十五日晨小雨，晴。

五时起床，精神甚惫，连日奔波太剧也。而颉师邀与重探古城及潭之遗址，盖闻余昨日之发现后已触动其游兴矣，遂会同苏士元、丁立夫等君缓步前往。苏君等在前，颉师及余在后，随走随谈，举首一望，则非昨日所行之路，旋乃舍径登山，造巅而得一湖。时小雨初霁，风光明媚，突临斯境，心情立为振发。询之，始悉其名为八龙池，山曰八龙山，八龙庄即在其下。池广约三亩许，南面有泉，细流涓涓不绝，平日为放山者饮牲之所，天旱则附近居民恒就之祷雨云。颉师兴会甚浓，即景遂成一绝："八龙山上八龙池，荡漾云光上藻丝。顾视群峦齐拱下，几留峭顶映湖湄？"盘桓有顷。下山时顺道一观八龙庄，居民十三户，藏民仅二户，余皆"吃田"之汉民。

下山后由余指路，行至昨日所至之古潭及城之遗址处，循览一周，拾得砖瓦数片，颜色古黝，惜皆残破，且无文字，徒足当纪念之用耳。苏君等初犹未知有此遗址也，乃导游北关外之另一古城。至则果得东西向之城基一道，长不及里，似为故城之北墙，其南今为住宅区，通称为古城云。《洮州厅志》曰："洮州古城遗址今存者不止数十，但历代废置沿革及其名称皆不可考。"可知洮州古迹之多为人遗忘，原不足怪，而"临潭"之名，唐初已有之，余探得之古城及潭之遗址相传已历三十余世，当在千年以上，或即为吐蕃所陷没之唐城，而其以"临潭"命名之由来遂得确切之解释矣。

时已近九钟，丁立夫君家在北关，承邀入宅稍憩。十时许又同游龙骨泉。泉在城东北三里许苏家沟北面半山上，地名神仙洞，数年前曾发现龙骨而得斯称。泉小水微，更无草木，景色远不如八龙池。然倚坐石上，叠部石门翘首在望，白云与雪山相辉映，远景可弥其阙。颉师即景又立成一绝："雪簇南山是叠州，石门金锁望中收。白云锁住石门里，添得雪山几个丘？"众闻之，莫不同声称妙也。下山后到苏士元君家稍坐，众出纸请颉师书，遂逗留于此，傍晚始归寓。

离旧城赴夏河

十七日晴。

五时许起床，归寓整理行装，准备就道赴夏河。卓尼司令部特派杨头目率藏兵十余人前来护送至买吾，因前行经终日不见村落之草地，途中必须加强戒备也。十一时方动身，路滑难行。遥望北面山头多覆雪，是昨夜所降者也。西北行渐登山，逾大湾坡而至古占川，与四日前所经之路恰交成十字。旧城友人相送至近古占川处始握手道别。过古占川后，经阿子滩至干不他，歇马打尖。地距旧城约二十里，属四什哈之巴龙什旗。前行过闇门，逾大路石山与江口寺山，经江口寺之南，复越东朱纳山而行于完科川，更前行经一小村曰湾曼儿，约十余里而达完科儿，是为夏河道上必经之宿站，亦杨土司势力圈最外一据点也。

完科儿分上下二庄，相去二三里，供行旅住宿者为上完科儿。去旧城约五十里，属阿禾儿角缠旗，即与协藏沟同称为口外四旗者也。上完科儿居民十五户，每户五六人。生活重在畜牧而辅以农耕，平均家有羊五百只，牛百余头。宿店三家，内一家为回民，店主皆旧城人也。藏民着皮衣皮冠，妇女则曳长裙之服而束其腰际。头饰，已婚者垂无数小辫于后，未婚者中间留一大辫而旁衬小辫数缕，上各缀以巨大之银环珠串等。男女皆着长靴或赤足。居舍为土房，而屋顶相连接，任人通行有如街道，家各有梯以便上下，较在卓尼等处所见者更有村内交通之利，且便于村庄自卫，含义可谓深远。附近山皆童秃，故木材甚贵，运木须至六十里外之洮河滨。今日所经各山概平浅。自江口寺至湾曼儿间之川地，长十里许，皆黑土而荒无人理，遍生马兰，湾曼儿至完科儿之间，始稍见青稞、燕麦、菜籽等，此种地带实可容纳大量垦殖人口也。

完科儿背后之山曰白石山，《洮州厅志》称："其形截然壁立，高数仞（'数'下疑脱'百'字），山多白石，故名。……上有险岭九条，旁罗要口九道，西通远番，北曲折蜿蜒贯穴藏大山（即协藏），迤逦而东，直接长岭坡。洵天生峻险，为洮州屏蔽。"按"九条设险"为洮州八景之一，惜未能攀陟一快壮游。黄昏中望之，除稍高巍于邻山外，觉无他异可言。忆百日前游康乐时，于赴八松途中，有高山隐见于树末而雪覆其巅者，即此山也，当时曾想倘置身山下不知感受何如，今果置身其下矣，则亦不过如此耳，乃知观景须得适当之位置，否则虽迩犹远也。

（选自《陇游日记》；原载于《甘青闻见录》，《甘肃文史资料选辑》第二十八辑，甘肃人民出版社，1988年5月第1版）

黑错、临潭、卓尼一带旅行日记（节选）

于式玉*

完科洛是由洮州往黑错、陌务、哈加等处的要道，有藏民四五十户，此外，就是三四家开店的河州人。在这一类的地方打尖，普通都是吃“浆水面”，安宅看见白面想吃烙饼；我因腿痛坐在炕上休息，他便自己动手，用商人带的油，烙了五张，吃了四张，结果店家算了一元五角钱（此处每元可买八九斤面）。饭毕出去照顾马匹时，发现我骑的马背上有压坏的疮，才明白它走起来为什么总是斜行。太子山上所以滚山，也是因为这个疮的缘故。当时我们心里深怨雇马的人给我们这样坏的马，而自己却把好马骑回拉卜楞去。因即要了些水，给马洗疮。商人因为骑的马瘦小些，距洮州旧城还有六七十里，怕一站赶不到；我们两人则看天时尚早，总想一天赶到，早去早回。若不然，在外多留一天，除去马的草料费不计外，每匹马的赁价，就是硬币一元，合法币多少，还在每天增加，那不是很重的负担吗？结果，我们把马收拾起来，三人又同行了一会。那商人在离完科洛二十里的一个小寺上住下，我们两人又伴上两个去洮州赴牛会的藏人同行。但是人家马壮行速，我的马自从发现有疮之后，骑在背上总是心里不安，它纵然走得慢些，也不忍打它了。终于两位藏人走到前头看不见了，我们则在天近黄昏的时候，仍然打听不出究竟距洮州还有多少路。有

---

* 于式玉（1904—1969），长期致力于民族事业和社会教育事业。中华人民共和国成立前曾在拉卜楞寺院地区开办女子学校，并与其夫从事藏族民情风俗及宗教的调查。1954年后，先后任教于西南民族学院和四川师范学院。主要著作有《黑错、临潭、卓尼一带旅行日记》等，其中关于藏学的文章，已收录于《于式玉藏区考察文集》和《李安宅、于式玉藏学文论选》中。

人说二十里，有人说十里；也不知何处有村，何处有店。两人走在这样陌生的地方，心里万分焦急，也顾不了马的好歹，腿的疼痛，便打着马拼命地跑了半点钟。在一切都现着模糊的时候，遇见了一个汉人的村庄，名叫鸭子滩。再一打听，才知道距洮州还有一里，天既黑了，人也困了，马也乏了，真是一步也不能再往前行了。安宅下马，打听住处，这个说那家是店，那个说这家是店，谁也不肯收留，后来安宅走到一家店门口说："你们留客我也住，不留客我也住，就在这住了！反正有人住的地方总不能让人露宿、喂野兽。"说着，把马拉到槽上，喊了一阵，他们才客气起来。找到店主人，他声声叫"老总"。倒茶，喂马，做饭，一切都好办了。出门发横，原来觉得十分害羞，但好话说不通，不通的背后又是危险，将怎样办呢？及见他们因我们发横反倒和气了，我更觉得老百姓可怜。因为官家常如士兵那样，都是住店不给钱，反或拿着东西走，老百姓原是惊弓之鸟，听他们声声叫"老总"，当然不为无因的。用一毛钱买了五个鸡蛋，煮了自己带来的挂面，饱餐一顿，两人便睡在一扇门板上，打发过一夜。第二天我们开了八角钱的草料钱，然后才上路。

……

七日，我的马背伤仍未愈，乃向马府借了一匹马，向卓尼出发；自己雇的马，则留在店中请店家代为调治。由洮州旧城到卓尼有两条路可走：一条是顺着山岭走四十里；一条是顺着洮河岸走五十里。我们为了要去卢巴寺（今称录巴寺）看一位新近死了丈夫的费太太，便选了那条长一点的路。费牧师他们是美国人，到西北来传教，已二十余年。我们自己作为中国人，在"下边"敢来此地的不必说，就是抱奋勇精神来到西北的，也是多数都在叫苦连天，说西北生活苦，地方不可住。反观西洋人，再想二十年前的西北，人家能以那样的艰苦耐劳，不畏险阻的精神，处在这种环境中，相形之下，愧汗浃背。费太太见我们去了十分欢喜，她本想我们会住在那里一天的，所以为我们做了种种的预备。但我们旅行心切，又不欲打扰正在悲痛中的未亡人，只好谢了她的盛意，吃了一次茶，就告辞了。

卢巴寺距旧城十里，为二十余户的小村子，居民原为藏民，此刻全为汉人。地有青山绿水，十分幽雅。费太太说，最近在她住宅（原喇嘛寺址）的后山上，发现了一个千余年前的万人冢，本地人说，那是"野人"

的坟墓，想是当初与“中原人”斗争之地。考古不是我们的本行，当俟来者。离开卢巴寺之后，爬了一个不大的高山，下山顺着平道，沿洮河往前走。洮河这一段流域，虽不在峡谷之内，但因河床中石块很多，所以流起来湍急万分，碧绿的水碰到石块上，激起一堆白水花，倒流回去，十分有趣。有的地方，禾田丰茂；有的地方，林木成荫，忽而有一些木筏子从我旁边如飞似的流过，既不知它从何处来，更不知它们流往哪里去。有时河绕山角，路抄捷径，河与我们相离，及至我们从山脊上越过之后，便又重相并进。这样幽丽深邃的天然风光，使我们心旷神怡。但因穿得多，天气热，不久又疲乏起来。安宅的马在未到卢巴寺之先绊了一下，跛了。我更因左腿前伤不敢策马快走。由卢巴寺到卓尼四十里路，十一点起身，直到午后三点尚未走到。这时雷声大作，有暴风骤雨之势，使人不知如何才好。虽然勉强打着马跑了一阵，但大雨还是倾盆而下。在我们衣服全都湿透之后，才遇到路旁一人家避雨。原来里面已经有一位和尚，先我们避在那里了。这孤立路旁的三间房子，外面有不大的一块地，种着几棵白菜，围以稀稀的几根篱笆。篱笆外边卧着三头猪，被雨打得哼哼不止。我们把马拴在檐下，把行李拿到屋里。外两间有一个炕，上边坐着一个五六十岁的老汉，点起一盏油灯，一面吸管烟，一面同和尚谈天。一个像他儿媳样的人，坐在门旁一块木头上，给孩子吃奶。屋地下堆满了农家用具与饮食什物，西间堆满了草。大概是老汉的儿子吧？两手抱着膝盖，眼望着天说道：“这场雨下晚了，庄稼已经旱黄了！”我因为身上湿透浑身寒冷与腿部不舒服，坐在地上靠着行李合眼休息，并未参加谈话。只听安宅加入他们攀谈，知道此家汉人不与各处一样，不是十七八年逃难来此的，乃是落户好几世了。谈到顾先生去年到此，只听和尚用藏语向老者解释他的人品学识，满口称赞。半点钟后雨停，我们又整装起来，踏着泥水走了五里，才到卓尼城。

卓尼，就城来说，是很小的地方，但杨土司——现在称杨司令[①]的辖区，面积却很广。我们在此，时间颇短，未能去各处参观，当日只在城内拜访了一次设治局的刘局长与驻防军的郭连长。第二天午前到司令部，适

① 原文注。即杨复兴，中华人民共和国成立后曾任甘南藏族自治州副州长等职。

逢幼年司令上学去了，杨老太太身体不爽，同参谋长谈了半点钟。十一点起身，午后即到了洮州新城。

这次在卓尼短短的时间内所得的印象，觉得在抗战时间，大家确乎是努力工作着。当地的文武公务员，都能打成一片，以谋事务的进展。他们那里举办的事业，如喇嘛学校，使寺中的喇嘛，八岁至十五岁的，一律半日读经，半日读国语，真是西北方面一件了不得的事。我们到寺上参观时，许多小喇嘛都手里拿着一本国语书，在墙角屋檐下低头诵读。我不由得想说："诸位小同胞，努力吧！将来沟通汉、藏的文化，发扬藏民的智慧，建设大西北的光辉的巨任，应该负在你们的身上了！"再一件就是对禁烟问题的努力，像局治所管的铁布区域［今甘肃省迭部县］一向号称"生番"，是平常人不大敢去的地方。可在政府三令五申戒烟的时期发现了烟苗之后，负责人绝不因"情形特殊"卸下责任，竟毅然派人去把烟苗铲除了。其次，在喇嘛中禁赌的事，听起来也很可佩服。局长说："在藏民中做事，绝对不能谈钱。"许多喇嘛因赌而被拘，申明法令，使他们都认了罪之后，由着他们自择，每人挨几戒尺开释了。当然他们是五体投地的。就这几件事例来看，已证明了当事人的负责治事的精神。既成的事实如此，谈到将来的计划，亦头头是道，旅客闻了，不禁心境为之开朗。

卓尼城的内外与附近居民都是汉人与"熟番"杂居，原来在旧城所见梳三条辫的藏民，便是卓尼的典型人物。当天我们在卓尼住的李家店，便是一个汉藏合璧的家庭，女房东与她的女儿都梳着三条辫子，他的儿子在本县小学读书，是十足的汉人。在西北旅行，人和马住在一个屋，是谁都知道的。在卓尼，倒是隔开了，但住室的臭气，反而特殊难闻。加以臭虫肆虐，尽管一夜捉了二百多个，结果身上还是被咬起了无数的红疮，过了十几天浑身抓破的伤痕依然存在。至于人喝水，马吃料，一切没人照应，更是当然的现象了。

八日十一点离开卓尼，我的跛马虽已寄在旧城，安宅的跛马，现在更是不良于行了。但是他的马术比我好一点，跛马不走则已，走起来仍是比我快得多，出城以后，总是跟不上。他起先是且走且放牧，及离卓尼约莫十里，路分两歧，便不知他走哪条路去了。等了十几分钟，遇见村女，问明去新城的正路，才努力向前赶，但过了半点多钟，也未看见他的踪迹，迎面来的人已经不少，更打听不出他的下落。正在无可奈何的时候，他忽然从后面一颠一跛地赶来了，谁知他走错了路，且牧马且候我，久候不见，才问出路途走错。这样三十里的路程，由午前十一点起身，走到午后三点钟才进新城。

（原载于《新西北》第二卷，第三、四期合刊，1942年；
选自《于式玉藏区考察文集》，中国藏学出版社，1990年）

俄拉草地的蹄迹（节选）

宣侠父　**遗稿**

翌日，我们离开了买吾庄，迂道向旧洮州进发，因为萨丹的家在离旧洮州十里地的山村内，借此顺道送他夫人归家。我们逾越了一条小岭，走上周围四五十里的一片大草地，时节虽然已经到了初秋，但是草地上因气候较迟，还是春深的天气，满地杂开着黄色和红色的草花，衬着一片新绿的草色，我们真似在一片天样大的彩色绒毯上，驰骋着，奔逐着。我赞叹这美丽的草地，这是自然一种别有风致的艺术作品。

走尽了草地，转入迂回的丘陵中，沿途看见许多灰色的小兽，这些小兽藏名称为“挞拉”，天真烂漫地见人也不畏惧，但是当我们举枪预备射击时，就非常迅速地钻入穴内去了。

越过了一条蜿蜒的山岭，是一片狭长的平畴，马左一带高山绵亘着，山谷中隐约露出一带白墙，这是白崖寺窥伺着山下行人的一角，准提就此和我们告别回寺。长途旅行的伴侣，在一刹那间遽尔分离了。我们都不自觉地颤抖着一种依依惜别的情绪。

由白崖寺到萨丹所住的山村，计程不过二十里，我们到了萨丹家内的时候，斜日尚停留在西山之岫，村外的晚景，使我忘怀了马行的劳倦，尤其是萨丹的夫人，几乎欣喜得要堕下马来，因为一转眼间，她就可拥抱着她的爱子了。

我们都住在萨丹家内的楼上，室内非常清洁，但是楼下却养着两头牛，两头猪，一阵阵的粪溺气，时时沁入鼻管，未免使人感觉不快。

萨丹的儿子，是个伶俐可喜的孩童，萨丹预备在归途中，带他到兰州去读书，我也竭力地怂恿着。同时我见了他的养女，是一个十七八岁的姑娘，工作的勤劳使她的两手因此僵硬而粗糙，但是娟秀的眉目和绯红的双颊，显出一种强壮的美，在藏民中，我所见的女子，算她是最美的一人了。从罕塞的一举一动中，可以看出，大约是对她抱着无限野心的。

晚上，萨丹命他的大姨以及他的夫人和养女举行藏俗的歌舞。藏民妇女的服装，本来和中国古装相仿佛，所以长袖招展地舞着，另有一种风致。尤其是她们的歌喉，声带比内地一般妇女为高，振金裂石的歌声，惊破了幽静的黄昏，我的情绪，完全被歌声所征服了，直到临睡以后，枕上还留着缭绕的余音。

歌曲本来是人类感情的自然和美的发挥，环境可以左右歌曲的情调，所以生活在原野的民族，所以歌曲的音调，大抵都是壮迈而渺远的。他们生息在旷漠的原野上，四望无际的一片平坦的大地，视线中只青空的天和间间的白云，人们在这样宽阔的环境里，当然会发生壮迈而渺远的情感的，这种情感，就完全从歌曲中流露出来了。

在萨丹家内休息的一天，村民正在收割青稞，络绎的黄牛，负载着收获物，堆积木架上。他们唱着男女间恋爱的秧歌，每一次收获物送到晒场时，每个农民就都喝了一杯麦酒，歌声和邪许声从此就喧扰着天空了。这真是富有文学意义的生活，我站在屋顶上，看着他们愉快地工作着，茫然出神，几乎忘却了西倾山外残酷的社会了。

天明，我们离开了萨丹的故乡，取道白崖寺前，向阿姆曲霍出发，天气晴朗，我们的旅队顺着曲折的小道转入重垒的草山中。

（原载于宣侠父著《西北远征记》，文史资料出版社，1982年；
选自《甘南文史资料选辑》第四辑，1985年9月）

甘肃省西南部边区考察记（节选）

王志文

三、各县人口与藏民之分布

（三）卓尼

卓尼为旧洮州府辖境，永乐二年，僧人些尔地，依马尾松树建寺，即以马尾松之别名“卓尼”二字名其寺；康熙四年（1710年），赐名禅定寺，而“卓尼”二字依旧不变，乃成为当地之名称；民国二十六年后，设局治理，该地面积约35000平方公里，全境人口为35311人，而其中藏民几占87%强。当地藏区，向由土司管理，旧土司杨积庆为些尔地后裔，永乐二年（1404年）些尔地率领叠番达拉等族，献地投诚，十六年（1418年）因功授袭指挥佥事武德将军，四传至旺秀（正德年间，约为1506—1512年）赐姓杨；康熙十四年，其子杨翰梁平吴三桂有功，又十传至杨崇基，于嘉靖十九年，摄禅定寺，世袭僧纲；道光二十四年（1844年）传至杨元，更三传至杨积庆（时为光绪二十八年，即西历1902年）奉命归流，民国后改委为洮岷路保安司令，旋于民国二十六年，废历七月二十日于事变身死，其子杨复兴乃兼任司令（现年14岁），二子任禅定寺僧官（现年8岁）中央裨以护国禅师卫。更设卓尼设治局以治理之，唯切理番事务，仍多赖司令部之力量，其所辖番民计四十八旗，52族，其名称如下：

（1）上治杓娃旗：距洮州城150里，其中各族为：力吾族、拉什族、的里族、求路族、拉哇族、江卜那族、瞎的族、郭加族、公哈族等10族。

（2）班麻旗：距洮州城140里，其中各族为：勇占、礼郭、纳索边古、哈多、拉童、洛哇、多力等7族。

（3）岔马童的吾旗：距洮州城130里，其中各族为：岔巴、札盖那、的吾多、的吾甫、麻童等6族。

（4）约沙必拉旗：距洮州城80里，其中各族为：夏华的、多拉、约沙、哈扎、作那、拉盖、巴火等7族。

（5）多力木旗：距洮州城320里，其中各族为：台你莪、拉子莪、西庄、则你莪、七古、拉子、你藏、道当、柏古、上答峪、下答峪等11族。

（6）阿夏旗：距洮州城320里，其中各族为：那盖、阿大什、克浪、西居、拜赛、那古、你哇、自目、麻童、上下加、达舍、白土嘴等12族。

（7）代马旗：距洮州城150里，其中各族为：多藏、交纳、力求、柏达、郭札、术木哈、卡加、鼻子、四拉多、巴拉卡、上下赛巴等11族。

（8）阿禾旗：距洮州城80里，其中各族为：角缠、公江、公岔、拉的、卡颜、恶巴、哈童他、哈力那、才力车、些藏、灰老多等11族。

（9）沙麻童住旗：距洮州城80里，其中各族为：哈力那、沙而多、哈巴等3族。

（10）达拉旗：距洮州城70里，其中各族为：盖藏、高则、捏拉、勺藏、那录、冈古、加塔、七哇、冈全、古加、那旦、那盖、那知、甫娃、赛中、那录古吾等16族。

（11）土桥旗：距洮州城320里，其中各族为：火扎、土桥、岔哈、文布他、尚多、多力车、牙录、代录等8族。

（12）善扎旗：距洮州城120里，其中各族为：巴什哈、乔古、甫拉多、阿及那、夏哈多、夏占多、私吾格、录吾、额路那、大你什、扎着他、郭火、他扎你什、足录、卡子、郭望甫、寻望的哈、扎古鲁等18族。

（13）迭当旗：距洮州城120里，其中各族为：力吾、立住、宋巴、哈相、强沙、迭当什、甘棠、的令多、日人、拜的、录力茶、楞多、娃占、麻路、牙泉等15族。

（14）车巴沟旗：距洮州城160里，其中各族为：江缠、买力你、买力什、哈扎、格拉、银加、工巴、郭札、什空、郭杓、札自、麻扎、龙多、多禾、肖吾、盘交、阿及那、丹哈等18族。

（15）亦哇旗（距哇旗）：距洮州城240里，其中各族为：大力、约巴、娘里、哈占、崖藏、多勿、拉哇、乔家、大冈、哈扎、朋多、那加、身自、亚西、卜冈、沙力、竹吾、牙乃、知有、麻乃、放尕等21族。

（16）白力达加的吾娃买桑望甫多旗：距洮州城110里，其中各族为：的吾、杓洛巴、达加、火路什、夏路、你赛那、乔加多、桑望甫、大化路、哇买、他路那、桑望多、康大车、峪谷儿、洮力、峪泉那、柴尼等17族。

（17）包吾什旗：距洮州城50里，其中各族为：宁古、阿自那、古占、歪则那、拉子、日子那、夏路、扎逊、古巴、路哈、杓巴舍、夏视、大哈等13族。

（18）巴童什旗：距洮州城60里，其中各族为：恶藏、古巴牙固、六角、古六茶子、那麻火、古泉、加哈泉、班丸牙童、纯扎、甘扎牙泉、六盖、巴童、卓哈那、麻扎、甘卜他、班扎麻泉、仓禾、朱子那、叠必那等19族。

（19）小术布旗：距洮州城50里，其中各族为：杓洛、拨勺、思布、车拉、牙大、盘院、拉在岔、柏路他、卡杓哈、坐落什、宁扎什、拉子多洛、答知那、那子卡、甫扎哈等15族。

（20）朱札七旗：距洮州城63里，其中各族为：车路沟、大力那、知知、上下卡车、色树那、格古、拉加、无住那、什泉那、日人、沙的、泉日那、求细那、沙隘、泉巴、的古、买盖、达处、郭扎、哇日、乔大、拉力、加当、怕路扭子、勺尼沟、牙儿、巴吾、阿吾茶、拉扎口、麻的卡、多加、杓扎牙力、那儿、泼要、多落、乔盖、老拉哈、用路、你盖、哈占、用路光、口尔白、白路卡、术路、阿布岔、你住、拉盖、牙扎、的然、拉勺、多扎、立那、若娃、卓尼甫、西那、拉吾、童古、求然、求的那、毫路、莫勿、古路、求安、卓尼、杓藏、冰角、柳旗沟、哇路、术路、卡什山、杰巴山、麻儿、卜鱼、力赛等74族。

（21）当多旗：距洮州城340里，其中各族为：当多必若、加的、疑勿、大哈、多那、秘旦那、柯力、当多、舍木等9族。

（22）宁巴旗：距洮州城240里，其中各族为：竹泉、多内、委力、阿路、卡路、拉那、拉路、百扎、扎力等9族。

（23）拜扎旗：距洮州城240里，其中各族为：你占、哇求、截扎、初代、丹哈、沙爱、合力、麻童、丹格、亚童等10族。

（24）什巴旗：距洮州城240里，其中各族为：答童、敖教、色在、年下、牙古、撒路、窒住卡等7族。

（25）哇巴旗：距洮州城320里，其中各族为：才卡、次泉、沙拉、念古、吾子、作什、作爱、牙爱、郭扎、麻路、朋多、爱巴、空白、日盖、卡买、扎哈、下台、肉铺、肉童多等19族。

（26）买麻卡送旗：距洮州城240里，其中各族为：扎什、你泉、甲者、岔古、率如、卡浪、工古、你什、舍舍、阿自他等11族。

（27）拉卜什旗：距洮州城120里，其中各族为：羊沙口、秋峪、夏哇、山丹嘴、南沟、泉元山、哈六、东山、哈家滩、牌路、阎家山、东古、力洛、什拉路、大沟、牙儿山、山旦、沙扎、卢家山、结拉、卡日山、阳我、纳儿、朱古泉、卡古、四下川、丁哈、哈布、白石嘴、牛营、夏家山、达窝、牙那等33族。

（28）私吾什境旗：距洮州城15里，其中各族为：阿吾多、思古多、下哈、拉童、求扎、冰艾、白路、洛巴、的达、娘夏、求扎那、火儿扎、眼藏等13族。

（29）那麻那旗：距洮州城120里，其中各族为：知巴、低那、因扎、浪扎、若童、冬盖那、纳浪大、纳浪小、驼落麻古、朝如、驼落卡古等11族。

（30）冬禾索旗：距洮州城50里，其中各族为：答扎、秋各、多巴、那力、小族、郭索、拉路、云江、住舍等9族。

（31）大略沟旗：距洮州城60里，其中各族为：扎那、乔力占、七车、占占、洽卜、冰卜、他占、扎乖、阿你那、其卜等10族。

（32）口子下家人旗：距洮州城20里，其中各族为：口子下、娘夏、肉泉沟、捏人等4族。

（33）术怕初阴阳二旗：距洮州城180里，其中各族为：纯哈、居白、豆吾、勿勺、夏扎、盖夏、车力代、车力买、拜扎、的力、卡买、银固、新旧帕子等13族。

（34）阳山旗：距洮州城420里，其中各族为：拉六、曾布、目日、缠手、瓜子沟、下达念、上达念、力族等8族。

（35）铁霸旗：距洮州城520里，其中各族为：喇嘛盖度、下木头岭、上木头岭、千杆、大古的霸、岔平沟、扎路、买童沟、王家山、驼什、铁霸、言坪、拉哈、加兰、多折、阴折、乔三、西谷、西川、瞎闰等21族。

（36）阴山旗：距洮州城421里，其中各族为：上下骆驼、麻呢山、见道、谷来、旦代、康哈、驼老、岔冈、古当、角克等11族。

（37）代巴旗：距洮州城520里，其中各族为：见的、古的巴、阿童沟、壤沟、阳坡、雨岔霸、的血坡、克麻沟、支六、术沟、崖石头、卓儿郎、峰园子、扎答、茶路、江哈那等16族。

（38）下叠部截你沟旗：距洮州城420里，其中各族为：车路卡、牙力卡、皂子卡、代如卡、错日、泉六那、初六卡、你拉卡、可代卡、甫若、卡浪、你占、什拉、亦扎、则知、盖舍卡、扎古卡、你盖卡、拉哈、娘知巴等21族。

（39）尼俄哇藏旗：距洮州城240里，其中各族为：次力那、你巴、纳浪宁、哇藏、板扎、麻呀、阿思、尼我、阿哈卡等9族。

（40）俺子旗：距洮州城250里，其中各族为：你力卡、僧的、娘扎、童哈卡、什空、竹泉童卜、吾赛卡、次力卡、歪力卡等9族。

（41）卡巴力秀旗：距洮州城240里，其中各族为：术自甫、娘查、苦牙、怕克、卡巴、力秀苦、娘哈、娘如、苦尼、错口什、力秀查等11族。

上列各族人口，据该司令部二十九年之调查，日扎卡什旗计391户1640口，上治三旗268户624口，白力大加旗163户625口，桑望甫多旗计176户754口，善扎迭当旗115户1142口，巴沟旗320户1965口，小术布旗79户316口，朱札七旗672户2490口，色吾巴童旗195户740口，着逊他那旗186户682口，大峪沟旗88户428口，那麻那旗89户381口，冬牙索旗65户258口，拉卜什旗98户437口。总计3023户12926口，其他各旗人口，则尚无统计。

四、农业与农村经济之剖视

本区户口，据最近各县局调查（其中一部分远番未列入）合计约为59456户，其中岷县43276户，临潭9106户，卓尼3023户，夏河4051户，农户之分配，以岷县之百分率最大，占61.6%；其次临潭、卓尼，占61.4%，夏河最小，占12%，各县农户之分布，岷县约为35313户，临潭约为5591户，卓尼约为1856户，夏河约为450余户，合计43210户，各县农户分配总平均率占全部户口的54.1%。

本区面积，以临潭、卓尼二县局为最大，计20420平方公里，夏河次之，计9123平方公里，岷县最小计8111平方公里，但耕地面积则以岷县为最大，计91594亩，临潭、卓尼次之，计42566亩，夏河最小，计14952亩（根据任承寓先生之估计，据县府调查为1400余亩），可见岷县之农业，实较任何县份为发达，其较发达之原因，或系（一）岷县汉民较多，平时以耕种为主要职业，不若藏民之以游牧为生活而不能垦殖。（二）当地气候，因地势稍低，较临潭、夏河各地为宜。

以言土壤，本区位于青藏台地（Tibetanand Eorderland）之边际及中部山岳地区（Central Mountains Beltand）之四陲，为一高原草地，由于气候较为湿温，植物年生腐，有机质堆积，较为丰富，遂造成色泽深黑厚存尺许之黑色表土，此种黑土，土壤学者称为“黑钙土”，与俄国著名之（Chernozem）者相类似，黑钙土性质极为肥沃，故俄国黑土地带，为农业最盛之区域，但本区人民，因农业知识之缺乏，不能若俄国之能利用其天然条件，殊为可惜。

岷县西部气候，大致与临潭、卓尼相若，秋霜约在阳历9月下旬，晚霜止于次年5月中，雪始降于8月下旬，终止于次年3月，其中无霜雪时期，当为150日左右。夏河秋霜，约在9月中旬，晚霜止于次年5月下旬，雪始降于8月，终止于次年3月，其间无霜雪时期仅120余日，故晚熟及不耐寒之作物，在本区均不易生长，农作物之种类最普通者为小麦、青稞、燕麦、蚕豆、豌豆、蕾苔之属，作物栽培之方法与时期各县大致相同，兹列表于后：

（一）岷县、临潭、卓尼一带农作物栽培时期表

作物	耕地次数	耕地时期	中耕次数	除草时期	播种时期	收获时期	每亩种子数量（斗）
小麦	—	9月中底	一至二	6月上中	4月初	9月初	1.0
大豆	—	9月中	一	5月中	4月中	8月中	0.9
豌豆	—	9月中	一至二	5月中	4月中	8月底	0.9
玉蜀黍	—	9月初	—	—	3月中	7月初	2.0
黄豆	—	9月中	—	5月中	4月中	8月中	1.0
马铃薯	—	9月中	—	6月初	4月底	9月底	5.0
荞麦	—	3月中	—	—	4月底	8月中	1.2
燕麦	—	3月中	—	—	4月底	8月中	1.5
青稞	—	3、9月中	一至二	6月间	4月底	8月中	1.0

（二）夏河作物栽培时间表

作物	耕地次数	耕地时期	中耕次数	除草时期	播种时期	收种时期	每亩地播种数量（斗）
小麦	—	9月中	一至二	6月上	4月中	9月中	—
青稞	—	3、9月中	一至二	6月上	—	8月下	1.5
燕麦	—	3月中	0	—	5月中	—	1.0
豌豆	—	9月中	一至二	5月下	—	9月下	2.0
马铃薯	—	—	—	—	4月下	9月上	1.0
蚕豆	—	9月中	一至二	6月上	4月下	9月上	1.7
蕾苔	—	9月中	一	6月上	5月下	9月下	0.5
马铃薯	—	9月中	二	6月中	4月中	10月上	5.0

作物之产量，以岷县最高，盖以岷县农作技术较为进步，而其东区东北各区之气候，亦较有利于农产。当地各种作物面积，以小麦为最多，计31930亩；其次豌豆，计9947亩；以后依次为大豆，计9473亩；马铃薯，

计8930亩；黄豆，7969亩；玉蜀黍，7459亩；青稞，7421亩；杂粮，计5245亩；荞麦，计2264亩；燕麦最少，计1396亩。而每亩作物之产量，以大豆为最高，计每亩90斤左右；其次小麦、马铃薯，每亩均为80斤左右；再次豌豆、玉蜀黍每亩均为50斤左右；最后黄豆、荞麦、燕麦等，每亩均约50斤左右。杂粮产量，每亩约为20斤左右。各种作物之产量，折合如下表：

作物	产量
小麦	39228石
大豆	14210石
豌豆	9947石
玉蜀黍	55943石
黄豆	5977石
马铃薯	13382石
荞麦	1495石
燕麦	1046石
青稞	9170石
杂粮	12634石

临潭、卓尼两地，作物面积，小麦占16.21%，青稞占40.5%，燕麦占11.4%，马铃薯占17.37%，豌豆占3.2%，芥子占2.2%，至其作物产量，计青稞每亩地可产10.5斗（约合105斤），小麦每亩地可产7.5斗（约合75斤），蚕豆每亩可产5.75斗（约合57.5斤），豌豆每亩地可产7.5斗（约合75斤），燕麦每亩地可产15斗（约合150斤），马铃薯每亩地可产25斗（约合250斤），芥子每亩地可产7.5斗（约合75斤），比较其他各县（如岷县等）农作物之生产最为少。

临潭、卓尼农地，因其气候严寒，不能充分风化，故栽种植物，每经五年之后，即须休间一次，当地耕地面积，迄无详细统计，唯据民国十六年，各县册报载，该县现耕地为42566亩，时临潭、卓尼未分治，故实际包括卓尼，尚休耕地五年更换一次，则可以推测每年休耕地面积当为

8514.06亩，而每年实际耕地则仅34052.6亩。吾人尚根据上述作物所作之百分比，以及各种作物之产量，推测本县（包括卓尼）之农产物生产总量如下表：

作物	所占面积百分比	折合亩数	每亩所产（斗）	总产量估计（斗）
青稞	40.5	13791.384	10.50	14809.532
小麦	16.31	5554.1168	7.50	41655.0876
燕麦	11.40	3882.0192	15.00	58230.288
马铃薯	17.37	5914.97136	25.00	147874.284
豌豆	9.20	3071.56256	7.50	23026.7192
大豆	3.20	1089.6896	5.75	6265.7152
芥子	2.20	749.1616	7.50	5618.712

夏河县农作物面积，据任承寓君之估计，为13456亩，各种作物之面积，以青稞为最多，计37.50%，约为5706亩；豌豆次之，计14.43%，约为2158亩；小麦更次之占12.32%，约为1842亩；马铃薯再次之，占9.50%，约为1413亩；蚕豆又次之，占9.29%，约为374亩，燕麦，菜籽最小各为2.50%，约各340亩，此外休闲地指数为10.01%。兹列表如下：

作物	占作物面积百分数	亩数
小麦	12.32	1843
青稞	37.50	5706
燕麦	2.50	336
豌豆	14.43	2158
蚕豆	9.29	1387
菜籽	2.50	236
马铃薯	9.50	1413
休闲地	10.01	1346
合计	100.00	14525

至作物产量之总指数，为89.99%，根据上列亩数估计总共产额，其

中谷类产额为8273石，豆类产额为2154石，马铃薯产额为5175石，详如下表：

种类	产额（石）
小麦	18402
青稞	57572
燕麦	4376
豌豆	17631
蚕豆	14746
菜籽	2154
马铃薯	51575
合计	166456

兹以各县农作物数字估计本区总产量，则其中麦类为83443石，豆类为36301石，玉黍蜀55943石，马铃薯为33326石，杂粮12643石，芥子561石，兹列表于后：

种类	产量（石）
小麦	45233.70
青稞	29408.10
燕麦	7306.60
马铃薯	33326.90
豌豆	14013.70
大豆	14836.50
黄豆	5977.00
蚕豆	1474.60
玉蜀黍	55943.00
菜籽	215.40
芥子	561.80
荞麦	1495.00
杂粮	12634.00
合计	222426.60

本区人民食物消费习惯，以小麦、青稞为主，其次为马铃薯与豆类，总计全区农作物之堪充食物者，约为2000213.7338石，本区现有人口当在32万人左右。其中一部分番民现有人口，假定平均食粮之消费量为一石五斗至一石八斗（一般研究食粮问题者，均引此数推测，此处姑借用），则每年粮食之需要，当在50万石至55万石，与上述生产数量比较，本区粮食实不能自给，依照各县之个别供需情形而论，其粮食不敷程度，以临潭、卓尼为最大，其次为夏河县，岷县更次之。

本区农民耕地地权之分配，据岷县、临潭、卓尼、夏河等县370户农家经济调查之结果，自耕农占43.55%；半自耕农占24.7%；租耕农占31.75%；而各县情形，则颇参差，兹列表于下：

县别	自耕农	半自耕农	租耕农
岷县	42%	37.5%	20.5%
临潭	72.2%	25.3%	2.5%
卓尼	57.3%	32.9%	9.8%
夏河	2.7%	3.1%	94.2%

查各地农田分配，往往视其环境而异，但亦有其不移之规则在，如人烟较为稠密之地区，自耕农最少，租耕农则居多；反之，人烟稀少之地区，自耕农较多，租耕农较少，而自耕农无论何地必介于两者之间，上表岷县、临潭、卓尼三县局自耕农居多数，租耕农则为数极少，尤以临潭一地为然，此种现象，为该地人烟稀少所致，而岷县自耕农之百分比较小，亦可证明当地人口较多，耕地分配，不若临潭、卓尼两县局为多；此外夏河县自耕农居极少数，租耕农占大多数，当地地广人稀，竟有此种现象，其所以致此者，实以当地土地，悉为寺院所有（拉卜楞原为黄河南亲王牧地，康熙四十七年，黄河南既迎嘉木样建寺弘法，乃将属地布施，故当地土地所有权，均归寺院统辖）。农民自力开垦而不归寺院者，仅属少数也。

当地农民人口之分配，各县亦不尽同，岷县农户平均每家人口为6.1，临潭为5.35，卓尼为5.26，夏河为4.51，总平均为5.305；此皆汉人或熟藏农家庭情形，至藏民家庭人口则极少，平均为4.01左右而已。

本区农民经济，各县虽不尽相同，但其竭蹶困难之状，则大致类似，兹将岷县等370家农户重要收支情形，列表于后：

甲、人口在三人以上五人以下之收支情况

（子）岷县农户收支状况

（一）支出

农场支出	金额（元）	家庭支出	金额（元）
肥料	147.00	饮食	1250.00
种子	103.00	衣服	370.00
农具	75.00	婚丧	12.00
饲料	391.00	教育	7.00
田赋及捐税	199.00	杂费及其他	85.00
支出合计	915.00	支出合计	1724.00
总　计	2639.00		

（二）收入

名　称	金额（元）
作物收入	1057.00
副业	455.00
牲畜及其副产品	990.00
合计收入	2502.00

（丑）临潭农户收支状况

（一）支出

农场支出	金额（元）	家庭支出	金额（元）
肥料	150.00	饮食	1000.00
种子	100.00	衣服	350.00
农具	50.00	婚丧	10.00
饲料	350.00	教育	5.00

续表

田赋及捐税	200.00	杂费及其他	70.00
支出合计	850.00	支出合计	1435.00
总　计	2285.00		

（二）收入

名　称	金额（元）
作物	912.00
副业	388.00
牲畜及其副产品	900.00
收入合计	2200.00

（寅）卓尼农户收支状况

（一）支出

农场支出	金额（元）	家庭支出	金额（元）
肥料	102.00	饮食	1105.00
种子	121.00	衣服	240.00
农具	41.00	婚丧	50.00
饲料	405.00	教育	—
田赋及捐税	120.00	杂费及其他	50.00
支出合计	789.00		1445.00
总　计	2234.00		

（二）收入

名　称	金额（元）
作物收入	950.00
副业	250.00
牲畜及其副产品	915.00
收入合计	2115.00

（卯）夏河农户收支状况

（一）支出

农场支出	金额（元）	家庭支出	金额（元）
肥料	95.00	饮食	1150.00
种子	175.00	衣服	120.00
农具	35.00	婚丧	50.00
饲料	440.00	教育	—
田赋及捐税	135.00	杂费及其他	70.00
支出合计	880.00	支出合计	1390.00
总　计	2270.00		

（二）收入

名　称	金额（元）
作物收入	920.00
副业	120.00
牲畜及其副产品	1250.00
收入合计	229000

兹为便于叙述起见，再分别列其收支总数及差额如下：

县别	收入总数（元）	支出总数（元）	差额（盈+亏-）（元）
岷县	250200	263900	13700（-）
临潭	220000	228500	8500（-）
卓尼	211500	223400	11900（-）
夏河	229000	225200	3800（+）

从上表分析，可以发现各县农村经济上之二种特质，即（一）收入方面，牲畜及牲畜副产品为重要项目之一，而副产物之收入，不若东南各省之占重要地位；（二）支出方面，家庭支出数字，远较农场支出为大（家庭支出为纯粹之消费，而农场支出则属生产上之费用，后者之消费愈大，

则其生产效果愈大。如家庭支出愈大而农场支出愈小时，则其经济上之困难最不易复苏），而收支不敷，拮据困顿，则除夏河一县而外，尤为本区各县之通病。

查本区农民生活所以如此艰难者，考其原因，不外二端：（一）限于自然条件作物之生产价值太低；（二）副业之收益太少，此二项症结，在理论上言，似不难解决，但实际上行之匪易，盖欲打破自然环境之限制（若俄国对于高寒地带之开发），非有优越之科学知识与设备不可，本区农民耕种知识与技术，若与东南西南各地比较，落后将在一百年以上，中国农业上科学设备，较之苏俄更有天壤之别。故今后农作物生产量之改进，仅能从（一）选种（选择耐寒作物及品种较良者）；（二）改良种植方法（如改善施肥，选择较佳之生植时期以为耕种等），两方面下手。但此二者之成效如何，亦未敢必，副业收入之增加，可从数量之增加与价值之提高二方面下手，以言临潭农村副业，则二者均须注意，但（一）从数量之增加因受自然条件之限制，其困难正与增加农产相同；（二）价格之提高，则于离开热闹城市较远，交通不便之情况下，亦为必然之趋势而难立即改善者也。

附　录

民国三十年六月二十五日，本省第一区行政督察专员公署及保安司令部以开发边区，实施管教养卫，必须建立保甲制度。办理联防保安及整理边区，三县疆界并辅以经济开发始克有口，因呈准省政府于夏河县属黑错地方，召集夏河、临潭、卓尼三县局党政军首长及各地寺僧首脑及重要土官、总管、头人等，举行行政保安会议，经决议通过议案十则，内容具体切要不失为建设边区之要则，特摘于后以供参考。

编者附志

甘肃省第一区夏临卓三县局行政保安会议决议案

甘肃省西南边区，其行政区划，分隶于夏河、临潭、卓尼三县局，为藏民生聚之区。自国民政府奠都南京，中央轸念边陲，诞敷教化，藏民感于政府求治之切，受民之殷，深知国族复兴，匹夫有责，不容故步自封，而政府新的设施，亦渐为我藏民所深切认识。唯旧制虽多改进，而新基未全确立。当此抗建时期，本区广袤千里，自应加速为政治的经济的教育的卫生的设施，上下合作，一德一心，以期增加抗建力量，为我边区策长治久安，永臻乐利。兹就我边区应行建树事项，斟酌轻重缓急择要列举十案于下：

一、树立保甲制度案

查保甲制度，在纵的方面，为政府推行政令之机构；在横的方面，为人民自治之基层。我国内地，业已到处实施，唯我藏民住区，除各县局附近略有试编外，其余各地，尚仍沿旧习。微特政令无所资以推行，而人民亦无所借以渐创于新化。自宜一律实施编组保甲，以期边区政治得有长足进展。但边区与内地过去既有不同之治制，则于统一原则下，亦应体察实际环境，量为变通，以期易于实施。其办法：

（1）编组保甲时，关于乡镇之划分，以不变更各该地域旧有之范围为原则。查边区地域，均依部落划分，历时已久。若欲割此就彼，易启部落间之纠纷，如循原有地域，建立乡镇范围，在行政区划上既适合习惯，于管理上亦便利滋多。

（2）乡镇保甲长人选，就各地土官、寺僧、总管、头人等，除声名恶劣者不予录用外，应择其优秀分子，比照原有职级，加以委用。查现在边区，政权教权，尚有分有合，土司土官，亦沿袭偶存，至总管、头人，事实上各地都有，其职务本相等于保甲长。其中极多优秀分子，如予以选拔，不特驾轻就熟，亦且咸与维新。

编组保甲以地域为单位（不分汉回蒙藏混合编组），但有特殊情形者于必要时，亦得分别编定之。

保甲门牌，宜印汉藏两种文字。

凡一切关于编查保甲之经费，应由各县局造其预算费，呈请省府核发。

凡乡镇保甲经费，于分配编查完竣后，亦均由县局造其预算费，呈请省府按月核发。

编组保甲时限，于开始编查之日起，限一个月内完成。唯边远地区，得延长期限，但至多不得逾期六个月。

二、普遍办理畜牧贷款，增加畜牧生产案

查本区系畜牧地带，以牲畜为主要生产，全区恃畜牧为生者，但就帐房而论，不下六万，其牲畜额平均每一帐房以羊150头，牛50头，马50匹计算，数目已属可观，唯衡以全区草量，则与饲养额相差尚远。唯遇藏民迭遭天灾人祸，现甘政进入正轨，藏区虽至安定，而元气未复，牧户牲畜数仍未能恢复旧观，追论增加饲额。常此抗建时期，急应增加畜牧生产，以应抗战需要。查本区系属中国银行贷款区域，应呈请省府转函中国银行特办本区畜牧贷款以期救济牧户，增加生产。其办法：

于夏河之拉卜楞及临潭之旧城名设立中国银行办事处，批发巨额款项，办理畜牧贷款。

关于畜牧贷款之本息偿还期间，应特别延长，依畜牧繁殖之实际情形，予以六年期限。

三、设立洮西垦牧公司，由省府银行暨洮西各县局僧民合资二百万元，以发展边远地农垦畜牧森林事业案

查垦牧公司等组织，本仅可由私人经营，毋庸本会讨论。第私人经营之公司，专为某一部分私人利益，其流弊至多。又本区人民，虽缺乏经营公司之技能，但寺院、土官、头人多拥有大量土地，或保有大量森林，或仅有相当牧场，设帐畜牧，然地域各囿于一附，技术落后，农垦更无足道。故为开发边区计宜政府与当地民众合作，以发展农垦、畜牧与森林，庶上可以符国策，下以容民生，兹议定大纲于下，并由全体代表作为发起人，详细组织及章程，自当由公司筹备会成立后，自行拟定照章请立案。

洮西垦牧公司组织大纲

本公司定名为洮西垦牧公司。

本公司暂定资本二百万元，由藏区人民甘肃省政府会同各银行分行筹募。

本公司股本分2000股，每股发币1000元（股金可以藏区土地及地上所有物即牲畜等照市价作抵）。

关于股东大会董事会之详细办法，悉依公司法及特种公司法办理。

本公司业务分农业、造林、畜牧三项。

本公司设总经理、副经理各一人，秉承董事会之命处理公司一切事宜。

本公司因业务上需要，得聘用专门人才负责农林指导及生产品产量运销及生产工具制价事宜。

本公司第一年计划垦牧20万亩，第二年40万亩，以后每年垦牧亩数加倍逐增。

本公司每年盈余之分配，由董事会照章决定之。

除本会代表为发起人外，凡赞成组织本公司者均得为发起人。

四、兴建本区公路，以利交通案

查本区虽地势高峻，但系高原，故平衍之处甚多。唯与外开交通，因路政不修，故商旅艰于行路，而风气闭塞。现内地公路多以四通八达，欲期开发本区，则兴建公路，实亦为开发之先决条件。是宜请省府责成主管机关，后速计划实施。现建设厅洪技师莅会报告，本会聆悉以后，知兴建公路，不日当可实施。唯本会以为边区公路，即一时未能如内地，至少亦应贯通各重要地方，使能互相联络。因是，本区公路，宜有如下之环通。

甲、岷夏公路。由甘川公路岷县起，经临潭新城、旧城，过卓尼之完科洛，夏河之黑错，阿米曲乎而至拉卜楞与兰夏公路衔接。

乙、夏郎公路。此路自拉卜楞至阿米曲乎，仍为岷夏公路，再由阿米曲乎西南展乐，经拉力关而至川甘边境之郎木寺。

丙、郎旧公路。此路由郎木寺东行经车巴沟而至边区临潭之旧城，与岷夏公路衔接。右三路：第一线，洪技师业已勘察。第二线所经多系草原，无大困难。第三线，山岭略多，但亦不过在车巴沟之一段。至与序，假定一、二、三，三线分期兴筑，以六个月完成一线，一年半以后边区交通即可大改旧观。唯藏民生活多艰，征工当职踊跃，而一就工具应请由公家供给，工资亦宜略予提高，使应工者足敷食用。

五、建设本区邮电纳以利通讯案

查本区邮电除夏河有军政部无线电台一座，及邮政局所，卓尼于去岁设电站政外，边区中心地带，仅黑错有一邮机构，西部则全无通讯机关。如以商业眼光，经营边区邮电，诚然不敷。但为推行政令，确保治安计，则此传播之利器，非从速建设不可。且设立以后，于目前虽不敷开销，文化提高以后，仅可取偿于将来，是宜呈请政府于兴建公路之际，同时即沿公路架设电线，并设立话报局以利便通讯。至拉力关与本区最西南角之乡郎木寺，即在目前公路未通，亦宜请政府设立邮局，于该二地后速设立邮政代办所，以兴立邮政始基。

六、请省府函在甘各银行于夏河、临潭、卓尼择地设立办事处，印发藏文法币以便流通案

查本区边远地方，法币尚未流通，而近区藏民，亦仍法币与硬币交用。说者或以为藏民爱硬币而不喜法币，不拥护国家金融政策。不知藏民爱国，并不后人，其所以法币未尽流通者，半由于奸商操纵，半由于藏民不识汉文。例如拉卜楞旧志之商店，遇有藏民交易，往往索硬币，以硬币有黑市可资操纵也，至四行法币，则又形形色色，同是五元，大小不一，一元与五角颜色相同，十元与五元大小相同，如不认识数字，极难辨别，于是商人行其诈欺，以小说大，俗名“抓番子”，以至法币到手疑虑丛生，一人受欺，闻者变色，遂至法币通行，横生障碍。若将流通本区之法币，加印藏文（或于一元票即羊一双，五元票印羊五双，十元票印羊十双），并以法币之人小，区别其币额之多寡，则藏民与交易之隙，一见即知其元数，奸商自无所售其欺，再加在甘各银行来区设办事处，并由政府严密稽查，并禁商人索取银币，则本区法币之流通，自能不胫而走。

七、请甘肃省贸易公司于夏河、临潭、卓尼各设办事处，公平办理贸易，以期货畅其流案

本会于敬聆，赵委员训话之际，已知甘肃省贸易公司，即将前来本区，以便利我藏胞之供求。本区物产虽不甚丰：但牲畜数额，甲于西北，林木之利，亦为本省所仰给，其他兽皮珍品，尤指不胜屈。若就运销土产供给日用品，总合互计，以现在布价推算，继可达2000万元以上，藏民苦奸商操纵日久。本会欣闻是认，特成立决议案以示郑重而表欢迎。

八、建设边区卫生案

查本区一般人民，遇有疾病，绝少治疗机关，往往求神问卜，以免减轻病魔，因此辗转耽误，遂致死亡率成为全国最大之处。倘政府不设法救济，则人口将愈形锐减，影响国族至非浅鲜。本会敬聆，赵委员训话及卫

生处李医官报告，欣悉政府已决定捐款五万元，将在黑错建立一所卫生院，李医官数日来治疗结果，认为藏民患性病、肠胃病、沙眼、痘症者甚多，究其原因，固由于藏民不知卫生，同时过趋速信，但卫生行政，为政府设施之一部门，而保健事业，又为国家保护民族之一重要工作，自宜积极诱导，切实施行。为边区祛病患，为民族增健康。现查夏河县已有卫生院，唯因药资缺乏，设备简陋，尚未足以总管理及医疗之常。五葛元建筑黑错卫生院，似可有相当规模，但以目前药品及医疗器械之昂贵，如将设备费包括在内，恐经费亦嫌不敷。又一区地大而交通不便，人民狃于积习，对于延医疗病，尚未养成习惯，公共卫生，更属无此知识。为普及人民卫生知识，及便于治疗起见，更宜特设巡回医疗队，以辅助卫生院工作之不足，而宏宣传效用，因是本会认为关于本区卫生建设，应请政府实施下列各项：

请政府充实夏河卫生院之设备。

请政府从速于黑错建设一卫生院，并尽可能充实其设施，俾成为边区完备之卫生院及模范医院。

请政府于临潭、卓尼及郎木寺各增设卫生院一所。

请政府本区组成巡回医疗队，其组织大纲：

（1）定名为甘肃省西南边区巡回医疗队，直隶于甘肃省卫生处。

（2）此巡回医疗队以巡回各地特别是草地，做保健卫生防疫医疗等工作。

（3）此队工作不限于本区，凡青海、四川、西康等省边疆相连地方，为藏民所居住者，均得就便工作。

（4）巡回工作，年分二期，每期工作暂定为四个月，其余月份为返回夏河或黑错卫生院，办理工作报告，经费报销，领取药品，及下次出发应用米面、服装准备之时间。

（5）因边区交通不便，物资困难，每次出发之前，应将本期应用食品、服装、药械等物，置备齐全，始能起程。因之是队经费亦须年分两次发给，每次各发其年应领之经费。其报销亦年分两次报销。

（6）是队因系流动工作，故在工作期间内，所有职员工役，均应照职级支给旅费，但在返回办理报销期间，是项旅费停止支付。

（7）是队主要人员，应设队长兼医师1员，护士2员，翻译1员。

九、请省府特准夏、临、卓三县局合设干部训练班，训练行政与教育人员，经便利保甲与国民教育之推行案

查本会以政治建设，首须树立保甲制度，故第一案即议决实施保甲组织，纳人民于轨物，并符政府法令。唯乡镇保甲之实施，并非将旧制改头换面，即可谓为实施。新政须有新政之精神，有新政之运用。若以夏、临、卓三县局乡镇保甲合计，其从事乡镇保甲之工作人员，应有1000人，即上层乡镇保甲工作人员，至少亦须200人。虽旧有之寺僧头脑、土官、总管、头人等，大都系优秀分子，尽可从宽选用，但如何编组保甲，如何办理异动，如何指导乡镇保民大会，甚至如何举行国父纪念周，如何举升降旗典礼，如何发动精神总动员领导国民月会，类多无此经验，亦即无此知识。又如国民教育，本会以为提高藏胞文化，使与全国国民同臻于水平，其须切实推行，非特在当前为急要，抑且补牢嫌晚。但不顾全区，师实究有几人，若从信遵功令，于保甲编成后，乡镇设中心小学，保设国民学校，亦属等于虚设，无备实际，故树立保甲制度，应速培植办理行政之人员，普及国民教育，尤应先从事于主办国民教育之人及师资之培养，便使了解国民教育之重要及如何授与儿童以国民必需之知识与技能。藏民教育，较内地困难，因藏民语言文字生活习惯各异，既不易借材异地，自亦只有就藏民中之优秀青年加以训练，以期选增递进，而达于足以办理普及教育之阶段，故设立干部训练班，训练行政与教育人员，以便利保甲与国民教育之推行，在本会认为开发边区之基本工作，亦即推行政令之发动机，查训练机关，在省有西北训练，不过藏民语言文字既异，生活习惯不同，若更使大批藏民责以长途跋涉，将使藏民畏即不前。若由三县局仿各县成例，各办训练班，则训练之人才，恐亦难得。且三县局既无地方款，藏民之服装膳食等费自身又无力负担，更不如其他各县之可由保甲筹，其一切费用，自均须仰给公家，故应请省政府以本区为一单位，即由夏、临、卓三县局合搞干部训练班，由省府援发款项，资以统筹办理，关于训练地点、名额、经费预算、训练大纲、课程要目，以及训练期间，均由三县局长会呈专署，转呈省府核示施行。

十、请省府派测量人员或转函陆军测量局，测量夏、临、卓三县局地形制定详图，以便治理案

“行仁政必自经界始”。经界不清，政治设施，自不易因地制宜，本区在过去虽有地图，但非实测，疆界道路，率皆参考其他图籍，以意绘制。故按之实际，方向里程之差竟有出乎意料者，若以之作为根据，在军事上易于贻误，在政治区划上更属茫然。又本区各部落间，疆界纠纷独多，即三县局间，亦多无明确之界限，即甘青川康四省边界，亦漫无一定，以故往往于悬案之上，更增悬案，争端一起，无所依以资解决，如能实地测量，绘成详图，则形势明疆界正，而悬案亦易于解决。

资料来源：

王志文著：《甘肃省西南边区考察记》，《中国西北文献丛书（总135册）·西北民俗文献丛书（19卷）》，中国西北文献丛书编委会编，兰州古籍书店，1900年。

王志文著：《甘肃省西南边区考察记》，甘南州志办公室翻印，1991年4月。

洮州纪略（节选）

——一个农村工作者的报道

陆泰安

四、安多藏区的圣地——卓尼

车巴沟的犏牛，
拉力沟的木头，
北山的酥油，
卓尼的丫头。

没有到过卓尼及洮州旧城的人，虽然会留居临潭多年，但还是等于没有到过一样。

诸寺兴废

临潭原是“土司”“僧纲”的旧业，它这里有着三土司、五僧纲。他们的始祖远在五百年前（明时），大都因献地输城之功，才得来这些世袭指挥佥事、世袭云骑四品花翎尽先都司、世袭禅师等官衔。于是三司五纲，各在所属境内执行其行政及宗教大权，同时这些土司大都兼摄僧纲，采取政教合一的方式，以加强其政治上的灵活运用。现在虽然他们都被先后“改土归流”了，但因其历史世系，仍为其属区藏民所尊仰。不过，在临潭境内所分布着的资堡土司昝振华及着逊副千户土司杨万青等所辖地方人士，因为都受了附近县辖居民的陶冶融化，也渐渐地有些自觉了（现改为同仁乡，昝杨分任正副乡长），还有垂巴寺、着落寺、麻弥寺、园成寺，这四座寺院的僧纲们因为他们自己的无能，就从养尊处优的生活中，走向衰亡的道路了。唯有与临潭邻近的卓尼（相距三十里）土司杨积庆，他拥有广大的土地，丰富的矿产，并握着整个属境的民心，所以在民国以后，仍然存在，而改为洮岷路保安司令部。

以松为名

卓尼的命名也很奇异，相传有僧人些的（杨复兴氏的始祖）寻牛至洮州所属洮河北岸沟口间，地势平坦，气候温和，风景优美，看中了这块盆地，即在该地高岗，依马尾松树，建寺一座，即以马尾松的别名“卓尼”，命为寺名。嗣由皇帝赐名禅定寺，而这“卓尼”两字便成为当地的地名了。相沿至今，它是安多藏区的圣地。春夏之际，水流花开。它不啻世外的桃园，而洮岷路保安司令部及护国禅师公署均建置于此。远在九年前的秋天，杨复兴少将继承乃父，世袭洮岷路保安司令，卓尼设治局就在彼时因实际需要而成立了。历任局长沿例兼任副司令。这个时候人们都以为卓尼在蜕变中，但总因属地辽阔，交通梗塞，民情古简，仍大半保持旧部落状态。

境界辽阔

它有着这样辽阔的疆界：东至岷县西宁沟交界六十里，南至西固、武都、文县、四川松潘交界四百里，西至临潭户口六硝虫库交界一百三十里，北至临潭作盖交界一百二十里，它拥有四十八旗五百二十族，藏民二万七千余人。这些藏胞本身的生活形态，既仍停留于往古封建典型，政治形式自难变化。虽然卓尼设治局已有八九个年头的历史，但它的政令仅能达到洮河南北沿岸的村落。所谓上下叠部、黑番四旗等地，都还在杨司令的直接统治下，就是在他政令达到的地方，仍须借重洮岷路保安司令部的力量，才能做通。

再说卓尼的景物，烟树苍茫，云山耸翠，还有那朴实的藏民，无量的宝藏，实令人神往；而过去的屈辱、欺凌、愚弄、薄劣的生活，则实在有些令人难受。这次安多藏区卓尼有四十八旗观光团前往京沪等地观光，他们是走向民主的途径，慢慢地就有进步。

六、洮石黄标砚

灿黄香于须弥兮，
　　掌管城之万顷。
含绿叶于崐岗兮，
　　掏西江之千仞。
拈兮，笑兮，嗅兮，磨兮，
　　清心禅梦，灵指招予。

——清·惠周惕《西清砚谱》

洮州因为是一个多山的地带，才蕴藏着这珍贵的名产——洮砚。

凿坑采石

这种制砚的洮砚石，是出在距县城东北九十余里的地方——喇嘛崖，其崖西临洮河，为卓尼（飞地）及临潭同仁乡的属地，每当农暇的时候，东乡石门沟一带的居民，他们集资缴纳了采石的价款后，就在磴道盘空，迂折在险陡崖侧下，凿坑采石，前犹浅掘，今则渐深，虽用力倍难，而获石不易，所采洮石，运往县城附近上下扁都、刘旗、下川、南沟、党家沟等地，就转售给当地的砚匠，以供洮砚雕琢的应用了。

雕琢玲珑

虽然，临潭是洮砚的产地，但在县城里却找不到专店的推销，同样的，在乡村里，他们——指砚匠——大都是利用着耕作的余暇；就按其一块块洮石的原形，雕成了不同式的洮砚——有方形、圆形、椭圆形、长方形及不同规则形的，同时，在砚面上雕以花卉、人物、草虫、鸟兽等，玲珑，生动，颇为美观，所谓洮石黄标砚，就是以利用原有浅浮于砚面或砚边的石皮上（黄色或赤色，即所谓黄标），依其大小，雕刻花蕊或飞蝶等者，此种洮砚最为名贵，但通常却百不得一。除了雕刻洮砚以外，还可制作石屏、名章、印盒、墨盒等类，但究不如洮砚的引人及普遍。

名贵极品

洮砚，是产在洮州地方，所以就其产地命名为洮砚。它不但在临潭算得上名贵的出品，同时，也是甘肃的珍产品，它就是在青、宁、晋、秦、河北、河南、川滇等地，同样的被人重视，因为，它有细腻石质，及绿阔的色彩，还有着这样的特点：磨墨时，砚不渗墨，墨色极匀，所磨墨汁经久不易干竭发臭，洮砚的所以名贵，其故在此。

你们如果买洮砚时，必须注意石质的粗细，石色的深浅，雕刻的精粗，而最不可忽略的，就是砚面的假补了，因为有些砚料，稍有缺陷时，选石膠补，最容易一碰脱落的，那就要不得的。

七、不同的宗教信仰，可怕的循环报复

深院高墙平顶房，
碉楼座座满村庄，
父老多喧谈自卫，
纷飞顽石当刀枪。

我因职业的关系，曾留居在临潭地方，时间虽仅有着三四个年头，但却无时无刻不在那惊恐的环境中。

每到临潭县洮西一带——眼藏、红堡子，上卓、卓尼、羊永、孙家磨、李岗、羊升、旧城、古占、那子卡、卡勺卡、沙巴、冯旗、长川、马牌、太平寨、捏路、着逊、丁甲村、水磨川、汪家嘴、池上等地，看到那些村落的渺无人烟，颓废墙壁，以及雉飞兔走的荒凉景象，不免触目伤心，听说：这就是他们藏汉回各宗族在信仰不同的立场下，给后人留下了深刻残忍的遗迹。

临潭原为甘肃西南边区的商业重镇，回汉藏民贸易的中心市场，当年

商业繁盛，市场栉比，颇极一时之盛，但今则疮痍满目，创痛犹存，实难短期恢复旧观。

现在，他们虽然都能安居乐业，但每因宗教信仰上的冲突，有时不免械斗仇杀，所有城池、寺院、教堂、村庄，不论汉回藏族，往往皆成废墟焦土，迄今忆及，无不谈虎变色。从这一次一次不断的冲突仇杀中，更加深了各宗族互相间不必要而且无意义的成见。由于这种根深蒂固的成见，遂形成宗族间的一种可怕的报复心理，这是如何的骇人。我们怎样重建甘肃西南边区各宗族居民的合理关系，以避免这种惨剧的重演，这实在是值得我们注意研究的问题。倘不能改善这一点，那这地方的经济政治恐怕永远难有发展。

中华民国三十六年（1947年）六月三十日　兰州

（选自《西北通讯》，中华民国三十六年（1947年）第六期）

卓尼车巴沟的社会一瞥

倪 楷　　文 汉

编者按： 文章从车巴沟的一个角落介绍了藏民地区的风俗情况，同时也对此一地区的行政、寺院等人文景象作了简单地叙述。

离开卓尼经临潭旧城到诺札沟，由诺札沟经逯儿沟翻过诺叶山便到车巴沟辖境。车巴沟虽是卓尼杨土司所属四十八族的境地，但却为杨土司、卓尼设治局及临潭县政府的政令所不及。全沟分为两旗，上沟六庄为一旗，下沟九庄又为一旗。旗长为张杨德，兼管两旗，上下沟总管各三人。上下沟分界处在拱巴寺（今称贡巴寺）。寺以南为上沟，以北为下沟，沟中居民全为藏民，生活颇富裕，寻常人家有兄弟四五人者很多，每人并各有乘马一匹，步枪一支。全沟藏民如果外调，可有骑兵四百余，骁勇善战，民国十八年河湟之乱，在临潭旧城同土门关一带，藏兵与叛众鏖战甚烈，车巴沟藏民曾获胜利。

拱巴寺教权受辖于拉卜楞寺，为卓尼境内有数的大寺，该寺羞俄（铁棒喇嘛）为拉卜楞寺派往一年一任之僧官。寺中有喇嘛四百余人，但据调查则超过二千人。喇嘛多数甚富有，拥有多量之白银，诵经之外，并有兼营商业的。此寺活佛，汉文为“查哈呼图”，“查哈”义作“白”解，地位最高；据闻“查哈呼图”在清末于新疆伊犁有战功，慈禧太后曾赏予临潭县粮每年六十石，一直到民国六年方止。此寺建于清光绪时候，全权操于大管家手里。大管家现年三十三岁，十九岁时接任此职，但还俗娶妻已四年，初不因其还俗而丧失其管理全寺之职权。据闻此大管家拥有雄厚资产；车巴沟藏民悉听其管束，凡有诉讼，必往大管家面前控告，不至卓尼杨土司处。民国二十八年十一月岷县叛兵窜至柏林口，杨土司檄调各属藏民，在洮河堵截，车巴沟的藏兵则拒绝不应命，此乃大管家从中作梗故也。

（原载于《边疆通讯》1945年3卷4期；选自《西北民族宗教史料文摘》，甘肃省图书馆丛书第一辑，1984年）

·岁月留痕·

卓尼土司制度

卓尼县政协文史资料编辑委员会

卓尼地处甘肃南部，在封建统治时期，辖区介青、川、康之间，面积3万多平方公里，2万多户，10万多人。

卓尼原禅定寺开始建立时，在建起的寺院内大经堂前，有两棵针叶马尾松，西藏人叫“胶相”，迭部一带人叫“胶呢”，当地人顺口叫“觉乃”，卓尼实际上是藏语“觉乃”的变音，随着人们共同语言的称呼就以卓尼为定名。

卓尼在封建统治的大部时期，是世袭土司制度，与其他地区封建统治制度又有所不同，现就政治、经济、文化等方面的特点作一概述。

一、卓尼土司世袭二十代

从卓尼历史上考察，杨家始祖的来由，根据藏文经典《旦君》和《道买其君》记载：卓尼杨土司始祖是西藏王念知赞布派其后裔噶益西达尔吉到造格令娃（今四川若尔盖）地区，征收税款，看到这个地方牧草丰茂，风景优美，有三条河（玛曲、麦曲、尕曲）流经全境，宜于农牧。当地老百姓因他是西藏王的后代，就很拥护他、尊重他，以后发展了上下造格地方，他在这里娶了妻室，生了五子，长子继承了噶益西达尔吉的领导职务，之后长子生了两个儿子，老大就是些尔地，老二就是傲地。明永乐二年（1404年）经川甘边境的岷山山麓，征服收降了迭部达拉沟十八族等地，沿洮河而到卓尼境地定居，经大告铺，龙马沟，最后选住卓尼现址。

他信仰佛教，在大告铺搭草棚居住时，听卓尼有个寺院，就去朝拜了寺院的“萨迦派”首领，首领说：“今后寺院让你来管理，你就像恒河水一样，永远流传下去。”以后他给寺院修塑佛像，卓尼百姓就拥护他为寺院的首领和这个部落的领袖。

明永乐十六年（1418年）皇帝鉴于些尔地征服边陲有功，诏令些尔地入京，授为世袭指挥佥事兼武德将军。到明朝宣德四年（1429年）赞卜必力继承其父些尔地之职，照例管理藏民，把关守隘。天顺年间，扎什继承其父赞卜必力之职，成化年间（1465—1487年）尕节继承其父扎什之职，正德年间（1506—1521年）旺秀又继承其父尕节之职。旺秀承袭父职后调京引见了皇帝，皇帝赐姓杨，名为洪，从此旺秀就称杨洪了。当时杨洪住在龙马沟，人口有所发展，于嘉靖十年间（1522—1566年）杨臻继承其父杨洪后，嘉靖皇帝封了佥事官职，赐印一颗，防守边疆，修筑了卓尼城围。万历年间（1573—1619年）杨葵明继承其父杨臻后，征服了大小板子、纳浪、朝勿、禾多、大峪沟、上下日扎、善扎、欧化、塔扎、迭当什、车巴沟等地。天启年间（1621—1627年）杨国龙继承其父杨葵明，清朝康熙年间（1662—1722年）杨朝梁继承其父杨国龙。在杨朝梁承袭时期，收复了术布、欧化、卡加、迭部等24个部落，平叛有功，封官委任。康熙十四年（1675年）平息河州（临夏）吴长毛之变有功，赏锦标一面，授以洮岷协副将并加世袭拜他喇布勒哈番三品世职。康熙二十年（1681年）杨威继承其父杨朝梁。杨威因平叛有功，授予随营游击。康熙四十五年（1706年）杨汝松继承其父杨威。杨汝松承袭期间领兵征服了武坪（今舟曲县），平息了二十四部落反对清朝统治的暴动，划黑番四旗归卓尼管辖。乾隆十五年（1750年）杨冲霄继承其父杨汝松。乾隆辛酉杨冲霄之子杨昭科中武举，还未得继承父职而病死，杨昭之子杨声年幼。从乾隆十九年（1754年）土司政务就由祖母李氏兼管，又叫作护印。至乾隆二十五年（1760年），杨声乃袭祖父之职到死。乾隆四十五年（1780年）杨宗业继承其父杨声，在杨宗业继承时期又因河州叛乱，率兵平叛有功，封赏给三品顶戴并赏戴花翎，后来于乾隆四十九年（1784年）又平息了石峰堡。嘉庆十九年（1814年）杨宗基承袭其兄杨宗业之职兼任禅定寺世袭僧纲。道光二十四年（1844年）杨元继承其父杨宗基。道光二十六年（1846年）杨元跟随青海大臣达洪阿剿捕黑错（今合作）藏民民变，屡次加奖，并以报捐军饷有功赏给三品顶戴。参加剿办了青海循化撒拉族民变，赏给二品花翎，加志勇巴图鲁名号，后又以收抚洮州新旧两城赏给头品顶戴，从此地方安靖，朝廷给杨元照军劳头等之功加了一级。杨元之子杨作霖在同治年间，随同其父剿抚地方变乱，屡次立了战功，多次授奖，赏给头品顶戴花翎，于光绪六年继承杨作霖正式承袭父职，兼任禅定寺僧纲。杨积庆是杨作霖的承嗣曾孙，于光绪二十八年承袭土司。民国二十六年（1937年）在军阀鲁大昌阴谋策划下发生了卓尼博峪事变，杨积庆及其长子杨琨一家9口被杀害后，由8岁次子杨复兴继承。当时杨复兴年幼，内务由其大母杨守贞代管，并由国民党甘肃省政府委派杨世俊（字一隽）为参谋长。民国三十七年（1948年）杨复兴在国民党陆军大学将官班毕业后，被正式任命为洮岷路少将保安司令，时仅17岁。1949年8月，西北解放战争中，杨复兴随同国民党甘肃师管区司令周祥初率部起义，有历史可查的二十代世袭土司制度从此结束。

二、土司的政权组织

根据卓尼地方文献证明，从杨土司的始祖些尔地到杨积庆，是世袭土司十九代。在杨积庆以前，卓尼土司的政治、经济、军事、文化无详细的文字记载，无法考证。根据现存历史资料，以及杨土司当年部属的回忆，杨积庆于光绪二十八年（1848年）承袭土司后，民国十一年陆洪涛督甘时，由河州镇守使裴建准委派杨积庆为河州南路巡防马步十三营统领。民国十七年（1928年）刘郁芬主甘时委派为洮岷路游击司令。民国十九年（1930年）甘肃省主席马鸿宾委派为洮岷路保安司令。民国二十一年（1932年）甘肃省宣慰使孙蔚如委派为洮岷路保安司令，官职名称虽然不同，实际上内部仍然实行的是土司制度。

（一）土司衙门内部组织

卓尼世袭土司的衙门组织：在土司的衙门内部，土司以下设头目2人，总管3人。大总管掌握全盘总务，二总管、三总管各1人，辅助大总管管理土司内部事务，二总管管理钱粮，有记账1人，并管土司衙门祠堂家谱。马厩有马厩头又叫马号头负责，有七八个饲养人员，管理乘马20多匹。三总管专管事务，管理伙房做饭，常年有妇女5至7人，多系长宪（与解放初期的乡长相似）家属，轮流服役。劈柴烧炕的有八九人，专门轮流给土司烧炕。衙门内并设有磨坊一处，专管土司面粉。炮手1人，土司因公出进正门鸣炮三声，炮手并兼打五更。水夫8户，这8户人是土司给了“水夫田地”的人才能担任，就是每户新种土司的土地8斗为一份，占有8斗地派水夫1人。除水夫外，其他总管，喂马的，做饭、劈柴、磨面、打更的人均给微量报酬（二月开仓打给粮食）。

土司衙门内设有经堂一处，专奉杨家护神，专门有一人为经堂打扫卫生、点灯、烧香，请活佛喇嘛念经。

土司衙门的行政组织：土司以下设头目2人，掌握军政大权。传号4人，轮流在传达室值班，为土司传达衙门内外事务，处理群众一般纠纷案件，传号下有二班、三班班头2人，直接管理监牢，班役10人专管犯人，长宪32人在各管旗下征收钱粮，群众中发生重大案件奉土司之命持票传人，遇有战争，领兵出征，土司有私人秘书1人，又叫红笔师爷，由外地聘请文化较高的担任，为土司上宾，主要负责办理土司对外文稿。房科类似土司办公室，内设9人，其中掌案1人，经书、贴书各2人，类似正副科长，专管文稿起草，文书4人专门负责房科文稿抄写，房科由土司直接领导。

土司衙门的各类人员，都从十二掌尕内产生，勤务人员绝大多数都由大总管选拔，头目、传号、长宪均由土司悬牌任免。各旗总管由地方遴选经土司圈定产生，由土司发尕书（藏汉两文委任状）委任。长宪也能带兵，单独处理群众纠纷，有能力者可逐级提升，长宪可升头目大总管。黑番四旗两个长宪，迭部两个仓官距卓尼边远向土司请示不便，特许单独办案，职权最大。

（二）土司衙门的基层组织十六掌尕四十八旗

土司衙门的农村基层组织，有十六掌尕，四十八旗。掌尕相当于解放初期的自然村，公社化后的生产队。十六掌尕有城区十二掌尕，郊区四掌尕，每个掌尕有小头人1人，由土司衙门传号头目推荐，写好名单，呈送土司红笔指定，城区十二掌尕的小头人如遇要事集中后直接到衙门谒见土司，向土司可以直言上谏，衙门内其他人不得阻挡，当时又叫“参马都司”。土司衙门所属的大小官员，均系在十二掌尕内产生；四十八旗的旗长叫长宪，其中黑番四旗又叫“副爷”，都由衙门内总管头目向土司推荐，由土司点头同意后，由总管通知房科悬牌派委，并由房科向本人送红纸捷报贺喜，新长宪接喜报后，招待来人，并向房科送钱，看官职大小，为数不等，房科收钱后按科内人员官职高低比例分配。

四十八旗，每旗相当于解放初期的乡，公社化后的公社，包括后山即上迭部六旗，下迭部八旗，前山每旗或二三旗，除设长宪1人外，每旗并在群众中由土司发尕书（委任状）委任总管1人，每村视村之大小指派头人1人至3人。

四大暗门：甘布塔暗门、俄藏暗门、土桥暗门、达加暗门以外称为口外十二旗，暗门以内称为口里十八旗，接近阶州（武都）的黑番四旗，共四十八旗。

土司衙门所属十六掌尕名称

城区十二掌尕：唐尕掌尕、岔格掌尕、皂日掌尕、牙赛掌尕、骆驼掌尕、卡晒掌尕、都盖掌尕、照盖掌尕、格及掌尕、桃代掌尕、桃日掌尕等。

郊区四掌尕：博峪力晒（今称力赛）掌尕、木耳杰巴山掌尕、所藏柳旗沟冰角掌尕、出录哇录掌尕。

土司衙门所属四十八旗名称

后山十四旗：益哇旗、哇巴旗、当多旗、买马卡宋旗、白阿卡宋旗、麻拉尕什旗（以上为上迭部六旗）。尖尼旗、安子旗、大拉旗、哈巴录秀旗、沙录哇旗、阿夏旗、多力禾旗、桑巴旗（以上为下迭部八旗）。

前山三十旗：拉麻纳旗、大峪沟旗、冬禾松旗、拉卜什旗、思吾什旗、朱札旗、朱格旗、大族旗、麻盆地旗、卡车旗、破古录旗、下朱格旗。这后七旗又叫朱札七旗。小术布旗、包吾什旗、巴龙什旗、他那旗、口子下家人旗、卓逊旗（以上为口里十八旗）。拜来达加旗、桑旺朋多旗、善扎旗、迭当旗、车巴沟上旗、车巴沟下旗、恼索旗、土桥旗、日完玛旗、角缠阿科旗、岔麻录的吾旗、杓哇旗、康多旗、多麻旗（以上为口外十二旗）。

黑番四旗：插岗旗、铁巴旗、工巴旗、泼峪旗。

（三）土司衙门及其所属官员的经济来源

土司杨积庆设有博峪衙门、卓尼衙门两处，民国十七年马仲英烧毁卓尼衙门后，就搬到博峪衙门办公。民国二十六年博峪事变，杨积庆被害，杨复兴承袭后又搬到重新修复后的卓尼衙门办公。

土司衙门所辖掌尕及各旗，对衙门应尽的义务，实际上是藏民对土司应尽的义务。在历代封建统治时期也好，在国民党统治时期也好，卓尼藏民不给国家交粮纳税，只给土司纳粮进贡。

1. 卓尼土司制度时期，卓尼全境土地的所有权都是杨土司的，所有藏民占的田地都叫“兵马田地”，对土地只有使用的权利，没有买卖的权利。

卓尼所辖藏民对土司纳粮进贡，除黑番四旗每年每户给纳官钱200文（铜钱）外，随着四十八旗十六掌尕气候出产的不同，交纳特产，农区各旗，每年交纳粮食1斗（45斤），禾草1牛车，生猪全村或全旗1口。拉卜什旗全旗交野鸡50个，羊腔4个。山丹村交油籽4石8斗（1920斤）。农林兼有的各旗，除交纳粮食1斗外，以林为主的各旗在拉力沟以上各村，每户向土司交纳大松檩5根，年终交过年烧柴1捆。大峪沟旗每户全年另交纳土司烧炭1背约45斤。以牧为主的各旗向土司交纳酥油，顶替交粮，如车巴沟全旗（八九百户人）交纳酥油22斤，狼肚菜（菌类植物）15斤。日扎卡莪五旗，交酥油150斤。上冶三旗，交羊肉腔子6个。桑旺盆地二十旗，交酥油70斤。距离衙门边远的黑番四旗，给土司交纳官钱500贯（串）。下迭所属八旗桑巴旗原有金矿规定每年交纳黄金12两，无金可交者，折交白洋600元。多儿阿夏旗，除每户交官钱200文外，全旗交烤猪4个，还承担往前山运粮任务，另外阿夏旗还给土司白蕨菜1口袋，沙录哇旗每年给土司交烤猪4个，每户交上等麦粮1斗，运往曹日仓储藏待土司备用。尖尼沟、卡巴、安子三旗每户1斗粮200文官钱，每旗给土司交烤猪4个，每户杂粮1斗。大拉沟旗每年交土司奶牛1头，折价30串，顶30个白洋。

上迭六旗，每户1斗粮200文官钱，每旗交烤猪20个，土司出巡到达上迭时，上迭各旗及所属各寺院，规定给土司送乘马1匹。

2.土司衙门内的总管、头目、传号以及杂役人员，一概没有规定应得的薪金，大小总管每年年终从土司仓粮中经土司同意提取杂粮若干石，杂役人员如喂马、劈柴、烧炕、做饭的每年每人杂粮2斗（100斤）。杂役人员的零用钱，由总管向头目要诉讼传票，借此向诉讼当事人索要鞋脚钱，收入多寡不等。头目处理一般诉讼纠纷后，当事人给头目所交“衙门钱”，除一部分上交土司外，均归头目所有。黑番四旗长宪、下迭仓官收入较多。

四十八旗的32个长宪中，黑番四旗的长宪职权最大，可以单独处理案件，在群众诉讼纠纷处理后，当事人所交的衙门钱，全归自己。每年每旗给长宪交肥猪1口，每户给长宪1斗麦子。长宪乘马的饲料、烧柴，随用随派，数量不等。

下迭八旗，每年收粮时每户给仓官马料2升，以村为单位，收齐后，一次交付，每村4背面粉约100斤，4瓶水酒，4疙瘩酥油约2斤，烤猪1个。调解纠纷后当事人给的衙门钱也归各旗所有。给长宪4个烤猪，每户马料1升，面粉、水酒、酥油与仓官同等。

上迭六旗，仓官由长宪兼任，每户给长宪马料1升，以村为单位送烤猪1个、面粉4背、水酒4瓶、酥油4块约2市斤。

前山十八旗中，朱札七旗给长宪没有马料，长宪依靠给民间处理纠纷的传票、索取“鞋脚钱”，有多有少，收入不等。其余前山十旗，每户给长宪马料1升（5市斤）。经济收入也全靠处理一般纠纷，传案索取“鞋脚钱”。口子下家人旗，因给土司轮流服差役，没有长宪，没有任何负担。

三、土司的“兵马田制”

卓尼土司所属四十八旗是“兵马田制”，四十八旗土地所有权都是杨土司的，一家一户占有土司土地的。有事时自备乘马匹，枪1支，弹药自备，口粮自带，总管长宪将各旗民兵按需要多少集中后，带到土司衙门排队点名，以土司指定头目为率领，传号1人至2人为帮办，长宪、总管带领所属兵丁前往出征。打仗时，规定北山日扎卡莪等五旗为先锋，朱札七旗为土司卫队。土司不去领征时，由头目率领出征。打仗中如果有总管或兵丁阵亡，土司给总管的儿子发给总管的世袭尕书（即执照），一般兵丁阵亡发给达汗尕书（抚恤证明书），不当差役。每年年终土司衙门向朝廷报步骑兵名额2000。有事需要调兵时，由土司根据情况抽调多寡不等，最多时约调官兵四五千人。常年防守4大暗门、25处隘口。

各旗各村的外来迁入户，叫“尕房子”，没有土地，没有林权，不负担兵马差役。老户又叫大房子，如遇死亡或缺嗣，田地无人管理者，“尕房子”可以通过一定手续占有使用，谓之“吃田地”。吃了田地，就要按“兵马田制”出兵马，吃田地由总管长宪报请土司批准发给藏汉尕书（执照），平时为民，战时为兵。

四、土司衙门对群众诉讼案件的处理

土司衙门有权受理十六掌尕四十八旗群众中申诉的民事纠纷案件和刑事案件，民事案件以及轻微的刑事案件，各旗长宪、仓官、总管先调解处理，如果案件申诉到土司衙门，先由衙门传号、头目审问，口头判处，原被告人具结了案，结案后，当事人双方各交衙门钱5串，并按情节轻重，罚款10串至15串，如遇情节严重的杀人犯，则向衙门交纳“夏旦”罚金50串。

重大案件，传号、头目处理后当事人不服，或者案情重大，传号、头目，不敢处理者，呈请土司亲自开堂审问，头目、传号在土司开堂审问时左右陪站，开堂前房科准备好审问单，写明原告被告人姓名证人是谁，呈交土司开堂审问，传票人将原被告，证人，在土司堂后领至堂前叩头跪诉，二班、三班衙役（与法警相同）携带所需刑具，站在土司两边，听候土司命令，有时对不承认事实的一方当事人用刑。开堂审问结果，由土司口头宣判，不写文字通知，重大杀人案件，有的当堂宣判，有的土司审问后交群众中有威望的总管、头目调处，凡是杀人案都要“打命价”，“打了命价”案件结束，坐牢的杀人凶手才得开释。杀人后，凶手逃跑，凶手家属恳求土司允许后由总管头目调处，“打了命价”案件结束后，规定在逃凶手3年不能上庄。“打命价”打死男人命价500串，女人命价300

串，按当时情况折合白银或银币以及用牛马实物折价赔偿命价。四十八旗基本相同。

土司衙门内，设有监牢一处，内分二班和三班，案情重大的犯人押入二班，情节轻微者押入三班，各班有班役，分管人犯。刑具有：木枷、木墩、脚镣、手铐、铁绳、木板子、木棒。对杀人犯、抢劫犯、强奸犯，可以带上木枷，押在土司衙门前院，白天示众，晚上收监。对于女犯另有监牢监管。

1980年

（原载于《甘肃文史资料选辑》第十三辑，甘肃人民出版社，
1982年12月；选自《甘肃文史资料文库》第七卷，
甘肃省政协文史资料和学习委员会，2001年）

卓尼历代土司与中央王朝的政治关系

魏贤玲*

历史上的卓尼地区，包括今天卓尼、迭部两县全境和舟曲、临潭及岷县的部分地区。到清末，卓尼杨氏土司势力扩展到卓尼、迭部地区全部及临潭、舟曲和岷县部分地区，面积1万多平方公里。卓尼土司从第一代土司些尔地迁居于此，历时二十代五百余年。

卓尼历代土司与中央王朝的关系非常紧密。从第一代土司起，就与中央王朝建立起臣属关系，接受中央王朝的册封，参与中央王朝维护边疆地方安定的事务，并利用中央王朝的支持和封赏，扩充自己的势力。在清朝改土归流的过程中，能始终保持土司政权的存在与稳定；在改朝换代过程中，各土司能审时度势处理好复杂关系，历经数次朝代更迭而不衰。最后，作为国民党少将司令的第二十代土司杨复兴，接受中国共产党的主张，宣布和平起义，废除延续六百多年的土司制度，建立人民政权。这一方面说明卓尼历代土司的见识和胆略，更重要的却是他们能以大局为重，定位准确，深谋远虑。这在边疆为数众多的大大小小的土司中却不多见。

一、历代土司与中央王朝关系

一代土司些尔地，在永乐二年（1404年）收服迭部十八族时，紧跟藏族地区的僧俗势力相继投靠中央政府接受册封的潮流，首先在安抚地方、

* 作者系兰州商学院马克思主义学院副教授，博士，硕士生导师。

治理边疆方面功绩卓著，受到明王朝赏识。接着，又在守护藏马交易所（茶马司）和戍边上为明王朝立下汗马功劳。到永乐十六年（1418年），“西宁卫隆奔等簇扎省吉省，吉尔迦等及洮州卫着藏（卓尼簇）簇头目失加谛（些尔地的不同译音）等来朝贡马，命扎省吉省，吉尔迦二人为指挥佥事。可鲁窝阿，失加谛等六人为正千户，你麻尔迦等十四人为副千户。赐诰敕，冠带衣，币有差。”[①]并授为世袭指挥佥事兼武德将军。对此，《安多政教史》中也有记载：“奉天承运永乐皇帝十六年，前去朝觐，敕书嘉奖有加。”从此以后，卓尼土司就是集族权、神权、政权于一身的世袭土司和教主，把卓尼地区牢牢地掌控于土司家族手中。

到第五代土司旺秀时，卓尼土司的势力范围已有了很大的发展，这时的旺秀在政治上已是洮岷地区的藏族首领，宗教方面借卓尼寺的影响，是本地区独一无二的虔诚施主，经济上也有一定的积累。但是这些仍然满足不了他的愿望，作为杨氏家族在政教方面的世袭统治，要得到发展和巩固还没有保证，这个保证就是明王朝的赐封。旺秀为了壮大自己的声势，在正德三年（1508年）八月初八带了很多地方特产去北京朝见明武宗朱厚照。准见后，武宗高兴地说：“若在藏汉之界护政传法（法：指佛法）为本朝的兴盛，谋有益之事业，善哉，赐姓为杨，更名为洪，要一如既往，善用智能护汉藏黎民。”[②]同时，赐了很多贵重的东西。旺秀得到了皇帝在物质上的恩赐和荣誉上的封号，达到了荣耀其统治的目的。有了这张王牌，就可以威慑属民，牵制各地方势力的互相吞并，且将下属的地方武装也纳入了边疆兵备的编制，反映出君臣的从属关系，形成了在政治、经济、宗教、军事上具有自治权利的一个政治实体。第六代土司杨臻时，为了抵御俺答汗深入卓尼以及镇服其他异己势力，积极联合在远近藏族中具有一定实力和名望的土官头人，跟他们结成朋友，组成一个在政治、经济、军事等方面协同发展的同盟军，立盟发誓，无事各得其所，有事群起而攻之。这样在卓尼地区形成了一支互相依存，共同防御的集团力量。为明王朝在西北地区少动干戈，防止土默特部南下中原，稳定西北局势，立

① 西藏研究编辑部：《明实录藏族史料》（第一集）第164页，西藏人民出版社，1982年。

② 杨士宏：《卓尼土司历史文化》第25页，甘肃民族出版社，2007年。

下了不少功绩。嘉靖皇帝为此封了他世袭指挥佥事官职，赐印一颗，在杨臻一行离京返回时又赐了很多珍贵的东西，同时下达了镇治蒙古，防守汉藏边塞的有关圣旨。

杨葵明袭职为第七代土司时，是明万历年间，虽说父亲也去京朝见过皇帝，但那是明世宗，到神宗万历之世，中间经过了穆宗，相隔二十二年。为了给明神宗加深印象，求得更高的封赐，他深深懂得进京朝贡的奥妙，于万历九年（1581年）着手准备去京朝见皇帝，第二年如愿。当皇帝听了杨葵明对地方事务的禀奏，非常高兴，并讲了很多勉励他的话，盛宴款待，给葵明授了官衣、官帽及佥事大印。高度赞扬了他守边、安民的功绩，鼓励他继续为明王朝效力。最后皇帝又说："那些林中生番归属于你"。林中就是针对随土司进京的洮河南岸、纳浪等地没有归化的那些人而言的。经过这次进京朝拜，卓尼大土司的声誉也大振。

清朝前期的几位土司，总是在助朝廷征讨西北反叛者的过程中得到朝廷的封赏和嘉奖的。同时，杨土司还适时进京朝见当朝皇帝，以皇帝的封赏壮大自己的声威，来收服周边部族，扩充实力。"康熙十三年，兰州地区的汉民吴长毛（实际是吴三桂之变）投诚，反抗皇上。十四年木兔岁（乙卯）诏命该土司（第九代土司杨朝梁）平息叛乱，土司和他的儿子洛藏敦主（杨威）为首，摆开战场，发起进攻，很快击败叛乱者。皇上听到后，先后赐予参总的顶戴和金印，又赐给他副将的顶戴，也赐了他的儿子顶戴，两个人都被赐予金印等。被任为阶州城的长官，不久请辞，后改任洮州城副将多年，被任为兰州总兵，又呈请辞去。鄂部和喀加六部由于没有管理的头目，干出了偷盗抢劫等不合法的事情，他把他们收为部属，献于皇上。"[①]这段是说，由于杨朝梁在平服"三藩"之乱中，为地方安宁功占魁首，鉴于甘肃提督侯张勇、甘肃巡抚花善等的多次疏报，康熙帝对杨朝梁为巩固帝制安定地方立下的不朽功绩非常高兴，并赞赏他的文才武略，多次赐封于他及子和部下，还先后两次任命他为地方长官。第一次由提督侯张勇代为奏请皇上不就，而当皇帝再一次任命他为驻兰州总兵时，他觉得年龄已不饶人，精力也不足，不愿就任，但又不敢违背圣旨，于是

① 杨士宏：《卓尼杨土司传略》第45—48页、第11页、第125页，四川民族出版社，1990年。

亲自上京面求康熙皇帝，“臣已落齿，恐负皇恩，居住故地，对皇上之忠，永远不移。”康熙听了他的诚心请求以后，高兴地说：“若先时镇压长毛屡建奇功，使社稷安矣，而今居守故地，护汉、藏、蒙三族交界之边塞。赐尔等子孙后代都可获土司头衔，每年赏白银二百四十四两。”[①]

杨威除了随父平“三藩”之乱，被康熙帝屡次封赏外，承袭土司职后，还于铁鸡年（1681年，康熙二十年）到北京朝见康熙皇帝。据记载，康熙帝问他：“你是藏民的官员，懂得藏文的经典吗？”他谦虚地说：“知道一点儿。”皇帝为了考他的藏文经典到底掌握得怎样，在出行时，皇帝骑在马上，让杨威一边步行侍从，一边为皇帝念诵讲解经文。因他为皇帝念诵的是他日常念诵的课文《佛说文殊师利一百号梵赞》，康熙帝听了，笑了起来，心中非常喜悦。可见杨威此举博得了康熙的好感。杨威与清廷的关系，还有一说，那就是在康熙亲率大军征讨准噶尔部时，曾经调遣各地土官协助出击噶尔丹，杨威也被征调。相传他率兵到达奥西（疑为厄鲁特西部）时，当地蒙民闻风而逃，也有给土司杨威奉献骏马和整块烤羊者。这次杨威奉旨率兵征讨噶尔丹，没动一刀一枪，奏凯而归，既奉行了天子命令，又保全了与蒙古的关系，实为两全其美之事。

杨汝松成为第十一代土司时年仅七岁，在他二十三岁时（即康熙四十八年，1707年），西固（舟曲）山后武坪二十四部抵抗清朝统治，政府出兵征讨，因武坪番民剽悍骁勇，官兵屡遭失败，难能取胜。在这种难堪的处境下，向杨汝松求援。杨汝松一马当先，召集各旗总管及随行文书、小头儿策划了出讨事宜，调三千大军于出事地点，将谋反者全部慑服，将武坪二十四部划分为四旗，招抚为其属部。并将此事通过陕西道马总督转奏于皇帝，康熙皇帝赐予了金、铜合铸的大印一颗及白银、绸缎、茶、布等许多东西。杨汝松并不满足于现状，他要面见皇帝，向皇帝展示自己的胆略和才华。于是，在康熙五十五年（1716年），杨汝松和弟弟国师去京朝见康熙皇帝。是时，康熙皇帝将要出宫游猎，下令将卓尼土司杨汝松一行人等编入随从的行列。杨汝松随驾出猎以后，为皇帝表演了精彩的马术和高超的箭法。皇帝非常高兴，赐了许多衣帽古玩、绸缎，并设宴

① 杨士宏：《卓尼杨土司传略》第45—48页、第11页、第125页，四川民族出版社，1990年。

款待，大赞功德。清朝是满族人建立的，从北方而来的民族相信马背上的威力，在没有被汉化之前，是崇尚武力的，可以想见杨汝松的精彩马术和高超箭法，一定为康熙皇帝留下了很深的印象，也可以说是与当朝统治者的治国方针不谋而合的，所以才会被“赐了许多衣帽古玩、绸缎，并设宴款待，大赞功德”。杨汝松的表演肯定是被有关人员安排好的，但对于杨汝松来说绝对不会想到有这样的结果。杨氏兄弟等很高兴地回到卓尼，他对这次上京能得到皇帝的赏识感到幸运，并将这种荣誉和影响扩大到了藏区很有影响的宗教上层。由于准噶尔部军队袭扰西藏，为安定西藏地方，清政府于康熙五十七年到五十九年先后两次派兵进入西藏，同时征调地方武装，杨汝松也被征调。据《安多政教史》记载：“康熙五十七年，土狗岁（戊戌），由于厄鲁特准噶尔的军队进入西藏，这位土司率部进驻通天河。对洮州的鄂巴等处，河州的合作、下佐格，松州的迭部、洒仓等处以武力震慑，使地方秩序安宁，真像俗谚所说的虽‘老妇携金上道，亦可安然无事。’”[①]实际上，杨汝松这次奉旨讨击准噶尔，并没有和准噶尔军队正面交锋，只是按兵通天河畔，事实上成了清军二线的增援部队。然而土司每次奉令征讨总是获胜、得利。这次征讨准噶尔之后，又受到朝廷的嘉奖，并分别封随军将领为总兵、司兵、千总、万总等佥事官职，赐以白银、布匹等作为物质奖励。

第十二代土司杨冲霄，承袭土司职务是在雍正二年，在他袭职的第二年（雍正三年，1725年），考包各部发生民变，在清兵无力镇压的情况下，皇帝下诏，令土司嘉祥闹布（杨冲霄）出兵讨伐。杨冲霄于同年四月初一点兵开赴出事之地，历时四月，彻底平服了反叛，深得清政府的嘉奖。这次出兵由于所要讨击的对象与其本人的关系并无什么利害冲突，所以非杨冲霄所愿，但因他受朝廷俸禄，不得不为当朝统治者卖命。可见，杨冲霄还是非常识大局的，并不为小利益而牺牲朝廷利益，与中央王朝始终保持一致，这也是卓尼杨土司的一贯传统，并且这种传统一直延续到第二十代土司杨复兴。

雍正九年（1731年），清政府为了加强边备，决定在青海乔当科筑一

---

① 智观巴·贡却乎丹巴绕吉：《安多政教史》第623页，吴均、毛继祖、马世林译，甘肃民族出版社，1989年。

守城，下令要卓尼杨土司出人出力，杨冲霄又从自己的属民中抽调壮男五百多，到乔当科很快完成了筑城任务。土司杨冲霄因公受伤，被封为“奏员总督的顶戴花翎，政教二业的施主。”筑城之役不久，又发生闹窝佳斯合的反叛，清廷发兵仍然失利。土司杨冲霄应召，率本部人马随官兵前去征讨，活捉闹窝佳斯合。因功受奖，得金、银、绸缎等物。

还有一件事情可以反映杨土司与中央王朝的关系非同一般，这就是1734年前后，杓哇旗的部分属民在南拉秀等的带领下，要求脱离杨土司的统治，投靠陕西府。杨土司知道此事后，四处疏通告发，并转奏皇帝。因卓尼土司是陕西府下为维护皇权贡献最大的土司之一，当然深得皇帝的庇护。皇帝的裁决是：“南拉秀等人的呈文，仅是他们图谋反对自己土司的种种诡辩，没一点可置信的地方。又从土司呈文上究查，杓哇三旗，本属土司管辖。因此将南拉秀及其家小流放到三千里外的地方，三年内不得回乡，其他百姓仍按原先的规矩属土司之下。”我们不用去讨论结果如何，仅从这个裁决就可以看出，由于杨氏土司世代对朝廷的效忠，清廷在不妨碍自己统治而同时又能拉拢人心的前提下，还是给予杨氏土司以尽可能的特殊关照的。

第十四代土司杨声，他把绝大部分精力都放在佛教事业上，还刊刻了《丹珠尔》大藏经。但他并不忽视与中央王朝的关系。在这一点上，他充分发挥自己虔诚信仰佛教的特点，在适当的时候进京朝见当朝皇帝乾隆，他向皇帝进贡的礼品是由他和祖母联手刊刻的卓尼新版、第一次印刷的《丹珠尔》大藏经，乾隆皇帝很是喜悦，他也由此获得赏识。

第十七代土司杨元是以幼子身份承袭土司职务的。执政期间，曾数次带领所属部队助清廷剿办西北少数民族的反抗和民族内部的纷争，每次作战，都顺利地完成了任务，也为此多次受到清王朝的赏赐和封官晋爵。如：同治“二年二月十一日，洮回遂起事焉。”“马大汉乘乱入……九月马大汉将分队犯洮州，土司指挥佥事杨元，遣番兵伏于洮狄界之羊撒寨。贼至，土守备张渐逵等伏兵起，前后截击，毙贼四百余。余贼溃窜。元复出奇兵绕贼前，堵其去路，夹击之，复毙贼四五百，坠河死者无算。”此时，临夏撒拉族也揭竿而起，杨元派兵万余人迎战，获胜，被清廷“以剿办循化属撒拉回赏给二品花翎加志勇巴图鲁名号”。“同治六年五月，参将范铭，会［洮州］同知王廷梓，土司杨元收复洮州厅城。”[①]因收复洮州新旧二城之功，赏给杨元“头品顶戴”。同治九年、十年，道光二十六年等，多次为清廷出征镇压临夏回族及甘青藏族人民风起云涌的反清起义。这里我们暂且不论镇压人民起义的对与错，杨元是清王朝的地方官员，受命于清廷，却是其应尽的义务或本分，再者，起义势必会波及卓尼，威胁到他的统治，出兵助朝廷作战也是情理之中的了。

二十代土司杨复兴，在1937年博峪事变后继任土司职务兼任洮岷路保安司令，此时其年仅8岁，由杨积庆的大太太杨守贞辅佐，接管了卓尼地方政教事务，复兴杨氏几百年的祖业。在1947年，与夏河县藏语翻译员吴振刚、黑错（合作）寺院索南佛等一起，以“卓尼四十八旗，三十多寺院代表团”的名义去南京，几经周折，见到了蒋介石。杨复兴向蒋介石介绍了卓尼的一些情况，最后提出上陆军大学深造的要求，得到了蒋介石的首肯。杨复兴不惜一切代价去晋见蒋介石，以杨士宏先生来看：“……这一举动的目的是很明显的，他虽然冠有洮岷路保安司令的头衔，但从他的实力来看，在国民党政界、军界和官场中只是一个徒有虚名的‘流外’官，处处受到歧视和限制。因此他如同历代土司去京朝贡觐见皇帝一样，以卓尼四十八旗藏族人民代表的名义去晋见蒋介石。目的在于抬高身价，以此来牵制和减少国民党各级地方政府对他的各种压力和敲诈。”[②]杨复兴晋见蒋介石后，返回兰州回拜了甘肃省主席郭寄峤，然后转赴卓尼。从此，那些地方官吏、乡绅，包括岷县专署的上下级官员对杨复兴刮目相看，毕恭毕敬。杨复兴此次晋见蒋介石达到了预期目的。1948年，国民党召开国民党代表大会，当时在陆大受训的杨复兴被选为国大代表出席了大会。1949年初，杨复兴从陆大毕业，授予洮岷路少将保安司令之职，在毕业典礼上受到了蒋介石的接见。

1949年9月，杨复兴以大局为重，接受中国共产党的主张，宣布和平起义，接受共产党的改编之后，杨复兴成为岷县专区卓尼民兵司令部司令员兼县长。1950年，岷县专署撤销后，卓尼成为甘肃省直辖藏族自治区，

---

① 《洮州厅志》卷十六。

② 杨士宏：《卓尼杨土司传略》第45—48页、第11页、第125页，四川民族出版社，1990年。

杨复兴担任自治区行政委员会主任，筹建基层人民政权机构。从此政教合一近六百年的世袭统治制宣告彻底地废除了。人民政权取代了封建的世袭统治，土司成为人民的公仆，它标志着卓尼藏族社会发展史上的一个变化和重大转折；同时也是杨复兴本人政治生涯中一个新的起点。中华人民共和国成立后，杨复兴历任甘南藏族自治州副州长和甘肃省人民代表大会常务委员会副主任等职。

二、十九代土司杨积庆对中国革命的贡献

杨积庆时期（1889—1937年），正是时局大变化的时代，辛亥革命由胜利到失败，由此而来的军阀混战、地方割据局面，使这位封建土司经受住了政权变幻的严峻考验。他虽足不出户，但却以自己特有的方式及时掌握国内外形势，正确把握时局的发展，与中央政府始终保持关系。例如，他于民国三年十二月二十六日被陆军总长段祺瑞授予陆海军“五等文虎勋章”，并签发执照。执照上这样写道：

陆海军勋章执照：

大总统为杨积庆劳绩昭著，给与［予］五等文虎勋章用示奖励，特给执照以资证明。

陆军总长　段祺瑞

中华民国三年十二月二十六日

他抵制美国基督教势力在辖区内进行文化渗透，但不反对美国地理学会调查团负责人洛克的正常植物调查采集活动，不仅为洛克一行的调查活动提供很多便利条件，而且还让他参加寺院的一切宗教活动。民国十五年十月，甘肃督军刘郁芬命土司杨积庆修筑松潘至卓尼公路，他派500人参加，年底完工通车。民国十七年，马仲英（俗称尕司令）在河湟起事。其时，国民党甘肃首领刘郁芬以“临岷屏蔽于西南”为由，委卓尼土司杨积庆为洮岷游击司令，堵截马仲英。至今，卓尼藏族人仍以老司令、少司令来称呼杨积庆和杨复兴，每每呼之，脸上均有崇敬之意。1936年，红军以

毛泽东、周恩来等率领的中国工农红军第一方面军，以朱德、徐向前、董振堂率领的红四方面军长征经过杨积庆辖地境内，杨积庆非但没有执行蒋介石和甘肃省主席朱绍良的堵截过境红军的命令，反而暗中开仓济粮，修筑栈道，使红一方面军能够在他的辖境内得到时间、粮食的补给，为红军胜利北上做出了巨大贡献。而杨积庆也是以此罪名被军阀鲁大昌以“阳奉阴违，不但不遵命堵截，反开仓供粮，私通红军”杀害。

关于这件事情，《卓尼文史资料选辑》第七期中有三篇文章详细论述。其中，杨生华的文章《杨土司支援红军过卓尼迭部》中有许多资料性的记录，如杨积庆在接到迭部仓官杨景华的红军到迭部后当地民兵和群众如何对待红军的报告后，下达的书面指示为：“在红军经过迭部时，不要对抗击堵，对于已破坏的达拉沟栈道、尼傲峡木桥，迅速派人修复，任其顺利通过，更要严防群众从山林中向红军放冷枪。要设法暗中和红军联系，迭部几个仓的粮食，不必转运、窖藏，让红军取食，一切行动，必须高度保密，并严禁群众向外走漏消息。”杨景华在接到土司密令后，立即召集下八旗总管头人开会，一致决定接土司密令遵照执行，责成有关地区的总管头人，尽快派人修复已破坏的达拉沟悬崖栈道和尼傲峡栈道，防守民兵一律退到深山老林，禁止向过路红军部队放冷枪。不久，红军陆续进入卓属迭部地区，在俄界地方暂时休整，仓官杨景华找到一位久住迭部的“尕铜匠”，前往和红军部队联系，并送了慰问品。一面布置迭部吉埃昂、尖尼、斯乌等三个粮仓看守人等红军到达后开仓济之。当时红军从迭部各路前进，取食迭部仓粮估计数十万斤，使红军在极端困难的情况下得到大力支援。红军经过和军阀鲁大昌守军的战斗，顺利通过腊子口到达岷县。在这个问题上，前兰州军区政委肖华，在他写的《红军长征在少数民族地区》一文中指出：“在甘南，卓尼土司杨积庆受到红军政策的感召，主动撤除铁布（即迭部）防务，并将花园仓粮几百石接济过红军。由于红军得到了民族宗教上层人士的合作，为红军争取了战机，避免了许多不必要的流血和损失……”红军路过迭部，由于当时交通梗塞，多为羊肠小道，悬崖栈道、森林密布，加之语言隔阂，有红军病伤人员及少年儿童200余人流落迭部。杨积庆没有按照国民党的命令，搜捕上交兰州，反而予以多方保护，就地安置，组织起来作以工代养。对青少年、儿童，劝地方缺少子女户领养，有的与当地藏民联姻，有的主动回籍，这些人中，现在还健在的尚有二十多人，都已儿孙满堂，安度晚年。这也体现了土司杨积庆爱国爱民的远见卓识。对于杨积庆给长征红军供粮一事，1993年5月3日，安锦龙［现任甘南州人大常委会主任］同志采访了当时的全国政协副主席杨成武将军。杨成武将军谈道："1935年我跟随毛主席长征，从四川秋吉、包座到了迭部。俄界会议后，从达拉沟出来，顺白龙江下去，当时我是红军四团政委，我们是先头部队，白龙江两岸是杨土司辖区，来到迭部分析敌情时说，杨土司有两万藏兵，在迭部地区把守。但从迭部沿白龙江到腊子口，我们未遇到杨土司藏兵阻击，没有和杨土司打仗，而且还给我们提供了粮食，当时供应部门给我们讲的，杨土司的人很好，虽受国民党控制，还能和红军不对抗，是一个开明人。"当安锦龙提及杨土司在1937年红军过后被国民党军阀鲁大昌借口以"杨土司私通红军，供粮让路"为由将杨土司杀害时，杨成武将军很动感情地说："很可惜！很可惜！"同时答应上访人员的请求，为杨土司支援红军纪念碑题了碑名。与此同时，中央军委办公厅杨成武同志处正师职大秘书叶运均也写了书面材料。其中有一段话值得特别引用："……九月初，中央红军陆续进入杨土司辖区迭部达拉沟，并决定在俄界（高吉）休整，其间，于9月12日召开了中央政治局会议，即著名的俄界会议。会后，红军沿达拉沟继续前进。9月14日，红军未受任何阻击，顺利地通过地势险要的尼傲峡（峡深四至五里，悬崖对峙，木桥栈道下是奔腾的白龙江水，实有一夫当关，万夫莫开之险）。到达下迭部最大的寺院旺藏寺。9月15日红军第二师为前卫，第四团为先头部队，计划3天内夺取腊子口。之后大部队由旺藏出发，经九龙峡入然尕沟，到崔谷卡（此地有杨积庆的一座粮仓），仓官丹增（杨景华）按杨积庆的密令和红军领导接头，将崔谷仓内5万多斤小麦开放，接济过境红军，使历尽千辛万苦，爬雪山、过草地、吃草根、熬皮带的红军从给养上得到了很大的补充，为红军攻破鲁大昌天险腊子口防线提供了物质条件，奠定了基础。"①

1935年9月，中国工农红军（一方面军）及1936年8月至9月（二、四

① 《卓尼文史资料选辑》（第七辑）第28—31页。

方面军）先后途经卓尼十九代土司杨积庆辖区迭部境内，行程约二百八十公里，他们不但丝毫未受到杨部藏兵的阻击，而且还受到优待，例如主动撤退藏兵，开仓供粮，抢修栈道，提供干练向导，指引行军路线，攻克天险腊子口，为实现红军北上抗日的战略方针做出了重大贡献，立下了难以磨灭的功绩。

这些说法虽是根据当事人的回忆整理得出的，但有一定的说服力。新华社甘肃记者站资深记者扎西（李生才）在采访中也多次谈到此事。他在1952年被抽调到中央森林调查队作为随行记者，在对白龙江流域采访时亲眼所见。他说在迭部原红军长征经过的地区有许多红军刷的标语，“红军万岁！”“红军北上抗日”“藏汉一家”……许多用黑木炭灰和白石灰水写的保存十分完整的标语。在曹日仓的里墙上、崔谷仓的后墙上也有一些红军写的标语，因没有受到风吹日晒雨淋，保存十分完好。他说当时认为这些可能对以后很有用，就拍下许多照片，但回来后他的一个同事借去看一直没有归还。再后来同事丢失了这些照片，他非常遗憾。

三、结语

卓尼土司的政教合一制度及历代土司都与中央王朝保持友好合作、接受中央王朝册封的明智决策，加上历代土司都深知宗教对人们的意识形态的影响，牢牢控制宗教特权，重视对辖区人民的精神统治，使得卓尼土司这一独特的兄为土司、弟为僧纲的政教合一制度历经二十代而不衰直至民主改革前。特殊的地域环境造就了卓尼藏族人，独特的政治制度形成壮大了卓尼土司。从第一代土司些尔地带领族人在卓尼扎根，到十九任土司对中国工农红军的支持，至二十任土司率领部众起义，接受中国共产党的领导。这说明卓尼地区的历史，随着中央政府变化而发展，卓尼土司制度顺应社会的发展潮流而长盛不衰。同时说明，卓尼土司深明大义，深谋远虑，任何时候都能保持清醒的头脑，关键时候以大局为重，最终既保全了本部族，也保全和发展壮大了自己。对今天的中国处理对外关系，国内各民族团结互助，共同发展具有一定的借鉴意义。

（原载于《西藏大学学报》，社会科学版，2011年6月，第26卷第2期）

卓尼土司制度及其文化价值考察

苏晓红*

一、卓尼土司制的确立

卓尼和卓尼土司制

1.“卓尼”名称的由来。“卓尼”在藏语中是油松或马尾松的意思，是藏语“召相”的变音。“卓尼”原意是本地群山围绕，森林茂密，苍松挺立，山清水秀多松柏的意思，并没有什么特别深刻的含义。卓尼之所以在藏区和内地享有盛誉，与其悠久的历史、卓尼土司制及土司的政教业绩、卓尼大寺（禅定寺）及卓尼版《甘珠尔》和《丹珠尔》大藏经等地区人文历史及其资源密不可分。

2.卓尼土司制的确立及其特点。

（1）卓尼土司制的确立。大约在元末明初，藏王赤热巴巾派安多地区征税大臣噶益西达尔吉的长子些尔地去寻找更好的亦农亦牧的地方，些尔地率部经历千难万险来到卓尼附近地区，看到这里水草丰美，便准备在这里立根创业。永乐二年（1404年）些尔地和弟弟傲地征服收降了迭部达拉沟18族等地，随后沿洮河到了卓尼境内，便在此定居。些尔地信仰佛教，到卓尼后就经常去拜访这里的一处寺院，这座寺院是始建于南宋宝祐元年（1254年）的宁玛派小寺，南宋咸淳五年（1269年）西藏萨迦法王八思巴奉忽必烈之命赴京讲经途中路经卓尼（又一说是八思巴到内地讲经时

---

* 作者系兰州大学历史文化学院教授。

途经卓尼），到卓尼寺时赠献蛇心檀木雕刻的释迦牟尼站像一尊，并命其弟子萨迦格西·喜绕益西在此建筑经堂，广授僧徒，弘扬佛法。元朝元贞元年（1295年），卓尼寺建成。

些尔地经常去卓尼寺拜佛及拜访寺院院主，又给寺院塑佛像，逐渐便成了卓尼寺的施主。逐渐些尔地也得到卓尼寺和当地百姓的认可，就拥护他为寺院和部落首领。永乐十六年（1418年）些尔地献地投明，入京进贡（另一说法是些尔地征服边陲有功，被皇帝诏令进宫），被皇帝授予世袭指挥佥事兼武德将军，些尔地也由此成为卓尼第一代土司，也成为集族权、教权、政权于一身的世袭土司和寺主，从此卓尼实行政教合一的土司制。

（2）卓尼土司制的特点。成臻铭在他的《清代土司研究》一书中将我国历史上的土司制具体划分为七种类型。按照他的划分，卓尼土司应属于僧官型土司，或称为僧职土司。僧官土司的出现与藏传佛教的产生息息相关，在地理区域上以青藏高原为中心，呈扇形状态分布于青藏高原东缘和蒙古高原地区，这也正是以达赖喇嘛寺庙为地方政务中心的政教合一的地区。在这个区域内的政教合一也有多种形式，当寺庙对地方没有形成足够的控制力，则地方政治为政教联盟式，比如康巴地区；当达赖喇嘛的寺庙势力渗透到地方社会的各个方面，则形成社会政教合一式，如卫藏和安多地区；当寺庙势力影响到一个民族政治生活的各个方面，则形成民族政教合一式；当家族势力占统治地位时，土司又引入寺庙势力辅政，则形成家族式政教合一式。卓尼土司制就是家族式的政教合一制，“兄为土司，弟为僧纲”，兄管理土司区政务，弟主持土司区宗教，土司长子例袭为土司，次子例袭为僧纲，如遇独子时，二职兼任。由于单传或其他原因，在卓尼大寺的僧纲谱系中仅有六任僧纲是专职的，其余十四任都由土司兼任。另外如果土司或僧纲承袭者均年幼不能理政时，就由祖母或母亲代理政教事务，如第十四代土司杨声在年幼时卓尼政教事务就由他的祖母仁钦华宗代理；第二十代土司杨复兴幼时由其母杨守贞代理。代理工作一直到土司长大能够亲政时结束。

二、土司制的政权组织

（一）衙门内部组织

土司是辖区内的最高统治者，土司设有秘书1人，称为“红笔师爷”，一般由从外地聘请来的文化程度较高的人担任，专门负责起草文稿。土司的办公室称为“房科”，内部有九名工作人员为土司服务，由土司直接管理。土司之下设头目2人，掌管军政大权；设总管3人，大总管掌管衙门内部的全部事务；二总管管理钱粮；三总管专管庶务、伙食；设有传号四人，轮流在传达室值班，管理监牢；监牢里有班役10人专管犯人；设长宪32人在各管旗下征收钱粮。土司衙门的各类人员均由十二掌尕（相当于自然村）产生，头目、传号、长宪由土司悬牌任免，其他的通过选拔或推荐产生。

（二）土司的“兵马田制”

土司辖区全境土地都是“兵马田地”，寓兵于农，属民只有使用权，担负对土司进贡纳粮，履行当兵、差役、纳柴草等各种义务，按地区的不同，缴纳各种不同的地方土特产，是土司衙门主要的经济来源。另外，凡耕种“兵马田”的属民，平时放牧耕作，为土司纳粮食、柴草等，在战时每户有一人自备枪、粮随头目或土司出征，数百人乃至数千人的兵力可以立致，内而调兵消灭抗命之徒，外而奉上命征战防守。如有阵亡情况时给家属发“达汗尕书”（抚恤证明书），家人不再当差役。

（三）土司衙门对群众诉讼案件的处理

卓尼土司有独立的司法权，一般的纠纷小案由长宪判处，当事人要交一定的衙门钱。重大案件由土司亲自审理，传号与头目在土司左右陪站，由“房科”准备好审问单由土司亲自加以审问，对不承认事实的一方当事人有时也会用刑。

三、卓尼土司的发展壮大

（一）土司的发展阶段

有文字记载的卓尼土司有二十代，它确立于明朝，发展于清朝，衰微终结于民国到中华人民共和国成立时。大体可以将其划分为四个阶段：第一代到第五代土司为第一阶段，是土司制的确立及土司权势的奠定基础阶段。第一代土司些尔地定居卓尼，征服边地，得到朝廷的封赏。第五代土司旺秀于1508年进京觐见皇帝，皇帝赐其姓名为杨洪，使其在地方更有威望，其势力得到加强。

第六代到第十一代土司为第二阶段，是土司的发展阶段。第六代土司杨臻修筑了卓尼城池，嘉靖皇帝封以佥事官职，赐印一颗；第七代土司杨葵明征服了大小板子、纳浪等11处周边地区；第九代土司杨朝梁收复了术部、欧化、卡加、迭部等24处部落，平息了河州吴长毛之变，朝廷赏锦旗一面，授以洮岷协副将；第十代土司杨威派兵征讨了迭部不服朝廷的各部，设旗进行管理，使杨土司的统治地跨洮、迭两州；第十一代土司杨汝松协助清廷调集三千大军平息了武坪（今甘肃舟曲县）部落的反满暴动，清廷为此把插岗、铁坝、拱坝、博峪等地划归土司节制，土司将其划分为四旗进行管辖，土司势力进一步扩大。

杨汝松还创办了藏经刻印院，刻成了卓尼版大藏经，刻工非常精良，享有盛名，卓尼大寺及卓尼土司由此也扩大了它在藏传佛教界和在整个藏区的影响。康熙帝也在1713年赐卓尼大寺“敕赐禅定寺”的匾额。

第十二代到第十六代土司为第三个发展阶段，也是土司势力的极盛阶段。其中第十五代土司杨宗业平定河州叛乱后，朝廷赏给其三品顶戴；第十七代土司杨元跟随青海大臣平定黑错（今甘肃合作市）藏民民变，收复了洮州新旧两城，剿平了青海循化撒拉族民变，被朝廷屡次嘉奖，赏给其二品花翎、头品顶戴，照军功头等之功加一级；第十八代土司杨作霖，随其父剿抚地方变乱，屡战屡功，受到多次授奖，如赏给其头品顶戴花翎。

这个时期，土司辖地东接武都、天水，南临四川松潘，西接青海黄南，北抵夏河、临洮、临夏，人口达到十万，势力极盛，成为甘青各土司中最强盛者。

第十九代和第二十代土司时期可为第四个阶段，是土司的维持和转型期。1912年，土司杨积庆继位，杨积庆积极响应共和，北洋政府和民国政府授予其“五等文虎勋章”、洮岷路保安司令等勋职，但在辖区内仍然实行土司制度。第二十代土司杨复兴，1949年9月协助解放军发动起义，建立了新政权，废止了土司制度，杨复兴先后任卓尼民兵司令部司令员兼卓尼县长、甘南藏族自治州副州长、甘南军分区副司令员、西北军政委员会民族委员会委员等职。

（二）卓尼土司发展的原因

沿袭了500多年的卓尼土司制度不仅对其辖区的政治、经济、军事、文化等产生过很大的影响，而且在过去的西北乃至全国都有较大的影响，之所以能够如此，有其深刻的主、客观因素。

1.特殊的地理位置。处于甘肃南翼河湟岷一线的卓尼土司辖区，不仅是控制西番的据点，也是进藏的门户，再加上土司辖区多为崇山峻岭，山大沟深，林木茂密，交通梗塞，与外界在语言、习俗上也多有隔阂，如果没有人带领护送的话很难安全到达领地，这就使得外力不易侵入。

2.政府的安抚和扶持。基于特殊的地理人文环境和历史遗留等原因，历代政府对边地民族地区多采用“以番制番”的政策，明朝也是通过“以本土之人，司本土之事”的措施分封地方土司，安抚地方势力，而对甘肃地区西番诸区的土著首领，始终给予优待，有功封赏，累加奖劳，加官晋爵，世袭罔替。到清代，甘肃土司都加入招抚行列，得到朝廷的封赏，使甘青土司得以延续，朝廷对西北土司向来颇有好感，因其“有捍卫之劳，无悖叛之事”，平时治理地方事务，战时应朝廷调遣，是朝廷在地方的代理人和得力干将，朝廷对土司也多有依赖。卓尼土司从些尔地开始就已经是拥有政治、经济、军事等自治权的世袭集团，到清代更是因功受封，势力达到极盛。

3.土司的奉职进贡。当朝廷在地方培养代理人的同时，地方势力及教派之间的斗争也促使其寻找政治靠山以巩固和发展自身的势力。卓尼土司在尽职守边、服从朝廷调遣的同时，每一两年之间都会向朝廷述职和进贡，带着大量的地方特产和财物向朝廷报告地方治理情况，以此博得政府的好感。对政府派到地方来查询的官员，土司们都尽力地接待，使土司和朝廷始终保持着密切的关系。

4. “政教合一”和“兵马田制”的实施。卓尼土司既是行政长官，又是宗教首领，从政教两方面牢牢地控制着辖区的属民，从宗教和文化纽带上把辖区内的属民紧紧地连在一起，加强了其属民的凝聚力及在政治和宗教上对土司的依附性。

在民族和宗教方面，土司和属民同属藏族，有着共同的祖先、共同的信仰，他们在民族、宗教、语言、习俗及其历史渊源等方面的一致性，使卓尼土司能够得到属民对他们更多的信任和拥护。

土司在经济生活方面实行的“兵马田制”为其属民提供了物质生活保障，稳定了生产，安抚了民心，发展了地方经济，而且也减少了土司军费的开支，更重要的是土司通过控制土地，掌握了耕种土地的属民，属民不仅在精神上而且也在物质上依赖于土司，这些都为维护和维持其土司制度起到了决定性的作用。

5. 土司属民深厚的传统观念。卓尼土司辖区较为偏僻，属民和外界发生联系的机会很少，土司作为属民的代言人，一方面为属民创造了相对安稳的经济生活环境，保证了属民的生命财产安全。另一方面，土司通过政权和教权对属民进行教化和管理，统治属民，使土司的血缘本位、家族本位、官本位形象重叠整合之后以一个更权威、更高大的形象出现在属民面前，形成整个土司辖区崇拜土司、迷信土司的政治文化氛围和风气，很少有属民反对和抗拒土司的情况发生，使土司权力的行使畅通无阻。

综上所述，卓尼土司在历代朝廷的改土归流中得以继续保留，直到1949年。它的存在客观地维护了地方治安及西北边地的安全，在某种程度上为后来的民族区域自治制度的实施提供了借鉴价值。

四、土司制度的文化价值

（一）政治文化

卓尼土司在它的实施过程中充分体现了土司政策的伸缩性和适应性。

首先，卓尼土司通过个人努力对地方进行有效的管理以树立形象，适应朝廷“以番制番”的做法，使土司制得以确立，确立之后历代土司尽职尽责地守卫边地，随时听命调遣，按时进贡述职，进一步得到朝廷的认可，土司得到了强大的支持后盾和荣誉光环，在地方也就更具权威性，有利于加强其势力，扩大其统治。

其次，在教权发展方面，卓尼大寺从尼玛派小寺到萨迦派寺院，再到格鲁派寺院，适应了宗教领域的发展趋势，使卓尼大寺得到更快、更好的发展，使其在藏传佛教界留下了深远的影响。而它的这种转变与发展和土司制“以政扶教”的政策有着直接的关系。

最后，土司和附近邻县的汉族知名人士交往较多，而且土司通过进贡、述职，掌握政府的政治动向，对社会的时事政局能及时地作出反应，顺应历史发展的趋势。最有代表性的就是十九代和二十代土司。杨积庆土司虽然接受了国民政府和北洋政府的任命，但在暗中却帮助红军，他开仓放粮，派人带路使红军通过天险腊子口。杨复兴于1943年9月被国民党任命为洮岷路保安司令部司令，1949年春毕业于国民党南京陆军大学将官班，授予少将军衔；1949年9月11日，他率部在卓尼和平起义，任卓尼民兵司令部司令兼任卓尼县县长；1950年至1955年，任卓尼自治区行政委员会主任。其间，他积极地参与撤销旧机构，组建区、乡基层政权，剿灭残匪和禁毒、铲烟等工作。

（二）制度文化

土司内部一整套严密的运行体制体现的是卓尼土司辖区的地域制度、官方制度、家族制度、民族宗教制度的汇聚和整合，形成具有地方特色的统治管理制度，这也是卓尼土司能深深地扎根于当地，世代相传，经久不衰，长期兴盛的原因。这样的地方制度，在“身、家、国、天下”同构的中国伦理政治观下有很多可汲取和借鉴的价值。

（三）社会文化

卓尼土司文化是中国传统文化、民族宗教文化、乡土文化、家族文化和政治制度文化等多元文化的统一体，也证明了土司制多样的文化认同观，在实践中也实现了自身的政治价值。伴随其政治价值，使卓尼保留和积淀了丰富的藏族传统文化、佛教文化，形成了浓厚的地域特色文化氛围。目前，学术界对卓尼土司制和土司文化的关注越来越多，其学术价值不言而喻。另外，地方政府已经建立了“杨积庆烈士纪念馆”和“土司历史陈列馆”，成为爱国主义教育基地。禅定寺也已成为卓尼县有名的旅游景点，寺院依山而建，融合藏汉建筑风格的经堂随地势错落有致地分布在高低不等的台地上，建筑金碧辉煌，巍峨壮观，背依青山，俯视洮河，环境清幽雅静，现有三大学院、四大囊钦、五幢佛殿，加上寺门和僧舍等共80多幢建筑。铜瓦金顶，雕梁画栋，显得金碧辉煌。经堂内用金、银、铜、玉、宝石、象牙、香木等材质制作的佛像千姿百态，惟妙惟肖。在经堂、回廊的墙壁上，遍布色彩绚丽的壁画，置身其中，如入五彩斑斓的画廊。每到祈愿法会、晒佛节、酥油花灯节等宗教节日，虔诚的信徒和慕名而来的游客络绎不绝。

既为名寺，自然不乏名人，西藏一世至四世策墨林活佛都出自禅定寺，其中一、二、三世策墨林活佛，都曾担任过西藏摄政王。由此，卓尼也被誉为“藏王故里”。

今天的禅定寺，以其雄宏壮观的建筑气势，飞虹流彩的文化艺术和稀世无价的珍贵文物，成为安多藏区信教群众向往的圣地和人们探究藏传佛教文化的重要窗口。

参考文献：

［1］杨世宏：《卓尼土司历史文化》，甘肃民族出版社，2007年。

［2］成臻铭：《清代土司研究——一种政治文化的历史人类学观察》，中国社会科学出版社，2008年。

［3］政协甘肃省委员会文史资料委员会：《甘肃文史资料选辑》（第三十一辑），甘肃人民出版社，1990年。

［4］王继光：《试论甘肃土司的形成及其历史背景》，《甘肃社会科学》，1985年第4期。

［5］成臻铭：《试论土司与土司学——兼及土司文化及其研究价值》，《青海民族研究》，2010年第1期。

［6］刘继华：《民国时期甘肃土司制度变迁研究——以卓尼杨土司、拉卜楞寺土司群为例》，《兰州教育学院学报》，2003年第2期。

［7］熊晓辉：《土家族文学艺术研究的回顾与反思》，《三峡学院学报》，2013年第5期。

（原载于《长江师范学院学报》第30卷第2期，2014年4月）

民国以来甘肃卓尼土司研究综述

魏长青[*]

甘肃卓尼地处安多藏区，民族众多，卓尼杨氏土司自明永乐十六年（1418年）始祖些尔地朝京献地投诚被封为“正千户”，并因功授世袭指挥佥事兼武德将军，至1950年第二十代土司杨复兴宣布起义，同时废除土司制度，历经明、清、民国、新中国四个时期，传承532年，成为甘、青藏区历史最悠久、影响最广泛的土司历史文化之一。民国以来，中外学界对卓尼土司制度及家族史展开了各项研究，笔者试对其进行系统梳理。

民国时期学者对卓尼地区的考察研究

民国时期国内学术界对西北地区的关注与研究，大体都与中国国家和民族的危机紧密相关。抗战开始，尤其是国民政府迁都重庆，整个西北和西南成为抗战的后方基地，许多学者和考察家以官方或非官方的方式对西北地区进行了不同形式的考察，甘南藏区成为考察的重点之一，内容涉及政治、经济、文化、宗教、社会等方面。如竺可桢的得意门生张其昀考察甘南夏河期间著有《夏河县志》；马鹤天先生受蒙藏委员会委派，对甘青藏区进行为期三年的考察，著有《甘青藏边区考察记》；1937年，顾颉刚受管理中英庚款董事会和西北移垦促进会的委托，对西北民族地区进行考察，涉足临潭、卓尼、夏河和黑错等地，著有《西北考察日记》。

---

* 作者系西南民族大学西南民族研究院博士研究生；本文系“2012—2013年西南民族大学中央高校优秀学生培养工作项目”的阶段性成果，项目编号：12ZYXS01。

此间，对卓尼地区考察较多的当数李安宅夫妇和明驮。藏学家李安宅夫妇在西北考察期间，通过实地调查，著有大量反映藏族文学和民情风俗的文章。李安宅在《川甘数县边民分布概况》中，对卓尼族群的分布进行介绍；于式玉的《黑错、临潭、卓尼一带旅行日记》，以游记的形式也对该地区详加考察。针对“卓尼”一词的来源，明驮在1941年1卷1期《边政公论》上发表《卓尼之过去与未来》一文指出，大约在明朝初年，一部分康藏人搬进卓尼，因看到当地有两棵马尾松树（藏语称“交相”），遂把该地称为“卓尼”（从“交相”转音而来），后来的学者也多持该说。笔者注意到，“卓尼”一词的来源与树木有关的说法，均来自嘉木样协巴《卓尼（丹珠尔）目录》和智观巴·贡却乎巴饶吉《安多政教史》的记载，不过学者宗喀·漾正冈布在《卓尼生态文化》一文中认为该说“都还是猜测，并无可靠之根据”，原因是“马尾松为喜温植物，其较西分布在四川中部大相岭东坡，西南至贵州贵阳、毕节及云南富宁一带，在卓尼是否有此种树木生长有待考证”①。

民国时期，国外学者中对卓尼地区考察比较有名的当数美籍奥地利植物学家和人类学家约瑟夫·洛克，他与卓尼第十九代土司杨积庆交往密切。1925年，洛克来卓尼，杨积庆全力为其科学考察提供帮助，使得土司辖区卓尼、迭部等地均成为洛克的考察基地，洛克还为美国国会图书馆购买了卓尼版《大藏经》，在美国《国家地理》上发表了他在卓尼的见闻和杨积庆本人的照片。其时，洛克著有《生活在卓尼喇嘛寺》，1928年发表于《美国国家地理杂志》。时隔10年，范长江采访卓尼，在《大公报》上发表了很多关于杨积庆的事迹，包括后来出版的《中国西北角》中均有对杨积庆的记载。

对卓尼土司制度的研究

有关卓尼土司的研究中，对土司制度的研究占绝大部分。卓尼土司政权是非常典型的家族式政教合一的地方政权，卓尼历代土司的承袭，一直

① 宗喀·漾正冈布：《卓尼生态文化》，甘肃人民出版社，2007年版，第8页。

遵循着“政属于土司，教属于僧纲；兄任民长，管理政务，弟任寺主，主持宗教；土司长子例袭土司，次子例袭僧纲，遇独子时，土司得兼僧纲，政教合而为一”[①]。由于单传或其他原因，卓尼大寺（禅定寺）僧纲谱系中仅有六任僧纲是专职的，其余均由土司来兼任，而当土司早亡或一时难以选定继承人，僧纲也可以破例承袭土司职务。1947年，谷苞在《西北论坛》上发表《卓尼番区的土司制度》，就卓尼土司制度的沿革、土司制度中的行政组织与行政区划、土司制度中的兵马制度等问题进行论证研究，对研究卓尼土司五百余年的历史、四十八旗的名称、行政区划与方志编写奠定了第一手的材料。作者认为，兵马制度是卓尼土司制度的神髓，因为他“一方面是土司武力的凭借，另一方面却又是土司的经济源泉”[②]，可以说，该文“虽然没有对政教合一制度的特色展开讨论，但为后来者点到了这种文化信息的存在……是研究卓尼土司制度的里程碑”[③]。接着，谷苞又于1947年8月在《和平日报》上发表《卓尼番区朱札七旗的总承制度》，作者当时已了解到，“朱札七旗在卓尼境内形成了一个特殊的集团，它与其他的各旗在组织与职权上均有重大的区别”[④]。

杨士宏的著作《卓尼杨土司传略》在对卓尼土司做传的同时，着重记载了第五代土司杨洪以后历代土司与中央王朝政权的亲密关系。此外，该书还对卓尼土司衙门的组织系统及演变、政教合一的制度等方面进行了全方位介绍，可以说是解放后研究卓尼土司的一部集大成之作，后来很多学者对卓尼土司的研究均难出其右。此外，贡保旺杰《卓尼土司史略》（藏文版）和杨勇的《卓尼土司制度的特点及历史作用》等书，均对卓尼土司制度的政教特点和历史作用等问题进行了分析和探索。

在土司制度比较研究中，高士荣的《西北土司制度研究》在系统阐述我国西北土司制度的起源、形成、发展和衰落的同时，对卓尼土司制度进行介绍及探讨，该书时间跨度比较长，从汉唐时代土司制度的建立直到民国时期西北土司制度的改土归流都有所论述。贾霄锋在《西北与西南地区

① 杨复兴：《卓尼四十八旗概况》，《甘南文史资料》（第2辑），1986年，第56页。

② 谷苞：《卓尼番区的土司制度》，《西北论坛》，1947年1卷2期。

③ 杨士宏：《谷苞先生的卓尼情结》，《谷苞先生90华诞纪念文集》，兰州大学出版社，2007年，第65页。

④ 谷苞：《卓尼番区朱札七旗的总承制度》，《和平日报》，1947年8月。

土司制度比较研究》一书中，将西北与西南土司制度政教合一的表现形式归结为三种：卓尼杨土司模式，即兄土司弟僧纲体系；木里土司模式，即叔侄相传的单一体系；麦桑土司模式，即土司和僧侣贵族家族外联合的体系。而“卓尼土司政教合一制度虽与西藏早期的政教合一制度非常类似，都是政教两权从形式上分开，但实质上是合在一个家族手中的政教合一制度”①。

近年来一些年轻学者对卓尼土司制度研究也感兴趣。兰州大学魏贤玲的博士论文《卓尼藏族研究》在论及卓尼藏族的族源和部落组织后，用两章的篇幅分析卓尼土司制度与中央王朝的关系、卓尼土司与西藏和周边的关系，认为卓尼土司凭借地处汉藏边缘的地理优势，与外界取得了广泛联系，“卓尼土司的外交关系是成功的外交关系，而其对外关系的主要内容是政教关系”②。兰州大学贾霄锋的博士论文《藏区土司制度研究》通过例析华锐藏区土司，青海李土司、汪土司、赵土司，卓尼杨土司，嘉绒十八大土司、德格土司、囊谦土司等多家土司族源的形成认为，藏区土司制度的形成除与中央王朝传统的治边政策有关外，还与吐蕃王朝解体后，吐蕃在藏区的戍边大将地方政治独立化有密切关系。在很大程度上来说，“吐蕃王室分裂后，一部分王室成员、宫廷重臣、留守吐蕃边疆的一部分镇边大将、思源活佛以及治下的许多部落酋长成为日后藏区土司的一个重要来源”③。卓尼土司基本也是如此。

对卓尼禅定寺及西藏策墨林活佛系统的研究

卓尼第一代土司些尔地率众来到卓尼后，接受卓尼大寺（即禅定寺）格西献寺，成为寺院根本施主；到了明末清初，卓尼大寺成为安多地区具有非常影响力的地区性大寺，其宗教影响甚至远及蒙古及青海湖地区。卓尼土司制度因其典型的政教合一制度使得土司与禅定寺的关系非常紧

① 贾霄锋：《西北与西南地区土司制度比较研究》，兰州大学出版社，2007年，第297页。

② 魏贤玲：《卓尼藏族研究》，兰州大学博士论文，2007年3月，第26页。

③ 贾霄锋：《藏区土司制度研究》，兰州大学博士论文，2007年3月，第51页。

密，这也成为学者们争相研究的内容，如王继光的《安多藏区僧职土司初探》、杨茂森的《藏传佛教古刹——卓尼禅定寺》、中央民族大学仁欠卡的硕士论文《卓尼禅定寺的历史与研究现状》对卓尼禅定寺及僧纲体系均有所论及，丹曲的《试述卓尼禅定寺与拉卜楞寺的宗教文化关系》一文以卓尼土司与拉卜楞寺嘉木样活佛的宗教文化关系为切入点，从不同视角阐述禅定寺与拉卜楞寺的宗教文化关系，并概括了清代藏传佛教在安多地区传播的特点。

对卓尼土司研究的另一项重要的延伸研究是对四任西藏策墨林的研究。在藏族历史上，除了达赖和班禅两大活佛系统外，还有其他较重要的活佛转世系统，最著名的便是策墨林活佛系统。卓尼因出任四世策墨林而被世人称之为“藏王故里”，一世策墨林阿旺慈成出生于卓尼洮砚乡下达勿村；二世策墨林阿旺降白楚臣出生于卓尼柳林镇；三世策墨林龙布嘉措是卓尼唐噶川村人；四世策墨林阿旺土登克珠格勒嘉措系卓尼畲盖族村人。策墨林活佛系统在清代藏族历史上产生了重要影响，其中三次荣任甘丹寺赤巴，三次出任代理达赖喇嘛之摄政王，两次任达赖喇嘛之经师，这一活佛系统为清王朝巩固西藏地区统治起到了巨大作用。学界对于四任策墨林的研究主要集中在二世策墨林诺门汗。二世策墨林阿旺降白楚臣于嘉庆二十四年（1819年）六月至道光二十四年（1844年）六月近26年的时间里，担任西藏摄政，代理达赖喇嘛掌办商上事务。其间，由于其利用手中权力侵犯了达赖、班禅及西藏主要政教力量的利益，导致西藏地方内部的政治纠纷，时任驻藏大臣的琦善将策墨林诺门汗革职流放，不准其转世。为了不使该活佛转世系统中断，卓尼杨土司及禅定寺在二世策墨林圆寂时多方活动，并与西藏策墨林拉章共同商议寻找二世的转世灵童，禅定寺按照仪轨认定卓尼唐噶川村龙布嘉措为二世转世灵童，杨土司和禅定寺为其举行了隆重的坐床仪式，进入禅定寺显宗学院。为了得到清朝的认可，杨土司及禅定寺与西藏色拉寺及策墨林拉章共同奏请驻藏大臣松溎代奏光绪皇帝，最终获得清廷恩准获封。对此事件的研究中，比较重要的是顾祖成的《论二世诺门汗阿旺降白楚臣嘉措事件》、张庆有的《琦善与策墨林诺门汗》与《琦善治藏及其同掌办商上事务策墨林诺门汗纠葛评述》、日本学者铃木中正的《关于1844年的拉萨政变》。其中，铃木将此次事件评述为“西藏的叛乱”，显然是选取了一些带有偏见的材料，而国内学者则相对客观公正。

对二世策墨林的出生年月，国内外学界并无异议，但对其流放地点、圆寂时间、地点和三世策墨林活佛的出生年份则一直争论不断，仅二世圆寂地点就有黑龙江流放地、土尔扈特蒙古地区、甘肃省卓尼原籍和青海土尔扈特部等多种说法。周学军的《策墨林诺门汗二世卒年辨析》《二世策墨林诺门汗活佛圆寂日期与地点续考》等文介绍了作者在查找中国第一历史档案馆藏军机处录副奏折时发现了有关的两件奏折，廓清了二世策墨林诺门汗的圆寂时间。李晨升的《策墨林诺门汗事件考证》认为，“长期以来，有地方政府、贵族和寺院等三大领主组成的统治集团远非铁板一块”，策墨林诺门汗事件成为说明中央王朝与西藏地方关系的一个“极好的案例”。

对第十九代土司杨积庆及卓尼版《大藏经》的研究

卓尼土司传承二十代，能人辈出，就家族关键人物来说，第十九代土司杨积庆对中国革命贡献巨大，学界对此研究较多。1935—1936年，中国工农红军红一方面军和红二、四方面军先后途经甘南，横跨当时由卓尼土司杨积庆所管辖的迭部达拉、腊子口等7个旗（乡）。1935年9月，红军到达迭部俄界村，蒋介石派遣胡宗南赴西固堵截红军，甘肃军阀鲁大昌固守腊子口。同时，又让时任洮岷保安司令的杨积庆出动所有藏兵在迭部全力阻击红军。杨积庆“自知卓尼弹丸之地，兵力不强，弹药不多，恐不是红军对手，而鲁大昌又在岷县虎视眈眈”，于是表面遵照电令执行，暗中主动撤退藏兵，开仓供粮，抢修栈道，为实现红军北上做出了重大贡献。

对杨积庆本人的研究，多见于一些口述资料及文史资料选编中。20世纪80年代，中央召开政协文史资料委员会主任会议，确定要对民族地区史料及新中国成立后史料进行征集，要求撰稿人忠于历史，秉笔直书，不为亲者讳，尊者讳，不溢美，不贬损。在此背景下，甘肃省政协文史资料委员会于1986年重印《甘肃文史资料选辑》五辑，满足了甘肃近现代史研究的需要。关于杨积庆的研究，除在《甘肃文史资料选辑》中有零星记录外，《甘南文史资料选辑》和《卓尼文史资料选辑》还保存了一些丰富珍贵的口述材料，如杨北辰《卓尼北山事件》，苗滋庶《卓尼博峪事变》，贾大均《关于田昆山查办卓尼兵变案的经过》，杨生华《杨土司支援红军过卓尼迭部》《卓尼博峪事变的前后》《保甲制度在插岗的破产》《卓尼解放前后的杨复兴》等都为我们了解杨积庆的一生提供了珍贵材料。年轻学辈中，中央民族大学索南草的硕士论文《卓尼土司杨积庆研究》一文，从政治、经济、文化、宗教及处理各民族关系等五方面评述了其一生的功过得失。

此外，学界还对卓尼版《大藏经》的产生及发展进行研究。清康熙五十五年（1716年），第十一代土司杨汝松耗时10年主持刊印《甘珠尔》；清乾隆十八年（1753年）第十四代土司杨声耗时21年主持刊印出《丹珠尔》。卓尼木刻版藏文《大藏经》可说是清代诸版本中的善本之一，扬名于国内外。如今，只有美国华盛顿国立图书馆、日本东洋文库、北京图书馆、北京民族文化宫、南京图书馆收藏有卓尼版《大藏经》。在具备人、财、物三者雄厚实力的情形下，卓尼第十一代土司和十四代土司开始实施浩大的刻印卓尼版《大藏经》的工程，可以说，卓尼《大藏经》的刻印凸显了卓尼土司政教系统，大大提升了土司的声望及文化、政治诉求。在这方面代表性的研究文章有东主才让的《几种藏文〈大藏经〉版本的异同比较》、丹珠的《卓尼版〈大藏经〉以及禅定寺的印经业》。此外，杨茂森在《卓尼版〈大藏经〉》一文中将卓尼木刻版藏文《大藏经》称为清代诸版本中的善本之一，同时廓清了学界个别学者论争的“卓尼旧版”和“卓尼新版”之说。

研究甘肃卓尼土司离不开对于相关史料的整理和收集，除《明实录》《清实录》《洮州厅志》等正史外，学界还多从地方志及藏文历史文献中挖掘、梳理有关卓尼历史、宗教、文化等方面的材料。卓尼土司是中外学界研究的对象，对其展开研究有助于我们更深入地了解安多藏区多民族的历史文化变迁，并丰富我国民族史、区域发展史研究的内容。

（原载于《人民论坛》2014年第7期）

黄正清与杨复兴分治下的“安多藏区”

奇　客

“安多藏区”包括甘肃夏河、临潭、卓尼、岷县之全境及青海同仁、同德，四川理番、松潘等县之一部，地处高寒的山地区，全县藏民约计二十万人。这一区的藏民情形大致说来有三个特点：（1）接近内地，开化的程度较深，其中一部已渐由牧畜而进为定居的半农半牧的生活。（2）表面上看来，这里最大部分的地方，已经建立了县或设治局的正常行政制度，但因为本区藏民原来政教合一的传统很深，所以很多去处如今是一种双重的政治形态，新旧制度并行不悖。（3）这里是甘、青、川、康四省边区，有的事情是四不管的状态，也有的事情关涉四省的权责，所以政治情形常有复杂而微妙的现象。这里现有两个颇不平凡的地方领袖，分别治理不算小的一片地方（其面积相当于半个江苏省）。这两个人的言论行动是决定这一区政治和军事的最大因素。这两个领袖就是黄正清和杨复兴（年十九岁），他们分别治理着“拉卜楞”和“卓尼”。

“拉卜楞”对于西北人是不太生疏的名字，主要原因是那里有著名的喇嘛教寺院——拉卜楞寺。这寺在黄教中的地位仅次于拉萨的哲蚌、甘丹、色拉三大寺。拉卜楞寺对辖区藏民可分三种类型；一为“拉德”，即神民之意，由寺直接治理，包括夏河境内之三苦乎，阿米去乎，阔牙、欧拉、左格尼马等族及十三庄约二万户。二曰“墨德”，即政民之意，由拉寺控制下的土司治理，多是定居的牧民，如夏河的甘家、仁爱等族。三曰“厥德”即教民之意。在宗教上受拉寺直接领导，政治上受拉寺的间接影响，就是广及四省边区的一百零八寺（实际上还不止此数）分布地区的藏民。总计本区定居牧民有大小三十五庄，游徙牧民有大小十八旗，不直辖而表同情者有果洛之康根康色和四省边区牧民大小十七旗，人口在十万人以上。此地不但是政教合一，而且是民兵合一，保安司令部所辖的保安队，即是全境的藏民壮丁。所以向来的军政大权都操在拉卜楞寺活佛和黄正清手里。县政府的力量仅及于县城附近的地方，到较远的地方去编组保甲或做其他的事情，都要透过当地的旧势力。

卓尼藏民区包括甘肃与四川毗连的白龙江上游及洮河上流的地方，就是唐朝的南部四州——洮、岷、叠、宕的大部（洮州即今之临潭县，岷州即今之岷县，叠、宕二州现分属岷县与卓尼设治局）。现任土司杨复兴，于民国二十六年世袭职位，并由甘省府委派为洮岷路保安司令，地位与黄正清一样。其弟丹珠于二十五年由国民政府简命为“禅定寺辅教普觉禅师丹珠呼图克图”，为本区最大寺院禅定寺寺主，其下共辖一百零八寺。

本区藏民人口二万余户，十万余人，包括五百小部落与村庄。部落之上依地理、经济、宗教等环境情况分为四十八旗，旗内置总管一人或数人，由所属部落或村庄选举之，还有由土司指派之旗长一人或二人，负联络及传达命令之责。本区藏民多数是定居而兼营农牧的，汉化程度亦日渐显著，自然环境也较拉卜楞为优。

（原载于《西北通讯》1947年第五期；选自《西北民族宗教史料文摘》，甘肃省图书馆丛书第一辑，1984年）

安多藏区甘南卓尼之现况

杨复兴

编者按：此文是1949年杨复兴与杨生华、姚天骥去南京之际，登载在当时《西北月刊》上的一篇文章，原文翻印，可作参考。

一、沿革

卓尼为“安多藏区”之一部，僻处甘南，地介青、藏、川、康间，原隶禹贡雍州。自秦以还，为边防重镇，晋为吐谷浑所据，迄唐贞观年间置叠州，今卓尼属迭部之巴什殿下，即古迭州遗址。唐末为吐鲁番所陷，唐之李勋、李晟、李诉、明之李达等名将皆曾率重兵镇抚其地。明初笔者始祖西藏王讳松赞干布之裔孙些尔地自西藏率众东来，披荆斩棘，拓殖其间，抚慰兼施，消弭祸乱，乃变为藏民之乐园。明永乐二年归隶中原后，迄于笔者本人世守忠贞，服从政府，招之抚之，勉尽厥职，故历二十代，五百余年，无边圉之虞，此尽人皆知之事实。

二、地理环境

卓尼位于洮河上游，有高屋建瓴之势，当北纬24°01′至34°09间。东界岷陇，南达川属松潘、汶茂等县，西与俄哇、毛尔格等草地相接壤，直达西藏，北与夏河相毗。径通青海，握交通之枢纽，为边地中心，内以文县、武都、康乐、西固及临夏、临潭等县，犬牙相错，往来频繁。辖境面积据卓尼设治局估计，约为3.5万平方公里，合计14万平方市里。据本部估计，约为5万余平方市里，约占甘肃全面积二十五分之一弱，约当江苏全面积八分之一弱。地方辽阔，蕴藏亦丰，河流纵横，山峦起伏，山为昆仑山之北岭系，属岷山山脉，西倾山为其分支之北出者，洮河发源于西倾之北，白龙江发源于其南，入川会西汉水而成嘉陵江，注入长江。卓尼城居洮河之阳，山林环抱，海拔2450米，据甘肃水利林牧公司洮河林场，三十四年度之记载，年平均温度-22.5摄氏度，年平均雨量267.85厘米，为汉藏交通之冲衢，历为边域之锁钥，唐称南部四川，即洮岷、迭宕，宕已属甘肃岷县，今之宕昌县是也。迭部曾遭明末张献忠之变，庐舍荡然，今卓尼以地处遐陬，世鲜注意，值兹建国大业积极开展之秋，自应加速建设，以固我西北一角也。

三、经济形势

卓尼辖境广袤，物产富饶，如畜牧、森林、药材及矿产等，若能积极发展或开采，其前途必极乐观。兹分述于下。

（一）畜牧：卓尼境内以畜牧业为主、农业副之，据民国三十年西北经济研究之调查估计：有绵羊79516只，山羊138191只，马26342匹，牛46910头，猪33960头，唯近年来疫病流行，死亡率甚大，苟兽医发达，前途可观。即就牛奶一项而言，卓尼乳牛在25000头左右，每头每日产乳量平均以4磅计，每天可出产牛乳量10万磅以上，其他畜牧之副产如皮革、羊毛、猪鬃、骨骼、乳酪、肉等产量亦甚丰。

（二）森林：卓尼境内森林密布，种类繁多，主要者有粗云杉、细叶白松、冷杉、桧以及落叶松、桦等。据农林部国有林区管理处之调查，洮河上游森林面积为3000余平方里，森林材积量为4.8亿立方尺。洮河中游森林面积为600余平方里，森林材积量约为0.5亿立方尺。白龙江上游森林面积约为8000平方里，森林材积量约为23亿立方尺，由洮河水运可达黄河，供销兰州、宁夏、绥远一带。陇海路打通，全国各地均可取给于此。如在白龙江上游迭部附近，筹设最新式之电力造纸工厂、人造丝工厂，仅此白龙江上游林区，每年可供给最上等制丝原料云杉、冷杉等木材1000余万立方尺，制纸及人造丝，可达1亿磅，以时价计算，约值5万亿元，可以供给全国之用。苟能合理采伐利用，森林仍可保持永续状态，他如森林副产品之柏油、木精、木醋、木醛、松节油、木酮、蓚酸等，用途颇宏，甚愿农林部经济筹资经营，或协助人民经营，利用厚生，必有善果。

（三）药材：卓尼境内以森林分布较广，草山更多，故中药出产有50余种：其主要者如党参、贝母、知母、蓁艽、大黄、羌活、茯苓、麻黄、黄芪、川芎等，据本部估计药山面积约计有1万平方里，每年可能出产各种药材1000担，至如鹿茸、麝香、牛黄、熊胆等出产亦巨，他如农林畜牧工矿等，合理经营后之各项副产品，以及为原动力之瀑布等水力，均足利用。惜卓尼藏区之各项经济事业，概依原始方式，粗放经营，殊为可虑。

（四）矿产：卓尼辖区内矿产，迄无精确调查，先司令积庆公曾极力设法探采，虽因无专门技术，成效未彰，但如迭部之金矿、银矿、铁矿，江尔岔之硫矿，达拉麻牙金矿，以及插岗之雄黄矿，均具有新法开采之价值。

四、政教特点及与西藏之关系

卓尼藏区之设治，始于民国二十六年。据设治局调查全境有10618户，人口在5万人以上，但据本部估计，全境户口均在2万多户，僧俗民众在10万人左右。至于政治基层组织虽世袭相承，形似保持封建色彩，但揆诸实际，则与今之民主精神，多相吻合，凡一村一族，视其户口之多寡，设置头人1人或数人，头人由全村共举，故均有过问地方政治之机会。以言军事，纯为寓兵于农之征兵制度，与现行兵役制度完全吻合，沿例称“兵马制度”。规定每户至少1兵1马1枪，均民间自备，平时归农，遇国家地方有事，可一呼而全部应命，自动集中，迅速确实，绝无规避逃匿情事。依照政府规定，应报部士兵2000，当此国家多事之秋，政府似应予以适当之军需与配备，俾蔚为国家劲旅而巩固边圉也。

卓尼辖有四十八旗，五百族，一百寺，在此区内，政属于土司，教属于僧纲，据考笔者始祖些尔地及其弟儆地同莅是邦，兄任民长，管理民政，弟任寺主主持宗教，历代相传，土司长子承袭土司，次子例袭僧纲。遇独子时，土司兼任僧纲，故卓尼禅定寺，为全部宗教之原动力。故十六世宗基公，十八世祖作霖公及先父积庆公均得兼摄禅定寺护国禅师僧纲职，今笔者弟丹珠仍袭是职。若以藏民习惯而论，凡政治力量所及之区，悉负有宗教力量配合其间，此卓尼政教之最大特色。

卓尼藏民，崇信佛教，凡语言、文字、风俗、习惯、宗教、血统等概与西藏同。西藏为佛教圣地，僧俗对西藏之信仰极深，每年不远千里，前往朝藏，故西藏三大寺院中，卓尼僧人，多留学其间。往来密切，感情融洽，尤以达赖座前四大藏王之中“策林”王、世为卓尼籍，已历五辈，信仰最深，每当达赖圆寂后，代为摄政，在藏地位既高，故西藏对于卓尼非常重视，而卓尼信赖西藏者，此一因也，笔者始祖来自西藏，西藏实即笔者之故乡，故无论就地理或民族言，关系均极密切。但卓尼世代屡建殊勋，迤南各部藏民及各部落酋长，均归服而往来频繁也。

五、一点愿望

自上所述，则卓尼之种种不难了解，此一政治区域，属于甘肃省，宗教信仰为佛教，但佛教之教义，实与伟大精深之三民主义同一旨归，此笔者所极欲声明并愿国人有以明白之。

中华民族是一体的，各宗教间如兄弟手足精诚团结，和衷共济，必如是，而后可使中华民族屹立于天地之间，以缔造世界和平，增进人类福祉。

兹所欲言者，卓尼地处边陲，一切事业落后，当此国家多事之秋，故建设边疆，以巩固边疆为急务，第言卓尼之建设、教育为首要，今卓尼仅有保国民学校20所，中心小学4所，女子国民学校一所及国文教义讲习所1所（教育部办），数量少而设备简陋，实不足以应实际需要。故深盼政府当局明鉴及此，充实原有学校并筹设中学一所，尤盼海内贤达，与各地区藏胞人士，本中华民族一统之精神，积极从事研究调查及实际建设工作，俾卓尼地方地尽其利，物尽其用，货畅其流及人尽其才，则国家建设，边圉巩固，实利赖之。

（《卓尼文史资料选辑》第一辑，卓尼县政协
文史资料研究委员会编，1984年8月）

卓尼朱札七旗的总承制度

谷苞

朱札七旗的辖地，在洮河正流，从奋盖林至达子多的两岸各村，长约二十五里，另外还有洮河支流卡车沟，由达子多至下卡车沟两岸的村落，长四十余里。总计朱札七旗在洮河正流及支流两岸的辖地长达七十里，所属较大的村落共计六十五个。它们的名字是：车路沟村、大力那村、知知村、上下卡车村、那树那村、格古村、位加村、沙的村、什绿那村、日入村、沙隘村、求细那村、录巴村、的古村、买盖村、达子多村、郭扎村、哇日村、奋大村、怕路村、扭子村、拉力村、加当村、勺泥沟村、牙儿村、阿吾茶村、拉扎口村、巴吾村、麻的卡村、多加村、那儿村、泼村、多落村、买盖村、杓札雅力村、老拉哈村、用路村、你盖村、哈占村、用路光村、口儿乢村、乢录村、阿布岔村、你住村、拉盖村、牙扎村、的然村、拉勺村、多扎村、立那村、若哇村、卓尼甫村、内即村、拉吾村、童占村、求然村、求的那村、壕路村、莫勿村、古路村、求安村。在这六十五个村落里住着一千户左右的人家，这里面耕种“兵马田地”（所有权属土司。永久使用权属种户，田地不得私自买卖，有给土司当兵支差纳粮的义务）和住尕房子（无兵马田，亦无当兵纳粮的义务）的人家，还未计算在内。住尕房子的人家，估计约占各村种兵马田地人家的五分之一，约二百户人家。朱札七旗拥有这么多的村落和住户，在卓尼境内找不出第二个。卓尼境内次大的旗如拉布什旗，仅拥有三十四个村落，普通的旗均拥有十来个村落，最小的沙麻童住旗才有三个村落，再如口子下家人旗亦只四个村落。朱札七旗所以能集结这么多的村落，其历史渊源大概是：

在清朝初年，杨土司征敛颇重，土司又听信堪舆者的说法，以为离城十五里的加当村，风水甚好，将出伟人，若不徙去，则不利于土司。因此，杨土司便下令加当村居民将旧宅拆毁，在下游另建新村。当时加当一部分居民即遵命办理，另一部分即从朱札七旗代表名义赴北京告状。在北京经过了十三年的奔走，终于获得了胜利。清廷将朱札七旗代表之一授予了大总承的职位。并规定了朱札七旗的居民每年每户依例应纳土司青稞四斗五升、制钱三百文，草或柴一背，凡此均由大总承汇缴土司，土司不得直接派人征收。从此朱札七旗在卓尼境内形成了一个特殊的集团。它与其他的各旗在组织与职权上均有重大的区别。

朱札七旗的最高首长为大总承，杨土司亦派有旗长一人，他不能直接办理旗内的公务，不过在土司与大总承之间负有传达的责任。全旗又分为九个小旗，每个小旗有小总承一人，为各个小旗的首长。每个小旗下又分为二总管区，每总管区有总管二人，内中亦有无总管者二小旗。总管区下为村，每村各有扎督一二人至三四人，人数之多寡系取决于各该村户数之多少。兹将朱札七旗所属的九小扎的名称及其小总承与总管的数目列表于下：

小旗名称	小总承人数	总管人数
朱札旗	1	2
大族旗	1	2
上朱盖旗	1	2
下朱盖旗	1	2
麻路旗	1	2
朋的旗	1	2
大力旗	3	0
破古录旗	1	2
上卡车旗	3	0

在组织系统上与土司的关系如下：

土司→大头目→旗长

大总承→小总承→总管→扎督

杨土司与朱札七旗彼此的冲突与争夺是时常免不了的。逊清时代有六张告示，是乾隆三年、乾隆四十六年，嘉庆十二年、嘉庆二十三年和咸丰三年等。前三张是甘肃巡抚出的，后三张是洮州厅出的。内容都是规劝杨土司与朱札七旗停止争执，申斥杨土司不得额外争索，并希望朱札七旗亦不得故为刁难。在嘉庆二十三年的告示中并指示朱札七旗以后每年缴粮直接汇交洮州厅，不必径交杨土司。

在土司制度里，土司、大头目、旗长、总管与头人等的产生，系根据于世袭、任命与轮流等三种办法，土司的产生系根据世袭，头人的产生系根据各村居民的轮流，至于大头目、旗长与总管的产生，则参用世袭与任命。在朱札七旗里，大总承、总管与扎督的产生，系根据选举与轮流两种方法。大总承、小总承与总管的产生系选举，扎督则轮流。大总承之选举人为九小旗所属各村之代表——格尼，每村一人。大总承之任期无限定，每当一新大总承选出后，卸任者即将各种文件尕书移交，同时并将朱札七旗公共供奉之神——常爷即明将常遇春一并移交。凡过旧历新年时，全旗番民均须至大总承家中给常爷拜年，并献供品。此项献品统归大总承所有。

朱札七旗的公务，分为义务行政与自治行政。前者肇因于上级机构的命令，后者则种基于自发的公意。义务行政有三种，一为征钱粮；二为征兵马；三为征乌拉。自治行政则有二种，一为防备盗匪；一为调解诉讼。在义务行政中，征钱粮每年由各小旗收齐后，由大总承汇交杨土司，征乌拉关系不大，往往由大总承命令各小总承依所需数量征调。只有逢到征兵马时，须得召集全旗各家长代表决定。召集办法系由大总承发布命令，指定日期在麻的卡河滩上集合。先由大总承报告集会原因，然后则任各户长发表意见，并决定办法。藏民好辩，一件事往往争论四五日不得结论，会议日程便行推延。会中有缺席者罚酒四五碗，扰乱秩序者则笞以木棍。在自治行政中，遇有匪患或变乱，便须筹划防备办法，办法的决定与上述同。至于诉讼的调解颇饶趣味。藏民如遇有重大争执，可向大总承告状。告状办法系由原告执哈达一块（代替状纸）并酒一壶，到大总承跪告情由；大总承接受后即差人至被告处着其觅保，被告找到保人后，即由保人将被告胸前之纽扣割下一个交与差人，以为担保之证据。一两日后，大总承便至原告之村落扎督家，传齐原被告双方，双方各讲完理由后，大总承即交由该村老民三四人负责调解。在调解时，三四老民中，一代表原告发言，一代表被告发言，余则处于仲裁地位。调解完毕后，则请人写一文书，载明争执始末，犯法情形，及赔偿数额等。此文书缮就后交由大总承保存。处罚分为两类：一为破坏名誉，诽谤者须向被诽谤者全体家属叩头谢罪；二为妨害财产身体等罪，除如数赔偿被害人一切损失外，尚有三种处罚办法：一较轻者罚哈达一块、酒一壶；二较重者罚酒一个（五升青稞制成者）、羊一只；三最重者罚硬币数元至数十元，布施于喇嘛寺院。番民中小的争执，小总承亦可受理，其处理办法亦如大总承，只不过诉讼结束后，由大总承处理之案件，原告须送大总承制钱三串，并献常爷羊一只。由小总承处理之案件，仅送制钱一串五百，无羊。

（原载于《和平日报》1947年8月5日三版；选自《西北民族宗教史料文摘》，甘肃省图书馆丛书第一辑，1984年）

卓尼博峪事变

苗滋庶

1937年8月，甘肃卓尼第十九代世袭土司兼洮岷路保安司令杨积庆，被甘肃军阀鲁大昌唆使杨的部下团长姬从周发动兵变，杀害杨积庆及其家属七口于博峪村土司官邸。后姬从周又被杨的民兵所击杀。这就是闻名遐迩的“博峪事变”。

一、封建割据触怒当局　结怨内外危机四伏

卓尼土司的始祖，从明朝初年由西藏率部族东来卓尼后，逐渐征服了邻近部落。于永乐年间献地投诚，归顺明朝。其第五辈土司旺秀接受明王朝“世袭土司”官位，并赐姓杨。历代相传，截至1937年统治了甘肃南部：东起岷县，南连川属松潘、茂县，西与俄哇、毛尔盖接壤，北与夏河县相毗，二万多平方公里土地。

卓尼土司虽然名义上接受明、清王朝和北洋政府、国民党政府的官衔职位，但他们的政令和制度都不能在这个地区贯彻执行。杨土司在这里封建割据了五百多年。历代土司都在维护祖国统一，反对叛乱，保卫祖国边疆的安全和保护他辖区人民不受外部侵略，做出过一定的贡献。至今卓尼地区的老一辈人们，仍在津津乐道，念念不忘。

卓尼土司所辖地区，有土地肥沃、气候适宜的农业区；有水草丰盛、牛羊繁多的广阔牧场；有储量很大、尚未开伐的原始森林。这块地广人稀、物产丰富的好地方，早已引起盘踞在洮岷一带的国民党军阀、新编第

十四师师长鲁大昌的垂涎。鲁大昌为了吞并卓尼，扩大势力，曾多次对杨积庆进行拉拢、恫吓，软硬兼施，但均未得逞。鲁进而向甘肃省军政当局诬告杨积庆：在1936年红军过境甘南时，杨不但不协助他堵击红军，反而给红军“开仓供粮”。鲁还通过在杨部工作的朋友同乡等关系，从中挑拨，企图倒杨，侵占卓尼。

夏河美武部落和卓尼完禾洛部落，因草山纠纷而经常械斗。

在杨的内部，一些高级幕僚和一些实力人物，为了争权夺利而钩心斗角。特别是以大总管赵赛高、三团团长杨英为首的一派和以姬从周为首的另一派，互不相下。在杨积庆面前，相互攻讦，彼此倾轧，使杨和一些高级干部离心离德，互相猜疑。在这种上下结怨、四邻交恶的情况下，杨积庆处境孤立，危机四伏。外因加内因，酿成事变的起因。

二、方秉义泄愤倒杨　鲁大昌图谋卓尼

博峪事变的发生，主要是由于鲁大昌蓄意图谋卓尼，直接导火线则是一个小人物行为失检的小事。土司公署有个办理文书的小职员，名叫方秉义（字仁山），当地汉人。此人年轻颇有才干，能说会道，善于逢迎拍马，是一个权欲熏心的小野心家。且为人轻佻，吃喝嫖赌，样样在行。经常出入于一些上层人物的家中，是杨部二团团长姬从周的座上常客。方为姬出谋划策，姬对方言听计从，两人关系十分密切。方秉义的行为，杨司令有所风闻，念其精干是个有用的人才，未予追究。

1937年农历六月间，方秉义因事被人告发，杨司令派人找方，方知不妙，表面佯装镇静，与来人敬茶奉烟，虚于周旋，内心十分恐惧。乘机溜出，托人转告家中：我将远走避祸。方秉义逃离卓尼后，深知杨积庆不死，他将永远不能回卓尼。他也深知鲁大昌早有吞并卓尼的野心，姬从周对杨十分怨恨。只有游说鲁大昌协助姬从周发动兵变，才能打倒杨积庆。这样，他才能升官掌权，扬名显贵。

方秉义到岷县见鲁大昌，密谋倒杨。鲁表示极力赞助，怂恿方到兰州向省政府控告。方秉义到兰州联络了不满杨土司的陡剑平、李识音、王鼎（即王禹九）等人，要求面见甘肃省主席贺耀祖，贺未接见。方、王等又

找到一个自称和贺耀祖是本家的人，他们罗列了杨积庆的罪状："封建割据，对抗中央；暗投日本，破坏抗战；勾结共党，接济红军；剥削压榨，民不聊生"，等等。并说："姬从周团长思想进步，深受部下和藏族群众拥护。省上如能支持姬团长发动政变，并有鲁师长协助，则推翻杨土司的封建统治，易如反掌。"要求转告贺主席。不久，这位姓贺的回答说："主席说，他们地方上的事，他们自己办。"方秉义等便认为省上同意了，随即向鲁大昌汇报。鲁认为正是实现图谋卓尼的大好时机，表示愿做后盾，必要时出兵协助。

方秉义等潜回卓尼即与姬从周密谋策划政变。姬从周性情直率，沉默寡言，头脑简单，作战勇敢，在杨的三个团长中是比较有胆识有影响的人。1936年姬奉杨命给国民党胡宗南部队送粮送盐，受到胡宗南的赏识。胡欲委任姬为"剿匪"司令，因杨反对而未就任，姬和杨的矛盾日益尖锐。有一次杨派姬去迭部出差，姬托词家中有事不愿去。杨当众骂姬"整天在家当'倒出'（当地土语，意指与近亲搞男女关系的人。此指姬因丧妻，续弦年轻寡嫂的事），何以为人？不服从派遣，何以率众？"姬从周十分羞怒。在杨的盛怒之下，他未敢直言顶撞，但恨气难消。像公牛决斗，怒目视杨，从鼻孔里哼了一声，转身走出。从此对杨更加仇恨在心。

姬从周得知甘肃省主席贺耀祖和鲁大昌都支持他发动倒杨，心中高兴，秘密串联了一伙平日与他关系较好、对杨不满的李富才、王焕英、柴生连、安国瑞、何建奎、常永华、杨尼布等中下级军官、头目等人，并密请鲁大昌派兵协助。事变的前三天（即1937年农历七月十七日）鲁大昌派团长陡得海率部队进驻临潭新堡（同卓尼博峪、力赛隔洮河相距二十里）。陡派武装便衣三十人潜伏博峪附近，听从姬从周和方秉义指挥。

三、姬从周发动兵变　杨积庆博峪遇害

经过周密策划，决定在1937年农历七月二十日晚上发动兵变。当晚天黑后，姬从周派人请土司公署警卫连长郑秉钧和手枪队长曹彦寿到家中，说明他奉贺主席和鲁师长的命令发动政变，铲除杨积庆。姬说："事成，则我等功在国家，造福地方，上级自有酬赏。"郑、曹两人听了大惊失

色，相视不语。方秉义说："识时务者为俊杰。贺主席兼任全省保安司令，代表省上给姬从周团长下令除杨，下级敢不服从上级？而鲁师长的部队已经将博峪四面包围；三个团的官兵都同意起义，你们区区数十人如何抵抗？如果犹豫不决，将和杨积庆同归于尽！现在，箭在弦上，不得不发，成败祸福，在此一举，愿兄等当机立断！"郑、曹二人见在座的人都脸色严肃，姬从周面带杀气，不敢反抗，齐声应道："我们服从省上的命令，听从姬团长指挥。"

当即决定：一、通知鲁大昌派来的武装便衣，埋伏在博峪的北边和西边，防杨逃跑。二、午夜，手枪队长带可靠官兵二十人，以查哨为名进入土司衙门，用机枪封锁杨的卧室门窗。其余部队集结待命。三、立即派人捉拿赵赛高（又名赵希云）和杨英二人，发起事变的枪响后，予以枪毙。

当晚，天阴夜黑，细雨蒙蒙。手枪队的分队长曹世虎率士兵十多人进入土司衙门，亲自用机枪向杨的卧室门窗发射了一梭子子弹。顿时，机枪、步枪、手枪一齐向杨的卧室发射。杨积庆在梦中惊醒，听到枪声四起，人声嘈杂，后院的家属呼喊救命，知已出事，未敢声张。随即把熟睡的杨复兴（杨的次子，八岁，床上只睡他父子二人）抱到窗台下墙角，他自己带上手枪乘雨夜昏暗、射击空隙，从窗跳出，越墙逃到一家外来户宁五十五家。宁见老司令只穿衬衣衬裤，冷得发抖，赶快找到一套旧衣服给穿上。杨随即转移到街长佛代子家中，叫佛代子把他的警卫员陈五十一找见，要陈到山神林来。陈到山神林见到杨。杨问："到底出了什么事？有无外边的人？"陈说，他也不清楚，没有外边人，都是姬团和手枪队的人，只听他们说赶快找寻老司令。杨说："你快回去把我的雨衣和药丸拿来。并告诉姬团长坚决打退敌人。"陈五十一回到官邸，见人们都在翻箱倒柜、挖墙掘地，找寻金银财物。陈也混在一起挖找了一些财物，拿出去埋藏后才去给杨报信。刚走不远就碰上姬从周和方秉义等。姬问老司令在哪里？陈初尚支吾，经一再追问，陈说出杨的所在。姬从周立即从阳坡、阴坡和衙门背后，分兵三路向山神林包围搜索。杨积庆久等不见陈五十一来，又沿小路到阳坡磨坊。这时天已大亮，望见尽是自己的子弟官兵，以为姬团打败了敌人，前来找寻司令。他高兴地跑出磨坊喊叫：我在这里。可是他的子弟兵并不答话，枪口对准他冲来。杨才醒悟是内变，但已无路可逃。他开枪打死冲来抓他的一名士兵。对方还击打炸杨的手枪，杨臂上负伤，乞求愿交出一切，只求留命。方秉义说：“我们什么也不要，只要你的命。”随手抓起石头将杨打昏在地。众人随着用乱石将杨打死。时年四十九岁。在这次事变中与杨积庆同时被杀害的有：长子杨琨夫妇、孙女和亲戚一人、丫鬟一人。杨的四位夫人和其他子女，分别在多坝、力赛等地别墅居住，幸免于难。三夫人为人贤惠，深受杨司令喜爱。事变时住多坝别墅，闻杨遇害，愤不独生，吞金殉节。

同时晚上，杨英被捕枪毙。赵赛高逃脱，秘密给北山旗报讯。

四、杨麻周兴兵雪恨　维持会土崩瓦解

杨积庆被杀害的第二天，姬从周、方秉义等匆忙召开庆祝大会，宣布杨积庆的所谓“十大罪状”。接着宣布成立“卓尼临时维持委员会”和二十名委员名单。姬从周自任主任委员兼代洮岷路保安司令；其余委员由方秉义等和杨的一些旧部担任。会后，并报请甘肃省政府派员前来处理善后。同时派遣人员携带杨积庆的“十大罪状”布告，分头去各旗张贴，进行宣慰：保证各旗总管、头人仍原职不动，仍按旧例旧规办事不变，用以安定人心。姬、方等人认为这样已万事大吉，等待省上加官晋级和各旗上表拥戴。

被胜利冲昏了头脑的姬从周、方秉义等为首的“维持委员会”成员中，为争官抢权，钩心斗角，矛盾重重；下级军官和士兵们，则因抢夺杨司令的财物，分赃不公而打架动武；杨的一些旧部有的借口年老，有的装病，都不到职上班，坐观事态发展。附近群众有的逃躲在外，有的闭门不出，也都惶惶不安。

杨积庆被害的消息传到北山旗，该旗总管杨麻周放声大哭。连夜秘密用鸡毛快信通知附近各旗，集兵讨伐。同时迅速集所属头目及部族民兵数百人（土司兵马制度规定：每户一兵、一马、一枪，平时务农或放牧，遇有战争，由土司下令总管召集指挥作战），当众宣布：“我们的‘洪布’（土司）是佛爷派来担任我们卓尼四十八旗藏族人民的世袭父母官。现在被姬从周勾结官府汉人杀害了！杀我‘洪布’，如杀我父，杀父之仇不共

戴天！此仇不报，我等死后何颜见‘洪布’？现在我们要报仇雪恨！”部族民兵听了痛哭失声，义愤填膺，一齐呼喊：“马上出兵誓死报仇！”当天（农历八月初八），北山旗总管杨麻周挑选了二百多名精干民兵，分兵两路由北山出发。一路由巴龙、达子多，沿洮河前进；一路由草沙沟、上卓一带前进。第二天上午两路骑兵已到达卓尼城附近会合。

姬从周在博峪突然得悉北山旗骑兵来卓尼后，惊慌失措。一面命令驻木耳桥（即洮河桥）部队，坚守木耳桥；一面抽调部队在石媳妇埋伏布防。不料北山旗骑兵迅速冲到木耳桥。仇人相见，分外眼红。举刀跃马，奋不顾身，冲杀过桥。守桥姬军见来势凶猛，弃桥溃逃。有的被马踏死，有的滚下桥被水冲走。刚到达石媳妇的姬军，来不及布防，杨军已到，仓促应战。北山骑兵人人仇火燃烧，个个怒气冲天。横冲直撞，勇不可当，经过一阵猛烈战斗，杀得姬军大败逃窜。杨军亦有伤亡。经过稍事整顿，杨麻周即挥兵直指姬从周的指挥部（维持委员会）所在地——博峪。姬从周本打算凭借博峪的街巷窄狭，房屋毗连，骑兵不易展开冲杀；加之土司衙门的坚固城墙，固守待援（鲁大昌的一个营驻临潭新堡，距博峪很近），绝无问题。但他驻博峪的部队，听到木耳桥和石媳妇都已失守，知道大祸将要临头，提心吊胆。由木耳桥、石媳妇逃回的官兵，犹如惊弓之鸟，亡魂失魄。杨军一到，不战自乱。姬从周看到战局无法挽回，即率残部争相逃命。一路上人号马叫，蜂拥混乱，溃不成军。北山旗骑兵不到一天的时间，三战三捷。他们乘胜穷追猛打，不给姬军喘息的机会。杨军追到多坝前边，被洮河对岸鲁大昌部队的火力封锁了道路，无法通过，退回博峪。杨麻周亲去力赛别墅接杨夫人（守贞）及杨复兴、杨丹珠等家属移住卓尼禅定寺，并派兵坚守博峪。

不久，姬从周、方秉义等率残兵败将一百多人，在鲁军的掩护下（鲁军只在对岸助威，并未参战），由新堡反攻博峪，又被杨军击败。杨军抄小路绕道追上姬军，一直追到拉鸡坡。姬从周被击毙。残余姬军像无头苍蝇，乱撞乱碰，抵抗无力，逃跑无路。有的被打死，有的抛下武器，只身逃命。除少数骨干死命突逃外，其余纷纷缴械投降。

昙花一现的“卓尼维持委员会”，从成立到垮台仅二十多天，便土崩瓦解，烟消云散。

五、八龄幼童承袭司令　中央大员割胡逃遁

1937年农历七月底，甘肃省政府主席贺耀祖接到以姬从周为首的“卓尼维持委员会”报告后，即委派国民党中央委员兼甘肃省党部常委、甘肃省政府委员田昆山偕同贾大均前来卓尼办理善后。并嘱咐田：“中日战争刚刚开始，全国一致抗战，后方极需安定。此去卓尼办理善后，应以不再发生战乱为原则。省上已令鲁大昌立即撤回驻卓尼附近的部队，不让他再干涉卓尼的事。卓尼的事由卓尼人的意愿去决定。”甘肃省当局以为杨积庆已死，其寡妻幼子无能为力，姬从周已控制了局势，取消杨家数百年封建割据，改土归流，成立卓尼设治局，已水到渠成。

田昆山等一行于农历八月初由兰州动身，初九日抵临潭新城。听说卓尼维持委员会已被北山旗的藏兵捣毁，姬从周等溃逃，下落不明。

田昆山一行到临潭县城的第二天，杨夫人（俗称大太太）由随员陪同前来新城拜见，哭诉事变经过，请田到卓尼处理善后。田好言安慰，嘱回卓尼等候处理。田昆山在新城期间，一方面派贾大均去卓尼了解情况，一方面和当地官绅研究善后办法。全部情况掌握后，田昆山由新城去卓尼，沿途受到僧俗人民的迎接，并接到许多头人和群众为杨积庆申冤的诉状。到达卓尼后受到杨夫人及僧俗群众的欢迎。近千名欢迎群众，顿时哭声震地，以表示对老司令惨遭杀害的悲痛，要求田昆山秉公处理。

卓尼四十八旗的总管、头人以及各界人士，听到省上派人来卓尼处理善后，都纷纷前来见田，一致要求由杨家继续掌管卓尼事务。一切政教、兵马制度，以及由杨家委派各旗总管、头人等旧规旧例，不得变更。

田昆山在卓尼经过二十多天的调查了解，与各方面人士接触，认为杨土司统治卓尼近二十世辈，历时四五百年，素孚众望。目前，人心思杨，民意难违。经和杨氏宗族及各旗总管、各局人士反复磋商，达成协议，并报请甘肃省政府批准：

1.撤销“世袭土司”名义。由已故土司兼司令杨积庆之子杨复兴承袭洮岷路保安司令。辖区制度等暂不变更。因杨复兴年幼

（时年八岁）由其嫡母杨守贞暂行摄政，并护理禅定寺教务。以杨一俊为司令部参谋长，杨景华、赵希云、安绪嗣为所部三个团团长。

2.成立卓尼设治局，以临潭县长薛达代理设治局局长兼洮岷保安副司令。

由于辖区军、政、教权集权于保安司令部，卓尼设治局虽然成立，无权过问政事，形同虚设。

博峪事变发生后，鲁大昌得悉田昆山前来处理善后，即派副官张干丞来临潭与田联系，意欲由他和田共同决定让姬从周和方秉义掌管卓尼事务。不料田昆山不让他插手，鲁大昌很恼火，指使人印发造谣中伤田昆山受贿数万元的传单，并派部队驻新堡，支援姬从周反攻博峪，企图赶走田昆山。结果失败，姬亦被打死。

善后处理，田昆山一行1937年9月中旬由卓尼动身取道临潭回兰州。抵新城时，鲁大昌突然下令撤走他驻新城的部队和联络人员张干丞，以便让方秉义等进城要挟田昆山改变处理卓尼方案。田昆山听到鲁大昌撤走部队和联络人员的消息后，十分惊慌，很快剃去胡须（田蓄有长胡，人称田胡子），更换服装，连夜秘密动身，沿山径小路返回卓尼。稍事休息，即由卓尼洮岷路保安司令部派杨景华率骑兵护送，取道拉卜楞、河州，逃回兰州。

1980年8月

这份资料是从曾在卓尼禅定寺和卓尼土司衙门工作过多年，并亲身经历了“博峪事变”的杨道加、张志平和吴国屏等几位老人采访收集整理的，可能有遗漏失实之处，希望知情者补充更正。

（选自《甘南文史资料选辑》第二辑，

甘南州政协文史资料研究会编，1983年9月）

杨积庆从封建土司到“革命烈士”的果敢事迹

李宗宪*

1935年9月中国工农红军（一方面军）及1936年8—9月（二、四方面军）先后途经卓尼第十九代土司杨积庆辖区迭部境内，行程在二百八十公里左右，他们不但丝毫未受到杨部藏兵的阻击，而且还被优礼相待，例如主动撤退藏兵，开仓供粮，抢修栈道，提供干练向导，指引行军路线、攻克天险腊子口，为实现红军北上抗日的战略方针作出了重大的贡献，立下了难以泯灭的功绩。

但是，长期以来，对杨积庆支援红军的功绩未能给予充分的肯定，并给记载这一段历史注成是非不清，究其根底不外乎有两种原因：一方面是“左”的“唯成分论”“阶级斗争论”造成的对民族中上层人士的不信任。另一方面是杨积庆终被残害，许多知情者皆故去，矢口无证，具体情节鲜为人知，其间还潜藏着一种偏颇观点。即临、卓两县历史上同属洮州，在民国初期，同属临潭县，但县长管不着土司，况且土司在军事上又是洮岷路保安司令，大少爷杨琨又是甘边番兵警备司令，又管临潭军务，政治关系、民族关系就这样错综复杂，加之杨积庆内外树敌较多，遂造成褒贬不公，功过看法因之是非莫辨。

---

* 李宗宪，男，汉族，临潭县流顺乡人，1919年生。中华人民共和国成立前供职于卓尼杨土司衙门，后在卓尼县设治局任民政科长。中华人民共和国成立后参加革命工作，曾参与《甘南州志》编纂工作。

进入20世纪80年代以来，由于编写民族问题五种丛书，编修州、县地方志，收集研究党史资料，所以对这一段历史不可避免地成为让人反思的一大题目。在其他同志调查的基础上，甘南州志办公室、迭部县委党史办等同仁又一次赶赴迭部县，沿当年红军所走过的路程，作了一次很认真的实地考察，并通过当年一些健在的知情人、当事人、流落老红军及迭部县志办、党史办，县、乡领导同志等座谈，调查结果，进一步证实了历史遗迹的可信性。

首先略谈迭部这块地方：

迭部在本州南部，白龙江横贯全境，迭山横亘北半部，岷山纵列南半部，故与川北山水相连。白龙江在境内流程一百一十余公里，流程面积四千二百零二平方公里，主要支流有达拉沟河（上游称包座河，源出四川）、益哇沟河、哇巴沟河、腊子河、多力禾沟河、安子沟河等，全境自然形成崇山峻岭叠嶂，原始森林茂密，虽云山大沟深，气候却甚宜人。

迭部是祖国内地经由陇南山地通往青、康、藏广大地区和西北通往大西南的交通要道，也是甘、青、川、康、藏族聚居区通向内地汉族地区的门户。

明朝永乐年间吐蕃噶氏之后裔姜太（史称些尔地）“率叠番达拉等族内附”，封些尔地为世袭指挥佥事兼武德将军赐姓杨，从此便成为卓尼杨土司之先祖。迭部地区因之成为洮州卫卓尼土司领地，继而以军事征服和宗教“驯服”两种手段，在迭部原有部落的基础上建立了上迭六个“旗”，下迭八个“旗”的基层政权，选派长宪、总管征收旗民粮款，并在曹日、崔谷修有粮仓两处，供其囤集食粮。

卓尼第十九代土司杨积庆及家人

红军长征过甘南时，正值杨家第十九代土司杨积庆统辖斯地，他自1902年承袭土司职权以后，一直延聘地方汉族文人为其幕僚。其中充任过红笔师爷的计有牛慧远（阿子滩乡那子卡人）、高凤西（临潭南乡人）；给他当过参谋的有刘寿南、李棣如、寇风林等，受“孔孟之道”的影响较深。同时，他又处在中国社会急剧向半封建半殖民地化演变，旧民主主义向新民主主义转变时期，大革命洪流的冲击，中国共产党和它所领导的中国工农红军北上抗日的浩然正气的激励，使他接受了一定的民主主义的思想，但是杨积庆本人毕竟还是一位封建土司，而且是一个受封已有五百多年历史，传承十九代的地方统治者，由于阶级的局限和各种条件的制约，他不可能在当时的历史条件下成为一个“革命家”，所以他的基本方针还是“守土自保”。“守土”就是守住历代土司开创、开拓，政治、军事、宗教三位一体的卓尼土司衙门所节制的内十二“掌尕”、外四“掌尕”、四十八“旗”，一万余平方公里“杨家地盘”，不受异族或异部的侵犯；“自保”就是保着自些尔地以来五百余年的封建统治，既不被蒋家王朝改土归流，也不被军阀（鲁大昌）吃掉，其间自然包括不能被共产党“赤化”。

卓尼杨土司从明代直至清末，“一遇调遣，则备马裹粮，奔走效命”，所以“西北边防、实甚赖之”（见《洮州厅志卷十六·番族》）。故而避过了清末和民国时期“改土归流”的政治风暴。

民国初年甘肃省议会以“封建土司与共和制度相悖”为由，拟“改土归流”，但因政局不稳，此决议案在卓尼终未得实施。刘郁芬（甘肃督办）驻甘时，由于杨能随机应变，终于化险为夷，故而又避过了一次灭顶之灾。20世纪20年代后期，他又不遗余力地按照冯玉祥、刘郁芬等人的计谋行事，并尽量投其所好，所以“取缔封建”之议，又付诸东流。

红军长征到川北阿西、巴西、包座时，毋庸置疑，土司杨积庆是非常恐慌的；深恐自己的“王道乐土”骤然变成“赤色世界”，于是他急令驻兰办事处王佐卿处长打探红军动向，并讨取“应变策略”，他征得有关人士的献策后，慎审权衡利害，蒋介石集中数十万精锐兵力前堵后追，未能消灭红军；区区卓尼些许藏兵，既缺少武器，又未受正规训练的数千乌合之众，岂是红军对手？前车之鉴已经很多，如欲抗击，必然定使土司政权毁于一旦；若不堵截，国民党中央及甘肃当局岂不追究责任？军阀鲁大昌、马步芳岂不以“通共（共产党）”为“罪”名加罪于己？处此左右为难的夹缝中，欲求企冀自存，他得出的“锦囊妙计”就是既不与长征红军摆阵硬拼，又得做出一副如临大敌的“架势”或虚张声势，以接触“告捷”的姿态迷惑其上司与周围反动势力，这便是杨积庆土司对待红军的主要“策略”。

但是根据多年来在各地调查的情况来看，土司杨积庆在对待红军的态度，实际上要积极得多，现将各种情况归纳如下。

（一）1935年先后曾任司令部驻兰办事处处长王佐卿回忆说：“红军在川北时，老司令（即杨积庆）曾派心腹来兰征询对策。”由于王佐卿素与当时国民党陆军新编第一军（军长邓宝珊）参谋长——国民党爱国将领续范亭将军过从甚密，遂曾直言讨问计策，续范亭故指出：“红军是抗日义军，北上抗日，正气浩然，为全国人民（反动派例外）所景仰，只可支援，绝不可为敌。”土司得到此信后，便秘召参谋刘寿南（因与杨系姑表，又是洪帮大爷）找到熟悉迭部情况的刘得胜（字有风），化装成藏民，急赴甘川交界处。又据林伯渠回忆：“红一方面军行至甘、川交

1937年，年幼的杨复兴（前中）、杨丹珠（前左一）与朱绍良（右四）等人的合影

界处时，杨土司派刘有风来迎，并指出杨土司粮仓所在地（指崔谷、曹日）。”

（二）据土司的洮岷路保安司令部书记官吴国屏在《我所知道的给红军供粮的回忆》一文（卓尼党史资料征集办公室整理、油印件）也表明红四方面军进入迭部前，下迭长宪杨景华曾派心腹玉禄、苏奴吾子来送信，请询对红军抱何态度？土司回复：“不要堵击，开仓避之。”故给红四方面军过境在迭逗留十多天，全用曹日仓粮接济，吃掉二三十万斤。

（三）据卓尼县政协原副主席杨佐清调查获知：“红军在进入迭部前，忽一天博峪衙门中来了三个骑马商人装扮的求见土司，接见后谈不多时，商人装扮的便掏出一封信交与土司，土司为了严防泄密起见，当即喝退随身警卫人员，并引商人装扮者进入内室密谈，熟知这三位商人装扮的人，气宇轩昂，谈吐非凡，谈话时间较久。在离别时杨土司一直亲送到大门外（通常送客只呼声‘送客’，自己绝不移步，即是素来相交熟人也只能送到客厅门口，这次竟破例送到大门外）。因此，引起属员大都怀疑来人不比寻常。此后过了不多时间，土司让他手下亲信杨公布速去迭部曹日粮仓传送密信，不久时间红军到了，粮仓上的存粮，都让红军吃了。”

（四）又据中华人民共和国成立前曾任临潭县电报局长马思芬谈：“红军过境时，临潭新城李棣如是卓尼杨土司的参谋长、红笔师爷，此人善操文墨，足智多谋，当时年近六旬，正是运筹帷幄的高峰时期。”因李与马情关至戚，李曾对马说：“红军行军上万里，国民党数十万大军时在前堵后追，未能消灭得了，这是天意！”我们还能堵得住吗？何况红军的装备、给养虽非常困难，就是不去抢老百姓的财物，真是奇闻，一定会成大事。后来朱德、徐向前部队到迭部后，杨土司选派了一个久居车巴沟贡巴寺的河西汉人，谓称贡巴嘉，从卓尼一气驰赴迭部麻牙，给红军送信，接洽之后，红军部队很赞赏并给贡巴嘉赠送了礼品。

（五）原卓尼县商会理事长李斌（字子全）回忆说，1949年9月（民国三十八年）在兰州西北大厦承应西北野战军高级将领接见卓尼各界代表时，一野司令员彭德怀曾在接见杨复兴时，问及杨积庆。1950年杨复兴到北京还受到毛主席和周总理二位国家领导人热情的接见。

（六）吴国屏补充：1950年9月下旬，中央派慰问团携带周总理的信来卓慰问，信内大意是："红军长征时，杨土司开仓供粮，接济红军，解决了困难，特表示感谢"云云。同时给杨复兴送了红色和紫色缎子四疋，毛主席的丝制绣像一幅；给杨景华、雷兆祥、赵国璋三位团长各送丝制西湖风景绣像一幅，金笔、笔记本和茶杯等日用品；给司令部其他官员也都送了金笔、笔记本、茶杯和纪念册等。

（七）1983年，州政协副主席李仲兴，文史资料办公室主任罗发西，文史资料编辑李耕等前往迭部，走访原曹日仓仓官，但仓官早已故去，兹据其妻说："红军来时仓房无人，红军打开仓便吃了粮食，也没付什么钱；但吃了群众家的饭都给了钱。"

（八）李斌还补充说："1935年红一方面军行至四川若尔盖，国民党军胡宗南部署在松潘一带截堵，因严重缺乏食盐，甘肃省当局命令杨土司设法给胡宗南部运送食盐，是派乌拉公开运送，但杨又密派刘达杰、杨尕保也去给红军送了食盐。"

有关社会史料工作者出版书刊的记载：

从1981年初开始，《甘南藏族自治州概况》编写组的同志和1985年下半年以来成立的甘南藏族自治州地方史志编纂委员会办公室对卓尼土司杨积庆支援红军一事做过大量的社会调查；州党史资料征集研究办公室、卓尼县委党史办、州政协文史资料征集办公室、迭部县委党史办等部门都做了大量的调查研究；西北师范学院政治系党史教研室王述维同志对红军过甘肃做了较详细深入的调查。众口一词，对卓尼土司杨积庆支援红一方面军，主动放弃截堵并提供仓粮支援接济一事，是肯定无疑的。

国家民委民族问题五种丛书之一即《甘南藏族自治州概况》（甘肃民族出版社，1987年8月第1版）第三章第三节中记述道：

"举世闻名的中国工农红军二万五千里长征，于民国二十四年九月，民国二十五年八月，先后两次经过甘南迭部、临潭、卓尼、玛曲等广大地区，历尽千辛万苦，用鲜血和意志写下了革命英雄主义的壮丽诗篇。"又："民国二十四年八月二十九日，红一方面军等离开川北阿坝草原，沿包座河北进来到了甘南藏族自治州迭部达拉沟……"

"9月11日，党中央在俄界发出《中央为贯彻战略方针再致张国焘令其北上电》的电文……召开了中央政治局会议……9月15日司令部命令红军第二师为前卫，第四团为先头部队，向岷州前进，以为时三天急行军，夺取腊子口。第四团由旺藏出发，越白龙江上的独木桥，经九龙峡（即石门）直至麻牙寺，一支小部队佯攻代古寺，大部队突进然尕沟，以杨土司在崔谷仓所贮粮食作了战前补给。”

甘南州政协出版的《甘南文史资料·五辑》刊载了李振翼《甘南简史》，在“白龙江畔行军与腊子口战役”一节中写有：第四团先期由旺藏寺出发，通过白龙江上的独木桥，石门（即九龙峡）飞栈，直抵麻牙寺，为了迷惑敌人，一方面佯攻代古寺；另一方面大部队急入然尕沟，在崔谷仓打开了杨积庆土司在该村的小粮仓。

西北师院政治系党史研究室王述维在《红军过甘肃》中写道：“九月十三日，党中央和毛泽东率领一、二军团及中央纵队八千余人，离开俄界地区，沿达拉河向北前进，在达拉河流到白龙江处，曾和敌人接触。之后，红军沿白龙江东下，跨过白龙江北岸，经旺藏寺、石门、麻牙寺到了崔谷仓。这里是卓尼土司杨积庆贮存着二三十万斤粮食，红军把粮分给了战士，后进黑拉村、吾乎向腊子口前进。”

卓尼县政协编印的《卓尼文史资料选辑》（第一辑）中写道：“1936年（民国二十五年）红军长征由洮、岷、卓尼过境时，甘肃绥靖主任朱绍良令岷县鲁大昌屯军腊子口，杨积庆守迭部协同堵击，并由鲁大昌统一指挥，红军进入迭部后，杨看到红军纪律严明，不进寺院、不扰民，提出口号是‘北上抗日’。便撤藏兵节节后退，未与红军交火，并暗中为过境红军开放了迭部曹日仓仓库粮食数百石，接济了过路红军”……

红军过境后，鲁大昌立即向朱绍良控告说：“杨积庆阳奉阴违，不但违命不去堵截，反而开仓供粮，私通红军。”鲁大昌处心积虑想侵占卓尼，抓住这个要害，以为杀杨的借口，事出，恰巧朱绍良调离甘肃，幸免追究。

卓尼县委党史办公室编辑的《新民主主义时期卓尼大事记》的前言中提到：“卓尼藏族人民，为了维护本民族的利益，同历代的封建王朝和国民党反动派进行了不屈不挠的斗争……特别是中国共产党领导工农红军进行二万五千里长征以来，在党的革命路线和民族政策的影响下，卓尼境内曾出现了同情革命，支持革命和开展革命的活动事件。在我县留下了光辉的一页”。同时记载：“公元1936年8月初开始，红二、四方面军在朱德、任弼时、刘伯承、贺龙、关向应等同志率领下，沿着红一方面军长征路线，先后经过迭部，土司杨积庆在我党民族政策的感召下，不但没有堵击，而秘密让开道路，提供了许多粮食，支援了红军北上。”

迭部县委党史办高巍同志在《红军长征经迭部》一文中写道：“二、四方面军经过达拉、尼傲、麻牙、花园、洛大和腊子等地区时没有发生什么大的战斗和冲突，当红军经过麻牙的崔谷仓时，还开了杨积庆土司的粮仓、补充了粮食。”（铅印件）

卓尼县委党史办《大事记》载：“八月二十日，红四方面军十二师，十师和妇女先锋团占领临潭新城、旧城，卓尼土司杨积庆秘密派人星夜到新城红军总部呈送书信和礼物（马两匹，六七只羊）表示友好。从此，红军在临潭进行反富打霸，故未涉及卓尼管辖区。”

甘南文史资料五辑《甘南简史》所载：“红军占领临潭新城后，卓尼土司杨积庆秘密遣人星夜去新城向红军首长呈送书信、礼物（马四匹、羊十只）表示友好，红军亦有书信和回赠礼品（手枪和子弹）。”

知情人士吴国屏在他所写《给红军供粮的回忆》一文中历述：“民国二十五年夏，我从兰州乡村师范肄业回来，经人介绍到杨土司房科（即办公室）工作，约在农历六月间的一天，下迭部仓官杨景华派心腹玉禄、苏奴吾子（该两人是迭部尖尼沟左力寺管家）来博峪衙门给杨积庆送信，他们一到，把信交给副官赵希云，送信人即往木耳村杨景华家投宿，赵希云将信立即转呈杨积庆，杨拆阅后觉得事关重大，即追问：‘送信的人哪里去了？’赵希云答：‘他

1938年，8岁的洮岷路保安司令杨复兴及其胞弟杨丹珠和经师宋堪布（右二）、参谋长杨一俊（左一）合影

们到木耳村住店去了，准备天明即回去。’杨积庆恐怕他俩泄露来卓的原委，立即命我赶往木耳村把他俩叫回，且嘱咐我：‘要按天黑回来，不要从大街上行走，顺着林边绕道去经堂院后门口等着，你一人先来报告给我。’我即奔木耳村杨景华家叫出玉禄和苏奴吾子。在午夜十点左右，按司令所指的路线行动，我又从前门走进报告，这时司令一人独坐在自己卧室等候，显得情绪特别紧张，见我即问：‘那俩人叫来了没有？’‘叫来了现在后门等着’。他才舒展眉头，拿起手电筒和一封书信，我陪同走到后院，命三总管包世吉打开后门走出去，这俩人见到司令便趴倒叩头，司令说：‘再不要叩头，快起来，你俩连夜急奔迭部，将这封信交给旦子（即杨景华藏乳名称），决不能耽误’。玉禄和苏奴吾子满口应承一定办到。他俩走后，司令犹恐他俩重返木耳村过宿，故又派我拿了他的手电筒一直追奔至博峪小沟门，方见他俩朝禾托寺方向行进，我又赶上去特别叮咛了一番，返回报告给司令，他才舒了一口气，才就放下了紧张的心情。这时已到午夜二十四点左右，我走到房科，见书记官张书铭还没有睡，他便问我：‘事情办妥了吧？’我说：‘办妥了。’张接着说：‘这事千万不能外传’。我问：‘旦子来信说的啥？’张说‘红军已到四川秋吉、召藏一带，可能要来迭部，请示司令怎么办，司令看了信当时就烧了，他口示我执笔，写了回信，指示旦子如果红军来了，不要堵截，开仓避之……’”过后不久，约到农历七月初头，红军果然到了迭部，听说是朱德、徐向前的红四方面军和二方面军一部，大约行军十多天。红军到迭部后，仓官杨景华按杨土司指示，将曹日仓的麦粮暗中接济了过境红军，当时这座仓设有两个库，共装小麦四五十万斤，红军走后，一个库内的粮食完全用光；另一个库内的粮食也用去了大半。红军总政治部还在仓板上写下：此仓内粮食是杨土司庄稼粮，希望各单位节约用粮。还在仓内留下两捆江西苏维埃纸币，表示支付粮款。后来杨土司为了掩饰开仓接济过境红军的问题，遂将这些纸币和两挺机枪以堵截红军的战利品，交给甘肃省政府备案。

土司杨积庆为中国工农红军两次过境都作出了相应的贡献，这是毫无疑问的。例如中国工农红军第一方面军自1935年9月5日，先后进入迭部，18日凌晨攻克腊子口天险，19日翻越大喇山，离开甘南。红军二、四方面军于1936年8月9日攻克腊子口，20日攻克临潭县城，红军在迭部期间，除了非杨属的小股反对武装隐藏暗放冷枪外，杨土司的藏兵从未进行抵抗。红一方面军还有幸得到了崔谷仓粮食的补给；二、四方面军同样得到了曹日仓粮食给养。杨积庆作为国民党政府委托的洮岷路保安司令，一个封建土司，在中国革命的重大转折时刻，竟然冒着掉脑袋的风险，为方便红军顺利通过防区又在粮食补给方面作出了难能可贵的支援，并尽可能地减少了红军因作战和冻饿而引起的无谓牺牲。在这里还可以肯定地说：为中国革命作出了一定的贡献。那为什么在中华人民共和国成立后几十年来人们仍讳莫如深，把这样豪迈而有口皆碑的光荣事迹，却不敢公开地还其历史真面目呢？对杨积庆作出历史的、公正的评价，这除了杨积庆死于旧社会、不少当事人也在事情紧急之时销声匿迹，不知去向，所以历史事实难以由当事人出来做证而未得出结论外，多年来人们头脑中的“阶级斗争论”“唯成分论”等“左”的思想影响仍干扰着问题的澄清，这是显而易见的，也是不揭自破的。

我们不妨回首反思当年，中国工农红军长征的壮举，在中国革命的历程上写下了光辉的一页。红军战士历尽千辛万苦，进入甘肃迭部境内人迹罕至的高山峡谷地带，饥饿和交通险恶的状况，给红军带来更大的不利因素，正在红军面临危急关头，使中国革命处于前所未有的困难时刻，受到进步思想教育以及中国共产党民族政策感召下的卓尼土司杨积庆，竟选择站在革命工农大众一边，训诫属下，为红军让开了北上抗日的道路，并提供了大量的给养——粮食，不仅使俄界会议得以顺利召开，同时使部队得以足裕的口粮补给，最后推毁了军阀鲁大昌部队重兵把守的腊子口天险，进入广大汉族地区，继而顺利抵达革命圣地——陕北吴起镇，完成了二万五千里长征，这更标志着中国革命已进入到新的历史时期，中华民族反对日本帝国主义侵略的民族战争，也进入到一个新的阶段。

我们在纪念红一方面军长征过甘南六十六周年，二、四方面军长征过甘南六十五周年的时候，再回顾历史，再进一步探索纷繁的往事，明辨是非，澄清事实，褒扬有功革命者，针砭逆历史潮流而动者，给予像杨积庆这样一位开明封建土司以公正的评价是历史的需要，我们共产党人向来是唯物主义者，是动机和效果统一论者。杨积庆由一个“守土自保”的人变成欢迎红军、犒劳红军、撤退守军、开仓供粮的人，这在他的思想演进上无疑是一个巨大的飞跃，是一个由保守向革命的升华。如果杨积庆当时按其上司的意旨办事，数千藏兵固守在迭部悬崖峭壁的栈道上，或在险峻的白龙江畔驮队错不开的羊肠小道上，姑且不用枪械，即是用滚木石块，也会给红军造成巨大伤亡。杨积庆为自己的历史写下了光辉的一页，也为我甘南各族人民革命斗争史上写下了光辉灿烂的一页。中国革命在他去世后十二年中已取得了全国性的胜利，这对杨积庆这位为支援红军而受到内外倒杨势力“声讨”，最后遭到残害的堪称了不起人物的亡灵是一个告慰！对所有支援过红军而牺牲了生命的人也是一个告慰！无怪乎1949年在卓尼和平起义后不到一月光景，一野彭德怀司令员代表党中央、毛主席、周恩来总理就寻访杨积庆，当他得悉杨已在“博峪事变”中被杀时，他表示极大的惋惜和怀念！中国革命胜利的鲜花是无数革命者用鲜血和意志培育的，也是无数党外的志士仁人用鲜血浇灌的，中国共产党人和亿万人民大众没有忘记他们的功绩，也永远不会忘记他们的名字。

最后附代一笔：红军在长征途中，党中央与张国焘机会主义的斗争在懋功会议与巴西会议上已经展开，而公开化的斗争是在俄界会议上进行的。俄界会议的召开又是在杨积庆委派的刘有风（又名刘德胜）与红军会面的，甘、川交界处甘肃一侧三十公里处的勾吉寺举行的，这就为党中央政治局召开这样一个重要会议提供了较充裕的时间和无战争的环境。

迭部旺藏、花园是杨土司在下迭八旗的政治中心，又是个主要产粮区，杨土司曾在其地委派迭部长宪一员，总管多人，所收粮税分别存积于崔谷仓和曹日仓内，总数多达七八十万斤，一方面军食用了崔谷仓粮；二、四方面军食用了曹日仓粮，杨积庆的弃仓供粮，是为红军有意补给而大开方便之门，这与军阀鲁大昌所指责他的“开仓供粮”并无实质性的差异。

刘有风（即刘德胜）其人原为杨土司麾下一名军官，他是卓尼本地人，是一位熟悉迭部当地情况的人；而且素善交际，更对土司粮仓一清二楚，土司派去他甘、川边境向红军献送哈达并给红军派去了一位求之不得的向导。他既可以向红军提供粮仓的位置、储量，也可以提供攻取腊子口走端耀大山往黑多的捷径，使红军大部队绕过重重设障的大路而以最快的速度、最近的距离取得事半功倍之功效；如果说杨积庆派刘有风去见红军是为了表示对红军的支持和亲近的话，这些都该算作是刘的不可忘却的功绩了。在鲁大昌控告杨积庆“通共”的最吃紧的时候，刘有风突然“失踪”，更证明杨委任刘给红军办了很多机密而有益革命的事，刘有风忠实地执行了杨的指示。如果刘有风仅仅是在边境上迎了红军，献了一条哈达，杨是完全可以在上司面前蒙混过去的。正是因为他还有撤军、供粮领路等重大问题，他岂能蒙混过去？正是因为刘有风掌握了这个中枢机密，所以杨便采取了“舍卒保车”的办法，杨如果不让刘有风从卓尼这块地盘上永远消失，深恐刘泄露了天机，和盘端给国民党政府，杨能吃罪得起吗？故在本不愿为而为之，时势所迫如此然！

（选自《卓尼文史资料》第七辑，2003年8月）

卓尼解放前后的杨复兴

卓尼政协文史资料研究委员会

编者按：这篇文章调查整理写出之后，曾派专人送请当时有关领导同志及主要当事人进行了审阅核实，现将各同志所提意见，分别记述如下，作为这篇资料的佐证。

一、任谦同志（当时陕甘宁边区人民政府委员，现任陕西省政协副主席）在原稿上批示：

“卓尼解放前后这个材料，我原则上同意，文字上请再斟酌一下。”任谦（盖章）1982年12月25日。

二、杨复兴同志（现甘肃省人大常委会副主任）在原稿上批示：

“阅。”杨复兴1982年12月29日。阅后口头表示同意。

三、康君实同志（当时是党的地下工作人员，旋任岷县军政委员会委员），在另纸上写道：

“我看了卓尼解放前后一文，完全合乎事实，同意印发。此致卓尼县文史资料委员会。”康君实（盖章）1982年12月16日。

四、蒋云台同志（当时为一一九军副军长，起义后为中国人民解放军独三军军长，现为甘肃省政协副主席），在另纸上写道：

“关于起义前后杨复兴的情况，据我所知的几段事实，完全辑入，达到存真求实的目的，条理清楚，文字简练……”蒋云台（盖章）1982年12月29日。

五、姚天骥同志（原卓尼洮岷路保安司令部驻兰州办事处处长），另纸上写道：

“我看了《卓尼地方文史资料》初稿，完全同意，我年迈记忆力衰退，如果万一有遗漏之处，我回忆起了，可作书面补充。此致卓尼县文史资料编委会。”姚天骥（盖章）1982年12月28日。

姚天骥同志，又谈了三点补充意见：第一点是原稿中有的不记。第二点是“马步芳任西北军政长官后，杨复兴、姚天骥二人晋见后，杨复兴回卓尼。姚天骥又被马步芳的秘书马骥派人叫去，说临潭旧城和卓尼各成立一个骑兵旅，一个回民的，一个藏民的，杨复兴未敢公开拒绝，但不愿成立，结果回民成立了，旅长是敏盛德，卓尼的未成立，就解放了。”第三点是“在1949年解放前夕，部分旧城回民听信谣言，怕共产党‘杀回灭教’，要求到卓尼辖区避难，杨复兴毅然答应，让回民到卓尼地区来安居，此举消除了以前回藏间的隔阂”。

“其余材料都是事实。”姚天骥1982年12月17日。

一、概况简述

卓尼是藏族聚居地区，历代实行世袭土司制度。土司管辖的除卓尼一带外还包括上迭、插岗、下迭等地方，共分四十八旗，30多座寺院，当时总计约7万人口。杨复兴就是这一带地区藏族群众的领袖人物。

中国少数民族地区土司制度的逐渐瓦解，是从明清两朝“改土归流”的政策开始的，但在卓尼地区几百年来一直未受到这一政策的影响。直到1932年（民国二十一年），土司制度才逐渐趋向改制。但由于那时国民党民族政策的反动和贪官污吏的横行，这个土司制度改革进程极为缓慢，甚至停滞不前。土司制度的真正改革是在解放后中国共产党领导下进行的。末代土司杨复兴，就是这个地区“破旧立新”的主要人物。

事须从头说起。1932年，甘肃宣慰使孙蔚如委派第十九代土司杨积庆为洮岷路保安司令，司令部设参谋长一人，属员若干人，下辖三个民兵团，团以下仍然设有总管、头人，基层政权机构仍然是旗，各旗设旗长又叫“长宪”。这实际上在土司头上挂了个现代官衔，下层政权机构原封未动。群众既称“土司”也称“司令”。

1937年8月26日（即民国二十六年农历七月二十日），甘肃土军阀鲁大昌，暗中勾结杨积庆部下团长姬从周等人杀害了杨积庆一家9口，这就是有名的“卓尼博峪事变”，藏民群众一时异常激愤，要求惩办祸首。国民党政府派中央委员、甘肃省政府委员田昆山前来调处的结果，杨积庆的司令职务由其子杨复兴继任。杨复兴就算是既继承了世袭土司，又兼任洮岷路保安司令，这时群众对杨复兴不称土司而称司令。下面基层政权仍然未作任何变动。

当时杨复兴年仅8岁，不能理事，内部事务由其母杨守贞及参谋长杨一俊管理。国民党政府早想乘机会改变卓尼土司制度为国民党的行政体制，试行过几次，均遭到藏民反对，未能实现，这次借博峪事变就乘机在卓尼成立了设治局，作为设县的过渡。

二、困难处境和复兴办法

国民党政府在卓尼一成立设治局，所委派来的设治局官员，就以“君临臣下”的姿态，对待杨复兴的保安司令部，对保安司令部的权力和行动，进行严密监视和多方限制，岷县专员公署和卓尼设治局都成了杨复兴的顶头上司，这些惯于“刮地皮”的上司动不动向杨复兴施加压力，向藏民群众勒索敲诈，贪得无厌，供不应求，逐渐引起了上上下下藏族人民的不满，于是上层人士想维护土司统治地位，下层群众要维护土司制度，纷纷向杨复兴出谋划策，寻找出路，当时杨的部属杨景华、雷兆祥等人一力主张壮大武装力量，要实现这一目的，首先必须筹款。时国民党甘肃省保安司令部为充实地方武装，加强反共力量，发出“自卫特捐”命令，卓尼借机也发起自卫特捐。

杨复兴当时名义上是洮岷路保安司令，实际上武装力量极为薄弱，就于1946年（民国三十五年）春，专为发起捐款召开了卓尼党政机关团体负责人座谈会，参加会的有：卓尼参议会议长郝应隆，省参议员马全仁，国民党卓尼县党部书记兼三青团干事长、洮岷路保安司令部参谋长杨生华，设治局局长丁剑纯，三青团干事马步良，司法庭庭长施光宇，卫生院院长王恕三，甘肃省银行卓尼办事处主任李寿峰，商会会长李斌，禅定寺院僧官杨丹珠，头目乔都盖、古雅川佛杨图旦、莫儿当佛、伊利仓佛，甘肃省洮河林场经理叶玉成、柳林小学校长陶孙德以及司令部大小官员30余人，会议地点是司令部办公厅，茶点招待，杨生华主持会议，首先由杨复兴讲话，大意是：为购买枪支，充实武装力量，保卫地方安宁，奉省上命令要发起“自卫特捐”。然后征求与会各单位负责人的意见，大家纷纷发言，一致表示拥护。就立即成立了自卫特捐委员会，主任委员杨复兴，副主任委员杨生华，委员雷兆祥、杨景华、赵国璋、陈国瑞、王季和、李斌。实际业务由保安司令部军需陈国瑞办理。会后印了好多本“自卫特捐”花名册，除迭部、插岗外，每旗各送一本，经半年时间，捐集白洋2万余元。

以后用1.2万元白洋从甘肃省保安司令部购进步枪200支，子弹两万发。本来省保安司令部理应给洮岷路保安司令部配发枪支，而以重价售予，显然是敲诈勒索，但当时的杨复兴除了忍受，再没有什么办法。

其余1万来元白洋，就花在杨复兴去南京晋见蒋介石的礼物和其他开支上去了。

晋见蒋介石

杨复兴在蒋介石的政权中来说，只是个微不足道的小卒子，他的洮岷路保安司令官衔，在蒋介石军队系统中又是个“不入流”的空名目，根本没有晋见蒋介石的资格。但是，杨复兴却是卓尼一带7万多藏族人民的首领，是世袭土司，在这一带藏族人民心目中的土司，比蒋介石的威信还要高，他以卓尼四十八旗藏族人民代表的名义去晋见蒋介石，名正言顺。一见蒋介石，便可提高身价，从而就可以减少国民党各级地方政府对他的各种压力和敲诈勒索，这就是他决定去南京晋见蒋介石的原因和目的。

要见蒋介石是很不容易的。首先必须要层层打通关节，打通关节就需要钱。钱从何来？当时总管赵应忠提出：“尚有自卫特捐白洋1万余元，是否可以动用？”经召集“自卫特捐”委员会研究，多数人同意动用，便派军需陈国瑞去临潭旧城购来许多晋见蒋介石的礼物，其中有：雕刻精巧的土产洮砚、鹿茸、牛黄等物，价值白洋数千元，其余备作路费及疏通关节之用。

1947年春，以杨复兴为首与杨生华等组成一个代表团，其中有：着逊总管、乩来达加总管、北山一个和尚等共六七人。先到兰州见了省主席郭寄峤，请求要到南京去见蒋介石，郭寄峤不同意，说："现在刚还都南京不久，委员长很忙……"借口阻挠前往。

杨复兴、姚天骥、杨生华等人共同商量疏通办法，说情送礼，找到省府秘书长丁宜中，说受藏民群众委托，不好回去，既然委员长很忙，不能接见，我们就去南京参观一趟，以增长见识。经丁宜中从中斡旋，郭寄峤才同意让杨复兴、杨生华、姚天骥等三四人去南京参观，还指示不能带头人去，并以郭寄峤的名义给南京蒙藏委员会写了予以关照的介绍信。

杨复兴等人在兰州住了十多天，适夏河县藏语翻译员吴振刚、黑错（即合作）寺院锁藏佛也到兰州，要求随同杨复兴等人一起去南京参观，经共同研究协商后，遂以"卓尼四十八旗，30多寺院代表团"名义去南京。于是杨复兴、杨生华、姚天骥、吴振刚、锁藏佛等五人，乘民航班机到南京，住蒙藏委员会。蒙藏委员会委员长徐世英见了杨复兴一行，杨复兴等提出晋见蒋介石，徐世英将意见转报国民政府。过了8天，蒙藏委员会通知他们：蒋介石同意召见。便于8月中旬在蒋介石官邸晋见了蒋介石，在晋见时由徐世英引导作介绍，被正式接见的为：杨复兴、杨生华，陪同的为姚天骥、锁藏佛、翻译吴振刚，主从共5人。杨复兴等代表所辖四十八旗30多寺院藏族僧俗人民见了蒋介石，并汇报了卓尼情况，最后要求：让杨复兴上陆军大学深造。当时杨复兴虽年仅17岁，但身躯高大，少年英俊，举止大方，蒋介石便说："可以考虑，待后决定。"接见后并与蒋一同照了相，并在南京几家报纸上显著地位登出。

杨复兴在等待蒋介石接见之前，有个甘肃人罗伟，在南京办着个《国际新闻通讯》刊物，其人首先在《国际新闻通讯》头版头条，登载了甘肃藏族领袖世袭土司、洮岷路保安司令杨复兴一行莅京的新闻，并帮助杨复兴会见了于右任、邵力子、田昆山等要人，又在南京介寿堂帮助杨复兴举行了记者招待会。

就在徐世英疏通期间，蒋介石又见到报上的消息，便很快接见了杨复兴一行。

杨复兴晋见蒋介石后，乘飞机返回兰州，谒见了主席郭寄峤，然后转赴卓尼。这一南京之行，虽说花了许多钱，费了许多周折，总算达到了晋见蒋介石的目的。一返回来，不但国民党卓尼设治局的官员不敢再随意施加压力，就是岷县专员公署的上下官员，也都对杨复兴刮目相看了。

三、杨复兴的复兴阶段

1947年冬，国民政府国防部电调杨复兴赴南京上“陆军大学”受训，接电后保安司令部开会研究，在杨复兴司令受训期间，部务交由雷兆祥、杨景华二人代理，并认为杨复兴人年轻，经历浅，决定由驻兰办事处处长姚天骧、部属杨国华陪同，仍由兰州乘飞机赴南京“陆大”报到。杨复兴入学后，姚天骧驻蒙藏委员会，借以照顾。杨国华被保送上南京步兵学校受训。

1948年蒋介石召开国民代表大会，竞选总统，杨复兴虽系“陆大”学员，仍然在甘肃被选为藏族地区国大代表，参加了国民代表大会。大会结束，杨复兴继续上“陆大”，姚天骧即飞回兰州。这时杨生华当选为国民党立法委员，住在南京介寿堂，代姚天骧照顾杨复兴。

1949年初杨复兴陆大毕业，飞返兰州谒见了兰州党政军各界要人，并同时电告卓尼，雷兆祥、杨景华接电话后，即调集各旗藏民青年骑兵一千多人，跨骏马、着新装、背长枪、带腰刀，经过一番编组整顿，在团长雷兆祥、杨景华率领下，浩浩荡荡，远赴岷县隆重迎接杨复兴，这一举动也是向外界表示藏民对杨复兴拥护的意味，岷县专员孙阳升，召集岷县各级机关团体以及汉回各族群众数千人举行了欢迎大会，并盛宴招待。会后，杨复兴在自己的大队兵马维护下由岷县返回，途经临潭县的三岔、红堡子、新城、上卓梁等地，沿途均受到藏汉回群众的热烈欢迎和茶点招待。到达卓尼后，卓尼各机关团体学校及群众列队欢迎，盛宴招待。临潭县城回民新、老教两派选派头面人物丁立夫、马福春等人前来卓尼送礼送匾，表示庆贺，匾额上刻龙绣凤，上写“有志竟成”四字。卓尼四十八旗30多寺院僧俗藏民及汉民群众选派代表来祝贺，有的携带本旗特产如酥油、羊腔、狐狸皮等礼物，有的敬献哈达，叩头祝贺，为时将近一月。

这一来，杨复兴在卓尼僧俗藏民及汉民群众中的威信空前提高，在外面的声誉也远扬于洮岷一带各县了。这时杨复兴才基本摆脱了他的困难处境。

杨复兴乘这一有利形势，即着手整顿军务以求进一步的发展。这时司令部参谋长杨生华被选为国民政府立法院委员后，来卓尼又就任参谋长职位，省保安司令部又给杨复兴委派一副司令刘济清。当时刘济清和杨生华就协助杨复兴举办了“卓尼军官训练班”，在洮岷、卓尼三县（局）招收藏汉族学员60名，受训四个月后毕业，大部分分配到新成立的特务营担任排副或司务长职务，特务营辖三个连共300多人，均系民兵中抽调的义务兵，规定一年一换，营长为杨国华。特务营成立后，枪支缺少，弹药不足，就派副司令刘济清到西安晋见西北军政长官公署副长官兼西安绥靖公署主任胡宗南，要求配发来“中正”步枪120支，子弹1.2万发，由大车运到天水，再用马车转运到卓尼。1949年4月，杨复兴借甘肃省主席郭寄峤调去兰州召开会议之便将以前交涉用1.2万元白洋价购的200支步枪与2万发子弹才运回卓尼。随后于1949年6月马步芳就任西北军政长官后，原国民党在兰州的军政机关也有点惶惶不安，在杨复兴离兰返卓尼之际，省保安司令部又配发给杨复兴步枪100支，子弹1万发，也一并运回。这时洮岷路保安司令部直属特务营，才初具规模地装备起来了，民兵团也补充了有限的一些枪支，杨复兴的武装力量，仅仅发展到这个程度，就算是登峰造极了。

四、杨复兴起义前的担心

杨复兴经过一番苦心孤诣的努力，在藏族人民中的威信和社会上的声望空前提高，他的武装力量是在极端薄弱的基础上开始有了一定程度的发展。可是国内政治、军事形势起了急剧的变化。1949年5月，杨复兴还在兰州逗留之际，中国人民解放军解放了西安。第一野战军正休整部队，部署西征，蒋介石还妄想作垂死挣扎，企图在西北负隅顽抗，遂将西北军政副长官、青海省主席马步芳任命为西北军政长官。马步芳是以他的家族为统治集团的军阀余孽，盘踞青海几十年，国民党中央政权对他调遣不动，分化瓦解无能，只好设法笼络，自1936年血腥屠杀镇压西进的红四方面军以后，势力迅速膨涨，扩充为马继援、马呈祥、马步銮、韩启功四个军，党政军权集于马步芳一身，肆意实行最野蛮的残暴统治。因此他一担任西北军政长官，不但各族人民惶惶不安，就是非马集团的其他各级军政官员也都诚惶诚恐，杨复兴不但是非马集团，而且以前对马家的统治有过非议，现在一反而为马步芳的部属，就处于十分困难的境地。

很为难地晋见了马步芳

马步芳一就职，甘肃各地国民党高级军政官员，不论内心如何，表面上大都纷纷向马步芳献旗献马，表示祝贺，杨复兴身为洮岷路少将保安司令，作为这样个级别身份的部属，在礼节上能不去晋见，但在送礼上颇感为难，少了怕不“光彩”，多了一时又拿不出。便与杨生华、姚天骥等人经过一番研究后，决定让杨复兴先晋见一面向“长官”表示祝贺。送礼问题拖一拖再说。于是杨复兴、姚天骥等共同到西北军政长官公署，晋见了马步芳，马步芳表示欢迎，接见中马步芳说：“我们现在不分藏、汉、回，都要在蒋总统领导下，精诚团结，共同保卫地方，建设西北……”杨复兴也表示了服从命令，听候指挥的意思。晋见后，便与随行人员吴国屏一同返回卓尼。

杨复兴返回卓尼不久，陕西扶郿战役打响了，胡宗南部裴昌会兵团的四个军全线崩溃，被歼大半，马鸿逵的二个军连夜遁逃宁夏，龟缩图存，一野解放大军，以摧枯拉朽之势，长驱挺进，所向披靡，杨复兴看到蒋军事上急转直下的局面，意识到马步芳的末日也即将来临。便把原筹划给马步芳送礼的事，一拖再拖，以待时局的变化。

惴惴不安，谋求自保

马步芳在青海的残酷统治与对果洛藏族各部落的多次血腥屠杀，是人所共知的。他担任长官后的统治办法是：对倾向自己的一些人进行拉拢利用；对异己则不择手段地进行打击，甚至捕杀；对非自己嫡系而又稍有实力或声望的军事官员，则不择任何手段地采取瓦解消灭的政策。杨复兴是甘南藏族中很有声望的人物，又掌握一点武力，同时在卓尼洮州一带历史上曾有过一二次藏回之间的民族矛盾，由于这些因素在马步芳心目中，杨复兴肯定是要被逐步消灭的对象之一，这不但杨复兴本人清楚，其他所有关心甘肃时局的人都心里明白，这一形势对杨复兴是很大压力，迫使他惴惴不安地谋求自保办法。

甘肃军人中较有声望的蒋云台，当时和宁夏马鸿逵在兰州“三爱堂”会场上已经翻了脸，马步芳对蒋云台明里拉拢，阴谋消灭，蒋云台一面讨好应付，一面严密戒备，也在力求自保。蒋云台与杨复兴先父杨积庆有过“金兰”之交，因而与杨复兴关系也很密切。当时蒋云台任一一九军副军长兼二四四师师长，在奉命率部赴陕西参战之前，将他的家眷完全暗送到卓尼托杨复兴照顾，这显然是预防万一的解难措施。

胡马部队在扶郿战役中溃败之后，西北长官公署，妄想在陇东关山一带阻止解放大军西进，不料固关一仗，八二军马继援所属的一个骑兵旅，被解放军彻底歼灭，马步芳原想在静宁—通谓—秦安—天水一线部署一场战役的计划已经来不及了，只好将军队集结兰州，准备决战，扬言要“死守兰州”。稍有军事头脑的人谁都看得出他的“死守”就是“守死”。胡宗南残部一部分撤往河西，一部分撤向陇南，马家军孤立兰州，马步芳末日临头。杨复兴怕被马步芳“吃掉”的自保计划，就完全没有必要了。在新的形势下，唯一的出路就是准备起义，投向中国人民解放军。

五、随同周祥初率部起义

从内在因素来讲，杨复兴的起义是有一定的思想基础的，他的父亲杨积庆还同红军有过一段联系。1935年红军长征路过卓尼藏族地区时，杨积庆本来奉命与鲁大昌部队联防堵截的，可是老杨司令不但没有真心打红军，而且在撤退时暗中把曹日仓仓库的粮食原封未动地留给了过路红军。事后，鲁大昌向甘肃绥靖主任朱绍良控告杨积庆私通红军，恰巧朱绍良调走，幸免受祸。红军的这些举动和民族政策在杨积庆和卓尼群众中留下了好的印象，这时杨复兴虽还年幼无知，但藏民群众中的流传和老先人对红军的印象还是在他的脑海中留有印象的，这个思想基础是比较扎实的，以后他在官场中虽然听到国民党的反共宣传，但毕竟是抽象的。从外在因素来讲，杨积庆、杨复兴两代人和藏族人民都是国民党官场中的被压迫和被剥削者。而且杨积庆在备受敲诈勒索之后，竟被阴谋残杀致死。杨复兴继任其父保安司令之职后，被国民党各方面的压力压得顾虑重重。当1949年8月解放大军西进，兰州吃紧，马步芳末日临头，外在条件起了巨大变化，内因就起决定作用了。杨复兴的起义思想，便瓜熟蒂落，只在待机而举。

杨复兴因与蒋云台关系较好，在这样一个政治上巨大转折的关键时期，他愿与蒋云台一致行动。这时蒋云台从扶郿战役溃败下来，部队撤到武都休整，杨复兴派人到武都去联络，当时蒋云台部队被伪陇南行署主任赵龙文所率领的三三八师与十二师严密监视，和各方面的联络只能秘密进行，蒋云台向赵龙文建议，以赵龙文名义赠送杨复兴两万发子弹。这时兰州已经解放，陇南一带的胡宗南残部纷纷向四川撤退，时间大约是8月底9月初，杨复兴又以电报与蒋云台联系，蒋立即电复："我们一起行动尚有困难，你可就近与岷县周祥初一同起义。"

当1949年8月上旬，一野第一兵团司令员王震将军率部向临洮临夏进军之际，并派政工人员刘玉华由会川土司赵天乙领路来到卓尼，秘密策动杨复兴起义，首先同杨生华进行了会谈，杨根据司令部的决定，表示了投诚共产党、解放军的意见。

1949年8月底，一野彭老总派陕甘宁边区政府委员、兰州市军事管制委员会副主任任谦为代表，赴岷县协助甘肃省保安副司令兼甘肃师管区司令周祥初筹备起义。9月3日任谦到达岷县，与周祥初商谈后，即派工作人员陆聚贤同志带了王震、任谦、周祥初的信件，由王克仁、杨子华带路来卓尼和杨复兴商谈起义事宜。当时杨复兴表明了起义态度提出时间问题由任谦代表、周司令决定。9月9日任谦又派康君实同志来卓尼，向杨复兴、杨生华通知起义时间为9月11日。9月10日，洮岷路保安司令杨复兴，参谋长杨生华，团长杨景华、雷兆祥、赵国璋，参谋张志平，副官陈世昌和禅定寺僧官杨丹珠，头目乔都盖等官员赴岷。9月11日，同驻岷县的国民党旧部周祥初、孙伯泉等在岷县城原中学礼堂召开大会正式宣布起义，并向一野总部发出通电，电文如下：

中国人民解放军彭副总司令兼一野司令员，张、赵副司令员：

任谦代表到岷后，洮岷党政军极为兴奋，在九月十一日举行起义，加入人民解放军，今后誓愿站在人民立场，服从中共中央毛主席、朱总司令与西北军政诸首长领导之下，根据中国人民解放军宗旨及人民解放军宣言所载之各项基本政策，以期早日成立全国统一的民主联合政府，为民族独立，民主自由，民生幸福及全国人民之愿望，兹当起义之初，部队整编待命之时，特电奉告并盼指导。

甘肃省保安副司令兼师管区司令周祥初率一七三师、甘保二团、五团、师管区直属一、二大队，补训第四团；第一行政区保安大队，暨代理第一行政区专员兼保安司令孙伯泉，洮岷路保安司令杨复兴等全体官兵同叩（申文）

彭副总司令，张宗逊、赵寿山副司令员复电称：

周祥初司令、孙伯泉司令、杨复兴司令：

申文电欣悉。当兹胡马匪军面临最后复灭，西北人民接近全面解放之际，你等率部起义，加入人民行列，前途光明，殊堪庆贺。

彭德怀、张宗逊、赵寿山（申寒）

随即《甘肃日报》1949年9月15日以头版头条新闻发表消息，标题为：“接受毛主席八项和平条件，周祥初等陇南起义，通电彭副总司令接受民主改编。”消息原文为：

（西北前线十四日电）前国民党甘肃省保安副司令兼师管区司令周祥初，代理第一区专员兼第一区保安司令孙伯泉及洮（州）岷（县）路保安司令杨复兴等接受毛主席八项和平条件及国内和平方案，于本月十一日在陇南岷县驻地率部举行光荣起义，岷县即告解放，并通电人民解放军彭副总司令及第一野战军张、赵副司令员，待命接受民主改编，为争取我国解放战争彻底胜利和建设新民主主义的新中国而忠诚奋斗。彭副总司令，张、赵副司令员当即复电，表示庆贺与欢迎。

杨复兴随同周祥初宣布起义后，周祥初部编为中国人民解放军西北独立第一军，周祥初任军长，杨复兴任卓尼民兵司令部司令员。岷县成立了岷县军政委员会，开展了接管工作，接管完毕，10月军政委员会撤销，独一军并归六二军，周祥初调任甘肃军区副司令员；岷县成立了专员公署；卓尼为岷县专区所属的一个县，杨复兴为卓尼民兵司令部司令员兼县长。1950年5月，岷县专署撤销，岷县划归武都专区；卓尼改为甘肃省直辖卓尼藏族自治区，杨复兴担任自治区行政委员会主任，开始建立地方基层人民政权机构。相沿元、明、清三朝几百年的世袭土司制度，传到杨复兴这一代，在中国共产党领导下彻底改革成为人民政权。这是卓尼藏族人民社会政治制度上的一个历史性的转折点，也是杨复兴本人政治前途上的一个历史性的转折点。

1953年10月1日甘南藏族自治州成立，卓尼成为州辖的一个县，杨复兴调任自治州副州长。随即在党组织的培养教育下，杨复兴光荣地加入了中国共产党。

1984年8月

（选自《卓尼文史资料选辑》第一辑，1984年8月30日）

杨复兴与国民党

格日才让*

杨复兴，又名班玛旺秀，藏族，生于1929年10月18日。卓尼第二十代世袭土司。1949年前，管辖着卓尼、迭部全境和舟曲南半部，辖区共分四十八旗，总人口约73000人。杨复兴就是这一地区藏族群众的领袖人物。

1932年，甘肃宣慰使孙慰如委任杨复兴的父亲十九代土司杨积庆为洮岷路保安司令，司令部设参谋长1人，属员若干人，下设三个民兵团，一团分管录竹、北山、拱巴（今贡巴）；二团分管柳林、洮南、洮北；三团分管上迭、下迭、插岗、铁坝；团以下设有基层政权机构是“旗”，各旗设旗长。旗长以下设总管若干人。总管以下有头人。百姓将自己的领袖称“土司”也称“司令”。

杨复兴继承司令　国民党插足卓尼

1937年8月26日（农历七月二十日），军阀鲁大昌暗中勾结杨积庆部下团长姬从周等人将杨积庆及长子杨琨一家7口杀害于博峪衙门，史称“博峪事变”。事变后藏族群众异常激愤，强烈要求惩办祸首。甘肃省政府派国民党中央委员、省党部常委、省政府委员田昆山前来卓尼调处。农历八月十五日田昆山偕其秘书贾大均和临潭县长薛达来卓尼。杨复兴部属赵希云、杨汝风、杨麻周等率领寺院僧人和各旗总管头人以及藏兵几百

* 作者系政协卓尼县文史资料和学习宣传委主任。

人，在上卓梁夹道欢迎。各旗总管头人见田昆山后，声泪俱下，喊冤哭诉，田昆山点头还礼、安慰同归。到卓尼后田昆山等一行住在禅定寺。卓尼四十八旗长宪、总管、头目、门兵、群众络绎不绝，纷纷拜见田昆山哭诉喊冤。结果杨积庆的司令职务由其年仅八岁的二儿子班玛旺秀继任，田昆山给班玛旺秀起名复兴，意即由他来复兴祖业，杨复兴一名从此传世，他既继承了卓尼的世袭土司，又兼任了洮岷路保安司令。这时，百姓又对杨复兴不称土司而称司令。杨积庆二房大太太在其夫被害后，能坚持申冤，守贞抚养复兴，协助管理卓尼政务，起汉名为杨守贞。田昆山一行离卓返兰之际，鲁大昌部下住新堡的窦德海团，在新城增派一个旅，威逼卓尼，目的是不让杨复兴继承司令，图谋由他管辖卓尼，同时威胁田昆山收回成命。由于藏兵戒备森严，鲁大昌之阴谋未能得逞。但国民党政府乘博峪事变之机在卓尼成立了伪设治局，由临潭县县长薛达兼任设治局长，杨汝风为民兵第一团团长，赵希云第二团团长，杨景华为第三团团长，杨一俊为参谋长，杨麻周为独立营营长。

继承司令的年仅8岁的班玛旺秀，虽然聪明灵秀，身材细长，但年幼不能理政，内部事务由其母杨守贞及参谋长杨一俊管理。杨复兴在其母的精心安排下，于卓尼禅定寺所设的私塾，拜夏田玉为启蒙老师修习汉文，拜古雅图丹格勒加措活佛为师修习藏文。

1942年卓尼发生“北山事变”，事变后国民党政府以此为借口，整编卓尼洮岷路保安司令部。规定卓尼设治局局长同时兼任洮岷路保安副司令，任命刘济清为参谋长，规定司令部与设治局合署办公。设治局在衙门东楼，司令部在西楼，平风秋色，其目的是用设治局逐步取代土司势力，设治局成了杨复兴的顶头上司，敲诈勒索杨复兴所统领的“四十八旗”群众，引起和加深了司令部官员及藏族群众的不满。1943年1月，设治局局长吴景傲以协助洮岷路保安司令部充实地方武装力量为名，双方协办了一期卓尼军官教导队，杨复兴任大队长，吴景傲任副队长。国民党第八战区官部委派该部上校参谋长金作鼎任教导员，从临、卓、岷三县张榜招收学员百人，司令部方面窥察出吴的目的，于是大量投放部属现职官兵，积极入队受训，使这期军官教导队为卓尼培养了一大批服从司令部的军事人才，杨景华、雷兆祥、杨汝风、安步瀛、安应吉、杨秀、赵宗荣、宗其秀等都是军官教导队受训的学员，学员毕业，吴调离卓尼，为自己培养实力的打算落空。

1944年春（3月）设治局在插岗编保甲，派原黑番四旗旗长赵国璋为插岗乡长，派洮岷路保安司令部书记吴国屏为副乡长。杨复兴不同意派吴国屏为副乡长，与设治局局长刘修月据理力争，刘未敢有违，转派设治局建设科科长赵文耀为副乡长，并派户籍主任寇德昌随从，一行六人前往插岗区编制保甲。

1944年，甘肃省政府及岷县专署严令洮岷路保安司令部在迭部禁烟，司令部派哇巴旗长陈世禄等前去铲烟，劝说群众。结果遭到当地群众的坚决抵制，在此即无法向上交差，又面临下属挑战的情况下，年仅15岁的刚刚从母亲手中接过印鉴的杨复兴，决心亲自出马，武装禁烟。7月，杨复兴召集司令部官员决定在迭部铲烟，派参谋长刘济清、团长雷兆祥带领警卫连，经达子多，进卡车沟直抵光盖山下。杨复兴由团长杨景华、安绪嗣陪同，调集拜来达架、桑旺盆多、善札、迭当、车巴沟、脑索、土桥、日完玛、角缠、阿科等旗藏兵千余人，经麻路、进车巴沟、石巴沟，在买日松多与雷兆祥、刘济清拜会。哇巴沟群众事先做了预防工事，打算抵制禁烟活动，但杨复兴率领的禁烟部队，快枪利炮，哇巴沟群众抵不过，所以就派哇巴旗总管只子，电尕上寺温布旦子桑盖，电尕下寺温布苏奴旦巴等前来哇巴梁指挥部营地，承认种烟不对，表示愿意铲烟接受处罚。之后杨复兴及禁烟指挥部遂禁烟成功先后移驻丁岗寺、电尕寺。在电尕寺，一方面继续进行谈判，另一方面由于杨复兴第一次进迭部沟，受到了各旗总管头人和寺院代表的隆重欢迎，杨复兴泪陈种烟之害，铲烟之必要，哇巴沟群众承认错误，愿意受罚2000元银圆，上交已收烟浆，铲除剩余生长的罂粟，答应今后再不种植。

杨复兴正在迭部哇巴旗铲烟之时，国民党卓尼设治局在黑番四旗的插岗进行编制保甲，结果发生了当地百姓抗编保甲的事变，岷县专署专员张仰文险被当地群众击毙，卓尼设治局长刘修月差专人给杨复兴送信告急，杨复兴派参谋长刘济清、书记员吴国屏带警卫连一班人前去插岗，收拾残局，通过召开群众会并商请张仰文委员及王泽勉团长同意，以接受罚款15万元，并由插岗四旗总管代表反抗群众向张仰文专员及王团长牵羊捧酒道歉了事。编保之事，至此完全破产。

哇巴沟铲烟问题解决后，杨复兴带领人马赴下迭达拉沟铲烟，达拉沟群众一方面做好动员，严阵以待；另一方面推举代表，争取和平。由于达拉沟地形复杂，因此采取了和平解决的方式，在达拉沟口进行谈判达成协议。至此，迭部铲烟任务基本完成。杨复兴由卡巴路寺移住旺藏寺，派团长杨景华，雷兆祥和秘书张志平、杨礼去插岗协助处理抗编保甲事件。杨复兴继续接见下迭各旗总管、头人和寺院代表。10月，插岗抗编保甲事件已经解决。杨景华、雷兆祥等协助调处的人回到多儿沟与杨复兴会合后经麻牙、曹日仓、买日松多到车巴沟返回卓尼。

杨复兴寻求复兴之路　赴宁晋见蒋介石

杨家统治着的卓尼四十八旗，在博峪事变以后，国民党虽然没有达到改土司为归流的目的，但由于设治局的成立，对土司领导下的政教合一制度带来很多不利，国民党岷县专署和卓尼设治局都想在杨复兴头上动刀。北山事变、插岗编制保甲和严令迭部铲烟，都是针对卓尼杨氏政权的一种挑衅和对杨复兴的生命威胁，经过北山事变和插岗编保这两起东窗犯事后的敲诈赔款，使群众穷困至极，司令部也陷于困境。而且杨复兴的行动也受人监视。为此，杨复兴部下杨景华、雷兆祥等纷纷建议，寻求一条不受人欺负的出路，必须壮大自己的武装力量，寻找政治靠山。时国民党甘肃省保安司令部为充实地方武装，加强反共力量，发出“自卫特捐”命令，卓尼借机也发起自卫特捐。

杨复兴在这一时期名义是洮岷路保安司令部司令，实际上由于国民党卓尼设治局的监视和压制使其武装力量极为薄弱。1946年春，杨复兴的部下参谋长杨生华主持，召开了卓尼党政机关团体负责人座谈会，杨复兴在会上介绍了特捐的目的与用途，与会者表示拥护，遂达成共识，并成立了自卫特捐委员会。杨复兴任主任委员，杨生华任副主任，雷兆祥、杨景华、赵国璋、陈国瑞等任委员，经半年时间，捐集白洋二万余枚。

之后杨复兴派人用1.2万白洋从甘肃省保安司令部购进步枪200杆、子弹2万发，其余白洋作为杨复兴寻找政治靠山和晋见蒋介石的盘缠。

1947年春，杨复兴、杨生华等一行7人，先到兰州见省政府主席郭寄峤。向郭提出晋见蒋介石的打算，郭以“还都南京不久，委员长现忙”为借口阻挠前往。杨复兴、姚天骥、杨生华等人共同商量疏通关节，郭寄峤才同意让杨复兴、杨生华、姚天骥等三四人去南京参观，并以个人的名义给南京蒙藏委员会写了介绍信。

杨复兴等在欲赴南京的前夕在兰州遇见了落难的阿拉善亲王达理札雅、夏河吴振刚、合作寺锁藏活佛，他们要求随同杨复兴等人一起去南京参观。经共同协商，遂以“卓尼四十八旗30多座寺院代表致敬团”的名义去南京祝抗战胜利。乘民航班机到南京后，住蒙藏委员会，见会长徐世英，向徐提出要求晋见蒋介石，徐转告国民政府后，蒋介石同意召见。8月15日，在徐世英的引导下，蒋介石在南京邸宫召见了杨复兴、杨生华、锁藏活佛、姚天骥、吴振刚。杨复兴在召见时向蒋介石汇报了卓尼四十八旗的情况并要求上陆军大学深造。当时杨复兴虽年仅17岁，但身躯高大，少年英俊，举止大方，蒋介石便说“可以考虑，待后决定。”接见后与蒋介石一同照了相，并在南京几家报纸上显著版面登载。

杨复兴在南京等待蒋介石接见之前，拜会了在南京主办《国际新闻通讯》刊物的甘肃乡亲罗伟。借罗伟的光在该刊的头版头条，登载了甘肃藏族领袖世袭土司洮岷路保安司令杨复兴一行莅京的新闻报道。并会见了于右任、邵力子、田昆山等政界要人。在南京介寿堂举行了记者招待会，还在国民党日报西北文艺副刊上发表了题为《安多藏区卓尼之现状》的文章。

杨复兴晋见蒋介石后，乘飞机返回兰州，谒见了省政府主席郭寄峤，然后转赴卓尼。

1947年冬，国民政府国防部电调杨复兴赴南京“陆军大学”受训，接电后洮岷路保安司令部开会研究，决定杨复兴司令受训期间部务由雷兆祥、杨景华二人代理。抽驻兰办事处长姚天骥，部属杨国华陪同。从兰州乘飞机赴南京“陆大”报到。到了南京杨复兴上陆大乙级将官班，杨国华上步兵学校，姚天骥住蒙藏委员会招待所照顾杨复兴。在陆大受训期间，杨复兴被选为藏族地区国大代表，参加了1948年在南京召开的竞选总统的国民代表大会，大会结束后杨复兴继续在陆大受训。

1949年农历一月十五日，杨复兴陆大毕业，授予洮岷路陆军少将保安司令之衔。……之后杨复兴从南京飞返兰州，谒见兰州党政各界要人，并电告卓尼。雷兆祥、杨景华等得悉司令归来的消息后，即调集各旗青年骑民千余人，前往岷县隆重迎接杨复兴。岷县专员孙阳升，也召集岷县各级机关团体以及汉回各族群众数千人举行欢迎大会，并盛宴招待。之后在骑兵的护卫下由岷县返回，沿途均受到藏汉回群众的热烈欢迎和茶点招待。到达卓尼城时，各机关、团体、学校及僧俗群众列队欢迎，盛宴招待。临潭县伊斯兰教教主丁立夫、马福春等人也前来卓尼送礼送匾，表示庆贺。卓尼四十八旗30多寺院选派代表，亦前来卓尼城表示庆祝。3月，省保安司令部派刘济清任洮岷路保安副司令，使设治局与司令部的关系有所缓和。

1949年夏，兰州发生震惊全国的“邱宅大血案”，特高组人员在立案侦破中查知案犯蒋德裕隐匿于卓尼博峪的其小老婆处。甘肃省保安司令责令卓尼洮岷路保安司令部司令杨复兴指挥逮捕蒋德裕。恰在此时杨复兴来兰，省政府主席兼保安司令的郭寄峤召请杨复兴面授机宜，令其负责将蒋德裕缉拿归案。

杨复兴接受郭寄峤的命令后，速返卓尼，以迅雷不及掩耳之势，在卓尼博峪将蒋德裕捕获，并电告省府派员前来押解。省府派大队副队长刘玉泉率13人前来卓尼押解。国民党蒋云台军长给杨复兴亲笔信，嘱咐杨复兴协助完成押解任务。押解队于7月5日由刘玉泉带队，杨复兴协送，7月8日到达兰州，顺利完成押解任务。这是杨复兴就职以来的首次出手。之后杨复兴的名望、地位都相应得到提高，国民党卓尼设治局也对他刮目相看。

杨复兴乘这一有利形势，着手整顿军务以求进一步发展。在副司令刘济清和参谋长杨生华的协助下，一是举办了“卓尼军官训练班”。招收洮、岷、卓三县藏汉族学员60名受训4个月。由杨国华任大队长，马毅（岷县人），昝振华（临潭昝土司）、刘德祥（卓尼人）任分队长，按军校教材，严格训练。二是组建了特务营，由军官训练班毕业的学员分配到特务营担任排副或司务长职务。特务营辖三个连共300多人，均系民兵中抽调的义务兵，规定一年一换，营长杨国华。三是充实了军事装备，派副司令刘济清前往西安晋见西北军政长官兼西安绥靖公署主任胡宗南，甘肃省政府主席郭寄峤，先后通过各种渠道得到步枪300多杆，子弹3万余发。杨复兴即其洮岷路保安司令基本上达到了守土自保的目的。可是国内政治、军事形势发生着急剧的变化。

国共两党问鼎天下　杨复兴待机而动

杨复兴返回卓尼不久，中国人民解放军，以排山倒海、雷霆万钧之势进军大西北。国民党部队无论是嫡系或是杂牌，有的一触即溃，有的望风而逃，有的迫于形势，放下武器，向人民军队投诚。在中国人民解放军迅猛推进的形势下，1949年7月间，国民党陇南行署主任赵龙文从武都发来急电，令杨复兴率部撤离卓尼，退守迭部，以作后图。杨复兴当即召集参谋长杨生华，民兵团长雷兆祥、杨景华、赵国璋等进行商讨研究，最后取得一致意见。认为中国人民解放军长驱挺进，所向披靡，以区区卓尼之武力，进行抵抗，犹如以卵击石，自取灭亡。如果根据赵龙文之令，撤退迭部的话，卓尼军政职工连同家属不下千人，即便想法通过险山栈道，抵达迭部，由于道路险阻，运输困难，生活也会发生问题。再则将来迭部四周解放，虽有天险，也只好坐以待毙，撤退迭部不是办法。其次，当年红军长征经过卓尼地区，所到之地，宣传民族平等政策，纪律严明，秋毫无犯。红军在紧邻的卓尼临潭一带休整一个多月，也遵守民族政策，对藏民聚集居地区未踏一步。老司令杨积庆在红军经过迭部时没有进行堵截，而且暗中开仓供应粮食。鉴于以往历史，估计解放军来了，不会对藏民为难的。根据以上分析，决定不去迭部，解放军来了准备迎接、投诚。

在这种思想的指导下，杨复兴等一面复电应付赵龙文说“正在设法准备撤退迭部”，并在迭部达拉沟和靠近迭山的仓科沟脑札娄梁一带虚设帐房，制造声势；一面通过各种渠道暗中活动，想法和共产党取得联系。1949年8月上旬，一野第一兵团司令员王震将军率部向临洮、临夏进军之际，派军部政工人员刘玉华由会川土司赵天乙领路来到卓尼，秘密策动杨复兴起义，首先同杨生华进行了会谈。杨复兴根据司令部的决定，表示了投诚的意见。刘玉华才说明了自己是共产党员的身份，是奉令策动起义来的。并从棉衣夹缝中取出王震司令员给杨复兴、杨生华的两封信和解放军进军布告等，并讲了共产党对少数民族和平起义人员的宽大政策。翌日黎明杨复兴派民兵司令部营长杨才华带领几个民兵，把刘玉华、赵天乙送到了夏河。

9月3日，第一野战军彭德怀司令员，派任谦到达岷县，与周祥初商谈后，于5日即派工作人员陆聚贤带王震、任谦、周祥初的信件，由杨子华、王克仁带路来卓尼和杨复兴商谈起义事宜。7日上午，会见了杨复兴后，杨复兴表示起义，并说我们已决定起义，至于时间问题，请任代表、周司令决定。9月9日，任谦又派康君实同志来卓尼向杨复兴、杨生华通知起义时间为9月11日。9月8日，正待起义之时，卓尼设治局警察队警佐冯震祥哄骗全体官警去贡目柴纳煽动部下与解放军对抗，若要被打败，以进山为匪，后被杨复兴觉察，当晚包围了警察队，收缴了全部枪支弹药，冯见势不妙，携警28人逃跑，其余部溃散。9月10日，洮岷路保安司令杨复兴率参谋长杨生华、团长杨景华、雷兆祥、赵国璋、参谋张志平、副官陈世昌和禅定寺僧官杨丹珠、头目乔都盖等官员赴岷。到达岷县后杨复兴等受到了党组织的热情接待。9月11日，同住岷县的国民党部周祥初、孙伯泉等在岷县简营校场召开大会，正式宣布起义。

（选自《卓尼文史资料》第八辑，中国人民政治协商会议卓尼县委员会文史资料委员会编，2010年10月）

原洮岷路保安司令部正式武装部队概况

梁崇文

卓尼杨土司始祖些尔地于1418年（明永乐十六年）进京贡马，被封为正千户，并授为世袭指挥佥事兼武德将军。

第九代土司杨朝梁在清康熙年间奉调参加平定“三藩”之乱，军功卓著，康熙帝前后封杨朝梁为甘州城土司，驻兰总尉等。在晋见康熙帝时，朝梁面求：“臣已落齿，恐负皇恩，居住故地，对皇上之忠，永远不移。”康熙听了他的诚心请求后，高兴地说：“赐尔等子孙后代都可获土司头衔。”

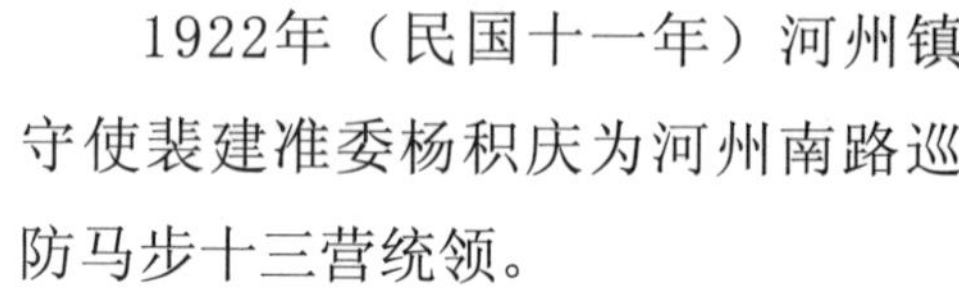

1922年（民国十一年）河州镇守使裴建准委杨积庆为河州南路巡防马步十三营统领。

卓尼第十九代土司、洮岷路保安司令部司令杨积庆着北洋政府军礼服

1928年（民国十七年）甘肃省主席刘郁芬委杨积庆为洮岷路游击司令。

1930年（民国十九年）甘肃省主席马鸿滨委杨积庆为洮岷路保安司令。

以上就是土司、统领、司令头衔变化的由来，土司衙门也随之改称司令部了。土司衙门的主要官员，也相应地由头目，改称支队长、团长了。

卓尼土司制度从始祖些尔地始，到1949年解放历经了十九代，500余年。在其形成和发展过程中，政治、宗教、军事三种因素相辅相成，起着同样重要的作用。就军事行动而言，历代土司一般都是服从中央政权调遣，参与平息大小动乱，因功受封受奖，同时也不断扩大了统治地盘，维护了境内安宁。可以说军事因素，在土司制度的形成、发展、巩固过程中起了相当重要的作用。

土司衙门的军事制度，也就是“兵马田”制度，这也是土司制度中最重要的一环。所谓“兵马田”制度，就是在辖区内实行上马为兵、下马为民的办法，要求每户备马1匹、枪1支，平时在家放牧务农，遇有战事，一声令下，自带马匹、枪支、口粮参加征战，就连土司衙门及其后保安司令部的警卫部队，也是由自带口粮，半月或一月一换的农牧民组成。这种军事制度，如前所述在历史上起过重要的作用，但随着社会的发展越来越明显地暴露出它与时代不相适应的方面，主要有三大不可克服的弱点：

一是平时就没有训练，人员又不固定，有老有少，一有战事，临时集合起来立即投入战斗，战士素质无法提高；

二是自备马匹、枪支，但家有穷富之分，决定了马有好坏，枪有优劣，不可能达到同一水平，其装备也不可能跟上时代的步伐更新；

三是自备口粮，藏民虽然习惯酥油糌粑，便于携带，但战争过程和时间是不以人们意志为转移的，自带口粮有限，时间长了，人无口粮，马缺草料，难免发生扰民事件，军纪难以严明。

历史的车轮，前进到20世纪40年代，作为洮岷路保安司令部，顾名思义，就是要负责洮岷二州的社会安定，若继续依靠原有的旧的军事机器，不要说洮岷二州的安定，就连卓尼本身的安全也无保障。建立一支正规的，比较适应客观现实的武装部队，是社会的需要，时代的必然，紧迫地提上了领导层的议事日程。

1943年10月，岷县专署专员胡受谦和保四团团长吉猛到卓尼整编洮岷路保安司令部时，组建了由120人组成的警卫连，这是卓尼有史以来第一个正式武装连队，战士由附近各旗征调，服役期3年。前后担任连长的有杨国华、吴珍（眼藏人）、杨如东（着逊人）等，他们都是军校毕业生，排长有高得胜、赵廷均、赵芳录等，后改称保安中队，雷兆祥团长兼任中队长，排长有赵芳录、李生贵、李恒山等，配备三八式步枪（又称三八大盖），驻司令部前院。

洮岷路保安司令部防区辽阔，仅一个警卫连当然不能胜任，要扩大武装部队就要经费，国民党又不供装备给养。在此情况下，杨复兴于1946年春，召集卓尼党政、机关团体负责人开会，决定在全区开展一次“自卫特捐”活动，以筹集扩大武装部队的经费。这次捐款，在方法上也有创新，历来群众向土司所纳钱、物，在边远各旗，是每户平均分摊，附近各旗，以户定级（分头、二、三、四、五门）按等级交纳。而这种等级一定不变，富户破产，穷困户上升是常有的事，但负担并不按实际情况调整。而这次捐款，既不搞各户平均分摊，也不按原有等级负担，而是按当时家庭实际情况，由旗长、总管、头人、公正老人等掌握对象，自报公议而定。由于理由正当，为了地方自卫，方法适宜，捐款很顺利，全区共捐硬币2万余元，购买枪200支，子弹2万发。

1947年春，杨复兴等去南京晋见蒋介石，提出上陆军大学的要求，是年冬接国防部电调杨复兴上南京陆军大学受训。1949年初杨复兴从陆大毕业回来，加快了扩大武装部队的步伐。一是开办“洮岷路保安司令部军事干部训练班”，从卓尼（40人）、临潭（10人）、岷县（10人）招收有一定文化程度的青年60人，编为1个大队，3个分队，配发中正式步枪，驻复兴坪，大队长由杨国华担任，分队长由马毅（岷县人）、昝振华（昝土司后代）、刘德祥（卓尼人）担任，他们都是军校毕业生，既是队长，又是教官，按简化后的军校教材，进行严格训练。

在开办军训班的同时，组建了直属营第一连，120人组成，配发中正式步枪，每人子弹100发，住大操场（现民贸公司所在地），由排长赵俊等负责训练。

解放战争形势发展之快，是洮岷路保安司令部领导层预想不到的。在1949年上半年，他们还是按原有计划积极扩大武装部队，为最终达到一个混成旅而努力。6月又组建直属营第二连，120人组成，暂由排长安仁寿负责训练，驻复兴坪，配发汉式干巴枪，每人子弹100发。

营部还有一个机炮排，小炮、轻重机枪也有，但无士兵，只有一个排长叫李君毅。

1949年上半年，可说是洮岷路保安司令部练兵的高潮期，三四个连队同时在大操场、复兴坪、寺滩等处进行训练，或去尕路那山一带打野外（实地练兵），或去马战那修路。军歌、口令声此起彼伏，加上嘹亮的军号声，给古老而寂静的卓尼城增添了不少活力，各连队士兵，都由附近各旗即现在的纳浪、木耳、大族、卡车、阿子滩、申藏、城关等乡征调，兄弟二人在家的一人要当兵。父亲还可劳动，儿子已成年的也要当兵，名曰父子兵。连队生活比较艰苦，一年只发棉衣1套、单衣1套，而衬衣、鞋袜都要自备。每月每人供原粮50斤，大多数为当地产青稞，菜金硬币5角，由于条件有限，炊事班做的青稞面窝头，没有农家做的贴锅粑好吃。而未带家属的连排长也在大灶吃饭，炊事班当然还要另做好的，这些也都在全连60元菜金中开支，所以士兵一般是窝头加开水，或洋芋白菜。军干班学员的生活比战士较好，细粮比例高，每人每月菜金硬币1元。

军干班扎扎实实训练了5个月，到7月底基本结束。司令部正式任命杨国华为直属营中校营长，刘德祥为营副，方忠厚为军需，马驰云为书记官，马毅为第一连连长，昝振华为第二连连长，不久辞职回家，由孙维宗（临潭人）继任。排长有安仁寿、周树德、赵俊、魏安邦等。军官薪金以硬币计发，营长月薪7元，连长5元，排长3元。

1949年9月11日杨复兴率领部属随同省保安副司令周祥初等在岷县通电起义，当日晚饭后杨国华营长在复兴坪召开各连队全体官兵参加的大会，宣布了起义的消息，并提出：

一、摘下青天白日帽徽，逐级上交；

二、从明天起大家互称同志；

三、从明天起见军官不敬礼。

散会后已是夜幕降临，杨国华又在复兴坪前沿碉堡附近召集军训班学员讲了话，大意是国民党大势已去，司令已代表部属起义，我们要听从命令等。

已经解放，部队当然再不能扩大，而60名军训班学员到哪里去成了问题。根据当时保甲制度已废，人民基层的政权一时还未建立，政令还是通过旗长、总官、头人这一渠道传达执行的实行情况，给60名学员分配了工作，营部司书1人，保安中队排长1人，3个连队文书、特务长（管理、排长）6人，3个连队有9个排加上机炮排共10个，每排分排附（实际上成了班长）3人共30人，其余22人有的派去当旗长，并给有些旗增派了一名指导员，有的保送去兰州“革大三部”学习。

解放不久，即掀起了大生产运动，一连去雅关一带伐木，其余连队和机关都在古雅川开荒。前后开出耕地100余亩，修房20间，1952年底，独立营撤销后交公安部门作为劳改场所。

1950年根据社会治安情况需要，部分部队奉命去临潭旧城、新城、申藏、郭大等地区驻过防。这时各连队原定轮换期已到，有的已经超过，再加解放了，战士也敢于提意见，各连战士纷纷提出要求轮换，意见得到重视。是年10月，三个连队战士都由新抽来的兵员顶替换了班。年底，部队进行了整编，直属营改为独立营，撤销了保安中队番号，改编为第三连，陈世昌任连长，其余营、连长继任，并委派赵生鹏为营教导员，何克礼为一连指导员，王凯和为二连指导员，康振锡为三连指导员。

通过整编和政工人员进连队，使部队管理工作逐步走上正轨，加之供给已纳入甘肃省军区，指战员和战士们的生活也有很大改善。

1952年底，上级将卓尼武装部队指挥机构改组为“卓尼民兵司令部”，下设政治股、管理股、军事股，独立营撤销，战士回家，军官有的在民兵司令部任职，有的派到各区武装部，有的转业到地方得到妥善安置。

时间过去了40余年，跟随杨复兴起义的人员，在革命的征途上也有少数人由于这样那样的问题掉了队，就大多数而言，都是在中国共产党的领导教育下，不断成长前进，有的还担任了地、县党政领导职务，现在他们绝大多数都已离休，安度晚年。

（选自《卓尼文史资料》第三辑，1991年4月）

汉人怎样的定居于卓尼藏区*

谷　苞

在卓尼境内能够耕种的田地，大致可以分为四类：（一）兵马田——这种田地的所有权在理论上是属于土司的，永久的使用权却属于持有尕书的租户；（二）衙门田——所有权也属土司，租于番民年收一定数量的租粮；（三）章珠田——所有权属于喇嘛寺院，佃户按一定的比例分其收获量给寺院；（四）丈尕田——在卓尼城周围的田地，可以自由买卖，其所有与使用与内地情形相同。在卓尼从来没有过土地丈量或呈报的工作，这四种田地究竟各占若何，我们便无由得知。虽然如此，但对于一个大致的概念，我们还是有的，那就是兵马田地在四种田地中确乎占着绝对的多数。此处我们暂时抛开了第二、三、四种田地不谈，先就围绕着兵马田地的一切制度，作一简单的说明。

耕种着兵马田地的人家，对土司负有力役与财赋上的种种义务，譬如纳粮，纳钱，纳柴草，当兵，当乌拉等，此意在卓尼土司的兵马制度一文里，我有过比较详细的描述。

此处我们要进一步讨论的，这些力役与财赋的义务的产生，纯出于对于兵马田地的使用上面，它与耕种人本身及其居处并无关系。我所以敢作这样的判断，是因为可以从两方找到证实：（一）当藏民们困于穷苦与债务时，他们往往将自己享有永久使用权的兵马田地及所住房屋让渡于别人，我们只说让渡，而不曰出卖的缘故。乃因为兵马田地是禁止私相买卖

---

* 编者注：原题目为《汉人怎样的定居于卓尼番区》，内容有删改。

的，如发现有偷卖者的，这种买卖的契约是没有效用的，不但没有效用，卖方的兵马田将无代价的被收回，卖方且将被逐出村外，封其门户，没收其财产。三十三年在洮北便发生过这样的事。在让渡时所得的价款固然可以使他清偿债务，同时因为兵马田地的出顶，也可以使他不再受力役与财赋的束缚。不过对这些束缚的解脱，完全是出于不得已，在他们稍有一点办法可以解救困苦时，他们是绝对不愿出此下策的，当他们失掉了田地房舍时，同时便也失掉了社会地位与生活的凭借，这以后的生活是可悲的，命运全要靠流浪中寻找。（二）在卓尼，尤其是洮河主流与支流的两岸各村落，有一种住户曰尕房子，所谓尕房子便是指没有直接耕种着兵马田地的人家，在洮河主流与支流沿岸的各村落，据我个人粗略的估计，尕房子的户数约占兵马田地人家的总户数的五分之一到四分之一，譬如洮河边的加当村有兵马田地人家十五户，有尕房子三户，拉小沟村有兵马田地人家三十五户，有尕房子八户，纽子村有兵马田地人家十五户，有尕房子五户，麻的尕有兵马田地人家十一户，有尕房子三户。这种人家完全是由岷县、临潭和临夏移来的汉人，他们的职业是长工、小商人、水手，兼业是工农，所种的田地都是向种着兵马田地的人家租佃来的，这种人不但对土司没有任何力役与财赋的义务，而且还是吃藏民兵马田地的等候人。

洮河领域藏民在近年来的日趋汉化，是一个很显明的现象。汉化的原因，主要是由汉人吃藏民的兵马田地。汉人吃藏民的兵马田地，表面上虽很简单，但是背后却有两套不同的文化背景在主使着，一方面使藏民放弃兵马田地，一方面又使汉人由尕房子而取得兵马田地。使藏民放弃兵马田地的原因是宗教制度与土司制度，使汉人取得兵马田地的原因则是变乱、饥荒、犯罪、禁烟以及邻县农村的人口过剩等。

在卓尼的田地大致都在两千五百米以上的高寒地带，这样的地方对于农业本来不适宜的，因而土地报酬的低弱是不难想见的。在卓尼普遍撒下一斗种子，在收获时能收三四斗，便可以算是丰年了，这与邻县的收获量比较起来显然是太少了，藏民们不晓得这是由于气候与土壤的关系，却把原因推在了一个神话上面。传说在太古时代，藏区里没有食粮，食料全靠着肉类，生活甚为困苦，有一天天神托梦给藏酋，要他派人到外边去采取五谷的种子，但是老死不与外界往还的藏民，到外边去实际上是一种恐怖，终于没有人敢承当这个重任，藏酋在无可奈何中，乃差遣了一只狗到了中国内地带回了谷类的种子，据说在中国内地一株芽上可以发六七个谷穗，狗所带回的却仅只能发两个穗的谷，而这种两个穗的谷又被树枝弄掉了，因为这个缘故，番区里的谷总是不能长得和汉区里一样的茂盛。这个神话本是无稽的，但这个无稽的神话却反映了藏区里土地报酬的低弱。在低弱的土地报酬上，维持一家贫苦的生活，犹感困难，可是藏民们还要在这个困苦的生活上负担着重重的宗教费用。长子以外的男子都要送到寺院里去当喇嘛，出了家的喇嘛一身的费用大部得要家庭的供给。喇嘛在升高僧时得举行一种宗教仪式，叫作“搭义”，一次搭义的费用由硬币两三百元到一两千元。种着兵马田地的人家除了向土司纳钱粮当乌拉等官差以外，还有所谓的神差，官差是对土司的义务，神差是对宗教的义务，重要的神差有：（一）念田禾经。（二）祭山神。（三）纳雨粮（寺院活佛分区保险各地田禾不遭冰雹，收获后便须向活佛纳雨粮，数量由一二升两三斗不等，各遂心愿）。（四）打索车等（收获后一种报答天恩的宗教仪式）。一个中等以上的藏民家庭，仅这几次的费用每年就在硬币四十元左右。其他如对活佛的布施与念大经等。所费更是不菲了。藏民们并不完全是把钱存在家准备支付这些费用，在不能周转的时候，往往便向寺院举债——地布，对这种地布，如果能在省吃俭用中还清了，自然是不成问题的，如果偿还不了，便只有让出自己的兵马田地了，这种账所以非还不可，有两种原因：第一是迫于寺院的权势，怕被捕后吃苦；第二是怕喇嘛们在护神前放黑咒，促使妖魔来同他们作对。

由变乱、饥荒、犯罪、禁烟、兵役，以及临县农村人口的过剩等，被迫跑到卓尼藏区的汉人，初来时在藏区都住着尕房子，他们都很穷苦，唯一翻身的机会，便是吃兵马田地。而且对于一个有志气的汉人，这种愿望是很容易达到。虽然他们的收入都非常小，但是对于住尕房子的他们，是不负任何官差与神差的，财富反倒容易积累。只要手中能有积下百元左右的硬币，便有资格可以吃兵马田地了。

吃田地的方式是这样的，如果有困于地布而出让兵马田地的藏家时，该村或者别村住尕房子的汉人，就会出面同他接洽，商议出让的代价，出让的代价由三十元至两百元，代价商定后。如出让者村中的十人（即公共）同意时，便可以举行出让的手续了，一般说来，只要吃田者没有不好的名誉，十人总是会同意，因为如果不同意，因负债而陷于困苦中的村户，在官差与神差上会带累十人的。十人同意后，吃用者便至土司署领取印就之尕书，尕书大小如八开报纸，书上下端印有云彩，两旁印有龙凤，中间系空白。领尕书时，吃田人需向土司署纳谢礼，谢礼的数目在以前为制钱两千，在目前为硬币五元至八元。尕书领回后，吃田者以酒食招待十人，请人当众于尕书上写明让吃两方，均出甘愿，上面并书明吃田者所出的代价数目等。这张尕书以后便握在吃田者的手中，为永久耕种吃来的兵马田地的凭据。

吃兵马田地是汉人在藏区定居的重要途径，经过这个途径在藏区定居下来的汉人愈来愈多了。藏区里汉化程度的加深，吃兵马田地是其最重要的原因。

（选自《西北论坛》1947年第一卷创刊号）

解放前洮河林区滥伐情况

李　斌

洮河是甘肃的主要河流，发源于甘、青两省边境西倾山，流经碌曲、临潭、卓尼、岷县、会川、康乐、临洮、广河、东乡各县，在永靖入黄河，蜿蜒千余里，其上游大半在山谷中，两岸林木参天。所产有松、柏、杉、杨以及各种杂木，自古为甘肃建筑木材主要来源地区。

解放前我在甘肃省建设厅工作，曾两次到过洮河林区。第一次系1933年，我以建设厅秘书兼洮岷林垦局长身份于4月上旬前往林区调查，同年6月初返兰，历时两个月。第二次系1948年6月，我以建设厅科长身份，陪同兰州核心工事工程处负责人，国民党陆军工兵第七团团长蔡耀华、营长梁树勋等前往莲花山、冶力关等处视察兵工砍伐木材情况，为时50天。这两次调查时，接触了不少老农和伐、运木工人，根据他们口述和我们在现场的了解，在解放前30年来洮河林区的破坏是很严重的。

一、洮河林区采伐的历史

洮河流域较大规模的砍伐始于何时，殊难稽考。根据当地农民叙述和我们实地观察的结果，两相印证，约可分为三个阶段。第一阶段自清朝中叶至1931年。这一个阶段的特点是洮河流域的天然林尚多保持原状，砍伐不甚厉害。民间建筑，率多就地取材，少有赶远地砍伐和采购者。加以洮河中、上游居民狃于迷信，把大片林区，划为“神林”，不让木材水运，故大规模采运者不多。这一时期木商不多，资本不大，每年运出木材4万余株，且多属小材，计合5000余立方米。推销范围也仅及岷县、临潭、临洮、陕西等地。

这一个时期伐运木商人多系临潭人，主要商户有世兴奎、临生祥、永泰和、三义合、景兴同、隆合永、庆衍宏等。其中除庆衍宏外，均先后于民国初年歇业。继之而起者为积牲祥、永兴隆（1918年）、中和火柴公司（1922年）、马同林木厂（1923年）、邓隆之生茂运木公司（1924年）、贺笑尘之世裕木厂（1927年）。以上诸号，除积牲祥、中和火柴公司、世裕木厂外，均于1931年停业。

1932年至1941年为第二阶段。这一阶段的特点是对森林滥施砍伐，许多原始森林遭到极其严重的破坏。这是由于1932年以后，河运畅通，木商人数激增之故。七七事变以后，由于国民党政府西迁，后方建设事业较前增多，需用木材数量亦大，故1938年至1941的4年中，采伐的木材很多，年运出木材数量达70万株，10万余立方米，且系大材居多。推销区域除陇南各县外，远及宁夏、包头。

这一个阶段运伐木单位达300以上，伐木区域，洮河中游由莲花山洋沙河渐及冶木河上游；洮河上游自西尼沟、纳浪沟、大峪沟，渐及于卡车沟、车巴沟、粒珠沟之深处。这个时期资本逾百万之商号有世裕木厂、祥泰公、复兴成、复兴西、复兴老、庆泰木号、恒泰木号、西北木厂等。

1941年至解放为第三阶段。1941年7月，国民党政府为谋垄断洮河林区的采伐专利，特以保护林区为幌子，成立了洮河流域国有林区管理处，规定洮河上游各地森林采伐，均需按照采伐规定，凡林相破裂，胸径未达23厘米之林木，一概禁止采伐，并决定将林区分期收归国有。随即成立了甘肃水利林牧公司和洮河林场，从事木材垄断。这一个时期，除水利林牧公司外，甘肃省贸易公司亦曾于1942年开始伐运木材。1947年省政府主席郭寄峤为了建修文化会堂和兰州反共核心工事，又曾派人对林区大施砍伐，故林区的破坏更为严重。

二、林区破坏点滴

洮河林区在第二阶段以后（1932年至解放），破坏特别厉害。如临潭县属之北乡石关堡至大草滩，原有森林36处，总计面积600平方里以上。南乡之多巴庄至东山延年沟一带，有森林31处，面积总计178平方里。西乡之卓尼沟至记尼双岔，原有森林31处，面积总计112平方里。东乡之新堡大板至丁哈石头沟、天地沟、石那沟一带，有林7处，每处面积都在15平方里以上。又岷县之西尼村至西乡马华村一带，森林长约40里，平均宽约15里，安拉子初路、迈路等沟，及大沟村、庙儿村、三十里村、坎布村各有森林1处，面积总计在200平方里以上。以上两处森林，在解放前30年左右，尚是古木参天，绵亘千里，但到临解放时，大都变成童山秃岭，或仅有残株剩树而已。又如黑错（合作）附近的双岔大林，据当地藏民唐隆郭娃说，胸径在1尺以上至3尺之大树，约有60万株，被国民党军阀焚烧两次，至1947年时已残存不多了。冶木河流域之尖山常爷林（庙产），面积25平方里，所产为洮河中游之最好木材，1946年被军阀纵火焚烧，延烧三月余，全部化为灰烬。

木商在林内活动时，全系趸购林木，垄断材价。在藏民地区，每先向山中藏民放款，藏民为生计所迫，不得不受其挟制，将森林廉价低售，商人则坐享利益。地方官绅以其有利可图，亦相率投资。如马鸿逵之复兴西、复兴老木厂，邓隆之生茂公司等。他们采伐林木，或论面积进行租山，或计株数，即所谓购柗子。论面积者，约定林尽归山，自租之后，商人先伐老林，次伐中林，最后伐幼林，不使存留一株，俟童山秃秃，始归还原主。如是历年戕采，林木茂盛者可传至两三代始能伐完。其以株计算者，每择大木砍伐，伐木之际，乱砍乱倒，不顾一切，往往一树倒下，殃及数十株幼木，对森林破坏尤甚。黄家路山一带的汉民，也多入山伐木，售给附近坐庄木商（木商派驻山口收购木料人员），并等讲好价后，包运入市。因此滥伐木材，破坏亦甚。此外，仅岷县城关一隅，每年用作燃料者，约耗胸径盈尺的巨材数十万株，洮河沿岸合计，则更不知凡几。

抗日战争中，柔皮用的单宁酸，断绝来源，兰州制革厂和化工厂曾在莲花山设厂制造，收买桦树皮作原料。山民为生计所迫，将林内生长数十年或百余年，胸径尺余之红桦、白桦，任意剥皮出售，致树干枯腐于林间者，何止千万株。

1947—1948年，省政府为了建修文化会堂和反共核心工事，派保安第六团团长高攀桂率领士兵在莲花山砍伐木材，强派民夫，征用牲口，曾造成了林木倒下压死一男一女和牲口重大伤亡事故。省政府规定伐木士兵每月每人补贴口粮15斤，麻鞋两双，均先发价款。但这项补贴价款全数被高攀桂贪污，另由其规定每日工毕时，准各携带松椽两根自售，以作酬劳。两年之内，不知损坏了多少幼林。高本人又与临洮大木厂勾结，盗窃大批木料，运临洮变价，为数颇巨。

国民党的所谓国有林区管理处，虽然有林警数十名，并且还有几个林业专家，但对于护林工作却没有丝毫成绩。相反的却在林区设卡征税，鼓励破坏。如在洮河沿岸距峡城不远的门楼寺，国民党政府曾设有一个检查站，凡洮河放下来的木筏，除对有势力者不敢过问外，其余一般小木商木筏经过时，不是没收，就是罚款。1940年门楼寺林警因向下放木筏，查验木筏未停，竟用枪击毙临洮籍水手一名，事后曾提出控诉，并经国民党农林部派员调查，然终未得申理，这就是国民党政府“护林”的真相。

（选自《甘肃文史资料文库》第七卷，
甘肃省政协文史资料和学习委员会，2001年）

洮河上游之天然林

袁义生

洮河上游之天然林，南与白龙江上游及四川西北部之森林相毗连，面积辽阔，蓄积丰富，乃西北极重要之林区。主要的树种为云杉、冷杉、山杨、白桦、红桦等，以云杉为主。在森林利用上，皆有其特殊之价值，云杉干端耸挺直，每公顷蓄积约在四百立方米以上，胸高直径一尺以上之大树，比比皆是。

森林带之垂直分布，约自海拔2300米至3600米，约占2300米之空间，3600米以上为高山草原带。云杉林带之分布，约自2400米至3000米；3000米至3600米为冷杉林带。洮河上游之海拔甚高，岷县附近之平川已达2200米，卓尼约2600米，故栎林带所占之地积甚少，仅于海拔2400米以下之坡地见之。自植物社会之演变言之，云杉林与冷杉林皆属终止社会。云杉林破坏后，即变为山杨林或白桦林。冷杉林摧残后，即沦为红桦林。故山杨白桦红桦林等，皆属过渡乔林期，乃植物社会继承之一阶段也。如加以保护，不受外界恶劣因素之影响，若干年后可复旧观。在云杉林带中，干燥硗薄陡峻之山坡，多油松单纯林，此乃土壤之影响也，故土壤为其成立之重要因素。此于贺兰山中亦常见之，可名之曰亚终止社会。高寒山地之森林完全破坏后，直接变为草原区。杂草繁茂，间以杂生灌木，如金鸡儿、忍冬、绣线梅、沙荆等，与高山草原带同为番民游牧之天然牧场。

洮河上游之森林，所以能保持至今者，实以喇嘛寺之保护及土司之管理也。民国二十六年前杨土司积庆在世时，对于山林之保护极为注意。公私有之森林，皆严禁滥伐，卓尼附近各山口之坡地，林木密被，葱茏荫郁，自杨土司积庆去世后，五六年来之滥伐，凡临近洮河之森林，几乎破坏净尽矣。伐木之方法，极为粗放，伐木后去枝剥皮，利用人力或畜力，运至支流，散溃流入洮河本流，再编筏下运，唯野狐、九奠、牛皮三峡，滩险水浅，曲折甚多，须先将木筏拆散，分流过峡，再行编筏，故运输稍感困难。

木材以伐株之时间不同可分为三种：

一、白材。在春夏两季采伐之树木，易去皮，干燥速，木材表面作乳白色，故名。

二、花材。在秋季采伐者，虽易去皮，但以潮湿多雨，不易干燥，故木材表层灰色，故名花材。

三、冬瓜材。冬季采伐者，树皮不易剥离，名曰冬瓜材。

故山木材之表面，可以鉴定其采伐之时期。木材以冬季采伐者为最佳，春夏次之，秋季尤次之。洮河上游林木之年伐采量，并无正确之统计，如以筏税作参考，亦可得一概略之数字。民国三十年筏税由商人承包，全年国币1400元，每1木筏交税1元，则全年自洮河上游放下之木筏，最少当为1400筏，每筏以干材30根计，共约4万余株。

（原载于《国立西北技专校刊》1942年7期、8期；选自《西北民族宗教史料文摘》，甘肃省图书馆丛书第一辑，1984年）

甘肃藏区森林资源遭毁之原因

甘肃藏族地区特别是甘南境内有丰富的森林资源，被誉为全国六大“绿色宝库”之一。但在近代，大量森林被肆意乱砍滥伐，遭到日益严重的破坏。清同治、光绪年间，社会动乱，不少人逃难迁居甘南，毁林开荒，不断扩大耕地面积，于是“烈山择而毁之”。至民国时期，随着各地对木材需求量的剧增，不少木商纷至沓来，兜揽伐销木材，或言明采伐地点及株数，以株计价；或订立“林尽归山”契约，肆意滥伐，山林被“剃光头”。据有关资料记载，1926年在兰州只有一家木商开设木厂，专收木料之利；至1931年，仅兰州、临洮、岷县等地的木商已达250余家，在洮河上游的车巴沟、拉力沟、卡车沟、卓尼沟、大峪沟等地开设木厂，大量包砍青山，贩运木料，牟取暴利。木商在冶力关林区砍伐贩运的木料，1926年为5000立方米，1932年则增至2万余立方米。国民党政府曾在岷县设立“洮河流域国有林区管理处”和“迭岷林务处”，在卓尼设立“洮河林场”。这些林业机构，名为收购经销木材和管理森林，实则是官商勾结，大量滥伐森林，为牟取暴利而置破坏森林于不顾。其时，仅白龙江、大夏河和临潭一带每年砍伐运销外地的木料至少在10万根以上。天祝地区的森林同样遭到严重破坏，不少原始森林变成了岩石裸露的荒山秃岭，致使雪线上升，水位下降，影响生态平衡。民国时期有的报刊曾载文披露：“任所欲为，滥施斧法，寸土不留，昔日洮河两岸葱葱之区，今已成童山荒凉之地。”（见《现代西北》四卷第3期、第4期）“民国二十七年，匪首李和义据山称王，滥肆砍伐，数年间，全山冷杉、云杉几被摧残殆尽。”（周重光《洮河中游森林》，载1942年《洮河林区丛著》）当时林业遭破坏之严重程度，由此可见一斑。

（原载于《甘肃省志·民族志》，甘肃人民出版社，2003年版）

略谈解放前卓尼的木商业

李宗宪

洮河纵贯卓尼县境，自西向东流去。洮河两岸，自古以来有茂密的原始森林，且种类繁多，其中主要木材品种为粗枝云杉、紫黑云杉、细叶白松、冷杉以及落叶松、桦木等。据民国二十七年（1938年）国民党中央派驻卓尼之“农林部洮河流域国有林区管理处”调查资料：“洮河上游森林面积约为三千余平方里，森林材积量约为四亿八千余立方。洮河中游森林面积约为六百余万平方里，材积量约为5千万立方尺。”天然资源虽如此丰富，但毕竟由于陆地交通梗塞，致使货弃于地，鲜少开发经营。

卓尼的木材开发私营经商情况，据史料记载：最早是大清道光元年（1821年），至此以后，兰州、临洮、岷县等地木材商贩始陆续前来县境纳浪、大峪、博峪、卓尼沟、拉力沟、车巴沟等林区，开办木厂，到民国二十年（1931年）时，外地木商有250家之多，这些木商明购暗盗、大肆砍伐贩运，国民党官僚与木商相互勾结，以谋利为目的，意图猎取木材资源以肥己，于是，凭其自身资力雄厚，几至行垄断居奇之能事。从部落、寺院、番民手中购买山林，以原始的斧、锯等方式任意砍伐，逐渐将卓尼木材贩运之木耳。根据民国三十一年（1942年）洮河流域国有林区管理处统计资料记载，年采伐面积为1600平方里，伐木株数49702根。民国三十二年（1943年）岷县野狐桥木材工作站清查统计数据记载，年经洮河水运木材达245259根。其中，大峪沟49803根、卡车沟42511根、纳浪35615根、博峪30780根、拉力沟16620根、大扎30780根、拉扎口85526根。此外，录竹沟、卓尼沟、木耳沟、若龙、羊化、大板等林区年生产原木49853根，其中运往临潭（旧城）约30000根。现仅择其有代表性者列述如下：

福兴号：老板邓甲三　　临夏县人

祥泰号：老板薛子明　　山西省人

亨泰号：老板廉玉山　　陕西省人

义源祥：老板邢学义　　兰州市人

庆泰号：老板（不详）　系鲁大昌资金

实裕号：老板赵喜成　　陕西省人

德泰号：老板张汉卿　　会宁县人

临潭县人经营木材者有：

福顺号：老板杨荫林

积生厚：老板杨馨轩

春生茂：老板丁会亭

钱盛丰：老板李晓霞

泰源德：老板尤重德

隆法盛：老板朱炎炳

上列木商皆从卓尼辖境内大峪沟、博峪沟、拉力沟、卡车沟、鹿儿沟、车巴沟、录竹沟、木耳沟等林区与当地有林权的族、村部落头人、寺院住持洽谈，订立买卖文契，有的甚至连同农田、林地，以山川河流为界，以田为计，进行裹购，契约规定二三十年不等，其中代表性的洽谈项目大致分为四种：（一）“林尽还山”类：这是一种剃头式的采伐办法；（二）“年限采伐”类：这是不论株数多寡以所订“年限”为期或一月或一季或一年不等，以期满为止；（三）“选择采伐”类：这是由买卖双方亲自进林，在买主选好的一片林或树株上打号，采取“拔大毛”式的砍伐，论数计价（未打号的不许采伐）；（四）“收集现成”类：买主在林缘区居民手中收零星木材议价收购。买卖协议达成之后，即找采伐、水运揽头，分行雇工操作。

采伐“揽头”专雇采伐临时工，自备伙食及工具，带往指定林区，只管采伐积累，按时点交株数，结算工资。

水运“揽头”专门觅雇“水手”，编排“筏运”，每“筏”多则70—80根，少则50—60根为一“筏”，从卓尼洮河口岸起运，近则至岷县厂、临洮厂上岸交与厂主，核领工资。远则经黄河分别运入兰州、宁夏，甚至有到绥远（今呼和浩特）供销者，总之木材私商获利颇巨。

基于以上不合法的木材采伐方式，卖主与买主之间滋生诉讼，连年不休。卓尼设治局有鉴于此，便于民国三十三年（1944年），依据省颁“人民团体组织法”召集木商各号负责人，出示“政策”，充分酝酿讨论，然后组建“卓尼木商业同业工会”，首次选出邓甲三为该会理事长，薛子明、廉玉山、丁会亭等为理事；邢学义、李晓霞、张汉卿等为监事，作为组织、监督木商业采购、评议木材价格等公证事项，负责代替地方财政按标准征收一切应纳税务（木料税由木商交纳、采伐水运税由总揽头按比例交纳），上缴国库。事虽如此，然地方获利微薄，私营木商则大饱私囊，与国家曷有其益焉！

（选自《卓尼文史资料》第七辑，2003年8月）

·往事钩沉·

卓尼之过去与未来

明　驼

编者按： 本文是对卓尼地区的历史地理、政治经济各方面的全面叙述，全文约二万言之多，现摘其有关民族宗教部分，本文最后涉及洮州一带回教另一教派组织——西道堂，故一并摘录之。

在甘肃的西南部，岷州以西百二十里，洮河以南三十里，靠洮河北岸的谷地上，跨山沟筑一座土城，城内外共有百数十户僧俗聚居着，“庄窠”栉北，寺院错落，这就是卓尼。

什么时候才有人到卓尼来居住的呢？就史籍记载和传说：大约在隋唐间，这是吐谷浑的本土，亦曾一度为洮州辖地，其后汉人势力渐渐向西扩展，卓尼的土著便慢慢退向拉加寺一带；到元朝，一部分蒙人移进来；至明朝初年，又有一部分康藏的人们搬进，看到当地有两个松树，就把地名叫“卓尼”，他们的头人“些尔地”领导拓荒垦殖；永乐二年，些尔地率白水江流域洮山及达拉各族内附洮州卫，以功授世袭土指挥佥事，四传旺秀，正德间进京觐见，赐姓“杨”名“洪”。又四传至朝梁，清康熙五十一年，朝梁曾孙冲霄助平黑番之乱有功，遂将前山十八族，后山十九族黑番都给其管辖。又四传至宗基，兼摄禅定寺世袭僧纲；同治中，宗基子元，助陕甘总督左宗棠参加循化之役，收复洮州有功，其子作霖兼摄护国禅师，声势日渐庞大，于是附近之赵、马、昝、候、后各土司的属地都渐遭兼并，阿拉善旗以及洮岷一带汉家闺秀，都每与通婚；光绪二十八年，作霖曾孙积庆承袭，仍以土指挥司兼僧纲司，领有四十八旗，号称五百二十族，辖地近三万方里，治民约一万三千七百五十户，男女凡六万二千七百五十口，在甘肃要算是手指一屈的大土司。

在这四十八旗中，除了卓尼、博峪、杓藏等若干杨氏宗族赋有特殊地位不列于旗外，首先要算朱札、上下朱盖、朋的、破汞古、麻汞、达子多、上下卡车等七旗最有地位，他们七旗自有会议处决公务，杨土司不过总其成而已；其次是包吾、巴童、卓逊、他那四旗，内中多为杨土司的戚属或亲兵间有百户左右租佃的回教徒；他们把这四旗叫作"四什哈"又称为私吾什、那麻那、大峪沟等四旗，叫作"下四旗"，这里的藏人大都汉化，还有近三千口的汉人佃农、雇农掺杂其间。以上都是洮河下游两岸文化程度较高之藏民部落。此外像北山地区的上冶杓哇、土桥、拉卜什、班麻、代麻等旗洮河上游两岸，术布、达加、迭当、车巴沟等旗，概以"竹哇"称之，其意即生番；至于上叠部的拜扎、哇巴、什巴、买麻卡松、亦哇、然麻童的吾等六旗，下叠部的尖牛沟、尼傲、旺藏、旗拉、阿西、多力沟、当多等八旗，黑番的阴山、阳山、铁坝、代巴等四旗，是贡方物的属地子民，除黑番地区和叠部白水江两岸的谷地中，还有二百多户的汉商佃农以及农奴以外，他们概被认为是化外之民。

依据"兵田"和"僧田"制度，杨土司统治下每一住民均须当兵，才领种一份兵田，或舍身喇嘛寺院才可领得一份僧田，兵田或僧田每份均在十亩左右。僧田只准转佃不准典卖，人死应还土司；每份兵田，每年额定租粮一斗，租钱百五十文，也可用砂金、蘑菇、蕨麻、竹木、麝香或酥油抵交，当兵亦可雇人顶替或纳金代役，至于无限制的临时征发，亦颇盛行。杨土司也可用竹筒或在竹筒上添插一根烧去一角的鸡毛当作翎箭去召集民兵或征收财物。

各旗各族均设首领一人至二人，在旗为"德管"，在族为"洪布"，而在七旗下则另有"大总承"。杨土司为便利传达政令及征发兵马钱粮，又于各旗常设"长宪"一人至二人，以司其事。

杨土司积庆曾引兵征讨叠部（今称迭部），民国十八年河湟之变，他亦到土门关一带参与战役。二十五年红军由川入甘他也尽了最大力量，设法使其辖地不受其灾，政府为此给予支队司令，洮岷路保安司令等职衔。

民国二十年秋季，杨积庆被反对派暗杀。甘政府乃委任杨积庆次子复兴为洮岷路保安司令，并设立卓尼设治局。但从此，杨氏政令不畅，统治范围日趋缩小，由过去平均长度四百里渐缩至百里以内，乃至三数十里不等。教权也因此旁落到禅定寺丹珠呼图克图手中。

卓尼最大寺院为禅定寺。禅定寺是清朝勅建的寺院，除了掌管卓尼本部的“内九寺院”，还遥领卓尼辖地的“外十八寺院”，如北山的恰盖等，远到叠部的旺藏寺，都应包括在内。其所辖僧众无虑数千，在西宁鲁沙尔之塔尔寺，夏河的拉卜楞寺外，亦算西北上一大寺，像《甘珠尔》《丹珠尔》两部著名的佛教大经典，当年禅定寺所保存，可惜经过河湟事变，卓尼事变，数度兴灾，大部分寺院及著名藏经，都付之一炬。

大经堂西首是护法神殿，护法神殿的西首对门是“尚书楼”，围绕大经堂、护法神殿和尚书楼四周，则是些零星错落的僧寮。

禅定寺的香火租粮，每年究竟能收多少？据估计有二百至五百担以上。由于藏族不善经营商业贸易，所以在甘肃西南部藏人住区贸易的，却要算洮州的“西道堂”。

西道堂是住在洮州旧城一带回教徒宗教派别上的名称，在清朝，洮州有位马善人首创之。像河湟事变及其他历次事变，这一派都站在正义的一方面，而没有遭到兵灾的损失。他们在一个宗教首领领导下，集合居住在一起，教徒的财富，都听由首领支配，教徒的生活，亦听由首领核定。总之，在教堂里，他们无论男女老幼，都是过着共同的集体生活，他们没有吃饭不做活的人，亦没有做事无饭吃的人。在当初，堂里人口并不多，经过历年生聚增殖，最近有五百多户了。其中虽有些原是“华寺”的，有些原是“白庄”的，可是进了西道堂，他们不说原来的教派或门宦，却改称是“堂”里的。他们因为宗教上的团结和经济力的集中，于是在宗教上形成一个严密的组织，在经济上亦成为财力雄厚的商业组织。

现在西道堂的宗教首领是马教主，一般人称为慈善老人家，他是一位魁梧精干善于辞令的伊斯兰教信徒，他还有位副手是敏教主，是位熟悉教义的忠厚长者。至于堂里一切实业的经营，是由马教主的哥哥马寿山来主持。他们有大量的资金和土地、山林、水磨、驮牛、马羊等，每年春秋二季，西道堂商队一批批向草地进发，到处都有他们活动的市场。商队归来时，就是洮州旧城皮毛市场最活跃的时候。

西道堂教徒住区，在洮州旧城、临潭县城，在白土、太平寨、汪家咀、卓洛等地，似乎局处一隅地区。但商业的活动，向北在太子寺，在河州、贵德、保安、兰州、宁夏、张家口；向西在拉力关、浪木寺、阿哇，向南在松潘、成都、甘孜、打箭炉等处都有他们的分号或代办所，这是一种伟大的力量，然而仅有数百户的西道堂做到这份事业，在刻苦耐劳，共同奋斗的精神上来说，这很为一般创业的个体或团体做参考。

（原载于《边政公论》1941年1卷1期；选自《西北民族宗教史料文摘》，甘肃省图书馆丛书第一辑，1984年）

我所知道的卓尼博峪事变

杨北辰

一、人物简介和历史背景

在叙述博峪事变之前，首先介绍一下事变中的主要人物与历史条件，以资参考。

1.杨积庆，字子余，遇害之年48岁，为卓尼第十九辈世袭土司，任职甘肃省洮岷路少将保安司令。至遇害之年（1937年），杨土司统治卓尼四百六十余年。

甘肃境内，土司尚多，大小有别。临、卓两县就有三土司、五僧纲。其中杨积庆辖地最广，属民最多。1925年（民国十四年）冯玉祥将军任西北边防督办，驻军河北、绥远一带，派刘郁芬代理甘肃军务督办率部先行抵达兰州。杨土司暗中派人与刘联系表示欢迎，刘任命杨积庆为洮岷路游击司令（后改为洮岷路保安司令），并给杨部补充了一些武器和兵饷。之后历任甘肃省主席都保留杨的洮岷路保安司令职务。

2.鲁大昌是割据甘肃岷县一带的军阀，是西北杂牌部队新编十四师师长。由于1936年秋，红军长征过境岷县城未破。胡宗南认为鲁部虽系杂牌，还比较可靠。抗日战争开始，胡报请中央将鲁部改编为中央陆军165师，归胡宗南指挥。鲁、杨素来不睦，矛盾重重。长征红军过岷县，鲁坚守县城，杨却暗中与红军妥协，互不侵犯，和平过境。由此鲁、杨矛盾激化，连表面来往也逐步断绝。随之鲁的野心大发，想并吞杨家，扩大地盘，幻想取得国民党当局更进一步信任。时中日战争爆发，鲁又深恐调离岷县，开往抗日前线。适逢方秉义等人，利用鲁、杨矛盾，亲去鲁处活动，请其帮助倒杨，鲁满口答应，愿做坚强后盾。

3. 姬从周是洮岷路保安第一团有名无实的光杆团长兼曹日仓的仓官，略识汉字，作战勇敢，颇得土司的信任，但姬在日常琐事上对杨有所不满。1936年姬遵照杨的命令，给胡宗南部运盐送粮，得到胡的赏识，旋即委派姬从周为有职有权的“前防剿匪司令”。然因杨传统性的不愿部属向外发展，未能就任。因此杨、姬矛盾，日益加剧。

4. 方秉义是杨积庆司令部秘书处的精明干将，文化较高，写作亦佳。因搞男女关系被杨管押，准备严惩。方从狱中逃跑兰州，进行控告，并同前逃兰的李元恒，积极策谋推翻杨家的封建统治。方的活动在博峪事变中起到了导火线的作用。

二、事变的经过

1937年在卓尼博峪村，杨积庆土司的封建统治集团中发生了军事政变。以鲁大昌为坚强后盾，洮岷路保安司令杨积庆的部属姬从周、方秉义、安国瑞、常永华等人假借上级命令，诱骗杨氏在博峪的头目、总管、团、营、连长以及手枪队，亲信卫士，将杨氏等人杀害于博峪官邸。详情如下：

农历七月十九日鸡叫前后，杨积庆同二少爷班玛旺秀（杨复兴）正在卧室酣睡，顿时枪声四起，刹那间床头炕角弹头如雨。杨氏匆忙将睡在一个被窝中的班玛旺秀推向窗根，立即取下手枪，下炕卧倒。机枪、步枪、手枪，所有武器，向杨氏各卧室门口、窗口一阵猛烈射击。枪声稍稀，杨氏从老婆娃娃呼喊救命声中，赤脚光头持枪从窗口突围逃命，经马号越墙而出，躲到五十五（外来户）家。五十五匆忙给了褐褂子一件，旧布裤子一条，旧鞋一双。杨穿好后立即越房到小头（即街长佛代子）家中询问情况。小头说：“街上带枪的都是老人家的马弁和小队（穿军装的服役兵），一个外面人都没有。”杨说：“不是鲁大昌出兵，就是回回报仇。少爷和太太们被打死了。”小头请杨藏到窖中。杨说：“情况未弄清楚，家中不能久留。”即命小头：“你马上叫五十一（亲信卫士）到山神林找我。”随即匆匆沿羊肠小道，逃向山神林。

杨到山神林不久，陈五十一寻来。杨问事件情况，陈五十一说的同小头说的一样。杨即命五十一立返官邸，务必弄明情况，并传令姬团长，叫他不要害怕，集中兵力，奋勇回击，一定要把为乱者赶跑；同时告知娃哥（察马长）备马侍候；你回来时顺便把雨衣和烟、药拿上。陈五十一去了两个多钟头，不见回转。杨已料到定有缘故，随即穿林沿地边转移到阳坡磨坊。

陈五十一虽系杨氏的亲信卫士，对博峪事件之策谋，略有所闻，但对今夜行动，确实不知。陈匆匆回到官邸，见大家都在翻箱倒柜，抢夺财物。陈也混在其中，攫猎洋财。待陈五十一达其所欲，天色已将朦胧。此时姬从周、方秉义、常永华等事变领导人分数路寻找杨氏不得，正在惊慌不安，准备奔逃，忽然发现五十一拿着老爷的雨衣，即问：“往哪里拿？”陈含糊不答。又从五十一衣袋里检查出杨的戒烟药盒，立即把陈带到姬团长处。姬立下断语：“你若说出老爷现在何地，一定重赏，今后还要重用；否则马上枪毙。”陈五十一见杨家大势已去，以实相告。

姬从周立即下令：三百余官兵从阴阳二坡和衙门背后三路向山神林搜索前进。到阳坡磨坊附近，杨氏在磨坊发现全是自己的子弟官兵，并无外人，约离磨坊十几米，杨突然跑出磨门呼喊：“娃娃们，我在这里。”追捕者枪响后，杨才恍然大悟，事已晚矣！急忙把冲到身边的藏族战士击毙后，沿磨坝向豆子地奔跑。刚跑了十几步，杨的手枪枪口被来弹击炸，右手亦重伤。追捕者一拥而上，立即用乱石将杨打昏在地，气息奄奄。但尚能说话，杨一再求情下话：“再不要打了。把我抬到衙门，我给你们交代，要官给官，要钱给钱。”当此生死关头，方秉义立即开口：“杨积庆，今天抬你的时候过了，我们一不要官，二不要钱。今天要你的老命。”随即用乱石砸死。

姬、方、安、常等顺便把被窝中偷背杨复兴的阿古（和尚，纳浪人）仓促枪决；将三个尸体暂放阳坡磨坊，指挥官兵，返回博峪。又立即到衙门卧房院中，检查现场，杨琨（杨积庆的长子）夫妇、杨琨的小姑娘、杨复兴的小妹妹和一个十八九岁的丫鬟死于枪弹，血肉模糊，惨不忍睹，许多在场的人无不感伤泪下。暂将六具尸体，放入水窖；其余眷属集中力赛官邸，派人监视。

杨氏的三太太（武威人，二十余岁）是妻妾中杨氏最宠爱者，事变后在禾托寺高僧家中坠金而死。这次事变，包括杨氏在内，共死难七人。

在博峪事变的前三天，即1937年农历七月十七日，鲁大昌从岷县派来师直属部队工兵营营长陡得海驻扎临潭新堡。该村同卓尼博峪、力赛隔河遥望，相距十余里。陡应方秉义请求：派武装便衣三十人，直接参与了杀害杨氏事件。

三、“革命委员会”成立

博峪事变之原因，据主要领导人方秉义、郑秉钧、安国瑞在兰州给笔者谈：杨氏有两个贴心人——三团团长杨曹家代和副官赵赛高。这两个人对杨吹牛拍马，凑其所好，媚上欺下，“挟天子以令诸侯”，其坏已达极点。老爷（指杨积庆）耳朵软，杨、赵有奏必准，有求必应，弄得众叛亲离。姬等原计划给老爷来个硬性死谏，除掉杨、赵为民除害；后虑这样不但达不到目的，老爷也不肯善罢甘休；经一再研商，才决定连老爷一起干掉。1937年农历七月十九日夜，在衙门里枪未响之前，计划先把杨、赵捕杀。因赵有人通风，溜之大吉；杨曹家代未能脱逃。待衙门枪响后，立即将杨枪决于博峪河滩。

1937年农历七月二十日约十二时，博峪街上，锣鼓喧天，鞭炮齐鸣，标语满墙：“共和民国，铲除封建”，“暗投日本、私通共匪，人人得而诛之”。姬等杀羊宰牛，犒赏军队，庆祝胜利。下午一时整礼炮三响，由姬从周宣布：“革命委员会”正式成立，自任委员长：并宣读了杨积庆几大罪状：“暗投日本，破坏抗战；私通共匪，反对中央……我等应卓尼四十八旗藏汉人民全体僧俗之强烈要求，对罪大恶极的杨积庆、杨曹家代等人，采取了暴烈的革命行动。望尔等各安营生，抓紧打碾，听候省上派大员处理。”

经姬从周宣布了事变的经过后，事变的全体参与者，才明真相，省上并无杀害杨积庆之命。团长、头目、总管等上层人士因故装病脱离，群众哗然。委员会中二十多个核心骨干，只能掌握百十名士兵，处境极端孤立。加之几个领导人争官夺权，利害冲突，中下之间，分赃不均，矛盾重重；更因以胜利者自居，毫无警惕，终日花天酒地，彻夜吸食大烟，故于农历八月初十拂晓，被北山土官杨麻周率玛利娃、柴尕和武装精干数百人，在沉睡中击溃。二十天的“革命委员会”，宣告解除。

杨麻周派兵数十名，驻扎博峪，追回衙门财物，亲去力赛官邸把以大太太为首的眷属及杨复兴，从枪林弹雨中解救回卓尼，移居禅定寺僧官衙门。

四、甘肃省当局的处理

甘肃省政府根据“委员会”的报请，派田昆山为处理博峪事变的全权委员，省主席面谕田昆山“中日战争，刚刚开始，国共两党，至诚合作，大后方极求安定团结。你到达后，务必以人民的倾向为原则”。并称：“我已电令鲁大昌，立即撤回驻博峪附近的部队，至事件如何处理，着他不许干涉。”

1937年农历八月初间，田委员等一行从兰州出发，第五日下午三时左右在莲花山的火烧哇遇到博峪委员会派来的方秉义、王禹九、安国瑞、常永华等人，率短枪随从十余名前来欢迎。当晚宿营于临潭甘沟。翌日下榻于临潭县政府（新城）；并与来迎者说好，明天早饭后，前往博峪。第二日饭后，不见方秉义等接头，田委员派人外出了解情况，催促起程。经过了解以后，始知今晨拂晓（农历八月初十）杨麻周率兵打垮了“革命委员会”，追散了姬从周等人。方秉义等得讯后，立即逃走。田等无法去博峪，只得仍宿新城县衙，以观动态。

1937年农历八月十一日，天还未大亮，杨大太太守贞由侯家寺的两个阿古（和尚）跟随求见田委员。太太黑巾包头，身着香色缎长袍，面容憔悴，泣不成声。休息片刻，始见田委员。杨太太痛哭流涕，略谈事变之经过：“我杨家自西藏来卓尼四百多年，子袭父职近二十代，经历了明、清和民国三个朝代，皆以忠臣良将颁奖，从来没有背叛国家和人民。土匪（指姬从周）等竟以莫须有罪名强加给老人家（指杨积庆）头上，一家七口，杀害博峪，财物抢劫一空，家如水洗，妇孺辈已处倒悬，恳请委员大人与民做主。”田极力安慰，并答应一定为死者申冤，还给了国币二百元，着杨暂时零用。杨问委员何日莅卓，百姓等准备接驾，田说：“决不要兴师动众，我一定来卓尼。”杨太太泪洒告别。

农历八月十二日早饭后，田委员和贾大均秘书，各坐驮轿，随行人员乘马，由新城出发途经上寨、眼藏、红堡子、草岔沟至上卓。群众皆以香案、鸡蛋、烧酒迎驾田委员。杨辖部落头人恭跪香案前，头顶申冤大状，略谓：“临卓毗连，易临灾祸。恳求委员，洞察民情；依据民心，妥为处理”。途行二十多里，就接来诉状二十余纸。到达卓尼上嘛呢子庙前，杨太太率僧俗头人及藏汉卫士百余人，还有远道而来的藏汉男女老少近千人，叩跪道旁，号啕大哭，群情激愤，笔难形容。待委员下榻卓尼寺院，哭声尚未中断。

田昆山驻卓二十余日，根据卓尼四十八旗僧俗头人，六万余藏汉群众之强烈愿望和一致的要求；还听取了毗连邻县临潭、岷县、西固、武都人民的纷纷呼吁和声援；并与杨家宗族之间，一再协商，反复研究，报请省上批准，始由八岁的班玛旺秀子袭父职，田委员亲自取名“复兴”，继承洮岷路保安司令；聘请杨一俊为全权少将参谋长；委派与事变有功者和动员麻周出兵的赵赛高、杨汝风、安婆婆九为该部的三个团长；大头目、大总管以及其他人员未动。

卓尼随即成立了设治局，由临潭县长薛达代理局长兼洮岷路保安副司令，杨一俊任参谋长兼副局长。

成立设治局，取消杨家的封建统治，改土归流，是国民党早想办的事。由于民国以来，连年内战不休，到处天灾兵祸，人民万分疾苦，根本无力为之，趁杨复兴袭职之机，成立设治局。设治局虽然成立，而卓尼四十八旗人民的军政大权和诉讼事务仍操于洮岷路保安司令部之手。

五、尾声

田昆山在卓尼二十多天，同“博峪革命委员会”的领导们根本没有接上头。委员会中以姬从周为首的百十名“革命者”，被杨麻周从博峪击溃后，无立足之地，三三五五，各自奔逃。同时“革命者”内部矛盾越来越大，生活也有困难。他们为了谋生，乘机抢夺驻博峪、力赛藏兵之枪马及群众的牛羊财物，更加不得人心；就是他们的至亲厚友，不敢而且也不可能拥护他们了。特别是姬从周、杨烈、尕毛个在多坝的拉鸡山被杨麻周击毙后，纷纷各自逃命，彻底失败。

1937年农历九月初，田昆山等由卓尼起程，仍取道新城返兰。抵新城的第二天下午，方秉义、常永华、王禹九、何干棒等二十余人各佩短枪，在鲁大昌驻新城的骑兵部队支持下强制性地求见田委员。国民党的官吏，胆小如鼠，十分害怕，然迫于形势，不得不见。田、贾商研后，加强戒备，解除了方秉义等四人的武装，仓促会见。方秉义大发牢骚，委员草草应付。

晚上十点左右，情况突然紧张。鲁大昌电话命令新城部队即刻撤防，并命张干丞（鲁与田联络的副官长）立即回岷县。田大恐，即命备马套车，严加警戒，匆忙剃掉胡须，沿山径小道，从大雨泥泞中，三更半夜，返回卓尼。稍事休息后，由杨一俊参谋长派兵护送，取道夏河、临夏回兰州。

以上繁述，事隔四十余年，遗漏和不妥之处，必然很多，尚希知情者补充，并提出指正。

1980年7月12日追志于卓尼博峪

（选自《甘南文史资料选辑》第二辑，
甘南州政协文史资料研究会编，1983年9月）

关于田昆山查办卓尼兵变案的经过

贾大均

1937年8月下旬，卓尼发生兵变，土司杨积庆及其长子杨少余夫妇等被杀。甘肃省政府闻变，商由国民党中央委员、甘肃省党部常委、甘肃省政府委员田昆山前往查办。时我以竞选第一届“国大代表”到兰，被邀同往。经过四十多天的奔走周旋，对这一事变的内容，有所了解。虽已事隔二十多年，但轮廓尚可忆及。兹作如下叙述，以作参考。如有遗漏错误之处，尚望知者订正补充。

一、卓尼兵变发生的内因和外因

内因：卓尼杨土司世袭相承，约有四五百年之久。杨积庆的父亲是由清朝武举袭封的，年老嗣乏，以族子杨积庆承祧袭职，为杨家亲房和随土司世袭的头人所不满。虽在民国初年张广建督甘时期经过数年涉讼，问题得到解决，但内部谁亲谁疏的现象始终存在。

1928年甘肃省政府主席刘郁芬任杨积庆为洮岷路保安司令，其长子杨少余为副司令，共辖藏族门兵三团。第一团团长杨锡龄为人正直，第二团团长姬从周有勇无谋，唯第三团团长杨英系临潭县公安局长，原是当地的汉人，因与一小土司承嗣，取得了藏籍，为人小有聪明，长于交际。杨积庆欲利用其长，为自己代办外交事项，故委为第三团团长。杨英经常搬弄同事间的隐私是非，恃宠怙恶，无视别人，渐为众矢之的。

杨积庆是一个懂得汉藏文，花样很多的土司，部下多不敢轻犯其尊严。他有一妻三妾，分房散居，大老婆死后即以二房杨氏升为大房。姬从周因打仗拶劲，也为杨积庆家族所重视，杨英因妒生恨，与姬摩擦日甚。追姬说出“杨英是外来娃，有杨家即有姬家”的话，杨积庆没予理会，这使杨英更加恃宠骄横，肆无忌惮。而姬从周想杀杨英的怒火，愈演愈炽，虽对杨积庆仍是盲目信仰，但怨其受杨英迷惑，时有“清君侧”的打算。因此，才被奸人利用，当了变乱祸首。

外因：1930年国民党反动派蒋介石，收罗流寓京津的甘籍失意军人四名，委派回省组织力量，捣乱国民军后方。鲁大昌是其中之一，由川边到临潭旧城潜藏。西道堂教主之弟马寿山与之往来，怕落嫌疑，赠马一匹送往卓尼活动。另向兰州方面透露消息说，洮岷路保安司令部窝藏匪类，意欲摇撼杨的地位。鲁到卓尼对蒋介石大事吹嘘，杨积庆受其迷惑，也觉国民军东下再难复返，有心扶鲁搞起武力，作自己靠山。但杨锡龄大不为然地说：“鲁话甜心毒，门路很多，非我们能笼络的人。若不忍趁早杀之，即当驱逐出境。”杨虽有了戒心，但仍不忍加害，只是送了几支旧枪，送出卓尼了事。

鲁大昌是以帮会起家的，到岷县大草滩桥头地方，即与祁三大爷合伙串联，杀人越货。及至抢劫岷县解省巨款，和没收陇西县留驻的国民军残部郭孟侠团枪支后，有了势力，时刻惦恨杨土司瞧不起他，蓄意报复。1932年孙蔚如为甘肃宣慰使，在一次召开的临洮军事会议上，杨锡龄揭发了鲁在岷县种烟派款、纵兵殃民的一些劣迹，鲁更衔恨切齿。到杨锡龄二次进省公干时，鲁即暗令他驻洮沙的营长乔南坡截路枪杀。杨事前也有所闻，随带四十匹马队进省，归时特别戒备，官兵一律换上新服装，自己佩戴了甘肃清乡总办邢肇棠发的参议徽章，经过洮沙辛店韭菜湾时，被乔所派的田连长截击交枪。夜间将杨和随带回家的学生一人共四十二人，一并枪杀于洮河岸畔，投尸河中，宣称都是土匪。杨积庆闻报分诉于宣慰使和清乡总办，请求查办。这时孙已移防南郑，邢无法处理，就成了冤沉海底的悬案了。

1935年红军由洮、岷、卓尼过境时，甘肃绥靖主任朱绍良令鲁大昌屯军腊子口、二郎山，杨积庆守铁布协同阻击。杨俟红军进入铁布，受到政策感召，即发动群众送鹦哥花园仓粮几百石，接济过境红军，鲁大昌得到消息向朱绍良告杨私通红军。但朱不久离甘，幸免大祸。

卓尼安息日会的美籍孙牧师，和杨积庆交往频繁，杨曾借机购到自动步枪等新式武器。安息日会在卓尼木耳桥地方扩筑基地，杨未阻止，群众尽拔其测绘标志，撇在河中。鲁大昌便乘机宣传杨积庆私售国土，有汉奸嫌疑。

卓尼有木当仓、加当、德瓦三个大佛，为内蒙古群众所信仰，每年往来于张家口、热河、黑龙江等地传教，尤其木当仓是代替杨积庆出家之大佛，关系亲密，不时回卓尼寺相与聚会。鲁又宣传杨通过木当仓勾结日本，图谋不轨。

杨积庆的生活，并不十分简单。他的经济主要来源之一，是廉价收购当地土特产，运往京津沪汉进行买卖活动。他在临潭新城开过一处洋行，常因一些小问题和当地官绅不和。尤其对地痞流氓、帮会头子和陡剑平、李识音、王鼎等无赖之徒，缺少妥善应付，常年被其控告攻击，竟成积怨难消的对立局面。杨曾对鲁说过要致死陡剑平，这时鲁便从中挑拨利用，作为倒杨工具。还有一个卓尼汉人方秉义当过杨部的书记，由于不被杨所重视，心怀怨望，暗与陡剑平勾串，盗窃卓尼机密。姬从周与杨英的不和，和姬以后同意鲁暗杀杨英的诡计，都是他作底线，但杨积庆始终没识破他的狡诈。

1936年鲁借召开冬防会议，遂请杨积庆和杨英参加，欲乘机扣留。不料杨英不肯莅会，杨积庆另派其秘书长杨一俊代替参加。鲁一见面大发雷霆说："你不是军事负责人，跑来干什么？回去告诉你们土皇帝，今后地方有事，他要负全责。"杨积庆听了，惴惴不安。同年方秉义因事被杨积庆所申斥，方即逃亡岷县，被鲁保送到兰州警察训练所受训，但仍与陡剑平、李识音、王鼎等五人相联系，作颠覆卓尼土司之活动。

二、鲁大昌在卓尼兵变前的阴谋活动

1937年春，方秉义赴兰州受训，即以王佐卿（王鼎的叔父）所开的昆仑饭店为基地，招致不满杨土司的临（潭）、卓（尼）人王鼎等听从陡剑平、李识音的幕后指挥，作倒杨活动。适有一自称是甘肃省代主席贺耀组弟弟的人，在饭店院内开设的诊疗所里治病，他们巴结招待，日渐熟悉，即罗织杨积庆许多劣迹，假托藏民要革命，请他向贺主席代达情况。不知贺某是否转达，但给了他们一个回答：“主席说：他们的事，他们自己办。”方等便认为是默许了。6、7月间鲁大昌由庐山受训回兰，已知他的新十四师将要开出甘肃，急欲促起卓尼事变，以便借口后方不靖，好留一部分部队，以作日后发展的基础。因而对方、王等的活动作了进一步的具体安排后，匆匆回了岷县。王等随即大摆筵席，扬言为方秉义赴京求学送行，实际上是动员暗回洮岷举事的送别会。

方、王等到了岷县，仅同姬从周商定共图杨英的时日、信号等，并未提及其他问题，姬即满心乐意，暗作布置。他们本来只有不多的几个守卫兵，准备临时放出监犯，杀了杨英，说是监犯越狱杀的。却没料到鲁大昌别有肺腑，在预定8月27日那天派团长陡得海和方秉义、王鼎等，率领便衣队四十名，先到新庄张营长防地潜伏，夜间窜入博峪与姬会合。方秉义突然向姬说：“现在不是只杀杨英完事，鲁师长已奉‘中央’和省上命令，派陡团长来帮助你举行革命，你如情愿起义，消灭了土司，他保你当卓尼土司。不然，事情败露，你如跑到藏地，土司先杀你的家小；如逃到兰州，省上也要治你的罪。”姬本是个粗笨家伙，一经威胁，内心虽不大愿意，却不敢说出口来，只好听从他们去干。于是放出监犯杀了杨英的同时，方、王等去进攻土司衙门。

出事的当晚杨积庆还在请客。饭后，行将就寝，瞥见有人移动前院摆的两挺卡其克机枪，立即查问。卫兵答：“姬团长说：这两天夜紧，叫我们把机枪抬到内院。”杨笑着说：“你们团长太小心了，机枪是防匪的，搬进内院干什么？”说完就和小儿子睡了。一朦胧间，听到院中枪声，连忙滚在床下，摸到自动步枪，向外打了一梭子弹，跳出窗外，逾垣而走，窜入博峪沟水磨内躲藏。

方秉义等入内搜寻时，看见床上的小孩，遂令拉出打过。有传令兵麻力娃背出藏在林科内转送卓尼寺，幸得不死（这孩子就是杨复兴）。另外一个勤务，追踪到博峪沟寻见杨积庆。杨问：“是什么人作怪？是不是鲁大昌派来的土匪？”勤务说：“不知道，但好像内中还有咱们人。”杨即令回告姬、杨两团长，速将土匪赶出去，如有自己人在内胡闹，抓起等他回来处置。勤务回到博峪街口，遇见方秉义等拷问杨积庆的所在，勒令引向博峪沟水磨进攻。杨开枪还击，忽右腕挂彩，不能射击，遂跳入磨渠掩藏。方等听不见枪声，蜂拥向前，令杨将枪撇上渠岸，再将杨拖上岸来，令跪地下，举起石头迎面击毙。当杨由院内出走时，他的大儿子杨少余夫妇和一个十余岁的孩子，已被机枪扫射在东房内，他的几个女人都不在博峪，所以安全无恙。

姬、方等结束了杨氏父子性命后，天尚未明，便传知博峪住户做饭招待陡得海等暴徒，饭后回到新庄。天亮后，群众听杨土司父子被杀，惊走号呼。姬、方莫能禁，立刻召集杨部在博峪人员开会，宣布杨积庆罪状和他们起义革命的意义。并成立卓尼维持委员会，推选姬从周为主席，方秉义等为委员。又拿出他们在岷县油印的致南京军事委员会的通电，迫令大众署名；不在当场的，指定人代署。通电中罗列了杨氏八大罪状，主要是：私通红军、勾结日本图谋不轨两款，其余是虐待藏胞、烧死丫头、敲诈民财等类。并说他们为国为民，举行革命，听候政府处理等语。鲁大昌也从岷县发出电报，以卓尼土司杨积庆，虐待藏民，图谋不轨，激起兵变为词，作为声援。其实卓尼土司从来并无正式部队驻在博峪，只有几个门兵出入做护卫，从何激起兵变？所以当时有人评论：“杨积庆内部不清，歪风邪气，鼓动杀机，遭了匪害；姬从周图报私仇，开门揖盗，自落陷井；鲁大昌乘空而入，残贼以逞。”

姬从周任了主席，形同草人，全无作用。方、王等大权独操，每日吃喝抽大烟。可怜的姬主席日夜站在门外守卫，过了几星期被藏民撵跑了。

当杨积庆被杀的那天，长宪（汉语委员）赵希云和杨锡龄之长子杨景华等闻警到了卓尼寺，商议发出鸡毛檄文调集藏兵赴难报仇。杨氏第三女人急欲自带藏兵到兰州为其夫鸣冤，被众阻止，气愤不过，吞金自杀。这时不但卓尼寺僧持枪保护杨氏家眷，即附近的各族头人也都赶来入卫。姬、方等势有不敌，在博峪仅仅相持了大半个月，维持委员会终被门兵捣毁了，藏兵还要联络宕昌群众进攻岷县，局势颇为紧张，附近各县，无不为地方安全担心。

三、田昆山办案经过

1937年9月中旬，田昆山向我说："卓尼兵变，土司杨积庆被杀，贺主席电'中央'派我去查办，请你同往。大约准备在九月二十间出省，路线经临洮、陇西、岷县约同鲁大昌先到临潭，等候夏河保安司令驻兰办事处长张建中，回拉卜楞请黄正清司令来临潭会商办法，传集双方当事人来临潭或者就能解决，不一定去卓尼。"过了两天他又说："我们直接往临潭和县长薛达商办，鲁大昌对此案嫌疑很大，贺先生很生气，不让他管。夏河方面也不再邀请了。"于是我们连同翻译等五人，始于9月21日出发。

我们行程较缓，六宿才到临潭。过临洮时，鲁大昌师的旅长王咸一派兵四名护送。到达临潭六十里的羊沙时，望见南山顶上有马队往来逡巡。因恐姬从周等假意欢迎，强迫拦入他们势力范围，不好动转，故未冒进。当即停住在一藏民小头人家，专差向临潭探问情况。晚间当地藏民传来消息说，博峪维持委员会已被捣毁，姬、方等跑到新庄去了。田昆山恐赶来要挟，一夜未能交睫。天明向临潭前进，直到东关始见县长薛达和县党部委员包某出来迎接。到县政府田昆山忙向薛、包询问了一些情况，才安心休息了。不多时杨积庆的二女人（通称杨大太太），由卓尼赶来喊冤，田同薛达接见安慰，给抚恤费二百元，嘱回卓尼静候查办。

第二天鲁大昌派副官长张国祯前来联系，借探消息。同田会晤后，他吞吞吐吐露出鲁不满政府的措施说："卓尼兵变内情复杂，省上应征询地方军政意见，方能措置妥善。田委员来时没经过岷县与鲁师长谈谈，他也不好参加意见，心想帮些忙，恐怕无能为力……"田说："我本想经过岷县看看鲁师长……贺主席叫我速来这里晓谕政府意旨。不然，岂但要看看鲁师长，还想与黄司令见面哩。现在我看问题不大，准备再住二三日到卓尼查明情况，报请政府核办，回时一定到岷县和他畅谈一番。"张很失望，退出后和我私谈，还是想法由田、鲁共拟办法，建议政府批准。我说："他才要调查情况，似乎尚无主见，你可同薛县长再同他谈谈，能共同斡旋，当然更好。"

那天我见薛县长脸色苦闷，言行有所顾虑，疑别有文章。于是抽空出外，访问我的老同学刘启，他告诉我：岷县传来一股风声，鲁师长大骂田委员、薛县长不给他留面子，他要摆一着棋，叫崽娃子们认识认识。并说这个地方帮会多，鲁的耳目多，谁都不敢多谈话，你们要谨慎些。我问："卓尼是否革命起义？"他说："现在谁都知道是老鲁派人胁迫姬从周干的黑牌子事，藏民们晓得什么叫革命！假如真是革命，藏民怎会赶跑他们呢？老鲁向来做事达不到奸淫掳掠目的，就会用杀人放火手段。咱们老同学杨一俊是杨司令的秘书长，又有亲戚关系，你到那里去问问，就明白内情了。"我回去告诉了田昆山，他说："省政府不让他管，骂我们有何用处。我不会看棋，会掷骰子，掷底掷面，任其自便。"

又过一天，由漳县来了个老百姓说他是蒋云台派来送口信的。见田说："鲁师长不怀好意，蒋旅长叫你格外小心！"田听了大发焦躁地说："鲁大昌真要给我耍无赖，他有本领，请政府把我撤回，何苦一再大放气炮吓唬人呢？偏不理会，他敢做啥？"立即面托薛县长把鲁的阴谋函达兰州。我们就商议赴卓尼问题，田要薛同我先去查明实况，商定初步办法，他随后再去。这明是想耍滑头，还说免得一齐冲到堂里，不好转圜。薛推辞分不开身，结果只有我去了。我想到卓尼去首先要解决的是杨家继承问题，不然怕人家不欢迎，徒劳往返。我即和田研究，他还拉活车说："你去照情况办，土司可改设治局成为官治，洮岷路保安司令是临时性质，不应存在。另选能孚众望的藏族头目一人，暂充设治局长，安抚藏兵。"我说："前天杨太太向你要求政府允许他的孩子继承司令，惩办姬从周，这显然代表他们的共同愿望，不让继承，怕不能行。"他说："政府也早接到他们的状词，情况已明白。但把保安司令给一小孩，鲁大昌更多话把，今后他再蛮干，就把小孩断送了，而且藏兵再来，还是平安不了。"我说："杨家历史长，藏民信仰深，不让继承司令，就得允许继承土司。卓尼方面，现在重司令而轻土司，就可铜锤换玉带，先允许继承司令，然后以防止奸人捣乱为理由，提出改土司为设治局，他们定无意见。否则藏兵退不下，还会扩大糜烂地方。若鲁大昌乘机出来弹压，则我们适中其计了。杨积庆已经死去，生前是非不必再问，姬从周无论自动或被人利用，总系叛乱行为，自非代表群情，何能谈到革命？将来查实情况，应请政府勒令鲁大昌捕送兰州法办。”田最后同意我的意见。我要求他再派一人同往，他加派了包委员，还有翻译一人，我们一同走到马厂临、卓交界处，被藏兵从卓尼尕吾山顶望见，即有数十骑飞奔下山，截路盘问。翻译不懂卓尼藏民土话，我们另找到一个熟悉当地藏话的商人，转达意思，藏兵头人翻身下马，表示欢迎，引导我们到了卓尼寺。长宪赵希云前来接待，我即宣布政府对藏民的关怀和我们的来意。各头人不断询间田委员来不来？对他们要求继承司令问题，能不能答应？我说：“田委员身体不舒服，三两日就来，你们只要把秩序维持好，他对你们的要求，满保负责。”

第二天赵希云、杨景华护送我们到博峪视察，但见杨积庆灵柩横放在地下尘埃故纸中。我们举行祭奠后，即转至杨一俊家访问，所谈事变经过，和以上所述相同。午后约同杨一俊回到卓尼，通过他和赵希云向各头人及杨氏家属，商谈了几条初步意见：（一）转请省政府允许杨积庆的次子继承洮岷路保安司令，并选派适当参谋长为辅佐人；（二）土司改为设治局，暂由临潭县长兼任局长；（三）设治局经费由省库拨支；（四）藏民一应生活组织、风俗、习惯不变；（五）设治局透过保安司令部办理交通、教育、医药、卫生、公私合资养马等事业，尤以扩充柳林小学、修通各旗道路为先务；（六）转请省政府惩办凶首；（七）藏兵退后四十里驻扎，留一部分担任卓尼警卫。以上拟议，经差送临潭后，田昆山和薛达就来了。

当田昆山到卓尼的那天，各族藏民总管头人、寺院僧官、喇嘛和尚以及居民群众五六百人，聚集在五里长的尕吾山沟等候迎接。寺僧头顶香盘，夹道跪迎；总管头人结队立迎，见田来到时，哭声动地，并高呼要老司令的儿子当司令，杀姬从周、方秉义为老司令报仇等口号。田对这些欢迎的人，点了点头，没下架窝子（骡轿），给群众以不好印象。田亦自觉失当，在我介绍和杨一俊、赵希云见面时，表示歉意，并邀各头目谈话。各头人于会见时，各述心愿，声泪俱下。田安慰一番并表示：“我既由政府里来，当然要为你们负责。”田又通知要看看准备继承司令的小孩子，赵希云说：“孩子现年十三岁，聪明灵秀，是有福气的。因事变那晚受惊得病，送到内地寺院休养，没接回来。”田给这小孩起名叫杨复兴，建议省政府批准杨复兴为洮岷路保安司令，杨一俊为参谋长，薛达兼卓尼设治局长。公文交薛带回临潭差送临夏交邮，守候回音（因鲁大昌派人检查邮电）。薛去后，我们经赵希云介绍探望了寺院管家、堪布及杨氏家属，即移住寺外宋堪布楼房。

不到一周，赵希云忽向我说："鲁大昌已调龚得禄团扎在博峪对岸，听说要掩护姬从周反攻博峪，赶走田委员。另外李识音等在岷县印发侮辱田委员的传单，说什么受贿几万，收我家少爷为干儿继承司令。还有些不懂事的头目，误会我和委员诳他们退兵，让鲁大昌暗来袭击，都要向后撤退，强迫我来问委员有无制止办法。"我即向田把赵的话说了一遍，他失惊地咳了一声说："我原本不想来，你们说一切都妥帖，这可上当不浅。叫藏兵杀了我，太不值得！"我说："我是上谁的当来的？"他便敛容叫进赵希云说："你们这次事变，都知道是鲁大昌作的怪。前两天的计议，应该严密，你们内部如果没人暗通消息，外间何能知道继承司令的话。我来为谁，你们清楚。头人有误会，应该给他们好好解释，他们是否要撵走我？鲁大昌发传单，乃是小事，无中生有，未必人人都信。"我提议现在如何布置安全，他说："我们还有什么安全？"我即向赵希云问他作何打算？有多少藏兵？驻在那里？能不能挡住姬从周的反攻？赵说："我们打算死守卓尼，保护委员安全。原来调了一万门兵，只到四五千人，其余留在路上，紧急时一夜可以集合起来，姬从周就是披上老鲁的虎皮吓人，他只有罗连长编的监犯百十个人，是不怕的，只是我们没指定负责人，不好指挥。"田辨来意思所在，便说："我本来对你们出力的人，准备等省政府公文到来，少司令就职时，发表名义。现在你说谁能负啥责就委派他干。"赵提人名，我写派令：杨景华为第一团团长，赵希云为第二团团长，安绪嗣为第三团团长。赵又提出北山朱利七旗小土官杨麻周打仗拶劲，派为独立营长。并指定赵希云负保卫卓尼全责，杨景华、杨麻周负保卫博峪全责，安绪嗣驻博峪沟两面策应，并防花园后路。

隔了一昼夜，姬从周在鲁军掩护下，由新庄反攻博峪，经藏兵阻击，败走多把桥滩，被杨麻周击毙，方秉义等仍逃回新庄潜伏。鲁军只在对岸观战助威并未开枪，又过了一周省政府回文到来，一切如拟办理。并指明安全问题，已早电鲁师长负责并分电临夏专署相机协助。田即通知杨一俊等择日召集各旗、寺院、总管头人开会，宣布杨复兴就职，他亲往监誓讲话，同时薛达、杨一俊、杨景华、赵希云等依次就职。

事情完了，我们原班人马离开卓尼仍取道临潭返省。行抵半途忽接张国桢差人送信说，雨后道路泥泞，能在卓尼多住几日，再返临潭比较妥善。这时田明知有问题，只好硬着头皮前闯。到临潭南门外，见城上站满军队，不知何故，快进城时，张国桢、薛达才来迎接，问悉军队是参观的。因县府房屋少，我就到小学另住。傍晚全城忽然戒严，行人断绝。夜半忽闻有人来校叩门甚急，校长徐雪卿起视转回说："龚团长亲来叫我告诉你转知田委员，他的部队现要开走，自己注意安全。"我玩味龚的意思，叫我们自动逃走，他好卸责。但两处消息隔绝，路径不熟，一时想不出别的办法。徐校长说："山上西北角有个城门，出去十里路就到藏地，我愿去县府通知田委员换上便衣，赶黎明在县府后门外等候，一同上山出城。"临走时又叹惜说："他那长的胡子怕不好化装！"我随口答："必要时剪过算了。"不料徐出街头，被哨兵拦住，站在檐下淋雨达两小时，撤哨时天已大亮。他见田时忘掉时候迟早只说："龚团长带话叫你自保安全，贾先生叫你刮了胡子等他一同逃跑。"我在学校等候不见回音，便拖泥带水，踩到县府后院，打开门进内看时，田正在背身立站，持刀自刮胡子。我说："这时你刮它做啥？"他说："徐校长来传你的话，叫我刮过，又不对了，为什么胡开玩笑？"我把经过一谈，才知道把话传错了。田又问我现在怎么办？我说："现在跑不成了，只有寻张副官长来，问出实话，再想走的妙计。"不多时候，薛达送走龚团长后与张副官长一同返回，见田剃胡子，非常惊异，问明经过，笑了一阵。田再三追问内情，张说："当我由岷县刚来和你见面时，鲁的心事，急待转圜，我提意见，你不瞅睬。现鲁的三步棋势已走到最后一着了。第一次调动龚团掩护姬从周反攻博峪，想叫你离开卓尼，把事件扩大，就非他莫属。不意弄失败了，姬也死了，其余的人还无处归结。第二次派军法官到新庄，告知陡得海带四十名便衣队暗到卓尼刺杀你和杨大婆。陡向新庄张营长一谈，因你是'中央'派的大员，没有正式命令，事后如何交代，陡遂终止。这次我得消息是等你到新城，先叫龚团开走，另有从旧城新收编的张一连队伍过此驻一两天再开走，我也回去，然后任方秉义变兵进城，要挟你改变卓尼处理方案。你若不允，发生危险，追查责任，与他无干。现在我看张连长若来商量个办法，今晚即送你仍返卓尼，绕道临夏回省，免再发生问题。”

田昆山听罢，即向薛县长借来一千元，交张带去犒劳张连长的部队。张去后不多时回来说：“张连长很客气说他是过境部队，不负地方责任。犒劳费全却不恭，只留二百元，给士兵会一次餐，夜间即开走。”我们听了皆大欢喜，天色将晓，张自带马匹同薛达送我们上山，一直送过新旧城交叉路口约十里，才作别返回。午间，我们又到卓尼寺，赵希云、杨一俊等重来慰问。歇了一夜，杨景华带藏兵二百名护送，经过拉卜楞、临夏等地回省，这时已是11月初间了。

（选自《甘肃文史资料选辑》第四辑，
甘肃人民出版社，1987年7月第2版）

国民党的保甲制度在插岗破产经过

李宗宪

“黑番”四旗（今舟曲县所辖插岗、拱坝、铁坝、博峪）原为卓尼杨土司属地，1937年（民国二十六年）8月，卓尼“博峪事变”中，土司兼洮岷路保安司令杨积庆遭仇戕害。国民党甘肃省政府利用这一有利时机，插手“改土归流”，便成立了“卓尼设治局”（建县过渡）。虽经5年时间的“设治”，然终因土司制度渊源久远，根深蒂固，它在藏区民族宗教守旧习俗传统下，很难在一瞬间适应“革故鼎新”。1943年（民国三十二年），抗日战争日趋严峻，在“国共合作一致抗口”的新形势下，共产党人怀以救国赤诚，积极进行抗日活动，国民党却心存异议，严防共产党。为求肃清藏区，加强控制后方，在“防共反共”的思想主导下，始有编查保甲之议，特别提出“必须肃清共产党组织的地下活动。”故于同年6月14日，国民党甘肃省政府派驻岷县的甘肃第一区行政督察专员兼保安司令公署（后简称岷县专署）在临潭县（今新城乡）召集夏河、卓尼、临潭三县、局行政首脑，讨论保安行政会议，其中即决定：三县局应于8月8日同时分别着手编查各属保甲户口，区划乡、镇辖境。但事不凑巧，卓尼北山与夏河陌务两地突然发生草山纠纷，双方激起火拼，为求处理此案，编查保甲事遂被延缓。同年10月，又由岷县专属主持在黑错（今合作）寺院召开夏、临、卓三县局布置编查保甲会议，并决定于11月初着手进行，斯时卓尼方面又连奉省政府密令，出动查禁迭部（今迭部县）冬根烟苗出土问题，编组保甲一事，又被搁浅。由于笔者斯时掌管设治局民政，其中情况自所熟知，现就追忆所及，兹分段陈述于后，以供赏阅。

一、卓尼全境的乡、镇保甲初步规划

民国三十三年（1944年）二月，卓尼设治局会同洮岷路保安司令部双方在合署办公的基础上，共同商研卓尼全境乡、镇保甲编查会议决定：划编9乡1镇；第一步开展编查洮河流域（亦即所谓山前），划为5乡1镇，即柳林镇与洮南、洮北、录竹、贡坝（今称贡巴）、北山5乡。编查人员由局、部双方临时抽调，分组进行编查。从3月1日至5月初，顺利编查竣事，共为47保，478甲（户口数缺）。5月1日，便在上列各地先后组成了乡、镇公所，各正副乡长、镇长均遴选土司兼司令部团长、长宪（即旗长）和总管任职工作。第二步计划开展编查白龙江流域（亦即所谓山后）的上、下迭部（今迭部县境），又因正值查禁大烟事难兼顾，遂从“黑番”插岗着手编查。插岗特设区署（局的代管机构）辖插岗、铁坝两乡，区长、乡长仍委杨土司公署的“黑番”长宪（俗称府爷）赵国璋兼任；设治局临时指派合作室主任兼建设科长赵文耀以其别字“明轩”充任副乡长，以期协助编查工作（事竣即撤），编查业务当由设治局民政科户籍股长寇德昌及干事魏世兴负责表册制作。

二、赵国璋等进入“黑番”插岗

赵国璋一行6人（包括乡丁2人）于7月中旬乘马离卓，前往“黑番”（此名称由来很早，皆因当地藏族人民无论男女老少，一直喜爱穿着黑色服装，不论上下身内外衣服，头巾全为黑色棉织品缝制而成，故以衣指人曰“黑番”），7月下旬，抵达插岗并进驻拱坝衙门（原系杨土司时代所建），筹备召开四旗总管、头人会议，传达开导此次编查保甲的目的、程序和方法，连续讨论了数日，当时阴山旗总管尹占义，闻听不是滋味，但碍于与赵国璋私人过从较密，不便提出异议，只好勉强接受编查，应付过关。其他与会者，初以种种困难为借口，继则互相推诿不愿意接受编查。至于阴山旗上、下骆驼村（即上、下先锋村，下同）群众，本来对编查保甲也很反感，但又碍于总管尹占义私人情面不便公然拒绝，亦只好勉强听任行之。于是首先从阴山旗上、下骆驼村开始编查，后在挨户钉挂门牌方面，群众更加反感，深恐编过保甲、钉上门牌，国民党政府便可挨户派征粮款，强拉壮丁充当“抗日”炮灰，后患将会无穷，当时纷纷提出：“愿缴门牌费5角（指当时法币）但决不愿钉挂门牌。”旋即给赵国璋等送羊敬酒，以求一免，而赵国璋等肩负国民党“政令”责任重大，未敢允如所请，从此虽引起阴山旗群众的满腹愤怒，但隐忍未发。此情此景早被传播到阳山、铁坝、博峪三旗，一时民怨沸腾，大有一触即发之势。然阴山旗群众毕竟由于民风较为淳朴，故未闹出格斗事件。而阳山旗群众反对编查保甲气焰却日益高涨。赵国璋等在家察觉此种情景之后，立即上书卓尼当局，火速裁夺。如谓：“杨公司令、刘公局长钧鉴：职等到达插岗乡开始工作以来，初则一切顺利无阻，保甲之编制，8天内已编竣阴山全旗。但至8月5日，编查人员一到阳山旗只木舟、阳庄后竟有带头抗编保甲的刁民雪个、君主、丁次力、占义、斜让次力、卓麻次力等，公然集合两村群众，在寺院吃酒盟誓，口口声声要杀害职等及其依附职等的总管、头人，并密派亲信，鼓动力族，进而集合阳山、铁坝、博峪三旗，掀起抗编风潮。其中特别是阳山旗力族庄的刁徒生郎旦主、血色、年旦主、则如等四人，很早以前，就在暗中串联庄民20余户，威逼全庄吃喝血酒，旋即公然拆毁龙主总管（为参加岷县专署会议并代表黑番四旗赴省晋谒谷正伦主席者）房屋19间，赶杀山羊20余只，猪2头，家犬1只，其他箱存衣物及铜、铁家具，粗细粮食一掠而空。拱坝总管光久、刀杰2人闻讯，立即前往现场用良言劝导之后，刁徒等稍似遁迹。职等以事出突然，兼之关系全境治安，更易影响四旗保甲之编查工作，遂将肇事首生郎旦主等四人暂行拘押乡公所；除会同该旗总管、头人派查主谋另案陈报外，谨请备查。”（见“州档”全宗1—3目录2案卷1）

三、抗编保甲怒潮一触即发

“黑番”四旗人民，历来憎恨国民党的保甲连坐制度已经达到无法容忍的地步。赵国璋等环顾四周险情，深恐事出不测，遂立即迁出拱坝衙门，移住于下骆驼村的一座“经堂”里（因藏民对经堂非常珍惜，不敢轻易损毁），以求安全。此时博峪旗第二坎总管杨扎告、河坝村总管金加色两人公然出面，领导抗编保甲，一呼百应，又从博峪旗推出两人，负责调集全旗门兵约300余人，携带步枪50余支，并持火枪、刀、矛，从博峪河出动，强攻骆驼村，开枪追击赵国璋等，双方发生激战，一面又向赵国璋喊话："你是我们'长宪'，可以住在这里，叫设治局的人赶快离开我们'黑番'"。当时赵国璋迫于形势进一步恶化，只好暂行停止编组保甲，临时委派骆驼村一老喇嘛下山，与杨扎告、金加色等进行谈判，以收缓冲之效，然未生任何效果。赵等不得已又向卓尼发出万急电报："万急！阴山莠民煽动全旗于8月6日聚众胁围乡公所。职等势孤力单，退至骆驼庄，急调阴山旗兵把守要道隘口，又调铁坝、博峪两旗可靠兵力于7日与来犯者火力死拼，坚持达4小时，刁民溃散，战场缴获火枪1支、腰刀1把，俘虏1名。我方消耗七九枪弹187发，小开花枪弹59发，手枪弹89发，火药百余斤，战斗效果尚佳。唯旗众中尚有明大义者，一再请求职等给以和平解决，另请速配子弹，以备急用，瑾电祈示。"（见"州档"全宗1－3目录2案卷1）

赵国璋等又考虑到"远水难解近渴"，缓难应急，又向驻武都的甘肃第八区行政督察专员兼保安司令公署（后简称武都专署）孙振邦专员兼司令（孙的别字"醒华"）发出特急呼救函件（有关资料皆误为丁玺）如下："醒公专座钧鉴：敬陈者，职乡编查保甲正在顺利进行之际，突有阳山旗刁民数人，煽动全旗民众于8月6日，武力胁围乡公所，职等因势孤力单，只好暂时退守骆驼庄，并调集三旗亲信民兵。8月7日与刁徒等火力接触，相持数小时，彼辈始不敌溃败，目下情况尚佳。此次受调民兵800余人，均驻守骆驼庄，谅刁风不致再涨。唯查此间与卓城遥远，消息无法通传，现拟好报卓电稿一件附费千元，恳请我公准予迅即拍发，并请暂借七九子弹若干发，可否请交来人带回备用，待事平息，定当归还不误。"（见"州档"1—3目录2案卷1）

赵国璋忧恐上次所发电报简略误事，故又以插民未字第十七号代电继发卓尼设治局："局座刘公钧鉴：前托武都孙专员电报计达，职等于8月3日抵达阳山旗之只木舟庄后，该旗刁民卷主、血个、丁次力、占衣、斜让次力、卓麻次力等6人，暗中煽动全旗民众，阻编保甲。职等闻讯即派总管2人，前往和平开导，该刁徒等不独拒不接受，反将所派1人强行扣留，另1人幸获逃脱，旋于8月6日以300叛众，据守要路隘口，胁围乡公所。职等恐遭其害，即退骆驼庄，传集阳山旗兵300余人以作防御，遂又派遣可靠之总管、头人分赴博峪、铁坝两旗，进行开导，以息乱源。岂料该叛伙等突于8月7日早10时许竟向我方发射排枪，大肆袭击，我等当以还击相持数小时，刁徒等始不支溃散，当日职又派亲信旗民，分赴阳山旗各村，进行宣慰，以分良莠，回报尚有一般深明大义者向职等请求和平解决此次抗编事件。目前我方集驻骆驼庄的各旗民兵约800余人，刁风谅不至再涨，唯请我公急速设法补充弹药，或速电武都孙专员暂借若干，以备急需。再查此次抗编事件中，肯见义勇为协助职等调兵最力者，计有阴山旗总管扎什旦主、扎什等，拟请事毕应予传令嘉奖，以资鼓励，以后情况如何发展，另文再报。”（见“州档”全宗1—8目录2案卷1）

同时赵国璋又以洮岷路保安司令部骑兵三团副团长名义发出布告，内谓：“这次本副团长奉了司令的命令到黑番来，没有别的事情，就是编查保甲。为什么要编查保甲呢？就是恐怕土匪坏人、日本人的汉奸到我们这里，我们这里的坏人把他们藏起来不易调查，所以我们要把四旗的百姓一家一户地写在纸上，就是有坏人或者土匪藏在谁家，也就容易查出来，所以我们要编保甲。并不是编了保甲以后向你们要粮要款，抓壮丁，绝没有这种事情。本副团长在你们黑番已经当了七八年的‘长宪’，对你们做的、说的，谅你们能信得过吧？本副团长这一次来，绝对给你们不做坏事，你们有啥难心，我总要想办法呈请司令替你们解决困难。希望你们大家想一想阳山旗百姓这次闹的事情，并不是大家愿意闹，就是其中一两个不懂理的人挑起来的。现在事情虽然已经闹下来了，可是也没多大关系，人哪里没有错的呢？现在希望你们再不要害怕，个人去做个人的庄稼，也不要再听不懂道理的人的话。本副团长绝对是爱护你们大家的，你们大家万一不相信我的话，现在有许多总管、头人可以向你们担保，切切此布。”（见“州档”全宗1—3目录2案卷1）

四、武都专署对赵等呼救之消极反应

当甘肃第八区专员兼司令孙振邦接到赵国璋等8月8日急信呼援之后，当将“黑番”插岗四旗抗编保甲闹事情况，分别电转岷县甘肃第一区兼司令张仰文、甘肃省政府主席谷正伦，并复赵国璋等静候使命。卓尼设治局长刘修月也恰在这个时候即将赵国璋等遭遇情况连电省、专两级，发出紧急呼吁，可惜均未得到明显效果。率众抗编保甲之首脑金加色等仍在继续强攻赵国璋等驻地——上骆驼庄，赵等时感力不能支，恐遭意外，仅带贴身亲随，慌忙躲进附近拉布山密林藏身，阴山旗总管尹占义因有首先接受编查保甲并供给赵国璋等食宿之嫌，同样受到反抗者的切齿痛恨。因此，也只好跟随赵国璋等同入松林避险匿藏。

在这一次激战中，由于旗内个别人不慎，走火打死博峪旗一名同伙，又在骆驼庄误毙一名毡匠，这两件不幸事件的发生，更加激起了民愤，致使反抗旗众遂索性放火焚烧了阴山旗总管尹占义的屋舍，并将两名误毙死者的尸体投入尹占义屋舍的火海中，权作火葬。赵国璋等逃跑时所遗保甲户口册籍，也被一并投入烈火。反抗者看目的已经达到，便赶走尹占义牛16头作为战利品凯旋，战火至此暂告一段落。

恰好在这个时候，赵国璋等接到上、下大年、力族庄四名头人的书面报告，内云：“报告人是阳山旗上、下大年、力族三庄头人，农历六月十六日晚间，力族庄来这里（指上、下大年）传旗下3次，按先主、桑九喇嘛、甘九等言说：‘团长（指赵国璋）各总管、头人都在力族庄等候，让各带武器前来，倘有一人不到，罚银50两。’民等四人将三庄百姓传齐带至力族庄时，并不见团长（即赵国璋）及各头人之面，谅定有不太吉祥之事，我们将要带众回去，突然被上四庄众人手执刀枪将我等四面围定，不准动弹，民四头人好言相劝无效，并被扣押，到下午众人推说回家取干粮（食品），才得放回，倘右公家有大事，望团长速来公事，民众等绝不敢违抗，云云。”（见“州档”全宗1—3目录2案卷1）。赵国璋等看罢这件报告之后，更感事端错综复杂，首尾将难兼顾，下一步应该如何走法？可谓捉襟见肘，惶惶不可终日。

五、“黑番”人民反抗声势此伏彼起

8月12日，博峪旗群众的抗编形势，犹如烈火燎原，愈演愈烈，立迫赵国璋等进退维谷，无地安身，情颇无奈，又以插民未字第十九号快邮代电呼吁卓尼设治局电云：“阳山旗抗编暴动案，请按该旗各村民众推派代表请求给予从宽处理，并保证今后绝对服从政府一切法令，接受继续编查保甲。似不存在其他问题，但还不敢过信。唯查博峪旗民兵自职等因事传调迄今均未到一人，又派一老诚旗众前往再调，去后仍无消息，正疑虑间，突于8月13日，博峪旗总管、头人送来函报‘……我旗全体民众，皆以编查保甲钉挂户口门牌为不然，故兵传集不起，更不愿前来你处，若依旧制（土司制度），粮、款照旧完纳不误，甚至当场表示有责罚我等之可能，我等实无法奈何，敬请“长宪”裁夺。’目前阳山旗抗编问题，虽云已经和平解决，独博峪大有蠢蠢欲动之势，值此一波未平一波又起之今日，究应如何对待，请电核示。”（见“州档”全宗1—3目录2案卷1）

赵国璋等处此内外交困、四面楚歌之际，又施展其分化瓦解手法，针对上、下大年、靛坪各庄群众，哀哀发出劝“谕”，词云：“上、下大年，缠坪庄众什人知悉：这次阳山、只木舟两庄一二不懂理的人，捣乱编查保甲的事情，绝对与你等庄众没关系，再你们今天派头人到我这里来，我非常喜欢和高兴，你们也不要害怕，希望对大家说，好好收获庄稼，做好事、活好人，这是我的一片老实话，望你们照着去做，云云。”（见“州档”全宗1—3目录2案卷1）。此不过是赵国璋的千虑一得，自我解嘲而已，有谁还肯听你此话，上你此当？何况博峪旗金加色所率门兵仍在波浪式的起伏之中，爆发即在眉睫之间。

六、赵国璋等逃奔两水镇之凄凉状况

8月14日，武都专署孙专员转来卓尼刘修月局长未元急电，谓云：“赵乡长国璋：密鱼函灰电均悉，此间已电请武都孙专员派队剿办，如能和平解决更佳，并随时秉承孙专员指示一切。所消耗弹药允后补充。”

（见“州档”全宗1—3目录案卷1）。但恨为时晚矣。赵国璋等遭到金加色所率博峪旗造反门从尖道、坎坎坝（仅距上骆驼村三里）一带的猛力袭击下，好似风卷残叶般的连夜逃离“黑番”境界，遁往武都两水镇躲避，其景况详见他8月15日发往卓尼代电云：“局座钧鉴：阳山旗事件有幸得到和平解决，保甲编查工作，亦得顺利完成。铁坝旗亦于8月13日编组完竣。原计划于二三日内前往博峪旗着手编查，但在阳山旗事件发生之际，博峪旗门兵始终未被调到，职等当时即怀疑可能有不良迹象，但未得到任何消息。果然突于8月13日晚7时许，博峪全旗以400余人之众，携带快枪40余支、火枪300余支，偷袭尖道、坎坎坝，来势异常凶猛。14日拂晓，便向我方发起猛烈攻击，职等驻地当时仅有民兵百余，仓皇选居险要地形，奋起迎战，坚持到下午2时许，我方已弹尽援绝，对方又攻势凶猛，终将职等及亲信总管头人先后冲散，马匹、文卷、衣物概被劫掠一空，职等同行8人，除乡丁魏世兴当地阵亡之外，其余各携枪支，星夜逃生，当晚12时，始抵武都两水镇。沿途遭遇，坎坷备尝。现打算暂行投靠武都孙专员，如果马上从此直返卓尼，路途非常遥远，兼之职等手无分文余资，亦难成行。叩恳迅予设法救助，否则除非困死，别无二路。”

再查此次博峪旗敢于逞凶暴动，原有很大背景（即金加色等之策划），若不火速以武力扫荡，确难收到“黑番”四旗全境之就范与驯服。若昨日午夜所获之确切消息：“博峪旗现已强征其他三旗门兵，并作出有计划、有步骤之叛逆决定。（一）现追杀政府派来之工作人员及各旗倾向政府之总管、头人并抄其家；（二）强迫三旗人民每户压买快枪一支及足够弹药限一月内一律买齐，以备抗拒官兵；（三）南坪、黑河一带居民逐年种植大烟，得利匪浅，独我‘黑番’既受限制，又遭蹂躏，现趁有利时机（即大烟正值培育冬根之际），一律开种大烟不可错过。似次景况，国法安在？政府若再不武力彻底剿办，一任助长气焰，不但政府威望即失，日后政令将如何贯彻？今为一劳永逸计，应速调集大军（火力最足者有两连人，再率以番兵即可），扫涤巢穴，彻底剿办。到时职等可作向导，虽死不辞，胜迫切待命之至（今后如来指示请由武都专署转交）。”（见“州档”全宗1—8目录2案卷1）。

至此，赵国璋等原来一行8人除缺1人亡命而外，其余7人惶惶如丧家之犬，拼命于8月14日彻夜逃离骆驼庄投奔武都专署，匍匐乞求孙振邦专员收留寄生。但孙以事不关己，兼系邻区争端，无意立即派兵出兵；又因碍于同僚（即张仰文专员及刘修月局长）关系，不好完全拒绝，遂面谕赵国璋等："准其代达文县县长（武都专区辖属）某，立即选派住博峪河客民姬国栋（帮会大爷头子，博峪旗民非常崇拜），先行前往进行宣抚，若叛众坚不归附就范，再行军事制裁"等语。赵国璋聆听之后，深感缓不应急，故而非常失望，旋于8月16日致电卓尼刘修月局长，电文云："职等先日抵武，奉孙专员面谕：已电饬文县县长派员前往博峪开导宣抚，若不就范，再以军事制裁。云云。"（见"州档"全宗1—3目录2案卷1）

8月17日，赵国璋等连电卓尼刘修月局长，以"武都孙专员不予立即派兵征剿，似有辖属界域疑虑，为此恳电岷县张专员（仰文）让孙专员（振邦）切取联系，速即出兵，而野火燎原，愈烧愈旺。"（见"州档"全宗1—3目录2案卷1）

去电多日，仍无丝毫动静，赵国璋等急不可待，又于8月19日电致卓尼刘修月局长，电文云："皓倾向政府之总管、头人所派代表2人，连夜抵达武都面称：'博峪旗叛众于8月14日早8时攻陷上、下骆驼，勒迫村民交出职等2人以及历受政府恩遇之总管头人，方可退兵。'该庄众由于无人可交，遂将扎什旦主（总管）亲戚血色、血因等家房屋放火焚燃尽净，并将上、下骆驼两庄抢掠一空，此皆为职等引招于两庄之惨祸，复查此次博峪旗起事之首恶，即总管大次力，第二坎扎告、河坝金加色、朱日郎总管窘主，阴山旗参加者计有扎什、四斤半、加次主、鸵恼堪主，上述8人皆为罪魁。今后若不处以极刑，政府命令则永无推行之希望。除将该代表等原呈另行转赍外；再请迅电岷县张专员及武都孙专员，仍以火速发兵博峪旗施行剿办，方为上策，如再延缓，自必祸延'黑番'全境。刻下孙转喻立代张专员来电表示。如此电一到，即可出兵（附代表等原呈二件）。"（见"州档"全宗1—3目录2案卷1）

值此刘修月局长先后连接赵国璋等告急文电之后，事态发展当属至急，然文官谈兵，甚感无能为力，只有依样画葫芦，接连向甘肃省政府回报事态发展；转而又向岷县、武都张、孙两专员速求果断进"剿"，舍此而外，再无有效良方。赵国璋等在急不可待之余，逐以骄横措辞用十万火急发电卓尼，文云："迭经电陈，迄未奉示，使人焦急莫解。梗日接报：'黑番'全境业已完全响应金加色等之叛逆鼓动，扬言准备以昔日对付故土司杨作霖之手段。群起大乱，果如此，将对一贯顺从政府之总管、头人连带匪浅，究应如何？能否火速电示？"（见"州档"全宗1－3目录案卷1）

赵国璋、寇德昌一行7人自逃离险域，匆匆8天，日虽焦思苦虑，一筹莫展，正在怨恨"早知今日，何必当初"之际，又于8月22日接读铁坝旗总管赵进德、工目次力二人密遣信使呈述："自你们走后来信所托之事，小人就去上骆驼庄探听消息，你们的马匹衣物都在寺上。博峪旗反抗者们，早已收兵退去了，看近来的样子，铁坝旗又有复起反叛的迹象，但其中一半人还心神不定（如总头人尤旦主等）。再有阴寨族、冬折族、天干族（云主）、仁吾族、吓周族（念九）五庄，则应半庄，成天调集门兵。原来王家山提面、言垫、铁坝庄都其代、阴寨族沙过五位老民还能给我们时刻探送消息，现在他们也不敢显面见人了，看来我们不但有家难归，现在藏在森林中也难以保险了。看样子再过几天，四旗情形更会大变，到那时我们也只好逃武都城躲避了。"（见"州档"全宗1—3目录2案卷1）

从各方情况看，在此次编查保甲之初，首先由阳山旗群众滋生反抗烈火，如今已扩散到整个"黑番"四旗，而且此伏彼起，接连不断。看来赵国璋等所能得到的消息，除"四面楚歌"之外，别无其他"福音"。特别使他们最感伤心的，惶惶如丧家之犬和寄人篱下苦度时光之惨景，主子们似乎置若罔闻！正在痛苦无告，悲愤交集之间，武都孙专员译转卓尼刘修月局长急电："'黑番'博峪旗叛番袭击，殊堪痛恨！除电请省主席、张专员外，并请孙专员就近派队剿办，以遏乱源。至于你等所需已电请孙专员给予接济，由本局汇还。"（见"州档"全宗1—3目录2案卷1）与此同时，卓尼刘修月局长体贴到赵等艰辛，为了尽量安慰他们，克制忍耐，又用代电致达其意。代电谓："圭卿（赵国璋别字）、明轩（赵文耀别字）、德昌同志均鉴：博峪河叛番如此凶猛，目无法纪，令人痛恨！同志等艰苦备尝，余亦居心不安，但已早电谷主席及孙专员，并请求孙专员就近派兵剿办。同志等应将'黑番'情形，需用多少兵力及进兵路线密报孙公，如允出兵，同志等仍作向导，努力剿平。兹由省银行汇来国币5000

元，请查收应用。孙专员如何处置，仍望随时函告，此颂近佳。”（见“州档”全宗1—3目录2案卷1）

8月22日，赵国璋等接读此函之后，并无丝毫快意，但灰心丧气之阴云，依然笼罩四周，例如他等在互相交谈中怨言百出，“纸上谈兵”“远水难解近渴”“近邻（武都）坐观成败”“早知今日，何必当初”等怨恨言辞，时时溢于口头。而“黑番”四旗群众的反抗气焰，日益高涨，继续蔓延。

8月28日，赵国璋又接卓尼刘修月局长来函，内云：“圭卿、明轩、德昌三同志均鉴：这次函电暨汇款5000元，谅已收到。兹将今日情况分述如下：（一）余已五次电请省主席、张专员电请孙专员派兵剿办，并请张专员亲临解决，今日已奉张专员函示，他将不日动身；（二）已电孙专员派员协剿并电省转饬孙专员应不分界域，迅速剿办，以免蔓延扩大；（三）张专员将于日内率队亲往彻查解决。余想孙专员接电后当令派兵临境，请同志等亲作向导，切实剿平。兹商心泉（赵国璋之父）先生略备礼物并筹国币6000元，以1000元郭、王（赵国璋之通讯员）2人路费，以5000元为同志等应用，前方情况随时函告。迭部铲烟已大获全胜，打死叠番11人，生擒1人，立即枪决。现上、下迭部烟犯全部就范，日内可以解决，余已电请杨司令由下迭部率兵进拱坝，唯恐士兵出征太久，草粮不济，需有相当准备再进也。但有孙公出兵、张公亲临、杨司令来与不来，想无关系，特此达知，即颂捷安”（见“州档”全宗1—8目录2案卷1）。赵国璋等接读此函之后，精神顿觉为之一振，当就力所能及之联络人员（四旗可靠之总管头人），互通情报，一面积极重整行装，大有枕戈待旦之势，一面修函卓尼报告近况。如：“局座均鉴：孙专员所转电报今日收到，孙亦当即电达岷县张专员，俟张回电后即可出兵，着职等静后待命，故仍祈电请张专员速电孙专员出兵，愈速愈妙，倘再延时日，深恐不易征剿。来卓乡丁郭永泰如未启程，请将前阳山及博峪事件中所耗子弹237发交郭带来，以便归还武都专署。”（见“州档”全宗1—3目录2案卷1）

七、赵国璋等之前景既明且暗

8月28日，岷县专署指派视察严明并携带张仰文专员手谕，抵达武都，对此次“黑番”事件起因抱有怀疑态度，除抗编保甲一节，自愿属公认事实，但期间是否另有他故？（即因借机敲诈勒索番民逼起事端），严肃询问了赵国璋等的一言一行，赵国璋当将进入“黑番”工作经过及其事件发生、演变过程如实作了汇报，严视察根据赵国璋汇报向张专员做了陈述，文内有：“职抵武后即会同赵国璋乡长请示孙专员，孙当时谓‘姬国栋曾往插岗先行宣抚，尚无消息。’现奉孙专员明确面谕：‘事属一区（即岷县专区〉，应由钧座主持，较为妥善。如拨兵进剿此间则极力相助，谨凭宣抚之功，恐难奏效。’……云云，究应如何处理？祈即电示。叩艳。”（见“州档”全宗1—3目录2案卷1）

赵国璋等自思自想因公受累之苦，不独未能解除，反而引起张仰文专员怀疑有“敲诈番民”之嫌，于是在精神上又增添了一大压力。赵等值此忧忿交加、无法解脱之际，又接卓尼刘修月局长来电：“密养两电悉。（一）已由省银行汇来5000元济用；（二）已分电省谷主席、张专员请孙专员派队进剿；（三）接张专员函后又分电谷主席及孙专员就近派队进剿，必要时张专员将亲率机炮队来武；（四）专署严视察来武，希与切取联系商办；（五）对博峪旗客民希尽量利用宣布良民以减叛民之势，情况随时电告、卓门未感。”（见“州档”全宗1－3目录2案卷1）

赵国璋与赵明轩正在苦虑寇德昌与吴尕长毛儿生命安危之际（寇与吴曾于8月27日密往乱区侦查情况），忽然接到寇等8月29日送来报告，内谓：“昨日弟等到达两水镇时，遇见交交喇嘛言：力族、阳庄、只木舟等四周日夜有人把守要道隘口；瓜子沟、下猴子两处，行人照常畅通。又闻28日博峪族众抵达拱坝旗并集聚四旗门兵，开赴铁坝旗，抢掠赵进德总管家财，弟等今（29日）日暗达力族应；探悉我等马匹尚在拱坝衙门，但无人敢往牵回，有待乘视再办。”（见“州档”全宗1－3目录2案卷1）

8月31日，卓尼刘修月局长发来电云：“郭！王已到，详情已悉，杨司令远在迭部，缓不济急，又电呈省主席及张专员请孙专员就近派队剿

办，俟杨司令返防即率警卫连及番兵入‘黑番’四旗常驻办理善后。卓门未俭。”（见“州档”全宗1—3目录2案卷1）

八、压力愈大反抗力愈强

在此往返文电千篇一律的烦琐之中，赵国璋等已整整熬过了半月，各级当政者仍似乎无动于衷，赵等自感大伤脑筋。“黑番”四旗闹事群众则愈加趾高气扬，不可一世，他们度定当局鞭长莫及。于此默默无闻之间，张仰文专员突于8月31日亲率甘肃省保安第二团团长王泽勉所部，赶到武都陈家坝，派人将赵国璋、赵明轩、寇德昌从武都专署召回，经过详细征询及精密策划之后，将保二团士兵立即开进阴山旗，旋又找来阳山旗只木舟庄总管邱万成、头人潘江江，充作带路向导，于9月1日，兵分两路，便怀以必胜信念，共同从陈家坝向力族庄纵深进展，然后一路由潘江江作向导沿小路翻越博峪山［力族山］，从北面向力族庄进攻，另一路用大队人马由邱万成作向导，张仰文专员亲自指挥，翻越咸四汉山，从缠坪村与力族庄中间的山谷袭来，准备根据地形地貌，部署兵力，实想着一举全歼阴山旗的骆驼、拱坝闹事群众。当日下午3点左右，张仰文等的进剿风声很快传遍力族全村，而反抗群众亦由于时刻警惕防范，从未懈怠，故闻讯便放下农活，迅速携带武器，分头进入阵地埋伏袭击。从村西进犯的保二团尖兵，首先遭到埋伏在森林里的力族村众猛烈阻击，加之滚木、礌石，双管齐下，张仰文专员见势不妙，便仓皇弃马躲避，当时乘马立被礌石击毙，张专员头上的帽子亦被厉风吹落。此役“黑番”四旗门兵近千人，手持枪刀，四面层层包围，将保二团人马大有一口吞没之势，然保二团士兵立即开枪突围，双方火力异常猛烈，“黑番”旗众终以武器不敌，遂被击退。

9月2日，张仰文专员惊恐又恼怒，思想非常矛盾。他所惊恐的是对反抗者之所顽强估计不足；所恼怒的是国家“养兵千日，用兵一时”，没料到保二团士兵之战斗素质如此之差。于是愠怒满面，大发雷霆，喝令保二团长王泽勉，兵分西、北两面合力夹击，形势非常严峻，立迫力族村男女老幼700余人逃离家园，躲在村东深山旷野之中，幸免于难。下午7时，张仰文毅然下令焚毁力族村民房，并抬搬村民家中大小木柜垒集村口要道，构筑防御工事。邱万成与潘江江一看形势愈来愈僵，深恐日后旗众找他俩算账，便趁黑夜偷偷溜走，行至中途潘江江仍被旗众捕杀，邱万成亦被旗众捉获处死在只木舟。

9月3日清晨，张仰文又下令保二团士兵搜索力族村东一片林带，发觉有人咳嗽，旗民开铁地布当场即被击毙。白占义离此地不远发现保二团士兵持枪朝他闯来，不及防身后亦被一刀砍死。杨卷依的母亲杨龙主因被保二团士兵拷问村众躲避地点而不作答，竟被活活打死。

保二团搜山士兵旋割下白占义、开铁地布、杨龙主3颗人头，凯旋回归复命，张仰文又令将人头悬挂示众，原想起到震慑作用，效果却恰巧相反。进一步又触起“黑番”四旗群众的无比义愤，他们既采取断绝水源，用快枪、火枪、大刀、长矛对保二团连续袭击了两天两夜，直至9月6日（农历七月十九日），一夜滂沱大雨，围困力族的四旗门兵暂行撤离避雨。张仰文已感粮绝弹尽，亦趁雨夜仓皇撤离，于9月7日凌晨全部退至陈家坝。就在退出力族之前，保二团士兵大肆劫掠，力族人民遭受了空前浩劫。博峪旗金加色进村见此惨状，立即号召大伙，互相帮助，并安葬了被害者的尸体，复仇之心，耿耿于怀。

9月8日，赵国璋、赵明轩等自尾随张仰文撤离力族寄住陈家坝之后，即将具体对峙情况电告卓尼刘修月局长，得到回答：“报告悉。仰随时秉承张专员意志处理一切，不得稍忽为要，卓秘申筱印。”

九、孙振邦之嘲弄导致刘修月之惊恐

武都专员孙振邦闻听张仰文被“黑番”反抗者击溃逃往陈家坝消息之后，似乎有幸灾乐祸之寓意，便以嘲讽言辞发出议论，如说：“张专员没本事，他就不会办‘番案’，多丢人哪！”张仰文本来怀着满腹牢骚，又听到孙振邦的讽刺、挖苦，气愤、羞愧无地自容。历来国民党官员常用的伎俩就是“同级者互不服气，上级欺凌下级”。于是想出使气办法，只有转手痛斥卓尼设治局刘修月局长：“插岗抗编保甲，抵抗国军之行为，完全要你设治局承担责任。”刘修月一接张仰文的申斥电文，精神顿时紧张起来，因为觉察到自己辖属不羁，导致冒犯上级，其罪不轻，便才立即传遣信使，星夜驰往迭部转告杨复兴司令，杨在迭部对插岗闹事虽有所闻，但由于事不关己，漠然置之。时值杨复兴司令率军行抵电尕寺（今迭部县址），“黑番”插岗四旗群众所派三位代表亦来此向杨复兴司令禀报：“赵府爷即（国璋）引着张专员在我‘黑番’四旗编查保甲，我们因为没有您的口话，就没让编，还和他们开火打了一仗，现在到底应该咋办？”杨复兴司令一方面阅读了刘修月的来信，又听了“黑番”三位代表的面报，自感事关重大，再不能坐视不理，顺便指派贴身勤务员郑东至成，日夜兼程驰往“黑番”肇事地点详查情况。郑从“黑番”回来将起事缘由汇报以后，准备派员前往收拾乱局，处理善后。当时三个团长（杨景华、雷兆祥、安绪嗣）皆认为情况复杂，责任重大，不好处理，遂互相推诿，但又想到参谋长刘济清原在天水专区工作期间，张仰文时任天水县长，他俩平时过从较密，堪负斯任。于是杨复兴司令便决定指派刘济清随带书记官吴国屏以杨复兴代表身份，登程前往“黑番”插岗。

十、刘济清与吴国屏调处插岗抗编保甲事件之经过

刘、吴2人于9月17日只率一班警卫人员从迭部直抵“黑番”插岗，当地沿途群众男女老少聚集数千人，竭诚以民族宗教礼节，煨桑、鸣炮、敬酒、叩头表示迎接，然后挺进拱坝衙门，群众分头筹办食宿，表示非常亲热。

9月20日，刘济清即派随从副官周数德持函前往武都陈家坝，便将刘、吴奉派来“黑番”插岗情况禀告张仰文，张仰文接读刘函之后，便于9月22日第二次又率保二团全部人马300余人，由陈家坝整队返回力族村。刘济清带领卡子村老总管，拱坝村总管光九、刀杰，坎坎村总管加喜，礼节性的首先接见了张仰文，然后由卡子村老总管（70余岁）向张乞求说：“张专员，我们素不相识，现在我们的上司派的人来了，专员有话尽管和他们说说，然后由他们再给我们藏民传达。”张仰文当时也答应了这个意见，并说：“让我想想。”但满面怒容非常明显，看来还无成熟意见，刘等稍事寒暄之后，仍回拱坝衙门。第二天（9月23日）张仰文从力族又移

驻上、下骆驼村，当时阴山、阳山、博峪三旗共集门兵近1000余人，盘踞卡子沟松林一带，位置正好与下骆驼村相对峙；铁坝旗门兵又聚集在阿木族一带，正准备与张仰文的保二团接火，形势非常严峻，大有一触即发之势。

刘济清二次又去下骆驼村晋谒张仰文。张问刘："你来时带了多少人马？"刘济清回答："只带了10个人。"张又问："我率一团人叫藏兵险些将我打死，你带10个人却为什么安然无恙？你们杨司令这不是勾通藏兵专来打我吗？"又说："看来现在我们非打仗不可了，我命令你调集藏兵1000人与保二团合力共歼反叛。"当时张便又下谕给赵国璋："赵乡长迅速调集阴山、阳山两旗壮丁携带快枪、火枪速到上骆驼集合，归周团附编练指挥，勿延为要！此谕。"这完全是张仰文给刘济清用的下马威。但刘济清却不以为意，反用缓和语气，劝谏张仰文，他说："您不了解卓尼藏区情况，藏民因循守旧的观念相当严重，如一定要强制编查和推行保甲制度极易引起他们的疑虑，故而产生武力反抗。因为卓尼杨土司世袭统治了数百年，藏民也习惯了他们的土司制度，但杨土司也受上级管辖，不过这些上级官员又不是世袭，两三年必然来往调动，而杨土司则永远不会离开卓尼；因此，藏民把汉官比作'流水'，把杨土司比作'石头'，这说明水易流逝，而石头常存。您虽然是杨复兴的上级，但藏民却敢和您相拼，就是不敢惹杨复兴，如果惹了杨复兴，就是永世的麻烦。我本人虽然也是汉民，但是是杨复兴的部属官员，在藏民眼里要比您亲领千军万马看得重，依我之见藏兵也不必调，仗也用不着再打，把杨复兴比作藏民的父亲，您管着杨复兴那就如同藏民的阿爷一样，既然孙子们得罪了阿爷，就叫孙子向阿爷赔情认错不就行了吗？假如您一定硬要打仗，事情就会越闹越大，到那时'黑番'插岗藏民全部迁逃四川松潘、南坪不再返回来当甘肃百姓，您专员究将如何追剿？又将如何向省上交差？过去卓尼北山事件的经验教训，想您也是听说过的，应该引以为戒。"刘济清在谈毕这席忠言谏语之后，打算婉言辞出，而张仰文仍闭目沉思不表态度，剿欤！抚欤！尚在徘徊。但张仰文若有所获地突然向刘济清发问："那么藏民为什么要打仗？"刘回答："因怕您要编查保甲，杨复兴是您的下级不敢违抗，他们只好摒弃一切起来反抗，如果您坚持要编保甲，他们就只好再不当杨复兴的百姓，逃离这里，何去何从请您斟酌！”

9月24日，刘济清又去参见张仰文，一如既往仍以赤诚向张谏陈：“专员，昨天我向您的建议不知您想通了没有？假若您一定要和藏民打仗，确实我是不同意的，因为我们处处要为民众做主。过去卓尼北山事件中要抓麻周，未动一枪一弹，事件平息（抓麻周这是采用了刘济清的高超手腕而成功的），专员一定要剿办藏民，他们确实也不怕您，您看现在藏兵数千人已集聚在深山老林中，他正在准备和您拼一死活，只要您不用武力，藏民不但会向您赔情认错，叩头道歉，就是已经调集起来的门兵也可以遣散回去。我说的话藏民当然不会全听，可是现在卓尼杨司令的书记官吴国屏在此，他是卓尼本土人，又是杨司令的亲信，也熟悉‘黑番’插岗一带的风土人情，他说话藏民一定肯听，这是一个关键所在，何去何从？现在就请您和保二团王团长（泽勉）从速研究决定。”在刘济清诚肯陈述了上项道理之后，王泽勉团长虽未启齿，但以他的神情流露默示刘的理由即通情又达理，应该采取。然张仰文面色仍带愠怒但并不作声，似乎怀着“不剿不快人心，若剿又恐大乱”，表现出左右为难的样子。刘济清见此状况，只好暂行辞出，徐步返回自己住处。

十一、张仰文的六个“必须”条件五个失败

9月25日早餐毕，刘济清离开拱坝衙门，第四次又来张仰文驻处，进门即见张与王泽勉团长同榻叙话，刘一落座即问：“专员同王团长研究好了没有？”张回答：“现在我提出六个条件：（1）必须交出肇事祸首；（2）必须接受编查保甲；（3）必须设立乡公所；（4）必须修通只木舟、力族一带的道路；（5）必须开设学校；（6）必须罚款认错。”刘济清当即将此六个“必须”条件，带回拱坝衙门和吴国屏作了详细的研讨，并由吴前往卡子村向各旗总管、头人做了传达，首先博峪旗第二坎总管杨扎告说：“我们已经闯下大祸了！您（指吴）来了就好得很。”吴国屏接着说：“你们这次把事情弄坏了！司令很担心。”杨扎告又说：“现在他们（指赵国璋等）硬要给我们编保甲、钉门牌，我们不接受，他们便动手打。要打我们就打到底，完全也可以把他们打败，不然我们全部‘黑番’

搬进四川松潘、南坪住，有何不可？”吴国屏接过话头又说：“这次专员带来一个团你们要打，下次再带来一个师你们咋办？北山事件的教训你们何不吸取？”接着吴国屏就将杨复兴司令派参谋长刘济清和他前来处理此事的命令，拿出交给杨扎告让他的随从文书当场念了一遍，使其告全旗门兵。总管和在场的门兵们一致面向吴说：“您是我们司令的书记官，就是不拿派令我们还是信得过的。”吴国屏说：“张专员本来这次非与‘黑番’插岗打仗不可，经过我和刘参谋长代表你们向张专员求情，达成了六条协议，如果你们接受这六条协议，事情就会和平结束，不然恐怕结束不了。”吴当即将六条协议向在场群众宣读了一遍，群众听后只承应罚款认错这一条，其余五条概不接受。总管杨扎告又表示：“编查保甲我们坚决不接受，交出祸首办不到。学校也不开办，我们世世代代的人没念书还是活过来了。只木舟、骆驼村的路也不修，乡公所也不让建立，有拱坝衙门啥事没办成？至于罚款认错我们还可以商量。”吴国屏又按理说出厉害并加以耐心解释，然后提出他个人意见：“关于编查保甲问题，按情呈请上级想变通办法解决，不交肇事‘祸首’我想也能过得去，我看学校应该建立，这是为了教育后代是好事而不是坏事。修路问题不大，我们可以瞒上不瞒下。如今路虽未修，张专员的队伍也走进来了。”总管杨扎告唯恐还不明确，遂当众又重复地说：“保甲绝对不编。肇事祸首坚决不交，其余的你和刘参谋长看着办吧！能承担的你们就承担了，可是你们给张专员千万不要讲实话，只说除接受罚款认错，其余都不接受，要打便打，万一打起来了，希望你和司令部派来的人与张专员的那几位老总管向张专员认错道歉。我们参加带过兵打过仗的总管和头人一个都不能去。”他们和吴国屏这番交谈，等于初步达成了共识。在吴回到拱坝衙门与刘济清交换意见之后，刘便匆匆又向张仰文作了汇报，返回之后，刘要吴把昨天他与卡子村总管头人协商经过向张仰文再亲自汇报一次。于是吴国屏带了两个卫士去见张专员。吴国屏万没想到这次张专员和王团长对他表示非常客气，并让座倒茶，连声说：“不要害怕。”接着张向吴提问：“请你将和他们谈判的经过给我详细谈谈如何？”吴国屏回答的还是那句话：“除了接受罚款认错一条以外其余概不接受，万一专员要打，就叫我们与专员带领的人分开。”群众还说：“起初他们对专员没得认识，现在才知道专员是管我们司令的，因此我们搞错了，因为杨司令是我们的‘老子’，专员应该是我们的‘阿爷’。如今‘孙子’们对‘阿爷’有冒犯，那就让‘孙子’的‘老子’向专员‘阿爷’赔罪道歉，目前我们司令‘老子’不在这边，就让刘参谋长代表司令‘老子’向专员‘阿爷’赔罪认错。”这时张仰文越听越笑，满腹沉闷霎时消逝，遂自言自语地说：“这些番子的脑子实在太幼稚了，但拿起对比例子，但也觉得既可亲又可怜。”于是顺手拿了望远镜和王团长、吴国屏三人上房朝林边望去，这时博峪等三旗已集结起千余门兵，驻扎卡子沟森林一带，威胁着张仰文驻地上、下骆驼村。张问吴：“这些都是哪个旗的？”吴答：“是博峪等三旗的。”张又问：“铁坝旗的门兵距这里不远，是否准备两面夹击我们？”当时王泽勉团长因早怀决战情绪便紧接着说：“这个地带根本不是作战的地方，障碍物太大，地形地貌又极复杂，等你一发现敌情就已经出现在眼前了，如欲取胜真难啊！”三人看了外面情况，下房回屋，张对吴以征求意见的口吻说：“那你们看该怎么办才好呢？”吴国屏对答：“目前尚在抗战时期，为了考虑后方安稳，地方免遭劫难，按照处理卓尼北山事件的成规，可否转‘剿’为‘抚’，尚请专员慎重考虑，然后指示执行。”张仰文对吴国屏这个建议颇感称心，于是很和善地对吴说：“听你的谈话还很老实，回去后可请你们的刘参谋长到这里来，我好再作决定，就这样吧！”吴国屏回到拱坝衙门便对刘济清说：“张专员又要叫您来和他面淡。”刘济清立即又去见张专员，张见刘来便先说：“你们那位书记官说话倒很老实，现在你看这事该怎么办才好？”刘济清按照张提六条意见回答：“六个条件，藏民只答应纳交罚款，其余的都不接受，看情况交出肇事祸首确实是办不到的，编查保甲根本也不可能接受，依我看不如给他们罚款，再让他们向您赔情道歉，这样也就算您把人赢了。”张仰文听罢立即提出：“罚30万元（法币）其余的问题可以暂缓办理。”刘听后代为求情说：“我代请求专员30万元数字不小，‘黑番’插岗地瘠民贫，若罚款过多还是拿不出来，如罚10万元也够他们负担了。”这时王泽勉团长从旁插言说：“这次他们把专员的坐骑都给砸死了，还不应再罚他们5万元吗？”刘济清听了便以半承担的口吻说：“那好，我去再让吴书记官和各旗总管群众商量。”经过各总管、头人和群众反复商研之后，决定愿纳罚款15万元，以10万元作为保二团的开拔费，5万元赔作张专员的马价。当天拉来两只礼羊，又由卡子老总管，阳山旗总管光九、刀杰，阴山旗坎坎坝总管加喜等跟随刘济清、吴国屏二人，直向下骆驼村张仰文、王泽勉营地赔情道歉，这时张专员、王团长表示也很满意，并面朝各总管、头人们说：“这次本来要想把你们从严惩办，但听了你们司令部的刘参谋和吴书记官的一再求情，就把你们从宽处理算了。”这时四位总管及头人们，个个向张仰文连连匍匐叩头不已，张专员谦逊地说：“对了！对了！”随后群众一面为张专员送面送油送柴，一面赶收罚款，时仅3天，“黑番”插岗群众接受的15万元罚款如数缴清。至此，历时3个月的“黑番”插岗“抗编保甲”事件草草结案。

十二、张仰文、王泽勉撤兵回防，赵国璋、赵明轩引咎辞职

9月25日，张仰文等命令部属重整行装，即将告别“黑番”插岗，赵国璋与赵明轩深感人地不宜，无意再留此地工作，遂联名向张专员提出辞呈，其文如下：

> 查此次“黑番”四旗抗编保甲案，皆因职等推行无方，致成骚乱，愿请给予应得处分。最近查各方实际情况，职等甚感人地不宜，若再滥竽其职，今后工作不但无法推动；且与政府威望攸关，故拟恳请准其辞职，随军赴岷，并所转饬卓尼设治局另委贤员俾资接替，实为公私两便，可否之处，仰恳鉴核照准。谨呈专员兼司令张。

张专员接阅后即批：

> 既不能继续工作，姑准随军赴岷，俟本署派员暂代，然后再令卓尼设治局遴委可也，此批。
>
> 仰文　九二五

当时张专员在征求了各方意见之后，以为吴国屏人地均极融洽，故临时顺便加委，着其暂代乡长职务。

9月27日，张仰文及保二团团长王泽勉虽然率属撤离“黑番”插岗，返抵武都，赵国璋、赵明轩、寇德昌等皆尾随其后，但可怜赵等所带两名乡丁（房元禄、魏世兴），一个为了执行张专员命令，在去武都联络途中不幸阵亡，一个在前被迫离乡公所时遭其捕杀，使赵痛忆往事，悔恨无及。张专员返抵岷县专署后，即对卓尼刘修月局长接连施加压力，窥其目的除非杀戮这次“黑番”插岗抗编保甲之领导者金加色等，决难解除心头之恨。

10月间，杨复兴司令及其所有去迭禁烟人员，全部凯旋归来。设治局刘修月局长即与司令部方面商讨调整“黑番”插岗区、乡行政人员，会议研究决定：“插岗区署区长由司令部骑兵第二团团长雷兆样接替并兼插岗乡长职（司令部黑番四旗‘长宪’自也归雷掌管），铁坝乡乡长由司令部办公厅秘书张书铭兼理。”遂即由局、部双方分别通令新旧人员办理交接手续。

10月15日，插岗乡前副乡长赵明轩在岷县专署途次为前阵亡乡丁房元禄抚恤事，备文电呈张专员，原意如下：

“窃查前插岗乡阵亡乡丁房元禄系临潭县艽城镇第八保古巴山人，家庭贫寒，且有七旬老母，恳转临潭县政府豁免其家庭差徭。魏世兴卓尼人恳转卓尼设治局设法抚恤，谨呈专员兼司令张”。

10月30日，赵国璋及赵明轩联名向设治局呈报“黑番”插岗起事期间遗失公物情况，分类列表报请核销。

现将其原表照抄如下：

品名	数量	单价	总价	遗失情形	备考
马枪	1支	—	—	博峪河攻乡公所时连乡丁阵亡夺去	已由王、郭二人来卓汇报
步枪	1支	—	—	博峪河攻乡公所时被夺去	张专员会刘参谋长追交四旗赔价2万元吴国屏返卓带来
小麦	1.9石	斗100元	190元	迫离乡公所后被劫去	斗为黑番老斗

续表

品名	数量	单价	总价	遗失情形	备考
大麦	1.3石	斗75元	975元	同上	同上
办公纸	1刀	450元	450元	同上	同上（有发票）
信封	20个	3元	60元	同上	—
麻袋	10张	0.8元	8元	同上	—
小楷笔	2支	25元	50元	同上	—
洋火	四盒	10元	40元	同上	—
洋红	1个	60元	60元	同上	—
邮票	—	—	100元	同上	—

注明：共计国币4633元（枪支在外）。

十三、金加色叔侄惨遭诱害名垂千古

1945年3月，岷县专员张仰文迭次责令卓尼设治局及洮岷路保安司令部，限期务将去秋“黑番”插岗抗编保甲带头起事者金加色等严加惩办具报，否则将以纵容包庇唯局、部双方领导者是问。卓尼当局处此严厉压力之下，欲罢不能，即派雷兆祥、杨景华两团长率警卫30余人，此外又从迭部抽调强悍民兵20人，浩浩荡荡进驻插岗拱坝衙门，地方总管、头人及男女老少，皆以为自己“父母”上司莅临，送肉送面，送草送料者络绎不绝，贡献土特产品（熊掌、鹿茸、麝香、虫草）者更不乏其人。亲热融洽之盛情，时时溢于言表，万没想到雷、杨此次来意。而雷、杨两团长聊尽一番应酬之后即派人前往博峪旗阳坡村诱请金加色，谎谓金在去年秋季带头抗编保甲有功，杨复兴司令委任他（指金加色）为“黑番”四旗总管，特邀请前来拱坝衙门接委任状并参加开会，金加色闻听“喜”讯高兴万分，自己也认为去年在抗编保甲事件中，出了大力，不会怀疑自己的“父母”上司官设置圈套杀害他。于是穿好新衣，携带上好礼品，率领自己侄儿及同伙一行五人，奔往拱坝衙门，拜见雷、杨两位团长。雷、杨二人便对金加色率领旗众抗编保甲、击溃张仰文事绩，大加赞赏。然后宣布：“司令已委你为‘黑番’四旗总管，并提出，还要你立即亲去卓尼晋见司令，可能你会领到司令的奖赏。”金加色闻听之下，受宠若惊，表示非常高兴，当天再未返回，就便夜宿拱坝村石总管家里。兴奋之情，彻夜未入梦乡。第二天凌晨，雷、杨二人早已布置妥当，将要施行处决金加色等，便派刽子手等催带金加色登程赴卓去见杨司令，其实这是迫使金加色将要走向断头台的危险时刻。诚然，一个具有忠于“父母”土司、爱护邻里，敢于反抗国民党倒行逆施的金加色，也坚信自己的世代官员万难使出这一凶残手法，事实恰恰走向反面。金加色叔侄五人在辞别雷、杨两团长，双双走出拱坝衙门，刚至村头白杨林边，毫无提防，便遭刽子手用枪击毙，五条善良人命，一无幸免。

雷兆祥这才正式向当场旗众庄严宣布：“我们是奉上司的命令来枪决抗编保甲的祸首金加色一伙的，其他的人一概既往不咎，望各安生业；并从今天起，司令已委我为‘黑番’四旗长宪。设治局委任我为插岗区署区长，又兼插岗乡长。至铁坝乡长现由司令部秘书张书铭兼任，常川驻守，办理‘日常公事’。”旗众一见这种悲痛场面，个个掩面饮泣只好隐隐离去。雷、杨二人完成使命遂率部返卓复命。

十四、插岗区、乡政府仍以人民胜利而告终

张书铭再接掌拱坝乡长之后，雷兆祥早已委托他又兼理插岗区、乡事务，“黑番”四旗群众甚感忧心如焚，但坚持继续反抗之心，与日俱增。不久，插岗、铁坝两乡保甲制度又经张书铭手，次第编成。其他如征集马骡、派粮索款，苛捐杂税纷至沓来，人民负担之重，确实达到了无以复加之地步。

1946年夏，适值四川松潘、南坪一带大烟临到收割之际，陇南一带（西和、礼县、徽县、成县等）前往南坪等地大烟商贩络绎不绝，但率多取道“黑番”属境。张书铭见此状况，初则恐遭“黑番”辖境有种植大烟之嫌，继而顿生物欲，更以机不可失、时不再来，何不趁机大捞油水以自肥的企图，擅自在通往松潘、南坪隘口、要道，设置盘查哨站五六处，安

置亲信，日夜驻守，专门检查过往行人。按铁坝乡公所资料表明，数月之内共查获烟商10余批（每批3—5人不等），有的所带烟土被全部没收，有的则受贿纵放，有的因无油水可捞，便将其拘留。被拘留者在转解武都途中或放或逃，多达10余人。“黑番”四旗人民，面对此种不法行为，初则敢怒而不敢言，然张书铭却误认为人民已被征服，莫奈我何！后来竟对辖境人民，巧立名目，横征暴敛，达到登峰造极，于是旗境人民在博峪旗客户团头惠某（帮会头目）鼓噪下，遂将张书铭在“黑番”近年来的累累劣迹联名写控于甘肃省政府及岷县专署，省、专两级按阅状帖后，责令卓尼设治局清查究办，但设治局又碍于张书铭虽为辖属毕竟原为司令部的在职官员（秘书），颇感棘手难办，只好顺水推舟，索性将责任推卸于洮岷路保安司令部。省、专两级鉴于局、部双方办理不力，果断下达密令，欲将张书铭解案法办，张闻讯远逃，最终只好以“通缉”结案。

“黑番”四旗原组建之区、乡政权，从此名存实亡。四旗人民用先武后文之斗争策略，令人钦佩。民族斗士金加色为公捐躯，可歌可泣。时至今日，将近半个世纪（47年），强权即是公理之社会已成过去，正理战胜邪恶，世世永存。

（原载于《舟曲文史资料》第四辑，1990年）

1944年杨复兴在迭部的武装禁烟活动

梁崇文*

在解放前数百年间，迭部地区一直由卓尼杨土司管辖，分上、下两部分。上迭部六旗，下迭部八旗，统称后山十四旗，解放后建为卓尼县上、下迭部两个区。1959年，甘南州调整行政区划，临、卓两县合并为临潭县，迭部和舟曲合建为龙叠县。1962年又一次调整行政区划，临潭原分为临潭、卓尼县，龙叠县分建舟曲、迭部两县。从此迭部地区单独以一个县的建制，踏上了自己进行社会主义建设光辉而艰巨的征途。迭部地处岷山与迭山之间，白龙江由西而东贯穿其中，这里有大面积原始森林覆盖，山大沟深，交通阻塞，社会发展缓慢。由于其特殊的政治、地理、交通等条件所致，长期种植鸦片，久禁不绝。在解放初期，每年一次禁烟活动，亦是人民政府的中心工作，一直到1958年经过平息叛乱和反封建斗争，才算彻底解决了这一问题。

平常封闭与外界很少来往的迭部，每当收烟季节，引来大批本县和外地赴烟场的人们，大都由益哇人（扎尕那）带领，收取酬金，负责安全，成群结队涌入迭部，安静的迭部沟，一时热闹起来，有的以现金收购，有的以生活日用品互换，有的出卖劳力，为当地群众割烟收烟，挣点工钱（以烟土支付）。而在返回的路上，被抢劫的事件时有发生，甚至有极少数人为了几两烟土而送掉性命，但它并不影响人们下一次赶烟场的兴趣。

1944年，洮岷路保安司令部接省政府及岷县专署禁烟严令，先派旗长

---

* 梁崇文，卓尼县纳浪人，时任政协卓尼县第七届委员会副主席，1993年当选为政协卓尼县第九届委员会主席，1994年9月离休。

陈世禄等去哇巴沟一带劝民铲烟，遭到坚决抵制，当地群众说“你们有眼睛去看，长着鼻子去闻，种烟的不是我们一个地方，秋吉（川北）也种，谁的命令也不铲，打仗也不怕”。在此种既无法向上一级交差，统治权威又面临挑战的情况下，年仅15岁的尕司令——杨复兴，不得不下决心亲自出马，武装禁烟了。

这次武装禁烟活动始于7月，司令部可说是总体动员，全力以赴。参谋长刘济清、团长雷兆祥带领警卫连经达子多、卡车沟直抵光盖山下。杨复兴由团长杨景华、安绪嗣陪同，调集拜来达加、桑旺朋地、善扎、迭当、车巴沟、恼索、土桥、日完马、角缠阿科等旗藏兵千余人经麻路、贡巴寺、石巴沟在光盖山下买日松土地方与刘、雷会合。岷县专署派视察员张某随军同行，所有旗长一律参加，有的带兵，有的搞联络后勤。

哇巴沟藏民得知司令部集兵前来禁烟，正在闹那胜设防，构筑简易工事，居高临下，进行抵抗。中午发起进攻，在六〇炮和机枪掩护下，组织突击队向高地冲锋。六〇炮由蒙其正（纳浪大小板子人）操纵几发炮弹命中目标，落地开花，对只见过步枪的当地藏民来说，是遇到了“新问题”，起了很大的威胁作用。机枪亦是他们比较害怕的武器，不到两个小时，占领了闹那胜高地，藏民逃窜，除抓获一人，就地枪决外，双方没有伤亡，指挥部随之移住哇巴沟梁上。哇巴沟森林密布，地形复杂，利于伏击，指挥部不敢贸然进入，先头部队已进入村庄，指挥部三令五申，严禁烧房、抢劫财物。但藏兵纪律松散，令禁不止，致使年空、沙拉、吾浪、次客巴四村部分民房被烧，未转移的衣物、用具等亦被藏兵拿去不少。

指挥部在哇巴沟梁住了六七天，已有只子总管、电尕上寺温布旦子森盖、下寺温布苏奴旦巴等出面，代表当地群众与指挥部接触，承认种烟不对，抵抗更加错误，表示愿意铲烟，接受处罚，在此情况下指挥部才移住丁岗寺，在行军路上有迭当旗三名藏兵掉队，被当地藏民杀于吾子村附近。在此期间，少数藏民躲在林中，不断放冷枪，警卫连刘继祖被打伤，上河赵过官成被打死。藏民还对指挥部发动了一次夜袭，亦被打散。

在丁岗寺住了四五天，又移住电尕寺。在此期间，一方面继续谈判，另一方面司令杨复兴是第一次进迭部沟，各旗总管、头人、寺院代表都来晋见，应接不暇，谈判结果，哇巴沟承认罚款2000元，上交已收烟浆，铲除剩余生长的鸦片，今后再不种植，哇巴沟的问题就这样解决了。此时插岗又发生了群众武装抵制国民党政府编保甲的事件，岷县专署专员张仰文差点被击毙，卓尼设治局局长刘修月差专人给杨复兴送信告急，杨复兴派参谋长刘济清、书记吴国屏带警卫连一班人前去插岗处理。

哇巴沟问题解决后，杨复兴带领人马向下迭进发，先住卡巴路寺，下迭禁烟的重点是达拉沟。此时，哇巴沟武装禁烟情况的消息早已传遍整个迭部沟，达拉沟藏民亦作好战、和两手准备，一方面作好动员，严阵以待，另一方面推举照藏喇嘛为代表，争取和谈。

照藏喇嘛，西藏人，在川北建有照藏寺，身为喇嘛野心不小，两眼盯着迭部沟，他已将自己的妹妹安置在尖尼沟仓院居住，千方百计积极活动想与前任司令杨积庆联婚，企图把迭部沟变为其妹封地纳入自己的势力范围，但未达到目的。

达拉沟地形更加复杂，若硬打硬拼，将要付出很大代价。因此，指挥部还是采取了谈判解决的方式。照藏喇嘛随带警卫20人，双方在达拉沟门草滩进行谈判，以“今后不再种烟；承认罚款；收缴烟浆；禁烟部队不进达拉沟”等条达成协议（具体数目不详）。

此时哇巴沟送来罚款2000元，烟浆四坛（约80斤）。至此，禁烟任务基本上算完成，指挥部移住旺藏寺，派团长杨景华、雷兆祥和张志平、杨礼等带领四五十人去插岗协助处理抗编保甲事件，杨复兴继续接见各旗总管、头人、寺院代表。

杨、雷等行至腊子寺时，刘济清差人送来信件，得知插岗抗编保甲事件已经解决的信息，便撤回多儿沟与杨复兴会合，经麻牙、曹日仓、扎日克卡到大峪沟返回卓尼，前后历时两月有余。

注：这份材料是根据陈世禄（哇巴沟旗长）、雷振声（拜来达加旗长）、陈世隆（副官）口述整理的，欢迎知情者指正。

1989年11月30日

（选自《卓尼文史资料》第三辑，卓尼县政协文史委编，1991年4月）

忆一野联络部创办的民族学校

闫继祖*

1949年10月上旬，我与卓尼、临潭、会川县的近30名藏、汉族青年一道被招收到兰州藏民问题研究班学习，后来随着藏民问题研究班的易名、变迁，我又到革大三部第一、第二期学习，毕业后留校继续学习。

革大三部，是1950年1月在兰州公园路马家花园里由中国人民解放军一野政治部联络部筹建、管理的一所培养少数民族干部的学校。它的全称是西北人民革命大学兰州分校第三部，其前身是由藏民问题研究班发展起来的。1950年8月，又在此基础上，创建了西北民族学院。

47年过去了，但每当想起在这段时光里学习、生活的情景，就不由得使我联想起一野首长及一野政治部、联络部的各级领导当时对民族教育工作和培养民族干部工作的重视，对少数民族青年学生在政治上、学习上的关怀和生活上无微不至的照顾。

藏民问题研究班发展到西北民院，从未离开过彭德怀及其他首长的关怀与重视。

夏河的七名藏族知识分子到兰州后，9月中旬的一天，彭总就在他的办公室前接见了他们。从卓尼、临潭、会川县招收来的第一批学员到校不久，10月初的一天中午，一野副司令员、兰州军管会主任张宗逊同志就亲临马家花园看望大家，并在四合院外东南角空场地上给大家讲话，勉励同

---

* 闫继祖：1949年9月参加藏民问题研究班学习，1951年1月从西北民族学院毕业留校工作，1976年调任甘南藏族自治州计委计划科副科长，1981年后任甘南州统计局副局长、甘南州审计局副局长，1994年退休。

学们搞好团结，努力学习，提高思想觉悟，树立为少数民族人民服务的思想，为少数民族的彻底解放贡献自己的力量。

藏民问题研究班开办初期，彭总指示由一野政治部联络部部长范明兼任班主任，联络科长王直负责实施。主要学习党的民族政策，国际国内形势，座谈夏河及甘南地区政治、经济、文化情况和藏族的风俗习惯。研究班从西北大厦迁到马家花园后，一野政治部又从宣传部抽调李舒翰同志继续主持工作。改为藏民学校后，仍由范明部长兼任校长，并加派一野秘书科的郑景先同志具体负责学校的日常工作，直到革大三部成立。1950年4月中旬，革大三部第二期开学时，彭总派张养吾同志来具体负责学校的日常工作。当时学校内部还设立了教导处，调来李生华（藏族，“文革”前任甘南藏族自治州人民政府秘书长，后任甘肃省政协常委）同志为主任，联络部王有轩同志为副主任。教导处下设组教、编译、总务三个股，王有轩同志兼任组教股股长。

从研究班后期到革大三部第二期结束，学校开设的政治课有：《论联合政府》《论人民民主专政》《新民主主义论》《中国革命与中国共产党》《共同纲领》等，文化课为藏文。讲授这些课程的同志有一野秘书科的彭秘书、田秘书和郑景先、慕生忠、甘泗淇等同志。其中，甘泗淇同志讲授的《中国革命与中国共产党》最受同志们的欢迎。每逢他来讲课，就连学校的工作人员和领导也来听讲。他讲起课来，理论紧密联系革命斗争实际，语言生动，不时引起同学们欢声大笑。他讲课时，一口四川话，每讲完一段，就问同学们“听懂听不懂”，当同学们齐声回答“听得懂”，他才又继续往下讲。

甘泗淇同志当时身为人民解放军的高级将领，每次给我们来讲课，衣着朴素，总是穿一身浅黄色的解放军普通军官服，光着脚穿一双三条线的草鞋，为我们再现了一位红军老战士在长期革命斗争中养成的简朴生活作风。

1950年9月，革大三部第二期开学后，张养吾同志来校与各族学员和教职员工朝夕相处，扎实深入的工作作风使人终生难忘。

他刚来校时，部分同学思想不稳定，纪律松散，各族同学之间关系不够融洽。他首先从狠抓组织纪律教育入手，要求大家必须按规定出早操，凡出早操他总提前到操场，进行检查，然后与同学们跑步、做操，从不间断。每周六下午卫生大扫除，他亲自带领各区队长到各区队卫生区和学员宿舍逐一进行检查，对卫生搞得好的区队发给流动红旗，表扬先进，促进后进。为了用革命歌曲教育、启发同学们的学习热情和向上精神，他还从一野文工团请来了关键同志，给同学们教唱《东方红》《三大纪律八项注意》《咱们工人有力量》《解放区的天是明朗的天》等激励人心的歌曲，他还结合革大三部的办学宗旨和对学员的要求，亲自作词创作了《革大三部校歌》。每逢集合开会听报告，各区队之间都要赛场革命歌曲和校歌。不到半月，校园里充满了生动活泼的气氛，使学校从精神面貌、生活秩序方面走上正轨，创造了良好的学习环境。

革大三部第一期毕业后，我留校工作，被分配到组教股。张养吾同志来校后，因我年龄小，新同学多，学员中缺少骨干，经和我个别谈话，动员我到区队参加第二期学习，并亲自领我到二区队，还让我担任了小组长。

革大三部从研究班开始，学员的一切生活供给，都是通过联络部由一野后勤部发给，学员享受解放军战士待遇，部分学员还享受中灶待遇。学员都着解放军的军装，冬装有棉大衣、棉衣、棉裤、衬衣、衬裤、棉鞋、袜子。取暖用煤由一野后勤部用汽车直接运来，堆放在院子里，由各宿舍自己取用。夏装发给单衣裤、衬衣裤、鞋袜。日用品每人发毛巾、肥皂、牙刷、牙粉。学习用品发笔记本、稿纸、墨水、蘸水笔。另外，每人每月还发给津贴费两万多元（折合新币两元多）。后来听说，有些家庭生活困难的同学，还将积攒下来的津贴费寄回家买了耕牛。研究班到革大三部初期还给抽烟的同学每人每月发给50支装“耕牛”和“铁桥”牌香烟各一包，散装的莫合烟自由领取。

伙食享受大灶待遇的学员，每8人为一组，大家蹲在地上就餐，每顿两个菜，一荤一素。主食多为白面馒头或小米饭，有时也吃大米饭，不限量，吃饱为止。逢年过节，更为丰盛。每次会餐，都有七八个菜。同学们生了病，都去三爱堂一野后勤部医务所就诊。

1950年春节，兰州各机关、单位组织了秧歌队。当时革大三部也组织了秧歌队，我也是秧歌队的一员。我们的秧歌队到三爱堂后，被允许进入后院，在彭总办公室前院子里扭了秧歌，跳了藏民舞。拜年结束返校时，一野后勤部还为我们赠送了很多饼干、点心、香烟和战利品——美国罐头，用汽车送到马家花园学校里。当时，各族同学都为能允许到三爱堂后院给一野首长们拜年而激动不已。

（原载于西北军区《第一野战军史》《敌军工作史》，
总政治部联络处编，1996年9月）

忆家父刘济清先生生前为卓尼面粉加工事业的贡献

刘建礼

家父刘济清先生，于1908年出生于四川资中县一个贫农家庭，15岁时因家中贫寒和受不了富人所欺出外谋生，参加了国民党军队，走上了戎马生涯。后转到地方，曾出任洮岷路保安司令部参谋长、副司令，卓尼设治局局长，两当县县长等职。由于他出身贫寒，在伪政府任职期间，为政清廉，能处处体贴民情，常为穷人济衣、舍食。尤其在两当县任县长时，被当地群众誉为“一代清官”。

父亲虽身为县长，但对国民党的腐败有了认识。我小时候记得他常给我们这样讲：“我这个县长不如一个理发匠，我垮杆（四川语，意为下台）就没有饭吃，理发匠一个担子可走遍天下。”“你们将来要学一门技术才好。”他自己常用“不要一代为官、九代为牛”这句话作为座右铭来告诫自己。他在伪政府任职时曾放走和掩护我地下党人和八路军数人。后在审干和“文革”中，审理人员问他的动机时，他回答说：“在那个时候心狠的人就多杀几个，心善的人就少杀几个，因那些人都是我的部下，所以能放的我就放了。”1948年他辞去两当县长之职，本想回到天水搞实业，因家父两次在卓尼工作，对卓尼有感情，遂被卓尼洮岷路保安司令部杨复兴司令邀请，要家父来卓尼帮他理政。同年便应邀来卓，任洮岷路保安司令部副司令。1949年9月随同杨复兴起义，解放后，部队进行了整编，担任了卓尼民兵司令部生产委员会主任。从此走上了新的生活道路。

解放前，卓尼面粉加工非常落后，县城群众及机关吃粮，都到距县城五六里外的木耳沟水磨磨面，由于磨少，路远，加工技术落后，加工能力低，不适应人口逐渐增长的供求。改进面粉加工技术，提高加工能力，是当时亟待解决的社会问题，他看到这一社会需求，于1949年自己投资设计，利用改造县城关帝庙房屋安装了一盘机器磨。因设计时能源用焦炭，当时卓尼没有焦炭，他想用卓尼的优质木炭来代替，结果没有成功，便将原来的机器磨改为两盘驴推磨，采用脚踏箩，提高了面粉加工效率，减轻了劳动强度，解决了县城机关干部吃面问题。同时，这也是卓尼面粉加工史上的创举。

1951年，组织派他到革大学习，结束时在肃反大会被拘留审查，1953年保外就医。当时关帝庙地址被政府占用，他又在离县城5里外的寺古多自己投资，设计建成了用水力一轮带动两盘，传送、箩面自动化的水磨，日加工面粉3000余斤，承担了全县职工用粮的加工。一年后，因他第二次被收监，磨房无人管理而停产，不久便被洪水冲毁。1956年释放后，组织上没有安排工作，他便以小摊贩维生。1958年公私合营后被下放到洮阳队当社员，食堂化后，当时食堂的面粉供不应求，他在张志平家的楼房内，为大队设计了一个在楼下用一头牲口推一个木轮转带动楼上两盘旱磨，并采用脚踏箩的面粉加工厂，解决了食堂的燃眉之急。随着社会主义建设事业的发展，城镇人口急剧增加，面粉加工问题亟待解决。1958年县粮食部门为解决这一问题，准备在叶儿滩筹建一座较大型的面粉加工厂。提出由国家投资，让家父设计。当时正处在大跃进时期，一无机器，二无设备，一切都是“土法上马”。在那种困境中，他没有怕自己担风险，承担了这项任务。我们全家都为他捏了一把汗，因以前的设计多是自己投资，失败了关系不大。而这次是国家投资并且投资数额大，如果失败了就要负法律责任。但他坚持要干，从开始设计模型、到施工修建、安装投产，经历了300多个昼夜，吃在工棚，住在工棚。终于建成了利用水力，一轮能带动六盘石磨，净粮、输运、箩面、装袋自动化的卓尼县第一个面粉加工厂，日产面粉20000多斤，解决了全县职工城镇居民的吃面问题。在1959年3月30日试车成功的那天，我妹妹含着泪花抱着父亲的脖子转时，我们全家悬着的心才算放下来了。9月1日，正好是我结婚的当天，全家沉浸在双喜盈门的喜悦之中。

叶儿面粉厂建成投产后，受到省、州、县的表扬和奖励，虽然在功劳册上没有他的名字，但是他没有一点怨言，一直默默无闻地工作着。临卓两县合并后，因临潭城关粮站没有面粉加工厂，在1960年，组织又调他到临潭城关粮站，他设计了一台用柴油机带动两盘石磨的自动化磨，解决了城关的面粉加工问题，分县后他被调回卓尼面粉厂，“文革”武斗中，他一人在厂里坚守了三天三夜，使国家财产没有受到任何损失。“文革”中期他又被监护起来了。1970年，县上在中心粮站安装了电动钢磨，家父所设计的自动化水磨也就算完成了它的历史使命。1971年他恢复工作后，常常为此叹息不止说：“太可惜了，太可惜了，1970年如果我在厂的话，我一定要给领导建议，利用改进叶儿滩面粉厂，用水力带动现在的磨粉机，每年可给国家节约很多电费啊！”恢复工作后，他看到卓尼食油加工仍是个空白，就建议领导搞油料加工。当时州上给碌曲县一台榨油机，安装后不能生产而报废。他听到这一消息后，征得州粮食局同意，将那台报废的机器运来我县，经过反复研究、修理安装，终于使那台榨油机重新运转生产了，不但解决了我县食油供应，每年还有大批食油调运外县。在这一段时间，他还安装改进了净粮机、清滤油机等，提高了面粉加工能力。

党的十一届三中全会后，平反冤假错案，在1979年，家父的问题也得到彻底平反，按起义后的离休干部对待，1981年被选为县政协常委。离休后他一直关心着我县科技事业的发展，曾几次外出学习考察，1981年在县政协和有关部门的支持下，首次在我县试种银耳获得成功，可惜的是未能在全县推广。后来他又进行了其他食用菌种植和引进喂养火鸡等工作的研究。1987年4月30日，父亲不幸突患脑溢血偏瘫，经抢救无效与世长辞，终年80岁。家父的大半生是在卓尼度过的，他为卓尼的粮油加工事业奉献了一份力量。

（选自《卓尼文史资料》第三辑，1991年4月）

洮河放筏与水上运输

马文惠

洮河放筏是一段具有地域特色、富有浪漫情调的历史。是历史就有值得回忆的必要，趁着它尚未完全淡出人们的记忆，应该把这段历史加以整理，使它复活起来。

洮河，又名巴尔西河，是黄河上游的主要支流，发源于西倾山东麓，全长500多公里，流经三区八县，三区即甘南、定西和临夏，八县即碌曲、卓尼、岷县、临潭、渭源、临洮、广河、东乡。洮河上游多林木，曾是筏运业、水上运输业的主要通道。每当筏运时节，串串木排逶迤顺流而下，水手手把长桨，以悬崖堤岸、绿树田野为背景，放声高唱花儿，也是洮河上一道秀丽的风景线。

筏子，分皮筏和木筏（又称木排）。皮筏也叫浑脱、浮囊，主要有牛皮筏、羊皮筏两种，是黄河上的主要运输工具。巨型的牛皮筏，一筏有12个皮袋组成，筏身长25米，宽约7米，载重量20—30吨，主要是运输粮食、羊毛，从黄河上游运粮食至包头，一次运输达30000—50000斤，主要供应内蒙古草原；羊毛也运至包头，当时英国、德国的公司在天津收购羊毛，从包头用汽车再运至天津。抗日战争期间，前线急需一批军用物资，而公路被日机炸毁，船运目标太大，很困难。于是从兰州雇用许多水手，几天时间组成一支牛皮筏转运队，从长江顺流而下，兰州的牛皮筏子轰动了山城——重庆。这就是“牛皮筏子赛军舰”。羊皮筏子规模小，主要运送瓜果、蔬菜及其他小型货物，也用来摆渡运送客人。多为短途运输。皮筏产生的时间，史无明确的记载，根据相关史料，至少在清代康熙年已用于军事，说明它已大批制造和广泛使用了。明代文学家李开生“不用征帆与短棹，浑脱飞渡只须臾”的诗句正说明皮筏的轻便和灵巧。永靖学者郭友实在其《筏子在花儿的长河里飘荡》一文中，更有翔实的记叙。

在洮河上，虽然也有用皮筏渡人、送货的情况，但数量不大。洮河上主要运输工具是木筏。从上游到下游运送林副产品、烧柴、薪炭、毛竹、山货（小型农具）、药材、牛羊等。但这都是附带性质的，其主要任务还是运木材。木材是国家和民用的主要物资。

木材运输和买卖是当地主要的商贸活动，它也带动了相关的产业，如马车运输业、旅舍业、饮食业、人力搬运、特别是水手业，繁荣了当地的经济。1951年以前都是私人企业，1951年以后木材收归国家，成了国营企业的组成部分。1958年成立了洮河林业局，下设了几个采伐林木的林场，林业局还在不同的地点设有几个工作站（林业局的派出代办机构），洮河沿岸设有木材贮木点、转运站，还有各县成立的木材公司运输队。

本文主要是在民间调查，查阅相关史料的基础上，记叙洮河放筏与水上运输的动态历史，并重点展示这一事业的一些重要场景。

一、洮河放筏和水上运输的起止时间

筏运开始的时间，目前未找到明确的史料记载，一般老人的说法是“打旧社会就有”或者“从清末民初开始”，这些说法都是凭记忆所及，显得笼统和不确切。清代临洮著名诗人吴镇在其《临川阁杂咏》第七首中写道：“湖滩原是古西湖，木客松杉积万株。秋水不来春社好，白杨林下舞神巫。”这首诗涉及两面的内容，一是木厂附近的湖滩一带，木材堆积如山，定是筏运的贮木场；二是“白杨林下舞神巫”，是迎接八位官神师公跳神的活动。迎神活动中有两个环节与筏运有关，八位官神中河西的四位，虽有浮桥可过，但必须集中于城南河西十里的杨家店，登上事先备好的四副巨型木排，顺流而下，在木厂登岸。而八位官神齐聚河神祠的祭祀活动中要唱戏，共五本戏，县上出资演三本，木商家和木材运输户各出资演一本。目的在于企求官神保佑，保证木材安全，不被大水漂没。两个内容，内在联系，就是跳神活动，为的是乞求神灵保佑木筏水运顺利，木材安全。而临洮迎接八位官神的跳神，是从明代开始的。如果这个民俗前后没有变异，那是否就可以肯定，洮河水运木材，也开始于明代。如果这个判断有误，我们至少可以从吴镇的生平获得准确的信息。吴镇生于清康熙六十年，卒于嘉庆二年（公元1721—1797年），如果以写诗的时间按中期算，乾隆四十九年（1754年）木材水运距今已有250多年的历史了。

另据郭友实提供青海循化的水运史料，“‘清雍正年间，县内官方需用木料，在上隆务（今同仁县境）藏族地方的森林中采伐，距建城处约100公里，从黄河扎筏顺流而下运至工地。’……透露了木筏自隆务驶向循化的消息。”（引文出自《循化撒拉族自治县志》）这儿虽然说的是黄河放筏的情况，但我想，洮河放筏时间大致是相同的，即雍乾年间是不成问题的。

筏运结束时间，这是一个漫长的、渐进的过程。1958年大跃进中，引洮工程上马，在岷县建起古城水库，从卓尼、岷县放筏即停止，后在上、下浪另开渠放筏，但数量有所减少。这时临洮来筏，主要来自冶力关一路，后刘家峡水电站1974年建成，临洮运往兰州的木料终止，并曾发生散灌木料击毁涡轮机叶片水电站状告林业局的案件。另据在沙楞贮木场工作过的胡文忠老人回忆，1979年底洮河封冻后，到沙楞的筏运即终止，后汽车运输很短时间。但准确的说法是洮河放筏1989年全面停止。1992年，临洮县三甲水电站开工，洮河筏运终止。但私人盗伐、背运木椽、木方的事屡禁不止。并曾发生私人盗放木排，在糜子上与检查人员发生纠纷，偷运人用小斧砍死检查人员的事件。以后保护自然生态环境，封山育林，木材水运的历史彻底宣告结束，保护了一大片森林资源。

二、木材水运管理体制的变化及运营情况

1951年以前，林木产地为部族、寺院、头人所有。洮河上游多山，山多林木，如松树、柏树、白桦等，很多是原始森林。这些地方为藏区，如杨土司、赵土司、侯土司等部族，各有自己的领地，领地内的山地，当然归土司管辖下的各个部族所在地的山林、草甸、湖泊，都归部族所有，也就是归土司所有。藏区多佛教寺院，每个较大的寺院也有自己的领地，领

地内的藏民为寺院提供“供养”，并划拨了一定的山林，寺院所用的烧柴、木材等，都取之所管的山林，别人无权干预。也有些山林属于当地的头人。内地贩运木材的木商家，当然也是私人资本家，有大有小，大的有马旷武、鲁大昌等。马旷武，为兰州至宁夏的木商，有军政背景；鲁大昌是地方军阀，木材为其儿子“瘸少爷”经营，当然是官僚资本家。临洮境内的木商，有十一号、天泰号等，大部为山西、陕西人，临洮城内西庙有山陕会馆，这些人原来是经营别的工商业，后来有了资本，见木材生意利大，就兼做木材生意。临洮境内的木商大的有何坤山，小的有近百户，如庆泰号、兴西号等。临潭较大的木商宗号为福顺号，掌柜为张云程。仅临洮木厂就有木商107户。为解决单位所需，也有公家放筏的，如兰州军区后勤部共和公司、军马厂在1951年前后放过筏。

木商家从甘南买下一片山头的林子，为追求最大利益，雇人砍伐时，林尽山光，“剃光头”。木材从山上溜到山麓，由胶皮马车运到贮木地点，串成木排，雇用水手下运，遇到险要地段，无法通过时，又把木排拆开，进行散灌。过了险要地段，又把木头从水中捞上岸。捞木所用工具为一副长竿叫打钩，有两三丈长，顶端钉为铁钩，只要钩住，一定会拉到岸边。不同的商家，有不同的水号，这水号起初是用斧头在木头上砍出符号。这容易给木头造成伤害，后改为铁锤砸上木商自己的钢戳，所以多家散灌木材也不会混淆。木头串排，前后也有变化，这是技术改进的结果。起初是在木材的大头，用小尖斧剁上牛鼻小孔，然后穿以木葽，这样对木头有伤害，后改用木椽绳索固定，最后才用钢筋砸上码簧固定的方法，方便快捷。其他桨桩、木桨也有不同程度的改进。起初是木商家自己雇用水手，后来产生了一个新的职业：揽头。揽头就是水手工头，木材起运前，木商家找到揽头，根据木材的多少，承包给揽头，揽头根据需要再请水手。揽头赚钱多、责任重，要监运，曾发生耶松达坂的“尕揽头”被木材夹坏腿致残的事。一只木排小则12—15方，多则三四十方。起初一只木排的打桨人有2人，前一后一，后取消后桨，只一人打前桨。从刘家峡口往兰州的筏子，因黄河流量大，木筏相应编大，打桨人增至七人，前四后三。木筏有时渡险，还要请熟悉水情地势、经验丰富的“峡把式”，或称“转峡水手”上筏，引导筏子渡过险关，如刘家峡。筏子客这时都要在腰间系上绳子，将自己拴在长筏上，以防被大浪击走。筏子出峡，“峡把式”上岸，拿上酬金，又去引导后面的筏子。木筏到了上岸的地点，即贮木场，木商如数清点完毕，算了账，才给揽头酬金，揽头再分给水手酬金。当然，木筏靠岸还要有人一根一根拖上岸，码起来。笔者在上初中时，暑假在生产队挣工分（生产队包工），就做过这种拖运工。当时，木头的大头绾上粗绳，几个人一起用力，后边有两人用撬扛把木头撬着，有指挥一人喊口令“再一挂拉、再一挂扽”拉撬配合，木头才被拖上岸，并且码成堆。这个工作很费力，还有被木砸伤的危险。最后雇用马车把木头拉到贮木场，等待买主挑选，议价卖出。一次木材营销的过程才算完成。从清末至建国初期，每年运至临洮、兰州的木材，有2500—3000立方米。

1951年随着国家对私人工商业的社会主义改造，林业、矿产归国家所有，木材成为紧缺的国家计划物资，由国家统一收购、统一运输、统一销售，木材收归国家后，省上为水利林牧公司管理，下面有迭岷林务处管理。1958年成立了洮河林业局，下设下巴沟、车巴、卡车、大峪沟、羊沙、冶力关、新堡等林场。形成了管理的体系或网络。木材销售审批，由各县计委管理。这时木材的采伐，不再是“剃光头”，而是采用“青山常在、永续作业”的间伐。这也算一点小小的历史进步。当时，木材运输，还是水运为主，因没有像样的公路，汽车也少，汽车运输为辅。从1951年至1983年止，共集运木料33万多立方米。

当时，洮河林业局固定职工七八十人。后来干部职工达二三百人。1959年，1960年增加河南支边青年，产业工人数达5000多人，生活困难时很多逃跑了，只剩下几百人。1991年时有固定职工2400多人。水运工都是临时季节工，每年省上下达洮河林业局的采伐任务，由局下达给各林场不同的指标。

洮河水运，有几处贮木点，岷县一处，冶木峡河口贮木场一处，临洮两处，木厂和沙塄，兰州先后有两处，吴家园、西固。洮河水运自然分为三段：从碌曲双岔经卓尼、岷县至九甸峡为上段，九甸峡至临洮木厂为中段，从木厂至兰州为下段。岷县贮木场地势低洼，有次洮河发大水，材料有漂没的危险，省厅领导亲自督战，岷县领导全力配合，紧急组成几千人的搬运抢险队日夜进行抢险。停了县城的电力供应，为贮木场照明，征用高处的农民的田地，转移木材，整整用了一个月的时间，才顺利完成抢险任务。九甸峡曲折险要、峡道虽然经过清理，暗礁少了，仍不能整筏通过，还是散灌。但峡中水急浪大，怪石嶙峋，有时石缝中一根木头被卡住与后边的木头相架，散木就会越聚越多，堵塞河道，造成水上运输的中断。这就需要及时砍断清除被卡木料，才能疏通河道，许多水手发扬英雄主义精神，自告奋勇，排除障碍。1966年岷县的上、下浪改造，九甸峡炸修疏通，结束了散灌，开拓了洮河全线长运。

峡城河口贮木场是一个过渡性的站口，即将从九甸峡散灌下来的木料，在这儿捞起，重新串排，然后下运。

临洮城西南面五六里地的木厂，形成于雍乾年间，是一个历史久远的重要贮木场，洮河林业局，在此设有工作站，负责定西地区的木材供应。定西地区，就在附近设有木材公司，按计划分配各县的木材指标，就在此拉运，这样就避免了不必要的运输费用。木厂原是一个洮河岸边的大村庄，由于木材的开发，形成了一个小小的集镇。这儿的人，除了农业外，就靠“木”为生了。每至筏运季节，这儿的木商、客商往来不断，水手运夫出出进进，河岸上拉木的号子不绝于耳，村里院落中木材堆积如山，几十户人家，都成了旅舍，有些水手找不到住处，临时搭起一座座帐篷，埋锅造饭。炊烟弥漫在村中，一片繁忙景象。木筏刚一停泊，就有附近村庄的一群妇女蜂拥而上，去铲松树皮。家家屋檐下都码着一堆材皮，不缺燃料。

沙塄贮木场，离临洮县城北约七八十里，兴起较晚，是20世纪60年代的事，但规模较大，在兰临公路边上，洮河东岸。汽车拉运和水运都较方便，它是木材运往兰州的中转站。洮河在永靖县注入黄河，经过刘家峡、盐锅峡、八盘峡到兰州。兰州先后有两个贮木场，七里河贮木场和西固柳沟贮木场。七里河贮木场后被毛纺厂所占，搬到西固柳沟，后又被自来水厂所占。后来刘家峡电站建成，木材下不来，这个贮木场就搬到了岷县，改为汽车运输。以后整个木材停运，贮木场也就结束了自己的历史。

三、筏工生活

洮河水上运输，筏工是它的主角。筏工是临时季节工，是按件计酬的，解放前，一只木筏放到兰州，其“水银”，也就是酬金，一次得两个银圆，后改为用人民币计酬，每筏约三元。筏工的基本身份是农民，即我们今天所说的农民工。这是一个特殊的群体，既要有农民吃苦耐劳的精神，又要有良好的水性，驾驭木筏、野外生活的经验，更重要的是舍生忘死的勇气。当水手，就是把性命交付给了水流和木筏。采伐工、放运工中也曾涌现过一些模范先进人物，其中“水上标兵”马达吾（广河排子坪人），段友莲（河南支边青年）曾被评为全国劳动模范，登上天安门观礼台，受到人们的敬仰。洮河上游的常大鸿曾多次被评为洮河林业局的劳动模范，被省上树立为先进生产者榜样。水手赵全才（临洮安川人），早在1950年从峡城往临洮放过一根特大的木料，材积在20立方米左右的独木筏，这是洮河筏运史上独一无二的创举。花儿中唱道：

洮河沿上鞭炮响，独木筏子一片桨；
安川里的人尖子——你给水手争了光。

当水手的人，岷县以上，出在坎不塌、田家堡、站里、桥上、刘家堡、甘寨等村庄，渭源峡城一带村庄，在临洮出水手的地方，主要是三甲格致坪、郎家川、祁家川等几个村庄。但水手中大多数是广河、东乡的回族和东乡族，因为那里生活条件艰苦，又找不到别的谋生的门道，又有和水长期打交道的经验，有人自小就会游泳，识得水性。

洮河自上游奔泻而来，落差大，水流湍急，地形复杂，沿途多暗礁险滩。解放后政府对洮河南起冶木河口，北至茅笼峡128公里的河床进行了一次整治，清除了险礁龙王坑，疏通了水运航道。但险滩仍有不少，主要的有羊蹄门子、三间坝（急转弯）、博峪槽子、石门浪、沙尕浪（以上属卓尼）、大庙滩、野狐桥（属石峡）、上浪、下浪、九甸峡（以上属岷县）、板板石、狐爪石（属渭源县），临洮境内水势平稳，无甚险滩；临洮至兰州的黄河河道上有刘家峡等几个峡。光听这些古怪而险恶的名字就怕人的，更何况，这些险滩一处与一处不同，各有自己的特点。所以水手中虽有一些积累的放筏与打桨的诀窍与要领，但避免险情，还需要长期的实践经验。关键处，少打一桨就会遇险，多打一桨就会化险为夷。水手与筏子的安全，就在一刹那之间。例如狐爪石险滩，稍不注意，筏子就会触礁，被撞散，人也会撞在礁石上，丢了性命。一年之中，整个水运线上，筏工伤亡人数竟多达一二十人。在人与大自然的搏斗中，人的生命显得微不足道。看来没有一股子舍生忘死的勇气，你做不了一名合格的水手。

水手的水上生活也异常艰苦，饿了啃几口干馍，渴了喝几口冷水，筏子到了停泊地点，当地如无村镇，只好搭锅自炊，往往吃的就是水煮面，无油、无肉、也无菜。面片子揪的很厚，半生不熟，连筷子也没有，只好找根木棍扎着吃。筏工水上露天生活，风吹、日晒、雨淋，晚上只能住在简易的帐篷里，阴冷、潮湿，任蚊虫叮咬。

从河口过海巅峡，要经过龙王坑，有位水手一时忽略，筏子被撞在龙王坑上，筏子被碰散了。他在龙王坑上待了五六个小时，又累又饿，看来只好在龙王坑上过夜了。后来，从上游下来一个筏子，这筏子上的水手向他喊道："快跳吧，后面只有三个筏子，不然就没机会了！"他只好猛力跳上从旁边驶过的筏子，这才逃过了这一劫。过后水手们挖苦他编了一首花儿：

钢二两，一两钢，年轻的水手别胡想，
你千万甭上龙王坑，那上面没有龙姑娘。

1972年临洮县为纪念毛主席《在延安文艺座谈会上的讲话》发表30周年，组织一班子人员创作文艺节目，为创作编演《筏手新歌》的歌舞，笔者带领八九名人员去河口了解、体验筏工生活，除座谈采访之外，还乘坐木筏从河口用了四个小时才到达木厂。我们也曾手握木桨，向水手学习打桨，起初很兴奋，后来觉得单调乏味，又累又饿，疲惫不堪。幸好当时龙王坑已被炸掉，一路还算平稳。由此可以想见筏工生活的艰苦了。

但更让人难以了解，难以体会的是筏工生活的寂寞孤独。1954年以后，每个筏子去掉了后桨，只剩下一人打前桨，筏子整天在水上漂流，连个说话的人也没有。当然，也无心思观看岸上司空见惯的风景，那寂寞感，孤独感就会深深地攫住你。人是合群的社会动物，人如果失去与人的交流，对情绪产生极大的压抑，对心灵带来荒漠化的伤害。如果物质生活的匮乏，是看得见的，暂时容易忍受的话，那么精神生活的贫瘠，对心灵的戕害，将是长久的、深远的。筏上生活，无异于离群索居，他们渴望交流，渴望表达，渴望倾诉的情绪是那样强烈。这也就是鲁滨逊在孤岛上，虽然衣食无忧，却难以待下去，最终逃离孤岛的原因。所以作为一名筏工，要有耐得寂寞、耐得孤独的勇气，要不断克服自己的心理障碍。所以水手岸上的生活是比较放纵的。有人归纳为三风即“赌风、酒风、嫖风”。一夜的狂欢，抵偿几日的寂寞。这是补偿心理在作怪。筏工上岸寻欢作乐，赌博就是为了赢钱，也是一种冒险，就是“豁出去一把”，这是另一种冒险生活，就看你敢不敢；几个人聚在一起，买上几斤酒，高声大嗓，猜拳行令，端来手抓肉，大块吃肉、大碗喝酒，十分豪爽。水手放筏，一般一离家就是几月天气，由于生物本能的作用，寻求男欢女爱、婚外恋、一夜情，过一夜临时夫妻生活，也是常有之情，而这些人较少这一方面的束缚。水手的报酬不菲，但如此一来，所剩无几，没挣下银钱，空手回家的事，也是有的。有些揽头，为调剂生活，招集几个人买上一只羊，吃吃“平伙”，既解了馋，又联络了大家的感情；有的揽头，甚至在木筏上雇用几个唱花儿的高手，在筏上专门唱花儿，或与水手对唱，这也是排遣寂寞孤独的好法子，到了站口，彻夜对唱花儿。虽然水手都会唱花儿，但较高水平的演唱还是听得不多，何况是生动有趣的对唱。这时，大家就会忘记一天的疲劳，听得如醉如痴了。这些专门聘请的花儿高手，一般不劳动，或只做一些辅助性工作，如扯筏子上岸，捎带拿些东西，看管东西之类的小事。但报酬却和水手一样。两块白洋。听到这件事，我很感兴趣，这是以前的花儿采风中，没有涉及的，在这儿加以记述，也算聊备一格。觉得遗憾的是，以前花儿搜集中，记录的绝大多数是农民的花儿，绝少其他行业性的花儿，如水手、擀毡匠、麦客子的花儿，只有脚户演唱的花儿稍多一些。这里我想到花儿与某些职业的特殊联系。

四、筏工演唱的花儿

如果说，筏工从事的工作是为商贸服务的运输业，那么唱花儿，就是他全部的文化生活了。上游汉族筏工多唱洮岷花儿，下游回族筏工多唱河州花儿。把花儿比作筏工的“护心油”“心头肉”，那是一点也不过分的。千里水运路上，进行单调、重复的劳作，无人交流，没有花儿伴随着他，能行吗？自然，遇到险滩，他需要专注地、小心翼翼地紧张拼搏；险滩一过，心情为之一松，一支花儿就会冲口而出。通过花儿，我们可以了解洮河水上运输业的情况，筏工生活的艰辛，他们内心的痛苦、希望与欢乐。著名记者范长江曾在他的长篇通讯《中国的西北角》中记叙黄河筏运时，也不忘把花儿记上一笔：“阿哥的肉，阿哥来时你没有，手里提的肥羊肉。”这地道的，原生态的花儿，虽只半首，把筏工手提羊肉，去看望情人，未见到情人的失望心情，表达得淋漓尽致，入木三分，极具震撼力。

还有这首花儿：

黄河上度过一辈子，浪尖上耍花子哩；
双手摇起桨杆子，好像是虚空的鹞子。

这是1958年拍摄的电影《黄河飞渡》中，临夏著名的花儿歌唱家王韶明，以黄河老水手的典型形象为题，演唱的一首花儿。他把一位老水手熟谙水性，灵活自在驾驭筏子，飞越浪头，身手矫健如鹞子的形象，老水手的自信和自豪，表达得出神入化。

水渠好者河难过，筏子（哈）坐上者过哩；
白天好过者夜难过，一晚夕眼睁者亮了。

这是一首反映筏工艰苦生活的花儿。“白天好过”这是与夜晚相对而言的。白天虽然辛苦，专注于放筏，日子相对而言，是容易混过去的。那么夜晚应该是好好休息，恢复精力与体力，可是漫漫长夜，一眼不贬，不是蹲在崖底下，就是住在阴冷潮湿的帐篷里，只好“眼睁者亮了”，仅此一点，就能看出筏工生活艰苦的一斑了。

冶木峡口里扎筏子，鞭麻稍绾下的蔞子，
阿哥是人里头的头稍子，尕妹是天上的鹞子。

从九甸峡散灌下的木料，到了冶木峡口，即河口，就要捞出来，重新编排串联起来，所用串联的材料，就是“鞭麻稍”，一种很柔韧的灌木，拧成“蔞把”，穿过“牛鼻孔”，把一根根木料，编串成木排。还要固定好桨桩。要迅速熟练地完成这一套工序，那是不容易的。筏工是勇敢者的工作，人又年轻，所以是“人里的头稍子”即“人尖子”。花儿正表现的是对筏工生活的热爱和自豪。

黑石山跟里的唐王滩，筏子哈拴给者河滩，
尕锣锅支起者做黑饭，羊皮袋当哈的案板。

“羊皮袋”柔韧耐用，可以装衣物，装干粮，又是和面的案板，一物多用，携带方便，这是适应水上、野外生活的创造，也说明生活条件的简陋。

临洮放筏是调头桨，浮桥空钻哈的顺当；
手抓桨把者想起你，高兴者把花儿漫上。

以前临洮放筏要穿越浮桥，托起浮桥的大船共12只，船与船的空间，仅能通过一筏。只有调正好筏的方向，才能顺利通过，否则，不是撞坏木船，就是钻入船下，被压成肉饼。“调头桨”就是左右施桨，不断调正筏方向。一旦顺利通过，心情为之放松，想起情人，放声高唱起花儿来。

黄河的筏子七片桨，
揽头哈筏高处坐上，
娃娃嘴扳的缠头桨，
喊哈的凶，扳哈的歹，
汗淌在干脊背上。

放筏不仅是危险的行当，也是一种紧张的战斗。黄河水大，筏子也大，有七人把桨（前四后三）。揽头监筏，坐在高处，是坐在运输的货物或柴堆上，便于观察水势，发号施令。“缠头桨”是桨把绕过头顶，桨片吃水较深，最有力的扳桨动作。号子声声，桨板上下，水手齐心，奋力拼搏，古铜色的脊梁上，汗珠滚滚，好一派水上搏斗情景！

正像其他花儿一样，筏工花儿的主体，也是爱情。

以下花儿正传达的这方面的信息：

洮河水里的木筏子，浪大者靠不到岸上；
三十两银子的金镯子，尕手里紧紧地攥上。

“金镯子”这是爱的信物和赠品，十分珍贵，表达了对爱的真诚与热烈。

六月里的麻雀满天飞，天黑时搭成对呢；
白天的日子熬到黑，天黑时谁的怀里睡呢？

人，为了生计，必须出外谋生，就失去了正常的家庭夫妻生活，看来人不如动物自在。赤诚大胆，表现的是对性爱的饥渴。

上河的木筏子下来了，水大者靠不上岸了；
吃肉喝酒者不香了，心扯到你身上了。

饮食男女，这是人之所欲，但大的牵挂却在“你身上了”。强项大胆，酣畅淋漓，一泻胸臆，这是筏工花儿最突出的特色。这是筏工个性气质和无拘束的演唱环境所决定的。

云南么四川的我不走，我放个筏子的浪哩；
新媳妇婆娘我不维，我维个大姑娘哩。

这些花儿从某一个侧面反映了筏工生活及他们的精神世界。

洮河筏运曾是洮河流域一种重要的商贸活动，也是一幅亮丽的民俗风情画，但它的结束，维护了自然生态的平衡，使青山常在、绿水长流，惠及人们的长远的福祉，是我们庆幸的。

主要采访对象：

杨春明，河口水运队场长，岷县人，已故。

胡海云，76岁，曾任水运队长，临洮上厂胡家人。

胡文中，75岁，曾任洮河林业局劳资科长，永靖人。

李国华，78岁，水运下队干部，临潭人。

（原载于《定西文史资料》第九辑，
中国文史出版社，2017年5月第1版）

谷苞先生的卓尼情结

杨士宏*

先生是学者，在庆贺90寿辰之际，能写一篇理论文章作为纪念最好，但先生门生众多，不乏高才者。因此，想从另一个角度来展示先生做学问和做人的风采。本来我与谷先生既不是师生关系，也无学缘传承。但说来也巧，从知道有先生其人，到认识先生的过程好像有一种缘分，且说来话长。

我是1977年全国恢复高考后的第一批大学生，由于受“十年文革”的影响，基础知识的学习和积累很少，在四年的大学生活中，除了学习专业知识以外，如何进行缺失补遗，改善先天不足，则很茫然。加之本人又无其他特长，一有空闲，则只好泡在离学校很近的甘肃省图书馆文献部翻阅旧闻逸事、方志杂记、民国报纸、杂志之类的报刊书籍。尤其爱看反映西北、民族方面的报刊，如《西北通讯》《西北文化》《新西北》《边政公论》等，也看些像《小方壶杂记》《天下郡国利病书》《元和郡县志》等一些似懂非懂的古董。边看边做些笔记，但不知道要干什么，没有目的。另外，那时的甘肃省图书馆文献部条件虽然没有今天好，但不收任何费用，冬天有煤炉取暖，有开水任你享用，还有文献部的柴老先生知识渊博，热情周到，且对馆藏如数家珍，使我找到了一个舟楫学海的港湾。记得有一天下午，在翻阅1941年出版的《新西北》第4卷第2—6期和1947年出版的《西北论坛》第1卷第2期时，眼前一亮，有两篇文章引起了我的注

*　作者系西北民族大学研究员、《西北民族大学学报》编辑部原总编，现已退休。

意：一篇是《川甘数县边民分布概况》，作者为李安宅；另一篇是《卓尼番区的土司制度》，作者为谷苞。两篇文章都涉及家乡卓尼的历史文化和土司制度等内容。在出版业欠发达、铅字排版印刷的东西在常人眼中还非常神圣的时代，家乡的名字、历史出现在学术刊物上时，我下意识地掂量到乡土文化的分量，产生了对卓尼文化的厚重感。前文在略述四川汶川、理番、茂县、松潘，及甘肃岷县、卓尼、临潭、夏河等两省交接地区的藏族分布概况的同时，重点介绍了以拉卜楞寺为中心的夏河属地（碌曲、玛曲）寺院、部落领地及人口状况；对洮州地区（临潭、卓尼）“三土司”“五僧纲”的沿袭略有交代。尤其是《卓尼番区的土司制度》一文，当时还不知道先生其人，就职何处。此文篇幅虽然不长，但高屋建瓴地将卓尼杨土司600余年的历史从土司制度的沿革、土司制度中的行政组织与行政区划、土司制度中的兵马制度等三个方面进行了论述，研究了卓尼藏族的渊源、土司制度的形成、行政组织的功能和土司制度赖以存在的经济基础、势力范围等。其中，虽然没有对政教合一制度的特色展开讨论，但为后来者点到了这种文化信息的存在。谷先生的文章使卓尼土司从民众敬仰、服从的神坛，以一种制度文化的形式首登学术研究的殿堂，使藏民族惯于口耳相传的历史，成为有文字记载的文本文献，对研究卓尼土司600余年的历史，四十八旗的名称、分布范围、历史地理、行政区划、方志编写等奠定了第一手资料基础，是研究卓尼土司制度的里程碑。先生的文章使我少了盲目，有了目标。从此，我开始关注有关卓尼的各种信息，同时也意识到要研究卓尼历史，除正史《明实录》《清实录》，以及《洮州厅志》、杂记、传说之外，若发挥专业之长，从藏文历史文献中挖掘、梳理有关卓尼历史、宗教、文化方面的材料，取长补短，另辟蹊径，则可能会有很多的事情要做。因此，从最熟悉的地方做起，由近到远，由浅入深，开始从人文历史、政治制度、宗教文化等方面搭建研究卓尼土司历史文化的框架，并渐渐地找到了自己的人生坐标，走上了学术研究这一冷门。

1981年12月，大学毕业的我被留校，分配到学校民族研究所从事专职研究工作。这样，我在学生期间的一些积累总算派上了用场，并在段克兴、王沂暖等著名学者、教授的点化下，研究工作很快上道。其间，由于工作需要，阅读面不断拓展，在查找藏传佛教在新疆阿勒泰蒙古族地区发展的资料时，偶然见到谷苞、纪大椿两位先生的文章，记得好像是《承化寺事件》一文。文中引出了一位爱国、爱教，维护民族团结和祖国统一的藏传佛教僧人——棍噶札勒参。该僧原籍卓尼，受拉卜楞寺的派遣，到新疆阿勒泰地区传法护教。其间，为稳定地方，安置东归的吐尔扈特蒙古于阿尔泰南麓，及反对沙俄对新疆地区的侵略成绩卓著，位至伊犁副总将军、呼图克图。从这篇文章反映的作者信息得知，谷先生在新疆社会科学院任职。先生为了西北各族人民的解放事业，毅然从兰州大学的讲台上脱下长袍，随王震将军和中国人民解放军进军新疆，他远离甘肃，还牵挂着甘肃卓尼的人和事。在对棍噶札勒参在新疆、西藏及内地活动事迹梳理的同时，获得19世纪活跃于西藏地方的政要和宗教方面的高僧大德如摄政王、噶丹寺法台等众多信息，使我认识到研究卓尼不能仅限于对土司历史文化的考察，还应研究在卓尼这块肥沃的文化土壤中产生的牵一发而动全藏的人和事，使我的研究范围不受拘泥。

1986年9月—1987年12月，我在兰州大学历史系助教进修班学习。期间，得知谷苞先生客居兰州，受兰州大学聘请，任历史系教授、民族学硕士研究生导师。记得1987年的五、六月间，所领导通知我参加一项科研活动，项目负责人是原新疆社会科学院院长、国家政协委员、兰州大学教授谷苞先生。据说先生受当时国家民政部负责人的支持和委托，要在西北地区调研改革开放以来民族地方在政治、经济、宗教等方面出现的新情况、新问题。为此，谷先生将调查点选在甘肃省甘南州在经济类型、文化特点方面具有代表性的卓尼、玛曲、夏河三个县。卓尼是我的家乡，可能为了便于工作，则被吸收为调查组成员，这样就有了和先生近距离接触的条件。调查组出发那天，我们乘车到甘南藏族自治州政府所在地合作，第二天一早先生提出要去州委组织部，到组织部才知道先生持临时组织关系到当地组织部门备案。由此，我感悟到一位党的科学工作者对组织的忠诚及其对事业的责任心。在组织部办好手续之后，分三个调查小组，分赴各自的调查点。我们一组由谷苞先生带队，还有他的两个研究生高永久、李晓霞，四人于当日赶到卓尼。到了卓尼，他回忆起50多年前在当地和迭部搞社会调查的情景。那时的卓尼属土司统治，其辖区迭部一带，有一些外来客和部分当地人私种罂粟，因暴利驱使，社会治安极不稳定，去迭部的途中，时有劫匪出没。为了确保他前往迭部调查的人身安全，土司授予他一顶帽子，若途中遇到险情或打劫，遇到困难拿出土司的帽子，可得到当地群众的帮助，遇到盗贼则可化险为夷。50多年前的事不堪回首，50多年后的今天翻天覆地，感慨万千。这次先生在卓尼调查比较低调，没有惊动地方领导。在县城住政府招待所，吃在大灶或在街头寻找小餐馆将就。这与住在招待所一墙之隔的省上某副厅长的待遇形成明显对比。副厅长一日三餐由服务员送到入住的豪华间会客厅，有酒有肉，有人陪吃喝。对个人生活待遇的好坏，先生并不放在心上，只想一竿子扎到底，到基层去。因此，只在县城待了两天，作了些下基层的物质准备，第三天去木耳乡多坝村搞定点调查，住在老乡家，与群众同吃同住。他发现改革开放以来群众的生活发生了很大的变化，经济搞活了，来钱的门路也广了。但是，其中有部分人钻林业管理方面疏漏的空子，靠盗伐倒卖木材发财，手头比较宽裕了，加之空闲时间业余文化生活的单调而贫乏，游手好闲，精神空虚，为一些已经销声匿迹多时的腐朽文化的滋生和社会沉渣的泛起提供了土壤。吸食大烟在当地成为有钱人的一种时髦，外来宗教传播蔓延的势头也比较强盛，由此引发的小到夫妻矛盾、家庭纠纷，大到社会治安、森林保护以及宗教文化之间的冲突等，无不影响当地社会稳定、经济发展及人民的身心健康。先生走家串户，走访调查，并通过公安部门深入戒烟所了解烟毒对民族地区经济建设和社会稳定带来的巨大危害。他痛心疾首，奋笔疾书调查报告，以内参的形式上报国家有关部门，用学术论文的形式向社会敲响了警钟。此项调查引起了国家和地方政府的高度重视，及时清除了影响民族地区改革开放和经济发展中的社会沉渣和不稳定因素，从此以后，吸食大烟、偷鸡摸狗的行为被人们唾弃而没有了市场，使当地物质文明和精神文明建设走向健康发展的轨道。在调查过程中，先生严明的组织纪律，严谨的治学方法，务实的工作作风，淡泊名利的处世态度，使我终生受益。

从参与那次考察活动以后，我与谷先生的接触也渐渐增多了，不时地去请教一些问题。他对我在学术道路上的进步与成长非常关注，也非常关爱和高兴。他以一位久经考验的马克思主义民族学家的眼光，看到的不只是局部，而是整体。他认为新中国培养的少数民族自己的一代学者正在成长，民族研究事业后继有人，民族研究大有希望。

1991年以后，我开始兼任西北民族研究所的党务和行政领导工作，不仅自己要不断努力，还要协同其他同志考虑全所的通盘工作。如何把握正确的政治方向，坚持马克思主义民族理论的指导，站在学术研究的前沿，为民族地区的社会稳定、民族团结、经济和文化建设的全面发展提供智力支持，是民族研究的宗旨和关键。就以上问题，我们在工作中不断探索，不断求证。1997年11月12日，西北民族研究所与甘肃省民族研究所联合召开“西部开发与民族研究学术研讨会”，先生应邀出席，并以江泽民同志在十五大报告中关于社会科学研究工作所讲的“着眼于马克思主义理论的运用；着眼于实际问题的理论思考；着眼于新的实践和新的变化”的指示为会议赠言。由此可以看出一位马克思主义民族学家高瞻远瞩、与时俱进的科学态度。我们则把赠言作为指导新时期民族研究工作的座右铭。

2003年，我被调整到《西北民族大学学报》编辑部任总编辑，谷先生敬录的“三个着眼于”仍然是《西北民族大学学报》“立足西北，服务民族”的理论指导和稿件取舍的标准之一。

（选自《谷苞先生90华诞纪念文集》，
兰州大学出版社，2007年12月）

卓尼与洛克：80年前一次不朽的邂逅

才旺瑙乳*

1925年，一位神秘的美籍奥地利裔学者，单枪匹马，带着他的纳西仆从，进入了青藏高原边缘属于卓尼嘉波（藏语国王，俗称土司）辖区的卓尼地区。两位互相好奇的在各自领域不平凡的人，从相识、相知，最终成为至交。在卓尼嘉波的开许和帮助下，这位学者在卓尼、迭部等地拍摄了近千张照片，留下了大量记录当地社会、自然的文字资料。他就是美籍奥地利裔植物学家、人类学家约瑟夫·洛克（1884—1962年），他一生的很多时光在青藏高原边地度过。但他的卓尼之行在国内学界却鲜为人知。

杨积庆（左）与美籍奥地利植物学家、探险家约瑟夫·洛克（右）合影

日前，经由兰州大学历史学院博士生导师宗喀·漾正冈布主持撰写的《卓尼生态文化》一书披露，才使洛克的卓尼之行亮相学界，正式进入我

* 作者系兰州晨报社副刊负责人。

们的视野。

据说洛克当年的卓尼之行，除人类学的巨大收获外，还收集了2万份动植物标本，其中1000件鸟类标本，几百包种子，大部分是在卓尼、迭部采集。这些植物种子，现在生长在北美地区，而其中的一些种类已经在卓尼和迭部绝迹。

记者获悉这一消息后，即采访了宗喀·漾正冈布先生，并循着他提供的线索和文字，赴卓尼、迭部等地考察，一个几近埋没的历史事件和人物逐渐变得清晰。

约瑟夫·洛克1920年受聘于美国农业部，赴缅甸、暹罗和印度的阿萨尔邦寻找一种治疗麻风病的植物。这是洛克的第一次远东之行。这次旅行之后，洛克随即受到美国国家地理学会的赞助，来到彩云之南的中国云南省调查自然史，并在丽江结识了日后陪同他到卓尼等地考察探险的纳西人。1924年夏，洛克到哈佛大学阿诺德植物园，与植物园主任萨金特教授商洽赴阿尼玛卿山脉和祁连山脉的植物学考察，得到首肯，开始了为期三年的考察计划。

1925年4月末，约瑟夫·洛克穿过云南和四川两省，历经了土匪、兵乱和疾病的劫难，来到了卓尼，并以卓尼为基地，开始了在青藏高原边地为期两年多的植物学考察。

记者在当地学者格日才让陪同下，参观了洛克文章中怀有深情的卓尼嘉波的政治中心柳林镇。历史上这是一处不大的村庄，有400户人家，大约近2000人口，现在已成为卓尼县城。据说第十九代卓尼嘉波杨积庆（罗藏丹增·南杰道吉）就在此对这位远道而来的客人待若上宾。实际上，早于洛克而来卓尼藏区的外国人，无论是传教士还是考察

1925年，禅定寺法会

家，都受到过卓尼嘉波友善的对待。他经常为洛克安排拍摄活动，对洛克来说，杨积庆是一个热情的介绍者，关于卓尼王国的过去和现在，洛克渐渐有了了解。

1925年，卓尼禅定寺《甘珠尔》《丹珠尔》藏经楼一角

在洛克的眼里，杨积庆是带他真正走进卓尼的人，他在日记中写道：卓尼嘉波是一位个子很高的，才度过36个寒暑的年轻人，穿着讲究的汉地丝绸和缎子长袍，在节日来临的时候他会换上极富魅力的藏装——戴上狐皮帽子，穿上彩色皮革制成的藏服，踏上鞋尖上翘的藏靴。他有一位夫人和三位姨太太，一个18岁的儿子和一个女儿。在宗喀·漾正冈布师生翻译介绍的洛克通信、手稿中，可看出杨积庆是洛克笔下描述的轮廓最清晰的人物。

1925年5月中旬后对卓尼全境的考察中，洛克发现单从风景的角度来说，卓尼的美丽是无与伦比的。两条大河：洮河和白龙江，由西向东穿境而过，覆盖着郁郁葱葱的森林向南面和北面延伸。它的南面和东面与四川毗邻，西面是牧民的草原，北面则临近洮州的新城和旧城。

毗邻柳林的山麓上是卓尼大寺，正门上书有康熙皇帝敕赐的匾额“禅定寺”，它有两座大经堂和几处宏伟的佛殿。洛克就被安排在该寺策墨林活佛的拉章里。他所住为藏式四合院，有游廊通向四面将住所围住。这个院子里培育了牡丹、丁香以及各式各样的花朵。

对约瑟夫·洛克来说，杨积庆的深情厚谊和其治下相对稳定的政治环境，使得卓尼成为他科学考察的基地。其次，卓尼及迭部地区的生态多样性也令洛克大为惊喜，其植物收集中最有价值的部分均来自上述地区。

洛克在卓尼藏区的考察路线，以卓尼嘉波的驻地柳林为中心，向东经过博峪沟抵达大峪沟，沿大峪河溯源而上，到迭山主峰扎伊克嘎，翻越此山即到黄河流域与长江流域的分水线，由此向南翻越古麻山沿麻牙沟可到下迭部诸峡谷。从柳林向西先后经过木耳沟、拉力沟、卡车沟，经卡车沟再向西穿越可到车巴沟，沿车巴沟逆流而上可达光盖山主峰久波隆，抵"九天门"之地。由此向西沿河谷行进即到扎尕纳山，再从扎尕纳山沿益哇沟可到上迭部诸峡谷。这一东一西两条路线连接了洮河（碌曲）流域和白龙江（舟曲）流域，基本上将卓尼藏区丰富的生态资源和秀丽山川一览无遗。

在这个谜一般的国度里，洛克眺望脚下的洮河，背后是梵音袅袅的寺院，写下了他对卓尼最深切的感受：这个城镇可能在它600年的历史中没有发生一丝变化。在寺院南门下面1/3英里的地方，就是洮河，它装点着村镇和寺院。

1926年，洛克曾有过一次失意的阿尼玛卿山脉和祁连山脉考察行程。其间（1925年到1927年）的两个冬天洛克都在卓尼越冬。

2006年7月，宗喀·漾正冈布带着他的10多名学生，赴卓尼沿洛克的足迹进行田野调查，洛克遂引起当地有关人士关注。据宗喀教授讲，洛克在卓尼很可能是以才巴洛（才巴是藏语，洛是洛克的简称）这个名字出现在老人们记忆中的。现年94岁的赵家阿婆陈扎什草老人，幼年时曾听长辈们说，有位叫才巴洛的洋人曾在卓尼生活过。

洛克在1925年12月给阿诺德植物园邮寄了紫斑牡丹种子。据卓尼大寺的老喇嘛回忆说，紫斑牡丹的种子是他们从深山里采来的。尽管洛克不是第一位采集到紫斑牡丹者，但他却成功地将其引种到阿诺德植物园，开出了松散飘逸、纯白花瓣上点缀有紫斑的花朵，使西方人领略到了卓尼紫斑牡丹的绰约风姿，并在后来扩散到欧美

1925年，卓尼禅定寺院内主道路　　约瑟夫·洛克　摄

各国。大约到了1938年，紫斑牡丹在美国、加拿大、英国和瑞士等国相继开花。紫斑牡丹及其所形成的品种，现在称“牡丹洛克类型”，被视为花中珍品。

1925年，约瑟夫·洛克购置卓尼版大藏经从禅定寺往外驮运

就卓尼而言，洛克的这次造访，不仅向西方全面介绍了卓尼地区丰富的生态资源，而且为美国国会图书馆购买了卓尼版大藏经，并在《美国国家地理》杂志发表了大量介绍卓尼大寺的图文。卓尼版大藏经现已成为美国国会图书馆的经典性收藏。

1927年3月10日，洛克告别杨积庆，离开了卓尼。

随同格日才让，记者前往洛克记载过的距县城10多公里的博峪土司衙门参观。这里已改为学校，旧居不存。古树和依稀可辨的墙体，是唯一可以回想当年风貌的遗存。

据格日才让介绍，1928年，就在洛克离开的第二年，卓尼大寺因马仲英之乱毁于兵燹，其中包括珍贵的卓尼版大藏经印版和紫斑牡丹。1937年，发生了震惊西北的“博峪事变”：杨积庆手下军人发生兵变，深夜攻入土司衙门，将杨积庆一家七口杀害。

获悉这些情况后，痛心的洛克几经周折，向卓尼大寺回赠了紫斑牡丹的“美籍”后裔种子。目前，蕴含着一次历史性邂逅和诸多传奇故事的紫斑牡丹，已在卓尼遍地生根。

（选自《卓尼文史资料》第八辑，中国人民政治协商会议卓尼县委员会文史资料委员会编，2010年10月）

1942年卓尼北山地区的“两个草哇”组织

格日才让

1991年8月20日，中共甘南州委党史办白全忠同志来卓尼，专门调查解放前国民党在卓尼的组织情况和一些地方帮会组织。他此行的目的没有达到，一无所获。但给了我一个提示，于是我对解放前卓尼北山地区的两个民间组织产生了兴趣，通过县委统战部时任部长杨克智的介绍，我认识了北山老干部王治国同志，并且于1991年8月22日下午采访了他。

王治国，又名贡布才让。1948年开始在卓尼民兵司令部教导队任战士、班长、翻译等，1965年3月参加革命工作，历任公社书记、革委会主任等职，曾为政协卓尼县第四届委员会常委，1986年6月退休。

据王治国同志说，草周草哇是杓哇寺压床（法台）杨喇嘛的侄子洛哲等组织的，现在的人把洛哲也叫杨喇嘛，不知道的人以为是一个人，其实不然，他叫小杨喇嘛，是大杨喇嘛的继承人。大杨喇嘛曾经求学于夏河拉卜楞寺闻思学院，获格西学位。扎贡巴活佛任命大杨喇嘛为杓哇寺法台，不久，大杨喇嘛把职位让给小杨喇嘛接任。大杨喇嘛在僧舍内闭关、静坐、修行。后又还俗，到附近的出路村给赵家当了女婿。赵家是个土族，家庭很富裕，是个有名的强汉（方言，意指家中很富裕）家，但没有儿子，只有一个丫头，大杨喇嘛当了赵家的女婿后，也能干起来了。

杓哇大扎村有个名叫石旦巴的人，原来也是杓哇寺的僧人，此人比较狂野，后来就不当僧人还俗了。石旦巴原来不姓石，在寺院还俗后，给喇叭村丹古家当了女婿，丹古家也比较富裕，但在丹古家里石旦巴没有权力，没有地位，所以靠着丹古家的女儿，到大扎村吃了石家的田地，所以改杨旦巴为石旦巴。草周草哇的人，全部是石家人。“草周草哇”的意思是一起组织者。

杓哇旗下，有个姓安的总管，是卓尼杨土司派遣的，势力很大，在北山杓哇一带威信也很高，大杨喇嘛和石旦巴还俗，受到安总管的指责，石、杨与安不和，是石、杨组织草周草哇的原因。

据老人们说，在这个时候，夏河县美武土官杨世杰的“一头牛丢了”，说偷牛者是杨喇嘛的人，并从杨喇嘛处抓去一人，打了一顿后放了，后经过杨世杰与杨喇嘛双方调解打官司，杨喇嘛赢了，美武方面给杨喇嘛赔情道歉，但双方的小吵小闹从未停止过。草周草哇一开始人数并不多，石旦巴弟兄多，加之杨喇嘛的外甥等，人数并不多，但个个很能干。一开始（1941—1942年）只有十几人，杨喇嘛是头人，石旦巴是第二头人，三头人是柴家。后来势力发展到杓哇旗、中旗一带方圆60里以内，有威望有本事的人都参加了该组织。王治国的父亲是个僵板筋（方言，指人固执），不肯加入组织，王多次劝父亲，也无济于事，后来被草哇的人抓走了，但不久就释放了；王的尕大（即叔叔）和父亲历来不加入草哇，就罚款一头牛，但最后拿了一斤酒，算是入了草哇。这时杓哇、中旗一带的人基本上全部都入了草周草哇组织。卓尼方面的安总管说：“土司不赞成什么组织，各旗都有自己的组织”。

草周草哇发展很快，这个组织经常派一二人到杨喇嘛处守防，以防临近的骚扰。杨喇嘛骚扰组织了草哇，但卓尼土司制度的事情和给土司纳贡的钱两，都没有减少，也没有增加，地方的大小事情都由杨土司派遣的安总管控制和掌握着。

草登草哇（即“七部落会”，一个穷人的组织）是由肋巴佛组织的。肋巴佛9岁时到康多寺学经，但寺院不接受，原因是外来的汉人，后来他又四处托人求情，陈述他老家松鸣岩寺的种种不幸，于是，暂时答应以住在寺外的身份学经。肋巴佛把怀来寺的面具都捐给了康多寺，加样华旦伺候肋巴佛，给肋巴佛看门、扫院、做饭，生活确实困难。田香巴学者任肋巴佛的经师，生活虽然很困难，但徒弟中肋巴佛进步很快，学习成绩很不错，于是自称是肋巴佛的转世灵童。

肋巴佛的聪明和能耐被杓哇扎古村曹卓巴看到后，把自己的孙子曲格放到田香巴处求学，肋巴佛就成了曹家的人。曹卓巴对扎贡巴活佛万分尊崇，无事不求，扎贡巴也对曹卓巴无事不应当。于是曹卓巴请求扎贡巴，肋巴佛由于扎贡巴的恩情，有了这层关系，由原来的下坐放到上坐，并铺上了两层垫子。曹卓巴又请求于本村，求得宅基地，给侄子曲格盖上了五间楼房，但在恭喜的那天，来了很多穿军服持枪的官人，他们在寺中放枪放炮，破坏了当地的习俗，于是引起了村子和寺院僧人们的不满，加之曹卓巴等吸食大烟，留宿女客，更加引起僧俗的不满。后来和政、临夏等地的人也来的很多，寺中买卖也较好，但生活仍很困难，在肋巴佛处住宿的人很多，又引起了不满，扎贡巴活佛求情于寺院，想把肋巴佛转移到寺院锅龙（指寺院周边转圈的路）内，但寺院没有答应。这时，肋巴佛在康多寺待不下去了，就组织了草登草哇，参谋长是曹卓巴，是由扎古村姓曹的四家，康多村姓张的一家，上卓巴村的田家和曹家两户，多玛连珠村的三家和杓联村的一家姓曹的土官，多藏村的两家，拉路河村的两家，另外还有两家汉民户，开始时就是这些村子的这些户人。

国民党驻甘肃武都骑兵独立营营长张英杰，与肋巴佛认识（我不知道什么原因，什么时候认识的），肋巴佛领着加力村的年麻周、康多村的扎华声称到四川去买东西，但实际上走到张英处，张给他们枪支弹药等。从宕昌县回来后的第一年，卓尼土司杨复兴的胞兄杨继祖到康多寺观看酥油灯，肋巴佛请杨继祖到家吃饭，肋巴佛把组织者的名单给杨看了，杨无表态（这句话是杨生前告诉王治国的）。肋巴佛起义1942年正月十五日后就发生了。

形形色色的外国洋人在卓尼

格日才让

1840年的鸦片战争，打开了中国的门户，大量的外国人开始踏入中国，踏入中国内陆，其中一批是传教士，想在中国的少数民族地区传播他们的思想和意识。另一批是植物学家，也就是为各种机构服务的搜集各种植物种子和动植物标本的人。

1835年（清道光十五年）开始，外国传教士陆续进入了甘肃南部的少数民族地区。1878年（清光绪四年），罗马教皇派遣比利时籍韩主教，亲率外国传教士多人，来甘肃传教。为了便于领导和管理，划分为甘南和甘北两大教区，同时又有“西差会”在甘南活动。

1882年（清光绪八年），美国人首先在洮州（今临潭、卓尼一带）建立了“宣道会”。1889年（清光绪十五年），英国人伊斯顿来到洮州地区在卓尼等地活动。1898年（清光绪二十四年）正月，英国传教士禧德生一行男女3人，由青海贵德往俘安、同仁、拉卜楞寺、卓尼等，将卓尼阳坝城“八棱碑”（唐《石堡战楼颂》碑）窃运美国。事发后，当地知名人士曾联名向政府揭露控告，而岷州、循化厅（政府）奉旨派兵沿途保护，恐发生不测。

1898年10月，法国人赫尔弟乐由贵德游历到洮州所辖区拉仁关、西仓新寺（今碌曲县）一带，被当地牧民抢去银物牛马等，使地方官员颇为震惊。

1899年（清光绪二十五年）正月，美国传教士克醒吾等3人，由青海贵德往循化到拉卜楞寺，借宿“塔哇”，有拉卜楞寺僧俗10人，乱石飞打，不让住宿，立刻逐赶，其中1人受石击伤甚重，河州镇将此事急报陕甘总督，西宁办事大臣出示布告，一面警告挑衅不法分子，交厅严办，以昭炯戒，而静边关；另一面通告各地土官头人和藏地牧民要好生保护洋人，不准再有驱逐。如此崇洋媚外之公文西宁办事大臣曾向循化理番厅不断发来，使循化、洮州、岷州穷于支应，不堪其苦。由于这些外国传教士“接跻入番，往来不绝”，每年总在数十次。保安（青海省同仁县）、旧洮（今临潭县址）、岷州（今岷县）居住美、英两国传教士和“游历”男女20余人，地方要派兵率领护送总在数十次，往返一次二十站，单程六百八十里，使得人民苦于役使，府衙支出颇巨。

1912年（民国元年），英国传教士威廉珀道姆（1880—1921年，英国植物学家、探险家），来中国西北地区进行植物考察，他于1909年至1912年，从承德、北京开始，经过天津、沿黄河一线省份河北、河南、山西而上途经陕西进入甘肃，最后从甘肃的岷县来到卓尼，历时3年。沿途为美国阿诺德植物园搜集各种植物种子和标本的同时，也拍下了很多沿途各地的民土风情。其中有卓尼大寺、卓尼贡巴寺、卓尼白塔寺、卓尼藏族母女像、卓尼柳林镇、卓尼背木炭工、卓尼洮河流域儿童、卓尼洮河流域手持念珠的僧人、卓尼妇女头饰、卓尼喇嘛寺院里的长喇叭、卓尼喇嘛寺院里的法会舞蹈、洮州游牧妇女等照片，这些照片弥足珍贵，为我们今天研究当时的历史提供了宝贵的资料。特别值得一提的是，在他的一系列照片中曾捕捉到了卓尼大寺“羌姆”的壮观场面。这些照片见证了这些寺院昔日的恢宏。

1915年9月，卓尼土司属地迭部群众抢劫录巴寺福音堂教士，酿成外交讼案，甘肃总督奉令派洮州厅振武军统领姚秉义剿办，姚会同卓尼土司杨积庆、临潭土司昝锡率藏兵进击，追还赃物。

基督教传教士纷纷来到甘肃南部，是在“三自”爱国运动发生前。到民国时期，洮州新城、旧城、拉卜楞寺、黑错（今合作）、卓尼及其辖区的阳坝、录巴寺、电尕寺（今迭部县）、巴藏（今舟曲县）、洛大（今迭部县）、西固（今舟曲县）、郎木寺（今碌曲县）等地都建立起了教会组织。克醒吾、席儒珍（即后来的新普颂）、新振华、孙守城、德文华、吕成璋、艾名世、舒雅哥、麦约翰、维雅哥、李维善、菲文光等在甘肃南部地区长期活动，建立起临潭、夏河、西固、卓尼神召会和宣道会，卓尼安息日会、洛大藏族会、临潭石旗、部旗的天主教会。

外国传教士在华人牧师、教士配合下数十年如一日，在极艰苦的条件下“布道”，志在把基督福音送给受苦受难的随教人民，由于意识形态的不同，接受基督教的人民并不多。

1924年4月，奥地利植物学家、探险家约瑟夫·洛克受美国哈佛大学阿诺德植物院的派遣，率领考察团从云南翻过崇山峻岭，经四川来到甘肃南部卓尼——一个面积广大的土司王国，并在这里逗留了两年多的时间，洛克的考察团受到卓尼土司（嘉波、贡玛）杨积庆的热情接待，并提供了一切尽可能的帮助。洛克在其文章中说：“这位土司继承了他700余年的家族传统，向来善于辨别外界的空气。”洛克在此时和陆续前来甘南的传教士一样，被卓尼禅定寺的喇嘛们视为不受欢迎的人。只等着土司的一句话，就可以用雨点般的石头将他们赶出卓尼——这个藏传佛教的弘传圣地。可是由于杨积庆土司对外来世界的态度，他们只好忍气吞声，忍受着这些“不祥之人”在卓尼穿梭，甚至踏入他们的圣地——卓尼大寺。

作为一个植物学家，洛克终于不虚此行，在卓尼喇嘛寺院里发现了珍贵的紫斑牡丹（西北研究专家认为最珍贵的野生种）并将种子寄回美国，这使得在今后的几十年，欧美各国开始培育、引种紫斑牡丹。如今，这些耐寒的紫斑牡丹在西方被称为“洛克类型”。

洛克的照相机不仅仅惠顾这些生长在香巴拉的野生植物，他似乎对生存在这片土地上的形形色色的人也产生了浓厚的兴趣。即使是平淡无奇的一棵棵松树的照片，也要让土著居民站在树下——作为一位植物学家，他关注的是这片神奇土地上的完整生态——我们对此可以做出这样的解读。因而我们在一张张植物学的照片中，看到了一张张质朴的面孔，有的穿着藏服、踩着长靴，有的背着猎枪，有的还会摆出那个时代少有的在照相机前才能摆出的姿势，相同的是，他们都有一张张黝黑的面孔，这是高原的太阳赐予他们的健康肤色。

洛克幸运地拍到了卓尼大寺举行的六月六“嘉样娃”跳神法会，这次机会是土司慷慨给予的，尽管他的属寺喇嘛们对这个白皮肤的人报以冷眼。洛克将这次拍摄经历写成文章，发表在了1928年11月的美国《国家地理》杂志，这篇文献成了我们今天能够领略卓尼大寺（卓尼禅定寺）盛况的正规文献。因为从1929年后的马仲英之乱烧毁卓尼大寺和土司官邸开始，这座闪耀着无尽光辉的安多大寺历经劫难。我们猜测，洛克可能给卓尼大寺留下了最后的影像。洛克还在卓尼逗留期间为美国国会图书馆购买了卓尼版的《丹珠尔》和《甘珠尔》大藏经，几经辛苦运回美国；几年之后，卓尼版大藏经雕版在禅定寺劫难中付之一炬，不复存留。今天美国国会图书馆卓尼版大藏经成了弥足珍贵的孤本。尽管受到喇嘛犀利的目光，洛克给卓尼这块圣土保留了可以唏嘘的回忆，他与卓尼有命中注定的缘分。

洛克的这篇文章在1963年的时候，就被甘肃省图书馆组织人力翻译，称为《卓尼喇嘛寺院的生活》，可惜没有能够附上图片。同所有人类学家一样，生活习俗的冲击最先来了，他发现这些藏人身上“带着一股令人难闻的腥膻酥油味”，喇嘛来访后，“其臭味也是难以一时消除的”。这些气味并没有能够阻挡洛克对于卓尼大寺的兴趣，他用文字和摄像记录了跳神大会的全过程，并加以简单的分析，这对刚刚踏足此地的人来说并不是一件简单的事情，他文笔之犀利、影像之有力不逊于受过训练的老道的人类学家。跳神的步骤、服装、气氛，以至于观众的表情，等等，全能够在这片不长的文献中找到。令人印象深刻的是他对跳神全过程中“笑剧”的描写——代表汉地大和尚的南登在这出剧中丑态百出，反复被藏人戏弄。洛克说“不论他们看到过多少次，总是极愉快的情绪，倾注全神。”“整个的这段表演，都意味着它是具有一种政治宣传的。它强调着喇嘛高于中国汉人，这些人是他们怀恨在心的。”这是整个跳神法会的高潮阶段，观众们不断发出欢呼和呐喊。这段文字让我们感到，汉藏交接地带的卓尼，文明与“野蛮”的误会，文明之间的隔阂有如此之深。洛克整个西北的考察留下了千张图片，这是民国初年西北的一段黑白记忆。我们期待尽早读到洛克的传记，他与中国西北有过这么传奇的不解之缘，同时也希望通过努力，尽快让有兴趣的人们，看一看这些记录大西北的黑白世界。洛克在西北考察期间，斯文赫定率领的中国西北考察团也在甘肃的北方进行，不停地穿越沙漠和草原。一张张蒙古人、维吾尔人的面孔瞬间凝固。也许他们的考察队并没有与洛克相遇。作为伟大的探险家，我们在他们的遗产中看到了藏人、蒙古人、维吾尔人、汉人的大西北，看到了拥有雪山、草地、沙漠和荒原的大西北。洛克笔下的杨积庆：“杨，一半是藏族人，一半是汉族人，他中等个子，修长、聪明，与幼稚的木里国王不同。在很多方面，他是一个非常时髦的人，对于外界的世界有着独到的见解。”

1929年（民国十八年），兰州成立“基督复临安息日会”。1932年（民国二十一年），美籍德国人舒雅哥与教徒兰州市人陈自新一同来卓尼，向卓尼土司租借木耳桥南侧空荒地建立教堂，成立“安息日会”，也在这里利用木耳沟河水发电，并搞电动木材加工、安装电灯、电话、办门诊治疗所，用这种手段吸引了一部分藏、汉两族学徒，也可算是引进外国先进技术设备之开始，但徒劳无益、事倍功半。

历史是昨天的足迹，外国传教士的“布道”，令人费解。但植物学家的“奔波”，还有其“扬善”的成分。一百年过去了，地球上的有些动植物濒临灭亡和绝迹，我们何而不为。

中国名记范长江与卓尼土司杨积庆

格日才让

1935年，新闻记者范长江来卓尼时，卓尼嘉波罗藏丹增·南杰道吉（杨积庆）曾慨叹："近十年来，外国人来卓尼者不下二三十人，而中国新闻记者至其境者尚以范长江为第一人。"

范长江（1909—1970年），原名范睦，当时中国的名记者。1935年以天津《大公报》特约通讯员身份到西北地区考察旅行采访，发表了一系列当时轰动全国的报道，这些报道后收入其著作《中国的西北角》一书。

范长江于1935年7月，从成都出发开始采访，最后来到了卓尼。他在临潭休息一日，8月20日至洮河南岸访问，因卓尼嘉波的司令部及私人住宅已由卓尼（柳林镇）改迁到了木耳镇境内博峪（书中他将之称为"泼鱼"），于是范长江渡过洮河前往博峪采访。在"洮河与白龙江之间，为终年积雪之迭山，树林茂盛，山势重叠，因以得名"，而"泼鱼（今博峪）在迭山山脉北麓，洮

第十九代土司杨积庆（右）和《大公报》记者范长江（左）

河南岸，为一幽美恬静之村庄”。8月23日，范长江离开卓尼去兰州。

根据1936年天津大公报馆出版的《中国的西北角》一书记载，范长江记述了当时卓尼嘉波所穿的服饰以及土司的学识、他的武装人员和设备配置、番民对嘉波的贡赋、土司辖内及附近的西道堂和回教发展的概况等。

范长江在《杨土司与西道堂》一节，提到“杨氏聪明过人，幼习汉文，汉文汉语皆甚流畅，对于藏语反所知甚少。喜摄影，据云已习照相二十余年，其摄影之成绩，以记者观之，恐非泛泛者所能望其项背”。卓尼嘉波告诉范长江：“近十年来，英美法人之至其辖区内调查者已有二三十人，甚有在其家中居住一二年者，尚以记者为第一人，言罢，不禁唏嘘。”

著名史学家顾颉刚在卓尼的足迹

格日才让

顾颉刚（1893—1980年），1902年北京大学中国哲学系毕业，历任厦门、中山、燕京、北京、齐鲁、中央、复旦、兰州等大学的教授，一生著书立说。

1937年9月至1938年9月，顾颉刚受中英庚款董事会的委托，到甘肃、青海考察教育，历经19个县市，对各地教育事业、民族情况、民情风俗等进行了了解。1938年春，曾先后赴临洮、卓尼、渭源、康乐、岷县等地，到过一些学校、文教单位进行视察、交流，并试图开办寒假小学教师讲习所。在旅行期间，他编写了《西北考察日记》，在日记中记述了他所经过地区的自然、人文景观及风俗人情的内容。

顾颉刚与其弟子王树民于1937年10月2日，从兰州市出发，经过临洮、康乐等县时，看到景色荒凉，民生凋敝，陡增悲感。

车走黄沙白石间，天低云压马头山。
江南河北知何似，凝目层峦不展颜。

他于1938年5月18日来到了卓尼，与前几站相比，卓尼的自然风景让他沉重的心情稍稍得到释然，于是慨言："十二时半，到红堡小学憩，一时又行，到上卓小学憩，三时到卓尼，安头目等来接，入禅定寺。一路走来，唯卓尼风景佳胜，洮水清而松林黝，水边万柳毵毵，深密之甚。予游西北，最爱卓尼。"他在卓尼前后停留二十多天，比较注意问询了解卓尼的地理自然资源、民风民俗、文化教育事业以及宗教状况。在其日记中写下了当时对卓尼的印象："18日3时于卓尼禅定寺安顿，卓尼风景佳胜，洮水清而树林黝，水边万柳毵毵，深密之甚，禅定寺独踞一城，临踞卓尼城之上，围墙皆松与杨，行其中殊静谧。"作为当时受开放思潮影响的中国内地知识分子，他念念不忘的还是开发卓尼的自然资源："卓尼辖境，洮河北为草原地带，居以游牧，洮河以南为山岭地，野生森林分布甚广，农业则仅以洮河及白龙江若干谷地及小型冲积平原，吴局长（指吴景敖，卓尼设治局局长）为发展生产教育计，拟创立林业经牧业合组之职业学校一所，又白水江谷地藏铁甚丰，加以洮河流域之牧业、林业，将来手工业及轻重手工业之发展均极有望，为便于本区资源之调查与生产技术之研讨，拟组设一小型研究所。"

5月19日，由宋堪布引导，参观禅定寺。故杨司令夫人也到家寺中，访之，唯掩面而哭，不出一语。复访安头目及小呼图克图。下午，赴设治局宴。出，到洮河边散步，由西路回寺。路中石上——刻中文经语，喇嘛信心之所表现也。是夕又失眠。

5月20日，宋堪布召集全寺喇嘛，嘱予演讲。故挽柳林小学校长杨生华任翻译。予谓："此间为藏民区，诸君多藏籍，诸君家庭生活虽与汉人有异，而团体生活则已全同，且所谓蕃者有吐蕃来，唐代吐蕃强大，并有河湟，此间人民遂为吐蕃人；及其境域缩小而番人之称则相沿不改。元、明以来，喇嘛教势力扩张，此间人之生活仍同化于西藏，同于藏而异于汉，诸君遂为藏民矣。然究其根源，则所谓藏民番民者，其初实为羌民。羌民之接受喇嘛教者为番民，此间人是也。其保存原有之巫教者仍为羌民，四川茂县一带人是也。羌人与汉人关涉3000余年，汉人中已有不少羌人血统，其最显著者为姜姓，姜即羌，已经现代学者考定。最有名之姜太公，度诸君必已知之。此外如申、吕、齐、许诸姓，亦均为姜姓分支。以历史事实融合国族，实为此时代之迫切需要，而予发其喤引，度必有激起其同情。三时，赴杨司令之宴，杨一俊君代表主人招待。归堪布告予，今日演讲甚成功。"

5月21日，到柳林小学应宴，又为人写屏联若干事。11时出发，回临潭，易一道行。经永靖桥，本名木耳桥，杨土司以新法重修而易其名。12

时半到博峪对岸，望见“泼鱼”一大宅，是杨土司被杀处也。

是日和其弟子王树民一行到博峪村附近的禾托寺，并描述“万木松簇，寺房层叠而上，宏阔雅静，寺中藏有《全宝经》版一部，有罗汉五十余人，跳神大会年共三次，阴历正月十五、六月初四及十二月十五，而以最后一次为最盛”。

5月“二十六日与开会时逢冰雹，甘肃省内洮岷漳县多有冰雹，雹子最巨者重百二十斤，人畜遇之者无生理”。此间谚云：冰打青苗十年成知于麦为有益。唯豆子已成，必被击坏无疑，甘肃田亩年只一收，将收而雹则一年无望。故实不宜农耕。番民无赤贫之家，即以不事农耕故也。克家出陈辉三味雪诗原稿见市，其洮州竹枝云：

禾稼终年只一收，但逢秋旱始无忧。
夕阳明灭腰镰影，半是男儿半女流。

又诗云：

不出蚕丝不种棉，褐衣遮体自年年。
冬寒夏暖何曾易，真个洮州是极边。

又诗云：

牛马喧腾百货饶，每旬交易不需招。
夕阳市散人归去，流水荒烟剩板桥。

在临潭期间，专程到新城会见了高凤西，并为其稿《五凤苑汉藏字典》稿写了序言。消息一传开，影响颇大。国民政府军事委员会行营第二厅厅长叶元龙、副厅长汪东得到手稿，批示甘肃省政府办理。

6月5日上午十一时启行，在南门外与诸送行者握别。志青、霞波、克家诸君则将其送至卓尼与旧城。下午两时到上卓，少息。四时到卓尼，下榻柳林小学。到禅定寺，唔宋堪布及杨参谋长，留饭。夜，与谨载等到洮河滨望月，且听水声。

6日，《禹贡》朱圉山，本说在甘谷县。前在《石遗室诗话》中见王树枬诗，谓卓尼即《禹贡》朱圉之转音，若猪野之讹为居延；且其他有山殷然四合，形似朱圉者；否则朱圉反在鸟鼠之下，于《禹贡》导山次序不合。数民先来，应属寻之。上月抄得其书，谓已在上卓访得。早五时与俱出，至上卓尼，登山。次山自南望之，屹然一峰，诸山谓之，色赤，宛若兽在于圉中，称以朱圉固甚当，唯此名甚文，而彼时中原文教尚未达次，其名为何人所命，殊为难索之谜耳。山为上卓尼藏民之山神，每年阴历五月十五日唪经祭神，十里以内之人皆至。唯本山藏民仅有十户，故其名不著。树民戏称之曰“伏虎山”。由高岩直下，至禅定寺下山，约行三十里。九时，到杨校长生华家进饭。出，到福音堂访孙牧师，此间甚少蔬菜，而堂中特多，知地固任产业。又到杨头目家。晚，应杨司令复兴之宴。到吴局长家，闻雷而归。予游西北，最爱卓尼，友人劝留居，怂恿置屋。今日看屋一所，凡十四间，价四百元。拟留树民居此，作藏地之长期调查，予则俟他日再来。

7日，到禅定寺辞行。宋堪布知予将南下，握予手曰：“余老矣，不知此生尚能见否？”问次惆怅欲绝。杨司令亦跨小马来送行，温润如玉，可爱也。十一时动身到所藏，杨参谋长别去。二时到羊升，入小学进食。上羊升山，马明仁、敏学成两教主招待入帐房，铺皮毯甚都丽，有进点。雹忽至，错落跳腾青草上，又开一境。待晴而行，跨驴行树里。途中到处开马兰花，色深紫，群蝶绕之，蹁跹不已。便即心作诗一首：

榴红照眼忆乡关，已染胡尘不欲还。
五月寻芳飞乱蝶，马兰紫遍卓尼山。

马兰如兰而大，音作马莲，草质坚劲，为牲畜所不食，而可以造纸，杨土司在时曾用土法制造，闻已成功，唯纸色不白。如能改用新法，加以漂白，则满地资源，取之不尽，而甘肃省纸张得此大量供给，便可有大量之文化产生。有狗蹄子草，其根也能造纸，曾作实验，以技术不精，制色黄而质脆耳。

6月9日先生离开卓尼在西道堂得楹联：

读书得妙意，理会天经三十部。
养气通神明，道统古圣千百年。
居广居，由正路，方得保和元气。
友良友，亲良师，不啻左右春风。

顾颉刚在西北的游历，历时整整一年，其间他曾多次致函庚款董事会总干事杭立武，对包括卓尼在内的甘肃、青海教育现状作了比较细致的分析，提出了以职业教育推动西北经济发展的设想。在这段时间，据说他还编写了六千多言的《讲习会讲义》，草拟了四万多字的《补助西北教育设计报告书》。报告中对甘肃、青海地区自然、经济、文化现状做了分析，为西北教育提出了具体的改进设计方案和财政预算。

· 红色记忆 ·

杨土司支援红军过卓尼迭部

杨生华*

20世纪30年代，中国工农红军进行了震惊世界的二万五千里长征，北上抗日。走过甘肃省的几个县，在历史上留下了不可磨灭的巨大影响。红军在经过卓尼迭部地区时，当时任洮岷路保安司令的世袭土司杨积庆，不顾个人安危，违抗反动派坚壁清野、堵截红军的命令，对长征工农红军积极支援，终被反动派阴谋杀害。

杨积庆（1889—1937），藏名为罗藏丹增·南杰道吉，光绪二十八年（公元1902年）承袭卓尼十九代土司职务。民国时期，响应共和，继任土司之职，虽多次有改土归流之举，终因情况特殊未果。民国期间，先后曾任洮岷路游击司令、洮岷路保安司令等职。当时在反动统治下的西北地区，战乱频仍，民不聊生，而大小军阀，割据为王，互相战争，彼此兼并，社会秩序极为混乱，杨积庆多方应付，对地方治安，维护当地各族人民的安居乐业和藏族人民的生存，付出了巨大的努力，做了力所能及的贡献。

1935年夏，工农红军长征到四川边境藏民区秋吉、昭藏一带，继续向卓尼属地迭部推进。杨土司派驻迭部仓管郭哇旦增（又名旦子，即杨景华）得悉情况后，连夜派其心腹尖尼沟左力寺管家星夜赶到杨土司博峪官邸，呈上书面报告，请示“红军来了，当地民兵和群众如何对待？迭部现存三个仓库的粮食怎么处理？窖藏或转移，形势紧迫，请立即指示，以

* 作者系甘肃省文史馆原馆长。

便遵循办理”。杨积庆接到部属杨景华报告后，经过反复考虑，下达书面指示，主要为“在红军经过迭部时，不要对抗击堵，对于已破坏的达拉沟栈道、尼傲峡木桥，迅速派人修复，任其顺利通过，更要严防群众从山中向红军放冷枪。要设法暗中和红军联系，迭部几个仓的粮食，不必转运、窖藏，让红军取食，一切行动，必须高度保密，并严禁群众向外走漏消息”。杨景华在接到土司密令后，立即召开下迭八旗总管头人会议，一致决定按土司密令遵照执行，责成有关地区的总管头人，尽快派人修复已破坏之达拉沟悬崖栈道和尼傲峡栈道，防守民兵一律退到深山老林，禁止向过路红军放冷枪。不久，红军陆续进入卓属迭部地区，在俄界地方暂时休整，仓管杨景华找到一位久住迭部的“尕铜匠”，前往和红军部队联系，并送了慰问品。一面布置迭部吉埃昂、尖尼、斯乌等三个粮仓看守人等红军到达后开仓避之。当时红军从迭部各路前进，取食迭部仓粮估计数十万斤。使红军在极端困难的情况下，得到大力支援。红军经过和军阀鲁大昌守军的战斗，顺利通过“腊子口”，到达岷县。在这个问题上，前兰州军区政委肖华，在他写的《红军长征在少数民族地区》一文中指出：“在甘南、卓尼土司杨积庆受到红军政策的感召，主动撤除铁布（即迭部）防务，并将花园仓粮几百石接济过红军。由于红军得到了民族宗教上层人士的合作，为红军争取了战机，避免了许多不必要的流血和损失，今天回顾这些情况，更加深切地感到党的民族政策的英明与正确。”“在甘肃省的甘南，国民党地方军阀鲁大昌于1937年杀害了帮助红军过境的卓尼土司杨积庆，但红军播下的火种，始终在这里燃烧着。”1943年终于爆发了有藏、回、东乡、汉各民族参加的甘南农民大起义，组织了声势浩大的抗日义勇军（指马福善、肋巴佛起义）。红军路过迭部，由于当时交通梗塞，多为羊肠小道，悬崖栈道、森林密布，加之语言隔阂，有红军病伤人员及少年儿童200余人流落迭部。杨积庆没有按照国民党的命令，搜捕上交兰州，而且予以多方保护，就地安置，组织起来作以工代养。对青少年、儿童劝地方缺少子女户领养，有的与当地藏民联姻，有的主动回籍，这些人中，现在还健在的有20多人，都已儿孙满堂，欢度晚年。这也体现了土司杨积庆爱国爱民的远见卓识。

对于土司杨积庆给长征红军供粮一事，卓尼县党政领导也很重视，组织安锦龙等同志专职班子，展开调查采访活动，从当事国民党的档案、地方高龄老人、流落红军老人细心查证，并且到北京访问了当年红军将领，对杨积庆当年给长征红军开仓供粮，积极支援的事实，作了实事求是、肯定的结论。1993年5月3日，安锦龙同志晋见了全国政协副主席杨成武将军。杨成武将军谈及当年跟随毛泽东长征，经过腊子口受到杨土司帮助时，很是动感情。同时答应采访人员的请求，为杨土司支援红军纪念碑题了碑名。与此同时，中央军委办公厅杨成武同志处正师职大秘书叶运均也写了书面材料。其中有一段话值得特别引用："……九月初，中央红军陆续进入杨土司辖区迭部达拉沟，并决定在'俄界'（高吉）休整期间，于11月12日召开了中央政治局会议，即著名的'俄界会议'。会后，红军沿达拉沟继续前进。9月14日，红军未受任何阻击，顺利地通过地势险要的尼傲峡（峡深四五里，悬崖对峙，木桥栈道下是奔腾的白龙江水，实有一夫当关，万夫莫开之险）。到达下迭部最大的寺院'旺藏寺'。9月15日，红军第二师为前卫，第四团为先头部队，计划3天内夺取腊子口。之后大部队由旺藏出发，经九龙峡入然尕沟，到崔谷卡（此地有杨积庆的一座粮仓），仓官旦增（又名旦子，即杨景华）按杨积庆的密令和红军领头接头，将崔谷仓内5万多斤小麦开放，接济过境红军，使历尽千辛万苦，爬雪山、过草地、吃草根、熬皮带的红军从给养上很大的补充，为红军攻破鲁大昌'天险腊子口'防线提供了物质条件，奠定了基础。"

1936年8月，朱德等同志率领红二、红四方面军进入甘南藏区，杨土司密派人引路，沿红一方面军路线，顺利走出迭部沟，打通腊子口，攻下岷县城，沿洮河进入杨土司辖区，渡洮河接管了临潭县政府，建立了苏维埃政权，杨积庆亲拟书信，派员牵马连夜到临潭指挥部慰问，表示友好。杨积庆识时务，知大体，明辨是非，曾受委于蒋介石、朱绍良堵击红军的命令，而只是表面应付，暗中却支援红军顺利过境，在最关键的时刻，为中国革命做出了不朽贡献。

（原载于1998年5月22日《民主协商报》第三版）

援助工农红军过甘南的杨积庆

杨生华*

杨积庆（1889—1937），藏族，字子余，藏名罗藏丹增·南杰道吉，系第19代卓尼土司。出生于卓尼土司家庭，为18任土司杨作霖的侄孙，1902年破例承袭土司之位，并兼护国禅师。杨积庆袭位时，其领地包括今卓尼、迭部、舟曲等地，有两万多平方公里、10万余人口。下辖四十八旗（相当于乡）和16“掌尕”（行政村）。杨土司在辖区内实行的是“兵马田地”制和寺院“僧田”制。在土司衙门注册的步骑兵共有2000人，编为3个团，随时听候土司调遣。1906年，杨积庆参与洮州厅查办江岔、占哇抢劫案。陕甘总督升允以其“卓著勤劳”保奏加军功一级，并赏顶戴花翎。1914年，白朗军向临潭进军时，他率兵拆断岷县野狐桥。白朗军以布索为桥渡河，索断，伤亡数百人。同年12月26日，陆军总长段祺瑞授予他陆海军“五等文虎勋章”。1922年创办柳林小学，1925年4月23日接待美国地理学会调查负责人洛克一行，为调查活动提供了很多便利条件。1926年10月奉命修筑松潘至卓尼公路，年底完工通车。1928年河湟事变后，刘郁芬委托他为洮岷路游击司令，并给予武器军饷，调兵把守土门关。后遵刘郁芬、戴靖宇的电令，酿成了临潭回民蒙难事件，伤害了藏回之间的友好感情。

1935年9月初，红一方面军长征到达甘南藏区，杨积庆一面组织民兵虚张声势，喊着要打红军，以掩人耳目。一面派秘使以洮岷路保安司令名

---

* 作者系甘肃省文史馆原馆长。

义迎接红军，指路从腊子口攻出，去打败鲁大昌。并密令部属把迭部崔谷仓粮仓的粮食偷偷献给红军，指示守仓官和库兵把内部仓门全部开锁，以躲红军为名，跑进深山老林回避。

1935年9月16日，红一方面军大部队从迭部县旺藏乡出发后，过白龙江进入然尕沟，来到崔谷仓村（红军称谷卡）。杨积庆暗中巧妙安排，红军顺利打开了储藏着二十多万公斤历年陈粮的粮仓。这对于行军途中面临饥饿困扰的红军将士来说，无疑是雪中送炭。红军迅速开仓分粮，凡在仓里领粮的部队，都把自己所属部队的番号和所拿粮数，一一清楚地写在粮仓门板上，还留下了少量银圆。

1936年8月20日，红四方面军32军12师长征到达毗邻的临潭县新城，杨积庆连夜秘密派使者赶到新城红军总部，呈送书信，馈赠了两匹马、七只羊，表示亲善和慰问，与红军达成了互不侵扰的默契。临潭反动势力拼凑的“商团”和马步芳第一骑兵师马得胜团进犯、围攻红军时，曾派人给杨土司传令，命其出兵助战，袭击红军。而杨土司以种种理由为借口，一再推诿、拖延，始终未出动藏兵，没有和红军发生过一次枪战。红军过后，鲁大昌疯狂地进行“清乡”，在迭部县的腊子口、桑坝、洛大等乡大肆搜捕、屠杀掉队的红军战士。杨土司和迭部地区一些开明人士及土官头人没有对流落红军采取任何迫害措施。到解放初期，仅迭部县境内就有流落红军40多人，在20世纪90年代初还有10余人。他们能侥幸地活下来，见到中华人民共和国的成立，与当年杨土司等人的暗中掩护和收容是分不开的。

红军长征先后两次经过甘南藏区，鲁大昌把腊子口战役失利的责任，全部推卸到未出动藏兵的杨土司身上，并以莫须有的罪名向蒋介石告状，说杨土司曾“开仓应粮，私通红军”。1936年底，朱绍良派副官班鑫来卓尼查办此事。杨土司用行贿、送礼等办法，堵住了班副官的嘴。后因朱绍良调往南京，此事也就无人追究。但鲁大昌图谋卓尼的野心不死，他施用种种阴谋手段，千方百计地拉拢、利诱和收买杨土司手下的团长姬从周等人，于1937年8月25日策动“博峪事变”，惨杀了杨积庆土司及其家属共7人。杨积庆时年48岁。

解放后，党和政府没有忘记杨积庆土司在中国革命最艰难时刻对红军的援助。1950年10月，中央慰问团来甘南时，带来了周恩来给杨积庆的感谢信和赠送的彩缎、丝像、金笔等礼品，深谢杨土司当年对红军的援助之情。1994年10月，经甘肃省人民政府追认杨积庆为烈士后，卓尼县人民政府为了继承和弘扬优秀的民族文化，将优秀的民族文化以物化的形式真实展现在众人面前，在县城修建了“杨积庆烈士纪念馆”，现已成为全县的爱国主义红色教育基地，对于教育青少年一代传承文明、继往开来具有深远的历史意义和重大的现实意义。

卓尼土司杨积庆给红军供粮的回忆

吴国屏*

民国二十五年夏（1936年），我从兰州乡村师范肄业回来，经人介绍到杨土司房科（办公室）里工作。大约在农历六月间的一天，下迭部八旗仓官杨景华，派心腹玉录、苏奴吾子（这两人是尖尼沟左力寺管家）来博峪衙门给土司杨积庆送信。他们一到，把信交给副官赵希荣，即去木耳村杨景华家里住宿。赵希荣接到信立即送给杨积庆，杨拆阅后觉得事关重大，即问："送信的人哪里去了？"赵说："他们住在木耳村，准备明天回去"。杨积庆怕他俩泄露来卓的目的，立即命令我到木耳村去把那两人叫回来。并嘱咐我："按天黑叫来，不要从大街上走，顺着林边绕道去经堂院后门口等着，你来报告我……"

卓尼第十九代土司杨积庆

我遵命去木耳村找见玉录和苏奴吾子，大约在晚上十点，按司令指示的路线把他俩领来，我从前门进去报告司令，这时司令独自一人在他的卧室等候，情绪很紧张，见我来了，即问："叫来了没有？""叫来了，在

* 作者系原洮岷路保安司令部书记官。

后门口等候”。他拿起手电和一封信，命三总管包世吉开了后门走出去，这两人见司令来了，趴倒叩头，杨说：“再不要叩头，快起来，你们今晚连夜返回，无论如何将这封信交给旦子（又称旦增，即杨景华的乳名），不能耽误。”玉录和苏奴吾子满口答应，一定办到。他们走后，我们回到司令的卧室，司令怕他俩再返回木耳村过夜，又派我拿了他的手电去看，一直跑到博峪小沟口，见他俩朝禾托寺方向走去，我赶上去又叮咛了一番，告别回来报告了司令，他才放心。

这时已到夜里十二点左右，我到了房科，书记官张志平还没有睡，当我一进门，张志平就问：“事情办完了吗？”我回答说：“办完了”。他接着说：“这事千万不能外传”。我问：“旦子来信说的啥？”张说：“红军已到四川的秋吉、召藏一带。可能来迭部，请示司令怎么办。司令看了信当时就烧了，我执笔，他口示，写了回信。指示旦子（同上）如果红军来了，不要堵击，开仓避之……”

过后不久，大约是农历七月初，红军到了迭部，听说是朱德、徐向前等同志率领的四方面军和二方面军一部，连续走了十几天，约十万人。红军到后，仓官杨景华按照杨积庆的指示，将曹日仓的麦粮暗中开放接济了过境红军。当时这个仓设两个仓库，共装小麦四五十万斤。红军走后，一个仓库内的粮食全部吃用完，另一个仓库里用去了多半仓。红军总政治部在仓板上写下了“此仓内粮是杨土司庄家粮，希望各单位节约用粮”等，还在仓内留下了江西苏维埃纸币两捆，支付粮款。后来土司杨积庆为掩饰开仓接济过境红军的问题，将这些纸币和一些破旧枪支（买的），以堵击

1981年，杨积庆之子杨复兴（左）和他的旧副官吴国屏（右）

红军的战利品，交给了国民党省政府。因国民党省政府在红军过甘前曾命令杨土司堵击。

红军进入岷县，一面和国民党新编十四师鲁大昌打仗。徐向前所属第九军一部沿洮河南岸西进，行至西泥沟河时，奉命把守西泥沟卡子的杨土司纳麻旗长宪褚得胜和民团连长刘双喜统统逃避。刘双喜一直跑到纳浪岳父家里躲起来，红军相继来到纳浪，恰巧也到这里碰上了刘双喜，刘正躺在床上吸大烟。一位红军同志见他身穿军服，地下还立着一支步枪，便问："同志，你是哪一部分的？""我们是卓尼杨土司的部下"，这位红军同志笑着说："杨土司和我们是一家，不要怕，我们红军不扰民，不拿群众一针一线。"询问路线后继续西进，过羊化桥，翻青石山，经新堡，占领新城。

红军占领临潭县府新城后，杨积庆暗中写了投诚信，命我挑选了两匹好马和六七只肥羊，派张连福子（龙门沟人）和手枪队班长麻丑个星夜到新城红军指挥部呈送书信和礼物，表示友好，互不冲突。信是杨积庆亲自起草，张志平誊写的，信上只签了杨积庆的名，未盖章，信纸和信封都是空白的，没有用印有洮岷路保安司令部衔的信纸和信封，防止泄密。从此后红军和杨土司的关系更密切了，凡是山上插有嘛呢旗的村庄，红军不进入。在旧城马步芳匪军马得胜部进攻红军，几次失败，马得胜令杨积庆出兵协助，消灭红军，而杨积庆以种种借口，按兵未动。红军在临潭住了一个多月，于农历八月十三日一部分从石门沟一带东进，一部分由新堡方向原路返回，过洮河羊化桥，焚桥以断敌人追兵，直抵岷县。

从此以后，岷县的鲁大昌以堵击红军有功，得到胡宗南的赏识，报请国民党中央将鲁部改编为中央陆军一百六十五师，归胡宗南指挥。而杨积庆却成了"罪人"，被鲁大昌以"开仓应粮，私通红军"等罪名告到了绥靖公署主任朱绍良处。朱绍良接到状子一面发电谴责，一面派副官班鑫来卓查处。当时杨积庆很发愁，即召集秘书长杨一俊，一团长郝应隆，三团长杨英商议对策。大家认为杨英能说会道，交际也广，推举他先和班鑫谈谈，摸摸底。杨英接受了任务，当晚带了两根金条到后花园班鑫的住处，献上金条并奉承了一番，班鑫收了金条，脸上露出了笑容，态度和气了。第二天杨积庆亲自出面，筹办了洮砚一台，麝香两颗，红花半斤，狐皮两张等礼物送给班鑫，并恳求班在朱绍良处说些好话，“我们没有给红军供粮”，班鑫收了礼物，满口答应“一定办到”，离卓返回。班鑫走后不久，朱绍良调往南京，此事也就没有追究了。可是鲁大昌吞并杨家，图谋卓尼的野心不死，见告不倒杨积庆，就阴谋计划策动和派营长窦得海率队夜间潜入博峪煽动杨的部下姬从周、方秉义，在1937年农历七月二十日杀害了杨积庆。

我还记得，解放后1950年九月下旬，中央派慰问团带了周总理的信来卓慰问，信已遗失，大意是对杨土司当年红军过境时开仓供粮，接济红军，表示感谢。同时给杨复兴及其部属赠送了礼物。给杨复兴送了红、紫色的缎子四板，毛主席丝织像一张；给杨景华、雷兆祥、赵国璋三个团长每人送了丝织杭州西湖景、金笔、笔记本和茶杯；给其他官员每人送了金笔、笔记本、茶杯和纪念章等。

（选自《甘肃文史资料选辑》第二十二辑，
甘肃人民出版社，1985年11月第1版）

杨土司与中央红军的一段往事

银开源*

今年到迭部县支教，有幸随着当年红军长征的路线，参拜了许多当年留下的遗迹，听到了一些当年藏家儿女支持红军的故事。下面是卓尼杨土司与红军的一段逸闻，写下来以飨读者。

1935年9月12日，红军长征经过山高谷深的俄界（今甘肃省甘南藏族自治州迭部县达拉乡高吉村），住在阿如家的毛主席提议并主持召开了著名的俄界会议。这次会议对确定红军北上进入甘肃的战略方针，与张国焘分裂党和红军的错误做斗争，胜利完成长征，具有极其重要的意义。这些大家都知道，无须赘言。我讲的是杨土司救济红军的事情。

杨土司（杨积庆）是卓尼第十九代土司，从小“聪明过人，幼习汉书，汉文汉语，皆甚通畅”（范长江对杨土司的评价）。1935年8月和1936年9月，红军长征经过其辖区，蒋介石集团三令五申，要杨积庆“坚壁清野”“筑碉扼守”，并以重金悬赏擒毙毛泽东等人为诱惑，以“失地纵匪论罪”相威胁，要求拒红军于境外，灭红军于境内。但在红军长征经过甘南藏区时，杨积庆假意受命，实则备粮借道并与红军联手抗日。可以说，红军在长征路上遇到的少数民族部落首领中，就政治眼光、个人素质与思想倾向而言，杨土司这样的优秀人物可谓凤毛麟角。

红军在9月12日突入甘南迭部地区，踏入杨土司的领地，并召开了著名的“俄界会议”，确定了红军应坚持向北进军的战略。而进入藏区的红

* 作者系高台县南华镇中心小学教师。

军此时处于生死存亡的关键时刻，实际上许多红军战士久经鏖战，备受煎熬，衣食无着，已经饥疲欲倒。杨土司对红军态度如何决断，无疑会在很大程度上影响红军北上行动的成败。

1935年8月底，林彪和聂荣臻率红一军团进入甘肃境内的达拉沟之后，蒋介石似乎就发现了红军北上的意图，他一会儿坐镇成都，一会儿飞抵西安，倾其西南、西北之兵力，分南、中、北三路，“包剿”朱德、张国焘率领的从草地南下的四方红军，“封堵”毛泽东、周恩来率领的红一、红三兵团和中央纵队；“追剿”徐海东、程子华的红二十五军，尤其是当他们发现红、三军团出川北上之后，火速调集二十万大军，从南北两路同时向甘川边境地区推进，企图将我北上中央纵队和一、三军团消灭在达拉沟至腊子口以南的汉藏接合部地区。

早在中共举行俄界会议之前，国民党甘肃绥靖公署主任朱绍良就奉蒋介石之命，将鲁大昌新编第十四师和唐淮源第十二师调到夏河、洮岷地区，对红军实施“严密警戒”“并相机截击。”随后，他又命鲁大昌重兵死守腊子口，同时他还命令卓尼土司兼国民党洮岷路保安司令杨积庆将所属二万地方武装，部署于迭部沟（即达拉沟至腊子口）和洮岷一线，全力配合鲁大昌的十四师，共同“相机截击、歼灭”北上红军。

而此时的军阀鲁大昌却倚仗自己的势力，骄横霸道，在甘南这片自古就是卓尼土司的封地上，对主人杨积庆发号施令。要杨积庆拆除沿途栈道，实行坚壁清野，分兵各处袭扰并从后路堵截红军。这自然引起了杨积庆的极大不满，而鲁大昌也是洮岷这片土地上成长起来的军阀，早就对土司杨积庆处处摆“主人”谱的样子心怀不满。俗话说，一山容不得二虎。因此，两人早就貌合神离。在对待红军的问题上，态度更是不同。当鲁大昌驻防岷县，重兵防守腊子口，准备利用杨积庆遍布甘南各地，特别是迭部沟的藏兵，沿途反复袭扰、疲惫、迟滞红军，进而将缺衣少粮，人困马乏的北上红军，最后一举消灭在腊子口的深山峡谷之中，以绝后患。杨积庆知道红军是“不压迫番民的红汉人”，也听说红军进入达拉沟后，正逢秋雨连绵，当地天气阴沉，道路泥泞难行，加之，达拉沟沟深谷狭，桥深栈道残损不堪，大队人马很难迅速通过，因此杨积庆对红军处境深表同情。但是，他也迫于国民党政府和朱绍良的压力，为了在夹缝中保存实力，求得生存，他一方面响应命令，调兵遣将，掩人耳目；一方面又冒着很大的风险，暗中派心腹人物与红军取得联系，表示愿将手下的二万藏兵分散各处，不与红军为敌，并愿意帮助红军，“尽快走出自己的领地”，随后，他命令下迭部仓官杨景华等人“沿途不要堵击红军；不向红军放冷枪；不抢劫红军队伍；不坚壁清野转移粮食”，还指令尼傲总管尽快把遭雨水破坏的达拉沟栈道、尼傲峡木桥修好，让红军尽快通过甘南藏区。

杨景华等人很快按土司命令，召集迭部各旗总管、头人，按土司命令分散武装，抽调部众，抢修达拉沟、尼傲峡栈道、桥梁。随后，他又命杨景华秘密到崔谷仓与红军接头，在红军过境时开仓放粮，当时正好毛泽东率领队伍从旺藏经过白龙江仙人桥，翻越卡拉尼巴等两座大山，向腊子口方向开进。

9月16日，红军路经崔谷仓。杨景华即遵照土司的命令为红军开仓放粮，给每个过路红军提供十斤小麦，在崔谷仓囤积30万斤的小麦全部开仓放完，他们又打开另外一仓，放出半仓，让过路红军全部装上了粮食，解决了红军北上粮草不足的问题。同时，宰杀一百头牛、数百只羊来招待红军战士，使红军战士美美地过了一把肉瘾，体能得到了极大的恢复，还给每位红军战士配备了御寒的衣物。

为此，红军总政治部过路人员，怀着感激的心情在粮仓的仓板上写下了“此仓内粮是杨土司庄家粮，希望各单位节约用粮”的告示，并在仓内留下苏维埃纸币两捆，作为粮款。

1936年，红二、红四方面军出川北上，蒋介石闻讯以后，又命令朱绍良以鲁大昌的新编十四师和杨积庆的地方藏军，在岷县、洮州（今临潭）和西固（今舟曲）严加防范，同时急调胡宗南部进入陕甘、调川军兵将进入甘南地区，围堵红军。

8月5日，红二、红四方面军进入杨积庆所辖迭部沟一带。杨积庆土司再次给红军让路济粮，支援红军通过藏区。他还主动撤除所辖迭部的防卫，秘密派人为红军带路，让红军沿着红一方面军北上路线向前进发。仅红军从达麻寺到鹦哥花园，一路上就得到了土司几百石粮食的接济，使红四方面军顺利再克腊子口，在临潭建立了苏维埃政府。当红军离开藏区后，杨积庆土司又命令所属部落安置失散在迭部沟的部分红军，有的先集中起来挖沙淘金，有的在崔谷仓修葺一段粮仓后，让当地藏民领去抚养（有的被收为养子养女，有的与当地藏族青年婚配联姻）。到解放初期，仅迭部县境内就有流落红军200余人。据不完全统计，其他县收留、安置失散在藏区的红军伤病员也有200余人。

然而，杨积庆土司所做的这一切，鲁大昌等人视其为“私通红军。”1937年8月25日，鲁大昌串通国民党特务进行密谋策划，利用土司内部矛盾，派其心腹营长率队潜入杨土司住地博峪，策动杨积庆土司手下团长姬从周、方秉义发动叛变，将杨积庆土司一家包围官宅之内。杨积庆土司等人当即进行武装抗击，但终是寡不敌众，与长子杨琨、长媳、孙女等人，倒在了国民党的枪口之下。

卓尼第十九代土司杨积庆，就这样倒在了史称“博峪事变”的枪声中。1950年2月，杨积庆次子杨复兴与阿拉善蒙古亲王达理扎雅之女达芝芬在阿拉善成婚。婚后，他们乘坐汽车返回甘肃。途经西安，受到中央军委副主席、解放军副总司令员、西北军政委员会主席彭德怀元帅的热情接见。席间，彭总谈起当年红军北上途经甘南时，曾得到过杨积庆土司的大力支持，并对杨积庆土司的牺牲，表示沉痛哀悼。同时还希望杨复兴继承先父遗志，为中华人民共和国的建设事业多做贡献。

同年10月，周恩来总理亲自致信杨复兴先生，对当年杨土司让道济粮表示感谢。1994年，甘肃省人民政府追认杨积庆为革命烈士，杨成武将军亲笔为杨积庆题写碑铭。《大公报》记者范长江在《中国的西北角》一书中，对当时卓尼的第十九代土司杨积庆先生的描述：

> 虽身居僻壤，未迈出卓尼一步，但每天都看全国各地大小报纸，及时掌握国内外形势，他在上海、天津等地设有商行，常有书信往来。他的思想激进，易于接受新事物，推广先进技术和文化，时逢国难当头，日寇发动了侵华战争，他很关心政治时局，忧国忧民感慨激愤……

（原载于《甘肃史地编研文选》，甘肃省地方史志办公室编，甘肃文化出版社，2017年9月第1版）

杨土司开仓放粮帮助红军

降边嘉措*

1935年，红军长征到甘南迭部俄界。当时红军面临的形势非常严峻，外有国民党的围追堵截，党内又出现了严重的分裂，张国焘不执行党中央北上抗日的决定，带着四方面军南下，另立中央，分裂党，分裂红军，并以中央名义“开除”毛泽东、周恩来、张闻天等人的党籍。关键时刻，红军得到藏族同胞的帮助——杨积庆土司开仓放粮，使红军因此获得补给，得到了短暂而宝贵的休整机会，并在一个相对安全的环境里召开了具有重大历史意义的俄界会议，迭部成为红军长征途中的一个重要“加油站”。

中央红军来到迭部地区

人们常常用“爬雪山，过草地”来形容长征的艰难与困苦。雪山、草地，都在我国东部藏区。

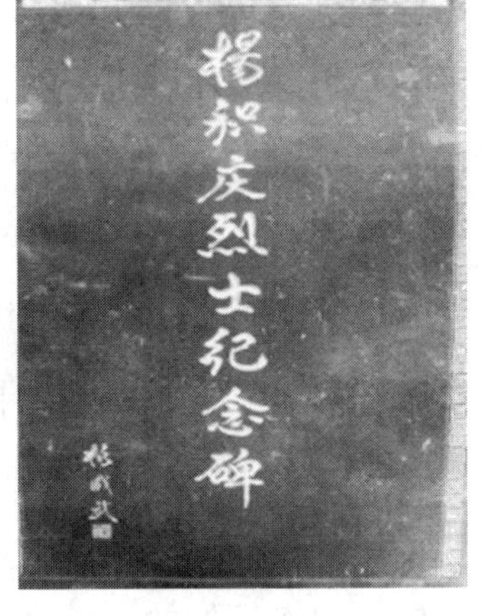

中央红军经过千难万苦，在付出重大牺牲后，终于走出茫茫数百里的水草地。

在有关长征的图书和影视作品里，在谈到攻打腊子口时，毫无例外的有这样的叙述、这样的画面：

* 作者系中国社会科学院民族文学研究所研究员、博士生导师。

红军指战员吃草根、煮皮带，在齐腰深的水草地艰难跋涉，相互搀扶，一个个衣衫褴褛，衣不蔽体，疲惫不堪，极度饥饿，极度衰弱，用《国际歌》悲壮的旋律做伴奏音乐，更显得艰苦卓绝。但是，一走出水草地，振奋人心的、嘹亮的冲锋号一吹，红军战士一个个生龙活虎般地冲向高耸入云的山峰，几个手榴弹扔出去，就突破了天险腊子口，排山倒海似的向前冲锋。

这种描写，这样的画面，很好看、很激动人心、很鼓舞斗志。但是，历史事实却不是这样。红军走出水草地之后，极度饥饿，极度衰弱，减员很多，已成疲惫之师。前有堵兵，后有追敌，加上张国焘搞分裂，另立中央，丧心病狂地“开除”毛泽东、周恩来和张闻天等人的党籍，并叫嚣要“通缉”他们，形势非常严峻、非常危险。

在这关键时刻，红军得到藏族同胞和杨积庆土司的热情帮助，补给了粮食，得到了极其宝贵的10多天的休整机会，在一个相对安全的环境里，召开了具有重大历史意义的俄界会议。正因为这样，迭部地区被称作红军在长征途中一个重要的“加油站”。

红一军团的先头部队奉命由巴西、阿西茸北进，经过达拉沟，于1935年9月5日抵达川、甘边界的俄界村（即今甘肃省迭部县高吉村）。“俄界”和“高吉”都是不同的音译，“俄界”村，藏语叫“郭界”，意为八个山头。该地四周有八个山头，如同八瓣莲花环绕着整个村子，因而得名。“达拉”藏语意为“老虎山”，是说那里有座山，像一尊老虎。俄界是达拉乡的一个村庄，有30多户人家，信奉苯教。

中央红军在极其艰难的情况下，走出水草地，又面临更为艰难复杂的局面。当时红一军团、红三军团加上中央纵队，中央红军总共只有7000余人。一些资料里说，只有4000—5000人。

敌人方面则加紧了对中央红军的前堵后追。国民党第八战区司令长官、甘肃省绥靖主任朱绍良部和地方军阀鲁大昌部，正集结在迭部一带，堵住中央红军前进的道路，不让他们与陕北红军会合。后面有胡宗南部从包座一带往前推进。这时，国民党蒋介石用威胁利诱等各种办法，严令杨积庆土司率领他的一万多名藏民骑兵在卓尼、迭部一线阻击红军，待红军走出水草地后，立即予以围歼。

杨土司号称有“两万骑兵”。单单从数字上看，不足两万也有一万多人，但不是正规的部队。有明显的部落社会的特征“寓兵于民”，平时为民，战时为兵。这是长征途中红军遇到的最大的一支藏族武装力量。如果动员起来，被国民党利用，来反对红军，将会给红军造成巨大困难。

卓尼土司杨积庆是甘肃、青海藏区即安多地区最大的一家土司。他于1902年以侄孙身份破例承袭土司之位，并兼护国禅师，主持禅定寺教务。

辛亥革命后，为了控制边疆，拉拢少数民族的上层人士，1914年，北洋政府的陆军总长段祺瑞授予杨积庆陆海军“五等文虎勋章”，并签发执照。

这可能是北洋政府授予藏族上层人士的第一枚勋章。

由北洋政府的陆军总长段祺瑞亲自颁发委任状，足见当局对杨积庆土司的重视。蒋介石篡夺北伐的胜利成果，在南京建立国民政府之后，又对甘南的杨积庆等土司头人采取怀柔政策，加封了很多头衔。

1934年10月，红军开始长征后，国民党蒋介石为了阻止红军北上抗日，对川西北和西康、青海、甘肃藏区的土司头人大加封赏，发给枪支弹药，并给予经济上的资助，挑动他们去打红军。杨积庆被委任为“洮岷路保安司令”。

1935年8月，红军进入草地后，国民党蒋介石估计红军会北出甘陕，便任命甘肃地方军阀鲁大昌为国民革命军第二集团军第七方面军陇西路总司令，后改编为新编陆军一五四师师长。鲁大昌是一个极其反动而又极其残忍的地方军阀，他死心塌地追随国民党蒋介石反共反人民，遵照蒋介石和第八战区司令长官、甘肃省绥靖主任朱绍良的命令，在岷县、腊子口、西固等地布下重兵，修筑坚固工事。他命令杨积庆土司拆毁栈道和桥梁，破坏道路，并带领他的两万多名藏兵截击红军，不让红军走出迭部峡谷，进而将红军消灭在雪山草地之间，以此来向国民党蒋介石邀功请赏。

但是，杨积庆土司表面上接受国民党蒋介石的委任，听从朱绍良和鲁大昌的命令，虚与委蛇，实际上暗地里与红军联系，帮助红军。

红军到甘川边境将要向迭部进发的消息，杨积庆早有所闻。按照周恩来副主席的嘱托，华尔功赤烈和索观瀛已经秘密派专人给杨土司送信，告诉他万万不可听信国民党当局的话，不要上国民党的当，与红军作对。简要地介绍了红军对藏民的态度和方针政策，并说他们已经同红军成了朋友，尽其所能帮助和支援红军，希望杨土司也能这样做。还送去了朱德总司令《告番人同胞书》等红军的文献。

就在红军到达迭部的几天前，《大公报》年轻的记者范长江从上海来到迭部，专门会见杨土司，向他介绍了国内形势，说红军可能要到你们地方，红军是路过这里，北上抗日，不会伤害你们，你们不要听信国民党的谣言，不要同红军作对。

1935年8月1日，党中央发表了著名的《八一宣言》，提出了建立广泛的抗日统一战线的方针，杨积庆土司及时得到这些信息。红军提出了“灭蒋兴博”“振兴博族”“红军不压迫番民”的口号，所有这些，使杨土司深受感动和教育。

与此同时，杨土司的好友、进步人士贡觉才让，汉名王佐卿（1931年在杨积庆部任参谋长，上学时曾参加过共青团，当时任杨积庆驻兰州办事处主任）、续范亭（辛亥革命前同盟会会员，1933年在邓宝珊新编第一军任参谋长，抗日战争期间到陕甘宁边区，1947年9月逝世，后追任为中共党员）等人也对杨土司进行开导和劝说，让他不要与红军作战，而应该帮助困难中的红军。所有这些，都对杨积庆产生了积极的影响。在这关键时刻，杨土司经过反复思考，通观全局，作出了果敢的决定：密令迭部仓官杨景华（又名丹增或旦子），秘密召开迭部辖区头人和总管会议，传达他的口谕：“不要把枪口对准红军，不要阻击，开仓给粮食吃，让其顺利过境。”并组织当地百姓抢修了按照国民党政府的命令已经拆除的木桥和栈道，为红军通过迭部峡谷、翻越腊子口提供了极大的方便。

在迭部沟，杨土司家共有五个粮仓，依山势而建，利用自然形成的山洞开凿而成，十分坚固，这个地方既比较偏僻，便于保密防守，又比较干燥，雨雪进不来，便于长期保存。这些粮仓都编了号，是杨土司的战略仓库，发生战争或部落武装械斗时才能启用，杨土司家自己的仓库在卓尼县城。

红军到来之前，杨景华密令管家打开两个粮仓。黄开湘、杨成武率先遣团到迭部沟发现粮仓，大喜过望。进去一看，堆满了粮食、茶叶和盐巴等食物，还有风干了的牛肉。这些食品都用牛皮口袋装着，一包有60—80

斤。这是藏区独有的包装法，能防雨防潮，又便于驮运，红军战士早已见过。一包包粮食和茶叶，依山势整齐堆砌，如同一道道墙。他们并不知道是杨土司有意开仓放粮，黄开湘、杨成武立即命令战士们搬运，能带多少带多少，并就地烧火做饭，饱食了一顿。一个团的官兵连吃带拿，尽情享用，只拿了仓库里的一个角。红四团的战士们继续朝前进。临走，用白灰在山洞口写上几个大字："红军战友们，山洞里有粮食。"

第二天，林彪、聂荣臻、左权率一军团到达迭部沟，看到这么多粮食，高兴得不得了，像红四团一样，连吃带拿。林彪、聂荣臻是否知道杨土司有意开仓放粮，现在无从得知，但林彪注意到这么多粮食、这么重要的粮仓却无一人看守，让红军轻易获得，其中必有缘故。这么多粮食，一军团也吃不完、拿不走，后面还有中央纵队和大部队，要很好地留给他们，便命令政治部的干部，把红四团写的标语涂掉，重新写上："此处粮食为红军所用，各部队必须十分珍惜，节约使用。"

两天后，毛泽东、周恩来、张闻天、彭德怀率中央纵队和三军团来到迭部沟，他们打开了另一个仓库，照同样的办法，连吃带拿，继续经迭部沟向俄界村前进。

为了掩人耳目，不让国民党当局发现，杨积庆将这些事都交给他最信任的管家去办，自己则住在卓尼的土司官寨，公开举行各种公务活动，到卓尼寺（即禅定寺）发放布施，大张旗鼓地举行佛事活动，还请了不少汉族的信众参加。佛事活动结束，又大办酒席，宴请汉官，以应付国民党当局。

贡觉才让老人回忆当时的情形时说：杨积庆是有见识、有能力的领袖人物。他拿定主意，干得就很出色。他在前山（现卓尼县地区）集兵上万，虚张声势，喊着要打红军，以掩人耳目；同时在后山（现迭部县地区）也有部署，以防不测。他派密使以洮岷路保安司令名义密迎红军，指路让红军从腊子口攻出，去打败鲁大昌军。支援红军粮食，也想了些掩人耳目的办法。他密令下迭部管家把崔谷粮仓的粮食，偷偷献给红军，令守仓官和两个藏兵把内部仓门全开了锁。只锁着大门，他们都以躲红军为名，跑进深山老林回避了。红军来到后，砸开了大门上的锁，就得到了粮食。红军按部领粮。送军鞋比较困难，也不能发动群众做，只把从绥靖公署给准备兵领的六十双军鞋，送给了红军。

毛主席、周副主席率领的红一方面军，于1935年9月5日进入迭部，在迭部得到了足够的粮食和休整的环境，养精蓄锐。于9月16日一举攻破腊子口天险，打败了鲁大昌军，顺利地直奔陕甘宁边区了。

贡觉才让说：红军方面也赠送给杨积庆步枪数十支、手提机关枪（冲锋枪）三挺，没有子弹。红军过后，杨积庆把红军送的好枪留下，把自己的坏枪上缴绥靖公署，报称是打红军的战利品。因续范亭曾任绥靖公署参谋长，其中有他的人鼎力相助，就将绥靖公署蒙过去了。

意义重大的“俄界会议”

由于杨土司开仓放粮，暗地里支援红军，给中央红军创造了一个非常短暂而又非常难得、非常宝贵、非常重要的休整机会。使党中央在相对安全、相对安静的环境里召开了一次极其重要的中央政治局会议。

这也是中央红军进入雪山草地后，在藏族地区召开的最后一次中央政治局会议。

当时，中央红军面临的形势非常严峻，前面有国民党第八战区朱绍良和鲁大昌的数十万部队在堵截；后面有薛岳和胡宗南几十万中央军在追击。此外还挑动西北地区以马步芳、马鸿逵为首的回民武装和藏族的土司头人武装来阻截红军。恰在这时，党内出现了严重分裂，张国焘不执行党中央北上抗日的决定，带着四方面军南下，另立中央，分裂党、分裂红军，并丧心病狂地以伪中央名义“开除”毛泽东、周恩来、张闻天、博古等人的党籍，竟然还下令“通缉”毛泽东、周恩来等人。形势非常危急。

到了迭部境内，经过连续作战、长途跋涉，极度饥饿、极度疲惫的红军得到了一次非常难得的休整机会。于9月11日和12日在俄界村（今达拉乡高吉村）召开了中央政治局扩大会议，即著名的“俄界会议”。

参加会议的有：张闻天、博古、毛泽东、王稼祥、凯丰、刘少奇、邓发，还有蔡树藩、叶剑英、林伯渠、罗迈（李维汉）、李德，一军团的林彪、聂荣臻、朱瑞、罗瑞卿，三军团的彭德怀、杨尚昆、李富春、袁国平、张纯清等共21人。

会议由张闻天主持，毛泽东作了《关于与四方面军领导者的争论及今后战略方针》的报告。

邓发、李富春、李维汉、李德、王稼祥、彭德怀、聂荣臻、杨尚昆、林彪、博古、张闻天等在发言中一致同意毛泽东的报告，并谴责张国焘的反党分裂活动。指出：张国焘对抗中央北上方针，是给胡宗南吓怕了，完全丧失了建立根据地和革命前途的信心，我们同张国焘的分歧，不仅是战略方针的分歧，而且是两条路线的分歧。

关于组织问题，会议决定：

1. 将原有一、三军团缩编为中国工农红军陕甘支队，由彭德怀任司令员，毛泽东兼政治委员，林彪任副司令员，王稼祥任政治部主任，杨尚昆任政治部副主任。

2. 成立“五人团”，作为全军最高领导核心，由彭德怀、林彪、毛泽东、王稼祥、周恩来组成。

3. 组成编制委员会，主任为李德，委员为叶剑英、邓发、蔡树藩、李维汉，负责部队的编制。

中央红军住宿旺藏寺

俄界会议后，红军在未受任何阻击的情况下，顺利地通过了达拉沟天险。这里有尼傲、九龙两个峡谷，两个峡谷长三四里，宽则只有二三十米，最狭窄处则只有10米左右宽，只能容一人一马通过。悬崖对峙，两边的山高不见顶，站在谷底仰望，只见一线蓝天；峡谷里一天的日照时间只有四五个小时，谷底深处，则终日晒不到太阳，整天总是阴冷阴冷的。悬崖中间是人工凿成的木桥栈道，下面是湍急奔腾的白龙江水，实有“一夫当关，万夫莫开”之险。这些地区都属于卓尼土司杨积庆的管辖范围，在他的安排下，被国民党军队毁坏的木桥和栈道都已修复，沿途藏族群众纷纷回村送粮送衣，红军也回赠了枪支、碎银、苏维埃纸币等。

走过峡谷，中央红军来到旺藏乡。毛主席就住在旺藏乡次日那村一处藏族民房的楼上。底层是泥土墙体，二层是未经刷漆的木板结构，院里有一个简易的木楼梯，上到二楼，毛主席就住在一间很昏暗的小房子里，毛主席在这里住了3天。这座房子现在基本上还保存完好，改革开放后，作为重要的历史文物得到保护，供游人参观。

旺藏乡有个旺藏寺，是一个比较大的寺院，当时有四五百个喇嘛，到旺藏寺后，除黄开湘、杨成武率领的红四团作为先遣部队准备攻打腊子口，整个中央红军几千人绝大多数都住在旺藏寺。

旺藏寺是红军长征过程中在藏族地区住宿的最后一个寺院。

毛泽东到藏族地区后，看到的第一座寺院是宝兴县硗碛寨的永寿寺；毛泽东住宿的最后一座寺院是迭部县的旺藏寺。

毛泽东等中央领导人与红军于1935年9月18日离开旺藏寺，翻过腊子口进入汉族地区。从那以后，直到毛主席逝世，在41年的时间里，毛主席再没有到过藏区的寺院。

毛主席和中央军委在这里下达了攻打腊子口的命令。

1935年9月16日，毛泽东向林彪、聂荣臻、罗瑞卿、刘亚楼等人部署腊子口战斗。

腊子口距岷县只有80公里，这一带的地势地貌既不同于川西北大草原，与西北黄土高原也有很大不同，大多是石质的山体，山高而险峻。但植被很好，有茂密的原始森林，景色秀丽。在当时，红军没有时间也没有心思欣赏这秀丽的景色。他们看到的是腊子口的地势十分险峻，两边是陡峻的峭壁，中间夹着峡谷，有一座木桥架在白龙江上，过桥后就是一条很窄的路，路与河都在两边的峡壁之间延伸。

蒋介石得知红军出了大草地，十分震惊。他怎么也没料到，缺吃少穿的红军能如此快地走出荒无人烟、极难行走的沼泽地。1935年9月7日，恼羞成怒的蒋介石发电给第三路“剿匪”军总司令朱绍良，令其悬赏缉拿毛泽东、林彪等红军领导人，悬赏的价格为：生擒毛泽东者奖10万元，献首级者奖8万元；生擒林彪、彭德怀者，各奖6万元，献首级者各奖4万元；生擒博古、周恩来者，各奖5万元，献首级者各奖3万元；凡生擒共产党中央委员，第一、第三军团师以上领导干部者，各奖3万元，献首级者各奖2万元。

腊子口战役是红军在长征中出奇制胜打的一场硬仗。

1935年9月18日，红军先头部队占领哈达铺。

9月18日，毛泽东、张闻天和彭德怀率陕甘支队，离开旺藏寺，翻越腊子口，于19日到达哈达铺。

毛泽东和其他中央领导人1935年6月13日到达宝兴县硗碛寨，于1935年9月18日离开旺藏寺，翻越腊子口，在藏族地区共停留97天。周恩来由于在旺藏寺治病，多住了3天，在藏区整整停留了100天。

长征路上的加油站

中央红军顺利通过迭部地区到陕北，与刘志丹率领的陕北红军胜利会师，并建立新的革命根据地。

一年之后，1936年8月，朱德、刘伯承、贺龙、徐向前等同志率领红二、红四方面军从川北包座出发，进入甘南藏区，8月5日，红二方面军先头部队红六军、红四方面军先头部队进入迭部境内。杨土司再次秘密派人引路，二、四方面军沿一方面军的路线顺利走出迭部沟，进入勾洁寺，途经达拉乡，北出达拉沟，经高吉、尼傲、旺藏、花园、洛大，翻越鹰鸽嘴进入腊子口，从这里到达哈达铺，完全是按中央红军的路线走的。因部队太多，腊子口峡谷十分拥挤，大部队无法展开，二方面军绕过另一座山口进入陕北。四方面军过了腊子口，接着攻下岷县城，沿洮河南岸进入羊化桥，接管临潭县政府，建立了苏维埃政权。杨积庆亲拟书信，派员牵马送羊，连夜到临潭新城红军指挥部慰问，表示友好。红二、红四方面军从进入迭部到全部出境，先后长达一个月左右时间，他们都得到了杨土司的帮助。

迭部地区成为长征途中一个重要的加油站。

红军走了以后，国民党反动派和地方军阀开始反扑，捕杀流落红军和伤病员，破坏苏维埃政权。杨积庆想方设法，尽其所能，保护安置流落红军和伤病员，让他们与当地藏族妇女成家立户。现在一些健在者，提及往事，感慨万分，无不感激当年藏族人民和杨土司对他们的保护和帮助，他们现在已儿孙满堂，安度着幸福的晚年。

历史是公正的，杨积庆终于被追认为革命烈士。

由于当时的情况比较复杂，杨土司开仓放粮帮助红军的事迹，很多人并不知道实际情况，也没有得到客观公正的评价。但是，凡是为人民、为革命事业做过好事的人，人民不会忘记，共产党、人民政府不会忘记。

十一届三中全会后，卓尼县县委、县政府配合有关部门，进行深入调查研究，访问当时还健在的老红军和有关领导，向甘南藏族自治州人民政府呈报了关于追认杨积庆为革命烈士的报告。

经过有关部门认真地调查研究，甘肃省民政厅终于在1994年正式作出决定，追认杨积庆为革命烈士，并在他的故乡卓尼县县城修建“杨积庆烈士纪念馆”，现已成为全县的爱国主义和革命传统教育的基地。同时建立烈士纪念碑，永志纪念。

2009年10月，在庆祝中华人民共和国成立60周年时，杨积庆被评为“感动甘肃百位优秀人物”之一。历史给予杨积庆以公正的、实事求是的评价。

2018年12月8日于北京

回忆卓尼藏族支援红一方面军始末

贡觉才让

要讲卓尼藏族支援长征红军，还要先讲续范亭和我交朋友的一段事。我早认识驻甘肃国民党陆军新编第一军军长邓宝珊。邓宝珊平易近人，尤其对甘肃人特别好。当时去他家的甘肃人很多，我隔些时间也去看他，他知道我的底细。1934年，我创办家庭工业社，制造洗衣肥皂，我拿着样品送给他看，碰上续范亭在他家中，邓向我介绍续范亭是他的中将总参议，又对续范亭说："他叫王左卿，就是从卓尼出来，代表杨土司在外办事的人，现在自己转工业了。"

续范亭对我创办工业很感兴趣，他又特别关心藏民，当即向我询问藏民的生活、风俗习惯、土司的来历,等等。我们一见如故，谈得很投机，以后就经常来往。我住贡元巷，他住曹家巷，相距几百米。不但我随时去他家，他每日起得很早，出来散步就转到我家，看着我做肥皂，坐着谈论，他讲爱国的道理。我知道他是老同盟会员，以兄长敬之，他也视我如弟，对我畅谈他的阅历和见解。他一双大眼炯炯有神，忧国忧民，浓眉紧蹙，他最痛恨不抵抗主义，常说："不抗日就是无耻，不抵抗就是投降，称不上什么主义。"

他不断开导我说："做一个人就要有民族气节，要做到临财毋苟得，临难毋苟免，作一个顶天立地的男子汉，无论干什么也好，都不能忘本。我们生在中国，长在中国，是一个中国人，就得爱自己的祖国，爱自己的同胞，必须随时随地反抗外来的侵略，为国家民族出力，为国家民族牺牲，才不愧为一个中国人。"

说到国难严重时，他几乎要哭出来。他总是说："国民党中央军的将领都是脓包，他们搞的攘外必先安内，只能亡国，救中国靠的还是红军。"

我和续范亭成为挚友，是基于我以往受党教育的思想基础，而续范亭的谆谆教导，对我影响也很大，使我有了坚定的抗日思想，对党搞武装斗争的红军也有了明确的认识。因此我能在红军长征过卓尼地区时，和续范亭研究，出谋建议卓尼土司杨积庆支援红军。

那是1935年夏末秋初的一天上午，我刚熬成一锅肥皂，西关马车店的一个店家引来两个藏民，说是卓尼洪布（酋长、最高首领）派来的。他们拿着一个写着我的名字和地址的纸条，让店家引着直接找我，回避开驻兰办事处。我即让店家回去，他们两人身穿皮袄，虽然赤裸上身，也热汗淋淋，就席地坐在南房檐下阴凉处。我叫家人端馍倒茶让他们吃喝，他们和我谈起话来，先探问了我的藏名，又探问了老家情况，弄清没找错人，方从颈间戴的护身佛盒子里取出一封信，信是写在薄薄的优质纸上的，仅一页，字很小，是杨积庆的亲笔，下署他的大号子余，信上说，绥靖公署（朱绍良）令暂编十四师鲁大昌驻防岷县，固守腊子口天险，阻击红军，令我部藏民从后路夹击红军，要坚壁清野，将少衣无食、疲惫不堪的红军消灭在窄狭山区，以绝后患。军令特严，难以违抗。但自知卓尼弹丸之地，兵力不强，弹药不多，恐不是红军对手，而鲁大昌又在岷县虎视眈眈，若和红军打仗，消耗了兵力，定亡于鲁，若不打红军，也怕红军侵占地盘，建立根据地。失去地盘我将无处容身，因之万分为难，进退维谷。卓尼交通不便，消息不灵通，昼夜苦思无以为计。想弟在省城，见闻较广，希有以教我。念及世谊，幸勿见外。回信仍着来人带回，立盼立盼。此信看过立付丙丁。

我看过信，觉他说得很凄惨，心想要救红军，也要救他和卓尼人民，一时想不出什么办法，即嘱两个来人回店休息，等候两天。我想了一夜，心中有了一些主张，不知能否可行？次日早晨，我即到续范亭家中找他，探探红军的消息。他已出去了，我到他弟弟房中坐了一会儿，想他白天很忙，我就回来了。晚上我又去，见到他。我问他，消息如何？他反问我，听见了什么？我说："传说红军过来要攻兰州。"他说："没有那么大的力量。”我又说：“要过我们卓尼，绥靖公署命令鲁大昌固守腊子口，阻击红军，命令杨土司从后路夹击。”他说：“我已经知道了，你说怎么办？”我说：“我要对杨土司说，红军是北上抗日的，不占地盘，要支援过境。”他说：“好！你回去对他这样讲吗？”我就将杨土司来信给他看，他看着点了点头，随手点火将信烧了。我看他烧信，就说：“鲁大昌传话，要把红军饿死、困死在腊子口外。”他说：“自古用兵，兵马未动，粮草先行，能给准备些粮食吗？”我们藏民习俗，到自己家里的客人，一定让吃饱。我想支援过境，就是要支援粮食，土司一定会支援粮食，就点头应诺。

他深思地说道：“道理一定要讲清楚。要告诉他，只有红军能救中国，全国人民一致拥护红军北上抗日。”他顿了顿又说：“还要虚张声势，掩人耳目。”我说：“我明白了。”他说：“你去写个信稿，拿来我看看。”

我连夜起草信稿，针对杨土司的顾虑，简单地分析了国际和国内形势，说明红军北上抗日，大义凛然，救亡图存，在此一举——全国人民无不把驱逐日寇，收复失地，复兴中华的重大责任寄托在红军身上。况红军转战十余省，所向无敌，我们卓尼民兵乃乌合之众，平时无组织，无训练，无纪律，无后援，绝非红军对手，千万不可轻动，自取失败。为了自保本身，我建议：一面调兵虚张声势，准备出击；一面速派心腹人员，迎接红军，从速接济红军足够粮食与军鞋，支援过境。指路让红军打败鲁大昌，也可以解除卓尼的危难。除此别无良好的办法，千万保密，以防意外。

我写好信稿，第二天早上拿去续范亭看了，他深深地赞同说：“这样办是好的！”我回来将信抄好，已经中午了，即去西关车马店，让来人把马喂上，跟我到家。我让他二人吃喝毕了，仍在护身佛盒子里装好信，给了他二人四斤大饼和二斤酱牛肉作干粮，就叫他们连夜动身回去，避开国民党军警岗哨的盘查。他们走了，我很紧张，一夜没睡，心想，只要过了临洮，就不会出事了，每二天出去打听，没有什么不好的消息，去曹家巷，续范亭问我：“人走了吗？”我说：“连夜走了，不知平安否？”他也注意着，说没听见在西路抓什么人。过了半月，我收到杨积庆来信。信中说：人到信收，别无他事。我才放下心。

杨积庆是有见识、有能力的领袖人物。他拿定主意，干得就很出色。他在前山（现卓尼县地区）集兵上万，虚张声势，喊着要打红军，以掩人耳目；同时在后山（现迭部县地区）也有部署，以防不测。他派密使以洮岷路保安司令名义密迎红军，指路让红军从腊子口攻出，去打败鲁大昌军。支援红军粮食，也想了些掩人耳目的办法：他密令下迭长限把崔谷粮仓的粮食，偷偷献给红军，令守仓官和两个藏兵把内部仓门全开了锁，只锁着大门，他们都以躲红军为名，跑进深山老林回避了。红军来到，砸开了大门上的锁，就得到了粮食，红军按部领粮，放下了钱，送军鞋比较困难，也不能发动群众做，只把从绥靖公署给常备兵领的六十双军鞋，送给了红军。

毛泽东、周恩来率领的红一方面军，于9月5日进入迭部，在迭部得到了足够的粮食和休整的环境，养精蓄锐，于9月16日，一举攻破腊子口天险，打败了鲁大昌军，胜利地直奔陕甘宁边区了。

红军方面也赠送给杨积庆步枪数十支、手提机关枪（冲锋枪）三挺，没有子弹。红军过后，杨积庆把红军送的好枪留下，把自己的坏枪上缴绥靖公署，报称是打红军的战利品。因续范亭曾任绥靖公署参谋长，其中有他的人力助，就将绥靖公署蒙哄过去了。

支援红军的事过后，续范亭就离开兰州去南京了。行前，他对我关怀备至，问我以后生活怎么维持？嘱我不要跟国民党搞军政之事。我答："我就搞手工业，为救国出一份力量。"他十分赞同，嘱我把在上海学习制造肥皂的笔记，通过自己的实践经验，整理成了一本书，他即在手抄稿前写序言道：

"余友王君佐卿，陇右志士也，愤国家之危亡、力谋所以拯救之者，乃弃军政而学工业……"最后写，"续范亭敬序。"他还自己去找邓宝珊为我写了"救国之基"四字，鼓励我搞工业。

第二年春节后，杨积庆派团副杨景华（杨锡龄的长子）来兰州公干，送给我一只羊，还给了我二百元白洋，说帮助我发展工业。杨景华对我说："接到绥靖公署命令，土司召刘参谋和我一同商量，大家都想不出好办法来，几天几夜没睡好觉。后来我说你在兰州，消息灵通，问问你为好。土司也有此意，还怕你不重视，他自己写了信。我派了车巴沟两个精壮的人给你送来了信。幸你见识高明，给我们指了一条明路，我们就下决心支援红军，让红军打败鲁大昌北上抗日。当时卓尼选不出一个去和红军联络的人，各旗长宪都是乡里佬，迭部长宪人更老实，怕他们见了红军，话说不好，办不好事，误了大事。后来刘参谋推荐了一个叫刘得胜的人，二十八九岁，在冯玉祥的队伍里干过几年，回家不久，人甚能干。但土司因为他不是卓尼本族人，有点不放心。最后实在找不出个人，没办法，才让刘得胜和下迭长宪一同去四川迎接红军了。又怕事情传出去，绥靖公署追查，那就会灭门灭族。刘得胜没对红军说本名，说的是他的字有凤。给红军开崔谷仓供粮，也没说真地名，说是四川上包座。这样，就是绥靖公署听见了，也以为是四川的事，管不上。我们的人先引红军到崔谷仓取酥油，也就把红军引近腊子口了。刘得胜他们见了红军首领，洽谈得很顺利，说定红军不经过我们卓尼城。在下迭整休几天，攻过腊子口去。”他又谈了送军鞋做见面礼，后来红军赠枪的事。还说：“土司也给了刘得胜二百元钱和粮食布匹，叮嘱他保密。我们那里没有国民党特务，想此事不会败露。只是对刘得胜这个人，土司总不放心。”

杨景华是个精明能干的青年人，他要报鲁大昌杀父之仇，对此事很积极。当时主帅杨积庆的一切决定，都是他执行的。他又主管迭部各旗崔谷粮仓，所以他很起作用。

鲁大昌原想红军没有粮食吃，又加上藏兵一打，再没有攻腊子口的力量，他可守住腊子口安享其成，他还在等着红军和卓尼藏兵打得两败俱伤，他可下山一口吞掉卓尼，不料红军如猛虎一样，把他的部队打了个稀烂。他探知了红军得到杨土司的粮食，吃饱了饭，才攻破了腊子口，这把他气坏了，就向朱绍良告杨积庆私通红军，供应粮食。在这紧要关头，杨积庆立即消灭私通、支援红军的一切痕迹，以防朱绍良查处。红军给的粮钱，有银圆，也有苏维埃纸币。他密令把苏维埃纸币烧毁了，民间有的，也传令烧尽。把崔谷粮仓也烧了。当时刘得胜若果被鲁大昌拉过去，卓尼也将全军覆没，后果不堪设想。因此，杨积庆总不放心的刘得胜，在此紧急关头失踪了。所幸鲁大昌是败军之将，言不中听，朱绍良不重视他的话；同时朱绍良调离甘肃，此事没有查处，卓尼藏族头上的大祸侥幸得免。

鲁大昌豺狼成性，岂肯罢休。他的恶毒阴谋又更进一步，他利用杨积庆对部下管教很严，收买了为贪污、嫖风，杨积庆要处分，而逃跑在外的房班书记员方秉义；并勾结一些地痞流氓和第三团团长姬从周，他们又暗中策动不明真相的卫队士兵，阴谋兵变。在1937年8月某夜，发动武装兵变前，先杀害了警卫营长杨英，使杨积庆完全失去了警卫，突然在半夜发动武装兵变，杀害了杨积庆及其长子。支援了红军的民族英雄，就这样惨遭毒手，但是鲁大昌企图占地夺权，灭掉卓尼藏族的阴谋并没得逞。卓尼民兵奋起反击，寓兵于民的民兵制显示了威力。卓尼藏族如岷山高峰，屹立不动，迎来了解放，鬼魅之徒尽皆灭亡。

我今年（1982年）已八十有八，回顾往事，思念故友，惜深明大义、支援红军的藏族英雄杨积庆，牺牲于鲁大昌之阴谋；而指引了我们的良师益友续范亭同志，又为革命积劳，在1947年病逝延安。他们为革命、为人民所立大功，昭若白昼，永垂不朽。

（摘自《格桑花》卓尼专号2002年1—2期，有删节）

回忆我支援红军的一件往事

热旦加措* **口述**　　拉代 **整理**

1935年，中国工农红军挥师北上，路经甘南草原，开赴抗日前线。那时，我在夏河县美武寺院当法台（主持寺院工作），经常往返于卓尼、夏河、临潭等地。我从口碑信息得知，红军纪律严明，扶危济贫，安民救国。红军的行动感动了我，便暗地里准备了两驮糌粑、一驮酥油、两颗麝香、一张狐皮和一条哈达，暗中派我的管家旦曲和美武宁嘉贤送给红军。旦曲和宁嘉贤从美武启程，经过三天的行程，把东西送给正在岷县哈达铺休整的红军。红军指战员热情接待了他们，打了收条并赠给宣传品二张，护照一份。这些东西我一直保存到夏河解放。

热旦加措

夏河解放后，中共西北局甘肃省和夏河县党政负责同志多次慰问过我。1956年4月，我作为甘肃省农牧区代表参观团的成员随同前往首都北京参观，我把红军

* 热旦加措系政协甘南州委员会原副主席。

给我的收条及回赠的宣传品和护照一起交给中国人民解放军总政治部，总政给我打了收据。4月13日下午，党和国家领导人贺龙、陈毅、刘伯承等接见了各地少数民族参观团团长。我是团员，但通知我也参加。接见时，贺龙元帅与我亲切交谈。“五一”节在天安门广场观礼台上，我见到了伟大领袖毛主席和周总理、朱总司令。

回来后，我把总政给我的收据装入镜框，挂在厅堂。1958年，甘南发生反革命叛乱，10月我被错捕入狱，1959年1月无罪释放。我被抓时，家中东西被抄，可惜这张收据也随同我的东西不知去向了。红军给我的收据和宣传品、护照，现存北京历史博物馆。

由于我支援过红军，党和人民给了很高的荣誉，我现在担任中国人民政治协商会议甘南州委员会副主席职务，还兼任全国佛协常务理事、甘肃省佛协副会长职务，还任过全国政协五届委员。今年我78岁了，我要在有生之年，争取为四个现代化多做贡献。

有些资料记载我支援红军的东西中有银币200元，那是不真实的，在此一并提出更正。

1985年4月

（原文载自《甘南文史资料》第四辑，第2版）

土司开仓放粮助红军

陈朝阳*

一

话说中国工农红军当年爬雪山、过草地，艰难地进行二万五千里长征，在1935年9月12日来到甘南迭部，踏入藏族卓尼土司杨积庆的领地。在这里召开了著名的“俄界会议”，确定了红军坚持向北进军的战略，在川陕甘建立革命根据地。而进入藏区的红军处于生死存亡的关键时刻，许多红军战士久经鏖战，备受煎熬，衣食无着，已经饥疲欲倒。红军过境藏区，决定着十九代土司杨积庆对红军的态度。

卓尼土司制度始于明朝，史料记载，早在金末元初，元忽必烈邀请西藏萨迦法王八思八去内地讲经传法，途经卓尼时，见此地风景优美，苍松翠柏，遂将原喇嘛洛桑巴丹之密宗红教寺移建于卓尼，即今日的禅定寺。元末明初，藏王赤热巴巾派来安多地区征税大臣噶·益西达尔吉的长子些尔地，为了寻找宜牧的地方，率部历经艰险，来到卓尼，成为当地藏人首领和禅定寺的施主。正德元年，第五代土司旺秀承袭父职，进京朝见明武宗，赐姓杨，名为洪。自此，历代土司沿用汉姓，有了汉名。有了朝廷赐予的这张王牌，就可以威震属民，因而便逐步形成了在政治、经济、宗教、军事上具有相对自治权力的政教合一的统治集团。

卓尼历代土司为当地的社会稳定和各民族之间的团结做出了积极的努

---

* 作者系《甘肃交通报》社记者、编辑。现已退休。

力，在安多藏区（甘南各地）乃至西北地区产生过深远的影响，历代土司还对大藏经《甘珠尔》和《丹珠尔》进行精确的校正，并编纂刻板，形成了浩繁精美且负有盛名的卓尼版大藏经，对藏族文化的继承和发展做出了巨大贡献。

二

甘南藏族自治州位于甘肃省的西南部，卓尼是现今的一个县，但在解放前卓尼属藏族土司杨积庆管辖，范围包括现今的迭部、卓尼两县和舟曲、临潭县的部分乡村，共2万余户，近10万人。

1935年9月和1936年8月，中国工农红军红一方面军与红二、红四方面军到达今甘南州迭部县达拉乡，突破天险腊子口，抵达宕昌县哈达铺。红军两次途经甘南的历程中，横跨了卓尼十九代土司杨积庆管辖的达拉、尼傲、麻牙、花园、洛大、腊子和桑坝等7个乡（旗），行程300多公里，沿途全是密林峡谷和雪山栈道，但从未受到杨土司大股藏兵的阻拦和堵截。特别是红四方面军四军的十师和十二师等部队在甘南停留40多天，不但未曾受到袭击，而且，当红四方面军于1936年8月20日到达临潭县城后，杨土司还主动派人星夜赶到红军总部，呈送书信，馈赠马匹、羊只，表示亲善和慰问。同时，红一方面军在途经迭部县麻牙乡然尕沟时，于1935年9月17日，杨土司

1994 年 10 月 7 日，甘肃省民政厅追认杨积庆为革命烈士批复文件

还叫下属开仓送红军二三十万斤粮食，红军在仓内留下苏维埃纸币两捆作为粮款。在红军过境甘南的两年中，杨土司迫于客观形势和国民党的压力，表面上对过境红军保持“互不侵犯”的中立立场，而实际上采取了明智、友好的态度，这对在当时处境极端困难的红军来说，起到了很大的援助作用。

三

1935年8月底，林彪和聂荣臻率领的红一军团进入迭部达拉沟后，蒋介石就发现了红军北上的意图，他一会儿坐镇成都，一会儿又飞抵西安，倾其西北之兵力，分南、中、北三路，“包剿”朱德、张国焘率领的从草地南下的红四方面军，“封堵”毛泽东、周恩来率领的红一、红三军团和中央纵队；“追剿”徐海东、程子华率领的红二十五军。尤其是蒋介石发现红一、红三军团出川后，火速调集了二十万蒋军从南北两路向甘川边境地区推进，企图将红军消灭在达拉沟至腊子口的藏汉接合地区。

早在中共俄界会议之前，国民党甘肃绥靖公署主任朱绍良就奉蒋介石之命，将鲁大昌新编第十四师和唐淮源第十二师调到夏河、洮岷地区，对红军实行截击，并命鲁大昌死守腊子口。同时，还命令卓尼土司兼国民党洮岷保安司令杨积庆的二万地方武装，部署在迭部沟（即达拉沟至腊子口），全力配合鲁大昌的十四师，共同歼灭红军。而此时的鲁大昌却依仗自己的势力，骄横霸道，在甘南这片自古就是卓尼土司的封地上，对杨土司发号施令，俗话说，一山不容二虎，两人早就貌合神离。杨积庆早就知道红军是“不压迫番人的红汉人”，也听说红军进入达拉沟后，正遇秋雨连绵，道路泥泞难行，他对红军深表同情，但是，迫于压力，他只能在夹缝中保存实力。一方面响应命令，另一方面派人与红军取得联系，还专门派人整修被雨水冲毁的栈道和尼傲峡独木桥，杨土司还命令下属“沿途不要堵击红军，不许向红军放冷枪”。让红军尽快通过藏区。

杨土司所做的一切，被鲁大昌视为“私通红军”。1937年8月26日，鲁大昌串通杨复兴属下团长姬从周、方秉义密谋策划，将杨土司一家包围在官宅之内，杨积庆等人当即进行抵抗，终因寡不敌众，与长子杨琨、长媳、孙女等人，倒在属下的枪口之下。同年9月，杨积庆8岁的次子杨复兴（藏名班玛旺秀）继任第二十代土司并兼任洮岷保安司令。杨复兴为人谨慎小心，自幼聪明好学，在母亲的安排下，在禅定寺设私塾修习国文和藏文。

1947年，18岁的杨复兴，自筹路费代表四十八旗藏民，去南京晋见蒋介石，向蒋介石提出到陆军大学学习深造的要求。翌年初，杨复兴进入陆军大学将官班学习，被授予少将军衔。

1949年9月，在彭德怀、王震的感召下，杨复兴率部起义。1950年，杨复兴宣布废除卓尼土司制度，结束了500多年的土司制度历史。

1950年10月，周恩来总理亲自致信杨积庆次子杨复兴，对当年红军过境藏区其父杨积庆让道济粮深表感谢！

1994年，甘肃省人民政府追认杨积庆为革命烈士。杨成武将军题写碑铭。

中华人民共和国成立后，杨复兴先后担任卓尼县县长，卓尼藏族自治区行政委员会主任，历任甘南藏族自治州副州长、甘南军分区副司令员、西北军事委员会民族委员会委员、甘肃省人大常委会副主任等职。1955年被授予大校军衔。1956年12月，杨复兴加入中国共产党。

让我们记住卓尼第十九代土司杨积庆吧，他是一位为中国工农红军长征胜利做出贡献的人！

藏族土司的红色往事

后卓霞*

80多年前，一支8万余人的队伍为拯救中华民族命运，开始了两万五千里的艰苦跋涉——长征。今天，这支庞大队伍的亲历者已陆续离世，而发生在那两万五千里征途中红军与少数民族之间的动人故事依然被我们铭记。

这个故事必须要提起的人物是甘肃卓尼第十九代土司杨积庆，他是甘肃最大的藏族土司，辖地有卓尼、迭部、舟曲等两万多平方公里。这位藏族同胞一生都在尽力保境安民，爱国，保护一方和平安定。

1935年9月，抵达迭部的中央红军外忧内患。刚刚走出草地的中央红军衣衫褴褛，饥寒交迫，后有川军穷追不舍，前有甘肃军阀守株待兔，外敌呈合围之势，内部正经历空前分裂——张国焘意图南下，中央红军坚持北上，千辛万苦会师的红一方面军和红四方面军，不得不重新分开。眼看山重水复疑无路，所有出路都寄予天险腊子口，利刃般的白龙江劈开了两岸高山，蹚过便是柳暗花明。毛泽东想与当地藏族头领见面借道北上，可是苦于语言不通无法联系到杨积庆。而此时国民党蒋介石亲下命令给杨积庆土司“坚壁清野，阻红军于境外，灭红军于境内”。这位掌握着红一方面军是否能够顺利北上抗日命脉的甘肃藏区土司杨积庆的内心很是忐忑不安，一方面要保境安民，当时所辖区域高海拔且气候寒冷，只有一年一种的青稞维持当地藏民的生计，一场战事无疑会使辖区百姓流离失所、挨冻

* 作者系中共甘南州纪委干部。

受饿；另一方面他虽身居僻壤，但每天翻阅全国各地大小报纸，及时掌握国内外形势，了解到红军是正气浩然的抗日义军。可如果不遵从命令，杨土司自己也是性命堪忧，驻防岷县的国民党暂编十四师鲁大昌也不会放过他。在这进退维谷的关键时刻，杨积庆写信与当时在兰州的藏族进步人士王佐卿（上学时曾参加过共产主义青年社，1931年在洮岷路保安司令部任参谋长）商谈此事，制订援助红军过境计划。

杨积庆一面调兵虚张声势，准备出击；一面速派心腹迎接红军，密派藏兵帮助红军抢修白龙江畔的栈道，并密令部属用迭部崔谷仓粮仓的粮食接济红军战士。在支援红军粮食上，杨积庆想了些掩人耳目的办法，指示守仓官把内部仓门全开锁只锁大门，然后以躲红军为名，跑进深山回避。红军到来后顺利打开了储藏着20多万公斤粮食的粮仓，同时下令：此仓内粮食为杨土司庄家粮，各部按需领粮，节约用粮，凡在仓里领粮的部队，都把自己所属部队的番号和所拿粮数一一写在粮仓门板上。之后留下了少量银圆和苏维埃纸币。

第十九代卓尼土司杨积庆

中央红军在此地休整之后，准备攻打天险腊子口，而这一战事关乎红军生死存亡的一战，需得到当地藏民的翻译和向导，帮助战士从林间小道深入敌人碉堡的后侧山上刺探军情。在这个关键时刻，杨积庆密派当地藏民引路，顺利探得敌方军情返回营地，为红军腊子口战役的战略决策提供了有效帮助。9月16日，团长王开湘、政委杨成武召开会议研究派出小分队爬上右侧的悬崖，从山顶扔手榴弹破坏敌人碉堡，接着大部队从正面进攻，17日凌晨3点，拿下了天险腊子口。红军能够突破重围，一方面是红军的骁勇善战，另一方面也与当地藏族同胞的挺身而出密切相关。

红军走后，鲁大昌把腊子口战役失利，全都记到杨积庆身上。1937年8月，国民党新编第十四师师长鲁大昌密谋策动“博峪事变”，以“开仓供粮、私通红军”的罪名，惨杀了杨积庆土司及其家属共7人，杨积庆时年48岁。解放后，1950年10月，中央慰问团来到甘南，带来了周恩来总理给杨积庆的感谢信和赠送的礼物及纪念品，深谢杨土司当年对红军的援助之情。1994年10月，杨积庆被甘肃省人民政府追认为革命烈士，并在卓尼县城修建陵园，杨成武将军亲自题写了纪念碑正面碑文。

共产党人在濒临危难、生死险境之际得到了藏民族土司杨积庆的有效支援，而他却被反动派杀害——这就是藏民族与共产党人结成的生死历史机缘和浴血生死传奇，也在甘南草原上谱就了一曲为民爱国的民族团结之歌。

（原载于《甘肃廉政网》——每周廉政故事第三十二期）

卓尼土司杨积庆对红军过甘南的贡献评述

赵瀚豪*

甘南藏族自治州位于甘肃省的西南部，卓尼是其现今的一个县，但在解放前卓尼属藏族杨土司统辖，管辖范围包括今迭部、卓尼两县和舟曲、临潭县的部分乡村，共20000余户，近10万人。

1935年9月和1936年8月，红一方面军与红二、红四方面军长征分别到达今甘南州迭部县达拉乡，突破天险腊子口，抵达哈达铺。红军在两次途经甘南的历程中，横跨了卓尼十九代土司杨积庆统辖的达拉、尼傲、麻牙、花园、洛大、腊子、桑坝等7个（旗）乡，行程600多里，全是密林峡谷和雪山栈道，但从未受到杨土司大股藏兵的拦击和堵截，特别是红四方面军四军的十师和十二师等部队，在甘南临潭县停留了40多天，不但未曾受到杨土司藏兵的袭击，而且当红四方面军于1936年8月20日到达临潭县新城后，杨土司主动秘密派人星夜赶到红军总部，呈送书信，馈赠马匹、羊只，表示亲善和慰问。同时，红一方面军在途经迭部县麻牙乡的然尕沟时，于1935年9月17日开仓吃了杨土司崔谷仓的二三十万斤粮食。过后，杨土司从未过问和追究管粮人。总之，在红军过甘南的两年中，杨土司迫于客观形势和国民党反动派的压力，表面上对过境红军保持“互不侵犯”的中立立场，而实际上采取了明智、友好的态度，这对当时处境极端困难的党和红军来说，在客观上起到了很大的援助作用，其对中国革命的间接贡献是应加以肯定和不可磨灭的。

---

* 作者系中共甘南州委党史办原主任。

笔者曾在20世纪七八十年代多次赴红军长征经过的甘南诸地进行调查与考证，并参阅、核对有关老红军的回忆录和历史资料，现对杨积庆土司在红军过境时对革命的有益作为，予以浅述。

一、由于对红军的性质、宗旨不甚了解，杨土司在政治上置国民党反动政府的三令五申而不顾，对红军采取“保持中立”的立场，是十分难能可贵的仁义之举

1935年6月，红一、红四方面军在川西懋功（今小金县）会师后，党中央于当月26日在两河口召开政治局扩大会议，决定继续北上，开创川、陕、甘革命根据地。即首先取得甘肃南部，以创造川陕甘苏区。6月29日，中央军委制订了松潘战役计划，决定把红一、红四方面军分为左、中、右三路纵队和岷江支队，先攻占松潘，后北出陇南。当时，蒋介石觉察到红军的战略意图后，立即将胡宗南的主力部队集结在川西北和陇南接壤的松潘地区，同时急调薛岳的部队进抵文县、南坪一带，并下令国民党新编十四师鲁大昌的3个主力团赶到陇南的两水、武都一线设防，妄图在沿川、甘两省交界的地区，以蜀道为屏障阻止红军北上。8月20日，党中央在毛儿盖召开政治局扩大会议。毛泽东作了《关于夏洮战役计划的报告》，主张红军应出其不意，北进草地，避开蜀道，横插岷山，折向东北方向进军甘南，以岷州（今岷县）洮河东岸为中心继续向东发展。当红军进入草地后，胡宗南火急赶到松潘，命令鲁大昌从两水、武都向松潘压过来。可是，红一方面军和中央军委纵队已于8月26日走出了草地，这样就把胡宗南部署在松潘、漳腊一带，迎头拦击红军的数万大军，统统甩到了千里之外的蜀道之南，赢得了北出甘南的宝贵时间。1935年8月28日，党中央在巴西召开紧急会议，决定迅速离开危险区，横越千里岷山，北进甘南。8月31日，右路军在甘、川交界的秋吉寺一带发动了包座战役，共毙伤国民党师长伍诚仁以下的官兵4000余人，俘虏800多名，创造了一个北出甘南的有利时机。1935年9月5日，红一方面先头部队迅速到达今甘南州迭部县达拉乡俄界（今高吉）村。12日，党中央在俄界召开中央政治局紧急扩大会议，决定先打到甘东北或陕北，以游击战争来打通国际路线，在

靠近苏联的地区建立革命根据地。此时，红军的当务之急是尽快地通过杨土司管辖的藏民区和突破天险腊子口打通北出甘肃的道路。然而，蒋介石于9月8日接到胡宗南用飞机侦察来的报告：红军过草地后，已进入岷山，去向不明，有北出甘南的可能。蒋看后大惊，急忙命令胡宗南绕道文县，开赴西固（今舟曲县）堵截红军，又命鲁大昌部紧急返回岷县防区，扼守腊子口。同时电令洮岷路保安司令杨积庆土司，出动全部藏兵，到迭部管辖区阻击红军。1935年9月9日，鲁大昌调遣第一旅旅长梁应奎率3个团的兵力，到腊子口一带设防，修筑工事，部署兵力，梦想凭借天险隘口，配合杨土司的藏兵，形成南北夹击的局势，与红军决一死战，以达到其消灭红军之目的。

面对如此严峻的形势，红军把做好民族、宗教界上层人士的工作放在重要位置。自进入川西北以来，红军在同少数的频繁接触中，总结、制定了一系列少数民族的方针政策，当时在甘南的民族地区普遍实行的是土司制度和喇嘛教寺院政教合一的统治体制。土司和活佛是当地政治、经济、军事诸方面的最高首领，他们在各自的辖区内有至高无上的权力。所以，红军执行党的民族政策，在一定意义上包含着首先争取、团结民族宗教上层人士的工作，尽可能取得他们的同情和支持。1935年8月初，党中央政治局在沙窝会议上指出：“在有些民族中，在斗争开始阶段上除少数上层反动分子外，还有民族统一战线的可能。”随后红军又指出：“在民族运动上有革命意义的土司、头人、喇嘛，我们仍然不放弃与之联合或使之中立。”以后，红军在经过川西北的广大少数民族地区时，对民族、宗教上层人士采取了争取、团结的政策，力求使他们能够接受影响，处于中立，或置身于民族统一战线上来。但是，当杨土司接到蒋介石、胡宗南和国民党第八战区司令长官朱绍良一再催促出兵的电令后，曾一度疑虑重重，举棋不定。他一方面对红军是什么样的军队不了解，对红军为什么要北上通过他的辖区之目的不明确，但又不愿和红军兵戎相见，交冤结仇。另一方面杨土司对蒋介石历来“消灭异己”“吞并地方军阀”和“改土归流”的政策存有戒心。因此，他抱着一种“坐镇静观”的中立态度，采用推诿或置之不理的办法，几次变相地拖延、抗拒电令，没有向红军即将经过的迭部藏区派遣一兵一卒。而当时急火攻心的蒋介石等人，则把最后消灭红军的很大希望寄托在杨土司的藏兵身上。因为他们深知，此时胡宗南的部队在短期内无法绕过蜀道来到腊子口一带，鲁大昌的3个主力团也被甩两水武都等地，三五天内很难赶到。已派往腊子口一带驻防的鲁军装备较差，又缺乏训练，吸食大烟者众多，战斗力不强，岂是英勇善战的红军的对手。所以，他们千方百计地反复电令熟悉迭部地形，又强壮、剽悍的藏兵出来阻击红军，再加上千里岷山的无数险隘、栈道，就构成了一道天然的军事屏障，倘若藏兵与鲁军竭力配合，南北夹击，定能实现梦寐以求的消灭红军之夙愿。由此，蒋介石、胡宗南不惜采用封官许愿等手段，极力拉拢杨土司的部下，以充当堵截红军的急先锋。从1935年初起，奉国民党反动政府之命，杨土司令其二团团长姬从周给胡宗南在四川秋吉一带的部队，从迭部沟营儿仓（仓址在今迭部县尼傲乡尖尼沟）送粮运盐。姬深受胡的赏识，欲被封为有职有权的“前线剿匪司令”，但遭到杨土司的严厉斥责。从此，姬对杨怀恨在心。从地理位置上看，从俄界到哈达铺，红军不但要翻越四千米以上的卡郎、达拉等岷山雪峰，而且要渡过达拉河和白龙江沿岸的无数险桥、栈道及许多遮天蔽日的原始森林，还要通过闻名遐迩的天险腊子口。况且这纵横600多里的行程，全是杨土司统辖的藏民地区。当时，杨土司的辖区包括现今的卓尼、迭部和舟曲插岗、铁坝等地，基层组织编为16“掌尕”（相当于自然村）和四十八旗（相当于乡）。杨土司在辖区内实行的是“兵马田地”和寺院“僧田”，即土司把境内拥有的土地全部出租给农民。凡租种“兵马田地”者对土司必须履行兵马、纳钱粮等义务，平时耕耘放牧，战时每户一人，自备枪马，出征打仗。1935年时，在杨土司衙门注册的步骑兵共有两千人，编为3个团。假如当时杨土司完全服从国民党政府的调遣，从3个团中抽派千余名藏兵去迭部堵截红军，再动员上、下迭部诸旗的当地兵马，纠集近万人的藏兵在迭山和白龙江流域抗击红军，是完全能做到的。这样，就会给红军造成极大的威胁，北出甘南的目的很难达到。由此，1935年9月15日，红一方面军二师四团奉命向腊子口挺进的途中，在黑多村附近的加儿梁击溃鲁大昌一个营的伏兵，从俘虏的一名敌军师部副官口中知悉：在腊子口外面的西部地区，有一万多藏兵从卓尼向红军压过来，这完全是鲁大昌之流虚张声势和自我壮胆的妄说，是为了欺骗外界舆论和恫吓红军。其实，杨土司绝没有出动一名卓尼的藏兵，给红军未造成任何军事威胁，其主观上采取的中立立场，反而在客观上能使红军集中主力，消灭鲁大昌的守军，突破长征路上的最后一道险关——腊子口。

二、为防止鲁大昌乘机吞并卓尼，杨土司在军事上保持独立自主权，采取“守土自保”的明智策略，实际上对红军北出甘南起了让道作用

抗日战争初期，国民党政府在“统一政令、军令，全面抗战”的口号下，多次命令卓尼第十九代世袭土司杨积庆“改土归流”，取消土司制度，成立设治局（正式设县的过渡性政权机构），实行保甲制，但遭到杨土司拒绝。从而也触怒了国民党甘肃军政当局，他们决心寻机拔除这个封建割据据点。另外，杨土司所辖的藏民区，地广人稀，疆域辽阔，物产丰富，既有土壤肥沃、气候温和的农业区，又有水丰草茂、牛羊肥壮的广袤牧场，还有储藏量很大的原始森林和其他矿物资源。这块富庶的地方，早就引起毗邻岷县之军阀鲁大昌的垂涎。长期以来，鲁为了扩充势力地盘，以达到吞并卓尼的狼子野心，曾多次对杨积庆采取软硬兼施的手段，进行拉拢、引诱和威胁、恫吓，但均遭失败。这次蒋介石、胡宗南等指令杨土司出兵迭部一带，后方（指卓尼县城）一定空虚，正暗合鲁的心意。因此，鲁大昌也竭力催促杨土司出兵。1935年9月初，当红军临近甘南时，鲁大昌一方面通过胡宗南、朱绍良敦促杨土司出兵，自己又不断向杨土司发出电令，让土司的藏兵充当堵截红军的先锋，以减轻他的军事压力。鲁还包藏祸心地设想：如果打胜了，可居功己有，向蒋介石邀功请赏；打败了，就推卸责任，把杨土司当成替罪羊。另一方面也可乘杨土司出兵之机，来个“明修栈道，暗度陈仓”，以实现蓄谋已久的吞并卓尼之野心；但这些阴谋诡计，都被精明强干的杨土司识破了。他不论谁发来出兵的电令，都置之不理，稳坐卓尼，在军事上始终采取了“守土自保”的方针，不让土司衙门的两千藏兵迈出卓尼疆土一步，而只是让下属一位团长率领部分藏兵，在卓尼与迭部交界的花干山一带，装模作样地驻防了几天，从没和红军发生军事冲突，因而使鲁大昌的种种阴谋伎俩化为泡影。1936年8月，当红二、红四方面军从川西北即将北出甘南时，他们在四川省秋吉

召开会议，决定争取让甘南的藏族让道，占领洮（临潭）、岷（岷县）、西（舟曲）为根据地，而鲁大昌吸取上年堵截红一方面军的惨痛教训，决定将其十四师主力部队以缩短防区，固守岷城（岷县）为目的，集中兵力于岷县十里以内固守。但又反复催令杨土司出兵迭部一带对抗红军，以达到保存自己，牺牲别人之目的。早已看穿鲁大昌阴谋的杨土司，在上年红二方面军过甘南时执行的民族政策感召下，仍恪守“守土自保”的方针，按兵不动，始终未下令卓尼藏兵迈出县境。同时，他从上年红一方面军过境的过程中，对红军和共产党也有了一定的了解和认识。红军并非像国民党反动派宣传的那样，什么“共产、共妻”“毁教、灭藏”等，纯属造谣诽谤。这样，不但证实了他所采取“中立”立场的正确性，而且对红军产生了好感。于是，当1938年8月20日红四方面军四军长征到达毗邻的临潭县新城后，杨土司连夜秘密派使者赶到新城红军总部，呈送书信，馈赠了两匹马、七只羊，表示亲善和慰问。实际上与红军达成了互不侵扰的默契。此后，红军也确实在临潭县境内开展“反富打霸”“抗日募捐”等活动，未涉及邻近的卓尼杨土司辖区，以致在临潭反动势力拼凑的“商团”和马步芳第一骑兵师马得胜团进犯、围攻红军时，马得胜曾派人给杨土司下令，命出兵助战，袭击红军，而杨土司以种种理由为借口，一再推诿、拖延，始终未出动藏兵，没有和红军发生过一次枪战。至于在1935年9月红一方面军途经迭部时，在达拉乡的牙拉沟和达拉沟口等地，曾发生过少数当地人袭击、堵截红军的零星战斗，对红军也造成了一定的损失和伤亡。据查，这些人均未受到卓尼杨土司的任何指令，此种行为纯属今迭部县达拉、尼傲、卡坝、麻牙乡一带少数藏族青壮年，普遍出于对枪支弹药的特殊酷爱，而自发组织起来的一种抢劫行为，并非报有政治目的，与杨土司是毫无相干的。

三、杨土司未执行国民党的“坚壁清野”政策，留存崔谷仓的储粮，在物质上既解决了一方面军奇缺粮食的燃眉之急又为红军最后走出岷山栈道提供了便利条件

1935年9月，红一方面军临到甘南之前，由于国民党反动派的造谣诬蔑和欺骗宣传，加之鲁大昌在迭部一带又严厉推行了一条“坚壁清野”政

策，因而在杨土司所辖的迭部藏区，红军所到之处，几乎每个村寨的群众都弃家离舍，逃避一空，粮食牛羊和物品俱坚壁隐藏，给突如其来的红军筹集给养造成了极大困难。历史上，杨土司在下迭地区有两大粮仓：一个是曹儿仓，位于今迭部县尼傲乡尖尼沟，主要囤积尼傲、卡坝两旗（乡）二三十个村庄给土司的纳粮，仓官是杨景华，红一方面军到来之前，从1935年春天起，奉蒋介石、朱绍良之命，由杨土司给驻守在四川秋吉、包座一带阻击红军的胡宗南骑兵师供奉粮食。杨土司委派姬从周等动员卡坝、尼傲的部分乡民，将曹日仓的储粮驮运给胡宗南的部队食用。当红一方面军途经尼傲村时，曹日仓的粮食早已颗粒无存。杨土司的另一粮仓叫花园仓，仓址在今迭部县花园乡政府所在地，主要囤积着花园、多儿、阿夏三个旗（乡）的储粮。但由于该仓距洛大乡代古寺鲁大昌的驻军只有三四十里，所以花园仓的存粮在1936年8月时，红二、红四方面军未来到之前就被鲁大昌的军队吃光了。而红一方面军在1935年9月到达下迭部后，没有经过花园、洛大等地，他们于9月15日从麻牙乡旺藏寺出发后，跨过九龙峡栈道，便离开白龙江，进入然尕沟，向东北方向走去。红军在此深山幽谷中行进了30多里时，来到一个住有10多户藏民的村庄崔谷仓（过去叫谷卡）。当时，该仓是杨土司的一个深山小粮仓，储藏着附近尼巴、崔路、谷卡3个共有30多户藏民小庄的纳粮，因为该仓上距曹日仓有七八十里之遥，还要经过几处险峻的云崖栈道，驮运十分困难；下离花园仓虽有40余里，但均是崎岖的峡谷山道，也难驮运出去。因此，该仓储藏的二三十万斤历年陈粮，颗粒未动。1935年9月17日，当红一方面军大部队来到此村宿营时，土司委派仓官奉密令故意避开，守仓的两个藏兵也藏进了深山老林。又因红一方面军于1935年8月底紧急离开巴西，决定北出甘南时，走得十分仓促，绝大多数红军指战员只是捋了一些当地刚刚熟的青稞穗子，加上进入甘南后在达拉沟一带又未筹集到粮食，半月多来青稞穗子已快吃光。同时，红军绝大多数是南方人，煮吃了属凉性的青稞后，许多人腹疼肚胀，上吐下泻，对体质损伤很大。而崔谷仓的储粮全是上年的陈粮，大部分还是小麦，吃了不会拉肚子。这真是红军急需而奇缺的。因此，当晚红一方面军发现这个粮仓后，司令部决定自行开仓分粮，把崔谷仓的粮食全都分给了部队。凡从仓里领粮的单位，都将自己所属队伍的番号和所拿的粮数一一清楚地写在粮仓门板上，有的还留了少量银圆。（只可惜该粮仓于解放前夕被火烧为灰烬）。这样，有这仓粮食接济红军后，保证了红一方面军顺利地翻过了4200米以上的卡郎大山，穿过了迭部县桑坝乡的原始森林，走出天险腊子口，跨越了达拉山雪峰，胜利抵达哈达铺。四五天后，当红军离开崔谷仓时，躲在山林中担任守仓的这家藏民父子立即返回村落。一看粮食全被红军拿走了，霎时忧心忡忡，十分惶恐，惧怕杨土司怪罪下来，追查失粮之责。可是，在红军过后的好长一段时间里，杨土司始终未来查问此事，也未追究仓官和守仓藏兵父子俩任何责任。1936年8月，当红二、红四方面军进入甘南迭部地区后，当地藏族群众看上年红一方军过境时，纪律严明，秋毫无犯，对红军的革命宗旨和政治主张也有所了解。因此，他们既不惧怕，也不躲藏，与红军的接触比较频繁。有的主动给红军售卖粮食，有的用食物兑换枪支弹药，有的帮助红军造桥、修栈道。此时，曹日仓、花园仓等处杨土司的储粮早在上年就空空如也。因此，1936年8月经过迭部的红二、红四方面军不存在、也没听说开仓吃杨土司粮食的事。何况是红二、红四方面军在到达迭部麻牙寺后，没有进然尕沟，未重走上年红一方面军的行军路线，而是顺白龙江南下，经花园、代古寺、洛大新寺、尖藏等地，直达天险腊子口的，谈不上吃崔谷仓粮食的事情。

四、红军走后，杨土司未配合鲁大昌的“清乡”行动，变相掩护了一些负伤、流落的红军，给革命保存了一批有生力量

红军在两次长征过甘南的途中，先后流落了七八百名人员。因为从若尔盖县的最后一个村庄牙弄到哈达铺，在长达600余里的行程中，几乎全是崇山密林，峡谷栈道。整个路途崎岖不平，岔路隘口众多，东西南北方向难辨，一不留神就会摔下深涧或迷路、失散。特别是在红军总部的机关设有新兵团，大都是由15岁以下的男女儿童混编而成。他们因年幼体弱，又缺乏粮食，往往走不动路，沿途昏厥、迷路、掉队者特别多。红军过后，鲁大昌疯狂地进行清乡，在迭部县的腊子口、桑坝、洛大等乡大肆搜捕、屠杀流落、掉队的红军。他们把红军留下的遗物全部以“战利品”的

名义搜去，对凡是与红军有过来往的人都进行追查或逮捕；对藏匿在当地群众中的红军，挨家逐户地进行搜捕和残杀。而杨土司和迭部地区一些开明人士和土官头人，没有对流落红军采取任何迫害措施。特别是杨土司，他为了不使大批流落红军落入鲁大昌的魔掌，就把失散在迭部的部分红军先集中起来，有的挖沙淘金，有的在崔谷仓整修了一段时间粮仓后，都分别让当地藏民领去抚养。有的被收为养子养女，有的与当地藏族青年婚配联姻。到解放初期，仅迭部县境内就有流落红军200余人，现在还有20多人，他们能够侥幸地活下来，见到中华人民共和国的成立，都与当年杨土司等人的变相掩护、收留是分不开的。如原迭部县麻牙乡干部赵云彪，系云南人，1936年时任红四方面军33军的一名代理连长，在川西秋吉寺战役中，他因右腿负伤而流落。在崔谷仓村修仓房时，被麻牙乡曹儿什坝村的一位藏族老人认领收养为儿子，后娶妻成家。解放后，赵云彪积极领导旺藏村人走互助合作化道路，担任高级社社长，1958年参加工作，现退休在家。

红军过后，鲁大昌把腊子口战役失利之责，全部推卸到杨土司未动藏兵身上，并以莫须有的罪名向蒋介石告状，诬陷杨土司“开仓应粮，私通红军”。1936年底，朱绍良一面发电谴责杨土司，一面派副官班鑫来卓尼查办。当时，杨积庆土司心中惴惴不安，压力很大。他施用行贿、送礼等办法，堵住了班副官的嘴。后因朱绍良调往南京，此事也就无人追究。但鲁大昌图谋卓尼的野心不死，他用种种阴谋手段千方百计地拉拢、利诱杨土司的部下，并于1937年8月26日策动了以姬从周、方秉义等人为首的“博峪事变”，杀害了杨积庆土司及其家属共7人。

解放后，党和政府没有忘记杨土司在革命最困难时期对红军的援助。1950年10月，中央慰问团来甘南时，带来了周总理对杨土司之子杨复兴的感谢信，并给杨复兴及其部下赠送了珍贵的彩缎、丝像、金笔等礼物和纪念品，以深谢杨积庆土司当年对红军的援助之情。1949年9月11日，杨复兴接受党的教育和影响，在岷县参加了通电起义。杨复兴解放后历任卓尼县县长、甘南藏族自治州（区）副州长、甘南军分区副司令员等职，现任甘肃省人大常委会副主任一职。

（原载于《甘南党史资料》第三辑，
中共甘南州委党史资料征集办公室编，1991年4月）

范长江与红军长征擦肩而过的采访旅程

冯　乔

《大公报》特约通讯员范长江在白石铺与当地居民交谈，经常听到一个人名“苏先生”。据他们说凡是红军区域，皆归苏先生管辖。范长江恍然大悟：苏先生不是人的名字，而是红色政权苏维埃。中共中央在哈达铺召集会议，毛泽东在会上抖动着《大公报》，宣布决定：“我们要到陕北去，那里不但有刘志丹的红军，还有徐海东的红军，还有根据地！”

1935年5月18日，《大公报》特约通讯员范长江从上海乘民生公司轮船溯流西行。范长江向《大公报》提出去西北采访的请求，不要差旅费和工资，仅要稿费；只需给他一个证件、一个名义，再介绍一些地方旅馆和社会关系；行动自由，文责自负。《大公报》掌门人满口答应，给他发了旅行记者证，还开了介绍信，以备沿途遇有困难时使用，且预付了部分稿费。

在四川内江家乡作短暂停留后，范长江来到成都。此时，红军第一方面军和第四方面军在四川懋功会师，声势浩大。7月初，范长江只身从彭县进入雄峻的龙门山：“越走山越大，人家越少，深山密林，道路曲折，也不知道目的地在哪里，只想能撞见红军。”山民见他不是当地人，单身独行，都劝他不要前行，以避土匪、野兽侵袭。范长江只好退回成都。

红军所到处，皆归“苏先生”管辖

1935年7月14日，胡宗南部队一个参谋团要从成都北上去兰州，范长江争取到同行机会。他头戴南洋太阳帽，身着戎装，双肩斜挎干粮袋和子弹带，腰系文件包，脚踏马靴，跋涉崇山峻岭。“记者深入其中，俨然如入森罗地狱，阴寒彻骨，不敢久停。”夜里投宿林间，轮到范长江值夜班，不时闻到虎豹吼叫声，令人毛骨悚然。“身披棉被，手持手枪，仰观满天星斗，耳听呜呜风声，极目向四面黑暗中侦察”。

范长江在江油追寻红四方面军徐向前部队的足迹，看到红军白军交战留下的痕迹。中坝北门外立了一块大石碑，镌刻八个大字：“平分土地”“赤化全川”。到白石铺，墙上刷着标语“武装拥护苏联！”范长江与当地居民交谈，经常听到一个人名“苏先生”。据他们说凡是红军区域，皆归苏先生管辖。范长江恍然大悟：苏先生不是人的名字，而是红色政权苏维埃。

涪江之水来自雪山，江水寒冷刺骨。红军据守涪江南岸时，国民党第二师派善泅水之官兵游泳过河攻击。但下水官兵十之八九皆被水冻僵下肢，没水而死。范长江说：“记者亦曾以足部试之，下水数分钟，即失足部知觉，急提出水，必经五六分钟，始能回复原状。”

范长江从胡宗南部队获得情报：毛泽东和红一方面军主力在松潘西南的毛儿盖，张国焘、徐向前的红四方面军在黑水沟一带活动。范长江分析说：“朱、毛、徐向前合股以后，尚有十万左右之人枪，缺食缺衣，缺弹药，进图四川腹地既不可能，困守岷江上游与大小金川之间，尤无法自给。”由此判断，红军必将在冰雪季到来之前，脱离困境，另谋出路。

熟悉地理的范长江认为红军北上，只有三条道路可走，即包座、郎木寺和阿哇，各有利弊。偏西的阿哇线，即阿坝州，要过黄河激流和给养维艰的牧区。中间的郎木寺线，草地、雪山和洮河阻拦。偏东的包座线，有杨布岭、白龙江、迭山和洮河四道奇险。

范长江当时并不清楚红军内部已经发生分裂，毛泽东坚持北上，张国焘执意带领主力南下。1935年9月9日，急于脱险的毛泽东，果断带领红军右路军北上，由川入甘，走的是偏东的包座线。红军作家成仿吾描绘这段征程：“部队沿包座河上游行走，左边是悬崖绝壁，右边是急湍奔腾的包座河，路是极狭窄的小道，异常难走，有时路被河水淹没，只好攀着悬崖，蹬着急流前进。”

红军沿着达拉沟进入甘南迭部，在三岔口摆了一个迷魂阵，没有径自北上，而是向西拐了一个弯，走进了山峦环抱的高吉村。当地老乡认为，中央红军除了防止国民党军队的围堵，还担心张国焘追击，所以向西到高吉村转移隐蔽。中央红军到这里仅剩八千人。

高吉村依山傍水，红军懂藏语的人把高吉村藏语发音听成了“俄界”。9月12日中午，中共中央在俄界召开了政治局紧急扩大会议。俄界会议决定由毛泽东、周恩来、王稼祥、彭德怀、林彪组成中央红军“五人团”为军事核心领导。因病没有参加会议的周恩来依然当选为“五人团”成员。将红一、红三军团和军委纵队改编为中国工农红军陕甘支队，浩荡的中央红军缩编成单薄的陕甘支队，出人意料。

杨土司让道修桥开仓放粮

范长江在四川的采访行程，几乎和红军长征的路线并行，但他先于红军进入甘肃。1935年8月3日到甘肃文县中寨董上村。8月20日，范长江至洮河南岸的博峪村庄，拜访了卓尼十九代土司杨积庆。

藏族土司杨积庆，时任洮岷路保安司令。他的住宅又兼司令部，院子里有积满灰土的迫击炮，但客堂里的布置恰如城市摩登人家，“其用以待客之酒席，完全为内地大都市之材料，烟茶亦为近代都市之上品，衣料亦为舶来品之呢绒等货”。范长江惊奇获悉：“杨氏经常来往商店，为上海先施公司！为上海柯达公司！货物通用邮寄。尤以其对柯达公司有二三十年长期交易，信用卓著，即不汇款亦可以请公司先行寄货，且已屡试不爽。”

杨积庆土司喜欢摄影，颇有造诣。范长江欣赏了杨积庆土司拍的照片：“其摄影之成绩，以记者观之，恐非泛泛者所能望其项背。”更让范长江惊叹的是：“杨氏足未曾出甘肃境，但因经常读报，对国内政局，中日关系事件，知之甚详。”次日，杨积庆土司派了向导，护送范长江继续向拉卜楞寺方向行进。

范长江离开博峪村庄后不久，俄界会议后的翌日，红军也离开高吉村，沿着达拉沟东进。白龙江沿途悬崖峭壁，沟壑深涧，独木桥摇摇欲坠，十分危险。当时，国民党政府和甘肃军阀已经命令杨积庆土司组织藏兵堵截红军。可是，红军除了遇到零星冷枪之外，并没有遭到大规模阻击。

原来，杨积庆土司知道红军是“不压迫番民的红汉人”，不想为难过境的红军，命令部下杨景华等人：“沿途不要堵击红军，不向红军放冷枪，不抢劫红军队伍，不坚壁清野转移粮食。”杨积庆土司指令尼傲总管尽快把损坏的达拉沟栈道、尼傲独木桥修好，让红军尽快通过甘南藏区。红军沿着湍急的白龙江向东行进，途中至今还保留着红军桥。

红军经过崔谷仓，遇到无人值守的粮仓，据说杨土司暗中为红军开仓放粮。为此，红军在粮仓的仓板上写下了告示：“此仓内粮是杨土司庄家粮，希望各单位节约用粮”，并在仓内留下两捆苏维埃纸币作为粮款。红军称崔谷仓是长征路上的加油站。

迭部县向导措巴草告诉我一个故事：“1936年8月，红二、红四方面军由川入甘，再度进入迭部，杨积庆土司继续给红军让路济粮，红军又一次攻下腊子口。1937年，杨积庆土司和长子、儿媳等人被国民党派人杀害，唯有次子杨复兴躲在毡包里逃生。”

1949年，范长江随大军进入上海，担任解放日报社长兼总编辑。杨复兴率领当地民团起义，后被授予解放军大校军衔。近年，杨复兴的儿子杨正当上了卓尼县县长，与范长江的儿子范东升在甘南有过一次难得的相会。

必须攻下腊子口

范长江考证出三国时姜维继孔明主持蜀汉军政，最后一次北伐由蜀入陇，从白龙江上去到沓中屯田种麦。所谓“沓中”，就是白龙江上源迭部地方。红军也走三国姜维的白龙江线路。

1935年9月14日，红军大部队到达白龙江畔的旺藏寺，毛泽东下榻茨日那村。迭部县宣传部干部朵芮亚说：“毛泽东在茨日那村木楼里召见了红四团团长王开湘、政委杨成武，向他们下达了三天夺取腊子口的命令。红四团立即连夜出发，向腊子口挺进。”

旺藏乡生产辣椒，这幢二层回廊式藏屋木楼，也挂着红彤彤的辣椒。

村民知道毛泽东爱吃辣椒，把仅有的辣椒送给毛泽东解馋，毛泽东收下了辣椒，自己却舍不得吃，而是分给了攻打腊子口的将士们。

腊子口是一夫当关万夫莫开的天堑，两边绝壁峭立，如刀砍斧劈，山中一道河水湍急而下，河上架有一座木桥。国民党师长鲁大昌派两个营兵力驻守腊子口沿线，在隘口木桥桥头和山崖上构筑了碉堡，形成了交叉火力网。

毛泽东清楚地知道，腊子口再险，红军也要攻下来，否则就得重回草地去。说实话，红军对草地普遍有恐惧心理。范长江也是弃草地选山路前行："沮洳地，土人又叫草地，与普通所谓草地不同，它是水与软泥合成的地质，表面虽然也和普通地面一样，不过人或牲畜站在上面，这个地皮就会波动到几丈以外，而把人畜陷落下去。"因此，红军要奋不顾身地打开腊子口。

9月16日午后，担任主攻任务的红四团抵达腊子口。国民党守军凭天险固守，火力封锁隘路，红四团几次冲杀都没有奏效，始终接近不了桥头。强攻不成，必须智取！红四团调整战术，一边正面佯攻，一边精心挑选人员攀爬峭壁，从山顶向下突袭。翌日凌晨，一名外号"云贵川"的苗族战士自告奋勇，用一根带铁钩的长杆子钩住树根或岩缝，一把一把地往上爬，硬是从"猴子都爬不上去"的绝壁，攀上崖顶。他将早先收集的裹腿布放下来，帮助其他战士顺利登顶。红军如神兵天降，手榴弹砸向没有顶盖的碉堡，上下两面夹攻，守敌狼狈逃窜。红四团的勇士经过一天一夜激烈战斗，突破了天险腊子口。

毛泽东过腊子口后，翻越最后一座岷山雪峰达拉山，遥望迭山横雪，激情创作了长征诗，咏叹道："更喜岷山千里雪，三军过后尽开颜。"范长江翻越雪宝山顶时，举目四望，感慨万千："只有天在上，嶙嶙万山低。"

哈达铺，红军的转折点

再说范长江从成都到兰州跋涉途中，与红军队伍若即若离，心驰神往。范长江大胆推测红军："他们最有利的出路，是北入甘肃。即以甘肃西南境之夏河、临潭、岷县、西固为目标，进入洮河与大夏河流域。此一带有丰富的粮食，充足的壮丁及衣服、布匹、皮毛等物质，可以大家补充，然后或转陇南以出陇东，会合徐海东，更可北接通陕北刘志丹……而且此种重大的军事变化，最多不出一月，即将具体表现，设洮夏两河如被突入，更被进入甘凉肃三州，则中国之国际与国内局势，将发生根本影响。”

1935年8月11日，范长江路过哈达铺，留下片语：“六十里宿哈达铺，十一日仅行六十里。”9月20日，毛泽东率领红军也到了哈达铺。从1934年长征开始，红军一直在找一个落脚点。从哈达铺邮政所找来的《大公报》等报纸上，毛泽东读到了刘志丹与徐海东在陕北活动的消息，好像望见了夜空中的北斗星。几天后，中共中央在哈达铺召集会议。毛泽东在会上抖动着《大公报》，宣布决定：“我们要到陕北去，那里不但有刘志丹的红军，还有徐海东的红军，还有根据地！”

此后，范长江在西北行中继续写出了《徐海东果为萧克第二乎？》《红军之分裂》《毛泽东过甘入陕之经过》《陕北共魁刘志丹的生平》《从瑞金到陕边》《松潘战争之前后》等有关红军的通讯报道，展现了红军史无前例的长征。

1937年，周恩来在西安见到范长江时说：“我们红军里面的人，对于你的名字都很熟悉。你和我们党和红军都没有关系，我们很惊讶你对于我们行动的研究和分析。”其实，范长江是参加过1927年“八一南昌起义”的学生兵，他在贺龙第二十军中当副班长，转战潮汕途中遭国民党军队围攻与部队失散。范长江的西北行和通讯集《中国的西北角》，帮助他归队了。

（原载于《解放日报·朝花周刊》夕拾版，2017年11月16日）

甘南民变中的卓尼

杨生华

20世纪40年代初期，国民党当局继续实行消极抗日，积极反共，进行分裂、倒退、投降的反动政策，引起了全国各族广大人民的不满与反对。甘肃南部各族人民不堪忍受横征暴敛、压榨剥削，加之灾害频仍，生活饥寒交迫，遂于1943年1月发起了一场反对国民党统治的武装暴动。烽火遍及甘肃南部20余县，暴动农牧民群众达10万人，和国民党部队血战10个多月之久，经过大小百余次战斗，给敌人以沉重的打击。但由于没有形成坚强的核心领导，缺乏统一指挥，加之武器陈旧窳败，弹药不足，在国民党政府调集大军，软硬兼施的反革命两手进攻下，一场轰轰烈烈的农民起义运动终于在1943年年底彻底失败。接着国民党部队进行“清乡”镇压，前后被杀害的达3000余人。至于人民财产及牛羊家畜等被劫掠者更难以计数。笔者当时在卓尼从事教育工作，仅就在卓尼的所见所闻，简略追述如下，以供研究甘肃社会历史。

卓尼所属的北山一带，即日扎四旗，上冶三旗，地接临洮、康乐等县，当地藏族群众经常携带林牧产品到临洮、康乐等县汉回地区贩卖，购回日用杂品；汉回群众，也多来北山藏区经商。大多数藏民都能说汉话，互交朋友，来往频繁。1942年前后，一些志士如王仲甲、马老福善（马福善）、毛克让等人，为了反对国民党暴政，广泛组织反抗活动，卓尼北山一带藏区，有不少是他们的朋友相识，自然是活动的范围。在甘肃民变的前夕，即1942年下半年，卓尼北山地区，即发生了一起抗击国民党部队的事件。原来卓尼北山地区和夏河美吾部落因草山纠纷，经常聚众械斗，互有死伤。北山土官杨麻周率民兵在途中劫杀了美吾土官杨步云，纠纷扩大。美吾小土官杨世杰上告国民党省政府。1942年7月，国民党岷县专署派保安队金大队长率领保安队3个连队由岷县出发，要去北山缉拿杨麻周惩办。同时美吾部落也集兵由杨世杰率领攻打北山。当保安队经过北山恼索沟，深入恰盖沟时，被杨麻周预先埋伏在附近丛林中的15名藏兵，射击打死保安队的士兵19人，打伤数人，保安队不支，撤退。美吾小土官杨世杰率部攻打杨麻周驻地角缠村的藏兵，亦被杨麻周领兵击退。事后，甘肃省政府派保安处处长吉章简和官员马元凤来卓尼查处此案，经和洮岷路保安司令部研究协商决定，由北山缴出乘马15匹，步枪15支，罚银币1000元了事。北山一带群众从此认为国民党部队一触即溃，没有什么可怕的，增加了坚强抵抗的思想和信心。

北山上冶旗康多寺，汉名称水磨川寺，寺中有个肋巴佛，年轻有为，善于骑马打枪，和附近各县的汉回朋友包括甘南民变首领王仲甲、乌继祖、毛克让等经常往来，互通音信。1942年冬，康乐马老福善、马继祖父子抗粮抗丁、计划暴动的消息被国民党政府获悉后，派保安队多人前来搜捕，在当地群众声援之下打败了保安队，被迫提前起义。接着临洮的王仲甲、毛克让等人也提前起义。肋巴佛立即响应，在康乐、杓哇一带组成“草登草哇”，意即七个集会组织，参加的有当地藏族、土族群众，有卓尼民兵营长年丹增（人称辣椒营长）、北山土官杨麻周、群众头头杨才尕，以及临潭冶力关人汪鼎臣、池沟村黄建伟（均系哥老大爷）、八角村任效舟等。为了防范国民党政府的注意，在冶力关、足古川、甘沟、羊沙等地，以帮会活动的形式，暗中发动广大农民群众，以朝拜常冶池庙为名，秘密计议决定立即起义，先打临潭县城新城，然后南下会合各路起义农民暴动队伍。23日，近3000农牧民群众集中在冶力关泉滩，召开大会，宣布正式起义，共推肋巴佛任司令，汪鼎臣、任效舟、王万一、黄建伟为副司令，编为两个师，明确提出“天灾人祸，饥民遍地，官逼民反，不得不反。若要不反，免粮免款”的起义口号。24日，2000多人在甘沟、羊沙编整后，星夜向临潭新城进发，25日凌晨到达新城城外。由肋巴佛率领的数百骑兵，高举藏经大旗，从东门冲入。另一路由任效舟率领2000多人，杀进北门，在鞭炮声中直冲临潭县政府。县长徐文英在惊慌中率领几十个警察在房上抵抗，开枪射击并抛手榴弹，结果不支而退，和其妻女下房逃跑到南门庙被义军击毙。当时被杀的还有国民党临潭县党部书记长赵廷栋，邮电局局长苟克俭，一名粮警和西街饶应祺家3口人（这3人据说是卢文蔚因私仇杀害的）。同时打开了监狱，放走了犯人。当天下午撤退到石门沟、马旗沟、王家坟等地，当地农民头头窦巨川、王子寿等各率农民群众500多人参加起义，声势更加壮大。3月初，肋巴佛等率领2000多人离开本地，与起义领袖王仲甲会合后向陇南方面推进。到岷县闾井后，肋巴佛被王仲甲等人推举为义军总司令，王仲甲任副总司令。各路义军在草川崖会师，人数已达数万，后来达到10万人，大大震撼了国民党在甘肃的统治。省会兰州，一夕数惊，惶惶不可终日。国民党政府调集7个步兵师，2个骑兵旅和马步芳的3个团，4个保安团，1个交通兵团，1个空军中队，进行了四面围剿和残酷镇压。义军和国民党政府军队血战10个月之久，给敌人以沉重的打击，但由于前面所述种种因素，被敌人各个击溃，于1943年失败，牺牲3000多人，伤者不计其数。国民党军队在“清乡”中十分残忍，仅在临洮、康乐就集体捆绑屠杀300多人，人民财产损失和牛羊家畜被抢掠者难以计数。

由于肋巴佛是卓尼所属水磨川寺的活佛，并有不少卓尼北山藏民群众参加暴动，卓尼北山被定为“清乡”的重点，他们怀疑洮岷路保安司令部在暗中对起义群众支持、包庇、纵容，因而对卓尼杨复兴部和北山地区格外施加压力，一面派骑兵团戴效戎部进驻卓尼禅定寺，一面由国民党第三军（军长周体仁）十二师吕从周部，开进北山“清乡”。当十二师部队向北山恰盖沟开进时，三个尖兵被北山巡山的藏兵射击打死。十二师陶团进驻上冶康多寺后，拍电杨复兴部请派主要负责人前来北山协商“清乡”和解决藏兵打死部队尖兵问题。由于当时杨复兴年仅十二三岁，在校读书，一切军政事务由其母杨守贞代为主持，参谋长杨世俊（字一隽，人们都称他为杨一俊）负责处理日常事务。即由杨世俊负责率领团副（兼土司头目）杨俊、营长杨赛告、连长杨国华、宗其秀及卫士20多人，到达康多寺。北山土官杨麻周和青年头头杨才尕秘密决定：由杨麻周带领北山民兵数百人，前往卓尼禅定寺，拟将杨复兴和其母杨守贞接到北山加以保护，在北山指挥卓尼整个地区，以防止和抵制国民党迫害。由于杨复兴之母及主要部属的反对而没有成行。但杨才尕心有不甘，在北山地区挑选数十名精壮藏兵，半夜从康多寺外丛林中，突袭了住在寺院的陶团部队。适该部正在分摊聚赌，疏于防卫，藏兵暗中首先刃杀了哨兵，随即冲入营部，用大刀匕首砍杀了陶部营长1人、连长1人及士兵100多人，缴获了一批机枪和步枪等。陶部官兵在震惊之余，黑夜不辨敌我，开枪乱射。杨才尕率藏兵迅速撤退，无一伤亡，打了一场漂亮的偷袭战。枪声停止后，陶团长派人将卓尼来的杨赛告营长（他是管北山民兵的）唤来，杨赛告刚到团部门口，他和他的勤务兵就被陶部站岗哨兵开枪打死，声称“藏兵打死我们营长，我打死藏兵营长，为我们的营长报仇”。陶团还派兵将卓尼来的杨世俊参谋长等人全部捆绑，扣押于团部，接着第三军副军长李世龙，率领一个师的部队连夜从临潭冶力关开到卓尼北山，进行镇压，大部分藏民群众纷纷逃入山林躲避，李世龙下令一面用机枪向山林轮番扫射，打死打伤了一些人；一方面将北山藏兵的牛羊马匹以及所有财物，大肆抢掠运走，同时四处派兵捉拿“祸首”杨麻周、杨才尕等人。杨才尕逃匿躲藏。岷县专员胡受谦奉周体仁军长电示，命令立即逮捕在卓尼禅定寺的杨麻周，由专署参谋刘济清会同驻军戴团长便宜行事，他们商议后，先将杨复兴的手枪队长梁国藩击毙示威，以防反抗。然后威逼杨复兴母亲转告杨麻周。杨麻周说：“只要我们的杨司令不为难的话，把我抓去杀了也成。”于是挺身而出，任其逮捕。随即被关押于团部。戴团并带领驻防部队四个骑兵连，将杨麻周从北山带来的藏兵全部收缴了枪马。第二天第三军长周体仁从临潭到达卓尼，和团长戴效戎、设治局长刘修月并岷县专署来人研究后，提出惩处卓尼北山民兵的强硬办法两条：一、北山肇事民兵，速将缴去部队的枪械原封退还，不得短少。二、罚北山地区交纳银币10万元，枪500支、乘马500匹。以上两项责成杨复兴部负责迅速办理，否则重办加罚。临潭卓尼推代表前往申诉，备言此地民穷财匮恳请减少罚额，周体仁不仅不允，还将代表大加申斥。这样，逼迫北山各旗群众倾家荡产，陆续交了枪马和大部分银币。不足部分，根据藏区习惯一旗有事、邻旗支援的精神，由朱札七旗、小术布旗、四什尕旗分别摊派，才将银币10万元凑足交齐，部队则将所罚财物以及掳掠的东西，全部运往兰州。当时卓尼至兰州道上，满载财物、牛羊的运输队，络绎不绝。这就使北山藏民群众和邻近各旗，一贫如洗，陷入更加贫困的境地。当他们把财物、牛羊运完后，就将杨部参谋长杨世俊、头目杨俊、营长杨赛告、年丹增（即辣椒营长），队长梁国藩，康多寺住持乌龙喇嘛和其他众人，以“通匪”罪名，在不同地点，不同时间，全部枪杀了。而后，又彻底改编了洮岷路保安司令部，委派岷县专署参谋刘济清任杨复兴的副司令，强迫司令部与设治局和署办公，以便就近监视控制。卓尼设治局也遵照上头指示，开始实施“改土归流”的政策，设立区、乡政府，编制保甲，调查户口，普钉门牌，实行与汉民地区一样的统治方法。这一套办法虽在卓尼城郊二三十里以内勉强推行，但也遭到其他各旗藏族群众的软硬抵制，而收效甚微。距卓尼城较远的插岗、铁巴四旗，则武装抵抗编保甲、钉门牌，赶走设治局派来的编制保甲人员，打死数人。岷县专员张仰文带保安队来查办，群众持枪赶走保安队，把专员张仰文的帽子打穿，乘马打死。张仰文在保安队保护下慌忙逃跑。最后由杨复兴派人协同岷县专署研究决定，保甲暂缓编制，罚款了事。

在这次事件中，土司兼洮岷路保安司令杨复兴，因当时年仅十二三岁，在校读书，没有管事，加之当地群众多方极力设法维护，虽然他的不少主要部属被杀，他本人没有受到直接迫害和生命危险，亦云幸矣。

（选自《甘肃文史精粹》，甘肃人民出版社，
2009年11月第1版；原载于《甘肃文史》1989年第4期）

卓尼北山事变与“饥民团”

李振翼

1942年春，卓尼土司杨积庆遗孀杨老太太，奉国民党甘肃省政府之命，带着她的随从和卫士，去迭部查禁鸦片。当时土司衙门只留下军需处长赵应忠、秘书安世俊、秘书处书记员吴国屏和小土司杨复兴的老师夏畲田，办理日常事务。正当此时，国民党临潭县保安队的金大队长，奉岷县专员之命带着大队人马向卓尼北山进发，解决夏河与卓尼草山纠纷，行至半沟之中，被北山放哨的藏兵打死十九人后狼狈窜回临潭。原来卓尼北山地区因与夏河美武发生草山纠纷，互相设防打“怨家”，此次打死保安队士兵实属意外，但却为美武头人杨占仓（世杰）造下了可乘之机。他为了压倒对方，便勾结官府，向岷县专员送礼行贿；并与金大队长约定：杨从美武向下打，金由临潭向上打，共图“清乡”。此时，北山藏兵竭尽全力固守，再次打退了杨、金的进攻，事态进一步扩大，于是岷县专员专电报省。甘肃省政府即派省保安处长吉章简来卓尼处理。卓尼土司衙门留守人员夏畲田、赵应忠、安世俊等人，逼迫答应了所谓的“协商”条件：赔偿保安队损失，限期缴出白洋一千元，大马十五匹，快枪十五支，以了结这次事件。

第一次卓尼北山事件后，当地藏族人民对国民党反动派更加深恶痛绝，由此埋下了反抗压迫剥削的新火种。

1943年农历二月十九日，驻卓尼康多寺的松鸣寺肋巴佛，在甘南农民起义的领导人王仲甲、肖焕章等人的宣传鼓动和影响下，率领藏、汉僧、俗各族青壮年四十余人起事，在临潭八角接洽任效周，康乐杨家河联络王万一，二十一日折回八角、冶力关，与黄点名成、汪鼎臣会合。二十三日，在临潭冶力关桥滩整顿队伍，正式宣布就职仪式：肋巴佛任本区司令，任效周、汪鼎臣、黄点名成、王万一任副司令，刘成顺任后方司令。另任命了团长、营长和连长多人。起义队伍在会上正式宣布了起义宗旨：反对国民党，接洽共产党，抗日反蒋。

起义军成立后，肋巴佛率领他的持枪卫队和手拿大刀、板斧、短剑、长矛、腰刀和农具的广大群众，在眼窝司令领导下的东乡及回族农民军配合下，二十四日从冶力关出发，日夜兼程，越大岭山，沿甘沟、羊沙，翻过大石山，直指临潭县政府所在地新城。次日清晨，攻进县城，杀了县长徐文英夫妇和县党部书记等人之后，释放了囚犯，壮大了自己，对当地人民秋毫无犯。肋巴佛、任效周、王万一等人带领起义农民渡过洮河，在会川峡城与王仲甲会合，直向武都进发。但在国民党调集大量兵力追剿堵截中，起义军在数月之内辗转激战，取得了一些胜利之后，开始出现分裂苗头。在各自为政和异己分子出卖革命的失利情况下，王仲甲、肋巴佛率五千起义农民于是年七月间，退回洮河西岸广大山区，开展游击活动，待机再起。他们深入到卓尼北山所辖的角缠、土桥和柴木车一带的藏区开展活动，并取得了当地藏族人民的同情和支持。

卓尼北山土官麻周，为人忠厚老实，说话算数。肋巴佛曾要求麻周进行保护，并动员麻周参加暴动。麻周为自保其身，将此情况急报洮岷路保安司令部参谋长杨一俊。杨示意麻周："上级早已有令，匪首王仲甲、肋巴佛、马福善无论逃往何地，一经发现，就地处决；只要不扰乱卓尼地区，可劝其他往，送出卓境，不必杀害。"麻周不但没有照办，相反参与起义农民反抗活动。

"饥民团"撤出临潭县城后，省政府调胡受谦为岷县专员。他带领保安团，在各路正规军配合下加强对农民起义军的围剿。卓尼设治局局长刘秀月与司令部参谋长杨一俊去新城拜见新专员，没想到杨氏却吃了胡的"闭门羹"，而与刘秀月单独密谈。胡认为肋巴佛是卓尼的，卓尼与"饥民团"有勾结，并示意刘要对杨警惕、防范。之后，胡即返归岷县。随之，伪第八战区司令长官朱绍良和伪甘肃省主席兼保安司令谷正伦派第三军军长周体仁率军万余，由皋兰、榆中一线，直逼洮西山岳地带而来。周部所属陆军十二师师长吕继周，继堵追“饥民团”之后，率其部直抵卓尼之北山地区，进行掠夺式的“清乡”活动。当地藏族群众为了守土自保，断然拒绝了这种无理行动，在此次冲突中，将该部三个士兵打死，接着伪二十团攻占了康多，并坐镇该寺，以施镇压。

1943年8月底，周体仁率其部进驻临潭冶力关，电邀卓尼司令部参谋长杨一俊率领所属官佐，参加“剿灭残匪”的军事会议。杨接电后立即率团副杨极天，营长杨赛高，连长杨国华、宗其秀，手枪队长梁书拉和警卫人员三十余人，全副武装，乘马星夜兼程赶去参加会议。正当会议结束之际，北山头目麻周及角缠的才尕暗中选拔了精悍的青壮年四十余人，于深夜潜入伪二十团的一个营部，乘其不备，未放一枪，把一个营长、两个连长和百余士兵，用大刀、匕首干掉。麻周自带武装亲信二十余人，乘马急奔卓尼，企图将卓尼小土司杨复兴母子挟持洮北做反对国民党的首领，发动卓属四十八旗，与国民党作对。杨母在赵应忠、夏畲田主持下，权衡利害，为保全地方实力，维系土司制度与国民党的关系，拒绝了麻周的请求。岷县专员胡受谦即派其参谋长刘济清来卓尼与二十五团戴效戎秘密商定，戴部在卓尼街上进驻两个骑兵连，寺上（指卓尼禅定寺）驻三个骑兵连，房顶架起机关枪，包围了麻周在寺内住处司令部手枪队的院子。另派两人监视杨复兴，不准任何人接近，而对伪设治局局长刘修月则实行明防暗保的办法。刘济清要杨家交出麻周，而杨母只是用泣哭来延续时日。赵应忠向她报告：外边已被包围得水泄不通，看来不给麻周是不行的。就在这样的武力压迫下，麻周挺身而出，并说只要不伤小司令（指杨复兴），抓我走就是了。于是麻周被捕。

麻周在卓尼被扣押的同时，北山数百名武装群众在起义农民领袖的策划下，向康多、冶力关方面大举进攻，取得了很大的胜利，打死打伤周体仁部属三百余人，给敌人以沉重的打击。周体仁恼羞成怒，大发雷霆，立即下令将卓尼赴冶力关参加会议的三十余人，除杨一俊之外，全部扣押。他们认为，麻周是卓尼土官，此事肯定与杨氏母子及杨一俊有关，立即将手枪队长梁书拉、警卫连长宗其秀枪决。并令杨一俊负责将所打死之官兵就地埋葬，打伤的送杓哇寺治疗。

接着，周体仁军部移驻临潭新城，并亲赴卓尼与刘修月密谈对北山事件采取所谓“剿抚兼用”的办法。他们在临潭张贴布告，迷惑视听，同时派兵沿临潭旧城至北山、杓哇、康多、日多玛各旗，烧杀抢劫，进行再次“清乡”活动。在临潭绅士马志青、赵明轩等人从中鼎力调解之后，周体仁提出如下条件：

1.将麻周所属北山一带的所有武器全部没收，并勒令交出快枪五百支，骏马五百匹；

2.罚白洋十万以偿命价；

3.麻周等人，解省法办；

4.以上三事，由杨一俊负责，限期交清，否则以军法从事。

杨一俊回卓后，立即为国民党没收全部枪支、马匹，分摊十万白洋和送缴事宜。在罚款尚短白洋三万余元时，临卓两县各方人士再三恳求：务请洞察人民疾苦，予以减免。周体仁不但不予减免，反而责令杨一俊，如不将短款按期扫数，定解省法办。同时派其亲信周营长，协同办理。遂将北山无辜藏族群众的所有牛、羊、驴、猪和鸡等折价运往新城。周体仁为了“体察民情”提出罚款中的十分之一为小土司读书和修建义仓的费用，以示装点。国民党这批强盗们将北山人民置于水深火热、饥寒交迫之中，使他们负债累累，生产遭到彻底破坏，更无生活门路可言，创伤深远难医。当地群众每忆及此，无不伤痛泪下。

周体仁在新城处决杨极天、杨赛高、乌鲁喇嘛、年旦增营长之后，终以杨一俊催交罚款不力，在临潭新城将其扣留十余日，并同麻周一道押解兰州，以杨一俊“私通共匪，阳奉阴违，手令部属，袭击国军”的罪名，于1944年春枪杀于兰州红山根。麻周判刑十五年，后通过一定关系释放回家。

（选自《甘南文史资料选辑》第二辑，
甘南州文史资料研究会编，1983年9月）

甘南农民起义中的临卓四英烈

宁生才

1942年，甘肃南部大旱，颗粒无收。灾荒之年，哀鸿遍野，民不聊生。国民党政府不但不赈济灾民，反而巧立名目，横征暴敛。他们借“抗日”之名，行大肆搜刮民脂民膏之实，使得陇甘大地生灵涂炭，民怨沸腾。逼迫灾民铤而走险，揭竿举义，纷纷参加民间秘密反抗组织。1943年春，酝酿一时的反抗国民党暴政的甘南农民起义终于爆发了。参加这次起义的有汉、回、藏、东乡、蒙古、土等各族贫苦农牧民，约十万之众。起义烈焰席卷陇南二十余县，唤醒了身处水深火热中的甘南各族起义人民，震慑了国民党在甘肃的黑暗统治，在甘肃现代农民革命史上，写下了光辉的一页。在这场自发的农民起义中，以肋巴佛为首的临潭、卓尼起义军，英勇奋战，冲锋陷阵，给诸路义军树立了艰苦抗暴的光辉榜样。

特别是有许多领导骨干和战士，他们用鲜血和生命谱写了一曲曲可歌可泣的壮歌，至今感人肺腑，催人泪下，百世流芳，千古传诵。下面介绍的是在这次起义中，慷慨捐躯的四位甘南头领的生平事迹，以缅怀烈士，慰藉九泉之下的英灵。

雄鹰志高翔　血洒洮河旁

——年旦增传略

年旦增，又名年辣椒，藏族，1884年生于卓尼县康多乡上加林村一个牧民家中。小时候，他剃度当和尚，因穿红艳艳的袈裟，加之性格倔强，调皮好斗，人们说他像“辣椒”一样，由此辣椒的绰号便传开了。1915年春，27岁的年辣椒已长成一个威武剽悍的汉子。他力大过人，又十分勇猛。时值卓尼土司杨积庆招选卫士，他被选中，当上了土司卫队营的卫士。

1942年春，退役在家的年辣椒同肋巴佛在康多、杓哇一带的藏区，秘密组织“草登草哇”（七族组织），将有枪、有马、有斗争精神的穷苦人组织起来作为核心，开展抗粮、抗款斗争。年辣椒为人敦厚诚实，办事稳妥，深得肋巴佛的信任。1943年1月26日，年辣椒奉肋巴佛之命，前往临洮苟家滩，参加王仲甲等主持召开的秘密会议。会上决定，1943年4月6日（清明节）全面发动起义。1943年2月21日，肋巴佛在冶力关邢家庄唐连福家楼上，召开了有四十多名起义骨干参加的秘密会议，会上由年辣椒传达了苟家滩会议精神，并决定积极准备，响应王仲甲等义军的号召，按时起义。由于冶力关哥老会会员祁帮等人抢了冶海乡乡长赵虎臣的乘马，惊动了临潭县国民党政府，肋巴佛等当机立断，率领临、卓义军提前举行起义。

1943年3月23日，肋巴佛率四十多名藏族起义骨干星夜从康多赶到冶海，在常爷庙殿堂内起誓：“半路变心，天诛地灭。”宣誓毕，殿内一片静寂，只见年辣椒一拍胸口，激动而坚定地高声说道：“请活佛放心，刀架在脖子上，我还是‘辣椒’！”翌日，甘南农民起义在冶力关泉滩揭竿而起，年辣椒担任总司令卫队营长。1943年3月29日，义军攻占了临潭县政府驻地新城，捕杀了国民党临潭县县长徐文英，县党部书记赵廷栋和邮电局局长苟克俭等五名反动官佐。年辣椒打开监狱释放了全部囚犯，他激动地对犯人们说：“我们造反胜利了，杀了狗县长，你们愿参加造反的就参加造反，愿回家的就回家，祝大家一路平安！”

年辣椒虽然平时沉默寡言，但他为人憨厚，襟怀坦荡，作战勇敢。每次战斗，他第一个袒胸露臂，冲入敌群，英勇杀敌。1943年5月23日，义军吕百元、姚登甲等部，被敌人围困在宕昌滩歌镇内，几次拼力突围，都因敌人的火力太猛，而未能成功。正在这危急时刻，肋巴佛率领的藏、汉义军赶到。年辣椒立即脱下皮袄，第一个赤膊上阵。他左手端枪，右手举刀，与其他义军杀开一条血路，把吕百元、姚登甲等义军救出了重围，杀得敌人丧魂落魄，呼爹喊娘。不愧被人称之为“辣椒”。

1943年8月初，在国民党重兵镇压下，义军被迫从武都撤回策源地，开始转入分散的地下游击斗争。年辣椒奉命奔往卓尼土司衙门，谈妥了肋巴佛暂留卓尼的事宜，回到康多上加林村时，被乌龙喇嘛组织的“草周草哇”（曾用此组织同肋巴佛组织的“草登草哇”相对抗）捕去，送给了国民党中央军第三军第十二师。不久，敌人把他押往临洮。因年辣椒在临洮、康乐一带的群众中有很高的威望和影响，敌人怕生变故，在还未押解到临洮城时，就把他枪杀在临洮城附近的鹁鸽崖。这位藏族人民优秀的儿子牺牲了，享年59岁。

高歌沙场解民难　大笑饮刃写春秋

——邢生贵传略

邢生贵，汉族，1912年5月生于临潭县冶力关乡岗沟湾村的一个贫苦农民家里。少年时，他是远近闻名的唱“花儿”能手。每年农历六月莲花山“花儿”会上，都能听到他动人的歌声。他唱的“花儿”婉转悠扬，激昂豪放，动人心肺，深受“花儿”迷们的欢迎。他性情开朗，知天乐命，是一个典型的“乐天派”。1942年，甘南农民起义酝酿时期，他用“花儿”传播进步思想，抨击国民党的暴政，激励人民起来参加抗暴斗争。

1943年3月27日，在肋巴佛的领导下，甘南临潭、卓尼的藏、汉、土族等各族农牧民举旗造反，邢生贵担任义军营长。3月29日，义军浩浩荡荡进军，直捣国民党临潭县政府所在地新城，邢生贵同王万一率领先锋12人，乘天色微明，扮作赶早集的人先行混入城内，袭杀了守城门的保安队。继而义军猛攻县党部，保安队毫无准备，仓促应战，被邢生贵和王万一率领的义军先锋打得血肉横飞，四散逃命。国民党临潭县县长徐文英携其妻向南门逃命，被义军一部乱枪打死。由于义军里应外合，顺利地攻下了国民党临潭县城新城。

1943年4月29日，义军进军武都，途经闾井堡时，堡内保安队看到义军多为农民，枪支又少，以为不堪一击。于是，他们派一个连的保安队，从闾井堡一直跟踪义军而来。为消灭尾追之敌，由王仲甲组织，邢生贵率领大刀队和敢死队五十多人埋伏在古浪坝两边的坑洼草丛中，大队义军佯装不知，继续前进，以迷惑敌人。当敌人进入埋伏圈时，各族义军健儿一跃而起，刀枪棍棒齐举，喊杀声震天动地。邢生贵抡起一柄砍刀，第一个像勇猛的雄狮般冲入敌群，左劈右砍，杀得敌人失魂丧胆，尸体横野。有的保安队员还未明白是怎么回事就成了他的刀下之鬼。战斗结束后，邢生贵手舞足蹈，又唱起了动人的“花儿”，赞扬义军的英勇机智，讽刺保安队蠢似肥猪。逗引得义军们个个笑逐颜开，群情振奋。通过这场战斗，义军威名大震，沿途保安队闻风丧胆。大队义军顺利地通过宕昌，进抵武都。

由于国民党的重兵围剿，义军被迫从武都撤回策源地，分散转入地下活动。1943年8月8日，邢生贵被保安队从康多附近的一幢磨房中捕去，押解到临潭县府驻地新城。为了不让其他参加义军的人受到牵连，他一人承担了毙杀徐文英的罪名。被国民党岷县专员胡受谦砍头挖心，祭奠了徐文英。当他走向刑场时，昂首挺胸，视死如归，面不改色，高唱着：“脚户骡驹走四川，杀了吃人的狗县官；棉花挂在刺上了，给穷人把气出上了……”使在场的许多人感动得流下了热泪。他牺牲时，年仅31岁。

抗击暴政　血染泉滩

——任效周传略

任效周，汉族，1892年10月生于临潭县八角村一个比较富裕的农民家里。青年时曾在鲁大昌部下当兵，后在冶力关、八角、康乐、临夏等地做木材生意。他耳闻目睹国民党的黑暗统治，穷苦人无以为生的艰难境地，使他对国民党的统治逐渐产生不满。1941年，他在八角一带组织哥老会，担任该哥老会的“大爷”（哥老会会员对其头目称为“大爷”）。他时常用自己办木行赚来的钱，接济生活无着落的穷苦人。1942年，甘南地区大旱，饥民遍地，怨声载道，民不聊生。任效周同肋巴佛、汪鼎臣等联络，秘密组织各地哥老会，开展抗粮抗款斗争，当时在临潭东北路一带很有影响。任效周处事老练，熟谙老故，且极为精明，遇事不乱方寸，深谋远虑，起义后成为肋巴佛的得力助手。

1943年3月27日，甘南农民起义在冶力关泉滩爆发。任效周积极响应，率领八角哥老会会员和当地农民二百余人参加起义。他被任命为司令，兼第一师师长。任效周在誓师大会上讲了话，明确喊出了：“天灾人祸，饥民遍地；官逼民反，民不得不反；若要不反，免粮免款”的口号，并宣布进军的目标是：“先打县府（新城），然后到武都接应尕张（指张英杰，驻武都国民党骑兵独立营营长），最后去延安投靠共产党。”1943年3月29日，义军攻下新城（国民党临潭县驻地）后撤往石拉路、大桥关一带休整。任效周帮助肋巴佛整顿义军，严明纪律，分编连排等组织，增强了义军的战斗力。1943年4月5日，义军向岷县开进，途经冷地口时，与岷县专员胡受谦的保安队狭路相逢。由于义军缺乏作战经验，武器又少，一时大乱。敌人架起两挺机枪扫射。正在这紧要关头，任效周凭他过去在鲁大昌部下当兵时的经验，组织义军从正面、两侧同时进攻。霎时，喊杀声震天动地，敌人以为被包围，惊恐万状，张皇失措，纷纷溃败，各自逃命。义军乘机撤出危险区，绕道继续向岷县前进。

1943年8月初，义军经长途跋涉进抵武都，同各路义军胜利会师，准备攻打武都。这时，国民党两个正规师向义军猛扑过来。由于敌我力量悬殊，义军为了保存实力，被迫撤回策源地，并分散转入地下斗争。任效周、汪鼎臣和王万一等三人隐姓埋名，参加了马步芳的骑兵队（一说任、汪、王三人未参加马步芳骑兵队，只是经朋友帮助借用其军服，以避国民党的追捕，后被人出卖而被捕）。1943年9月6日，任效周等三人随马步芳驻康乐木行督办马先生（其名不详）一起到康乐办事，被国民党十二师从康乐莲麓乡地寺坪捕去。敌人企图从他们嘴里得到肋巴佛和其他义军首领的下落，经严刑拷打七天后，他们坚贞不屈，一字未吐，敌人阴谋落空。1943年9月13日，任效周在冶力关泉滩英勇就义，时年51岁。

投笔从戎　为民请命

——汪鼎臣传略

汪鼎臣，汉族，1891年8月生于临夏康乐县莲麓乡丈卡拉尕村一个清贫的书香人家。小时在莲麓乡一家私塾读书。他聪颖好学，写得一手好字，被人们称为“秀才”。及至成年，在鲁大昌所办的“庆太号”木行里当先生，目睹国民党军阀的黑暗统治，他毅然辞了差事，回家后靠舞笔卖字获取一点微薄的薪金，以维持生涯。

1941年夏，汪鼎臣经人介绍参加了冶力关哥老会。他为人谦恭，处事谨慎，又会舞弄笔墨，逐渐赢得哥老会头目马大爷（哥老会会员对其头目称为“大爷”）的信任。这样，他也渐渐成为该哥老会重要人物之一。

1942年，甘南各族人民在天灾人祸的压迫下，生活在水深火热之中。在冶力关马大爷的支持下，汪鼎臣同肋巴佛、任效周等秘密联络，积极发展哥老会成员，扩大哥老会组织，开展抗粮抗款斗争。到1943年初，在临潭东北路一带以哥老会为核心的秘密组织极为活跃，影响越来越大。1943年3月27日，在肋巴佛等领导下，甘南各族人民联合起来，共同举起反抗国民党暴政的大旗。汪鼎臣率冶力关哥老会会员六七十人参加起义，被任命为副司令。他亲自撰写布告，并发动组织冶力关、斜角滩、足古川、八角等地民众支援义军。此后，他一直处理义军内部的书信笔墨事务。

1943年8月初，义军在国民党重兵镇压下，被迫从武都撤回策源地，转入地下斗争。汪鼎臣、任效周和王万一等三人隐姓埋名，参加马步芳的骑兵队（一说任、汪和王三人未参加马步芳骑兵队，只是经朋友帮助借用其军服，以避国民党十二师的追捕，后被人出卖而被捕）。1943年9月6日，汪、任、王三人随马步芳驻康乐木行督办马先生（其名不详）一起到康乐办事，被国民党十二师从康乐莲麓乡地寺坪捕去。敌人企图从他们嘴里得到肋巴佛等义军首领的下落，经严刑拷打，一无所获。1943年9月13日，汪鼎臣在冶力关泉滩遇难，时年52岁。

（选自《甘南党史资料》第二辑，
中共甘南州委党史资料征集办公室，1989年9月20日）

甘南农民起义中的临卓义军

宁生才　整理

1943年，在甘肃南部，爆发了一场大规模的轰轰烈烈的以“抗日反蒋”为宗旨的农民大起义。参加这次起义的有汉、回、藏、土、东乡、撒拉、蒙古等各族贫苦农民近十万多人，革命烽火烧遍两河一江（洮河、渭河、白龙江）流域的十余县，其规模之大，影响之深远，在甘肃近代史上是前所未有的，它震撼了西北大地，威慑了国民党在甘肃的反动统治，唤醒了灾难深重的甘南各族人民，在甘肃农民革命斗争史上增添了光辉的一页。在这场农民革命斗争中，肋巴佛领导的临潭、卓尼两地起义军的英勇事迹给甘南人民留下了不可磨灭的印象。

一、农民起义的社会背景

1942年底，抗日战争正处于战略相持阶段。

作为祖国大陆之腹地的甘肃，当时不仅是抗日的大后方，又是我党同共产国际联系的交通线，战略位置十分重要。1935年和1936年秋，中国工农红军北上抗日两次路经甘南，在这里播下了革命的火种。红四方面军还在临潭县及其所属的冶力关、新堡、王家坟一带建立过苏维埃政权，红军“红军不欺压穷人”“汉回番民团结起来”“打土豪分田地”的主张，曾激发过人们的革命热情，甘南人民懂得：要求得自身的解放，就必须走红军的道路。由于红军的影响，农民自发的反抗斗争此起彼伏，蒋介石对甘肃的统治更加残酷，除亲自三次来甘视察外，还先后派其亲信朱绍良、谷正伦入甘主持政局，并派出大批特务入甘，为蒋家王朝效劳。

1942年甘南地区大旱，卓尼、临潭、岷县、康乐、临洮等县粮食歉收，国民党反动政府不但不向灾民赈济，反而巧立名目，横征暴敛，到处哀鸿遍野，民不聊生。许多人被逼得卖儿卖女，背井离乡。

二、起义前的准备

肋巴佛，祖籍甘南拉卜楞。1916年10月17日出生于青海民和县马营弘化寺一个贫苦人家，兄弟四人，排行第三，取名三哥。六岁时他随全家逃荒到甘肃积石山下的吹麻滩，一家人靠母亲卖苦力维持生活，七岁那年，三哥被和政县松鸣岩寺的喇嘛以该寺第十七世怀来仓活佛的“转世灵童”接去“坐床”，当上了十八世怀来仓活佛。

松鸣岩寺历来与卓尼水磨川寺（现康多寺）有宗教关系，肋巴佛坐床后，于1927年到卓尼水磨川寺学经，由上冶三寺寺主扎贡巴活佛，取法名“贡却·单增”，并取经名金巴嘉木措。1928年，“河湟事变”中，松鸣岩寺被毁，肋巴佛便居住水磨川寺。

肋巴佛虽在上层宗教社会，但由于他出身贫寒，自幼跟随父母漂泊于甘肃、青海一带苦渡生涯，饱尝穷人生活的艰难凄苦，在他幼小的心灵上，早就对旧社会的黑暗埋下了不满的种子。加之父母兄姐先后都惨死在国民党军警和财主之手，更使他对国民党反动派怀有刻骨的仇恨。他当上活佛之后，同情民间疾苦，不记民族隔阂仇怨，广行施舍，扶弱济贫，深受附近数县各族人民的爱戴，被人们称作“大慈大悲的佛爷”，穷人的“阿拉合”（即穷人的佛爷）。

1936年，中国工农红军北上抗日，经过甘南时，为穷人办事，开仓济贫，给肋巴佛以很大的启示，他感到“神佛是救不了穷人的”，单靠自己的努力是改变不了贫苦人民被压迫、被剥削的状况，必须走红军的道路，组织起来，才有力量。

1940年秋，肋巴佛在卓尼县康多、杓哇一带秘密串联贫苦农牧民，组成“草登草哇”（七部落社团），将有枪、有马、有斗争精神的人们组织起来，开展抗粮抗款的斗争。并联络临潭冶力关汪鼎臣、池沟村的黄健伟

（二人均系哥老会大爷）、八角村的任效周和康乐线家湾的王万一等人积极发展革命力量。

1941年初，肋巴佛两次去武都鼓动张英杰，要求张提供武器，伺机攻取武都。张英杰是国民党驻武都骑兵营营长，因鸦片生意与武都专员孙振邦矛盾重重，张得知肋巴佛有武装，便同意了肋巴佛的倒孙主张。两人又与武都甘泉镇哥老会头目王德一（人称王阴阳）及当地绅士马尚智取得联系。此后，张英杰派心腹柳国英（人称柳连副）到冶力关经营"军风号"木行，充当联络员，经常往来于康多、武都之间。

1942年2月间，肋巴佛通过卓尼司令部警卫员韩尼麻（康多人）邀请卓尼土司亲属杨继祖到水磨川寺观赏正月十五酥油灯会，以借机动员说服杨继祖策动土司部下起义或给予支持。这次计划虽未能如愿，但他对可以利用的力量，都竭尽全力，努力进行了争取。

1942年夏，肋巴佛与隐居在临洮的史鼎新（曾任国民党第八战区长官部高级参谋，因不满国民党反动派的暴政在家暗中发展力量）接触，并与王仲甲、肖焕章、王星恒会面，就共同举义之事，进行了联络和密谈。同时肋巴佛认识了回民马福善、马继祖父子，他们之间多次密谈，共商起义大计。

同年，肋巴佛等人领导的抗粮抗款的斗争更加活跃，影响越来越大，国民党地方政府时有所闻。临潭县冶海乡乡长赵虎臣曾多次向临潭县县长徐文英报告说，东北路有"土匪"活动。徐文英从另一方面得知，只有"哥老会"活动，并没有什么"土匪"出现，而"哥老会"在当时是允许活动的民间组织，于是徐文英对此事也就不了了之。

三、起义的爆发和发展

1943年1月18日，在马福善、马继祖、吕百元、吕百林、边永祥和东乡农民马木个等人率领下，回汉农民数百人在临洮卧龙寺起义，喊出了"官逼民反，民不得不反，若要不反，免粮免款"的口号，接着在临洮边家湾打响了甘南农民起义的第一枪。王仲甲、肖焕章在衙下集积极策应。肋巴佛闻讯后于1月26日派年旦增（水磨川上加林人，又称年辣椒）参加了王仲甲等在临洮苟家滩召开的秘密会议，经研究作出了1943年4月6日（清明节）全面起义的部署。1943年2月21日，肋巴佛在冶力关辛家庄唐连福家楼上召开了有四十多名骨干参加的秘密会议，会上传达了苟家滩会议精神，并决定积极准备，按时举行起义。3月22日，冶力关祁帮等人缴了冶海乡乡长赵虎臣的乘马，惊动了临潭县国民党政府，肋巴佛不得不决定提前起义，临卓地区农民起义的帷幕立即拉开。

会集冶力关　起义在泉滩

1943年3月23日晚，肋巴佛率领“草登草哇”的三十九名藏、汉、土族僧俗群众，以朝“常爷池”为名，从康多星夜出发，24日早晨赶到冶力关。由于起义时间提前，肋巴佛即同汪鼎臣、黄健伟等紧急商议，分头去八角联络任效周，康乐线家湾联络王万一。同时向冶力关、哈家滩、足古川及甘沟等地下达命令：“官逼民反，死里求生，一家一人，跟上造反。”其间肋巴佛去衙下集，向王仲甲汇报了行动计划。3月27日，冶力关、哈家滩、足古川、八角、甘沟等地的农民三千多人手执大刀、长矛、斧头、镰刀等云集冶力关。冶海乡乡长赵虎臣吓得丧魂落魄，急逃新城。

起义农民在肋巴佛、任效周、汪鼎臣、王万一等人领导下，在常爷庙杀猪一口祭祀“常爷”（明朝开国将领常遇春，因灭元朝，建立明王朝有功，传说封为十八位“龙神”之首，临潭、卓尼群众在冶力关盖庙塑像供奉），意为“保佑起义成功”，并将常爷庙的“龙神”大旗作为义军大旗。同日下午，义军在冶力关村边的泉滩召开起义誓师大会。会上正式宣布：肋巴佛为总司令，任效周为司令，汪鼎臣、王万一、黄健伟为副司令，李士俊（兰家山人）为参谋长。下编三个团：第一团团长马子良（关街人），副团长赵秉清（关街人，后变节）；第二团团长姜希濂（家庄人）；第三团团长丁易姓成（哈尕滩人）；执法队长卢文尉（石庙人），年旦增担任总司令卫队营营长。邢生贵（岗沟湾人）、吴吉昌、杨茂青（均系冶力关堡子人）、康志贤（寨子人）、朱文昌代（关街人）等为营长。会上任效周讲了话，宣布了起义宗旨：“反对国民党，接洽共产党，抗日反蒋”；明确提出：“天灾人祸，饥民遍地，官逼民反，不得不反，若要不反，免粮免款”的口号。人们便称这支起义军为“饥民团”。会上又宣布了进军的目标，“先打新城，后到武都接尕张（张英杰），然后去延安投靠共产党”。

进军新城　首战告捷

1943年3月28日，义军在肋巴佛的率领下，浩浩荡荡向国民党临潭县政府所在地新城进军，途中康乐人线子路率领三十余骑，前来会合，壮大了义军。当晚大队人马在甘沟、羊沙一带作短暂休息。先锋骑兵三百人由肋巴佛率领，直插新城，大队人马随后跟进。29日黎明，县长徐文英刚起床，赵虎臣突然闯进来，结结巴巴地说：“报告……县长，反了……冶力关土匪反了。”徐文英听后大发雷霆：“你老报告有土匪，老不见土匪，回去好好当你的乡长去。”赵见徐文英不听他的话，只好晦气而去，刚走下楼，北城门枪声大作，喊杀声四起。徐文英这才知道农民真的反了。原来义军先锋王万一、那木九瓦咒等十二人，扮作赶早营（早集）之人混入城内。肋巴佛等埋伏在城外，等城内枪声一响，纷纷跃身而起，一拥而入，守城之敌猝不及防，退入县府院内。这时义军大队人马也陆续赶到，猛攻县府，黄健伟口衔大刀，跃身翻墙，将义军大旗高高插上文昌阁顶。肋巴佛策马挥枪，率一部义军绕城飞奔，堵住南门。

此时，县府内一片混乱，硝烟弥漫，砍杀声和号叫声连成一片。徐文英夫妇持枪顽抗，逃至南门庙，被义军击毙。县党部书记长赵廷栋、邮电局局长苟克剑等罪大恶极者亦被惩处。

战斗结束，义军打开监狱释放了全部在押犯人，并告知犯人：“我们造反胜利了，杀了狗县长。你们愿参加造反的就参加造反，愿回家的就回家。”经宣传，有些犯人也参加了义军。同时开仓分粮，接济贫民。义军出师告捷，深受人民欢迎，当义军撤离新城时，晏家堡、党家沟一带的群众为义军送茶、送饭、抬羊挂红。当时，义军整装开往石拉路、大桥关一带休整。

冷地口遇敌　马坡村聚义

义军撤离新城后，临潭东路一带的农民纷纷暴动，响应肋巴佛起义，石门乡的窦巨川、下王旗的王芝寿各带四百多人前来会合，起义军迅速壮大到四千多人。随着起义人数的增多，肋巴佛针对在攻打新城时，存在纪律不严的问题，利用石拉路、大桥关六天休整之机会，严明了纪律，分编了连排等基层组织，并号令义军，“不准拿群众财物，不准践踏群众田地……”

1943年4月5日，义军按原计划从石拉路、大桥关出发经阎家寺、马旗沟等地向岷县开进。当先头部队行至冷地口时，与岷县专员胡受谦的保安大队遭遇。义军由于武器不足，加之缺乏作战经验，一时大乱，不少人跑向两面高山。保安队架起轻重机枪向两山上扫射。部分义军被逼在一座小山上，受到很大威胁。正在这紧急关头，肋巴佛、黄健伟等率领后续部队赶到，他们一面组织所有武器向敌人开火，一面命令后续部队一部分登上两面高山，喊杀助威。敌人听到枪声大作，喊杀声四起，以为被包围，吓得趴在山下，只顾盲目打枪，不敢前进一步。黄健伟乘机拔出手枪冲到受威胁的那部分义军中，迅速组织起三十多人的敢死队匍匐前进，距敌十多米，义军一跃而起，刀矛并举，枪弹齐发，杀向敌人。敌人见义军来势很猛，不敢招架，纷纷向后溃退下去。义军乘机将龙神大旗插在山岗上，以迷惑敌人，全部义军很快撤出不利地带。当敌人组织第二次进攻时，肋巴佛已率义军撤出战斗区域，避开敌人向梨园、磨沟一带急进。翌日，义军兵分两路向门楼寺、峡城进军，与王仲甲等领导的义军会师。

自从马福善部打响甘南农民起义的第一枪起，两三个月内，各地农民起义如狂飙烈焰，席卷甘肃南部十余县，波及兰州近郊西果园、夏官营、阿干镇等地，起义军很快发展到十万余众，为了集中领导，统一指挥，各路义军首领于1943年4月19日会集皋兰南乡马坡举行军事会议。参加这次会议的主要有王仲甲、肖焕章、肋巴佛、马福善、马继祖、毛得功、毛克让、杨华如等，还有各部团以上义军领导骨干百余人。这次会议主要决定了以下几个问题：

（1）成立“甘肃农民抗日自卫军”；

（2）公推王仲甲为总指挥，指挥以下设十路司令，肋巴佛为洮岷路藏兵司令；

（3）确定了“开展抗兵、抗粮斗争”“分粮食，打富济贫”“打倒土豪劣绅”等口号；

（4）制订了军事计划，决定挥军南下，占据松潘、茂州，伺机而动。会议还决定在大队人马南下后，马继祖部向会宁、海原、固原等回民聚居区进军，争取向陇东方向发展，沟通与陕甘宁边区的联系。

黄健伟途中生变　古浪坝伏击追敌

当义军进军岷县途中，黄健伟因与王仲甲有前怨，怕王仲甲借故报复他，因而当大队义军至卓尼柏林口时，黄健伟命令所部二百多人停止前进，让过大军后，率部返回策源地打游击。黄健伟突生变端分裂而去，这在义军中造成了不良影响。

肋巴佛为稳定军心，向大家进行说服教育，当着众人严厉谴责了黄健伟的分裂行动，他说："黄点名成（外号）既小心，又贪心，什么都不是，……他走了无损于我们义军的一根毫毛，没有黄萝卜，照样做筵席。"

1943年4月29日，肋巴佛领导的临卓义军经过岷县中寨、小寨时，包围了梅川堡。梅川堡是南下的要道，又是岷县的咽喉，背山面水，地势险峻，堡内有胡受谦的一个保安大队驻守。起义军三面围攻，由于武器不足，力量有限，从早攻到晚也未攻下梅川堡。半夜，岷县又派援军赶到，义军被迫放弃攻打梅川堡，向申都、闾井前进。在闾井堡战斗中，因肖焕章的先头部队损失很大，大队义军只好撤离战斗，绕道继续南下，闾井堡守敌见义军大都是农民，枪支很少，手持长矛大刀，以为不堪一击。当义军撤退后，堡中守敌即派一连敌军尾追其后，义军发现后有追兵，便组织大刀队、敢死队埋伏在古浪坝两边路旁坑洼草丛中，大队义军佯装不知，继续前进，当敌人追至义军埋伏圈时，埋伏的义军一跃而起，刀枪齐下，砍杀得敌人措手不及，有的敌人还未知所以，就被义军杀得血肉横飞，头身分离。整个战斗不到二十分钟，一连敌人全部成了义军刀下之鬼。这一战斗缴获机枪五挺，步枪一百余支。

5月23日，义军吕百元、姚登甲、黄建伟等部被国民党军队包围在宕昌滩歌镇，义军战士奋勇冲杀几次，均被敌人密集的机枪堵回，义军伤亡惨重，无法冲出突围。正在这危急时刻，肋巴佛率临卓义军赶到，带头冲入敌阵，杀得敌人鬼哭狼嚎，尸横遍地，连破敌人好几个据点。在义军的猛烈攻势下，敌人全线溃败而逃。义军乘胜追击二十里，毙敌四十人，俘虏五十多人，缴获机枪七挺，步枪二百余支，手榴弹数百枚，吕百元等义军被救，接着向武都挺进。

西井会议重新整编　肋巴佛转战策源地

1943年6月17日，起义大军进驻武都村坝，驻武都的国民党骑兵营长张英杰，在高涨的革命形势影响下，率部起义，并同甘泉镇起义的王德一前来迎接大军会师草川崖。至此，各路义军云集陇南，总数达十万余人。

各路义军会师后，在西井村召开会师大会，重选领导人，公推张英杰为总司令，王仲甲为副司令，刘鸣为参谋长。西井会议对全军又进行了整编，改番号为“西北各民族抗日义勇军”。共编三个路军，一个藏兵师，肋巴佛为藏兵师师长。

按西井会议决定，攻打武都时，由于国民党调三个正规师向义军猛扑而来，起义军无法同装备精良的敌人对抗，为了保存力量，被迫放弃攻取武都的计划。6月20日义军大队从甘泉镇一带转移，经礼县前往武山一带。

由于起义军缺乏统一领导，加之在敌人重兵来犯时，投机分子乘机破坏义军内部团结，致使起义军内部发生分裂。面对这种状况，为了保存力量，肋巴佛决定率领临卓义军撤回策源地。

7月9日，当肋巴佛率义军行至蒲麻梁时，同保安队狭路相逢，敌人架起机枪疯狂扫射，义军被阻，无法顺利通过。这时，肋巴佛急中生智，立即派两名神枪手，摸到敌人背后，又命令大队义军佯攻正面，枪声、喊杀声交织在一起，打得敌人抬不起头来。两名射手乘机摸近敌人，双枪齐发，敌指挥官和机枪手双双毙命，敌人顿时大乱，义军乘机冲杀过去，敌人未来得及逃跑，不到半个时辰保安队全被消灭。这次战斗，缴获机枪两挺，步枪二十多支，为各路义军后撤扫平了道路。义军顺利通过漳县、渭源，云集洮河以东。在北至临洮城，南到黑甸峡，全长八十里河岸上寻找渡口，抢渡过河。

胡受谦控制新城　黄健伟进攻羊沙

自从肋巴佛领导的临卓义军攻克新城，杀了徐文英等之后，岷县专员胡受谦十分震惊，即派保安二团进驻新城，并任命其团长张民戎兼临潭县长，总揽军政大权。张民戎进驻新城后，强迫群众在新城四面山头修筑碉堡，以防义军再次攻城。1943年6月，省政府派郑执中为临潭县长，张民戎专管军事，同时派保安大队长曹植霖率部前往北山镇压义军。曹植霖率保安队行至羊沙，被黄健伟率领的义军包围在羊沙堡内，战斗打响后，义军佯装不敌，向甘沟方向撤去。保安队以为义军无力战斗，不堪一击，遂派一个连跟踪追击。当敌人追至窑化沟山狭林密之处时，杀声四起，埋伏的义军从两面林中杀出，敌人措手不及，一个连被杀得死伤过半，其余落荒而逃。义军回师追击逃跑之敌二次，包围羊沙堡，四面攻打，张民戎闻讯派兵前来救援，黄健伟率义军撤往冶力关。

与此同时，驻康乐的保安队企图越过朱家山，从侧面进攻冶力关，又被驻朱家山的义军“眼窝司令”用伏击战术击溃敌人一个连，致使康乐之敌不敢轻举妄动。

1943年8月13日，黄健伟闻讯肋巴佛率大队义军从武都返回。于是，率部前往洮河西岸接迎大军过河。8月15日，肋巴佛所率义军顺利从卓尼包舍口渡过洮河返回策源地。

四、革命的火种在地下燃烧

甘南农民暴动初期，国民党甘肃省政府只以“普通民变”视之，只调集地方保安团队和部分主力部队进剿。当起义成为燎原之势后，谷正伦不得不向蒋介石发电告急。这时蒋介石正调兵遣将，部署大军向延安进攻，准备掀起第三次反共高潮。接朱、谷急电后蒋介石极为震惊，令范汉杰直接受命于胡宗南，调集兵力向起义军进攻。自四月中旬起，敌人陆续调集六个师、八个团及各县自卫队等主力军二万多人，地方部队八千多人，并调兰州空军八大队二十三中队侦察轰炸，配合地面部队作战，对起义军进行残酷镇压。

甘南农民起义，由于缺乏正确的统一领导，加之敌人重兵镇压，在付出伤亡三千多人的血的代价后失败了。但是，革命人民并没有在敌人的血腥镇压下屈服，他们继续坚持斗争，迎接黎明的到来。临卓起义军余部在肋巴佛的领导下转入地下斗争，分散活动，同国民党反动政府的“清乡”队展开了激烈的斗争。

周体仁“清乡”　“北山事件”爆发

1943年9月初，国民党胡宗南部第三军军长周体仁率第三师、第十二师、第五十九师各一部抵达临潭一带，命十二师吕继周部进驻卓尼北山地区。吕部一到康多、杓哇一带后，一面训示各地：“饥民匪首王（仲甲）、肋（肋巴佛）、马（福善）无论逃往何地，一经发现，就地处决”。一面电邀卓尼保安司令到北山参加所谓“剿灭残匪”的军事会议。卓尼保安司令部接电后，写信给北山土官杨麻周：对饥民团人员不要伤害，可劝其出境……同时派参谋杨一俊，营长杨赛告，连长杨国华、宗其秀，手枪队长梁书拉等三十多人，全副武装参加会议。

正当会议就要结束时，在肋巴佛等义军首领的策动下，由北山土官杨麻周调北山地区藏兵几百人，一部分由杨麻周星夜带往卓尼，准备接杨复兴到北山，以北山为根据地，策动四十八旗武装暴动（最后，由于杨复兴母亲杨守贞反对，未能成功）。一部分留在北山，由恰盖角缠村的杨才尕等人从中挑选四十多个精干青年，各带匕首、斧头、大刀等武器，夜袭驻多麻寺的敌二十团营部，杀死营长、连长和士兵一百多人，同时在康多一带，激愤的群众打死打伤敌人三百多人。这就是远近闻名的“卓尼北山事件”。

事件发生后，周体仁恼羞成怒，除扣留杨一俊一行外，命其残部向北山一带任意发起掠夺式的进攻，不仅烧毁了多麻寺院，而且在多麻寺附近的六个村庄放火烧毁民房十九处，掠去群众白洋六千六百八十元，抢走牛羊一千六百多头（只），马五百匹，枪五百支。事后将杨赛告、梁书拉、宗其秀等杀害于北山，将杨一俊杀害于兰州，杨麻周被捕解往兰州后，经贿赂判刑五年。肋巴佛等被通缉。

国民党血腥镇压　起义军英烈遍地

国民党当局在对起义军进行大规模军事镇压的同时，又以“宣抚”为名，进行政治欺骗。

1943年6月中旬，国民党在兰州成立了所谓“甘肃省灾区宣慰委员会”，由兰州各党政机关人员组成“宣抚团”分东南两路活动。“宣抚团”到各地之后，一面张贴带欺骗性的布告，签发“良民证”，一面又发放“农贷”，使部分意志不坚定的义军战士上当受骗，而更多的义军战士和首领，则拒绝敌人的诱降，转入地下，同敌人的“清乡”展开了艰苦的斗争。

当国民党第三军周体仁部进驻临潭时，为配合反动军队“剿匪”，临潭县县长郑执中成立了“清乡”委员会，清乡委员会同敌人十二师互相勾结，采取搜捕、诱骗等手段，在冶力关、八角、羊沙、石门、陈旗、北山等地区勒令所有参加起义的农民“坦白悔过”“认罪赎命”。人们为了“赎罪”“赎命”，被迫将一群群牛羊、骡马赶往市场出售凑钱，将一驮驮牛羊皮毛和珍贵药材送进官府，流入贪官污吏的私囊。农民的财物被洗劫一空，许多人倾家荡产，卖儿卖女，流离失所，乞讨为生。更残酷的是，敌人利用“宣抚”、诱降搜抓、追捕等手段，软硬兼施，对起义农民和无辜群众进行残酷镇压。从莲花山抓来的十四名农民被枪杀在甘沟；那子村二三十名农民被赶进洮河活活淹死；从草场门口捕来的三名农民，被屠杀在新城，不少群众倒在血泊中，惨不忍睹。然而，敌人的残酷屠杀并没有使革命者屈服，他们视死如归，不怕人头落地，表现了一个革命者取义成仁、舍生忘死的英雄气概，其光辉事迹至今为人们所怀念。

义军营长邢生贵，被保安队捕去后押到新城，砍头挖心，被胡受谦祭奠了徐文英，牺牲时只有三十一岁。当他走向刑场时，昂首挺胸，面不改色，还唱着：“脚户骡驹走四川，棉花挂在刺上了，杀了吃人的狗县官，给穷人把气使上了，众位乡亲都坐着，从今后我就不在人世上了。”他走了，留给人们的不是泪，而是更多的恨。

战士刘贵西，在临潭县长郑执中惨无人道的拷问下，从不低头，审了三堂，他臭骂了县长三堂，刑堂成了他斗争的战场。战士马二郎保从监狱押往刑场的路上，大声高歌："官逼呢者民反呢，豁上命了造反哩，阿哥们死了不要紧，还有后人们干哩。"他那无所畏惧，蔑视敌人的大无畏精神，使许多在场的人感动得流下了热泪。

汪鼎臣、任效周、王万一，开始为了隐藏，便于更好地开展斗争，改名换姓加入马步芳的骑兵队，后被坏人告密，被十二师抓去，企图从他们嘴里得到肋巴佛和其他义军首领的去向，敌人用残酷的刑法拷问七天之久，一无所获，将他们三人于1943年9月13日枪杀于冶力关泉滩。

年辣椒被乌龙喇嘛组织的"草周草哇"（曾用此组织同肋巴佛组织的"草登草哇"相对抗）抓住，送给敌十二师，枪杀于临洮鹁鸽崖。这位藏族人民的优秀儿子，在战斗中英勇顽强，狠狠打击敌人的英雄事迹，在当地藏、汉人民中产生了深刻的影响。

黄健伟被捕后在押往临洮途中逃跑，改名换姓直到解放。

甘南农民起义的主要领导人之一肋巴佛在年辣椒遇害后，为了保存革命力量，解散其余骨干，他只带石塔义离开康多转移到夏河。1944年1月13日，肋巴佛在俄旦寺被敌包围，突围中石塔义壮烈牺牲。此后，肋巴佛等化装成商人去宁夏在马鸿逵军队中当营长的范新民处，化名范德民，隐藏了两年多。1946年5月中旬，肋巴佛由范母和范弟护送，回到和政，这以后肋巴佛藏匿在松鸣岩寺附近的山洞中，由他的亲戚供给饭食，等待时机。

肋巴佛光荣入党　赴延安不幸遇难

1946年12月31日，肋巴佛在康克选和赵尕等人的护送下，取山野小道，昼行夜宿，由和政经康乐、会川到渭源找当年农民暴动时的朋友夏尚忠。当时，夏尚忠等人在中共陇右工委的领导下，在渭源一带坚持地下游击战争。1947年2月间肋巴佛一行才找到夏尚忠，随后由夏尚忠领肋巴佛去见了毛得功、郭化如、杨友柏等游击队主要领导人。他们热烈欢迎肋巴佛的到来，从此他们一起干革命，打游击，坚持地下武装斗争。

1947年春，由陇右工委负责人高健君、牙含章介绍，肋巴佛光荣地加入了中国共产党。他是陇右地下党的早期党员之一。肋巴佛入党不久，提出要求派人到夏河寻找他的部下，以便在藏族农民中发展党员，建立党的组织。这一愿望因条件尚不成熟而未能实现。后来，他要求到延安去学习，以便将来更好地为党工作。

1947年6月，中共陇右工委同意了肋巴佛的要求，让牙含章去庆阳甘肃工委汇报陇右工作时，带他一同前往。他俩搭乘便车行至平凉安国镇三十墩，因车祸肋巴佛不幸遇难，时年31岁。肋巴佛的牺牲是中共陇右工委组织的一个重大损失。1981年9月，中共甘肃省委在《1943年甘肃南部农民起义问题座谈纪要》中指出："肋巴佛以活佛身份率领藏汉僧俗反抗国民党暴政，后又加入中国共产党，这在我国历史上是少见的。"

五、起义虽然失败　革命精神永存

甘南农民起义，这场在中国共产党的影响下自发的农民武装斗争，在甘肃农民革命史上是前所未有的。但由于没有中国共产党的领导，缺乏统一的领导核心，加之投机分子伺机进行破坏和分裂，致使起义在敌人的镇压和瓦解下失败。

在这场农民革命斗争中，有回、汉、藏、土、东乡、撒拉、蒙古等民族参加，他们团结一致，并肩战斗，共同杀敌，谱写了甘肃革命史上民族团结斗争的新篇章。这场武装起义，有力地支持和声援了陕甘宁边区人民粉碎蒋介石掀起的第三次反共高潮的斗争。

而今，革命先烈的英雄事迹，将永远为人民所铭记和缅怀，他们的革命精神，激励着甘南儿女，永远跟着共产党，为振兴中华，建设繁荣富强的新甘南而努力奋斗。

（选自《甘南党史资料》第一辑，
中共甘南州委党史资料征集办公室，1988年4月20日）

红军老战士赵全传略

朱克勤*

赵全，1920年生于陕西省（具体地址不祥），从小失去父母，孤苦伶仃，靠乞讨为生。懂事后在国民党西北军十七师当勤杂。1934年掉队流落四川省广元县，被中国工农红军四方面军收留，在三十一军新兵连当战士。1937年抗日战争全面爆发后，在八路军一二〇师司令部警卫军、亚五团通迅班和独立二旅通迅排当战士、班长、排长。1946年解放战争开始后，组织调他到晋察冀野战医院三所当管理员；1947年在第一野战军三军供给部军实科、生产科和三勤建设处生产科、合作社当保管员。

甘南解放后，赵全于1952年8月转业到卓尼，先后担任卓尼自治区人民法院书记员、县粮站站长、卓尼县采购站站长、县人委招待所所长、县文化馆馆长等职。1968年4月被结合为卓尼县革命委员会委员，1971年9月，在中共卓尼县第四次代表大会上当选县委委员。1973年9月，任卓尼县贫下中农协会副主席。1979年5月，任政协卓尼县第四届委员会副主席。其间，当选为三届省人代会和八届州人代会的代表。

参加红军　杀敌养伤

赵全从1934年参加红军踏上革命征途，度过了19年的戎马生涯。他曾爬雪山、过草地、吃野菜、啃树皮，参加过二万五千里长征；他一生中经

---

* 作者系中共卓尼县委党史资料征集办公室原主任。

历过无数次战斗，身负6次重伤，从头到脚留下了8处伤痕；他先后荣立过3次功，受过3次奖。

抗日战争时期，赵全英勇参战，抗击日本侵略者。一次，在雁门关与日本鬼子作战中，左腿中弹负伤，是伟大的国际主义战士白求恩同志给他动手术取出弹片，并嘱咐他："要保重身体，以后不要吸烟、喝酒，少吃刺激性东西。"还特别教育他："要听中国共产党的话，坚决完成党交给的任务。"不久，他的伤好了。白求恩同志对工作极端负责，对同志对人民极端热忱的精神，深深地种在他的脑海里。他常说："当我遇到困难的时候，想起白求恩同志的教导，我就觉得力量大了，勇气足了。"

1939年，在河北县陈庄的一次战斗中，八路军与敌人展开肉搏战。赵全用刺刀捅死了向他扑来的一个鬼子，但他的胸部也负了伤。部队转移后，把他寄留在一个农民家里养伤。这家的老大娘是我党地下组织的妇女主任，对赵全十分关怀。日寇搜查时，叫他脱掉军装睡在炕上，把他的衣服塞进炕洞里，并嘱咐他装成哑巴。敌人一进门就指着赵全问老大娘："这是什么人？""是我的儿子，给你们皇军带路挂了花。"敌人又要问赵全，老大娘赶忙说："他是哑巴，不会说话。"就这样瞒过了敌人。赵全对老大娘冒着全家被杀头的危险，舍生忘死地保住了他的安全，对此深受感动。使他进一步懂得了人民军队和人民群众的血肉关系及鱼水情谊，决心一辈子要为人民服务到底。在这种思想的支配下，1940年组织照顾赵全到晋察冀和平医院疗养，但他不是舒舒服服地躺在病床上，而是带病坚持工作，受到了伤病员们的好评和组织上的物质奖励。

解放战争开始后，因赵全负过重伤，不能上前线去打击敌人，组织上分配他从事后勤工作。1946年赵全到晋察冀野战医院三所当管理员，1947年到第一野战军三军供给部军实科、生产科和三勤建设处生产科、合作社当保管员。赵全不论走到哪里，都是任劳任怨，勤奋工作。他于1948年10月光荣地加入了中国共产党。1950年被评为军直一等英模。

毫不利己　专门利公

1952年赵全从部队转业到卓尼后，在从事地方工作期间，始终保持和发扬着共产党人的那种见困难就上，见荣誉就让；毫不利己、专门利公的崇高品质，保持和发扬了老红军艰苦朴素的革命本色，为全县共产党员和干部、群众树立了一个光辉的学习榜样。

赵全生活俭朴，严于律己。他从不计较个人的名利、地位，更不贪图享受。在冰雪封冻的寒冬腊月里，常不生火，为国家节约资金。在寒风刺骨的三九天，他坚持冷水洗脸。他住的一间房子里，陈设十分简陋，只有一张桌子、一条凳子和一张床，除他自买的收音机和铺盖以外，再没有别的东西。1949年，部队发给他的被褥补了又补，一直用了十多年，烂得实在不行了，直到省上来人将其被褥收进展览馆时，他才做了一套新的。到1956年，赵全缝的一套棉衣，穿了七八年，才送给了一个贫农社员。就是一双袜子，他也要缝缝补补六七次，实在不能穿了才肯丢掉。他常对人说："我们干革命不是为了自己，而是为了人民。只要广大人民的家底厚了，我们的家底也就有了，个人搞那么多家底干啥？"

平时，赵全在机关食堂吃饭从不挑拣。他常吃粗粮、素菜，处处节约，从不大吃大喝。一次，赵全看见炊事员要把一碗烧焦的饭往污水桶里倒，便疼在心里。他不忍心把农民辛辛苦苦种的粮食白白浪费掉，便买上吃了。下乡工作时，赵全从不搞特殊，坚持和群众同吃、同住，从不搞小灶。每逢提级加薪时，赵全从来不向党要钱，不让组织上为难。在1953年和1956年及1963年的三次调整工资中，他都拒绝给他调级。他说："我是个单身汉，工资已经够高了。应该提升工作好、学习好、生活有困难的同志。"当时有人讥笑他说："赵全，你真是傻瓜！提级不要，不吃不穿，有福不享，图了个啥？"赵全坚定地回答："我们共产党一不为名，二不为利，为的是人民，图的是共产主义。"

赵全在生活上对自己严格要求，从不乱花一分钱，但对党、对国家、对集体、对同志、对群众却十分慷慨大方，舍得起，也花得起。在1954年至1958年中，他把自己省吃俭用节约下来的7000元钱，全部认购成公债，支援了国家建设。1959年，他给卓尼业余秦剧团捐献1500元，添置了服装道具。在1959年至1961年临卓合县的3年中，他垫用自己的3000元，维修了原卓尼县大礼堂，没有向国家报销。1964年1月，赵全将2000元作为1个月的党费，交给了党组织。1965年他拿出1000元，寄给越南驻华大使馆，表达了援越抗美的决心。1966年，赵全用2300元包租汽车，带领电影队下乡巡回演出50多天，使边远山区的群众看上了电影。同时，他还用自己的钱先后订阅《甘肃农民报》《甘南报》100多份，购买马列和毛主席著作（单行本）上千册全部送给了农牧区群众。

赵全关心群众比关心自己更重，时刻把群众的冷暖、病痛挂在心上。一次，他看到城关一位老农民衣服单薄，就脱下自己的棉衣送给了他。他在上卓大队下乡时，听到一位贫苦农民突然病了，便连夜往返20里，从县城请来医生治疗。在原多坝乡下乡期间，赵全了解到乡妇联干事王桂芳生了孩子，面粉和油快吃完了，他就从县上买了面粉、食油托人带去。同时，赵全每次下乡，都要自费购买些治疗头疼感冒之类的药品，送给社员群众，解除他们的病痛。

立志卓尼　奋斗终身

赵全在卓尼工作的30年中，他人老心不老，身残志不残，在平凡的工作中做出了不平凡的事迹。他是二等残疾军人，又患严重的气管炎、关节炎、高血压、心脏病等多种疾病，体质极差，组织上为照顾他的健康，多次劝他到条件好的内地去休养，但他一一谢绝。赵全先后调动过多次工作，职位高了，权力大了，但艰苦奋斗的作风始终没有变。他常以普通劳动者的姿态出现在群众中。在粮站任站长期间，他千方百计地方便群众，经常查看仓库，发现地上漏了粮食，就设法一粒一粒地捡起来；在招待所任所长期间，他主动打扫卫生，整理房舍，生火提水，为旅客服务；调任文化馆馆长后，他经常带领文化系统的同志深入农村，开展文化活动。每次下乡，赵全总是和大家一起跋山涉水，徒步行走。有一次，因为路程太远，同志们给他准备了一匹马，他硬是不骑，一口气走了几十里的崎岖山路后，关节炎发作了，同志们看着他步履十分艰难，又心疼，又埋怨道："你年纪大了，又负过伤，身体不好，不该把马退回去呀！"赵全却乐呵呵地给大家讲起了红军爬雪山、过草地的故事。最后，他意味深长地说："现在条件好了，艰苦奋斗的革命传统不能丢啊！越是生活条件好，越要注意资产阶级生活作风的影响。一个人要是懒了，官气大了，爱享受了，那就正好上了资产阶级的当！”

赵全走到哪里就劳动到哪里，每次带电影队下乡，他总是坚持和大家一起晚上放电影，白天参加集体劳动，有的同志感到吃不消，常发牢骚说：“我们是来放电影的，又不是来背粪的！”赵全就耐心地解释说：“同志，因为我们是为人民服务的，就应该和群众同吃同住、同劳动呀！不参加劳动，就会脱离群众嘛！”在赵全的带动和教育下，大家每次下乡都主动参加劳动。一个雨夜，在恰盖乡演完电影，雨越下越大，河水越涨越高，眼看堆在河边的几百根电杆有被洪水冲走的危险。赵全发现后，立即带领电影队的同志奔赴河滩，带头跳下急流，把一根根电杆打捞上来，给国家避免了损失。

1967年8月的一天晚上，赵全从收音机里听到天气预报说有冰雹。他就连夜提上马灯，到附近各生产队告诉群众赶快抢收，而他自己不顾劳累和伤口疼痛，与社员们一起劳动，抢收黄田。

1969年4月，为了架通县城至洮河南岸的广播路线，赵全不顾雪雨交加的天气，一边鼓励大家：“加油干！”一边抢先拉着电线头乘木筏过河，把铁丝拉过几十米宽的河岸。在急流的冲击下眼看有掉到河里的危险，但他奋不顾身，紧紧拉住线头不放，手被勒开了一条口子，鲜血直流。赵全还是忍着疼痛攥紧线头不放。在赵全的顽强搏击和带领下，终于架通了广播线路，使洮河南岸的群众听到了广播。

20世纪70年代，赵全已是年过半百的人了，加上疾病的折磨，他的行动越来越困难了，但他还是闲不住，不能到偏远地方下乡工作，就主动到距离县城五六里的木耳大队蹲点，参加生产劳动，领导农牧业生产，发现问题及时解决。1973年，赵全看到第一生产队既困难，又缺劳力，就用自己的3050元钱，买了一台手扶拖拉机和一台脱谷机，解决了这个队劳动力不足的困难。这年夏天，队里的大豆发生严重虫灾，他又拿出30元钱，买了喷雾器和杀虫药剂，及时扑灭了虫害，群众很感激。

后来，赵全的高血压病发作了，组织上先后送他到州人民医院、临夏陆军医院和兰州陆军总院治疗休养，可他在病情稍有好转时就返回工作岗位。领导和医生再三劝他多治疗、多休养，他说什么也不服从，常说：“我能活一天，就要工作一天，天天蹲在医院里，我是蹲不住的。”

进入20世纪80年代，赵全的病情越来越严重了。但他还是千方百计地走出机关院门，迈着艰难的步子，到附近队里转一转、看一看，接触群众，了解情况，宣传党的十一届三中全会以来的路线、方针和政策，向群众宣传实行生产责任制的好处。直到住进医院，他躺在病床上，还在时刻惦念着所分管的工作，询问队里的生产和群众的生活情况。

1983年2月22日这天，为党和人民的事业奋斗了一生的红军老战士、优秀共产党员、人民的好干部赵全同志的心脏停止了跳动，享年63岁。噩耗传出，全县机关干部、工人、学生和各族群众，无不痛哭流涕，为之悲痛。从23日至24日，有上千名干部、群众和学生，奔赴灵堂，向这位为革命鞠躬尽瘁的老红军的遗体告别。

赵全同志溘然长辞了，但他为革命立下的不朽功绩和崇高品质，将永远载入卓尼史册，铭刻在卓尼人民的心中。

（选自《甘南党史资料》第二辑，
中共甘南州委党史资料征集办公室，1989年9月20日）

鞠躬尽瘁的老红军赵全

卢菊梅*

赵全（1920—1983），男，汉族，陕西省人，幼年丧父失母，是靠乞讨为生的孤儿，曾在国民党西北军十七师当过勤杂员。

1934年在四川广元县被红四方面军收留，在三十一军新兵连当战士。1937年在八路军一二〇师当战士，历任班长、排长等职。1938年在雁门关与日军作战中左腿中弹负伤，受到白求恩大夫亲自手术治愈。在革命战争中，他历经无数次的战斗，身负6次重伤，从头到脚留下8处伤痕。他先后荣立3次战功，受过3次奖励。1940年他到晋察冀和平医院休养，其间带病坚持工作，帮助医护人员干杂务，受到伤病员和医院的好评及组织上的奖励。解放战争开始后，赵全因负过重伤，从事后勤工作。1946年，他到晋察冀野战医院三所当管理员，1947年到一野三军供给部搞后勤工作，1948年10月加入中国共产党。被评为军直一等英模。

1952年8月，赵全从部队转业，在卓尼自治区（县）工作。先后担任法院书记员、县粮站站长、卓尼县采购站站长、县人委执行所所长、县文化馆馆长等职。1968年4月任县革委会委员，1971年9月当选县委委员，1973年9月任县贫下中农协会副主席。1979年5月任县政协代表、卓尼县第三届委员会副主席。其间，当选为三届省人代会和八届州人代会的代表。

赵全在从事地方工作期间，在冰雪封冻的寒冬腊月里，常不生火，为国家节约资金。他的住房陈设十分简陋，只有一张旧桌子、一条凳子和一

---

* 作者系政协卓尼县第十四届委员会主席。

张床，个人全部财产只有一台收音机和铺盖。睡的被褥是1949年部队上发的，一直用了10多年，补丁满片，破旧不堪，直到省上来人将其被褥收进展览馆后，他才做了一套新的。他的一套棉衣要穿七八年，很少见他缝制新衣。平时，在机关食堂吃饭，他常吃粗粮、素菜，从不挑拣。赵全在生活上严格要求自己，从不乱花一分钱，但对党、对国家、对集体、对同志、对群众却十分慷慨大方，舍得花钱。从1954年到1958年，他用省吃俭用的钱先后认购公债7000元，支援了国家建设。1959年，他给卓尼县业余剧团捐款1500元。自1959年至1962年的3年中，他垫支3000元维修了县委大礼堂，没有向国家报销。1964年1月，将2000元作为一个月的党费交给了党组织。1965年，他拿出1000元捐赠给越南驻华大使馆。1966年他用2300元包租一辆汽车，亲自带领县电影队，下乡巡回放映50多天，使边远山区的群众看上了电影。同时，他还用自己的钱订购《甘肃农民报》《甘南报》100多份，购买了马列和毛主席著作（单行本）近千册，送给农牧民群众。

赵全是二等残疾军人，又患有严重的气管炎、关节炎、高血压、心脏病等多种疾病，体质极差。组织上多次想送他到内地休养，但他一一谢绝，坚持在卓尼高寒山区工作。他对工作一丝不苟，认真负责。在担任县粮站站长时，他经常查看仓库，发现地上撒了粮食，就一粒一粒地去捡。调任县文化馆馆长后，他经常带领文化系统的同志深入农牧区，开展群众文化活动。20世纪70年代，赵全的身体每况愈下，行动越来越困难了。但他还是闲不住，主动要求到距离县城较近的木耳大队蹲点，帮助队干部工作。1973年，他看到该大队第一生产队很困难，又缺乏劳力，就用自己的3000元人民币买了一台手扶拖拉机和一台脱谷机，送给生产队。夏天，他又拿出30元钱，买了喷雾器和杀虫药，让群众及时扑灭了虫害。进入80年代，赵全的病越来越严重了，组织上只好送他到省、州医院去治疗休养。他躺在病床上，还时刻惦念着自己分管的工作和乡亲们的生产生活，直到生命的最后一刻。

1983年2月22日，为党和人民事业奋斗了毕生的红军老战士、优秀共产党员、人民的好干部赵全同志不幸逝世，享年63岁。党和政府为他举行了隆重的葬礼。

年旦增血洒洮河畔

张丽丽*

年旦增（1884—1943），藏族，出生于卓尼县康多乡上加林村。幼年出家为僧，性格倔强好斗，人称年辣椒。1915年，被卓尼杨积庆土司选为卫士。1942年，年旦增退役后，同肋巴佛在康多、杓哇一带秘密组织“草登草哇”（七部落组织），将有枪、有马、有斗争精神的穷苦人组织起来，开展抗粮抗款斗争。1943年1月26日，年旦增奉肋巴佛之命，前往临洮苟家滩，参加了王仲甲等人召开的起义秘密会议。2月21日，在冶力关邢家庄召开的骨干秘密会议上，年旦增传达苟家滩会议精神，肋巴佛所部决定积极做好准备，按时起义。3月24日，农民军发动起义，年旦增担任总司令卫队营长。3月29日，义军攻占临潭县政府驻地新城，年旦增率人打开监狱，释放了全部囚犯。他为人耿直，作战勇敢，每次战斗，总是第一个袒胸露臂，冲锋陷阵。5月23日，义军姚登甲等部被敌人围困在滩歌镇内，多次突围失败。正在危急时刻，肋巴佛率领藏、汉联军赶到。年旦增脱下皮袄，率先赤膊上阵，左手端枪，右手举刀，率军杀开一条血路，救出了被围义军。

1943年8月初，在国民党重兵围攻下，义军被迫从武都撤回，转入分散的地下游击斗争。年旦增奉命奔往卓尼土司衙门，谈妥了肋巴佛暂留卓尼之事。返回到康多上加林村时，被乌龙喇嘛组织的“草周草哇”（六部落组织）捕去，押送到国民党第三军第十二师。后被枪杀于临洮城附近的鹁鸽崖，时年59岁。

---

* 作者系卓尼县住房和城乡建设局干部。

甘南农民起义中的王万一

马永寿　王永平*

王万一，男，汉族，生于1905年，甘肃省康乐县莲麓乡线家湾村人。1943年春，正当日本侵略者向我抗日革命根据地发动疯狂的“大扫荡”，实行残酷的“三光”（烧光、杀光、抢光）政策时，国民党反动政府却采取“消极抗战、积极反共”和“曲线救国”的反动策略，对中国共产党领导下的抗日军民实行围剿和经济封锁。同时，国民党反动政府向广大人民实行横征暴敛，巧取豪夺，大肆搜刮民脂民膏，致使国统区物价飞涨，经济崩溃，哀鸿遍野，民不聊生，特别是甘肃南部地区的广大回、汉、藏、东乡、撒拉等民族的人民，更是处在水深火热之中。

早在1940年秋，自幼饱尝人间疾苦和对国民党反动政府怀有刻骨仇恨的肋巴佛，在卓尼县康多、杓哇一带秘密串联藏、土、汉族贫苦农牧民，成立了“草登草哇”（七部落组织），将有枪有马的人组织起来，暗中开展抗粮抗款斗争，商讨反对国民党黑暗统治的策略。同时，他也开始“重武轻经”，广交邻县的王仲甲、马福善（回）、毛克让、肖焕章等人和当地的汪鼎臣、王万一、任效周、黄健伟等人。为了得到武器，还结识了国民党驻武都骑兵独立营营长张英杰（临夏和政人，哥老会成员，人称尕张）的支持，共商如何在民族地区起义的大计。

1942年，肋巴佛组织的“草登草哇”日益壮大，影响面越来越广。在此形势下，肋巴佛率领当地农牧民喊出了“官逼哩，民反哩，家家门上钉

*　作者马永寿系卓尼县党史地方志编纂办公室主任，王永平系洮河林业局行政办公室文书。

板哩”（指钉门牌）的口号。是年农历腊月二十一日晚，在临洮苟家滩召开了秘密会议，约定在1943年清明节（4月6日）发动全面起义。

1943年3月22日，由于冶力关祁帮等人急不可耐地缴了冶海乡乡长赵虎臣的乘马，惊动了临潭县国民党政府，致使起义泄密。肋巴佛闻讯后，当机立断，决定提前举行起义。并与汪鼎臣、黄健伟紧急磋商后，一方面派人去联络八角村任效周和康乐县缐家湾村的王万一；另一方面向冶力关、斜角滩、足古川、甘沟等地发出命令：“官逼民反，死里求生；一家一人，跟上造反！”3月27日，王万一率康乐杨家河起义农民300多人前来冶力关。3月28日晨，“饥民团”3000多人在肋巴佛、汪鼎臣、王万一、任效周等人的率领下，先在常爷庙祭祀“常爷”，并以常爷庙的“龙神”大旗作为“饥民团”的帅旗。下午，义军在冶力关泉滩召开誓师大会，推选肋巴佛任总司令，汪鼎臣、王万一、任效周为副司令，李士俊为参谋长，下编2个师（王万一任第二师师长）、3个团、3个营。大会宣布起义的宗旨是：“抗日反蒋，反对国民党，接洽共产党！”明确提出了“天灾人祸，饥民遍地；官逼民反，不得不反；若要不反，免粮免款”的口号。进军的目标是：先打县城（临潭县城），后到武都接尕张（即张英杰），然后去延安投靠共产党。

3月29日凌晨，肋巴佛率领300名骑兵打先锋，直捣新城，至天黑时，义军已将全城围困。翌日拂晓，王万一率12名义军以赶早营为名混入城内，并鸣枪报信。埋伏在城外的义军一拥而入，使守城之敌猝不及防，溃退到县政府院内。经义军奋勇追击，县长徐文英被义军追到南门庙击毙；同时，义军还相继捕杀了国民党县党部书记赵廷栋和邮电局长苟克俭等5名罪大恶极的官佐。义军占领临潭县城（新城）后，释放了全部囚犯，并开仓分粮，赈济贫苦农牧民，对城内居民则秋毫无犯。起义军攻克新城后，随即撤离县城，王万一随肋巴佛领导的起义军，开往石拉路、大桥关山区进行短时间的休整，起义军迅速壮大至4000余人。然后一部分起义军突破石门口封锁到达甘沟，一部分越大岭山回到冶力关，并经康乐汪子沟、斜角滩渡洮河到门楼寺峡城与王仲甲、肖焕章、毛克让率领的起义军会师。

会师后，起义军正式命名为“甘肃农民抗日救国军”，提出的纲领是：1. 甘肃各族人民团结起来，抗战到底！2. 纳不起粮，缴不起款，雇不起壮丁的人团结起来，打倒谷正伦、朱绍良！3. 被虐待而死亡的壮丁家属团结起来，打到兰州，报仇雪恨！4. 甘肃人民誓死不做亡国奴，不受贪官污吏的压迫！5. 打倒贪腐无能的政府，建立廉洁清明的政府！6. 铲除虐待壮丁的兵役机关！7. 打倒贪官污吏、土豪劣绅！8. 甘肃各族人民永远再不受贪官污吏的挑拨离间、互相残杀！

至此，起义军声威大振，各地人民自备马匹、武器，前来投军者不绝于道，义军队伍很快发展到5万多人，涉及临潭、卓尼等10多个县。

1943年6月17日，各路义军在武都草川崖西井村召开会师大会，起义军人数达10万余人。公推张英杰为总司令，王仲甲为副司令，刘鸣为参谋长。全部义军整编为3支路军和1个藏兵师，肋巴佛任藏兵师师长。会上决定兵分三路，向延安进发。此后，由于义军缺乏统一的领导核心，混入义军的投机分子乘机破坏，在敌人的重兵压境面前，义军内部矛盾激化，发生了分裂。至此，一场声势浩大的、轰动西北的农民革命武装斗争暂告结束。

1943年6月，王万一拒绝敌人的诱降，转入地下，同敌人的“清乡”展开了艰苦卓绝的斗争。后被坏人告密，被国民党第十二师抓去，敌人企图从他嘴里得到肋巴佛和其他义军首领的去向，用残酷的刑罚拷问7天之久，但仍一无所获，于1943年9月13日将王万一枪杀在冶力关泉滩，时年38岁。

这次起义，前后达7月之久，波及20多个县，参加的有七八个民族，人数最多时达10万人以上。这场在中国共产党的影响下自发的农民武装斗争，在甘南农民革命史上是前所未有的。但由于没有中国共产党的领导，义军缺乏统一的领导核心，加之投机分子的破坏和分裂，致使起义在敌人的镇压和瓦解下失败了。这次起义虽然失败了，但其声威震撼了国民党在甘肃的统治，牵制了国民党军队对陕甘宁边区的封锁与进攻，客观上为中国共产党领导的抗日民族战争和中国新民主主义革命及中华人民共和国的诞生做出了贡献，他们为追求自由和光明、翻身和幸福而英勇奋战的英雄事迹，将永远值得我们铭记和缅怀。

一张珍贵的烈士家属光荣纪念证

杨卫东　赵明生*

在中国革命的伟大进程中，为了人民的自由解放，无数革命先烈抛头颅、洒热血，献出了自己宝贵的生命，为我们今天的幸福生活开辟了前进的道路，卓尼籍藏族同胞亦为之献出了年轻的生命。卓尼县木耳镇博峪村收藏的这张陈旧发黄的烈士家属光荣纪念证记载着历史的足迹。

这张珍贵的烈士家属光荣纪念证，早在2016年冬季，在单位职工微信群里传来传去。但有人敬仰也有人提出质疑。出于对历史负责的态度，我们赴博峪村对收藏者进行了采访。

博峪村是烈士家属的故乡，位于洮河南畔，离卓尼县城不足6公里的一处钟灵毓秀之地。“革命牺牲军人家属光荣纪念证”收藏者名叫袁那主曼，是烈士袁德明的女儿，今年60岁，烈士袁德明是她的父亲，据收藏者袁那主曼回忆说：“父亲袁德明烈士，1937年出生，1953年赴西北民族学院学习，是卓尼境内最早上过西北民族学院的学生之一，他的同学有卓尼柳林镇上城门村一自然村的王德俊、三自然村的杨永泰，还有我们博峪村的姬卓亚。据我的

*　作者杨卫东系政协卓尼县教科文卫体委员会原主任；赵明生系政协卓尼县委员会干部。

姑姑袁杰道草给我说，1956年2月我父亲参加革命工作。1958年新春佳节刚过就赴迭部，那时明知危险，但必须无条件服从，而且人人都愿意服从，所以这一去就没有回来，就牺牲了，牺牲地点我也说不上来，我家原来还有一块政府统一做的木质大匾额悬挂于大门顶端，后因房屋拆建而遗失，至今未能找到。这个证书曾贴于我家的墙壁，后镶嵌在框里，悬挂在堂屋的正中央，‘文革’期间红卫兵天天搜查，所以从框里取出来，藏于怀中，由我的姑姑袁杰道草保存，后来她送给了我，让我保存，我就这样保存下来了。”由于辗转保藏，证书的折痕处已破损，当初填写的日期字迹墨痕褪色严重，为使证书不彻底毁损，袁那主曼精心裱糊了一层透明薄膜以作保护，现悬挂于其家的墙壁。

该证书边缝字迹显示其编号为“零零零捌伍號”，为合缝证件，其内容：革命牺牲工作人员家属光荣纪念证，甘南字第00085号。“查袁德明同志在革命斗争中光荣牺牲，丰功伟绩，永垂不朽，其家属当受社会上之尊崇。除以中央人民政府‘革命工作人员伤亡褒恤暂行条例’发给其家属恤金外，并发给此证以资纪念”。毛笔字书写落款：主席毛泽东（毛泽东三字为亲笔手迹），一九五九年二月十六日。颁证时间处盖有红色方形大印（印长宽各3.6厘米，沿边0.5厘米），印章内容为：“中华人民共和国中央人民政府之印”15个字，此15字为刚劲醒目的仿宋阳文雕刻。证书规格长29厘米，宽24.5厘米，左右两框是中华民族传统建筑物特有的华表，上方中间是共和国国徽，国徽两边各有四面红旗，共八面红旗，边框是用植物藤蔓构成的图案，证文背景为浅蓝色，正中从右到左有四颗金黄色的毛体“永垂不朽”四字，此四字每字字体各高4厘米，宽3厘米，整个文字从左到右竖式印刷，除合缝上的编号和落款处的年月日人工手写外，其余全部均打印文字，整体证书精工制作，字体工整，字迹清晰。

据卓尼县志编纂委员会所编的1994年12月出版的《卓尼县志》第752页至759页人物志第二章烈士英明录“卓尼籍烈士英明录”一览表中，有袁德明烈士的信息。袁德明，男，生于1931年5月，木耳乡博峪村人，1956年2月参加革命工作，1958年3月22日，上迭区扎尕那村牺牲，牺牲时所在单位卓尼县上迭区，干部，中共党员。卓尼县革命烈士陵园有一百多名革命烈士的墓碑，袁德明烈士的墓碑也在其中，上书从右到左竖式书写：“甘肃省卓尼县博峪乡人，袁德明烈士之墓，卓尼县人民政府，一九六三年七月一日立”字样。

据此三条理由，该证件完全是真的，非伪造的，所以提出质疑是多余的，奇怪的是政府早在三四十年前出台了几次更换烈士证明的规定，毛主席亲笔笔迹的烈士证被政府收回，但这张证书，由于当时卓尼交通落后，信息闭塞，人们没有发现，所以没有更换而保存下来了，我想这恐怕是卓尼县目前仅有的一张吧。

卓尼县境红军走过的羊化桥

格日才让

羊化桥位于卓尼县城东南约20公里的纳浪乡羊化村旁洮河之上，是临潭县洮滨乡、卓尼县纳浪乡群众互通往来的主要枢纽。桥南系卓尼县纳浪乡羊化村，桥北系临潭县洮滨乡秦关村。这座桥梁是长征途中红军走过卓尼县境附近的唯一一座桥梁，为红军突破天然屏障洮河，摆脱国民党围追堵截争取了宝贵时间，在临潭县新城建立苏维埃政权打开了便道。故此桥被当地人认为是红军的救命桥。

洮河于卓尼县扎古录镇安高村上流入卓尼境内，至东部纳浪乡西尼沟东野狐桥西出境，流入岷县地界，沿途百余公里的漫长流程，几乎没有架设桥梁，只有几处移动的船只和冬季自然生成的冰桥联系南北。洮河流经卓尼县城附近河段，城东南两公里处，只有20世纪20年代修建的有“西陲第一桥”之称的木耳沟口桥。除此之外，就是当年红军走过的堪称“红军桥”的羊化桥，也算是在卓尼境内的“西陲第二桥”了。

羊化桥最早修建于什么年代无从考证，1987年9月笔者在羊化村下乡时，该村一位72岁的老人告诉笔者说，羊化桥是红军走过的桥，桥头原有一石碑，后当作水渠涵盖板，现埋于羊化村附近的荒土里，经笔者的请求，老人引笔者到现场指了埋石碑的地点，因没有挖掘，石碑所载不知所云。但桥之南岸礁石上岩刻石文字有明代嘉靖九年重修羊化桥监员、官员及工匠人名的记载。该岩刻石长55厘米，宽48厘米。

其文为：

移为明证
嘉靖九年九月初八日吉建立
委官正千户王
木匠常宪［长宪］
吏张福
督工徐完

史料考证，此桥已有400多年的历史了。

羊化桥历来是兵家必争之桥，之所以称之为“红军桥”，是因为国民党统治时期，长征红军经过了这座桥。据史料记载和民间传闻，大体过程是这样的：1936年夏，红四方面军在朱德、刘伯承、徐向前带领下，从川北入当时卓尼土司管辖的迭部达拉沟后，沿白龙江的尼傲、旺藏、麻牙进入腊子口，突破腊子口后，于哈达铺与红二方面军分路。红四方面军一纵队在徐向前的指挥下向岷县挺进，包围岷县县城，发起了二郎山战役。在一纵队一部向岷县鲁大昌军发起进攻的同时，二十一军绕道敌后，击溃了由漳县南下企图增援岷县的毛炳文部。一纵队九军、三十军一部占领漳县。二纵队四军绕过二郎山向临潭县进军。8月14日下午，红军先头部队十二师走出马烨仓，沿洮河而上，行至卓尼西尼沟河时，奉命把守西尼沟卡子的杨土司纳麻纳旗长宪褚得胜和民团连长刘双喜统统逃避。

红军过羊化桥后，怕国民党追兵赶到，故焚桥以断追兵，然后翻越青石山，经新堡，占领临潭县新城。1936年8月19日，在临潭新城召开了由各界代表参加的千人代表大会，宣布成立临潭县苏维埃政府。

据卓尼政协文史资料梁崇文撰写的《有关红军长征的点滴传闻》一文记载：“住在邻居家的红军中还有女的，小孩。”

“部分红军经纳浪乡西进，过羊化桥，越青石山到临潭新城。”“红军由临潭东撤时，又经纳浪顺洮河而下，战士的体力已大大恢复，精神很好，衣着也更新了，就是色调不一，什么颜色的衣服都有。”

“……现在才知道，经过纳浪去临潭的是红四方面军十二师和十师及妇女先锋团。”

原洮岷路保安司令部副官陈世昌在《卓尼土司杨积庆给红军供粮的回忆》一文中提到，刘双喜跑到纳浪在其岳父家里躲藏起来，红军相继来到纳浪，恰巧也在这里碰上了刘双喜，刘正躺在床上吸大烟。一位红军同志见他身穿军服，地下还立着一支步枪，便问：“同志，你是哪一部分的？”“我们是卓尼杨土司的部下。”这位红军同志笑着说：“杨土司和我们是一家，不要怕，我们红军不扰民，不拿群众一针一线。”接着询问路线，继续过羊化桥，翻青石山，经新堡，占领新城。

西进红军占领临潭县府新城后，杨积庆暗中写了投诚信，命我挑选了两匹好马和六七只肥羊，派张连福子（龙门沟人）和手枪队班长麻丑个星夜到新城红军指挥部呈送书信和礼物，表示友好，互不冲突。信是杨积庆亲自起草，张志平誊写的，信上只签了杨积庆的名，未盖章，信纸和信封都是空白的，没有用印有洮岷路保安司令部衔的信纸和信封，防止泄密。从此后红军和杨土司的关系更密切了，凡是山上插有嘛呢旗的村庄，红军不进入。在旧城马步劳匪军马得胜部进攻红军，几次失败，马得胜令杨积庆出兵协助，消灭红军，而杨积庆以种种借口，按兵未动。红军在临潭住了一个多月，于农历八月十三日一部分从石门沟一带东进，一部分由新堡方向原路返回，过洮河羊化桥，焚桥以断敌人追兵，直抵岷县。

现居羊化村的退休老干部王天才和牧民陈长德都是年过60岁的老人，2017年9月29日笔者在县政协副主席拉毛扎西的带领下，采访了以上两人。他俩告诉笔者说：“我们是世居羊化村的人，小时候村里的老人们常说红军在羊化村路过的情景和火烧羊化桥的故事，红军焚烧的羊化桥是木头桥，木料全部是羊化村的后山林里采伐的，当时后山林里的树木，据说都是双人难抱的大木头，采伐后两头力畜拉不到河边，等到冬季数九寒天，滑道浇水冬灌结冰后才拉到河边，到了第二年夏季利用洮河水上涨的机会，才能搭木桥，搭建木桥的这个地点，洮河两岸有岩石，河里有礁石林立，所以先人们把木桥就搭在礁石上，才有了羊化桥。”

以上文字是红军经过卓尼县纳浪乡羊化桥和羊化桥的历史记载，80年过去了，堪称“红军桥”的羊化桥在国民党统治时期无人问津。中华人民共和国成立后，百废待兴，但羊化桥修复事宜无暇顾及、力不从心。到了

1978年改革开放后，才开始提上政府工作议程，1987年8月纳浪乡协同有关部门和单位，准备重修红军走过的羊化桥，但当时洮河以南的林区正处于采伐高峰和乱砍滥伐期，当地群众为了保护南山森林资源，避免桥北群众进入桥南林区，暂缓修建。时过境迁，到了1998年，根据当地群众的需要，由主东陈佛喜，大工张全才等以钢筋水泥为材料重修羊化桥，是年6月建成。从此一桥架南北，天堑变通途。

近20年过去了，1998年重新修建的羊化桥也已成危桥，现已封锁。当年，红军在卓尼羊化桥走过的历史记忆，为卓尼县开发红色旅游增添一景，为教育青少年重温历史，重走长征路丰富了内涵。“红军桥”的重新修建迫在眉睫。

· 建政前后 ·

回忆侦察岷县、卓尼的情况

张火明　**口述**　　朱克勤　**整理**

解放前我在陇右工委搞地下工作，一直承担侦察任务。1949年7月间，陇右工委在天水安排王耀华为岷县地委书记，刘余生为专员，赵毓文为副专员，李启贤为军分区副司令员，毛德功为副司令员，贺子明为公安处处长。当时岷县还被国民党占据，我们进不了城，暂移到陇西开展工作。大约是7月中旬，组织上派我和高空彦、冯永炳，还有一个姓李的（名字记不起，号称李麻子）等四人到岷县侦察国民党军队的驻防及活动情况。我们化装成小商贩，带了些针头线脑和土食盐之类的简单货物到达岷县。岷县城内驻扎着国民党甘肃保安副司令兼师管区司令周祥初部；二郎山驻扎着一二〇军周家彬部；飞机场一带驻扎着一一九军王治歧部。四城门紧闭，难以进城，我和高空彦住在雷家庄，冯永炳和姓李的住在陈家街；一面售货一面侦察情况。

岷县自卫队内有一名地下党员，叫傅居亭，担任连长，率部队驻守西城门，此人我熟悉。一天我卖货走到西城壕，被傅居亭从城墙上看见，叫我到城墙根，撒下绳子将我吊上城墙，我们交谈了情况后，傅派了一个班到陈家街、雷家庄，将冯永炳等三人接进城。傅居亭向我们介绍了岷县城内伪军活动的情况，策定将傅的部队交给高空彦（以上级派来的营长为名）指挥，其余由傅居亭带路到城内侦察。

经过几天的侦察了解，掌握了周祥初的两处军械库。一处在二郎山一家回民店里，藏子弹约有二万发，以后给了卓尼；一处在城内大巷子张杰生家，藏有一部分枪弹，以后由乔志刚拉到公安处。

我们到岷县后不久，陇右工委配备岷县地、县的领导工作人员陆续进城，我记得第一次进城的有赵毓文、贺子明、齐俊孝、张凌云等。他们到后不几天，夜间枪响了，二郎山周家彬的迫击炮射向城内，城内周祥初部也乱打一通，伤了不少无辜的百姓，这时贺子明在我肩上拍了一掌说：“你说没问题，现在这个样子怎么办？”我说：“从北门突围。”正准备开门，枪声停了（大约混战了十分钟）。

又一次，岷县南关的回族听到“共产党要清洗回民”等反动宣传骚动起来，准备外逃。组织派我去做安定工作，我奉命通过城内的哥老会头子王寿山、奚保山、孙彦清等召集群众到礼拜寺开会，讲了党的民族政策，并向群众保证共产党决不侵犯回民利益之后才安定下来。正在开会时，来了两架敌机，混炸了一阵，死亡了不少人。

8月上旬，王治岐、周家彬等溃军逃窜洮州一带，据掌握有通过藏区逃往四川的可能，组织上决定分别进行侦察，叫我去卓尼一带（当时化名王光明）。我接受任务后仍装成小贩，背了货箱，手提把郎从岷县出发沿洮河西上，进入卓境。沿途设有关卡，戒备森严。行至木桥，这里由卓尼司令部一连连长安仁寿率兵把守。盘问我：“你从哪里来，到哪里去？王军在什么地方？共产党到什么地方？”我以“不知道”作了答复，他将我拉到洮河边吓唬：“你不老实，就抛到河里去！”我说：“我不知道王军在哪，什么叫共产党我没听见过，我是做生意的，若不信请看货箱。”他们将我的货箱检查了一番，未发现破绽才放行。

到了卓尼，城周围设帐篷九处，都有藏兵把守。街上行人多系藏兵，我因语言不通，工作难开展，返回嘛又去不了。正在这时碰见了1940年通过刘维汉在兰州认识的郑廉，将我叫到他家里吃茶。到了家里他用忧愁的口气问我：“共产党什么时间来呢，你知道吗？”我说“不知道”。他又说：“早来好，王军骚扰得很……共产党来了，杨家是不会打的。”我将计就计问了一些情况，问到司令部时，听他说三个团长中雷兆祥是拿大权的。我就重视了这一点。从郑家出来，又碰上了老熟人马轶（一连连长）引我到他连部，他问我：“你现在干什么勾当？”我说：“我还是搞那行道工作。”他是知道我的身份的，我因搞地下工作，1943年在岷县坐过牢，马是看守我的，我们很熟悉，就对他直说：“我是来了解这里的情况，再看王军在这里有无活动。”马说：“我们这里戒备森严，紧张得很，藏兵都调齐了，主要防王军，不打共产党。”我接着问：“司令部有个雷团长吗？”“有，他是一个团长，掌握北山一带的藏兵。”“能不能见见他？”“你怕不敢去吧？”他担心地问我。我也估量了形势，事情成就成，不成他不会杀我吧？当晚他把我安置在禅定寺。

第二天我到他连部，他说：“我已和雷团长联系了，同意接见你。”于是马铁引我到了雷兆祥家里，雷给我倒茶、递烟，很热情，没有敌意，我就直接发问：“甘肃大部分地方已经解放，共产党已到岷县，你们司令是起义，还是对抗？”雷兆祥沉思一会儿说：“这里谈话不便，院子里还住下了一个副司令，到外边走。”把我引到后花园僻静之处畅谈多时。他先问我：“解放大军现到啥地方了？”我开门见山地回答：“王震将军率解放大军已到临洮，还有六十二军快到了武都，卓尼很快就受包围。若起义就马上联系……”雷又问：“现在岷县有多少兵？”我答：“现在岷县全是国民党的兵，他们若不起义，就会被消灭。”雷表示同杨、赵两个团长商量，请示司令再作决定。

雷停了一会儿问我：“你是什么人？”我说：“我就是共产党。”谈到这里他从家里拿来一件皮大衣送我，我即宣传共产党不拿群众一针一线的道理，婉言谢绝。他接着提出：“你们能不能给我们两万发子弹？”我说：“只要起义，不要说两万发子弹，两万支枪也能办到，你要子弹打谁？”“对付王军。”我说：“周祥初那里多得很，你们派人拉去。”最后他关心地说：“这里王军、周军派来的人很多，你要小心。”

谈完后我去马铁处，经马联系住在了陈世昌家里。两三天后，马铁对我说：“司令部派陈副官去岷县，你们一同去。”晚上陈世昌说去岷县出差，向我告别。我说：“我家也在岷县，现在兵荒马乱，放心不下，想去看一趟，我们一同走。”第二天拂晓起程，陈骑马我步行。到岷县后一同住在旧报社，在闲谈中，向他说明我的身份，并安慰他：“不要怕，我们共产党保护你，你不要随便上街去。”接着我问他，“你来岷县干啥事”？他说：“我们司令叫给周祥初送信，联系起义，同时叫和共产党取得联系。”他便拿出信叫我看，我接信，交给冯永炳等同志，拆看后仍封好交给陈世昌，信的大意是联络周祥初起义，信纸很小，共有两页。

组织上研究，叫陈世昌汇报了卓尼的情况，并对汇报的情况又向我作了了解后，才将陈世昌引到周祥初司令部。同时，对雷团提出要子弹的事，我向组织作了汇报，组织上同意给子弹，做工作叫周祥初将二郎山回民店里的两万发子弹给了卓尼，由陈世昌拉走。

9月中旬，卓尼司令部杨复兴率三个团长、参谋长等多人来岷县，住在福音堂。11日，周祥初、杨复兴等开会宣布联合起义。12日，向一野彭总发出通电。下午组织派我和高空彦、齐俊孝、冯永炳、傅居亭跟随分区副司令员李启贤带一班战士护送杨复兴一行返回，当晚因下雨，住在新城。第二天到达卓尼，一到上卓沟口，由刘济清带领部队职员和僧俗群众夹道迎接。14日在寺院上召开了庆祝解放的大会，李启贤、杨复兴分别讲了话。

在此期间接管了国民党设治局、党部、三青团、银行、镇公所等。还在禾托寺查收了王军设的电台一部。

1985年8月30日

（选自《甘南党史资料》第一辑，

中共甘南州委党史资料征集办公室，1988年4月20日）

回忆杨复兴派我去岷县送信联络起义及拉运子弹的经过

陈世昌　口述　　朱克勤　整理

我在解放前任洮岷路保安司令部副官，一直跟随杨复兴司令。记得在1949年8月中旬的一天晚上，赵国璋（团长）叫我到杨复兴司令的卧室，在场的有雷兆祥（团长）、杨景华（团长）。雷兆祥首先对我说："有一重要任务要你去完成。明天到岷县去一趟，这是一件很重要的事，关系重大，天不亮就要离开卓尼，不能叫别人看见，你骑的马我已叫杜爷（杜爷是当时马号的负责人）准备好了。你到岷县后去周祥初司令部，他要我们司令派一名亲信、可靠的人，在他那里住下，以便联络起义之事。司令和我们考虑研究，只有你最合适，信已写好，你带去面交周祥初。其次你到岷县后，多方设法与共产党人直接见面联系，了解共产党对起义人员的政策、法令，如果他们问到司令和卓尼地方的情况时，你可以如实告诉，不可编造，要取得共产党人的信任。总之你要机灵慎重……"杨复兴插话说："路上小心点，眼要放亮。"雷兆祥又说："衣服穿整齐，把枪带上，到纳浪后叫总官给你派一名回马的乌拉（民夫）。"接着杨景华又叮咛了一番，把信交给我。最后雷还说："到岷县得到情况后，回卓尼面报，现在就去准备。"

当晚回家准备，第二天拂晓起程，当天住纳麻那旗小板子庄。第三天离开卓尼地界，沿途村庄不见行人，满目凄凉，王军败逃抢劫后的情景不堪入目。下午两点抵岷，西城门紧闭，我们绕到东门，始见城门半掩，就乘机而入，住旧报社。

我为什么住旧报社呢？在三四天前，卓尼保安司令部特务营第一连连长马季超（马轶）对我说：“我的朋友王光明由岷县来卓尼，我这里住处不大方便，是否在你家住一两天？”我答应让王住在了我家。当时关于王的情况我不了解，外表像做小生意的。在我奉命准备赴岷县当晚向王光明告别时，王对我说：“我家也在岷县，现在兵荒马乱，放心不下，去看一趟。”我信以为真，就答应同路。到岷县后由他指引我们一同住进旧报社。晚上相谈之中，始知王光明非经商之人，他向我说明了他来卓尼的任务和个人身份，我看他所谈都是认真恳切之词，才将杨复兴派我赴岷县的任务，详细说给王光明，最后王应允翌日他向组织请示汇报。

到岷县的第二天，由王光明介绍，我就和冯永炳、高空彦等见了面，我将杨复兴准备起义和地方武装力量、司令部的编制人员、藏区的民情风俗等作了详尽的汇报，并将杨复兴写给周祥初的信给他们看了。他们还问了好多问题，我都作了答复，他们听后表示满意。冯永炳问我：“你准备待多长时间？”我说：“起义成功为止。”冯说：“那好。”最后将信交还了我。在旧报社住了六天左右，我去见周祥初，周看信后很高兴，并说：“我等你们很急，现在你就住下，不要远离。”二十天左右，王光明和我接头，指示我回卓尼给杨司令汇报，说共产党对起义投诚是很欢迎的，既往不咎，尤其对少数民族特别优待，会一切按党的民族政策办事的。希望你们千万不要听信反动宣传，请杨司令不要有任何顾虑，速来岷县商谈。随之我立即回卓，向杨复兴汇报了详细情况，杨和团长们都很满意。

回卓尼住了两天，雷团长又命令我去岷县，向周祥初要步枪子弹。雷说：“子弹越多越好，明天就动身，我叫李亚子把车准备好（杨司令在场）。”我乘车到岷县后就去见周祥初，周问到杨复兴及卓尼治安情况，我如实作了回答，并说：“关于起义之事，我们杨司令一定按照你的意见进行，请周司令放心。”接着我提出要子弹之事，周满口答应，问我们要多少？我说：“请周司令酌定。”周很慷慨地说：“两万发行不行？”我说行，他就亲笔向军械处写了条子交给我。我告辞后，和李亚子开车前往军械处装了子弹，当日返回。子弹拉回卓尼，杨司令和团长们对我称赞不已。在这期间，杨复兴和团长们积极商讨起义事宜。

9月初，周祥初派陆聚贤、杨子华，还有一个名字记不起了（王克仁），三人来卓尼。被招待在禅定寺木耳当囊缠住下，由雷团长等接洽，约住两天后返岷。

9月10日，杨复兴亲自率领雷兆祥、杨景华等十多人赴岷，商谈一切，我也去了。11日宣布起义。向一野彭德怀司令员通了电。第二天我们同李启贤同志回到卓尼，14日在禅定寺召开了起义大会，改换了部队番号。10月，杨复兴、赵国璋和我率藏族代表四十名，先到岷县，由我从专署领了款赴兰学习。到了兰州，我们见到在杨复兴驻兰办事处门上已用红纸贴写了“此系杨土司办事处，我军加以保护”，落款是第一野战军政治部。在办事处住了四五天。一野政治部通知杨复兴及随从人员到西北大厦学习。赵国璋领四十名代表在革命大学第三部学习，年底结束。

1983年7月2日

（选自《甘南党史资料》第一辑，

中共甘南州委党史资料征集办公室，1988年4月20日）

卓尼起义前后

朱克勤

卓尼地处甘肃南部，西、南邻四川阿坝、松潘，西接碌曲，西北连夏河，北毗临潭，东壤岷县。在白龙江、洮河上游，为藏族聚居区域，从明代起由杨土司管辖，历代世袭相承。解放前卓尼（包括今迭部县的大部，舟曲县的插岗、铁坝和临潭县的一些村庄）共四十八旗，二万余户，近十万人。杨复兴是二十代土司。

1937年8月，在军阀鲁大昌策动下，杨土司部下姬从周等人发动兵变，杀害了第十九代土司兼洮岷路保安司令杨积庆。同年10月，国民党甘肃省政府派国民党中央委员、甘肃省府委员田昆山查处，决定由其子杨复兴承袭土司，继任洮岷路保安司令部司令。

一

杨积庆被杀害后，国民党政府在卓尼成立了设治局，作为设县的过渡。卓尼土司和上层人物为维护他们的统治地位，对设治局的成立有抵触情绪；藏族群众因将受到土司和设治局的双重剥削，更加反对设治局的建立。因之设治局的政令不出卓尼城郭，大都通过司令部行使。但是，设治局极力要设法扩大权力，企图达到“改土归流”。他们对司令部的权力和行动，经常注视并设法予以限制，用“以马代丁”对藏族人民勒索敲诈，引起和加深了司令部官员和群众的不满，纷纷出谋献策，另找出路，企图摆脱设治局的羁绊。

为巩固世袭土司的权力地位，摆脱地方政府的歧视、压迫，司令部计划结交国民党上层，寻找政治靠山，遂决定趁抗战胜利之机，到南京晋见蒋介石。可是在当时去南京是件不容易的事，首先要层层疏通，疏通就需要经费，钱从哪里来？正好在头一年，国民党甘肃省保安司令部借口“加强反共力量，充实地方武装”，发出“自卫特捐”命令。卓尼设治局提出要司令部向群众摊捐三万银圆。司令部实际只捐集了两万多元，除购买步枪二百支、子弹两万发充实民兵武装外，其余的四千多元，购备了鹿茸、麝香、狐皮等土特产作为活动礼品，余款作为去南京的经费。

1947年春，杨复兴同参谋长杨生华、团长雷兆祥、驻兰办事处处长姚天骥及总管十余人组成“卓尼四十八旗进京代表团”，首先到兰州见了国民党甘肃省政府主席郭寄峤，同时向郭提出去南京见蒋介石的要求。郭寄峤唯恐杨复兴一行到南京，给他带来麻烦，意不去为好。杨等后给省政府的秘书长丁宜中送了礼，请丁从中斡旋，以少数人去南方一带观光，开阔眼界，增长见识为名，郭才答应了杨复兴、杨生华、姚天骥三人去南京的要求。

这时，夏河县黑错（合作）寺院活佛锁藏和翻译吴振刚也到兰州，要求随同杨复兴一起去南京观光，经协商同意以“卓尼四十八旗进京代表团”的名义去南京。他们一行五人乘民航机到南京，住在蒙藏委员会。经蒙藏委员会委员长许世英从中帮忙，蒋介石在国民政府国防部接见了杨复兴、杨生华等五人。接见时，杨复兴首先报告了卓尼藏区的情况；然后提出上陆军大学深造的要求。蒋介石将杨复兴上下打量一番后说：“可以考虑。”同时让代表团到泸杭一带游览参观。接见毕，代表团与蒋介石一同照了相。南京各报纸为此而刊载了消息。为了扩大政治影响，代表团还召开了记者招待会，国民党元老于右任、邵力子也来参加。会上他们介绍了卓尼四十八旗的情况，控诉了军阀鲁大昌欺压卓尼藏族人民的罪行，引起舆论界的注意。

同年冬，国民党国防部电调杨复兴赴南京陆军大学受训。司令部接电后，鉴于杨复兴年轻，需要人照护，研究决定由姚天骥和连长杨国华陪同前往。到了南京杨复兴上陆大乙级将官班，杨国华上步兵学校，姚天骥住蒙藏委员会招待所照顾杨复兴。

1949年初，杨复兴陆大毕业后，飞返兰州见了甘肃省党政军领导人物。同时电告卓尼洮岷路保安司令部。司令部派副官贾世杰带领藏民代表赴兰迎接。继由团长雷兆祥和杨景华调集各旗青年骑兵一千多名，赴岷县迎接。杨复兴到了岷县，岷县专员孙阳升也召集各机关团体和群众举行了欢迎大会，并盛宴招待。到卓尼后受到司令部官兵、设治局官员和僧俗群众的热烈欢迎。四十八旗先后派代表送礼物、献哈达，表示庆贺。

这一来，杨复兴在卓尼僧俗群众中的威望空前提高，在外界也有了一定的声誉，不但卓尼设治局不敢再随意施加压力，就是国民党岷县专署的官员们也都对其刮目相看了。

这时，甘肃省保安司令部派刘济清来卓尼任洮岷路保安司令部副司令。杨复兴在副司令刘济清和参谋长杨生华的协助下，成立了特务营。举办了“军官训练班”。从本县和临潭、岷县招收了汉、藏族学员六十名，训练四个月后分配到特务营任职。特务营辖三个连，共三百多名士兵，都是从民兵中选拔的义务兵，规定一年一换。

特务营成立后，枪支、弹药不足，司令部派刘济清去西安晋见胡宗南，请求配发“中正”式步枪一百二十支、子弹一万二千发。四月间，杨复兴借去兰州参加郭寄峤召开的军事会议之机，要求省保安司令部配发步枪一百支，子弹一万发。这些武器连同以前用“自卫特捐”购买的步枪和子弹一并运回卓尼。这样，洮岷路保安司令部直属特务营初具规模地武装起来了，民兵团也补充了一些枪弹，基本上壮大了司令部的武装力量。

二

正在杨复兴及其部属经过一番努力，政治地位有了提高，军事力量有了发展的时候，国内政治形势发生了巨大变化。1949年5月，中国人民解放军解放了胡宗南老巢西安市，部署西征。蒋介石妄图靠地方反动军阀挽救败局，任命马步芳为西北军政长官。马步芳就任后，不仅宣布了“破产保护，拼命保命，挽救危机，确保西北”的反动口号，为行将灭亡的蒋家王朝做绝望的挣扎，对非自己嫡系的、稍有实力威望的军事势力，不择手段地采取一律消灭的政策。杨复兴在卓尼藏族中有较高的威望，也掌握一部分武装力量，同时，在临、卓历史上曾发生过回、藏之间的民族矛盾。鉴于这些因素，杨复兴预料马步芳对他绝无好意，不但得不到马步芳的信任，而且有被吃掉的可能，从而产生等待观望态度。

7月，扶郿战役结束后，第一野战军主力向甘肃进军。驻在武都的国民党陇南绥靖行署主任赵龙文惶恐不安，急电令洮岷路保安司令杨复兴率部撤退到迭部，与解放军抗衡。在这样一个政治巨大转变的关键时刻，杨复兴持慎重态度，召集参谋长和团长等主要官员参加的会议反复研究考虑，认为解放军以排山倒海之势，长驱挺进，所向披靡，国民党的千军万马都被击溃，如以洮岷路保安司令部所辖数百名民兵进行抵抗，犹如以卵击石，自取灭亡。撤退迭部，也是死路一条。由于当年红军长征经过卓尼地区，到处书写标语，宣传民族团结政策，纪律严明，秋毫无犯，在藏族群众中留下了深刻的印象。鉴于过去的历史，共产党、解放军来了，估计对藏民不会有什么伤害，大家思想上一致倾向共产党。

在这种思想指导下，一面复电赵龙文“我们准备撤退”表面应付，一面设法与共产党联系。1949年8月，解放军一野第一兵团司令员王震同志率部向临夏进军时，派军部政工人员刘育华同志和会川土司赵天乙秘密来到卓尼，首先在木耳村会见了杨生华。而后杨生华奉杨复兴的指示，在柳林一个碉堡里同刘、赵进行密谈。开始，双方在互不了解的情况下，赵天乙以探问的口气，指着刘育华说：“这是我的侄儿，随我来看你们。现在快要解放了，你们打算怎么办？”杨生华原同赵天乙相识，就开门见山地回答：“我们卓尼和你们一样，都是历代的土司制度，只要解放军来了不妨害土司制度，不侵犯藏民的权益，我们就投诚。我们是不敢抵抗解放军的。历史上我们没有和红军打过仗，也没有迫害过共产党员和进步人士，今天更不敢反抗解放军。”这一说，刘育华才放心了，从棉衣夹缝中取出了王震司令员给杨复兴和杨生华的信，说明了自己的身份和来意，并拿出解放军进军布告和有关民族政策的宣传品。接着说了党对少数民族和起义人员的政策。提出让杨复兴、杨生华等即去临夏商谈起义事宜。双方谈毕，第二天天不亮由司令部民兵营长杨才华护送刘育华去夏河。

8月中旬，岷县地下党组织派工作人员张火明同志来卓尼与司令部团长雷兆祥接头，动员雷兆祥劝杨复兴司令及早起义。接着，雷兆祥派副官陈世昌去岷县联系。陈世昌到岷县由张火明指引与党的工作人员赵毓文、冯永炳等同志见面，汇报了卓尼的一些情况。赵毓文同志向陈讲了党对起义人员的宽大政策，并请杨复兴速来岷县商谈。

9月3日，第一野战军彭德怀司令员派任谦同志为军代表，应国民党甘肃省保安司令部副司令兼师管区司令周祥初之请赴岷联系商讨周等起义事宜。任谦同志到岷后，决定联合洮岷路保安司令部司令杨复兴一同起义。9月5日派陆聚贤同志（我地下党工作人员）带了王震、任谦和周祥初的联名信，由杨子华、王克仁带路到达卓尼。7日上午会见了杨复兴，说明了来意，面交了信件。杨复兴看完了信，很干脆地说："我已决定起义，至于时间问题，请任谦代表和周详初司令决定。"陆聚贤一行返岷向任谦同志汇报后，就起义时间问题，于9日又派地下党员康君实同志来卓，同杨复兴、杨生华面谈，定于9月11日起义。

三

起义时间确定后，洮岷路保安司令杨复兴和参谋长杨生华，团长杨景华、雷兆祥、赵国璋，参谋张志平，副官陈世昌以及禅定寺头目乔都盖等十多人于9月10日前往岷县。到岷后受到党组织的热情接待。11日在箭营校场召开大会，正式宣布起义。会上首先宣读了通电，然后任谦同志以军代表的身份宣讲了人民解放军的性质、宗旨和任务。根据一野首长指示，将驻岷县周祥初所领导的保安团等地方部队和其他部队改编为人民解放军西北独立第一军；洮岷路保安司令部直属特务营暂改为西北人民武装。

12日，向一野总部发出起义通电。电文如下：

彭副总司令，张、赵副司令员：

任谦代表到岷县后，洮岷党政极为兴奋，在九月十一日举行起义，加入人民解放军，今后誓愿站在人民立场，服从中共中央毛主席、朱总司令与西北军政诸首长领导，根据人民解放军的宗旨及人民解放军宣言所载之各项基本政策，整编部队为人民军队，打倒美帝国主义，肃清反动残余，以期早日成立全国统一的民主联合政府，为民族独立、民主自由、民生幸福及全国人民的彻底解放而忠诚奋斗，实现新民主主义完成全国人民之愿望，兹当起义之初，部队改编待命之时，特电奉告，并盼指导。

甘肃省保安副司令兼师管区司令周祥初率一七三师，甘保二团、五团，师管区直属一、二大队，补训第四团，省骑兵大队，第一行政区保安大队暨代理第一区专员兼保安司令孙伯泉，洮岷路保安司令杨复兴等全体官兵同叩。

九月十二日（注）

彭副总司令、张宗逊、赵寿山副司令员复电称：

周祥初司令、孙伯泉司令、杨复兴司令：

申文电欣悉。当此胡马匪军面临最后覆灭，西北人民接近全部解放之际，你等率领起义，加入人民行列，前途光明，殊堪庆贺。

彭德怀　张宗逊　赵寿山　申寒

9月15日，《甘肃日报》头版头条发表了“周祥初、孙伯泉、杨复兴等起义”的消息。

杨复兴在岷县宣布起义后，13日由岷县军分区司令员李启贤同志陪同回到卓尼。到上卓沟口，司令部全体官兵、设治局全体职员、学校师生和僧俗群众夹道欢迎。

14日在禅定寺召开了庆祝大会。会上李启贤同志和杨复兴同志分别讲了话，各族代表都表示欢迎解放军，拥护共产党。

接着成立了军管会，接收了设治局、国民党局党部、三青团卓尼分团、银行办事处、农林公司等机关单位。

10月下旬，杨复兴和杨生华率赵国璋、吴国屏、姚天骥、陈世昌等同各族代表四十多人赴兰致敬。之后，一野政治部通知杨复兴、杨生华、吴国屏、姚天骥等到西北大厦学习，赵国璋带各族代表到革大三部学习。年底学习结束，除留杨生华同志在革大三部工作外，其余先后回卓工作。

卓尼和平解放后，岷县专署于11月先后派十九名干部，由杨培才同志带领到卓尼开展工作。

鉴于卓尼是民族地区，新的组织形式，政权机构名称尚未确定，干部职务也未任命，只作了大体分工，负责组织、青年、妇女工作的干部各一名，民政、文教工作的各三名，财政工作的二名，秘书工作的四名，公安五名，干训班二名。工作重点是“团结上层，了解情况，宣传政策，深入群众”。

为了培养干部，开展工作，举办了干训班。共办了两期，培训干部四十七名，陆续分配到各机关工作。

对原洮岷路保安司令部和卓尼设治局旧职人员七十五人，组织学习党的政策，提高思想觉悟，协助进行工作。

1950年，杨复兴同志自动宣布在卓尼废除封建制度。10月1日正式成立中共卓尼工作委员会和卓尼自治区行政委员会。工委书记赵毓文，秘书杨炳文，组织部长王永德，宣传部长曹文蔚，妇联主任杨木兰。

行政委员会主任杨复兴，秘书刘欣，民政科科长杨景华，副科长刘维汉，财政科科长赵国璋，副科长安邦翰，文教科科长姚天骥，副科长康达，农牧科科长雷兆祥，副科长樊毅，税务局局长刘玉林，公安局局长冯永炳，法院院长杨复兴（兼），副院长陈聚贤。原洮岷路保安司令部改编为中国人民解放军甘肃军区卓尼民兵司令部，司令员杨复兴，政委赵毓文，副政委霍学浩。

同时，给卓尼境内的六个乡镇（柳林、洮南、洮北、北山、贡巴、录竹）派了工作组，逐渐开展建政工作。

至此，相沿几百年的世袭土司制度彻底废除，各族人民在党和人民政府的领导下，开始了建设自己幸福家园的战斗。

1983年12月2日

编者注：根据《甘肃文史资料选辑》第五辑载周祥初《我在岷县起义前后》一文，1949年9月15日岷县起义通电署名的有：前甘肃省保安副司令兼师管区司令周祥初，一七三师师长陈叔钵，保二团团长张令仁，保五团团长高搴桂，补四团团长雍国栋，直属第一团团长周占魁，第二团团长王尚元，代理第一区专署专员兼保安司令孙伯泉，代理岷县县长高天光，临潭县县长杜凌云，卓尼设治局局长薛进文，洮岷路保安司令杨复兴。

（选自《甘南文史资料选辑》第三辑，1984年7月）

杨复兴与周祥初同时起义

陆聚贤 **口述**　　朱克勤 **整理**

1949年夏，中国人民解放军第一野战军在解放西北的战争中，于陕西扶郿大胜，给国民党胡宗南部以致命的打击后，乘胜长驱西进追敌二千余里。蒋介石企图继续维持在西北的统治，任命原青海省主席马步芳担任西北军政长官，据守兰州，准备与人民解放军顽抗到底。

国民党甘肃省保安副司令兼甘肃师管区司令周祥初，虽在国民党军队中任职多年，因为不是蒋介石的嫡系，常以杂牌受到歧视，得不到蒋介石的重用，牢骚满腹，情绪消极。

周祥初的部属康君实是地下党员，在日常工作的接触中得悉了周祥初的思想状况，汇报给兰州地下党组织皋榆工委负责同志罗扬实。当取得党组织的同意后，康婉言劝导周祥初认清形势，及早起义。

当解放大军西进之际，周祥初在康君实、李棨木、李占春等同志的诱导下，逃出马步芳的阻挠，将师管区搬迁岷县，待机起义。

1949年7月，国民党一一九军在陕西扶郿溃败后，军长王治岐率残部经陇西至岷县，副军长蒋云台率另一部分经西和县至武都。当王军到岷县后，周祥初心想与王治岐、蒋云台共同起义，经秘密联系而王治岐不愿及早起义。

8月王震将军率部经陇西、渭源、漳县、临洮，包围解放兰州前夕，驻漳县三岔一带的周祥初的三个团，被康君实、李棨木等从中策动，与王震将军联系首先起义。这三个团起义后，岷县国民党驻军闻风骚动，王治岐星夜率残部逃至临潭。这时乘王军兵荒马乱之机，周祥初与康君实等人研究派人混入王军内部笼络人心，采取分散瓦解的办法为周祥初扩充实力，壮大起义力量。王军残部到达临潭县内，群众四处逃窜，王治歧看到走投无路，又折回经岷县开往武都时被周军瓦解，残部寥寥无几。

1949年9月2日，中国人民解放军第一野战军彭德怀司令员派代表任谦同志到达岷县协助周祥初筹备起义。因为周祥初曾任平凉专员兼平凉保安司令时任谦是保安副司令，一同共过事，同时在亲属关系上任谦是周祥初的舅父，关系至密有利帮助周祥初起义。

杨复兴起义人员证明书

任谦到岷县与周祥初见面后，遂与地下党员康君实等同志共同研究联合洮岷路保安司令杨复兴一同起义。起义方案决定后，派我到临卓联络。我即于9月4日早晨起程，密带王震、任谦、周祥初联名劝杨复兴起义信件，由王克仁（洮河林场技术员，对卓尼熟悉）、杨子华（曾和任谦在鲁大昌部共过事，这时在岷坐家）带路，通过沿途国民党残部的阻挠，当天中午到达临潭县府所在地新城。在这里说服了该县县长杜凌云等，商定起义事宜后，于5日下午由杜凌云派兵护送我们至卓。到卓尼的当天晚上，被接住在禅定寺木耳当囊缠，由洮岷路保安司令部团长雷兆祥、杨景华、赵国璋，书记官吴国屏，参谋张志平等代表杨复兴设宴招待，并在寺院大门设岗放哨，保护我们的安全。第二天杨复兴在私寓接见了我，详阅了王震将军及周祥初、任谦的信件后表示同意起义。并说："卓尼是藏区，我同意起义就行了，不需要举行什么仪式。至于起义时间由周司令、任代表决定。"

9月7日，杨复兴派副官贾世杰领战士数人护送我们一行沿洮河东下至岷县野狐桥分手告辞。我到岷县后将去临卓情况汇报了周祥初、任谦、康君实，他们表示高兴，即着手筹划整编驻岷军队。

9月8日，就起义时间问题派康君实同志二次赴卓尼与杨复兴会谈，约定9月11日正式起义。10日，杨复兴带参谋长杨生华，团长雷兆祥、杨景华、赵国璋等十多人来到岷县，11日召开会议通过通电宣誓起义。

1949年9月12日，以甘肃省保安副司令兼师管区司令周祥初、第一区专员兼保安司令孙伯泉、洮岷路保安司令杨复兴等全体官兵名义，给中国人民解放军副总司令兼第一野战军司令员彭德怀，副司令员张宗逊、赵寿山发了起义通电。14日，彭德怀、张宗逊、赵寿山复电庆贺。

1985年9月30日

（选自《甘南党史资料》第一辑，
中共甘南州委党史资料征集办公室，1988年4月20日）

卓尼和平解放纪实

杨复兴　杨生华

卓尼为甘南藏族聚居区，从明代起沿袭土司制度。解放前卓尼所辖地区，包括迭部县，临潭、舟曲两县的一部分。土司衙门即洮岷路保安司令部，除了三百人的警卫营外，没有正规部队。有三个民兵团的组织，历史上一直采取“寓兵于农”的办法，有事时自备枪马，召之即来，参加防守和打仗；事毕遣之使去，务农放牧。最多时可集合四五千骑兵，没有进行过正式军事训练，国民党也不发粮饷，主要作用是保卫地方和维护土司制度。杨复兴为第二十代土司，当时兼任国民党委派的洮岷路保安司令。

1949年后半年，中国人民解放军以排山倒海、雷霆万钧之势进军西北，国民党部队无论嫡系杂牌，有的一触即溃，有的望风而逃，有的迫于形势，放下武器，向人民军队投诚。与此同时，国民党西北军政中心的兰州，也面临行将被围的局面。国民党统治区一片混乱，人心惶惶。一个投降或顽抗的问题，摆在国民党部队和军政人员的面前。何去何从，必须认真考虑，迅速决定。否则将遭灭顶之患。

那时候，我们经常收听共产党电台的新闻和战况广播。在中国人民解放大军迅猛推进的形势下，1949年7月间，住在武都的国民党陇南行署主任赵龙文，惶惶不安，急电洮岷路保安司令杨复兴，以目前形势紧迫，电令杨复兴速率卓尼地区党政军职工，迅速撤退迭部，以作后图。杨复兴当即召集参谋长杨生华，民兵团长雷兆祥、杨景华、赵国璋进行商讨研究，采取对策，最后取得一致意见。认为中国人民解放军以排山倒海之势，长驱挺进，所向披靡，中国大部地区，宣告解放。国民党美式装备的数百万军队，都被一一击溃。我们区区武力，进行抵抗，犹如以卵击石，自取灭亡。如果根据赵龙文的命令，撤退迭部的话，卓尼军政职工连同家属不下千人，即是想法通过险山栈道，抵达迭部，由于道路险阻，运输困难，生活就会发生问题。再则将来迭部四周解放，虽有天险，只好坐以待毙，撤退迭部不是办法。其次，当年红军长征经过卓尼地区，所到之地，到处书写标语，宣传民族平等团结政策，纪律严明，秋毫无犯。红军在卓尼紧邻临潭一带休整一个多月，也因遵守民族政策，没有到藏民地区来过。听说老土司杨积庆不仅在红军经过迭部时没有进行截堵，而且暗中开仓供应粮食。鉴于以往历史，今天共产党解放军如此强大，受到全国人民的拥护，必有取得辉煌胜利和日益强大的道理，不是偶然的。估计解放军来了，不会对我们藏民为难的。根据以上分析，我们决定不去迭部，解放军来了准备迎接、投诚。

在这种思想指导下，一面复电应付赵龙文，说“正在设法准备撤退迭部”；一面通过各种渠道，秘密接头联系。第一次在8月间，一野第一兵团司令员王震率部经过临洮向临夏进军时，派军部政工人员刘育华和会川土司赵天乙秘密来卓，首先在卓尼郊区木耳庄会见了杨生华。而后杨生华奉杨复兴的指示，夜晚在柳林碉堡内同刘、赵进行密谈。开始时互不摸底，赵天乙指着刘育华说：“这是我的侄儿，给我作伴来的。现在快要解放，你们怎样打算？”杨和赵天乙本来熟识，就开门见山地回答：“我们卓尼和你们一样，都是土司所辖的藏族地区，只要解放军不妨碍土司地位，不侵犯藏民的权益，保障我们的安全，我们就投降。我们的老土司当年给红军暗中供粮，我们卓尼历史上没有和红军打过仗，也没有抓捕关押过流落红军，现在还有流落红军在司令部当兵，我们也没有在卓尼发现过共产党，今天，更不敢和解放军作对。”这一说，刘育华才说明了自己共产党员的身份，是奉命策动起义来的。并从棉衣夹缝中取出王震司令员给杨复兴、杨生华的两封信和解放军进军布告以及有关民族政策宣传品，并且对我们讲了共产党对少数民族和起义人员的宽大政策。提出让杨复兴和我到临夏商谈起义事宜。杨说由于国民党溃军留在卓尼附近，地方上很不安静，目前不能去临夏，俟条件许可，即准备起义。双方谈毕，第二天黎明由司令部民兵营营长杨才华带了几个民兵，把刘育华、赵天乙送到夏河，联系起义问题。后来听说他们和夏河的黄祥、吴振刚、韩志华等人接过头，商谈了夏河县和平解放的问题。

9月3日，第一野战军彭德怀司令员，派军代表任谦同志赴岷动员帮助国民党省保安司令部副司令周祥初起义。任谦同志到岷和周祥初商量，决定联合洮岷路保安司令杨复兴一同起义，即于9月5日派陆聚贤同志，带王震、任谦和周祥初的信，由杨子华、王克仁带领到卓。7日上午会见了杨复兴，杨即答复他们："我们已决定起义，至于时间问题，请任代表、周司令决定。"陆聚贤一行返岷向任谦同志汇报后，就起义具体时间问题，于9日又派地下党员康君实同志来卓，同杨复兴、杨生华面谈，商量好我们到岷县去，于9月11日起义。

起义时间确定后，司令杨复兴，参谋长杨生华，团长杨景华、雷兆祥、赵国璋以及参谋张志平，副官陈世昌，禅定寺头目乔都盖等十余人前往岷县。到后受到党组织的热情接待。11日在箭营校场，召开大会，正式宣布起义。会上首先宣读了起义通电。然后任谦同志以军代表的身份，宣讲了人民解放军的性质，宗旨和任务。根据一野首长指示，将驻岷旧部改编为人民解放军西北独立第一军。洮岷路保安司令部暂改为西北人民武装。

12日向一野总部发出通电，电文如下：

彭副总司令，张、赵副司令员：

任谦代表到岷后，洮岷党政极为兴奋，在九月十一日举行起义，加入人民解放军，今后誓愿站在人民立场，服从中共中央毛主席、朱总司令与西北军政诸首长的领导，根据人民解放军宣言所载之各项基本政策，整编部队为人民军队，打倒美帝国主义，肃清反动残余，以期早日成立全国统一的民主联合政府，为民族独立、民主自由、民主幸福及全国人民的彻底解放而忠诚奋斗，实现新民主主义，完成全国人民之愿望，兹当起义之初，部队改编待命之时，特电奉告，并盼指导。

甘肃省保安副司令兼师管司令周祥初率一七三师，甘保二团、五团，师管区直属一、二大队，补训第四团，省骑兵大队，第一行政区保安大队暨代理第一区专员兼保安司令孙伯泉，洮岷路保安司令杨复兴等全体官兵同叩。

九月十二日

彭副总司令，张宗逊、赵寿山副司令员复电称：

申文电欣悉。当此胡马匪军面临最后覆灭，西北人民接近全部解放之际，你等率领起义，加入人民行列，前途光明，殊堪庆贺。

彭德怀　张宗逊　赵寿山　申寒

杨复兴司令在岷县率部起义后，即同岷县军分区司令员李启贤一同返卓，进行新的整编工作。九月下旬，在卓尼禅定寺召开了千人大会，表示军民联合起义的诚意，庆祝解放。会上解放军代表李启贤和杨复兴分别讲了话。各旗与会代表也表示了拥护和平解放的态度。从此，卓尼各族人民，在中国共产党的英明领导下，走上了民族平等团结的新的里程。

（选自《甘肃文史资料选辑》第二十二辑，
甘肃人民出版社，1985年11月第1版）

回忆我在西北大厦觐见彭德怀总司令的经过

康　主　**口述**　　格日才让　**整理**

1949年5月，西安解放。7月，中国人民解放军以排山倒海之势，向西北长驱直入，所向披靡。8月，兰州宣告解放。8月底，卓尼土司衙门委任我为善扎旗总管，我前往卓尼衙门报到并取“噶书”（即委任状）。这时，卓尼土司衙门对外采取观察时局、伺机行事的态度，但为防范军阀鲁大昌的偷袭，集中口外四旗藏兵（即车巴旗、迭当善扎旗、桑旺盆地别力达加旗、北山旗）两千余人在素布娄（今老虎湾）守防待命。

9月9日，杨复兴率洮岷路保安司令部参谋长杨生华，团长杨景华、雷兆祥、赵国璋，参谋张志平，副官陈世昌和头目乔都盖以及部分旗长、总管、司令部官员前往岷县与周祥初联合起义。9月11日，在岷县中学礼堂召开起义部队排以上军官参加的大会，正式宣布起义。

9月13日，从岷县返回卓尼时，我们口外四旗的大小总管前往岷县野狐桥迎接，四旗的二千余藏兵在卓尼上卓尼梁等候，到达卓尼时受到卓尼民兵司令部全体官员、设治局全体职员、学校师生、寺院僧人和其他各旗藏兵的夹道欢迎。

9月14日，在禅定寺召开了千人庆祝大会，卓尼四十八旗总管、旗长、头人和各旗藏兵均参加了大会，宣告卓尼和平起义。

卓尼和平起义后，四十八旗总管、旗长、头人和各旗藏兵驻扎卓尼，在绍藏村附近进行军事演练和骑兵赛马。9月20日，各旗藏兵陆续返回。

原迭塘善扎旗总管扎古录康主　摄于 2013 年 9 月

洮岷路保安司令部从各旗总管、旗长、头人中调选年轻精干、资格阅历深的人员，准备觐见第一野战军司令员彭德怀将军。我当时28岁，所以被洮岷路保安司令部选中，和我一同选中的除洮岷路保安司令部司令杨复兴，高参秘书杨生华，团长杨景华、雷兆祥、赵国璋，参谋张志平，副官陈世昌和禅定寺头目乔都盖等外，还有卓尼贡布丹珠（杨国华）、甘藏云次瑞（杨积德），口外四旗的有车巴沟尼巴村的阿扎日措、尕乍村的喇嘛肖、石矿村的贡布扎西、当尕村的班玛次旦、善扎塔扎村的才华道知（杨才华）、桑旺盆地旗沙冒后村的西赛旺德、北山旗才目车村的桑吉、杓哇村的石旦巴等总共22人。还有一些人现在记不起来了。

我们一行于1949年农历八月十二日从卓尼出发，乘坐一辆解放牌卡车，当夜住宿于岷县木材商杨老板旅店，卓尼贡布丹珠、甘藏云次瑞等四人是杨复兴的警卫。杨复兴与杨老板关系甚密，像兄弟一样，所以杨老板对我们十分热情。杨老板在岷县县城不仅有旅馆、商店、饭馆，而且还有一个窑子店，他的钱财来源主要靠木材和窑子店的收入。十三日，天还没有亮，我们就起程上路了，经过一天的颠簸，傍晚时到达了兰州，住在兰州的西北大厦。西北大厦是当时兰州最豪华的建筑，位于兰州城外北山坡上，两层楼房。

我们一行入住西北大厦后，天天盼望着彭总的莅临，可是等了十几天还是没来。夏河方面也有阿巴阿洛（黄正清）为代表的38人和我们一样，等待彭总的莅临，不过夏河的38人中18人是唱歌跳舞的男女演员。我们两地的人都住在西北大厦。大约是9月20日，有消息说，今天大家不要去上街，彭老总今天到呢。于是，工作人员给我们送来了很多鲜艳的塑料花，每人两束，分发给所有的觐见人员。中午12点左右，来了一架直升飞机，真是彭总乘坐的专机。我们卓尼、夏河两地的全体觐见人员手持鲜花站在大厦门口的马路两边，夹道欢迎乘坐专机的彭老总。彭老总中等身材，年约五十，两眼炯炯有神，神采奕奕，当天随同的还有贺龙、习仲勋、甘泗其、张德生、范明等领导，彭德怀的食宿也安排在西北大厦。当天中午一点左右，未来得及休息的彭老总邀请我们参加了座谈会（其实是宴会），宴会厅里排着长长的“一”字形桌子，长约十几米，上面摆满了名烟好酒和各种糖果，桌子的两边坐着所有觐见彭总的卓尼、夏河两地人员。彭总会间反复强调：国内各民族一律平等，各民族要互相信任，要团结起来，共同走社会主义道路，建设新中国。并勉励我们今后要好好学习党的政策，和党合作共事，树立为人民服务的思想。他对我们的到来一再给予表扬，并向我们全体觐见人员敬酒碰杯。

口述者康主和笔录人合影　摄于 2013 年 9 月

在觐见中，彭总对杨复兴率部起义的明智之举，给予了高度的评价，并回忆起他当年跟随毛主席和中央红军主力团长征路过杨土司辖区迭部，得到土司暗中开仓让道的事情，不胜感慨。当他得知曾经支援过他们的老土司杨积庆以“私通红军”等罪名死于非命时，深表惋惜；得知杨复兴是杨积庆的儿子，并率部和平起义，看到他还很年轻时，勉励杨复兴努力学习，为党为人民勤奋工作，并委托在座的一野联络部部长范明同志负责关心杨复兴的学习、工作等事宜。

宴会结束之际，我们拿着本子请彭总题字、签名作为纪念。他又强调说：今后的工作需要你们，离不开你们，所以你们都不要急于回家，在兰州多留一段时间，学习党的政策。宴会结束，他将要离开西北大厦时，我们手持鲜花在马路两边夹道欢送。杨复兴司令和黄正清司令与彭总双手紧握，依依惜别，不一会儿，彭总乘机返回。

彭老总离兰后的第三天，我们卓尼觐见代表中的杨复兴、杨生华和夏河觐见代表中的阿巴阿洛（黄正清）等同志，参加了西北大厦革命大学举办的第三期藏民问题学习班，我们其余的人就搬迁至马家花园。马家花园是一所学校，我们在马家花园学习了近一个月，约在农历九月初回到了卓尼。

彭总是我一生中所见到的职务最高的官员之一，五十多年过去了，在西北大厦觐见彭总司令的一幕至今仍记忆犹新，有些细节历历在目。但我们口外四旗当年参与觐见的人员中除我健康活到现在外，其余均已去世。他们分别是：尼巴阿扎日措，尼巴村的总管，解放初期，积极为党工作，1959年4月劳改时死于甘肃马鬃山；尕乍喇嘛肖，车巴沟尕乍村总管，1959年7月死于甘肃安西县；石矿贡布扎西，车巴沟下旗的总管，1960年协助政府争取叛匪工作时，牺牲于尼巴齐哈沟；当尕班玛次旦，刀告乡当尕村的头人，1956年去西藏，1959年随达赖喇嘛逃往印度，1986年回国，1998年在拉萨市去世；塔扎才华道知，扎古录乡塔扎土官卓玛库提的儿子，国民党卓尼参议会议员，洮岷路保安司令部民兵营长，迭当善扎旗总管，解放后任县政协副主席等职，1961年在临潭县砖瓦厂劳改时去世；沙冒后西乍旺德，沙冒后村新兴的一个富豪，1959年在安西饮马农场去世；北山旗才目车村桑吉，解放后曾任恰盖乡乡长，1958年5月被捕入狱，1959年3月在安西修河坝时去世；杓哇石旦巴，是北山杓哇旗带兵官，曾任北山杓哇乡乡长，1958年11月入狱，1960年出狱后去世。

（原载于《卓尼文史资料》第九辑，

政协卓尼县委员会文史资料委员会编，2016年9月）

卓尼地区建政情况简述

朱克勤

1949年解放后，在中国共产党的领导下，卓尼地区在世袭土司和国民党设治局的废墟上，建立了人民民主政权。建设过程中，由于少数民族地区文化落后，居住分散，建政的步骤分期分批进行。直至建立健全县、区、乡三级政权机构，经历了七年时间。

一

卓尼早在明代永乐年间，建立了世袭土司制，辖四十八旗。辖区内的土地都是土司衙门的“兵马田地”，辖区内居住的人民群众，平时为民，战时为兵，直接受土司衙门的指挥。

1937年“博峪事变”后，国民党政府实行“改土归流”的政策，在卓尼建立了相当于县一级的设治局。同时为加强统治，在基层设立了两个区署和九乡一镇，即迭部区署、插岗区署；柳林镇、洮南乡、洮北乡、北山乡、录竹乡、贡巴乡、上迭乡、下迭乡、插岗乡、铁坝乡。乡镇下推行“保甲”制，共编85保，890甲。藏族人民对国民党政府编制“保甲”的做法坚决反对，除在距城区近的柳林，洮南，洮北等地实行外，其余地方遭到群众反对没有行通。

1949年9月11日，卓尼第二十代土司，国民党洮岷路保安司令部少将司令杨复兴率部起义，卓尼和平解放。解放后，卓尼成立了县，隶属岷县分区行政督察专员公署管辖。10月至11月，岷县地委，专署派杨培才为县长率19名干部进驻卓尼开展工作。当时政权机构，组织形式尚未确定，由杨培才负责党政全盘工作。工作重点是："团结上层，了解情况，宣传政策，深入群众。"12月，召开第一次各界人民代表会议，给各旗指派了代表。1950年初，从起义人员中选拔27人担任23个旗的旗长。通过他们和基层总管，头人宣传党的民族政策，做联系群众的工作。

经过一年时间的和平过渡，党的民族政策逐步深入人心，干部队伍和党团员有所发展的基础上，"慎重稳进"，分期分批建立了县、区、乡三级政权机构。

二

1950年5月，甘肃省人民政府决定，卓尼县改为县一级的自治区。经过一段时间的筹备，于10月1日正式成立了卓尼县自治区，直辖甘肃省委省政府管辖。县委改称中共卓尼工作委员会，县政府改为卓尼自治区行政委员会，原岷县专署副专员赵毓文调任工委书记，杨复兴任行政委主任，赵毓文兼任副主任。行委下设民、财、建、教四个科，一些进步的民主人士，如司令部民兵团团长杨景华、赵国璋、雷兆祥分别担任了民政、财政、建设科长，驻兰办事处处长。姚天骥担任了文教科长，副科长分别由派来的刘维汉、安邦汉、樊毅、康达担任，相互支持，团结共事。

1955年5月，根据中华人民共和国第一部《宪法》规定，卓尼自治区改称卓尼县，即召开卓尼县第一届人民代表大会第一次会议，选举产生了卓尼县人民委员会，杨复兴当选为县长，曹文蔚、杨景华、雷兆祥当选为副县长。从而县级政权建设日臻完善，逐步走向正轨。

卓尼自治区行政委员会成立后，结合农区、半农半牧区的不同社会状况，分期分批建立了区、乡政权机构。1951年4月，给柳林、洮南、洮北、录竹、贡巴、北山六地区派工作组作为设区的过渡，配备群众中有威望的民主人士和老区派来的干部担任组长。柳林工作组组长解忠秀，洮南工作组组长寇振国，洮北工作组组长丁耀武，北山工作组组长杨麻周，录竹工作组组长梁璞，贡巴工作组组长陈国兴。

1952年9月，给上迭、下迭插岗派出工作组。上迭工作组组长梁景鹏，下迭工作组组长李彦霖，插岗工作组组长张志平。工作组行使区级政权机关的职权。

1954年4月，柳林、洮南、洮北首批建立了区公所，原工作组的正副组长为正副区长。是月会川县第六区划归卓尼，以新堡区称谓，区长杨世茂。10月，根据中共卓尼工委的决定，柳林、洮南、洮北、新堡四区成立党的区委会，录竹（贡巴并入录竹）、北山、上迭、下迭、插岗成立党组委员会，加强了党对区级工作的领导。

1956年1月，录竹、北山、上迭、下迭、插岗撤销工作组，建立了区公所。至此，完成了区级建设任务。

三

在区级政权建设的过程中，穿插进行了乡级政权建设。1951年6月，中共卓尼工委作出在柳林、洮南、洮北、录竹、贡巴、北山地区始建乡人民政府的安排，至12月，柳林、洮南、洮北三地区建立乡人民政府14个，均以数字代称。

柳林建五乡，一乡（城区），乡长赵永清；二乡（博峪），乡长宁海清；三乡（大峪），乡长曹世奇；四乡（纳麻那），乡长雷森；五乡（立洛），乡长杨树刚。

洮南建五乡，一乡（卡车），乡长虎日占；二乡（拉扎口），乡长魏士明；三乡（大族），乡长胡尚志；四乡（朱札），乡长李向阳；五乡（朱盖），乡长姬作舟。

洮北建四乡，一乡（目地坡），乡长杨廷祯；二乡（申藏），乡长康克明；三乡（阿子滩），乡长邱耀峰；四乡（盘元），乡长余松山。

新堡区于1952年建立乡人民政府四个，即新堡乡，乡长田万有；柏林乡，乡长卢步天；拉扎乡，乡长包成明；洮砚乡，乡长包述义。1955年5月以后，各乡人民政府改称委员会。1956年1月16日，工委决定柳林区一乡改称城关，直辖县，来永福担任了第一任镇长。从此，其余各乡名称数字改为地名称谓。

1956年底，录竹、北山两区完成了乡级建政任务，录竹区建六乡，即尼巴乡，乡长杨道知；刀告乡，乡长赤来；雅路乡，乡长班地次力；沙冒乡，乡长李来喜；什哇乡，乡长卓巴道友；如吾乡，乡长公布牙。

北山区建六乡，即恰盖乡，乡长曹加告；日完麻乡，乡长杨桑杰；完禾洛乡，乡长纳目尕桑杰；岔卡维乡，乡长杨刀知；康多乡，乡长王治国；杓哇乡，乡长石旦巴。

1957年11月，上、下迭和插岗区完成了乡级建政任务。上迭区建六乡，即扎尕那乡，乡长张其理；哇巴乡，乡长阿弟；当多乡，乡长阿晒；买玛卡松乡，乡长旦知；白麻乡，乡长阿怕；中山乡，乡长班代。

下迭区建六乡，即上卡巴乡，乡长杨相林、加地、杨桑扎；下沙录哇乡，乡长包扎什、龙布次力；桑巴乡，乡长杨工布、利如、刀杰；达拉乡，乡长杨扎黑、苗生文，金丹巴；尖尼安子乡，乡长杨志远、扎西才旦；多尔阿夏乡，乡长杨旦巴、诸得胜。

插岗区建四乡，即阴山乡，乡长秦树云；阳山乡，乡长任加次力；博峪乡，乡长×××；铁坝乡，乡长贾金怀。至此，终于完成了全县的民主建政任务，新建的各级人民民主政权机关，在社会主义革命和建设中，发挥了它应有的作用。

（原载于《卓尼文史资料》第四辑，
政协卓尼县委员会文史资料委员会编）

我所了解的解放初期卓尼县建政建权情况

马永寿*

一、历史背景

卓尼是一个有着悠久历史和重要影响的少数民族县，在流经境内的174公里的洮河两岸很早就是人类的发祥栖息地之一，密布着各个时期的文化遗址和历代大小城堡遗迹，并出土了许多珍贵的历史文物。

卓尼古为羌戎之地，历代建置废置频繁，曾分期隶属于雍、秦、陇诸地及陕西、甘肃辖领。明成祖永乐十六年（1418年），明廷授洮州卫藏族头目些尔地为正千户，并授世袭土司、指挥佥事兼武德将军，管理部分番族部落。卓尼历代土司在改朝换代的社会变革中审时度势，励精图治，随历史潮流而动，1932年，改土司衙门机构为洮岷路保安司令部（军政合一机构）。1937年，“博峪事变”后设卓尼设治局，与洮岷路保安司令部两个政权机构并存管理地方事务。1944年开始在柳林（镇）、洮南、洮北、北山、录竹、贡巴、上下迭部、插岗、铁巴、阳山、阴山编查保甲，但实际上仍然是土司制度，设治局的改土归流其号令不出城门。到1949年解放前夕，第二十代土司杨复兴时，辖区在十六掌尕的基础上已发展成四十八旗，其辖区地接四川松潘，甘肃临夏、武都等地。

---

* 作者系卓尼县党史地方志办公室原主任。

二、卓尼建政经过

1949年9月11日，国民党洮岷路保安司令杨复兴率卓尼党政军警起义，实现了卓尼和平解放；1950年，杨复兴宣布废除土司制度。10月1日，中国共产党卓尼自治区工作委员会和卓尼藏族自治区行政委员会成立，隶属甘肃省岷县专区；1951年初开始组建基层政权，先后向柳林、洮南、录竹、贡巴、北山、上迭、下迭和插岗派出工作组，作为社区过渡。至1951年底，柳林、洮南、洮北3个区率先成立了区公所，辖境与民国时乡属区域相同，并在区级政权下设14个乡。1952年5月10日，柳林、洮南、洮北、录竹、贡巴5个区成立区政府。至1953年底，卓尼共有9个区或相当于区级的工作组，14个乡级政权，即柳林、洮南、北山、录竹、贡巴6个区级政府及上迭、下迭、插岗3个区级工作组，柳林（后改为镇）、纳麻那、立洛、卡车、麻录、大族、朱札、朱盖、木耳、大峪、东升、录坝、团结、盘圆14个乡。

1953年10月1日，甘南藏族自治区成立，卓尼划归甘南藏族自治区辖属。卓尼自治区改称卓尼县，行委改为县人民政府。同月，甘肃省人民政府先后将会川县新堡4个乡（拉扎、洮砚、柏林、新堡），岷县西寨乡的西尼沟村划入卓尼辖区，原区属乡增为18个。1955年1月13日，卓尼县人民政府更名为县人民委员会。1956年1月16日，北山、录竹、插岗、上迭、下迭5个区级工作组更名为区公所，柳林区一乡改为柳林镇。全县划为1个镇，9个区，17个乡。即柳林镇为县直属镇；柳林区辖二（博峪）、三（大峪）、四（纳麻那）、五（立洛）乡；洮南区辖第一（卡车）、第二（拉扎口）、第三（大族）、第四（朱札）、第五（朱盖）乡；洮北区辖第一（目的坡）、第二（申藏）、第三（阿子滩）、第四（盘圆）乡；新堡区辖新堡、洮砚、柏林、拉扎4个乡。北山、录竹、上迭、下迭、插岗5个区未划乡仍按原旗制区划管辖。直到1957年才在此5个区改旗划乡27个，即尼巴、刀告、麻路、术布、扎古录、恰盖、康多、杓哇、完冒、博峪、拱巴、铁坝、插岗、益哇、尖尼、奄子、卡巴、达拉、沙录哇、阿夏、多力禾等。

1958年撤区并乡，新堡、柳林、洮南、洮北4个区被裁，并将原17个乡合并为博峪、纳浪、达子多、大族、申藏、阿子滩、洮砚、新堡8个直属乡。调整后卓尼县辖1个镇、5个区、35个乡。1958年11月，卓尼县乡镇均改建为政社合一的人民公社，县属8个人民公社：柳林公社（原柳林镇）、洮南公社（驻达子多，原辖区域），洮北公社（驻阿子滩，原辖区域），上游公社（驻麻录，原辖录竹区域），恰盖公社（驻恰盖，原北山区辖域），新洮公社（驻新堡，原辖区域），上迭公社（驻电尕，原辖区域），下迭公社（驻旺藏寺，原下迭、插岗区辖域）。1958年12月，卓尼县并入临潭县，同时将原属卓尼的下迭、插岗两区划入龙迭县。1962年1月，甘南州重新划分行政区划，恢复卓尼县建制。全县划为1个镇，20个乡，84个乡属人民公社，351个生产队。即柳林、盘园（后改为那子卡）、入吾（后改为扎古录）、沙冒、完冒、尼巴、刀告、柏林、新堡、洮砚、拉扎、纳浪、多坝、木耳、恰盖、康多、杓哇、阿子滩、卡车、大族、申藏。区划调整时临、卓两县辖地有小的变更，原临潭县所属的温旗、羊化、草岔沟等村划入卓尼；原属卓尼县的立洛、三旦、小术布等村划归临潭。

建国初期卓尼县工商业发展回顾

马永寿　张建军*

1951年，新成立的卓尼地方政权开始注重商业和供销事业的发展，成立了供销合作社等机构。次年，组建了部分商业购销小组。1957年成立了卓尼县商业局，商业体制的框架基本形成，市场管理、整顿工商业社团组织等措施得以层层落实。逐步实行公私合营，完成了对私营工商业的社会改造。各种商业的发展和商业网点建设比1952年增长了5倍，从业人员28人，比1952年增加3倍，社会商品零售额达195万元，比1952年增长36倍。

1958年由于受“大跃进”左倾思想的影响，导致了国民经济比例的严重失调，影响了商业的发展。同年末临、卓两县合并为临潭县，卓尼县的商业机构也随之被撤并。1961年临、卓两县分设后，恢复了卓尼县商业局、民贸公司和供销社等机构，对少数民族地区实行“不赚不赔、有赚有赔、以赚补赔”和“以销定购，满足供应”等一系列优惠政策，使商业经营机构不断扩大，商业网点，从业人员不断增加。

1966年至1976年“文化大革命”时期，大部分机构被撤并。少数民族群众长期以来所形成的风俗习惯和特需品被视为“四旧”，使商业贸易渠道单一，网点的从业人员减少。

---

*　作者张建军系卓尼县工商行政管理局副局长。

卓尼私营工商业改造情况

马永寿　张建军

中华人民共和国成立前，卓尼县境内是一个交通不便，生产力水平低下，流通不畅，商品经营萧条的少数民族聚居地区，广大农牧民群众的吃穿及生产、生活用品，如食盐、布匹、红白糖、小百货、茶叶、火柴等依靠陕西、四川、山西等外地商贩贩运，除进行以物易物的不等价交换外，大部分都是自给自足的。据中华人民共和国成立前夕统计，卓尼县城有作坊商贩30余家，从业人员70多人，周转资金约7000万元（旧券）。

中华人民共和国成立以后，全县私营商业发展较快，1951年共有大小商户58户，农商兼营。至1954年私营工商业增至99户，从业人员159人，拥有流动资金50720万元（旧币）。

1955年，国家对私营商业实行“利用、限制、改造”的政策和“统筹兼顾、全面安排”的方针，对私营商业进行了社会主义基本改造，进行清产核资，划分行业。1956年按照行业性质组织成6个小组。即文化业3户、缝纫业9户、肉食业7户、百货业10户、铁匠业5户、食品业5户，共接受实有资金16538.37元。对其进行加强领导，改善经营管理，规定价格政策，建立健全账务，进行独立核算等过渡措施。不久，公私合营、私营商业宣告结束。

1966年至1976年“文化大革命”期间，只有单一的国营商业。

党的十一届三中全会以后，实行经济体制改革，大力发展集体和个体经济，采取多渠道流通和多种经营方式，私营商业再度崛起且发展极快。1983年新型个体商业迅速发展到102户，从业人员121人，资金25800

元，营业额7900元。截至2016年底，全县共有私营企业454户，从业人员3750人，注册资金26177.00万元；个体户2544户，从业人员3776人，资金22246.91万元；农牧民合作社726户，出资总额88959.40万元。

卓尼私营工商业社会主义改造梗概

格日才让

1949年9月11日卓尼和平解放，1950年10月1日成立了卓尼自治区（县级）。1953年卓尼相继在上迭、录竹、贡巴成立了贸易购销组。由此，卓尼的民族工商业迎来了蓬勃发展的新时期。解放后，党和政府为了繁荣少数民族地区的经济，一方面发放救济贷款，大力扶持和发展以国营经济为主导的民族商业贸易；另一方面着手政权建设和铲烟工作，使得卓尼的商业贸易和私营工商业从萧条冷落逐步过渡到复苏繁荣，从城镇、寺院发展到偏僻乡村。1955年12月，全县81969人中，从事农业生产的有72300人，占总人口数的88.2%；从事畜牧业生产的有9502人，占总人口数的17.6%；而从事商业和小手工业者的有116户（其中城镇85户，农村31户），从业人员167人，占总人口数的9.2%。

随着国家的大力贷款和支持，畜产品的大量增加，农牧民的生活水平明显提高，他们购买生活用品、出卖牲畜和畜产品的数量日益增多。据在北山区调查，以1954年全年和1955年上半年作比较，茯茶的销售量由89块增加到357块（另有390斤包茶）；煤油的销售量由466斤增加到842斤；电池的销量由107对增加到720对。由于农牧民收入的增加，推动了私营工商业的发展。到1956年底时，全县共有小手工业63户，从业人员93人，资金5193.27元；有私营商业95户，从业人员108人，资金18170元。

1955年下半年，随着卓尼农牧区合作化高潮的掀起，个体私营经济在国民经济中的比重日益缩小，私营工商业者逐步认识到只有走社会主义道路，才能有发展前途和出路。党和政府经过“三反”“五反”运动，继续采取“慎重稳进”的方针，不失时机地贯彻执行“利用、限制、改造”的政策，团结一切可以团结的力量，采取“社会主义改造在少数民族地区，可以用更多的时间和更和缓的方式逐步地去实现”的措施，对手工业和私营商业进行了社会主义改造。根据本县的实际情况，卓尼采取了更为和平的方式，即通过互助合作的道路进行了私改工作。

从1956下半年开始，首先在国营公司方面加强对民族用品的调查、摸底，并积极组织和扩大民族特需品的供应。其次，在私营商业方面则查清部分地区的商业分布情况，继续进行政策宣传教育工作，大力培养民族商业干部。最后在原有工作的基础上，按行业的性质，分别由国营、合作社归口负责，实行行业领导。

1956年底，全县私改工作基本完成统计数据，卓尼共有手工业（包括缝纫、铁器、木器、银匠、砖瓦、石灰、修补等）63户，从业人员98人，资金7193.27元。其中城关手工业33户，从业人员48人，资金5193.27元。在手工业合作化的热潮中，首先从缝纫业、铁器业开始，组织成为自负盈亏的两个合作小组，为百货商店和贸易公司加工一些成品，实行统一核算。这两个合作小组共有19户，从业人员19人，资金2973.27元，占手工业总户资的20%。全县有私营商业（包括百货、食品、饮食等）95户，从业人员108人，资金18170元。其中，城关区有私营商业70户，从业人员82人，资金16120元；乡村25户，从业人员26人，资金2050元。全县有纯商业者46户，48人，资金15000元；有小摊贩11户，12人，资金600元；服务业4户，4人，资金200元；饮食业9户，资金700元。

在私改过程中，卓尼对城区的37户商贩（27户纯商户、3户饮食业、7户摊贩业）和1个乡村合作小组（8户），通过合作商店、合作小组、经销代销等方式组织起来，他们占私营商业户总数的47.37%，从业人员46人，占总从业人员的47.72%，有资金17195.10元，占总资金的94.94%。至于私改后，全县商业网的设置和人事安排及门市部的设立，都是照顾群众如何方便购买而设置的。人事安排方面各行各业在合作后均量才使用，各尽所能，根据本人特长，分配具体工作。有的行业因人员少，还吸收了本行业的家属参加。

私营商业实行改造后，由于接受了国营商业的指导，显示了一定的优越性：一是营业量上升，收入增加。二是经营管理改善，货源基本充足。三是保持了私营时的方便群众的营业特点。四是完全服从国营税价，增加了国家的税收。五是行业内部开展批评与自我批评，加强了团结和监督。由于有这些优越性，职工的收入也较前增加很多，一般比私改前增加一倍至两倍，如国营百货商店，从1956年5月到11月，7个月中的销售回笼额为66261.18元。职工工资收入由原来的30元增到33.70元，同时还积累了公积金486.4元，公益金273.75元。卓尼县私营工商业的社会主义改造，逐步巩固了社会主义的经济基础，增加了公共积累。

到1956年12月底，卓尼县的私营工商业社会主义改造基本结束。

卓尼农牧业互助合作化经过

朱克勤

卓尼是以藏族为主的少数民族地区。解放初党对卓尼未进行民主改革，而是实行“不分不斗，不划阶级，牧工、牧主两利”和“维护与发展包括牧主经济在内的畜牧业经济”政策，在国家的帮助、扶持下，恢复和发展农牧业生产，通过互助合作道路对农牧业实行社会主义改造，实现了生产资料从私有制到公有制的过渡。

一

在互助合作运动中，中共卓尼工委和县行委遵循中央“积极领导，稳步前进”的方针，结合卓尼农区、半农半牧区和牧区的不同社会状况，分期分批地引导农牧民走互助合作道路。当时全县共划分为柳林、洮南、洮北、新堡、插岗5个农业区和录竹、北山两个牧业区，及上迭、下迭两个半农半牧区。最早在新堡、柳林、洮南、洮北4个农业区，按照农民的传统习惯，组成变工队，采用亲帮亲、邻帮邻的办法，变工换工，以余补缺，这样便产生了第一批临时性的互助组，再引导他们除在主要农事活动上进行劳动互助外，还实行农副业的互助合作，使一批临时性的互助组逐步发展成为常年性的互助组。到1955年底，全县4个农区的互助组发展到463个，参加农户有1696户。唯独新堡区发展最快，有互助组225个，参加者有912户。

在此基础上，中共卓尼工委决定在新堡区进行建立初级农业生产合作社的试点，即抽调干部于12月到该区新堡乡新堡村，在罗进荣互助组的基础上试办了第一个初级农业生产合作社，取名为团结社，入社农户55户，起了典型示范作用。到1956年4月，4个农业区共建立初级农业生产合作社25个，入社户数占4个区农户的20％。经过一年的生产实践，1956年25个农业社普遍获得丰收。秋收分配时，80%以上的社员增加了收入。这样，吸引了附近的互助组和个体农民，纷纷要求建社，走合作化道路。

与此同时，中共卓尼县委（1956年6月工委改称县委）因势利导，于1956年11月发出《今冬明春建社、扩社计划》，要求“新堡、柳林、洮南、洮北4个区70％的农户加入农业社，基本实现半社会主义的农业合作化；插岗区试办一至二个初级农业社；上迭、下迭区重点办好互助组，树立旗帜，逐步影响，稳步前进。”同时，对牧区的互助合作也作了专门指示，指出：“牧区建社要选择在民族之间团结，社会秩序安定，国家有显著援助，有积极分子，上层进步，草山所有制不复杂的村。”

此后，全县各级党政组织积极领导，全面规划，加快互助合作的进程。到1957年初，初级农业生产合作社发展到60个，入社农户达2345户；互助组发展到979个，入助户数有4000多户。其中牧业互助组135个，入组667户，办得好的有55个。在成熟一个、建立一个的原则下，于1957年11月初，录竹区的完冒、沙冒村和北山区的拉代、贡岔、根沙、卡羊村，建起了第一批牧业生产合作社6个，给牧区树立了旗帜。接着在农区开展两条路线的大辩论，牧区和半农半牧区进行社会主义教育运动。在大辩论和社教的推动下，全县掀起了建社高潮，初级社转为高级社，一些互助组和许多个体农牧民也一步跨入高级社。到1958年1月上旬，县委宣布全县实现了高级社化，共建社314个，入社户数达14391户。其中，农业社243个，牧业社58个，农牧业结合社13个。为加强巩固新建的生产合作社，县委决定从县、区、乡抽调100多名干部，下放到录竹、北山、上迭、下迭、插岗区的农牧业社担任会计。

1958年3月，卓尼部分地区发生了反革命武装叛乱，极少数反动分子欺骗威胁部分群众，杀害基层干部，抢劫集体和国家财产，使许多刚刚建立的生产合作社遭到破坏。当年7月平叛结束后，结合“双改”运动，对遭到破坏的生产合作社进行了整顿和重新组建。是年9月，全县实现了人民公社化，一乡建一社，高级社变成了生产大队。

二

实践证明，解放初期，党中央提出通过互助合作的形式，对我国的个体农业进行社会主义改造，走社会主义集体合作经济的道路是正确的。在农（牧）业社会主义改造过程中，由互助组到初级社，再到高级社，逐步过渡的好处使农牧民逐渐适应新制度，有利于在实践中发现和培养干部。从卓尼地区当时组建的互助组、初级社来看，都显示了组织起来的优越性，其特点有：一是互助组是在自愿互利的原则下，农民自己建立的带有社会主义萌芽的劳动互助组织，土地和其他生产资料的所有权、经营权不变，各自独立经营；二是规模小，形式多样，适应当地生产力水平和农牧民的意愿；三是方式灵活，根据农时季节，有“合”有“分”，有“进”有“退”，群众乐意接受。全县互助组的产生和发展，不仅对广大农牧民克服分散经济中的困难，加快恢复和发展农牧业生产，促进个体农牧业向合作制发展，起了积极的作用，也促进了卓尼全县农牧业生产的恢复和发展。

初级生产合作社是在互助组和个体经济的基础上，组织起来的集体所有制经济组织，一般是以自然村为单位建立起来的，多数一村一社，少数也有一村数社的，还有数村一社的。全县最大的社70多户，最小的社10多户；初级社的土地实行折股入社，统一经营，按股分红。耕畜和大型农具等生产资料归社，统一使用，合理付给报酬；社员参加集体组织的生产劳动。初级社的总收入，除扣留当年生产费用，缴纳一定数量的税金和提留一定数量的公积金、公益金外，社员消费部分中主要实行“按劳分配”，另一部分支付社员的土地和其他生产资料的报酬；社员除参加集体生产劳动外，可以经营自留地、自留畜和家庭副业等。全县规定：根据土地、牲畜的多少，每户划自留地0.6亩至2.4亩，自留畜留乘马一至两匹，奶牛一至两头，收入全部归己。寺院喇嘛的自留地留在其家庭的自留地内，在其家庭自留地的基础上，增加30％划留；初级社实行民主管理，最高管理机关是社员大会，社员大会选出管理委员会管理社务，选出监察委员会监察社务；初级社开始对“五保户”实行“五保”，对困难户给予照顾，体现了合作经济的优越性。初级社的这些特点，是与当时全县靠手工劳动的生产力水平以及半自然经济基础相适应的。也与农牧民的文化、经营水平相适应，普遍受到农牧民的欢迎。激发了群众的生产积极性，促进了农牧业生产的发展。1957年全县粮食总产达到4800万斤，比1955年增长了20%；各类牲畜存栏数达236243头（只），增长了23%。

卓尼的高级生产合作社是在初级社或互助组，或个体经济的基础上建立起来的全民所有制经济组织，它的规模大，一村或数村一社。全县最大的高级社158户，最小的20多户；土地无代价归社所有，牲畜、农具等生产资料折价归社；全部实行按社员的劳动工分分配。高级社的建立，标志着生产资料私有制转变到社会主义公有制，完成了对农牧业的社会主义改造，确立了社会主义劳动群众所有制的经济制度。

三

卓尼地区在党中央自愿互利、典型示范、国家帮助、积极领导、稳步前进、发展农业互助合作事业方针的指导下，从组织互助组入手，到试办初级社，发展至全县实现高级社化，经历了7年时间。回顾卓尼这个发展农牧业互助合作的曲折过程，从1951年至1957年宣传组织互助组到试办初级社，步伐稳妥，发展顺利。农区的互助合作取得的初步成效，逐步影响、扩大到半农半牧区和牧区。到1956年底全县组建牧业互助组135个，入组户数达667户，一些办得好的牧业互助组积极为建社创造条件。

从1957年后半年以来，卓尼互助合作的步伐过急过猛，尤其在大辩论的推动下，在不到两个月的时间内，已建的初级社全部转为高级社；有的初级社还在筹备过程中，也就匆忙建成高级社；还有的互助组尚未建立，就一步跨入高级社，超越了当时的经济发展实际，违背了“自愿”的原则。高级社立足未稳，到1958年8月，县委发出了建立人民公社的紧急通知，到9月时，全县实现了人民公社化。

公社化后，实行“一大二公”，各个高级社的生产资料无偿归全公社所有，抹杀了各高级社之间的经济差别，使“共产风”泛滥。实行劳动战斗化，组织军事化，用大兵团作战的方式从事农牧业生产，完全违背了客观事物的发展规律，以致出现了“瞎指挥”，对生产造成了极大的损失。同时人民公社实行生活集体化，大办集体食堂，不仅使社员的家庭副业和自留地、自留畜全被取消，而且连社员的铜器和铁锅、灶具等，均被食堂收去，有的交了“钢铁任务”。这些“左”的做法，给社员的生活造成了很大困难。1962年以后，人民公社实行了“三级所有、队为基础”的核算制度，明确了各级的所有权和自主权，恢复并扩大了社员的自留地、自留畜和家庭副业。这些对于调动农牧民的积极性，起到了一定的作用，但仍然存在着管理过分集中，经营方式过于单一和分配制度上平均的主义，“吃大锅饭”等弊病。

1978年党的十一届三中全会以后，卓尼全县实行了家庭联产承包责任制，扩大了农牧民的自主权，发挥了小规模经营的长处，克服了过去管理过分集中，劳动“一窝蜂”和平均主义的不良倾向，极大地调动了农牧民群众的生产积极性，促进了生产力的发展，很快改善和提高了群众的生活水平。

（选自《甘南党史资料》第四辑，
中共甘南州委党史资料征集办公室，1993年1月）

甘南工作团第一分团在卓尼

格日才让

1956年，正当全国各地掀起轰轰烈烈的农业合作化高潮之际，川西部分少数民族地区，由于受国民党残余匪特的煽动、造谣和挑唆，社会秩序动荡不安。3月，在阿西贝西、包物座等地发生了武装暴乱，匪徒们公开反对党在民族地区进行民主改革，而接近川西的卓尼辖区上、下迭一带，由于受外来反革命匪特的利诱和操纵，顿时谣言纷起，群情不安，社会秩序混乱，大有一触即发之势。

当时，遵照省委指示，中共甘南工委和州人民政府为防止事态的进一步恶化，立即成立了甘南工作团，工作团下设3个分团，卓尼为第一分团，团长杨复兴，副团长杨景华。1956年4月3日，下迭达拉沟两名解放军战士被匪杀害，当晚中共甘南工委用加急电话指示县委："达拉沟群众思想情绪紧张，大有骚动的可能，卓尼县委对这一问题要给予足够的重视。"县委、县政府连夜召开（扩大）会议，进行研究和分析，并与上层民主人士进行商谈，征求意见。最后决定派遣县委副书记曹文蔚、副县长杨景华和组织部长郑绍云，带领数名干部组成第一分团，立即赶赴迭部地区进行统战和民族群众工作。4月6日，分团到达上迭电尕寺后与驻军取得联系，并对当时的形势和社会情况作了详细的研究和分析，决定分团迅速赶到下迭旺藏寺，立即召集下迭各旗的中上层民主人士座谈会和群众大会，由曹文蔚副书记在会上说明来意，宣传党的方针政策，并反复解释党在少数民族地区进行社会主义改造的方针、政策，提高他们的思想认识，消除一些部落头人的思想顾虑，化解他们的抵触情绪。各旗的总管头人听后当场表示：绝对听杨司令的话，保证不参加“叛乱”。会后群众的思想情绪基本得到了稳定。4月12日，第一分团由下迭旺藏寺进驻达拉沟，调查了解造成达拉沟紧张气氛的原因，并召开当地总管头人座谈会，宣传党的政策，揭露匪特的谣言，基本上解除了头人和大部分群众的疑虑，思想情绪初步得到安定。4月20日，第一分团给县委书记杨培发、县长杨复兴致函报告：“据七〇团反映，最近有人（指迭部的）到车巴沟江车村活动暴动之事，此消息是否可靠，但值得我们警惕注意，因为车巴沟我们的工作薄弱，故应加强注意。”

1956年4月27日，中共甘南工委在战备计划中指出：“目前甘南情况日趋紧张，为及时配合军事战备，要大力支援。由地方负责解决的问题，经研究应立即着手，先在党内动员作好计划准备，一旦发生，立即行动，迅速支援。”中共卓尼县委根据这一指示精神，向各区摊派驮马：柳林区25匹，洮南25匹，洮北30匹，新堡区30匹。5月11日，驻迭部队在下迭达拉沟甘沟村与一伙匪徒遭遇，发生枪战，经过激烈战斗，打死打伤和俘虏匪徒44人，缴获枪支22条。甘沟村战斗的胜利，震慑了匪焰，鼓舞和教育了达拉沟及下迭的群众，稳住了时局。

与此同时，卓尼县副县长雷兆祥前往录竹，县委书记杨培发前往北山，分别召开总管头人会议，宣传政策，除贡巴有少数人思想上存有顾虑外，大部分头人思想均处于安定状态。另外，州农林处处长赵国璋和卓尼民兵司令部政委赵生鹏，分别到插岗、铁坝地区进行宣传教育，开展统战和群众工作，及时稳定了下迭两个区的群众和头人情绪。

5月13日，甘南工作团第三分团在副州长杨复兴、黄祥的率领下，于15日到达上迭电尕寺，21日在电尕寺召开了近千人的上迭六旗总管头人、僧侣和群众参加的大会，杨复兴针对群众的思想顾虑详细讲解了党的政策，安定了人心。有的群众说：“过去我们听干部讲得很多，但还不放心，今天听杨司令说的，我们就放心了。”接着在22日又召开上迭六旗总管头人温布桑哇和有声望人士共103人的座谈会，让他们在会上表态发言，反映意见。他们一致认为：上迭六旗是卓尼杨司令的百姓，川西虽然对他们进行过威胁和利诱，但他们决不听信坏人谣言，不上当受骗，绝对听从杨司令的话，跟共产党走。对农牧业合作化因为没有见过，也从未听说过，加之上迭地区山大地少，既然政府不硬往头上压，我们要求等一等，看一看。对于办学校，认为会影响寺院喇嘛念经，要求不办。对于政府征购粮的增加，负担不起，要求不要再增加下去等。其中有个别头人因受匪特谣言蒙骗，思想上还有很大顾虑。他们说："共产党说的和做的不一样，今天不分、不斗、不土改，将来恐怕搞土改斗争哩。"针对上述反映，杨复兴当场做了全面解释和适当的批评，收到了很好的效果。

5月23日，工作团到达下迭旺藏寺。25日又召开下迭八旗群众大会，到会者有2500多人，会上杨复兴继续揭露匪特的谣言，讲解党的政策，并用对比方法讲述共产党与国民党，人民解放军与反动军队的本质区别。要求各族群众分清敌我，明辨是非，爱护自己的军队和人民政府，并对积极支援解放军的尼傲总管杨告告、旺藏寺总管阿则，当众作了表扬。会后，群众反映很好。纷纷表示："听杨复兴司令的话，跟共产党走。"26日，工作团又召开了下迭八旗总管头人和有声望人士参加的共150多人的座谈会，会上各旗总管和主要寺院负责人都发了言，明确表示了如下意见：一是认为解放前后根本不一样，共产党和人民政府很关怀人民群众。现在社会安定，人民生活一天比一天好，这都是共产党、毛主席的好处。二是不听坏人的话，不听信谣言，不种植大烟。今后继续支援部队，保护好党的干部。三是对于合作化认为下迭山大地少，办初级社会引起不团结，要求暂时看一下。也有个别人提出先要试办。四是开办学校大部分旗感到困难多，暂不要设立。也有个别人提出重点试办，如果好了再继续办。

工作团于5月29日返回电尕寺，同时川西的秋吉事件平息。达拉沟的群众工作开始进行，下迭工作组干部也随同参加会议的群众，返回各村寨开展各项工作。杨复兴于5月30日在电尕寺向公安十一团全体官兵讲了话，并慰问了驻迭部队。随即迭部工作基本结束。工作团于6月2日返回卓尼县城。工作团这次前往迭部地区，沿途各寺院、村庄的僧俗群众煨桑、奏乐，热情款待，盛况空前。在上、下迭召开的群众大会上，各旗群众踊跃赴会，特别是下迭地区平均每户都有人参加，达拉沟旗到会人数最多，这样使党的政策首次直接与群众见面。工作团基本做到了宣传政策，了解情况，达到了家喻户晓，安定人心的目的。

7月6日，中共甘南工委来函指出："第一分团的工作成绩是很大的，今后几点意见也是正确的，希卓尼县委在此基础上加强领导，继续努力，争取把目前稳定的局势巩固下来，对所提出的今后工作意见，应协助政府予以妥善解决。”1956年，在卓尼上、下迭地区因受川西事件影响而即将爆发的一场骚乱，经过工作团的日夜奔波和努力工作，终于化干戈为玉帛。随后，卓尼全县逐渐掀起了轰轰烈烈的农业合作化运动。

（选自《甘南党史资料》第四辑，

中共甘南州委党史资料征集办公室，1993年1月）

解放军和藏民亲如家人

赵金梁

去年9月，卓尼到电尕寺[①]的公路开始修筑了，解放军某部六连接受了参加修路的任务后，就移驻在卓尼沟村。因这个村庄从来没驻过解放军，加之解放前反动军队给藏族人民留下极深刻的恶劣影响，使藏民对人民的军队也不了解，因而，当解放军初到卓尼沟时，藏族人民一见军队就有点害怕。根据这种情况，连首长和村长商量，召开了群众大会，给藏族人民说明解放军和反动军队的不同，并说修筑卓尼到电尕寺的公路的好处，全连官兵也都严格地遵守民族政策，尊重民族风俗习惯，对群众讲话和颜悦色。这样，很快就消除了藏族人民的顾虑，使他们爱戴起人民解放军来。在群众大会后的第三天，藏民就背着大葱、洋芋、干柴等送给部队。当事务员把这些东西过秤后，一一付给他们钱时，藏民们都坚决不要，经事务员再三说明买卖公平的军纪后，藏民们才勉强收下了钱。从此以后，热情敦厚的藏民们，看到部队缺啥，就主动地给部队送啥。当部队的灶具还没运到时，农民们就把四个大小不一的铜锅借给军队使用，并把自己舍不得吃而存下来的油、盐等调料，一罐一罐地借给部队吃。这时解放军和藏民已由生疏转为亲热。

公路开工了，解放军同志虽然在紧张的筑路工程中都感到劳累，不少同志双手磨起了血泡。但是当同志们看到藏民的秋田已经成熟，藏民们一时收割不完时，大家就不顾劳累，在工余之暇帮助藏民挖洋芋、割大豆、

① 现迭部县电尕镇。

拔胡麻、打场、赶车、担水、劈柴。指导员邓志芳、副连长荆成法和几个排长，用自己的薪资给藏民小孩买衣服穿，给老阿婆买水果、饼干、挂面等东西吃。卫生人员把藏民长期不能治愈的疾病治好了。连里还常和村长、民兵队长和有声望的人士座谈，征求大家对军队的意见，使六连和藏民更加亲密起来。当解放军同志从工地回来时，藏民们总是拿着自己煮好的大豆、洋芋和蒸熟的花馍请同志们吃。当部队用的锨把坏了时，藏民自动地送来更多的好锨把让同志们用。三排的房主藏舟，为了慰问解放军，把自己的二十多斤干猪肉送给同志们吃，虽然连首长再三谢绝，但都不顶用。中秋节时藏民老阿爷和老阿婆们，特备了细面条、蜂蜜、牛奶、各种蔬菜和自做的麦酒，和解放军举行团圆酒会。老阿爷们吃着月饼，愉快地赞扬解放军说："八月中秋真快乐，亲人与我把酒喝。就这样大家欢欢乐乐，一直交谈到深夜。"

10月间，六连的同志们完成了卓尼到电尕寺公路的第一段任务后要移防时，藏民们自动地赶来大车替解放军运送行李。七十七岁的老阿爷拄着拐杖，一直把同志们送了二里多路。小孩子、老阿婆掉着眼泪，握着同志们的手恋恋不舍。很多藏民送来自己做的饼干，表达热爱解放军的诚心。在短短的时间内，六连和藏民，由陌生变得亲如家人。

（原载于甘肃省民族事务委员会编译《牧区生活》，1957年版）

卓尼禁烟的前前后后

周秉珠*

解放前，卓尼实行的是土司制度，共下辖四十八旗（包括上迭、下迭和插岗地区的诸旗）。解放后，卓尼成立了自治区（县级）。1950年初，杨复兴宣布废除土司制度，从而在旗的基础上建立了9个区级新政权。卓尼地区最早种植大烟是从上迭开始的，逐渐蔓延到下迭和插岗地区，截至1953年时，已有25年之久的历史。该地每年种植大烟的土地约占总土地面积的50%以上。国民党统治时期，虽曾3次实行过禁种，但均无收效。由于历史的原因，到解放初期，在卓尼自治区白龙江流域的上、下迭和插岗等地，以种植大烟而闻名，几乎成为盛产毒品的“金三角”。每年有数百斤生烟从这里被商贾贩运到外地，经过炮制加工后，成为毒害人民健康的鸦片。

解放后，在省委和甘南工委的领导下，中共卓尼工作委员会采取了一系列禁种大烟的有效措施，彻底结束了种植大烟的历史。在1949年至1956年近七年的时间里，全县共铲除种植的大烟237509亩，零星烟苗14362株，没收生烟235斤，焚烧大烟180多斤。在铲除大烟的同时，党和政府为扶持群众发展生产，发放补助款212548元，扭转了部分群众以“种烟为生”的局面，把大量土地投入到种植农作物和发展农业生产上来。

* 作者系中共卓尼县委党史办原干部。

二

卓尼部分辖区之所以广种大烟，并久负盛名，原因共有三条：一是气候湿润，土地肥沃。白龙江流域多为亚热带林区，年长日久腐烂的树叶成为大片土地的有机肥料，加上这里四季温和，降雨量充足，最适宜大烟的生长。二是地处偏远，交通闭塞，长期处于“三不管”的状况。特别是上、下迭部和插岗、铁坝等区，位于深山老林和川、甘交界的崇山峻岭之中，为历代统治阶级鞭长莫及的地方。如上迭区的牙路、初路两旗，在1953年铲烟工作开始时，约有1000多户人家，共3000人口。长期以来，两旗的隶属关系模糊，据当地居民说：我们旗有几日属四川省阿坝的召藏管辖，有几日属卓尼杨土司管辖。在解放前的12年里，从没有任何人给这两旗派过官员，也未征收过粮草。因此，大量种植大烟从未有人过问。三是解放初期流窜在川、甘广大藏区的马良股匪。在岷山丛中的许多旗辖、部落设立了反革命据点，他们一方面挑唆部分不明真相的藏族群众，与人民政府对抗；另一方面鼓动当地藏族群众大量种植大烟，给他们做贩卖鸦片生意提供货源，进而为进行反革命暴乱筹集活动资金。因此，解放初期，在卓尼辖区种植大烟比较普遍。在全县9个区中，除最典型的上、下迭和插岗三个区外，接近汉族地区的新堡、柳林等区都种有零星的烟苗。在北山、洮北、洮南、录竹等区也有偷种小块地大烟的现象。在铲烟运动开始时，插岗区的博峪河乡和下迭区的达拉沟工作难度最大，特别是达拉沟在1952年开展铲烟时，群众普遍不接受，并且咒骂干部是“烂汉家”“与卓尼土司衙门一样坏”，扬言要伺机把铲烟的干部们杀死。有些群众甚至在大烟地里锄草、追肥时都带着刀枪，看见禁烟干部就鸣枪恫吓。

自1953年以来，中共卓尼工委坚决贯彻执行甘南工委关于“坚决禁种、慎重稳进，逐步禁绝”的禁烟方针，严格掌握“汉民从严，藏民从宽；多种从严，少种从宽；抗拒从严，悔改从宽”的政策界限，加强对禁烟工作的领导。如遇外来策划种大烟的主谋或当地顽固对抗分子，确属触犯刑律需要惩办者，须和当地头面人物共同协商，取得一致意见，在不影响民族团结的前提下，有利于整个禁烟工作时，对极个别违法分子予以捕办，以推动禁烟工作的顺利进行。在禁烟过程中，卓尼工委和行政委员会始终贯彻执行了上级制定的“利用上层，发动群众，形成群众运动”的工作方针，广泛开展统一战线工作，全面动员群众和一切社会力量，充分调动民族中上层人士的积极性，大力开展一场群众性的禁种大烟运动。1954年，插岗、铁坝的当地民族干部，把群众献送的180多两大烟，在群众大会上当场拿出来焚烧，对群众教育、震动很大，及时扭转了部分顽固对抗分子的认识，提高了广大群众的觉悟，增强了铲烟、禁烟的自觉性。在党的禁烟政策感召下，原插岗区博峪河总管杨文辉，于1954年7月26日亲自率领群众铲烟24亩。在三天内，他又带动底儿村群众，铲除大烟205亩。紧接着插岗区铁坝总管王守业和杨桑杰，也带领群众上山钻林，四处搜索，全部铲除了种植的大烟，深得人民群众的好评。

二

卓尼自治区的禁烟工作，是在1953年川、甘、青三省交界地区的剿匪斗争取得重大胜利的基础上进行的。特别是在1954年和1955年的两年中，在中共甘南工委的领导下，抽调了一批骨干力量，分赴上、下迭和插岗三区进行禁烟。1955年3月，甘南藏族自治区人民政府颁布了《甘南藏族自治区禁烟禁毒暂行办法》，卓尼自治区行政委员会立即召开了县、区、乡三级干部会议，并于是年5月18日召开了卓尼县第一次人民代表大会，着重讨论如何贯彻州人代会提出的“坚决禁种，彻底根除”的禁烟方针，并作出了决议，制定了措施。会后，以县人委第1号文件形式下达各区、乡，认真贯彻实施。是年7月初，中共卓尼工委和县人委再次充实了禁烟、铲烟的力量，全县从党、政、军、群系统抽调了50多名干部组成工作组，由副县长杨景华带领，分赴下迭和插岗、铁坝地区，开展禁烟工作。接着，工委又派燕兴邦、李绍棠等14名干部，先后到上、下迭参加禁烟工作。为了加强领导，工委决定燕兴邦、张火明、何建基三位同志，参加下迭区铲烟领导工作。同年7月29日，中共甘南工委对卓尼上、下迭的铲烟工作作了四条指示，重申了党和政府的禁烟决心及政策，并要求工作组与当地驻军公安十一团取得联系，从人力上给予支持。这样，广大干部和战士在三个多月中不辞劳累，翻山越岭，穿林涉水，忍饥忍渴，踏遍了下迭区重点种烟乡的达拉、多儿、阿夏沟和插岗区的博峪河等地之山山水水。他们动员群众，说服群众，宣传党的禁烟政策，讲明鸦片对社会和人民的毒害。从而使许多群众逐渐认清了禁种大烟的意义，主动铲除烟苗，交出积存、收割的大烟。县长杨复兴也亲自到迭部督促、检查、指导铲烟工作。又如下迭区尼傲总管杨告告，经常骑着自己的骡子，自带干粮参加铲烟任务很重的达拉沟工作组，风里来，雨里去，从不叫一声苦。他常到深山林海里去查烟，给干部当翻译，向群众做宣传解释工作。旺藏总管杨阿则，在下迭区的群众中威望较高，影响很大。他主动报名参加多儿沟和阿夏沟的铲烟工作，为禁种大烟出了很大力。还有插岗、铁坝区的付文明、尹哲义两位总管，在这次群众性的铲烟运动中，都起到了模范作用。

卓尼自治区在解放初期，禁烟尤以1954年的工作最为突出。当时，卓尼自治区共下设区公署4个，区下辖乡18个，旗32个，自然村517个。全区有农牧民14300户，81770人；有耕地223082.96亩。这一年，全区种植大烟的范围有8个区、8个乡、20个旗、218个自然村。种烟户数达3813户，占全区总户数的26.6%；种烟人口有15319人，占全区总人口数的18.7%；种植大烟10547.59亩，其中，插岗区5546.5亩，下迭区4923.18亩，上迭区37.95亩，新堡区39.96亩，占全自治区总耕地面积的4.7%。另外，还有零星种植的大烟1057株，其中，柳林区695株，洮南区323株，洮北区9株，录竹拱坝区30株。

全自治区种烟最多的要数插岗区和下迭区，这两区共种大烟10469.68亩，占全自治区种烟面积的99.3%。插岗种烟的有1846户，占本区总户数的79%；种烟面积达5546.5亩，占本区耕地面积26489.6亩的21%。特别是该区的博峪河旗，仅有554户人家，其中除3户未种大烟外，其余551户都不同程度地种植大烟。最多的农户种烟达30多亩，创造了解放后种大烟的最高水平。对此，中共卓尼工委和自治区行委采取了铲前统一思想，统一认识，组织好铲烟队伍的措施，并根据自治区三级干部会议精神，从县级机关抽调地方干部和军队指战员81人，组成工作组，分赴基层。与198名区、乡级干部组成一支强有力的铲烟大军，深入各村挨家挨户地开展了一场群众性的铲烟运动。区、乡党组织十分重视铲烟，及时做好广大干部、群众的思想政治工作，充分调动干部、群众的积极性，不断指导干部深入实际，调查了解，掌握情况，宣传政策，解除群众顾虑。通过与群众“拉关系”“交朋友”等方式，搞清当地的种烟情况，以达到消息灵通，心明眼亮。并不断总结经验，吸取教训，随时发现烟地，能及时派人铲除，真正做到了“彻底根除，一苗不留”。

三

为了达到彻底根除烟毒的目的，坚决消除种植大烟的恶习，中共卓尼工委和自治区行委于1955年对全区在上年实行了铲烟的土地，进行了一次全面复查。同时，要求各区、乡继续组织干部、群众深入田间地头，检查上年种烟的每块土地，拔除再生的烟苗。仅下迭区就拔除复生烟苗15760株，检查偷种的大烟17.56亩，当场动员、督促群众，铲毁烟苗和交出保存的烟籽，并让种烟突出的农户制订粮食生产计划，写出以后不再种大烟的保证书。同时，各村建立了村民禁烟小组，互相督促，共同制止偷种大烟的行为。通过连续两年的禁烟运动，提高了广大群众的思想认识和觉悟，增强了禁种大烟的自觉性。到1956年初，卓尼县的大多数区、乡、村，都由群众自发地制定了禁烟公约，监督执行。如下迭区桑坝乡，若发现谁家地内有一株大烟苗，就罚酒（群众自酿的青稞酒）一坛，烟苗达百株者，罚羊一只，还要给寺院进贡布施。更为严厉者数插岗、铁坝旗，他们自定的公约制度是：谁家种一分地大烟，就将全家驱逐出村。这样，使铲烟、禁毒工作真正落到了实处，变成了群众的自觉行动。在过去种烟最普遍的上、下迭和插岗三区内，户与户、村与村、旗（乡）与旗、区与区之间，互相监督，共同遵守执行禁令，使铲烟、禁毒工作的成果得到进一步巩固，并能长期坚持下去。到1956年，全县基本上达到彻底根绝。

西尼沟村土地改革纪实

卢永斗* 口述　　格日才让 整理

西尼沟村位于卓尼县东南部，是纳浪乡的一个行政村。历史上曾受卓尼杨土司管辖，清咸丰年间赠送给岷县赵土司。解放后，隶属岷县西川区，1954年7月12日划归卓尼县。共辖3个自然村，即嘴背后、西尼沟村、土桥子。全村共有204户1038人；耕地面积1185亩，其中山地面积141亩，川地面积1044.5亩；有耕畜200余头。

解放前，我任岷县河阴乡乡长。1949年9月11日，我参加了岷县军政联合起义，起义后被派往西川区第八乡担任文书。1951年任岷县西川区副区长。不久，我参加了在武都举办的地委干校土改训练班。学习结束后，我于9月在宕昌区搞了70天的土改试点工作，随即又参加了在岷县南川、白龙、梁公、李川、临江等5个区进行的第一期土改。当时我任梁公区新华乡土改工作组组长，副组长是王守政（岷县人）。1952年1月左右（具体时间记不准确）第二期土改工作在岷县的西川、梅川、江泰、闾井、马岩、城关等6个区开始。我任梅川区五乡土改工作组组长，副组长是韩希珍（庆阳人）。西尼沟村的土改是这次进行的。因西尼沟村当时属岷县西川区第八乡所辖，在进行土改的时候，我虽不是该乡土改工作组的成员，但家在西尼沟村，因此对家乡的土改很关心，听到、看到的情况也比较多。

1952年1月，西尼沟村搞土改时，全村有90多户480余人，但藏族多，

---

* 卢永斗系解放初岷县西川区原副区长。

汉族少。全村耕地面积人均3亩左右。我记得派往西尼沟村搞土改的工作组一共有4人。组长是一位姓王的闾井人，识字不多，但人很精干；副组长是一位姓罗的人，材料都由姓罗的写。工作组的总方针是“依靠贫雇农，团结中农”。整个土改工作是分几步进行的。首先是学习文件，宣传政策，了解实际情况，访贫问苦，扎根串联，启发群众的阶级觉悟，组织群众进行诉苦活动；其次，依靠贫雇农和积极分子，搜集材料，掌握情况，然后由工作组汇报区党委、区政府审批；最后没收财产，张榜公布划定的阶级成分。

这次土改的主要内容是：划定阶级成分，分配土地。即按家庭人口和经济收入状况，先登记人口、主要劳力和经济情况（指土地、房屋、牲畜、农具、账债、雇工、森林、武器的占有情况）。除武器、森林归公外，其多余的部分一律分给无地或少地的农民。家庭经济收入除本人的劳动收入外，其剥削量达25%以上，私有土地占当地农村人均土地的一倍以上者，划为地主成分。其剥削量虽不足25%，但私有土地接近当地人均土地的一倍者，划为富农成分。有一定土地，但其剥削量只有20%到22%者，划为富裕中农。有的地主兼营牧业者，只动土地部分，牲畜不动。另外，划有小土地出租、小土地经营、贫农、雇农（佃农）等成分。雇农有短期雇农、长期雇农两种。120个雇农折合1个长工。西尼沟村经过土改后，划定为地主成分的有5户，富农成分6户，富裕中农2户，小土地出租1户。这次土改是1952年3月结束的。4月，在岷县县委会议室进行了全县土改工作总结，所有参加土改的同志出席了会议。各区、乡和工作组汇报了工作，将总结材料报呈县土改委员会。县土改委的主任由岷县县委书记兼任，副主任是西北土改工作团的，成员有岷县县长和另外几个人（记不清了）。为了避免土改走过场或出现包庇、偏袒、错划、打击、报复等现象，凡参加土改的区长或区委书记和从老区来的有土改经验的干部审查材料。我当时在县土改工作总结办公室整理材料。是年8月，县委对土改工作进行了全面复查。负责全县复查工作的领导同志是县委秘书张××（名字不详）和武装部的一位姓贾的部长，下面有工作组成员五六个人。经过复查，我家的成分由原来的地主降为富裕中农，其他的没有变化，直到1958年均按土改时定的成分对待。

卓尼县第一个农业生产合作社
——新堡团结社

郭满清

解放初，新堡区属会川县所辖，地处峡谷山区，山大沟深，交通不便，资源贫乏，人多地少，是一个粮食不能自给的贫困地区。

解放后，由于认真宣传贯彻了党的民族政策，加强了生产建设和教育工作，培养了一批有文化的建设人才，使这一地区的经济、文化得到迅速发展，群众觉悟逐步提高。1954年6月，新堡区划归甘南藏族自治州卓尼县。

1953年12月，中共中央发表了《关于发展农业合作化的决议》，新堡划归卓尼后，卓尼自治区行政委员会认为，新堡群众的政治觉悟高，文化教育比全县其他地区发展快，办互助合作有一定思想基础，便决定把新堡村作为合作化运动试点，选派了干部，深入群众，宣传动员，积极进行筹备工作。经过一段时间的宣传教育，于1955年1月，在群众完全自愿的原则上，新堡村成立了卓尼全县第一个生产互助组。这个互助组由15户干部家属组成，罗进荣担任组长，卢世礼任副组长，卢居仁任会计。在一年的时间里，互助组群众生产情绪高，显示了互助合作的优越性，对其他群众产生了良好的影响。同年12月，在互助组的基础上成立了卓尼第一个初级农业生产合作社——新堡乡团结社。新堡村55户农户都在自愿的原则上，踊跃报名，积极入社。

全社有藏族28户，汉族27户，共216人（其中藏族112人，汉族104

人）。男女劳动力104人；耕地480多亩（无土地农民两户），其中水浇地380亩，人均占有土地2.2亩左右；有各类牲畜347头（匹、只）（无牲畜的有11户），其中大牲畜47头（匹）、羊300只（羊暂未入社）。根据社章规定，劳力按股份基金（每股四元）投社，收益按三七分配（劳七地三），人畜按出勤记工（劳力全工十分，牛全工六分），年终分配每十分为一个劳动日。建社后成立了五人组成的社管会，由罗进荣任社长，卢世礼任副社长，卢居仁任会计。建社后也加强了基层党的领导，全社八名党员建立了一个党支部，由罗进荣任支部书记。同时建立了共青团、妇女等组织。

初级社成立后，全社对劳动力统一调配，分组生产。三个作业组专事农业生产，另抽调七个强壮劳力组成副业组，配备了14头牲畜，从新堡至会川专搞运输，增加收入。建社的头一年，就发挥了集体化的优越性，当年新开垦荒地20多亩，全部种上了洋芋。建社后，由于人多心齐，劳动热情高、干劲大，社干部领导有方，秋收后，粮食增了产。年终决算，每个劳动日分了15斤粮，人均口粮达到600斤，并分到了一定数量的现金，交给国家公粮12000斤。这年年终分配人人满意，就连入社前的富裕户也说：过去我们没收获过这样多的粮食。事实教育了人们，认为农业生产合作社是靠得住的，集体化可以发展生产、增加收入、共同富裕。

1956年，县委根据中共中央七届六中全会《关于农业合作化问题的决议》精神，组织工作组，于12月深入新堡团结社，宣传中央精神，总结办社经验，帮助搞收益分配，并着手办高级社的筹备工作。

中共七届六中全会《决议》又一次激发了新堡村团结社广大社员积极性，他们一致要求成立高级农业生产合作社。1957年1月，在团结社的基础上，扩进了石叶、卡布、纳路寺三个村成立了高级社。高级社共扩进60户，300多人，各类牲畜950头（匹、只），耕地900亩。转社后，全社户数达到115户，人口增至516人，各类牲畜1350头（匹、只），其中大牲畜250头（匹、只），土地1400亩。土地、牲畜、大型农具、油房、水磨等全部折价入社。

高级社成立后，修改和充实了社章，改选了社管会，重划了生产作业组，通过一年多的实践，充分发挥了集体的力量和智慧，劳力上统筹安排，分配中实行按劳分配加照顾的原则，秋收决算时，劳动日值达1.6元，人均口粮430斤，每头大牲畜（定量）留饲料200斤，出售给国家余粮7万斤。成绩还是可喜的，高级社的组织形式和分配办法受到多数群众的欢迎。但是由初级社扩建为高级社，扩进的石叶、卡布、纳路寺三村，山高气凉、产量低，而全社统一核算分配，使新堡村的群众在分配中吃了亏；另外高级社给人定了口粮钱，使群众在粮食收入上受到影响。以上两个原因在群众中引起了不满情绪，挫伤了群众的劳动积极性。

随着形势的发展，在高级社尚未很好总结出经验教训，群众思想和精神上毫无准备的情况下，1958年10月，全县一夜之间实现了人民公社，以后由于政策上的失误，严重挫伤了农民的生产积极性，农业生产没有大的发展，群众生活得不到改善，直到党的十一届三中全会以后，全国农村实行联产承包责任制，新堡群众在党的富民政策指引下，以农业生产为主，开展多种经营，逐步改变了贫困面貌，正向小康道路迈进。

（原载于《卓尼文史资料》第四辑，
政协卓尼县委员会文史资料委员会编，1993年10月）

中共卓尼县委机构演变情况

杨卫东*

我于2015年底调入政协，在政协教科文卫体委员会上班，与文史资料和学习宣传委员会同一办公室，并与政协以往编辑出版的《卓尼文史资料》结下了缘分。翻阅浏览，感觉这些史料很有价值，也很有特色，于是趁这次抽调到两个《百年实录》征编办的机会，翻阅档案资料，对三十多年来中共卓尼县委机构演变作一记录。

1949年9月11日，卓尼和平起义，揭开了卓尼历史的新一页。1950年10月1日，中共卓尼县委员会成立以来至1984年3月已有33年的时间，共分五个历史时期。

一

1950年10月1日至1956年12月，在基本完成社会主义改造的六年中，卓尼党组织领导机构的沿革，大体经历了两个阶段：一是1950年10月中共卓尼工作委员会组建至1956年6月中共卓尼县第一次代表大会召开；二是1956年6月中共卓尼县第一次代表大会召开至同年12月。

在这一时期，工委（县委）工作机构的设置和调整，是根据当时政治任务的变化，党的中心工作的转移，管理体制的调整，经济、文化、教育、建设等各项事业的发展和党的建设的需要而进行的。工委（县委）工

* 作者系政协卓尼县教科文卫体委员会原主任。

作机构的设置和发展，大体是由简到繁，逐年增加的。1950年10月1日工委成立后，设秘书处、组织部、宣传部三个工作机构。之后，随着国民经济的需要，陆续增设了一些工作机构。1952年5月设统战部，1954年8月设纪律检查委员会，1955年1月设生产合作部，6月设财贸部。1956年6月，中共卓尼县委成立后，增设文教部和公交部，纪律检查委员会改为监察委员会，同时改秘书处为秘书室。

这一时期，根据当时工作的需要先后成立过审干、肃反、私改等临时性的办公室。

二

1957年1月至1966年5月，在开始全面建设社会主义的10年中，党的工作在指导方针上有过严重失误，但仍然取得了很大的成绩。县委领导机构经历了曲折的发展过程，大体经历了四个阶段：一是1957年1月至6月中共卓尼县第二次代表大会召开；二是1957年6月至1958年12月中共卓尼县委撤销；三是1962年1月恢复中共卓尼县委至1964年4月中共卓尼县第三次代表大会召开；四是1964年4月至1966年5月“文化大革命”开始。

这一时期，县委工作机构变动较大，1957年5月撤销工交部和文教部，1958年6月成立党校，至此，县委的工作机构有秘书室、组织部、宣传部、统战部、监委、生产合作部、财贸部、党校等8个。1962年1月恢复中共卓尼县委后，设有秘书室、组织部、宣传部、统战部、监委、农村工作部、工交部、财贸部、党校。5月撤销农村工作部、公交部、财贸部。1963年2月恢复了农村工作部。1964年12月成立了档案馆。至此，县委工作机构稳定在8个。

这一时期，根据当时工作需要，先后成立过整党整风、生产、工业、摘“右派分子”帽子、甄别等临时性办公机构。

三

1966年5月至1976年10月，在“文化大革命”的10年中，卓尼县同全国各地一样，遭受了这场动乱的冲击，搅乱了人们的思想和各级党的组织，给全县经济带来了极大的破坏。县委领导机构的沿革，大体经历了两个阶段：一是1966年5月“文化大革命”开始至1968年4月县革委会成立；二是1971年9月中共卓尼县委第四次代表大会召开至1976年10月粉碎“四人帮”。

这一时期，卓尼县委的工作机构有秘书室、组织部、宣传部、统战部、监委、农工部、党校、档案馆等8个工作机构。1967年11月30日，“造反派”非法夺取县委领导权，县委工作机构陷入瘫痪。1968年4月革委会成立后，设办公室、政治部、保卫部、生产指挥部，取代了县委、县人委工作机构。1971年9月，中共卓尼县委恢复后，陆续恢复了工作机构。1974年9月，恢复县委党校，翌年9月恢复县委组织部、宣传部、统战部，并成立办公室。11月恢复档案馆。1976年1月成立机关党委。至1976年10月“文化大革命”结束时，县委工作机构有办公室、组织部、宣传部、统战部、党校、机关党委等6个工作机构。

四

1976年10月至1987年11月，在社会主义现代化建设新时期的8年中，卓尼县同全国各地一样经历了不平凡的发展过程，1976年10月粉碎“四人帮”，结束了“文化大革命”“十年动乱”，各项工作取得了很大的成绩。卓尼县委的领导机构经历了四个阶段：一是1976年10月粉碎江青反革命集团至1979年1月中共卓尼县第五次代表大会召开；二是1979年1月至1984年4月中共卓尼县第六次代表大会召开；三是1984年4月至1987年3月中共卓尼县第七次代表大会召开；四是1987年11月党的十三大闭幕。

这一时期，随着全党工作重点的转移，为了适应现代化建设的需要，在县委领导机构变动以后，县委的工作机构也做了较大的调整。

五

1979年1月设立了纪律检查委员会。1981年4月设立政法办公室、农村工作部，10月设立财贸部。1983年5月设立党史办，12月为适应体制改革的需要，撤销财贸部。改政法办为政法委员会，设立老干部管理科。1984年3月成立信访办，4月纪律检查委员会“升格”。至此，县委的工作机构有办公室、组织部、宣传部、统战部、政法委员会、老干科、农工部、党史办、机关党委、党校、信访办等11个机构。

这一时期，根据工作需要先后成立过落实干部政策、改右、落实民族政策、落实知识分子和经打等临时性的办公机构。

·开放岁月·

省委副书记、省长宋照肃在卓尼视察工作

格日才让

2000年8月8日，甘肃省委副书记、省人民政府省长宋照肃率领省计委、财政、扶贫、水利、乡镇、林业等部门的负责人，在州上领导罗笑虎、丹正嘉、贡保甲、董怀德、沙拜次力、刘志民等陪同下来到卓尼视察工作。

8月8日，卓尼县委书记卓玛加、县人大常委会主任康尔寿、县长杨宇宏、县委副书记张振国、副县长杨文信等前往上卓梁迎接，向宋省长一行敬献哈达，表示欢迎。

上午，宋省长一行风尘仆仆深入卓尼洮砚厂，观看砚工雕刻情况，并与厂长卢俊福亲切交谈，听取了企业创建、生产经营情况的简要汇报，了解了卓尼洮砚的历史、现状。接着宋照肃省长一行前往卓尼青稞酒厂视察，卓尼青稞酒厂宁学仁介绍了酒厂情况后，宋省长又到展列室看了卓尼青稞酒系列品牌，在品尝卓尼青稞酒藏王宴品牌后说："我看我们的青稞酒藏王宴同五粮液差不了多少。"然后宋省长一行又前往卓尼县木耳乡西尼沟村了解群众的生产生活情况，视察了科技示范点塑料大棚和蔬菜种植，在农户董永平家由省长做东吃中午饭，一根大葱半块馍馍，黄瓜萝卜、麦索尔、蕨菜、洋芋青豆儿一锅面就是省长要求的四菜一汤。宋省长还了解了农牧民群众家庭生活和收入状况，详细询问了孩子学习等情况。

下午返回卓尼后，莅临禅定寺视察。寺管会主任格桑嘉措向宋省长敬献了哈达，在大经堂内宋省长向宗喀巴像献了一条哈达，禅定寺向宋省长赠送了小"木塔"礼品，然后观看了禅定寺文物殿收藏的珍贵文物，看望

了残疾雕刻艺人安嘛呢，宋省长拉住安嘛呢的手赞扬说：“你是全省残疾人的榜样。”

8月9日上午，宋省长一行在卓尼县委三楼会议室听取了州委书记罗笑虎、县委书记卓玛加、县长杨宇宏的工作汇报，并答应解决州、县提出的部分困难和问题。

宋省长在充分肯定工作成绩的同时，对今后工作提出了三点具体意见：一、甘南州要做一个整体全盘开发规划，分清哪些是主要的，哪些是次要的，同时要制定对外开放开发规划。二、要突出城市化和城市建设，牧区在发展市场经济过程中，首先把城市发展起来，把市场培育起来，这对于带动牧区的发展至关重要，你们提出的“从我州实际出发，以县城改造为重点，加快城镇建设，特别是合作市要按照州府所在地和县级市的要求进行规划，加大资金筹措力度，加快建设步伐，争取三年见成效。在全州经济发展中起到示范带动作用。同时，扶持发展一批重点集镇，进行小城镇建设，改变落后面貌”。这个想法非常好，我扶持赞成这个思路，希望你们按现在的这个思路开展工作。三、你们要更好地借鉴东部地区开放、开发的成功经验。并千方百计吸引他们的资金、高新技术和人才等来甘南投资办厂，充分利用他们在制造业、出口业等方面的优势，采取建立广泛联系的办法，利用他们的地方出口，或者利用他们的出口企业到甘南投资，把甘南的产品打出去，推向国际市场，以促进甘南的发展。要把旅游业作为一项产业来发展，旅游本身就是开放，是扩大对内对外开放的一个办法，他既是一个产业，也是对外开放的一个方面，这些办法都是好的。你们的工作思路很清晰，我很欣赏，提出的有些问题，我们都想到了，有些项目已经列入国家、省上的规划，但在具体工作中，关键要搞好项目的前期论证，把前期工作搞好。

中午，宋省长一行离开卓尼。

省委常委、统战部部长牟本理在卓尼

格日才让

1997年，我在卓尼县委统战部当文书时，中共甘肃省委常委、省委统战部部长牟本理前来卓尼县视察指导工作，作为文书的我，亲历了牟部长视察指导工作的全过程。

4月7日，牟部长一行在甘南州长贡保甲，州委常委、副州长拜一民，州委常委、秘书长陈志逊，州政协副主席、州委统战部部长仁青才让等的陪同下，来卓尼县视察和调研扶贫开发工作。

7日下午，牟部长一行未休息片刻，便风尘仆仆地到卓尼多加山电站、卓尼县最大的私营企业钢铁厂，视察车间及企业运行情况。牟部长一行对电站能按期正常发电，并以电力资源为龙头，带动矿产资源开发加工增值，在短期内完成钢铁厂项目的论证、上马到投资冶炼表示满意，并对卓尼县利用私营企业家资金，开发矿产资源的做法给予了高度评价。随后牟部长一行视察了安多古刹禅定寺，听取了寺管会的汇报介绍，参观了禅定寺寺藏珍贵文物，并指出要妥善管理保护好这些珍贵的历史文物。

晚上，牟部长和省委统战部有关处室领导以及州委统战部仁青才让部长利用休息时间，在县委常委会议室与县委、县人大领导以及县委统战部、县工商联、县民族宗教事务局的负责同志座谈，研究、讨论卓尼县统战、民族宗教工作，听取了县委统战部就近年来统一战线工作的汇报。牟本理部长在座谈会上对卓尼县统一战线工作从四个方面作了重要指示：一、充分肯定了工作中取得的成绩。觉得卓尼县统战民族宗教工作搞得好，四大班子领导重视，找准了工作重点，突出了民族宗教工作，统战和民族宗教部门配合密切，保持了全县的政治、经济和整个社会的稳定，尤其是去年“四个维护”的宣传教育工作和为实施2010年远景目标做贡献的活动开展得好，涌现出许多先进典型和感人事迹；统战、民族宗教工作部门通过各种方式为民族地区办了实事、好事；非党干部的推荐、安排工作也取得了明显的成效。二、强调了基层统战工作的重要性。统一战线是党的三大法宝之一，过去讲，现在更要讲，而且要牢牢掌握这一法宝。现在来看，统战对象不是减少了，而是增多了，县级统战部门是搞好统战工作的关键，县一级的工作搞好了，州、省的工作就好搞了。因此，要再接再厉，继续把统战工作做好，抓好贯彻落实，当好县委、县政府的助手和参谋，为全县的政治稳定、经济发展、社会安定多做贡献。同时强调，基层统战工作是直接联系统战对象的工作，有许多特殊性，要保证一定数量的统战工作经费，县上要纳入财政开支预算。三、充分发挥工商联三性中经济性这个特点，搞好经济领域的统战工作。中共中央把非公有制经济代表人士的工作交给我们，就是要我们通过“团结、帮助、引导、教育”，使广大非公有制代表人士“爱国、敬业、守法”，先富帮后富，以点带面，最后走共同富裕之路。过去的工作中只突出了统战性而工商联的经济性和民间性特点没有发挥出来，按照中央统战部王兆国部长的讲话精神，工商联可办企业，这是工商联的一大优势。工商联工作要突出经济性这一特点，要学习成县工商联取得的先进经验，比较优秀的非公有制经济企业可以挂靠工商联，这样才能把我们的工作搞活，希望县统战部和工商联好好研究，在这方面给县委、县政府各部门带个好头。同时，要大力引导广大非公有制经济人士投身于光彩事业，要把光彩事业活动落实在具体行动上，非公有制经济人士不参与光彩事业活动，我们不作政治安排，统战部门要把好这个关。四、对非党知识分子和党外人士培养、选拔、安排、使用工作，是一项非常重要的工作，是一项政治任务，其目的在于体现我们共产党并不是一党执政，而是在共产党领导下的多党合作制度。现在全省已有20个县配备了非党副县长，建议卓尼县选好苗子，专门培养，在条件成熟时，推荐非党干部进入政府和人大领导班子。

座谈会最后，牟本理部长就县上提出的有关具体问题和困难一一作了明确指示和答复。鉴于州县财政困难的实际情况，同意解决禅定寺门前八户群众搬迁经费的缺口资金和县委统战部的实际困难。

5月8日上午，牟本理部长一行详细听取了卓尼县扶贫办扶贫工作缺口汇报并强调，今后要进一步提高认识，转变观念，加大扶贫力度，依靠资源开发扶贫，如期实现脱贫目标。中午，牟本理部长、贡保甲州长一行离开卓尼。

杨复兴、贡唐仓参加调处扎尕梁草山纠纷

杨应忠

扎尕梁地区草山纠纷，是历史遗留下来的长达将近400年的、困扰这一地区牧民的老大难问题。清朝政府处理过，国民党政府处理过，解放以后处理过，但都没有能彻底解决问题。在“文革”中，将州、县领导作为走资派拉到草山纠纷现场批斗，提出了“只有斗倒走资派才能解决草山纠纷”的口号，但事过不久，问题仍然出现。州委、州政府为解决这个问题，经过认真研究，认为：第一，决定将纠纷双方县、社的干部、群众代表请到州上学习，设法解决；第二，请省人大常委会副主任杨复兴、省政协常委贡唐仓来州参加调处；第三，提出以解决好纠纷问题的实际行动，迎接党的十二大的胜利召开。州委形成共识以后，组织专门班子具体实施。

扎尕梁地区草山纠纷涉及夏河县美武、买仁①和卓尼县完冒、恰盖、康多等5个公社，是这一带草山纠纷中较为突出的一起纠纷。这起纠纷始于明末清初，历时4个朝代，长达近400年。多少次集兵，无数次械斗，使双方伤亡百余人，损失牲畜万余头（只），给人民的生命财产造成了极大的损失。对此，国民党甘肃省政府、甘肃省保安司令部、甘肃省岷县第一专署以及卓、夏两县曾多次派员调解，均未见效。解放以后，我人民政府十分重视这一纠纷，30年来，省、州、县曾通过各种方法进行过多种调解，使纠纷有所缓和，但问题一直没有得到解决。党的十一届三中全会以后，在纠正极“左”路线，拨乱反正，安定团结向“四化”建设进军的大

① 美武、买仁，即现在合作市佐盖曼玛镇和佐盖多玛乡。

好形势下，扎尕梁草山纠纷却蕴藏着很不安定的因素。为了解决这一问题，州委、州人大、州政府和两县都下了最大的决心。同时认为，在党的三中全会精神的指引下，在全国安定团结的大好形势下，彻底解决这一纠纷的条件、时机已完全成熟。只要我们努力工作，方法得当，这一历史遗留下来的纠纷，我们完全可以在历史发展的过程中消除。

扎尕梁草山纠纷调处工作是在州委、州人大、州人民政府的关怀和支持下，组成专门班子，邀请有关民族宗教上层人士协助，采取背靠背，上层人士和群众代表直接协商的方法进行的。参加这次调处工作的代表有两个县的县长、公社主任。这次调处工作从5月上旬开始到9月中旬结束，共进行了4个多月；5月4日到5月10日，以7天的时间组织州、县、公社参加调处工作的干部认真学习了三中全会精神及中央、国务院、省、州有关解决草山纠纷问题的指示和文件，并结合扎尕梁草山纠纷的历史和现状联系实际进行了讨论，使与会同志提高了思想，统一了认识，增强了信心，为调处工作的顺利进行消除了阻力，创造了条件。从5月11日到6月10日，在这一个月内，一方面贡唐仓活佛在两县纠纷涉及区调查、了解、掌握群众思想，做群众工作；另一方面州县各自了解纠纷的现状、调查纠纷的历史，为调处工作准备材料。6月10日，正式进行谈判。在谈判中提倡双方代表识大体，顾大局，该让步的地方就让步，力求解决问题，达成协议。9月9日经州人民政府批准，9月10日至14日在扎尕梁进行具体划界，送达协议书，并宣布即日起生效执行。整个扎尕梁草山纠纷的调处工作就此结束。

这一草山纠纷之所以得到顺利解决，主要原因是：

（一）州委、州人大、州人民政府对这一纠纷的调处工作十分重视，不时过问，参加商讨，几位参加调处的老干部特别是张天信、李仲兴等老同志不辞辛苦、始终如一地领导和坚持了协调工作，实事求是，坚持原则，主持公正，深受双方代表的信任和欢迎。

（二）在全国人民贯彻落实三中全会精神，拨乱反正、安定团结、向“四化”建设进军的大好形势下，双方纠纷涉及区群众都迫切希望能够有一个安定团结、发展生产的良好局面，和全国人民一道把民族地区的“四化”建设搞上去。他们从历史的惨痛教训中明确地认识到，草山纠纷是旧社会的产物，有些甚至是历代统治者处于政治目的有意制造的，它对民族地区的政治、经济、文化的发展起了很大的破坏作用，解放以后党和人民政府为了民族事业的发展曾多次进行过调处，但问题并未彻底得到解决。三中全会明确指出，必须进一步巩固和发展安定团结的政治局面。如果现在再闹草山纠纷那就更不应该了，必须尽快解决才符合三中全会精神，才有利于民族地区各项事业的发展。他们也明确认识到，互相械斗不是解决草山纠纷的办法，它只会使矛盾越结越大，仇恨越结越深，给人民的生命财产造成更大的损失。只有依靠党和人民政府，双方通过协商的办法，才是解决草山纠纷的唯一途径。这就使得这一问题的解决有了广泛的群众基础。

（三）充分运用和发挥了民族宗教中上层人士的作用。在民族地区依靠他们的协助搞好党的各项工作，实施政府的政策法令，搞好民族地区的社会主义建设，这是我们党的一贯方针政策。扎尕梁草山纠纷涉及卓、夏两县，在全州有较大的影响。因此，邀请在两县群众中颇有威信的省人大常委会副主任杨复兴同志和省政协常委、省佛协副会长贡唐仓活佛协助调解这一草山纠纷作用很大。在整个工作中，贡唐仓活佛不辞辛苦，亲自到两县深入实际走访群众，掌握情况，充分发挥其职能作用，从不同角度利用各种有利条件，进行工作。这就使得扎尕梁草山纠纷最后能从牛江阳山各半达成协议起了关键性的、不可否认的重大作用，也将是两县纠纷涉及区群众各自难以忘记的历史事实。杨复兴同志尽管健康欠佳，但他一直带病坚持工作，并在调处和协商中，始终表现出为了党的事业，为了促进民族团结，不顾自己的安危，处处能够识大体、顾大局，本着求大同存小异的原则，耐心妥善地做群众工作，求得这一问题的尽快解决。特别是在调处工作处于有可能僵化的情况下，他还是以最大的决心和诚意与贡唐仓一起终于促进了协议的达成。

1982年4月

（选自《杨应忠文集》，青海人民出版社，2004年9月第1版）

筑牢坚强堡垒　助推脱贫攻坚

——卓尼县实施党建助推精准扶贫的探索与实践

杨　武*

卓尼县位于甘肃省南部、甘南藏族自治州东南部，全县总面积5419.68平方公里，境内海拔2000—4920米，属高原性大陆气候，辖3镇12乡、97个行政村、3个社区、461个村民小组，总人口10.29万人；境内山大沟深、交通不便，贫困面积大，贫困人口多，贫困程度深，是国家扶持重点贫困县，也是全省精准扶贫示范县之一。我作为卓尼县委主要负责人，自任县委书记以来，认真贯彻习近平总书记“越是进行脱贫攻坚，越是要加强和改善党的领导”的指示精神，把保障脱贫攻坚作为党建的头等大事来抓，努力把党的政治优势、组织优势和密切联系群众优势转化为全县脱贫攻坚优势，充分发挥党建助推扶贫作用，以党建为引领，统筹推进扶贫工作。几年的工作实践，使我产生了三点感悟。

一、搞好顶层设计是助力脱贫攻坚的前提条件

脱贫攻坚涉及人民群众的根本利益，是全县各项工作的重中之重，也是我们一班人艰巨而光荣的历史使命。2015年8月任卓尼县委书记以来，我牢固树立“抓脱贫必须抓党建，抓党建就是抓脱贫”的重要认识，坚持

---

* 作者系中共甘南州委常委、州委秘书长、中共卓尼县委书记。

把脱贫攻坚作为自己主政时期最大的政治任务，高标准定位，高起点谋划，及时调整充实了以我和县长为双组长的脱贫攻坚领导小组，从基础设施建设、富民产业培育、公共服务保障、金融服务、基层党建、社会帮扶、宣传报道、督查考核等8方面协调推进脱贫攻坚，形成了党政主要领导亲自挂帅、四大班子齐抓共管、相关部门通力配合的组织领导体系，有效破解了资源分散、政令不畅、成效不显的问题。适时组织召开脱贫攻坚领导小组会、精准扶贫精准脱贫现场观摩推进会等不同类型、不同规格的专题会议，从不同阶段、不同层面对精准扶贫精准脱贫工作进行扎实安排部署，研究制定了精准扶贫工作目标任务分解表，梳理出了目标任务、重点工作、政策措施、责任分工“四合一”清单，与各乡镇党委书记、乡镇长及县直相关部门主要负责人签订了目标责任书，明确了县级领导干部、各乡镇和县直各部门的工作任务，靠实了工作责任。并指导制定了《卓尼县精准扶贫工作问责暂行办法》《卓尼县精准扶贫精准脱贫监督工作管理制度（试行）》，起到了以制度传导压力、保障落实的作用，有效增强了党员干部的责任意识和担当意识。为打造脱贫攻坚新合力，我按照集中力量办大事的原则，打破行业界限、突破部门分割，三年计划整合项目和培训资金15亿余元，全部用于脱贫攻坚，使全县总体面貌发生了巨大变化，群众生产生活得到明显改善。

二、夯实基层基础是助力脱贫攻坚的根本保障

打赢脱贫攻坚战，关键在干部，重点在干事。只有充分凝聚各方力量、发挥各类资源，以只争朝夕的劲头和铁砚磨穿的精神狠抓脱贫，才能啃下这块硬骨头，才能尽快让群众脱贫致富，也才能夺取脱贫奔小康的全面胜利。为此，我以狠抓工作落实为根本，严格要求县级领导干部落实党建工作联系点制度，进一步明确乡镇党政“一把手”为脱贫攻坚的第一责任人，配备专职工作人员，加强扶贫攻坚力量，夯实了组织保障和人才保障。立足解决“谁来扶”这一难题，有效整合扶贫干部、挂职干部、大学生村官、乡镇包村干部等帮扶力量，不但在省定42个贫困村组建驻村帮扶工作队，而且在33个非贫困村（贫困户在30户以上）组建驻村帮扶工作

队，统一工作要求，统一加强管理，统一监督考核，有效解决了非贫困村帮扶力量不足的问题。同时，加强驻村帮扶工作队和村第一书记管理考核力度，及时落实驻村帮扶工作队工作经费、基本待遇和保障政策，为全县驻村帮扶工作队开展工作创造良好条件，确保挂职干部“全身心融入基层、全方位参与发展、全脱岗一线锻炼”，有效凝聚了脱贫攻坚的广泛力量支撑。根据精准扶贫工作要求、群众工作需求和干部岗位职责要求，我指导组织部门先后选派县级干部、乡镇党政主要负责人、驻村帮扶工作队队长及副队长等参加全省精准扶贫干部网络培训班学习，有效提高了指导落实政策、推动脱贫攻坚的能力和水平。并加大对大学生村官的理论政策、藏语会话、养殖技术等方面的培训，提高大学生村官服务贫困村农牧民群众的能力。同时，选派了15个乡镇的干部及村干部210人参加了2016年村级互助资金财务管理业务培训，用学到的知识指导工作，在带领群众脱贫致富奔小康过程中发挥积极作用。为了推动富民产业发展，我及时组织选派农牧村党支部书记外出考察学习，举办各类实用技术培训班，培训学员3924人，落实党员创业帮扶机制，有效拓宽贫困群众增收致富的途径，大幅提升农牧民党员带头致富、带领群众共同致富的能力。

三、优化服务载体是助力脱贫攻坚的必要手段

习总书记指出：“农村基层党组织是党在农村全部工作和战斗力的基础，是贯彻落实党的扶贫开发工作部署的战斗堡垒。”抓好党建促脱贫，前提是把党建抓好，就要充分发挥农牧村基层党组织的战斗堡垒作用，党员的先锋模范作用，干部的骨干带头作用，从而增强党的凝聚力、战斗力、领导力。因此，我从工作机制上入手，大力推行乡镇干部“双岗双责”制度，激发群众发展内在动力，凝聚推动农牧村发展的强大合力，累计建立便民服务制度措施240多项，为民办理实事1580多件，村级综合服务中心的服务质量和群众满意度得到进一步提升。全面推行“三联四问五制”、“五包双承诺”、为民服务全程代理制等服务群众载体，全县各级党员干部深入村组、农牧户，走访民情，倾听民意，及时掌握农牧村各类信息，通过党员干部和群众之间的双向承诺和五包责任的落实，乡镇干

部的工作主动性和责任感、服务群众的工作能力得到明显提升。在落实政策帮扶上，我把党员创业项目扶持作为全面推进“先锋引领”行动、“民心党建”工程、助推脱贫攻坚的一项重要举措，着力为党员创业找门路、强“筋骨”，扶持和鼓励农牧村党员积极创办规模种植、规模养殖和农畜产品加工等项目，带领群众创业，先后为258名党员创业户落实了扶持资金，切实破解党员创业缺乏头绪、无从下手、孤军奋战等难题，形成了党员群众共同致富奔小康的良好局面。同时，我在全县各级党组织中全面开展以“建强一批党小组，发展培训一批新党员，开展一系列党组织活动，选树表彰一批典型模范，扶持慰问一批困难党员”为主要内容的“五个一”活动，在“尼江”地区开展以“创建一项干部包联机制、搭建一个互助发展平台、构建一套网格管理体系、全面提升基层组织战斗力、全面提升群众自管水平”的“三建双提升”群众工作，通过这些丰富多样的工作载体、切实可行的帮扶措施，切实找准基层党建与脱贫攻坚的契合点，充分发挥党的政治优势、组织优势、密切联系群众优势，以党建带扶贫、以扶贫促党建，促进基层党建与脱贫攻坚工作深度融合，着力将农牧村基层党组织打造成为脱贫攻坚的坚强堡垒，将党员干部打造成为富民为民先锋，不断提升了基层党组织战斗力。

卓尼县城改造的前前后后

韩明生*

从2012年到2016年的五年时间，卓尼县委、县政府成功对唐尕川、上城门、上河村957户城中村进行了拆迁改造，新建了14846套各类保障性住房；完成了沿街建筑民族特色化改造以及县城“五化”改造，基本消除了县城内破旧低矮的平房、土房；代之而起的是一排排花园式的住宅区，一座座体现卓尼建筑风格精髓的“苫子房”新商铺，让世代居住在这里的群众搬入了宽敞明亮的小洋楼。漫步于灯光交织的滨河路，俯瞰洮河水面楼宇纵横，宛如身处藏乡江南，时刻能感受到现代文明的生活气息。

唐尕川、上城门、上河村是卓尼县城“脏、乱、差”和“破、旧、乱”最集中的地方。我们这届班子，在第十二个五年规划时期，把城中村改建项目列入重点规划进行改建，使县城面貌在这短短的几年内发生了翻天覆地的变化。在彻底解决了城中村群众住房问题的同时，也提升了城市服务水平、城市品位、城市旅游

* 作者系中共卓尼县委副书记、县人民政府县长。

形象，为建设现代化高原旅游明珠旅游县城奠定了坚实的基础。

不堪回首的往昔

卓尼县位于甘南藏族自治州东南部，卓尼系藏语，汉意为两棵马尾松。相传很早以前，因在卓尼大寺寺址处有两棵苍劲挺拔的马尾松而得名。卓尼县城坐落在四周青山环绕，洮河穿流而过的卓尼多（下游）地方，而卓尼普（上游）至卓尼多（下游）间是6公里长的下坡，县城就正好坐落在下坡的冲积扇上，每遇大雨，下游的人提心吊胆。据史料记载，早在1953年6月20日，城区及上卓沟突降暴雨，时间持续15分钟，形成高达一丈有余的洪水，由上卓沟夹带泥沙，直接冲入县城，淹没了冲积扇上的半个县城，冲毁房屋10间，冲走居民衣物、钱粮和商品等物，损失折价2.8万元，给城中居民带来了深重的灾难。1954年5月9日，县城又复发水灾，冲毁房屋66间，死1人，损失衣物、商品、粮食等折价2亿多元（折合人民币2万元）。1988年7月6日晚10时10分许，县城突降暴雨，持续30分钟，降雨量达60毫米，使上卓沟、冰角沟、绍藏沟暴发泥石流，造成41人死亡，损失大牲畜684头（匹），冲毁房屋483间，264人无家可归，农作物受灾3万余亩，冲走粮食18万公斤，损失粮油近35万公斤，冲走汽车、拖拉机12台，冲毁公路5.7公里等，直接经济损失达675万元。1989年6月5日夏令时21时10分，卓尼城区突降暴雨，持续20分钟，降雨量达40.6毫米，卡石山沟等山洪暴发，造成1人死亡，全城停电停水，人畜伤亡，房屋倒塌，交通阻塞。20世纪七八十年代的这些水患，剥夺了无数鲜活的生命，给生存在这片土地上的人民群众心中留下了难掩的伤疤。

随着社会的发展，县城人口的不断增加，基础设施的不断提升，县城居民从地势较高的寺台子、上城门、唐尕川村向洮河边移居，经济发展重心向较为平坦的河边下移，自然而然就形成了唐尕川、上城门这样的城中村，居住人群贫困、环境条件差、房屋破旧就是这里的代名词，几乎每户都是土墙院、土墙房，老少一屋，人畜一院。村内基础设施建设严重滞后，巷道狭窄，垃圾乱倒，牲畜乱走，污水四溢，气味相当难闻，改善居住条件是祖祖辈辈生活在这里的群众的夙愿。长期居住在这里的唐尕川村老人宗元肖说：“多年来，我们这里晴天一身土，雨天一身泥，巷道窄得很多地方车都进不来，有办法的人家都搬出去住楼房了，就剩下我们老弱病残的住在这里了。”据县扶贫部门统计，上城门村、唐尕川村是卓尼县贫困人口的集中地，2014年贫困人口占总人口的22.9%。针对这一现状，县委、县政府看在眼里，急在心里，在广泛征求了人大代表、政协委员、群众意见以及社会各界人士的意见建议后，2012年县委、县政府研究决定要彻底解决县城这些城中村的群众居住问题，将这部分群众住上新房作为当前的首要任务，将城区拆迁改造作为一号工程来抓，从此卓尼历史上规模最大的县城改造工程正式拉开了帷幕。

民心工程的打造过程

卓尼县委、县政府在城区改造工作中提出，要将城中村拆迁等作为一项重要的民心工程来切实抓好，妥善安置好拆迁户的生产生活问题，为群众创造良好的人居环境。

唐尕川、上城门城中村是这次县城改造的重头戏，涉及改造户501户，单位7个，宾馆饭店2个，农贸市场及住宅楼1个，书店1个，拆迁建筑面积137526.88平方米，征收土地面积148830.61平方米。面对繁重的拆迁任务，县委、县政府迎难而上、毫不退缩，及时成立了由县委、县政府主要领导任组长的拆迁工作领导小组，全面协调指挥拆迁工作，同时抽调200多名县直相关部门业务骨干成立工作组，配合县国土局、柳林镇具体开展拆迁工作。通过靠实拆迁责任，建立县级领导及一般干部拆迁责任台账，设立主动拆迁奖励、逾期拆迁处罚等行之有效的措施，拆迁工作启动迅速。各工作组深入拆迁户，了解居民拆迁愿望，开会商讨安置办法，耐心细致做工作。在此期间，县委、县政府主要领导高

度重视拆迁工作进展，先后多次深入拆迁现场办公，深入拆迁户家中，讲政策、讲道理，做拆迁户思想工作，消除群众心中的疑虑，给群众拆迁吃了一颗“定心丸”。最终在充分征求了群众意见的基础上，形成了拆迁安置补偿方案，和拆迁户达成拆迁协议，历时6个月的拆迁前期工作达到了预期的目标。

在城中村改造过程中，县委、县政府突出民本理念，拆迁户按照实际情况自由选择安置形式，有货币安置的直接发放安置费；有拆迁人自行安置的一次性发给被拆迁户过渡安置费；有被拆迁人不能自行安置的在下所藏上川保障性住房小区临时设置安置点。拆迁补偿时特别考虑了对困难拆迁户的拆迁特殊补偿政策，对享有城市低保、拆迁后失去住房的拆迁户，经核实可申请享受廉租住房租赁补贴政策。通过各种人性化的制度、办法，妥善地解决了城中村改造拆迁户的补偿安置工作。由于干部工作到位，安置补偿措施得当，城中村拆迁工作进展平稳顺利，最大限度地降低了各种矛盾纠纷的发生。

同时，县委、县政府在上城门保障性住房新区修建了1314套保障性住房，小区内安装了居民健身器材、视频监控、太阳能路灯，配建了村级服务中心、公共丧葬房，进一步完善了小区的服务功能。为了回笼建设资金、方便居民购物和预防上卓沟地质灾害对小区居民造成生命财产损失，在小区西侧排洪渠边修建了独具卓尼特色的“苫子房”商铺16000多平方米。保障性住房及相关配套基础设施的建设，有效解决了卓尼县中低收入家庭的住房困难问题，实现人人“居有所住”的目标，彻底解决了城区排洪渠周边居民的生命财产安全隐患，提高了广大居民的生产生活质量，是一项当地群众举手称赞的“民心工程”。

特色小镇多姿多彩

市容市貌是一个城市的“脸面”，是展示社会文明程度的“窗口”，是招商引资的“名片”，是打造全域旅游无垃圾示范区的“成果”，更是一个地方人民群众生活质量和生活标准的重要体现。县委、县政府深知提升县容县貌对发展县域旅游、建设民族特色与现代化宜居相结合城市的重要性，经过反复研究讨论，广泛征求社会各界意见建议，决定围绕洮河做文章，利用好这个大自然赐予的宝贵资源，提出了打造“百里洮河风情线”的发展思路，实施了城区“五化”改造，以“做亮主城区、做靓洮河岸”为重点，按照高起点、高标准对县城区河岸、楼域建筑、绿化区域、公共设施及标志性建筑等进行了亮化改造；对沿街各巷道、城区原有广场进行石材更换铺装，在滨河路和广场上安放休闲座椅、文化雕塑等实施城区硬化改造；按照建设生态绿化园林县城目标，对桥南滨河东路步行街、上城门排洪渠东侧商业步行街、新城区滨河路等进行绿化改造；加强环卫力量，安装更换垃圾箱，增设垃圾收集斗，增放垃圾、泔水清运车，对县城进行净化改造；取缔占道经营，清洗城区主街道两侧及背街小巷墙面上乱贴乱画的牛皮癣广告，清理粉刷公路沿线的护坡墙体广告等进行美化改造。同时结合当地民族和历史文化特色，对县城区主街道沿街建筑进行了建筑节能、外墙粉刷、屋面防水和门窗更换及加挂藏式构件、统一店招等突出民族特色的改造工程。别具一格的上城门“苫子房”商铺，富有民族特色的主街铺面，庄重典雅的洮砚文化广场，缤纷靓丽的滨河路，卓尼县成功打造了一道夜间别致的景观带，提升了县城品位和形象，着重改善了人居环境，展现了区域民族色彩夜间景观，突出船城特色的城市景观效果，为创造和谐优美的旅游、宜居环境奠定了坚实

的基础。

夜晚漫步卓尼桥头，熟悉卓尼的人惊叹于卓尼今昔对比的巨大落差，初到卓尼的人则对这世外桃源般的小县城发出由衷地赞叹，民族和现代在这里和谐共处，历史与文化在这里完美融合。这一系列县城改造工程的实施，是县委、县政府解决民生问题的重要体现，更是卓尼干部践行群众路线的具体举措。在新的起点上，卓尼干部群众正上下一心，为全面建成小康社会，创造卓尼更加美好的未来而努力奋斗。

解放初期卓尼供销合作事业发展概况

梁崇文

在解放前数百年历史长河中，卓尼是一个交通不便，生产力水平低，商品生产落后，流通不畅的藏族聚居地区。这里的广大农牧民群众穿有自产的羊皮、褐子、麻布，吃有自种、自养的粮食和猪肉、牛肉、羊肉，照明有清油、松亮，过着基本自给自足的田园生活。他们以储粮多、牛羊头数多为富有的标志，不讲究周转效益，视经商为不光彩职业，很少有人从事流通活动。生产和生活中缺少的铁制农具、食盐、辣子等，都靠外地行商贩运，独家经营，缺乏竞争，价格昂贵，不能和农畜产品等价交换便是不可避免的社会现象了。

卓尼禅定寺每年农历正月、六月、十月有三次大的宗教活动，四方群众云集寺院，外地商贩自然前来摆摊设点，有些牧民也赶来马匹、牛羊交易，故有六月、十月骡马会的说法，但并未形成稳定的相当规模的集市。

在我国，春节是最隆重的节日，卓尼藏族群众也不例外，都要“办年货”过年，所以形成了每年一度的腊月二十六集，这是卓尼仅有的一年一次的集市。到20世纪40年代，卓尼街上仅有小铺三五家，禅定寺门口有小摊三五个，这就是解放前卓尼地区商品流通的基本情况。

生产决定流通，流通反作用于生产。搞活流通，是发展生产的重要一环。在国营商业不可能全面下伸到广大农村牧区的情况下，组织群众，筹集股金，建立劳动群众集体所有的半社会主义性质的供销合作社，以合理的价格推销社员群众自产的农畜产品，供应生产、生活资料，是保护群众利益，繁荣市场，稳定物价，发展生产的有效途径。在这方面，我们党在陕甘宁边区就已积累了不少经验，延安南区供销社就是这方面的典型，主任刘建章成了有名人物，上了新名词辞典。

1949年9月，卓尼和平解放，党政领导根据卓尼实际，很快把办合作社的问题提上了议事日程。1950年上半年就成立开业，到1958年上半年已发展到县有县社，区有基社，下有分店，基本上占领了广大农牧区市场，为卓尼地区经济恢复和发展做出了应有的贡献。我从1951年下半年开始从事供销社工作，现就这一时期供销合作事业的发展从组织结构、人员、资金、业务活动等方面做一回顾，由于资料缺乏，只凭记忆，情节数据难免有不准的地方，欢迎知情者指正。

一、组织机构

1950年上半年成立合作社机构，全称“卓尼县人民生产消费合作社”，门市部三间，套一间办公室，在杨复兴官邸大门北侧，即现在检察院大门北侧。1951年8月，省财政经济委员会合作局派推销处长魏秀山前来联系整顿，改名为“卓尼县供销合作社”，并在临潭旧城开一分销店。1952年“三反”运动结束后，立即进行改组，撤销了旧城分销店，人员一分为二，成立了柳林供销社，原有门市部划归柳林社，并租雷振声家房屋五间，改装为办公室。1955年据国合城乡分工精神，社址迁到纳浪。经领导机关批准，将大操场（现民贸公司）拨给供销社使用，成立了县联社筹备处。1954年初召开了代表会议，成立了“卓尼县供销合作社联合社”，后又更名为“卓尼县供销合作社”。

各区要求建社的积极性很高，供销社没人力，区上指定行政干部，从县上领货代销。北山、洮南等区都是这样开始的。1952年下半年，麻路供销社派人筹备。1953年上半年，洮南、洮北两社派人开始筹备。1954年插岗、北山、下迭供销社派人开始筹备。筹备主要是在原有的基础上进一步发动群众入股，扩大股金，同时积极开展业务，以优惠的价格收购农畜产品，供应生产、生活资料，扩大供销社的影响，选社员代表，召开代表大会，通过章程，选出理事会和监事会。经一年左右时间的筹备，这些社分别于1954年和1955年正式成立起来。洮北社为了方便社员群众，经两县有关部门协商同意设在临潭县旧城西门。1955年，根据国合城乡分工精神迁回古战川。1954年新堡区划归卓尼，供销社亦归卓尼县社领导。1957年上半年县社成立了经理部，专门搞购销业务，县社成为行政领导单位。4月接收了民贸公司上迭贸易组，改组为上迭供销社筹备委员会，由区上党政领导、民族宗教上层人士和业务负责人组成。这个社虽未召开代表会正式选举成立，但已是一个经济实体，工作一样进行，实现了一区一社。

为方便群众，扩大业务，各社还根据需要和可能建立了许多分销店：柳林有多坝、纳浪分销店；洮北有小沟、盘院分销店；洮南有孙家磨、沟门分销店；新堡有柏林、洮砚分销店；麻路有尕贡巴、扎古录分销店；北山有康多分销店。

为扩大服务范围，县社还从西安请来服装加工人员和理发员，于1953年成立了服装部和理发部。1955年左右，县上还成立过农副产品收购站和药材公司，到1957年这两个机构均并入县社。

1958年初大办地方工业中，县社又办起了药材加工厂、布鞋厂、农具加工厂、制胶厂、弹花厂等附属企业。

二、人员、工资

供销社的工作人员来自以下几个方面：一是党政组织人事部门调配；二是上级调配；三是自己吸收。1951年初建社时，有工作人员8人。“三反”运动中和工委编一个组，对张家斌等进行重点工作，逼其交代经济问题，结果没有什么事实。在实行包干制的数月中，大家分了点伙食结余，每人六七元，以贪污论处，决定交出赃款，免于处分。到1958年上半年已发展到百余人。1957年下半年，各社留营业人员坚持上班，其他集中在县参加整风运动，也错处理了一批职工。在20世纪60年代初和党的十一届三中全会后绝大多数落实了政策，得到妥善处理和安置。现就县、区两级社领导和一些骨干分述于下：

1. 县社：1950年刚成立时，建设科长樊毅（陕西人）兼主任，李力（甘谷）、漆琢如（漳县）为副主任，工委宣传部部长曹文尉兼指导员，民兵司令部会计王斌卿兼会计。记账员张家斌，营业员袁遂海、刘作臣都是陕西人，原在兰州当店员，通过樊毅介绍来卓，成了刚建社时的业务骨干。1952年6月“三反”运动结束，县社领导做了调整，原兼职主任及两个副主任均免职，取消了指导员制度，县社主任由工商科长高守仁兼任。1956年6月周维民接任主任，1957年3月调离，此后到1958年6月机构合并主任职务空着，工作由副主任主持。孙振江1954年初至1955年底任副主任，郭瑾瑜1956年任副主任一年，我从1956年6月任副主任至1958年6月国合机构合并。

县社财会工作由王斌卿兼任，1952年6月后负责财会工作的先后有我、郑廉、张国基、杨培元。主管会计有吴一中、牛乐沂。负责业务工作的有张家斌、郑廉，1957年张家斌任经理部经理，袁守业任业务股长。当过县社秘书的有陈世茂、王统基、李自荣、张廷俊。负责人事工作的有裴正静、车瑞生、张秉德。负责组导工作的有我、冯志学。负责统计、计划工作的有我、杜柄炎。

2. 基社：基层供销社主任一般都由区长兼任，副主任主持工作。

柳林社副主任有张学礼、张国基、郑廉，会计有王世清、尹先龙。

麻路社副主任有刘作臣、寇振国，会计赵文熹。

洮北社副主任有我、高甫仁，负责人有孙国祯、王统基，会计有郑树勋、孙国祯。

洮南社副主任有陈浩玄、刘作臣、姚正全，会计有雍含章、牛志仁。

北山社副主任徐向礼，会计杜家驹。

新堡社副主任有后永昌、冯志学，会计陈浩玄。

插岗社副主任白克俭，会计何守仁。

下迭社副主任徐志远，会计杨长进。

上迭社负责人后佐才，会计詹友文。

供销社工作人员待遇，原来和行政上一样，先是供给制，后改包干制。1953年定级改薪金制，行政上从年初执行，供销社因为业务刚刚开始，收入有限，负担不起，迟了半年，从7月开始执行，全体人员也想得通，没有什么情绪。当时也给省合作局写过报告，答应拨给二人半年的工资，县社便将工资级别较高的我和张家斌（23级）造表上报，不久经费就拨来了。但其他人员无工资，我们也不能特殊，还是到下半年一起改了薪金制。1956年工资改革，供销系统搞了一套工资制度，县社领导执行行政级，其他业务人员都套业务级。基层社分甲、乙、丙、丁四等，主任、会计、统计、业务、营业员工资都按等级套改。柳林社属乙等，其他各社均属丙等，同样一个职级，乙等社工资高于丙等社。

三、资金

供销社资金来源有几种渠道：

首先是社员股金，这是主要的；其次是利润积累；再次是系统内调剂基金；最后是银行借款。

社员股金。1950年刚建社时，县、区、乡三级党政出面发动，每股两元（当时为两万元），群众入社，最少一股，最多不限。当时干部实行供给制，为了带头，大家还是积极入股。卓尼所辖八区，全面发动，以区来看，柳林、洮南、洮北入股多，每区达到四五百人，其他各区比较少，但每区亦在200人以上。家庭经济情况好的民族、宗教中上层人士入股多，有数十股，甚至数百股、上千股的。一般群众入股大部分是一两股。建社初期社员发有购物证，价格优待，每尺布少二分，日用杂货、百货优待在5%左右。买上四五十元的东西，就便宜两元多，这对调动群众积极入股是有很大促进作用的。到1952年底，总共有股金15000元左右。1953年各区开始筹备建社，再次发动群众入股，这一时期增加股金多少，找不到数据，但从洮北、柳林等社情况分析，比第一批入股要少，全县股金总数在两万至三万元。

发动群众入股时，宣传入股自愿，退股自由，除价格上优待外，还有股金分红。价格上的优待一开始就落实了，就大多数社员而言，几年来价格优待的实惠，远远超过股金数倍。1955年供销系统推行“拨货计价，实物负责制”核算办法，取消了营业码单和商品分账，把营业员、会计员从繁重的账单中解放出来，对提高工作效率确实有益。但社员、非社员两种价格是推行这一办法无法排除的障碍，为适应发展形势，卓尼供销系统和其他各地一样取消了社员优待价。股金分红没有落实。1952年下半年，我们到拉力沟、扭子、出路一带召开群众会，宣传供销社性质和入社好处，当场分给社员红利，也号召未入社的群众入社，效果很好。近一个月时间，只搞了洮南区一半，全县8个区，供销社职工只有10人，还要搞日常业务，何年何月能搞完这一工作，只好停了。各区社成立后，业务刚刚开展，利润不多，该分红利微不足道，一般都是经社员代表大会通过，将分红部分转入公积金扩大业务，所以分红政策一直未落实。以后机构几合几分，直到20世纪80年代初，县上组织力量，进行供销社体制改革，重要的一项工作就是清股、扩股，一次性付给利息。但时间过去了近30年，大多数社员的股票不知去向，供销社股票存根，只有洮南和新堡尚存，因此除洮南、新堡清得彻底外，其他地区根本无法清理，当然也无法兑现利息了。

1952年下半年开始，各区社先后筹备成立，原有股金随之下拨，县社资金就很困难了。1953年底，省下拨调剂资金8000元，后又拨维修费6000元，修了仓库和办公室。1952年下半年，人民银行临潭支行在卓尼设了营业所，县社申请贷款1万元，这是供销社向银行取得的第一笔贷款。

1957年以前，各区社资金不多，柳林社约五六千元，其他都是3000元左右，没有贷款。由于坚持了勤俭办社的原则，经营管理搞得好，资金周转快，包括县社共10个核算单位，利润积累不太多，但从未出现亏损现象。

四、业务活动

供销社的业务活动分两个部分：一是推销群众生产的农、牧、土、特产品；二是供应群众所需生产、生活资料。

只有把群众生产的产品收购进来，推销出去，才能促进生产的发展，提高群众的收入。收入增加了，购买力随之提高，就能扩大供应业务。所以在业务工作中，供销社始终把推销业务摆在首位。

卓尼盛产中药材，1950年开始各区工作组（区委、区署前身）就动员群众，大搞药材采集。供销社和岷县药材公司签订合同，技术上由他们负责，所以药材调给岷县公司，群众采集的药材全部调了出去。中药材连续多年是供销社收购的大宗产品之一。

1953年和湖南客商签订猪鬃购销合同，供销社组织收购人员深入农村牧区，收购了一大批猪鬃，在交接中发生规格等级之争，无法解决，客商起诉于临潭法院，高守仁、郑廉出庭“打官司”，法院请旧城畜产品公司技术人员定等评级做出裁定，才解决了这一经济合同案件。此后供销社还组织收购组，深入牧区，大量收购耕畜、马匹，分别调往岷县、陕西。各区社也根据当地资源情况，积极寻找销路，组织群众大搞商品生产，如牧区的畜产品，柳林、新堡等地的毛竹，洮南的烧柴，各地杂骨、废品等，不论大宗小宗，只要社会需要，供销社都积极组织购销，既增加了社员群众收入，又扩大了自身购销业务。

在供应业务方面，又强调生产资料优先于生活资料。因为生产资料的供应工作，是直接为生产服务的。在这方面，县、区两级社确实做了大量工作。

首先是推广较先进的农牧机具。县社曾购来畜力割草机、电动剪毛机、播种机、双轮双铧犁、七寸步犁、山地步犁、喷雾喷粉机等农牧机具，经各有关部门共同努力，使用较普遍的是山地步犁、播种机、喷雾喷粉机等，其他都由于各方面的原因没有推广使用。农药的使用，一度也比较普遍。

1957年底，根据党政领导指示，县社从庆阳请来技工，在本县和临潭农村招来临时木工30余人，加工推广庆阳犁，木料在当地收购，铁件从庆阳调运，日产量约50个，在1958年春耕中被大量使用。它的特点是价格便宜，使用轻便，一头牛可以拉动，但也没有坚持使用下去。

在推广新农具的同时，同样重视原有工具的组织供应，如镰刀、斧头、镢头、犁铧等。有的县上组织进货，有的供销社提供优质原料，组织当地有名望的工匠生产，深受群众欢迎。有的在县内组织调剂，如调新洮的筛子、蒲兰、簸箕供给洮北一带的群众，调车巴沟的犏牛供应给农区群众，千方百计为生产服务。在生产资料的供应上强调有利干，没利甚至亏本也干，事实也是如此，有些农药过时失效，就得报废，新式农具要在使用过程中示范，试用品就由供销社承担，有些引进工具如摇楼、外地镰刀等，推销不出去也就报废了。

生活资料的供应，虽说排在第二位，但这方面的比重大，也关系到千家万户的生活和供销社的效益，同样要认真做好。1952年上半年以前，供销社资金少，人员不足，进货地点都在岷县，有时也从兰州进点，花色品种不多，价格也降不下来。1952年“三反”运动结束后，下决心筹集资金5000元，由张家斌去西安进货，购入布匹、百货、烟酒一批，由火车运到陇西，雇两辆胶皮车运到卓尼，花色品种多，质量好，价格低（供销社核价有规定，不能超规定差率乱加，所以这批货的价格比原市价低了好多）。批零兼营，也给下面代销店下放了一批，不久即空。接着又去西安，带的还是5000元，搞了第二批。这两次西安进货很有意义，一是增加了经营品种，繁荣了市场；二是平抑了物价；三是开拓了供销社职工的视野，为做好供应工作打好了基础。

前面提到，解放前卓尼街上只有三五家小铺，解放初增加了几户，但供销社在市场上起着举足轻重的主导地位。1953年，临潭贸易公司在卓尼设了一个购销组，营业地点在上城门外李家店，后改为公司，在下城门外（即今食品公司驻地）建了门市部、仓库等。1955年国合城乡商品分工后，柳林社迁到纳浪，县社停止了工业品对外批发业务，县城市场的主导作用移位于国营公司，供销社负起了搞好广大农牧区流通工作的责任。

总之，在三年恢复和第一个五年计划时期，卓尼县供销社系统由于有县、区党政直接领导的大力支持，又有上级社的帮助和指导，经全体职工积极努力，艰苦创业，坚持政治、生产、群众三大观点，通过购销业务活动，为卓尼地区生产的恢复和发展，为农牧区经济的繁荣和群众生活的改善，为支援国家建设做出了应有的贡献。

1958年3月，省供销社和服务厅联合召开工作会议，确定省供销社和省服务厅合并为省第二商业厅，副省长马青山在会上大讲“三社合一”（生产、供销、信用社）的好处，当时县上没有服务系统机构，没有合并的问题。6月，自治州决定州县、商业、供销合并，卓尼县在6月底前办完了合并手续，这样就把两个性质不同的经济实体合二为一了。

1991年3月20日

（原载于《卓尼文史资料》第三辑，1991年4月）

解放初洮河木材的采运

陈　星*

我是个学艺术的，解放前当过教师，办过刊物。为什么会跑到卓尼搞木材生产？这便勾起了遥远的回忆。

那是在西北人民革命大学用马克思主义、毛泽东思想确立了无条件服从组织分配，全心全意为人民服务的人生观，特别是毛主席的“越是艰苦的地方越是要去，这才是好同志”的教导鼓励了我。40多年来，我和卓尼地区各族人民建立了良好的感情，并向他们学习了不少东西，也和所有的人一样在风风雨雨里经受着人生的悲欢离合，酸甜苦辣的考验。

20世纪就要过去，一个五光十色的新纪元即将出现，但我并未忘记洮河的森林和人民为祖国的建设做出的巨大贡献。今将我亲身经历的50年代初木材采运作如下记述，以飨读者。

收购木材

甘南蕴藏着丰富的森林资源，绝大部分生长在卓尼辖区，尤以上、下迭部（那时亦属卓尼县管）的原始森林材质上好，蓄积量大。我曾随省林业调查队步入白龙江林区，这里可谓山大沟深，不仅无车道，悬崖峭壁上的坎坷小路连牲畜亦难通过。我们像探险队员一样背负着生活资料攀登在崇山峻岭之中，俯瞰奔流直下的白龙江在狭窄的山谷中咆哮，仰视一线蓝

* 作者系甘肃省洮河林业局干部。

天在云雾中缭绕，稍有不慎便会跌入沸腾的江水之中。

而洮河林区山势平缓，土壤肥沃，宜林宜牧亦宜农，大沟小岔炊烟袅袅，靠山傍水寺庙依依，依依杨柳护卫着清澈而洁白的洮河水缓缓东流，它为木材提供了低廉的运输条件。解放前即吸引了公私木商云集于此。

我于1950年底到洮河林场，正是国家颁布了对木材统一收购、统一采伐和统一运输的“三统”政策之后，在当地除洮河林场外任何单位和个人无权经营木材，国家建设需材时由省财委向洮河林场下达生产任务，于是由洮河林场接收了共和公司和林木公司的成品材和林权。当地群众和木商业已采伐的木材，限期拉至洮河或小河岸边，由我率领收购组下起纳浪上至俄河巡回收购。当时的木材价格不仅有利于当地群众而且也有利于木商。

那时木商经营木材有两种方式：一种是向各庄头人购买有限期的森林采伐权，或者根据林木大小以根数计算树胎，自行雇工采伐和拉运；另一种即是以枪支、子弹、豹皮、水獭皮甚至系腰、礼帽和砖茶火柴之类进行成品交换。所以按照国家收购价他们仍有50%的利润。

这里我特别要提到的是，那时的干部是廉洁的，人民群众更是诚实可信的。例如我们收购时牲畜驮着白元现收现付，收购单据也只是由我们自己写张白条，由群众在上面摁个指印，然后将材交给本庄头人代管，水手编筏运完了事。如此简便的手续，群众完全可以将铁号削去再卖二遍。干部若要从中贪污更是容易，当时有位号称“何十万”的木商见我一张纸条便能领来三万五万，故送我一张5000元的支票（那时的1元钱可以在市上买30斤上好的陇西面粉），我气愤而又耐心地批评了他，并向组织作了汇报。这不是敢不敢贪污受贿的问题，而是代表了那个时代每个干部的品德。

既然实行了“三统”政策，收购也只能是限于1950年以前采伐的，之后的采伐当由洮河林场以利用和保护相结合的统一原则进行。所以，要保证百废待兴的建设需材，其任务是十分艰巨的。当时的森林所有权还在各庄群众手里，但又不许他们自己采伐。只有向群众买树胎，经过号树进行间伐。然而洮河沿岸已无可采之林，沟沟岔岔交通不便，远水难解近渴，若在洮河边强行作业等于收割尚未成熟的庄稼，无异于杀鸡取卵。

对洮河森林蓄积量分布情况只有工程师杨耀池了如指掌，他指出洮河沿岸能采伐1万立方米的只有最上游双岔原始林。然而那是毛里土司阿采管辖的十二旗下共有的神林。解放前，许多木商不止一次出过大价，送过厚礼，但未能跨进林区一步。

“神林”二字给人以神圣不可侵犯的感觉，然而买“神林”也不是没有先例。大峪沟旗布寺对面的神林早在解放之初即被共和公司买得，采伐权已移交洮河林场，当时只因树大山险交通阻塞，不易开采搁置至今。

杨耀池工程师对阿采土司了解后介绍说：“阿采是位豁达大度，性格开朗，重义气，好朋友的土司，必须以统战方式做好阿采的工作。”省林业局崔步赢局长亲来共同商讨此事，一致认为必须选一位外表精干、谈吐不凡的干部作为省局代表前往与阿采交友谈判，场长王杰指着我说：“非他莫属。”

我作为省局代表扮演了这场戏的主角，以杨耀池、殷建德、张正州等作为随员，又聘请了阿采的好友作为翻译与引见之人。1951年底前，那里尚未去过共产党干部，故为我们配有20多人的武装，携带厚礼，演出了真真假假的这场戏。

阿采土司果然热情好客，他那健壮的体形、毫无拘束的性格、直爽的语言、朗朗的笑声，给我留下了一个藏族领袖人物的良好印象。他召集了20多位僧侣及土管头人，摆了7个昼夜的舌战。他们都能说会道，引经据典，长篇大论地一说就是个把钟头，中心意思就是神林是神圣不可侵犯的。而我则以生物新陈代谢规律、间伐之后有利于更新和森林必然国有化的政策以及支援国家建设的重大意义来说服他们卖比不卖好，同时还得维护党的威信和民族之间的感情，这实在是项艰苦的工作，几天的舌战也辛苦了翻译安扎什。阿采很少发言，当大家思想有所松动，他便当机立断拍板定案。最后以每棵树六个大洋的价格成交，预付12万元（那时他们还不相信人民币）。

这里的木材质量为洮河林区之冠，每棵树平均材积在两立方米左右。双岔河以上还有最后一片森林即唐龙神林，不久也以同样的价格收购了。内地土改后这里也陆续宣布森林国有化，当地群众便向阿采竖起大拇指称赞他的明智和远见。

冰雪滑道

20世纪50年代洮河林区成材林还不很贫乏。主要是陆地运输不便，缺乏建路资金。大峪沟旗布寺神林，在解放前木商就采伐过，但伐倒的树依然躺在原地难以挪动，解放后也就不敢再采。然而每年都下达着新的采伐任务，为了完成采伐任务，1953年便在这里动了斧锯，采伐了两万立方米左右。1954年派李广贤去大峪作业所，要他把这批材弄到小河边。但直到1955年连一根材也没有翻个身，全部躺在原地未动。原因是木材长而大，且要求全尖下山，全尖运输。二牛抬杠吧，材的直径比牛高，何况坡陡无法修路；若用串坡的办法，山沟窄狭，十根木材就能堵住沟口，下面又是深涧狭谷，无回旋余地，两万立方米材集于何地？沟口西面有处荒滩，可以辟为楞场，但必须翻个小山梁，如此大的木材叫它翻山越岭岂不是痴人说梦。

我自1950年进入林区以来，每年都是夏秋在河，冬春在山，每个春节只有寒风作歌，飞雪伴舞。1955年洮河伐运任务完成得较早，我欲回家探视久别的高龄老母，但上级把旗布寺集材任务以鼓励性的口气交给了我。我像爬惯杆的猴子一样，只要戴上高帽子，等不得锣响就动作起来。

往年采伐时，工人搭的是窝棚，干部住的是布帐篷，刮起大风像吹火的羊皮胎，生火烟得眼里直流泪，一遇暴风雪我们便被压在下面，半夜起来跑步御寒，天亮了又重新支起它。我从水运队和当地群众中组织了300多位素质较好的工人，三个石头支起一口锅，当天伐木割竹造窝铺当天住，中间挖个深坑架堆火，晚上卧在湿漉漉的地面上，就这样热火朝天地干了起来。

冰雪滑道集材，这在冰冻期较长的东北是惯用的，我也只是耳闻，谁也不曾目睹，但我确信这一理论是可信的。实践出真知，若用300多人去作实验，一旦失败岂不是有口莫辩，然而再三思考，除此外别无他法。

3公里的滑道，必须通过深涧、山隈、陡坡，尤其要使大材翻越一座小山，这就需要凿山、架桥、填沟、移石，而且要在冰冻前的一月内完成。如此复杂的地形连一架水平仪也没有，仅凭一双肉眼、两只脚和微不足道的一点物理常识去摸索，把数百人安排在不相见的丛林之中同时施工，不允许有丝毫的误差和返工，这是极不容易的。时间之紧迫、经验之不足、物质之贫乏、任务之重大，千斤重担压在肩上。但职工们仅凭一把镐、一张锨、一条锯、一个榔头就如期完成了滑道和楞场的基建工程。当第一根木材宛如游龙，恰似飞箭般冲进楞场时，一股热流在职工们心中翻滚，顿时欢声雷动，兴奋的泪花也在我眼帘闪动，幸福的滋味不亚于新婚之乐！

为什么不值得高兴！直径1米多粗，身长20余米的庞然大物，20多人才能使它翻个身，如今它驯服地在滑道中飞行，又乖乖地在楞场停下，工人们像降龙伏虎的英雄，把它滚上了楞堆。然而也不容乐观，大材速度快，在急弯处像一枚导弹腾空而起，飞过峡谷射向山坡，如同荆轲刺秦王那把匕首扎在铜柱上颤颤发抖，它如跌进深沟顷刻自我爆炸。小材速度慢易卧轨，一遇大材从后追来，立即粉身碎骨。这一道道难题昼夜在职工们大脑中画出无数问号，但又在智慧中溶解了。

弃我去者，昨日之日不可留。光阴，不管人们如何珍惜它，留恋它，从不在你身边停留一秒。真正能够利用的冰冻时期也只有三个月，漫山遍野的木材需要翻身、打枝、剥皮后向滑道边沿集中，它们在滑道中还要保持相当距离，使楞场工人移动其位置。在这三个月中还有一个传统的节日——春节，工人们宁肯不挣工资也要回家玩社火，一来一去就要丧失一个月的黄金时间。若推迟到来年冬季再滑，不仅工棚、滑道需要重新修整，更重要的是国家建设工地盼材如甘霖。

机不可失，时不再来。我征得上级同意，提前置办年货，杀猪宰羊，租来戏装和乐器，搭起舞台，职工们自演自看自评论，并请附近农牧民及寺院僧众前来同乐。3天假日工资照发，所宰牛羊一律报销。深山峡谷中的锣鼓声特别响亮，青松白云是天然的布景，使人赏心悦目、心旷神怡，这个春节过得别有一番风味。

时间过去了一半，一座座楞堆日日增高，劳动号子声一浪高过一浪，但能否如期完成任务绝不能“到时再看”。林里到底还有多少木材必须心中有数，要达到此目的，必须走遍每个山梁沟壑、坡面计算所剩木材的数量。于是一步一个黑窟窿，踩进没膝的雪毡，像狗熊般四蹄爬行，多次掉进深涧被雪埋着，踩在看不见的冰面上滑下山坡，然后又像蜗牛爬墙一样向前攻。当把剩余的数量摸清后与以往的进度一比较，再分配给剩余的时间，不禁吓出一身冷汗，时间发生“赤字”是永远讨不回来的。

晚上无论如何睡不着，徘徊在一丝丝红柳之中，雪被月光照得如同白昼，山河流水，清澈照人，它从山涧、地下钻出累得直冒热气，却又发出清脆的低唱。露出水面的石头都带有一顶白帽，像朵朵白莲浮在水面。一棵棵青松驮着厚厚的白雪，昂首挺胸，偶然刮过一股寒风扫落雪尘，它的枝条便摇曳起来，惊得灰喜鹊拍打着懒得张开的翅膀。雪夜、空气是新鲜的，环境是静谧的，是一个美丽而神秘的银色世界。

我信步走进了楞场，踏着新铺的“白毡”一直走到滑道的顶端，似乎看到工人们仍在战斗，山谷仍在怒吼，木材正在向楞场奔驰，我找到了稍纵即逝的时间。

第二天我们组织了夜战队。一堆堆篝火，像古战场上的烽火台，鼓舞着昂扬的斗志，一声声哨音像将军的号音传递着严肃的军令，一阵阵寒风像体育赛场上的加油声。山岳在颤抖，松林在狂舞，高亢的号子，婉转的山歌和欢声笑语，以及隆隆的木材飞驰声，汇成了一章雄壮的交响曲。职工们情绪激昂，精神倍增，搅得山猪难以入睡，它在咒骂我们是一群傻瓜。

越是下雪就越要战斗，雪是油、是力、是效益和速度。干部和工人早晨揣着同样的两个干馒头，一出汗就把棉衣脱在雪地上，中午再去啃就像铁饼一样，渴了抓把雪润润嗓子。晚上回来像个落汤鸡似的，什么臭鞋湿窝窝在地炉周围挤得严严的，不管干不干早晨又塞进一把青根草套在脚上，谁也没有怨言，唯恐春光早临。

出工时我从不落在后面，收工从未走在前边，在工地上总是不住地往返巡视。一次我正在滑道检查铁轨情况，忽然一根木材减速停了下来，我怕后面来材造成两败俱伤，于是跳进轨道摇了几下，它走了我却滑倒了，正在此时，隆隆的木材滑行声渐渐逼近，我来不及爬起来，只得向滑道内弦一滚，一根木材就从我身边飞驰而过，撕去我棉衣一角，我刚刚爬了起来又跌倒，工人贾正明正好赶到，一把把我拽了出来，又一根木材从我腿边呼啸而过，要不是贾正明我会被飞驰而下的木材搓成肉泥。

一天，我正在山顶与顺材入轨工人一起劳动，随时提醒他们防止滑入轨道。雪越下越紧，工人们的情绪也愈加高涨。忽然楞场传来停止入轨的信号，我预感到发生了什么意外事故，连跑带滚进入窝棚，只见检尺员王长生直直地躺在一块木板上，七窍出血，杨医生向我摇着头，摊开两手表示无能为力的悲叹！

王长生是大峪沟扎那村人，20多点年纪，是位极诚实而肯干的新吸收的干部。出事地点是经常跑轨的危险地段，所以划为禁区，滑材时不许进入。但这天自早到晚从未跑轨，他便进去检尺，忽然一根木材从高空落下，在枕木上飞滚，其余人向两边躲避，他在木材前面奔跑，被飞滚的木材将他抛上九霄，落下来七窍出血，为工作献出了他宝贵而年轻的生命。

采伐时，也有一位工人被树打伤了左腿，本人也没有意识到骨折，在窝棚里休息了多日不见好转，负责人张明轩便将其送往医院，伤好后留下了残疾，张明轩被处两年徒刑。

小河流送

“小河撵运”和“小河流送”一词是我来到卓尼首次听到。

1951年初夏我还在收购木材，场长王杰让我与大峪作业所主任张春华对调，说那里的小河流送任务急、难度大，张表示无能为力。我想张春华是黄埔生，曾在国民党军队中任过营长、团副。他竟无能为力，我岂有回天之力。但无条件服从组织分配是共产党干部的起码准则。

不看不知道，一看吓一跳。云江峡位于大峪沟口上行五里，宽不过两丈，两山对峙，崖壁如削，清澈的河水从弯弯曲曲的石缝中挤出。上峡口河床开阔，乱石林立。水流分散。木材横七竖八堆积如山，延绵五里只听哗哗之声，不见流水。要搬掉这两万多立方米木材，只有一根根抬出峡口，怪不得前人望洋兴叹，张公口称“无能为力”。

这些木材是共和、林木两公司和个别木商在解放前生产的。那时的小河撵运，是一个揽头包一批木材，找一帮人赶这一群“羊”，所以也称小河撵运为“赶羊”。一到撵运季节便有几十位揽头率领数以千计的工人各赶各的“羊”。

1949年这两个公司分别把木材承包给若干揽头，各打各的号，争先恐后推入河中。正在抢运之中，一场大水把所有的木材堆在云江峡中连绵五里，各位揽头宣告破产，一去不回。1950年两公司联合再次向外承包，请来的揽头一看一摇头，也表示无能为力。

省上决定把共和、林木两公司的木材全部接收下来。洮河林场收到的是一堆账本移交，人用手往云江峡一指便扬长而去。1951年省上就指望用这批材打发各需材单位，但这群“羊”安然自得地卧在云江之中，不肯迈出一步，这怎不叫场长王杰着急呢。不仅要把卧在河中的这批“羊”赶出去，沿小河两岸还有一堆堆未推入河中的木材延伸五十余里直到阿角。这些材也是当年要完成的任务之一。

我没有经过这样的战场，也不是诸葛亮，只能照葫芦画瓢。请来几位知名揽头，动员他们承包，工资优惠，他们感到人多用不上，人少何时能取完，包烂了，公家的话好说，工人拿不上钱，我们连家也不敢回。总之，是怕担风险。

计件工资的承包制度，无疑是优越而先进的，但我感到必须对症下药。揽头怕风险、风险由我担，怕拿不到工资，我以民主评议分级按月发工资。工头拿特等，由直管干部评定。这一协议达成后当天就来了近百人。立即租民房、备饮具、派人搞后勤。

工人分取闸、撵运、捞材三组，每组根据工作量定人员，分为两班。从早晨六点至晚八点，每班只许干一个小时即换，休息时也有任务，除喝茶吸烟外便是唱民歌，讲笑话，为劳动者加油，这样一来争取了时间，激发了劳动热情，可以说一天能干三天的活儿。

下雨天，大家进屋避雨，我还在闸堆上琢磨下一步先取哪部分。材被浸湿了光滑得连脚也站不住，平常几十人扯不动的材，我用手一搬就呼噜噜地转。这个启示非同小可，每天派人给要取的木材上不断泼冷水，下雨也不停，加补贴。这点窍门又提高了工效若干倍，越取越加人，不到50天，这些材都乖乖地被编成木筏顺洮河东流去。

五十多里长的大峪沟河完全畅通无阻，许多揽头要求承包未推河的木材，我便告诉他们：“大揽头我当定了，你们当小工头吧。”当天推河的木材，无论远近都要在洮河边捞完，小河中不存一根，免得再被云江峡“掐住脖子”。

洮河边捞材的控制设备是把几根木材串成“长龙”，水和称它为“滤子”，小河出来的材便乖乖地顺着它转弯。这又给了我一大启示，根据每段河床地形、流速去架设“滤子”，而且在收工时还能关住，控制夜行材。在不能架设的地方设专人把关，收工前他们的地段若停有木材，将成为扣工资的理由。我经常夜半从多坝出发，凌晨五时即到阿角，那里的干部许忠信已督促工人起床，6时开始将木材推入河床。11时即休息。只有这样，最远的材，当日才能捞完。然后我又沿河检查回来，这种突然出现的检查有助于加强职工的责任感。

沿岸推河工段，以不同色油漆打上标记，以远近区分，按时按量推材入河，根据出河上岸统计便知河中尚有多少存材。

最后几天的工作是在极其艰苦的情况下完成的，洮河上的春风总是姗姗来迟，而秋风夹白雪却早早降临。日历才只到9月，这里已是寒风怒吼、雪花飞舞。小河撵运工人身着棉衣，但裤脚又不得不卷得高高的，河风顺着水面吹来，刺骨的疼痛使人难以形容。工人们抱着木杠、搭钩，顺着小河东一根西一根地把最后一批木材赶着，水小了，常蹚不了多远就又靠着边“休息”，像一群没有领头的绵羊一样，你不赶它，它就不走。而工人，赤脚不敢落下，生怕脚掌和石头粘在一起。见此情形实在于心不忍，但又不能终止。我是“大揽头”，岂能在岸上指手画脚，只有脱了鞋，从工人手中接过搭钩，一咬牙跳进水里，忍着刺骨的疼痛，把河心、沙滩上的一根根木材送向中流。每个职工都和我一样，只要想起这批木材能解建设需材之急，想起完成任务后的喜悦，心里就涌上一股热流，把一切艰难困苦抛于脑后。

洮河筏运

“大漠风尘日色昏，红旗半卷出辕门。前军夜渡洮河北，已报生擒吐谷浑。”王昌龄这首诗说明早在唐代，卓、岷一带的洮河两岸已是重地。数千年前各民族便在洮河流域繁衍生息，它是一条有益于人类，造福于人民的河流。在近200年来它又成为木材销往外地的主要流通渠道。

木材由洮河进入黄河，有三个咽喉地段。在入黄河口有牛鼻峡，中游有九甸峡，上游则是野狐峡。这三段峡道都是两岸高山形成的峡谷，崖壁高耸，河中巨石林立，水流湍急，咆哮之声震撼山岳。故木筏经此必须拆开单灌，尤以上游野狐峡更须两拆两灌。

野狐峡地处岷县南部与卓尼接壤，它全长只有3公里，但有上、下两处瀑布，人们称它为上、下浪（又称曹家浪和刘家浪），这里在20世纪80年代已修建了刘家浪水电站。

由于有了上、下浪，木筏至此必须两拆两编。木筏接近野狐峡时即在田家堡靠岸，然后由技术熟练者转至上浪口，拆开单根灌入，又在野狐桥下一根根捞出编成木筏，再由技高胆大的工人转至下浪口，再次拆开单灌，出峡后再次捞出编筏下运。这是两百多年来的传统操作程序，而且每年少不了有十多个工人在此捐躯。1951年洮河实行了统一管理，不仅未能如期完成任务的50%，且依然死了6名工人。1952年，场长王杰要我来此工作，其任务一是要完成全年任务；二是不能发生死亡事故；三是负责卓尼至九甸峡全段的筏运工作。

初来乍到，只能沿袭成规，边干边想边改。工人死亡的主要原因是转筏时不能准确靠岸，跌入浪口，筏散人亡；还有河中失捞木材堆成大闸，取闸时落水进入瀑布。如果能做到不转筏，同时不使灌浪木材坐闸，便能避免死亡事故，若能把两拆两编改为一拆一编即可提高效率百分之百。如要达此目的，就要能使每根木材按人的主观愿望循规蹈矩地航行。然而洮河不是大峪沟的小河，尤其野狐峡是个地形十分复杂的

洮河放筏

河道。洮河木材都是全尖运输，长有20多米，只要有一根木材横在峡道中间，刹那间就堆成一座木山，多日取不开，随时都会造成重大事故。

干任何事，一怕没决心，二怕不用心，三怕不齐心。如果有了决心，用心地去想办法，齐心干起来，眼前的困难通过努力是能够克服的。流落在岷县的一位老红军王家发同志是我的得力助手，他能吃苦，肯动脑子，办一切事情都十分认真，我们无私无畏互相合作得很好，这是搞好工作的基础。其实灌浪等于撵大河，以撵小河的理论为基础来解决撵大河的问题是能够办到的。但当地有些老工人则认为那是痴人说梦，洮河的流速流量高于小河数十倍，小河里堵几根木头或一根滤子，木材就能乖乖地转弯或停止。这里堵不成，拴不住谈何容易，然而以小堵变大堵，以小拴变大拴又有何不可。

凡是需要架设滤子（也称浮漂）的地段都是坡度大、流速高，百多根材做成的三百多米长的滤子没有直径较大的钢丝绳如何能拴住它。但那时不仅资金短缺而且无处买，就是拴住了，它只能长长地靠岸边躺着，怎能固定到河的主流上去阻挡流动的木材。以流动力学原理在滤子外侧多加不同斜度斜撑，利用水的动力把滤子的尾端逐渐推向中流是能办到的，这样将给滤子本身增加不堪负担的压力，最后以长而粗的多条麻绳将这条“长龙”固定在水面上。然而要把一根大绳从数十米的悬崖上引向洮河彼岸，不仅艰难而且十分危险，稍一疏忽就会造成重大事故。滤子上的数十条麻绳给人又带来难题，天阴下雨便自然收缩，天晴又自己拉长，使滤子离开理想位置。于是又在每根绳上设计绞盘，下雨即放，天晴即收。一处实验成功，即能用于多处，当年便实现了一拆一编的目的，使工效提高了百分之百，避免了一切重大事故。

无论怎样，下峡口捞材失捞的现象是不可避免的，以往对此视为事物的必然，任其流去，每天损失十多立方米材是正常现象。我和王家发决心要克服这缺点，在下峡口以下水势平缓处架一大而长的滤子，派职工多人守候。然而横在水面上的多条绳索阻碍木筏下行，于是又苦思冥想绘图实验，终于搞成了悬空架索法，不但白天能稳捕失捞木材，夜晚还可关闭，同时也是两岸群众来往的一座浮桥，于是大大降低了失捞木材的流失。然而有些木材在水中浸泡已久浮不出水面，往往从滤子底下钻了出去，虽感痛惜，却对它奈何不得。王家发便建议从兰州雇来一位划羊皮筏子的工人等候在这里，每天便能捉到十多个“逃兵”，于是把木材流失降低到最低程度。

只有饱食终日无所用心的人才会感到工作是完美无缺的。如果你存心要把一件事做好，总会发现缺陷和不足之处。当天灌浪的材绝对捞清，河里不存一根。但上面小河口的失捞材、被撞散的木筏，还有突然发水冲下来的材往往在夜间进入峡口，一遇大水全都堆在最后的滤子上，必然会出危险。于是我们又在刘家浪以上的桥下设了一个闸门，以堵夜间洪水推来的大量木材。

有天夜间大雨不停，我一直担心洪水冲来的木材把闸门推开，下面最后的一道滤子也难保得住。天刚亮便和王家发叫了几个工人去，一看果然危在旦夕，如果放开闸门，下面的滤子全都保不住，只有冒着大雨一根一根地往出抽。我也拿着三丈多长的搭钩共同奋战，不料一根木材把我拖进咆哮的波涛之中，我不但是个旱鸭子，还由于在大峪沟撵小河得的关节炎穿着薄棉裤被坠入水底，一口一口喝着黄泥浆。往下不远就是几丈高的刘家浪瀑布，数十米长的木材下去半天不见踪影，有时又正好被旋涡把它直直地竖了起来，像根电杆立在水中，堪称一大奇观，如此险境就是蛟龙进去也休想生还。此刻我是怎样的紧张心情可想而知，于是憋了一口气使力向上浮，可是棉裤拖住我出不了水面，仰头一看，似有一条黄色横杠，猛一伸手果然摸着一根木材，然而此材特大拖它不住，两手只能扒在上面，我终于伸出头一看竟是这条“长龙”最后的第二节，我被急流不断往下拖，十根指头一寸一寸地往下挪，离木材末尾只剩下几寸了。岸上的人也都束手无策。工人贾正明两手握住搭钩追赶，在单根木材上像走钢丝般地艰难，我的一双手离木材的末端只有几寸了，他当机立断使出那百发百中的搭钩，正好扎在我两手之间，于是我小心翼翼地抓住搭钩，但不敢使劲，因为它入木也不过一寸，如果搬掉，贾正明只得丢掉搭钩，否则他也要被我拖入波澜进入瀑布，当此千钧一发之时，王家发同志从岸边扔来一条细麻绳，我也不知不觉地正好抓住了它，这才被拖上岸来。

洮河上的木筏，是在木材大头凿一牛鼻形方孔穿上桦木杆，由十二根左右的木材串成底排，在底排的二分之一处缆根腰绳，然后再拉上二层三层乃至四层，再以麻绳捆住，前方正中凿孔镶桅桩，套上长长的桨片作为舵，由水手掌握，这便是洮河木筏，也叫排子。

灌浪时，便将所串桦杆砍断，木材一根根推入河中，在下峡口又再次用桦杆串成木筏。这是延用几百年来的成熟方法，现在有人要改变这个陈规旧例。

木材大头的牛鼻孔，并不是因编筏子而凿，而是在林区拔茬时就凿好了的。林里伐倒的树需要以二牛抬杆的方法从林里一根根拉出来，这个孔是为了拴绳在每根材上凿的，编筏时把它作为底排的孔用斧子再扩大。

1953年工程师杨耀池提出如果不在大头凿孔，每根材便能提高利用率百分之五到十，这个意见立即得到场长王杰的全力支持。

首先要解决的是拔茬时绳子拴在何处，别看此事简单，杨工日思夜想，搞了个环钉让拔茬工人试用，但上坡时就拔脱了，木材一打滚也就掉了。如果做大会把木材钉劈，小了又不顶用。杨工是个很有修养、尊重科学的知识分子，他耐心地千百次和王杰同志实践，于是在它的长短、宽窄、薄厚和弯曲度上做文章，终于成功了，这在历史上第一次克服了木材大头凿孔的弊病。

然而摆在眼前的是如何编筏？由于我是搞水运的，这个任务义不容辞地落在我的肩上。我和王家发等同志商讨的方案是用马蹄形的铁马簧代替孔，以元钢代替桦木杆。元钢虽然一次可以用到兰州，但其价格高于桦杆若干倍，若仍然运回又无运输车辆，有些地方还不通车路。若仍用桦杆，就得增加马簧的重量，当时钢材也奇缺。总之，林区不打眼能把木材运到河边，我们怎忍心在木材的大头凿孔，于是又用麻绳把材绑在桦杆上，但行驶中底排木材常常窜出一两米长，妨碍搬桨造成事故。只得用大马簧和桦杆来试行，然而不能为工人所接受，他们担心由于波浪的起伏、岩石的撞击，不是桦杆被折断，便是马簧脱落，将会造成不可收拾的局面。

以往在筏运工作中也常有筏散人亡的事故发生，主要是在急弯、暗礁、巨浪中割断腰绳，木材向两边散开，人无立足之地造成的。于是我决定编这样一种筏子：用桦杆、铁马簧连接底排，中间五根材的1/2处再连接一道，如果腰绳断了，这五根材依然是一个整体，只要水手握住桨柄便能安然无恙，取名叫作“安全筏”。我想把这座筏子由一位艺高胆大的工人从上浪门驶入，如果桦杆不断马簧不脱便可正式投入运行，同时上浪口在这几年的枯水期进行过多次爆破，九十度的瀑布已成为五十度的斜坡，所以是可行的。然而近百年来无数水手都是由于木筏未能准确靠岸葬身鱼腹，所以要在这个鬼门关搞试验，人人谈虎色变。

有个工人叫魏神仙保，身长体健，技高，四十岁左右，他冲我说：“你敢站在上面我就敢闯这一关。”我只说了一句：“说话算数！”

第二天开筏前，我也觉得此事虽有把握，但毕竟人命关天非同小可，要胆正、冷静。如果胆怯便有危险，所以我暗暗派人去上浪口等候，准备必要时抓筏。当我们由大庙滩解去缆绳，木筏调头到中流，老魏已面有惧色，渐渐脸色发白，这样便会出问题。快到浪口时我便跟着他向岸边驶去，准备靠岸，谁知扔出的缆绳岸上工人由于慌乱竟未抓住，正是船到江心难回头，如今身不由己，再怕也得前进。眼前就是鬼门关，魏神仙保脸无血色，口中不住地喊：“龙王爷一个羊……”我觉得此时最重要的是冷静、轻松，便向老魏笑道：“不要紧，你有神仙保，我有安全筏子保，你紧握桨柄，我抓住安全筏桦杆，保证没事。”只见他用力搬正筏身，筏子箭一般地向浪口冲去，两岸挖洋芋的群众疯了一般向河边奔来。进入浪口后我再也看不见一切，只觉得头、脸、胳臂被木材乱撞，一口口喝着冰冷的水，但我心里仍很镇静，蹲在安全筏上死死攥住桦杆。没有多久我和筏子都浮上水面，睁眼一看神仙保老魏稳稳站在他的岗位上，一手握着桨一手在抹从头上流到眼里的水，我大大地松了一口气，一股热流涌上心头。再看筏子腰绳已断，底排两边的材像老母鸡的翅膀散开，我和神仙保都只站在这五根材上，但马簧钉的桦杆却一个没脱。我脸上仍在滴水，用手一抹才知是鲜红的血。两岸群众欢声雷动，有些同志抱怨我太主观、太冒险了。

此后，在王杰和省领导支持下，逐渐以元钢代替桦杆，钢丝绳代替麻绳，由汽车运回，桨片也同样得以循环使用，达到了节约木材，提高利用率的目的。

野狐峡的灌浪工作在20世纪60年代末，又在王杰、王家发等同志的努力下花了大量投资，于上、下浪另辟筏釜，从此结束了拆筏单灌的历史。

总之，我认为洮河林场在50年代初以当地群众做季节工进行采运的方针是正确的，它有利于国家，有利于林区群众。

（原载于《卓尼文史资料》第四辑，
政协卓尼县委员会文史资料委员会编，1993年10月）

1953年卓尼城区洪水灾及防洪渠修建情况

胡国鼎　田玉才*

卓尼县城，坐落在上卓沟口冲积扇上，一条小溪由北向南穿城而过，汇入洮河。原城墙根部开有1.5米见方过水口两处，北叫上水洞门，南称下水洞门，城内水渠深、宽约1.5米，两面用木料楞成。上卓沟虽有汇水面积10.3平方公里，但只有几处水泉，平时水量很小，天旱缺雨季节流水中断，群众吃水主要还是从洮河提取。

卓尼城建于明嘉靖年间，距解放已有400多年的历史。从资料和民间传说中可以肯定，近百年来没有发生过大的洪水灾害，1953年的洪水灾害，是百年一遇的。

1953年6月20日下午6时许，卓尼城区忽降大暴雨（夹带冰雹），持续15分钟。由上卓沟形成洪水。水头一丈多高，夹带泥石冲向城内。渠道和下水洞门淤塞，下城门亦被洪水关闭，洪水淹没了半个县城。由于党政领导立即组织人员抢救，救出成人23名，小孩37名，未造成人员死亡，但造成财产损失2.8亿多元（折合现人民币2.8万元），尤以海又吾、罗德、巩得权、赵永清等商户损失为重。如罗德当时在现人民银行对面骆驼巷口开点心、百货、压面铺，铺面两间。洪水冲来后，铺子里的点心、百货、面粉都被卷走。据他本人回忆，装点心用的两口缸也被洪水冲走。洪

* 作者胡国鼎系政协卓尼县委员会原主席；田玉才系卓尼县环保局党支部书记。

水过后，发现两口缸都扣在了树尖上，由此可见洪水之大。罗德受损失总计达六七千万元左右（相当今六七千元）。海又吾和阎时选于1952年下半年合伙投资在现人民银行南侧开了一所中药铺，兼营百货、布匹、食品、烟酒等，总投资三千万元（相当今三千元人民币），铺面三间，当洪水冲来时，海又吾的大儿子和阎时选正在铺子里，由于洪水来势凶猛，他们来不及从铺门出去，眼看着洪水灌进了铺子，而且越来越深，两人什么也顾不得收拾，匆忙打开天窗跑了出来。据海又吾回忆，当时铺子水深两米以上，离屋顶只差一尺多，铺子里的药品、食品被冲走了大半，没有冲走的也都拌成了稀泥。洪水过后，街道两旁和低洼处树林的树枝上到处挂的是布匹针织等物，商品和药品损失在80%以上。

洪水过后，卓尼党政领导积极组织人员对受灾情况作了调查，对受灾严重，不能维持生活的给予了救济，妥善安置了受灾群众。

此次卓尼城区受灾严重，究其原因，主要是洪水流量很大，原有渠道显然不相适应，且已基本淤满毁坏。为保障人民生命财产的安全和为今后城区建设着想，卓尼党政领导研究决定重新修建防洪水渠。经报请上级政府批准，上级支援了款项和技术人员，经实地勘测，做出了规划设计，制订了全面可行的施工计划，新防洪工程于次年8月开工。

为了保证施工任务的顺利完成，成立了由党政领导、区级政府、甘南水利工作组及群众代表参加的防洪工程委员会，由雷兆祥（建设科科长）任主任委员，郝镇（建设科科员）任秘书长，赵双桧、高跃辉、杨培信为技术员，下设秘书室、财务股、组织宣传股、技工队、民工队等。秘书室设有秘书专员、干部专员、医药卫生人员；财务股负责会计、施工材料、工具保管购置等；工程股负责工程标准、质量、施工进度，有监工人员10多人；组织宣传股负责民工的组织宣传工作。工程所需民工从县城附近各区、乡范围内调用。

该项工程于1954年8月15日正式开工兴建，于11月20日竣工，历时98天。工程总投资5.1亿元（即现人民币5.1万元），共挖土方7580余立方米，用块石2400立方米，砌筑石墙计浆砌480米，干砌396米，共用技工1734工日，普工12366工日，建修防洪水渠长876米，宽3米左右，深两米多。水渠底部每隔10米放一横木，防止水流冲刷基础。新防洪渠的建成，保证了此后30多年县城的安全。1987年再次受洪水灾害，原因是多方面的，原防洪渠工程很少被洪水冲垮，说明其质量是可靠的。

此次防洪水渠的建修，不仅有它的经济效益，而且也有深远的政治影响。当时很多群众就说："只有共产党才能给我们办这样大的好事，如果在旧社会谁管哩。"通过防洪渠的建修，提高了党和政府在人民群众中的声誉和威信，密切了党和政府与人民群众的关系。

（原载于《卓尼文史资料》第四辑，
政协卓尼县委员会文史资料委员会编，1993年10月）

卓尼与夏河在扎尕梁草山纠纷调解纪事

赵佐民*

1978年至1984年初，我在完冒公社工作。时值1980年秋，卓尼县的完冒公社、恰盖公社与夏河美仁公社在扎尕梁的草山纠纷又开始复发。当时我任完冒公社主任，参加了这一重大纠纷的调解全过程。在调解过程中写了一些日记，现整理如下。

卓夏两县五社在扎尕梁草山纠纷是我州内部历史最长、涉及群众最多、草山面积最大，影响两县群众稳定和安居乐业的一起特大纠纷。这一起草山纠纷据有关资料记载，始于明末清初，至今约300年历史，涉及卓尼和夏河两县五社17个村的群众，其草山面积约70平方公里。

从1940年至1943年9月10日这三年中，双方为此纠纷集兵械斗大小六次，死亡百余人，损失牲畜一万余头（只），使不少牧民背井离乡，妻离子散，叫苦连天，何谈安居乐业。

民国三十四年十一月（1945年11月），国民党甘肃省主席谷正伦手谕：“为使藏胞安居乐业，特建议本省政府组织特别法庭，以资审理。”特别法庭遂之令饬第一区督察专员张仰文召集夏河县县长李永瑞，卓尼设治局局长刘修月、党部书记杨生华，岷县县长刘骞（前本部秘书）及黑错寺贡佐索巴，北山绅士尕冬等开会讨论划界及赔偿命价等各项问题，检索笔录，绘具图说，以凭参考，复经特别法庭周咨博访，始定信谳。特别法庭于当年以《甘肃省政府特别法庭判决书》（保民一字第一号）做

---

* 作者时任政协卓尼县第十届委员会副主席。

了判决。当时夏河县陌务总土官杨占仓27岁，卓尼北山三旗头目杨麻周61岁，两人均为被告。称："被告等因争夺草山，谋杀人命等情一案经本庭审理判决。"其中主文三大部分，一是司法部分；二是行政部分；三是赔偿部分。

特别法庭由下列人员组成：审判长：丁树种（甘肃省保安副司令）；审判官：周金弟（甘肃省政府秘书长）；军法科长：周清域（甘肃省保安司令部军法科长）；军法官：王天熹（甘肃省政府民政厅秘书）；书记官：宗玉瑞（甘肃省保安司令部军法科员）。判决文最后明令："栽界立标等一切事宜，责令岷县第一专署立即执行。"但判决后未栽界立标，致使纠纷重演。

中华人民共和国成立后，1951年夏又械斗一次，双方共死亡5人。省政府于1951年12月指派省民委工作组会同夏河、卓尼两县负责同志调解，并成立了由省民委工作组组长王汝东同志（时任省委统战部科长）任主任的调解委员会在临潭旧城谈判。成员有：卓尼行政委员会副主任赵毓文，民兵司令部团长赵国璋、雷兆祥，卓尼北山工作组组长冯国栋，北山代表达尕工布、杨麻周等10人；夏河县工委书记张国权，合作区区长藏琐巴，黑错乡乡长完地科，卡加民主人士老者，美武代表王志塔、杨世杰等10人。从1951年12月18日至1952年1月4日，历时27天达成协议，此后，小纠纷仍未间断。

1953年9月10日，双方又械斗一次，卓尼完冒死亡4人、伤3人，损失牲畜105头；夏河美武死亡4人、伤7人，牲畜不详。遂于1955年4月15日调处达成协议，题为"卓尼北山与夏河陌务草山纠纷调解书"，当时卓尼自治区人民行政委员会对这次调处经过有一份专门总结。

1968年7月，正处于"文革"期间。为解决这一纠纷，州上在扎尕梁举办的"草山管理学习班"，批判了"草山界线论""草原主权论"，狠批了封建土官头人制造草山纠纷的罪行，揪斗了当时州上所谓的以"赵志康（州委副书记）、王汝东（副州长）为首的一小撮走资派"。扎尕梁夏季草场达成了无界线共牧的"草山大联合"协议。当时的口号是："畜在一山同吃草，人在一河同饮水。一轮红日照草原，冤家合办学习班。"随之被中央广播电台播报，并由州上印制成单行本广为学习宣传，成了当时的新生事物。此后，表面上十年没械斗打仗，但相互偷盗牲畜，抢牧、混赶牲畜，大仗不敢，小仗不断的混乱局面愈演愈烈，使双方牧民群众草长一寸，愁增一分，群众无安全感，牲畜损失严重，岂能谈发展。

1978年夏，这一纠纷又开始复燃，至1980年8月10日纠纷激化，双方集结人马准备械斗，引起了州委、州政府的高度重视，州委立即派出副州长马登昆率领有关部门的十多名领导干部赶往现场制止了一触即发的械斗事件。此后，州上于1981年4月6日组织了以副州长洪庭瑞，州人大常委会副主任张添信，州政协副主席李仲信为主要负责人的工作组会同卓夏两县党政主要负责人及州直有关部门负责同志，并邀请了州人大常委会副主任杨丹珠，省政协常委、佛协副会长贡唐仓大师指导解决，于当年4月8日产生了《甘南州草山管理工作会议纪要》，作为谈判解决的文字依据。

1981年5月4日至10日，州政府为缩小纠纷范围，又在合作召开了夏河县美仁与卓尼县完冒、恰盖两县三社参与的扎尕梁草山纠纷调解座谈会议，主持这次座谈会议的有：副州长洪庭瑞，州人大常委会副主任张添信，州政协副主席热旦加措、李仲信，州直有关部门的李延祥、马文杰参加会议，省政协常务委员、佛协副会长贡唐仓前来指导。两县三社参加的人员有：夏河县委书记完德卡，人大常委会主任班智达，政协副主席德哇仓，美仁公社书记尕尔代和群众代表3人；卓尼县委书记刘肇雄，县长杨积德，副县长景丹珠，完冒公社主任赵佐民、副主任贡去乎桑盖，恰盖公社副主任金桑杰和群众代表6人。

这次调解从1981年5月初开始，断断续续历时三个多月的时间，到8月30日达成了协议，并进行了签字仪式。协议内容：“牛江西从哲龙克卡以北为阳山，属夏河，但为了卓尼畜群过往，夏河不准从道的然卡水以上扎帐篷。下至擦拉河中间水沟上半片，南至牛江河为界，北至梁为界划归夏河所有。牛江阳山从擦拉河中间水沟下半片起，东至旁吾依九，北至阳山梁，南至牛江河为界划归卓尼所有。”“以上界限明确，共同遵守，违者以法论处，以此协议为据，永远生效。本协议解释权，属自治州人民政府。”参加协议签字的有特邀调解人省人大常委会副主任杨复兴，省政协常委、佛协副会长贡唐仓；夏河代表：县委书记完德卡，副书记、人大常委会主任班智达，县政协副主席德哇仓，美仁公社书记尕尔代，日多麻大队尕藏布、才老、尕考；卓尼县代表：县委书记刘肇雄，副书记兼县长杨积德，副县长景丹珠，完冒公社主任赵佐民，副主任贡去乎桑盖，恰盖公社副主任金桑杰，角缠大队完么才旦、尕登加，根沙大队格次尔、豆尕，俄化大队贡布东珠、完麻杰布。甘南藏族自治州人民政府副州长洪庭瑞，州人大常委会副主任张添信、杨丹珠，州政协副主席李仲信、热旦加措，州农机局局长李延祥，州农林局局长马文杰。9月12日（古历八月十五中秋节），州上召集双方参加谈判的35名代表召开会议，洪庭瑞副州长宣布调解结果。会后，两县代表互相吃了顿“团结饭”。第二天，贡唐仓大师参加了扎尕梁擦拉河中间水沟傍栽水泥《协议界碑》庆典大会（碑上刻有地界四址地名名称和所有在《协议书》上签字的人名及身份）。

当天，因兴奋，特作如下打油诗一首以记之：

今年中秋月更圆，卓夏牧民解宿怨。
百年草纠今日止，界碑竖立扎尕滩。
协议条文碑上镌，此功半归贡唐劝。
天湛蓝兮阳光灿，五社同吃团结饭。

这一协议达成的重要原因是：

一、有十一届三中全会精神指引，有伟大的民族政策的光辉照耀；特别是十一届六中全会精神把人们的思想统一到了“安定团结”的旗帜下一致向前看。回顾历史，面对现实，使干部和群众对纠纷带来的血的沉痛教训有了深刻的认识，“只有安定团结”才能安居乐业，只有广大牧民的安民乐业，才能发展自己，富裕自己，这一辩证的道理，形成了五社干部群众的共识，这是解决纠纷的思想基础。

二、有州委、州政府的高度重视，州人大、州政协及州直有关部门和两县五社主要领导干部积极坚决支持配合。在调处期间，州委书记杨应忠和州长金巴同志多次亲临指导，了解掌握调处工作的进展，及时为调解组排忧解难，使此项工作得以进展顺利。副州长马登昆、洪庭瑞，州人大常委会副主任张添信、杨丹珠，州政协副主席李仲兴、热旦加措活佛不顾年高体弱，不辞劳累，始终如一地坚持领导调处工作。卓尼县委书记刘肇雄，县长杨积德同志为了促成这一纠纷的圆满解决，不但亲临现场，走访群众，分析问题，厘清思路，而且亲自主持召开县委常委扩大会议，认真讨论研究解决纠纷的办法。这是解决这一纠纷的内因。

三、充分发挥了民族宗教界上层人士在调解草山纠纷中的突出作用。针对扎尕梁草山纠纷历史久、涉及面广、影响大、结怨深的实际，州委、州政府特别请来了在两县群众中有很高威望的省人大常委会副主任杨复兴同志和省政协常委、佛协副会长贡唐仓活佛前来指导解决这一纠纷。杨复兴同志自始至终坚持带病工作，每天接触群众谈话七八人之多。他语重心长地谆谆告诫群众听党和政府的话就是光明大道。贡唐仓活佛不辞辛苦，亲自到两县深入群众掌握情况，做了大量的说服群众工作；特别值得提出的是他亲自到扎尕梁现场指导了栽界立碑庆典的有关具体事宜；这是协议最后能顺利达成的关键所在。

四、划界清楚，不易混牧，群众便于遵守。

（原载于《卓尼文史资料》第七辑，2003年8月）

我所知道的甘南州卓尼西尼沟疗养院情况

卢丕基*

甘南州卓尼西尼沟疗养院，选址在卓尼县纳浪乡（当时称公社）西尼沟村委会（当时称大队）的虎弯台地。疗养院于1965年开始筹建，1971年底建成，共投资43万元。当时对外公开名称为“甘南卓尼疗养院”，实质是“麻风病”院。

一

在甘南地区来说，麻风病是一种可怕且难治的终身病，因少数民族地区生活条件差、气候潮湿等原因，发病人数也相应较多，严重影响着人民群众的身体健康，危害社会，制约生产生活的发展。为此，为了广大人民的身体健康，控制疾病扩散，国家决定在西尼沟虎弯台地建一处规模较大的疗养院。

疗养院的修建规模，在甘南州历史上可算是卫生防疫健康方面的重点项目工程，占地面积就有60亩。首先，修通了一条长约10公里的道路，方便了群众，解决工程顺利进行开工建设的问题。其次，多方争取架设10余公里电线，解决了电力问题。当时电力是很紧张的，由于该疗养院是全州唯一的，所以上级部门很重视，很快就拉上了电，沿途群众也沾上了疗养院的光用上了电，为群众生活、生产提供了有利条件。

---

* 作者系卓尼县纳浪镇西尼沟村人，原为卓尼县人大常委会办公室工作人员，现退休在家。

二

西尼沟自然村位于洮河南岸的西尼沟冲积扇上。距西尼沟村（大队）1.5公里处是疗养院住院部，再行1.5公里是消毒站，距消毒站1.5公里处是隔离区，再往里约2公里处是给病人投放交接生活等一切物资的投放处，最里头是病人疗养居住的生活区。此处划分为两大块，即重病区和轻病区。两处建房有14栋，约近百间房屋。房子全是砖木结构，一砖到顶，青砖青瓦，建筑面积约5500平方米，有男病区和女病区之分。此处地形开阔，森林、草原、河流俱全，风景优美，空气新鲜，真是疗养治病的好地方。“病人”收集入院后在这里生活，起初病人约有200余人，病人办起了牧场，养牛、养羊、养猪等，还修建了一座水磨。周边开了些荒地种饲料、庄稼、蔬菜、油菜等，使这里的生存环境也有了大的变化，这是病区的大体情况。

病人物资投放处，有工作人员专门为病人发放、供给每天的生活食物和一些衣物用品。隔离区消毒站，规模大约有三亩地，周边是30余间四合院式的砖木结构房屋，里面设有400多张床位，专供病人使用。接着就是消毒站，医务人员上下班时用的一切都在这里进行严格消毒，消毒站的旁边还建有在活性动物身上进行细菌试验的试验室，里面圈养有小白鼠、旱獭等二三十只，常年喂养供试验观察。

院部情况。疗养院是州上建的，规模较大，占地面积约60余亩地。干部职工加上员工家属人员也比较多，所以建筑也庞大。综合设施有院部办公楼、对外门诊、住院部、学校、商店、医药物资库、医疗器械室、大灶、车库、放映文娱等，职工、家属宿舍就占了一半多。

三

疗养院从开始筹建、开展业务到撤销前后经历了20余年。建院初期，搞筹建工程的首任领导是赵毓文，他负责全盘管理；从1969年至1987年撤销的19年中，我知道的主要领导有赵毓文、王旦巴、王忠成、刘穆之、高佬、杨进财、胡国鼎、张国权、李志清、王玉魁等。医院职工至少有60名，其中有医务售货员6人，副主任医师1人，主治医师2人，医师6人。当时，医疗职称最高的是刘穆之，他是业务院长，又是一位皮肤病专家，在省内外有名望；还有响应毛主席“把医疗卫生工作的重点放到农村去”的指示从北京天坛医院下派到疗养院的好几位大夫，其中孙鹤龄夫妇（50岁以上）也在这里给“病人”看病治疗，据说他们曾经给国务院原副总理陈毅担任过专职保健医生；还有一位真实姓名不详都叫她区老太的女大夫，职称很高，医德亦很高尚。这些医护人员对待病人热情，工作认真负责，且平易近人。周边群众看病，人人赞扬。当时，医院的设施较齐全，也较先进，医疗力量也是雄厚的，60多位医务人员大多数是本科、大专等以上学历。医院对当地群众也特别照顾，疗养院还设有普通门诊，兼治纳浪公社及邻近岷县西寨公社群众的普通疾病，提供救护车护送病人，还组织巡回医疗上门看病，当地群众看病就医方便多了。

1970年，疗养院开始开展业务，收集病人入院疗养。首先，在全州各县搞宣传动员，然后入社队逐户普遍检查，叫“普查”。普查面宽量大时间也长，难度大任务艰巨，每到一县均由县上防疫站配合，基层卫生院引领，社队干部协助。发现病人后反复细致地复诊，然后建档立卡，接着由救护车接运入院。收集病人最多时有200余人，有一家几位的，也有两口子的，兄弟姐妹同来的也有。其次，对实在有困难确实来不了疗养院的“病人”，采取委托当地医院或卫生院兼职医生按时发药、定期活检、观察、刮片等办法治疗，情况定期向疗养院汇报。最后，入院的疗养病人生活待遇、住宿条件都很好，病人生活是全供给的（衣食费用），生活所需由专人负责定时定量发送到病人手中。院内有业务用的救护车一辆，生活用的卡车两辆，经常从外地运蔬菜，生活福利多渠道供给。

四

疗养院存在十几年，收集治疗病人取得了很大成就，治愈了好多病人，治疗出院的病人，医院又返送到原籍。如碌曲双岔、阿拉，夏河县阿木去乎等乡，迭部达拉乡高日、岗岭、哇巴沟等地的病人，我也亲自送过几回。后来，治愈病人陆续出了院，住院的病人也越来越少了，到最后只有7位病人。病人减少，使兴建20余年的疗养院完成了它的使命，随后，州上决定撤并，仅存的7位年纪大且病未痊愈的病人转交到了临夏州和政县麻风病院。1986年，卓尼西尼沟疗养院正式撤销。

1987年，领导、干部陆续调往州府和卓尼县城。医务人员中，除部分早已落实知识分子政策调往北京和省城的外，部分调到州上安排工作。疗养院的所有财产、医疗器械、设备、病人档案文件等上交到州卫生局，部分医疗器械、设备分发给卓尼县医院和基层卫生院。院部的房屋财产交给了卓尼县人民政府，后来县上本着“完整利用、利于当地”的原则，作价处理给了西尼沟村委会五自然村作为社会主义新农村住宅房。轻重病区、投放处、消毒站房屋由医院作价处理给了当地群众，部分被拆除搬走，部分作牧场用。隔离区一处四合院30余间房，转到当地群众手里，后卖给了洮河林业局大峪林场，现作为营林区工作用房。当时的病区牧场牲畜也作价处理了。1987年后，疗养院业务由新建的甘南州地方病防治所（驻址在州府合作）承担了。

五张捐款收据背后的故事

何子彪[*]

历史创造了文物，文物反映了历史。今天我要讲的故事和文物有关，和我家在60多年前保存的五张收据有关，和抗美援朝保家卫国有关。

我的家位于甘肃省卓尼县阿子滩乡下板藏村。几年前家里老房子翻新时发现一个不起眼的小匣子，匣里有一本《古文观止》，随之发现书里居然夹着五张收据。收据虽已泛黄，但保存完好，只有轻微的折痕。其中三张是手写油印表格，另外两张则是打印机正规打印出来的宋体字表格。表格抬头都是“中国人民银行代收武器捐款收据”，落款是“中国人民银行临潭支行”。表格中填写了捐款人何迎福、何步周的姓名，另起一行还详细列出了捐款的用途：购买战斗机、轰炸机、坦克车、大炮等选项。按收据显示，我的祖辈、父辈所捐款项用来购买战斗机。看着祖辈、父辈的名字出现在这样的捐款收据上，而且金额

四张捐款收据成近现代文物

甘南人家曾在抗美援朝期间捐款购买战机

《西部商报》2009 年 10 月 22 日报样

* 作者系甘南州科技局党组书记。

不小，我们实在想探明究竟，于是向母亲询问，这一问，打开了一段尘封已久的回忆。

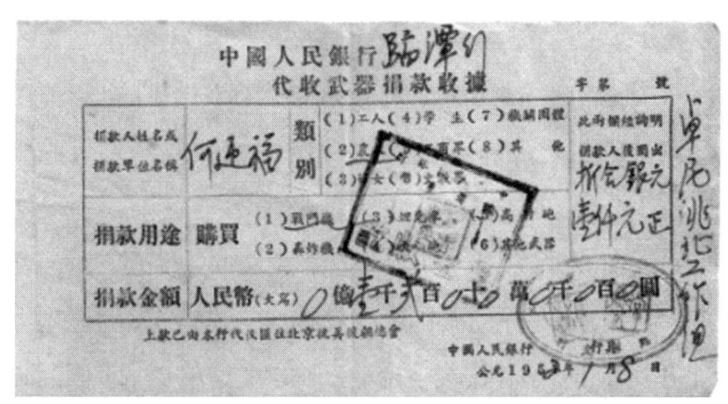

作者保存的捐款收据

20世纪50年代，我们家和所有甘南农牧民一样，以农牧业为生。1952年，正值抗美援朝关键时期，为积极响应中国人民抗美援朝总会发出的关于推行爱国公约、捐献飞机大炮和优待军属的号召，全家节衣缩食、省吃俭用，通过变卖粮食、大牲畜及农副产品，极力筹资。祖父和父亲先后五次通过中国人民银行临潭支行向北京抗美援朝总会累计捐款2731万元（当时币值），其中祖父何迎福分别于1952年1月8日、1月20日、4月1日，三次捐款1331万元；父亲何步周分别于1952年1月8日、1月20日，两次捐款1400万元，而这五张收据正是捐款的纸质证明。我想象着我的祖父和父亲当时是怎样不顾一切地变卖家产，又是怎样怀揣着激动的心情跋涉去十几公里远的临潭人行捐款，他们如此平凡的人家却有如此不平凡的大举，一股自豪和敬佩的情感油然而生。由于当时我们兄弟姊妹都还未出生，自然不清楚发生的一切，且父辈们从未提起过曾经捐款的事情。而父亲又是一个非常认真细致的人，他把五张收据妥善保存起来，才如此完好无损地再现于我们眼前。母亲说要不是意

甘南日报

五张捐款收据成文物

《甘南日报》2009 年 12 月 2 日报样

外发现，恐怕她都快忘记还有这样一段往事。

为进一步得到印证，我将收据带到了甘南州博物馆，希望得到专家的鉴定，但当这五张“中国人民银行代收武器捐款收据”出现在甘南州博物馆的工作人员眼前时，也给他们出了难题，因为是第一次见到，研究了几天也不知道这几张收据究竟是真是假，若真的是文物，又该定性什么类别？恰逢当时“甘肃省第三次全国文物普查验收观摩大会”在兰州举行，甘南州博物馆副教授王军将五张收据的扫描件带到兰州，通过大会鉴定后，甘肃省文物考古研究所副所长王辉表示：“这应该属于近现代革命文物，具有文物价值。”

五张收据虽只是轻薄的纸张，却承载了千斤重量，它是父辈们的心血和贡献，也是当时千千万万中国普通劳动人民心系祖国、热爱和平的缩影，是那段难忘历史的见证者，也是中国人民万众一心、不屈不挠精神的传承者。我想，在那个特殊的年代里，肯定有无数像我的祖辈、父辈们一样为抗美援朝保家卫国尽着绵薄之力的家庭，他们在艰苦岁月里的浓浓爱国热情，深深地打动着我们子孙后代，值得后代珍藏。

卓尼县第一张工商企业登记证

李彦青*

1979年，卓尼县工商行政管理局为了认真贯彻国务院“要逐步建立经济户口”的规定，对全县工商企业进行登记注册，并纳入管理。

1981年7月6日，对卓尼县城关粮油购销管理站进行了登记注册，颁发营业执照，并纳入管理，这是卓尼县注册登记的第一个企业，所发执照为卓尼县第一张工商企业登记证。

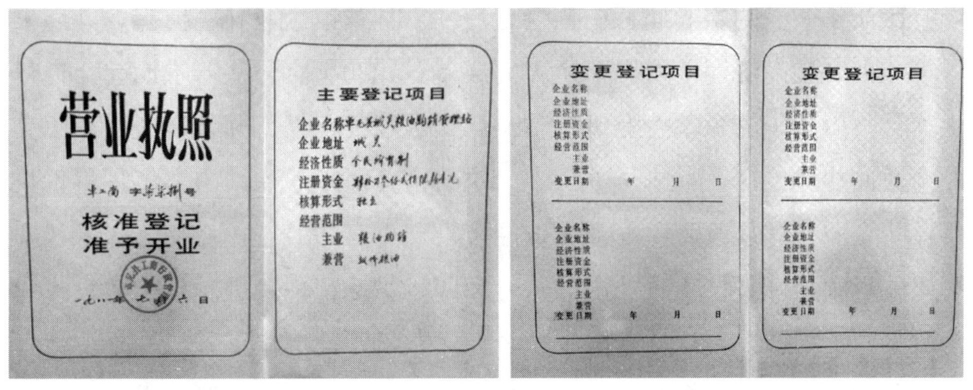

营业执照

核准登记
准予开业

主要登记项目
企业名称 卓尼县城关粮油购销管理站
企业地址 城关
经济性质 全民所有制
注册资金
核算形式 独立
经营范围
主业 粮油购销
兼营

变更登记项目
企业名称
企业地址
经济性质
注册资金
核算形式
经营范围
主业
兼营
变更日期 年 月 日

卓尼县首张营业执照 –0　　　　卓尼县首张营业执照 –1

---

* 作者系卓尼县工商行政管理局办公室主任。

卓尼县乡镇企业发展情况

马永寿　张建军

卓尼县乡镇企业的前身是农村手工业和社队企业，其发展经历了一个艰难而漫长的过程。1975年，全国农业会议提出，支持鼓励发展社队企业。同年11月，成立了卓尼县手工业管理局，主管社队企业。其间，社队企业有了较快的发展，至1976年企业个数增加到95个，从业人员674人，生产经营电力、建材、雕刻、编织等产业门类，年产值48万元。1976年9月，成立卓尼县社队企业管理局，主管乡镇企业。

1978年，党的十一届三中全会之后，全县乡镇企业异军突起，并迎来了第一个发展高峰期，取得了巨大的成就。1980年对一些一哄而起，盲目上项目，效益差的乡镇企业进行整顿、调整和关、停、并、转。使乡镇企业个数减少到29个，从业人员29人，年产值26.17万元。1983年，将卓尼县社队企业管理局改为卓尼县集体经济管理局。1984年，贯彻落实中共中央“关于大力发展乡镇企业”的一号和四号文件精神，进一步放宽农村经济政策，提倡鼓励和扶持发展乡镇企业，并将管理机构正式改称卓尼县乡镇企业管理局，行使组织调控职能。根据县情，因地制宜努力提高和强化企业管理水平，转变观念，拓宽经营生产规模，合理进行资源配置，采取多层次、多渠道、多种形式对农牧林副产品的加工和立体型多种经营企业的基本构想，制定了乡镇企业向深加工、精加工，农、林、牧、副、工、商等综合经营全面发展的规划。

1985年，企业个数增加到200个，从业人员达844人，年总产值达302.64万元。到1989年，全县乡镇企业有了突破性发展，出现了快速增长势头，企业个数增加到609个，从业人员达1760人，年总产值达809.4万元，实现利税155.2万元，固定资产总额达到554.5万元。

1992年至1994年是乡镇企业发展的第二个高峰期，国家为乡镇企业发展创造了空前良好的外部环境，总量迅速增长。1995年以后，卓尼县乡镇企业进入了一个稳步发展的新时期。尤其是首部《乡镇企业法》的出台，东西部合作进程的加快，地区差异的有所缓解，都促使乡镇企业逐步走上了法制、健康、有序的发展道路。截至2016年底，全县共有私营企业454个，从业人员3750人，资金22246.91万元；农牧民合作社726户，出资总额88959.4万元。

我所了解的卓尼物资交流会情况

马永寿　张建军

卓尼的六月物资交流会，是清末按照当地藏族风俗，在每年农历六月初四举行的“骡马会”基础上形成的，其固定地点为“嘛呢滩”（现柳林小学所在地），“骡马会”期间有栽嘛呢旗杆以及摔跤等活动，会期7天，称“嘛呢市”。

1915年因集会期间踩死一人，从此不再举行栽嘛呢旗杆活动。“嘛呢市”也就改称“六月四”，亦称“六月会”，而延续发展到现在。

此外，民国初期，还开辟了一个“十月会”，会期在每年农历十月二十四日至三十日，亦称“骡马会”。著名学者李安宅和于式玉夫妇的《黑错・临潭卓尼一带旅行日记・洮州歌》中对卓尼的六月会和十月会境况描述得淋漓尽致：“黄叶菜，黄又黄，洮州地方天气凉。三月四月穿皮袄，六月不见庄稼黄。老百姓全靠做生意，耕田务农莫指望。一年四季走番地，十月六月两会场；张三赶来一群马，李二赶来牛一帮，土拉保驼来十捆皮，麻目沙赶到五百羊，马又大来羊又肥，一天到晚买了个光。”1937年卓尼博峪事变后六月会和十月会被中断。1953年恢复集会，1958年又中断。至1979年又重新恢复“六月会”，亦称“物资交流会”，会期少则6天，多则10天不等。自1980年以来，随着国民经济的不断发展，每逢会期外省、外县的客商纷至沓来，交易范围迅速扩大，除专门的骡马交易外，商品门类品种齐全。各种文艺、体育活动吸引着八方游人，人口流量达到数万。

另外，卓尼县还有物资交流会形式的集市和庙会多处，如1915年由土司杨积庆开创的每年农历“腊月二十六日集”。当地“四月八白塔寺”庙会和五月二十七日的“草岔沟神会”都延续至今；1985年6月23—27日在扎古录乡政府所在地举行的物资交流大会，虽然定为农历每月初五、十五、二十五为集日，但由于该地区周围都是藏族牧民群众，没有赶集的习惯，未能延续下来。1985年10月15日在洮砚乡政府所在地哇儿沟村创办的“哇儿沟集”，每逢集日，附近临潭、岷县等地流动商贩以及当地广大群众带上自己的编织品、洮砚等工艺品和农副产品前来赶集进行交易，活跃了农村经济。

肋巴佛烈士纪念亭落成典礼及骨灰安葬仪式见闻

卢红梅*

1987年7月1日，在卓尼县城南古雅山腹地举行了肋巴佛烈士纪念亭落成典礼和骨灰安葬仪式。一个活佛变成了农牧民起义的领袖，而且又加入了中国共产党，这在卓尼以往的历史上是没有的。

卓尼县委、县人民政府对此十分重视。6月30日晚8时，县委三楼会议室，邀请参加落成典礼的省上领导、临夏州委和和政县的部分人士，召开了座谈会。

中顾委委员杨植霖，省委统战部部长马祖灵，省政协副主席嘉木样，省民委主任杨应忠及副主任刑树义，省人大常委会民委主任麻峪、副主任杨效忠，省林业厅厅长禹贵民；平凉地区民政处朱克雄、翟尚忠，临夏州委秘书长苟国贞，和政县委、县政府分管领导及县民政局局长亦参加了座谈会。

7月1日上午9时，举行了纪念亭落成典礼和骨灰安葬仪式，参加活动的干部职工和农牧民群众有1000多人。中顾委、省政协、省委统战部、省人大民族事务委员会、省民委、省民政厅、省林业厅的领导参加了活动；甘南州委副书记丹正嘉，州人大常委会副主任杨积德，副州长敏政，州政协副主席马登昆、包建荣，州民族宗教局局长旦正甲，州民政局副局长卢

---

* 作者系政协卓尼县第十四届委员会副主席。

仲勇，卓尼县四大班子在家领导和康多乡党委的领导也参加了活动；临夏州、平凉地委、平凉市和临洮县、和政县以及和政县的吊滩乡派代表参加了活动。肋巴佛的亲属康克明、康映梅等84人，肋巴佛生前的好友赵元、夏尚礼、姬天雄等21人，和政县吊滩乡政府、吊滩村委会、松鸣岩寺管会、上乱沟村民小组等代表10人，临洮县参加甘南农民起义的吴生荣、刘志远、乔秉声、马国祥等6人也参加了活动。参加活动的各级机关单位有的送了挽幛，有的还送了锦旗，多数单位都送了花圈。

曾经是陇右人民游击队副司令员，后担任甘南军分区、武都军分区副司令员的杨友柏在来信中说：

卓尼县人民政府办公室：

您好。

今天接到你县政府请我参加肋巴佛烈士纪念亭竣工典礼，我特别高兴，也很想参加这次具有历史意义的悼念烈士活动。只因身体健康状况很不好，上个月左眼做了白内障摘除手术，现在还没有痊愈，所以不能参加纪念烈士活动，我深表遗憾。并请你们转告烈士的家属，望他们谅解。

此致

敬礼

杨友柏

1987年6月25日

居住在兰州市的甘南农民起义领袖之一王仲甲烈士的子女王玉秀、王玉珍、王玉梅、王玉兰发来电报，电报内容如下：

卓尼县人民政府并肋巴佛烈士亲属：欣悉肋巴佛烈士纪念亭竣工典礼，敬电致意，同叩忠英慰藉并告其亲属切表慰问。

家住临洮的姚天骥亦委托他人送来了他与肋巴佛相关的回忆资料。

临洮县的王耀武、吴宝强、刘新树等也发来电报说：

卓尼县人民政府并肋巴佛烈士亲属：请柬收到，本已作了充分准备届时前来悼念，近悉碑文有问题，故我们不宜参加，特电告。

活动期间中顾委委员杨植霖作诗，悼念肋巴佛烈士，诗文如下：

祭肋巴佛

身在佛门审世情　哀鸿入眼倍伤神
登高一唤揭竿起　满地刀光剑起声
受挫常思消敌阵　依党最是好前程
东归涅逝民皆痛　永记丰功不朽行

肋巴佛烈士纪念亭是由甘肃省人民政府投资6万元而建。亭址选落在古雅山腹地，北依群峰青松，面临洮河、县城，亭为两层六角形重檐攒尖顶，亭底三步台阶，设栏杆、扶手，面积61.8平方米，亭体雕梁画栋，古朴壮观肃穆，具有鲜明的民族风格，亭正中立一石碑为肋巴佛烈士革命事迹碑，质为灰色细砂岩，长条形，长方形碑座，通高3.3米，宽0.85米，厚0.17米，碑额为浮雕二龙戏珠，中刻红五角星，碑身正面为汉文，背面为藏文。碑刻有牙含章撰写的碑文。碑文汉文如下：

肋巴佛烈士革命事迹

肋巴佛（1916—1947），藏名为怀来仓·贡却单增，生前曾为卓尼水磨寺的活佛。

肋巴佛出生于贫苦的藏族农民家庭，自幼同情劳动人民的疾苦，又受红军长征的影响，对国民党政府的反动统治非常不满，与甘南农民起义领袖王仲甲、回族农民领袖马福善、马继祖父子秘密联合，于1943年共同领导了汉、回、藏十万农民参加的反蒋抗日起义，这就是当时震动全国的甘南民变。起义军遭到国民党政府军的残酷镇压而失败后，肋巴佛仍与毛得功等陇右战友转入地下，继续坚持武装斗争，并于一九四六年派肖焕章前往陕北，与中国共产党取得联系，党派高健君和我前往陇右地区，领导他们建党建军，不久即由高健君和我介绍肋巴佛与郭华如等同时参加了中国共产党。1947年4月，肋巴佛要求去陕北革命根据地学习，经党批准由我护送前往陕北，不幸在平凉遇难，肋巴佛是爱党爱人民的典范，民族团结的楷模，他的革命精神永垂不朽。

一九八八年八月　牙含章撰

这座坐落在钟灵毓秀之地的古雅山腹地烈士纪念亭，于1993年2月29日被甘肃省人民政府列为甘肃省重点文物保护单位。

1991年至2010年卓尼县城乡建设发展纪实

王世杰*

卓尼县城距合作市97公里，位于甘肃省甘南藏族自治州东南部，全县辖3镇12乡、97个村委会、469个村民小组，总面积5419.68平方公里，总人口10.23万人，有藏、汉、回、土、满、苗等10多个民族，其中藏族占总人口的63%。

一、城乡建设

1.机构。卓尼县城乡建设局成立于1985年，为正科级行政单位。2001年，环境监察业务划出，正式单设机构进行管理。2002年，卓尼县洮源自来水公司注册成立，隶属于卓尼县城乡建设局。2003年机构改革时，核定行政编制8名，其中局长1人，副局长2人，其他工作人员5人，另核定机关后勤人员事业编制1名。2004年，成立市容监察大队，为副科级事业单位，核准人员为10人。至2010年，全局共有职工73人，其中局机关28人，市容大队17人，自来水公司28人。

2.规划管理。2000年，完成了《卓尼县城总体规划》，作为卓尼县城发展与建设的依据和蓝图。鉴于扎古录镇旧版建设规划不合时宜，2005年，完成了《卓尼县扎古录镇总体规划》新编工作。2009年，完成《卓尼县城建设总体规划》的修编工作，控制年限为2009年至2025年。2009年，

* 作者系卓尼县住房和城乡建设局干部。

编制完成了《木耳镇总体规划》《阿子滩乡总体规划》《康多乡总体规划》《洮砚乡总体规划》《藏巴哇乡总体规划》等乡镇规划。

3.**城区改造**。1999年，对县城人民路进行了初步改造，拆除原有旧房800多平方米，修建二层商贸民居楼2384.44平方米。2006年，对滨河东、西路进行了大规模改造，共拆除127户旧民居，拆迁面积为10603平方米，新建滨河路商贸楼总面积17579.66平方米，总投资1681万元。至2010年，完成了投资118万元的滨河路休闲广场建设项目，投资60万元的县城排洪渠硬化建设项目，投资40万元的人武部门口至一中路雨污（水）排放暗渠工程。

4.**住房建设**。至2010年，全县住房建设达到83.67万平方米，其中混合结构1.91万平方米，砖木结构29万平方米，其他52.76平方米。

二、市政管理

1.**道路**。投资1760万元建设完成柳林镇道路与配套排水建设工程，改造城区道路总长3.774公里，新增排水管道3.708公里，沿排水管设检查井130口。至2010年，全县形成一纵十三横网式道路覆盖，全长约25公里，面积约3250平方米。

2.**环卫设施**。2004年，从省建设厅争取到垃圾清运专车一辆，协议雇用农用三轮车两辆，地县自筹资金30万元修建简易垃圾填埋场一处；2007年，从省建设厅争取到洒水车一辆，在城区主街道安装纤维垃圾桶30个；2009年，组织实施卓尼县城区生活垃圾处理项目，至2010年，先后建成水泥垃圾集中堆放箱15处。

3.**给排水**。1994年至1997年兴建了卓尼县城区一期供水工程，总投资470万元，建成大口井1口，500立方米清水库1座，铺设给水管道1000米；2002年，建设完成卓尼县城区二期工程，总投资761万元，完成寺台子和桥南供水管网连接安装，并建成二级泵房1处及50吨清水池1座，供水点2处；2003年，建成排水暗渠1.4公里；2005年，敷设排水管道0.8公里；实施木耳沟泉引工程，投资90万元；2009年，桥南新区供水工程开工建设。

4.**城区照明**。2002年，铺设城区路灯供电线路2公里；2007年，投资200

多万元架设了县城人民路、民主路、滨河路路灯及洮砚文化活动中心观景灯；2009年，架设了县一中路照明路灯；2010年，架设桥南路照明路灯。

5.**防洪排洪**。1992年，投资65万元修建古雅川山下排洪渠140米；2000年，修建洮河防洪堤187米；2005年，修建洮河北岸防洪河堤。

6.**绿化亮化**。1991年至2005年，完成城区公共绿化0.8公顷；2007年，完成城区桥北主街道亮化照明工程；2005年至2007年实施了城镇民族特色化工程。在三年内对所有设计改造的城区建筑实施了“穿衣戴帽”，改造总面积4万多平方米。

三、民生工作

1.**廉租房建设**。2008年至2009年，新建廉租住房618套，其中2008年开始在上城门原煤炭公司院内修建184套、在桥南原直管公房旧址修建186套，其余248套于2010年开工建设。

2.**廉租补贴**。2007年，稳步启动了廉租住房租金补贴发放工作，2007年共保障18户，发放补贴10800元；2008年扩大了保障范围，提高了补助标准，共纳入保障对象145户441人，补贴资金15.88万元。

3.**危房改造**。2009年，规划在五年内对符合危房改造条件的10328户农牧民住房进行改造，计划2009年完成300户，2010年完成2586户，2011年完成2482户，2012年完成2533户，2013年完成2427户。实际于2009年完成300户，每户改造面积45平方米，2010年年底已完成2000户。

卓尼县城风貌改造的设想及实施过程

江承信*

市容市貌是一个城市的脸面，是展示社会文明程度的窗口，是招商引资的名片，更是一个地方人民群众生活质量的重要体现。自2005年卓尼县实施风貌改造工程以来，经过历年的深化巩固，不断优化了城市人居环境，提升了城市形象和品位，为发展民族旅游和建设区域民族特色与现代化宜居城市相结合的美丽卓尼奠定了坚实的基础。

2005年以前，卓尼县城区的建筑大多数为条子楼、筒子楼结构，外观以瓷砖贴面，安装了铝合金窗扇与金属卷帘门，建筑外观色彩杂乱无章，整个城市面貌属于西部普通小城镇风格，无卓尼县的旅游特色，不能起到卓尼县城作为县域区域旅游中心支撑点的作用。

卓尼县城旧貌

* 作者系卓尼县住房和城乡建设局文书。

根据2004年州委、州政府提出打造旅游产业，塑造新甘南的发展计划，提出对全州各县市城区建筑进行藏式风格改造的总体要求，县委、县政府于2005年组织了一个以县委、县人大、县政府、县政协四位一体的城市风貌改造工作领导小组。经过对四川省已成功实施风貌改造的城市进行考察、调研后，聘请了在此领域具有丰富工作经验的东华综合科学院等单位，结合卓尼民族、民风、民俗，对县城67栋临街建筑进行了民族特色化改造设计。2005年至2007年，对所有涉及改造的城区建筑实施了“穿衣戴帽”式改造，总面积达4万多平方米，完成总投资850多万元。在设计和改造时，图案和色彩突出彰显了藏民族文化和藏传佛教建筑艺术风格，为以后全县风貌规划设计奠定了坚实的基础。

2013年，为迎接建州60周年，按照全州的统一安排部署，县委、县政府决定对县城临街建筑进行民族特色化风貌改造。实施了卓尼县城区建筑风貌改造项目，对卓尼县城区25637平方米的建筑外墙墙面进行民族特色化粉刷改造，项目总投资95万元，于2013年6月至2014年8月完成建设内容。项目实施后，主街道两旁建筑展现出了鲜明的民族风格，使县城建筑在游客心目中树立了新的形象，给游客留下了深刻的印象。

在大力实施风貌改造工程的同时，城市建设管理部门逐步加强了对城市总体布局、建设风貌、城市市容的管控力度。卓尼县住房和城乡建设局在经过充分调研、论证的基础上，委托具有高资质的设计研究院编制了《卓尼县城市风貌规划》（以下简称《规划》），并按照《规划》确定的建筑物形体、色彩、外立面风貌、广告牌匾等内容，将建筑风貌作为城区项目建设（包括自建民房）规划审批的先决条件。并同步加大对建设规划和市容的监管、执法力度，对不符合城市风貌的项目及商户进行了及时督查整改，使所有城区内新建项目的外观风貌做到了统一与协调。其中具有典型代表性的便是“城中村”改造项目。项

2013 年改造后的沿街商铺

目设计从上城门沿排洪渠至滨河路修建宽12米的步行街1.7公里，步行街以内修建3—4层具有卓尼特色的“苫子房”商铺17500平方米，住宅楼43栋136000平方米，改造项目的实施从根本上解决了排洪渠周边居民的居住安全和城市环境卫生“脏、乱、差”与市容市貌“破、旧、乱”的现象，提升了城市形象。

改造后的“城中村”

2016年，随着全县环境卫生综合整治工作的纵深推进，县委、县政府决定大力实施城市综合风貌整治工作，其中特色化改造及亮化改造的实施，对提升城市整体形象效果显著，赢得社会各界的一致赞同。

按照“科学规划、分类指导、经济适用、突出特色”的原则，对城区主街道沿街建筑进行了建筑节能、外墙粉刷、屋面防水、门窗更换及加挂藏式构件等风貌改造。为了优化建筑居住功能，突出民族特色，在具体风貌改造过程中，对建筑原有涂料进行了彻底打磨后，进行了土黄色的真石漆喷涂；对原有的铁、铝合金门窗全部更换成钛合金门窗，并对门窗玻璃进行了藏式花纹打磨，加挂了木质藏式花纹古铜色窗套和窗眉；对原有建筑挑檐进行了新型材质树脂瓦更换；在原有建筑防水的基础上按二层防水标准进行了重新改造，原有上下水、暖气等进行了优化节能改造；同时对建筑物外挂广告牌匾进行了统一规划安装，并带有夜间亮化。该项目累计完成投资3500多万元，完成真石漆喷涂32000平方米，更换门窗2300平方米，加挂藏式构建3600米，安装广告牌匾2800多平方米，更换树脂瓦4500平方米。值得一提的是，在此次特色化改造过程中，并未对所有建筑进行整体设计，而是按照实际情况进行了细化改造，其中：县统办大楼、佳美超市等具有标志性意义的建筑并未进行过多改造，使其保留了原有建筑风格，建筑外观的藏式风格与现代化气息交相辉映，做到了共性与个性的相互统一。为发展民族旅游和建设区域民族特色与现代化宜居城市相结合的美丽卓尼奠定了坚实的基础。

以“做亮主城区、做美洮河岸”为重点，按照高起点、高标准的要

2016 年综合改造后的城区夜景

求，采用新理念、新技术、新材料，分区域、分类型对县城区河岸、楼宇建筑（包括行政办公建筑、商业酒店建筑、民用住宅建筑）、公共设施等进行了亮化，形成多层次、立体化的照明艺术效果。先后共亮化河道河堤8000多米、桥梁3座、楼宇118栋、标志性建筑1处、广告牌匾1200多平方米。每当夜幕降临，各种灯光交织，在洮河的映衬反射下，交相辉映，流光溢彩，形成了一道独具特色的亮丽风景线。洮河沿岸，蓝绿光勾勒河岸线，突出水的灵动和优雅；桥的部分，以冷暖结合的方式和富有变化的灯光构成两岸的纽带；花园的部分，以暖光为主的投射方式描绘景观绿化夜景的静谧和温馨；楼宇的部分，以暖光为主调，部分采用简约时尚的彩光辅助，打造城市夜景高品质生活空间。洮河风情线亮化设计用光表达洮河流经卓尼城区这一优美的部分，突出水光一色；楼宇亮化用光梳理卓尼县城空间的结构，表现近年来城区发展的连续感与高度。灯光的巧妙布置，使建筑等载体的形态和结构在夜间以光的形态展现出来，给生活者、游人以视觉的冲击力，增加了城市的活力。

城市风貌改造项目的实施，有效改善了卓尼县的人居环境和旅游环境质量，充分展现了富含民族元素的高原城镇风情，为吸引更多的国内外游客走进卓尼，感受这片土地蓬勃发展的朝气和活力奠定了坚实的基础。

洮河两岸添锦绣　卓尼大地谱新篇

马永寿

卓尼县位于甘肃省南部，甘南藏族自治州东南部，地理位置介于东经102°46′—104°02′、北纬34°10′—35°10′之间。东邻定西地区的岷县、漳县和渭源县，北靠临夏回族自治州的康乐县、和政县，西连本州合作市和碌曲县、夏河县，南接迭部县和四川省的若尔盖县。海拔高度2000—4972米，年均气温5.6℃，年均降水量487.1毫米，属大陆性气候，地势西南高，东北低，由西南向东北倾斜。境内地形复杂，地域广阔，河流纵横。现辖3镇14乡98个村委会，469个村民小组，2个国营牧场，2个县属林场，境内有省属洮河林业局及3个国营林场。全县总面积5419.68平方公里，耕地面积11333公顷，林地面积240650公顷，草场面积273956公顷。全县总人口10.1万人，其中藏族人口6.66万人，占总人口的67%，是一个半农半牧县和以藏族为主的多民族聚居县。

中华人民共和国成立后，卓尼人民在中国共产党领导下取得了辉煌成就，特别是党的十一届三中全会后的改革开放40年来，卓尼的经济、社会、科技等各方面取得了重大成就。

一、经济方面

全县各族人民在县委、县政府的正确领导下，坚持“以牧为主，牧农林结合，以工致富，全面发展”的经济建设方针，坚持“一个中心，两个基本点”的基本路线，立足县情，解放思想，实事求是，深化改革，加快发展，使卓尼县贫穷落后的面貌发生了历史性的变化。截至2002年底，完成工农业总产值17142万元，比1978年的885.72万元增加16256.28万元，比1962年的239.66万元增加16902.34万元。

畜牧业是卓尼县的主导产业。中华人民共和国成立前，畜牧业以游牧为主，靠天养畜，畜牧业生产发展十分缓慢。中华人民共和国成立后，特别是党的十一届三中全会以后和1986年全县实行农转牧后，实行了牧业生产大包干责任制，随后又明确了“牲畜归户，私有私养，自主经营，长期不变”的政策，极大地调动了牧民群众发展畜牧业的积极性，使全县畜牧业持续稳定发展。2002年，实现畜牧业产值5364.45万元，比1978年的372万元增加4992.45万元，比1962年的104.25万元增加5260.2万元。各类牲畜存栏32.78万头（只），比1978年的85782头（只）增加242018头（只），比1953年的32300头（只）增加295500头（只），比1949年的24100头（只）增加303700头（只）。

农业是卓尼的基础产业。中华人民共和国成立前，农业生产技术落后，长期处于“朝天一把籽，种收去两次”的靠天吃饭的原始耕作方式，农业生产发展极为缓慢。中华人民共和国成立后，特别是党的十一届三中全会以后，农业生产实行家庭联产承包责任制，提高了农牧民对农业投资的积极性。1981年被甘肃省人民政府确定为牧业县，1986年全县实行农转牧后，将部分荒山地实行退耕还牧，发展牧业生产，使耕地面积逐渐减少。据此，县委、县政府积极实行了稳定粮播面积，大力推广农业科技，调整作物种植结构，提高单产，并狠抓了蚕豆、油料、青稞三个基地建设，使种植业生产在耕地面积减少的情况下基本保持稳定。2002年，实现农业产值3776万元，比1978年的425.14万元增加3350.86万元，比1962年的105.46万元增加3670.54万元。耕地面积17万亩，比1978年的20.99万亩减少3.99万亩，比1953年的16.15万亩增加0.85万亩，比1949年的1万亩增加7万亩。农作物播种面积10.73万亩，比1978年的17.16万亩减少6.43万亩，比1953年的10万亩增加0.73万亩，比1949年的3万亩增加7.73万亩。粮油总产量1926万公斤，比1978年的1138万公斤增加788万公斤，比1953年的413万公斤增加1512万公斤，比1949年的98万公斤增加1827万公斤。平均亩产179公斤，比1978年的77公斤增加102公斤，比1953年的47公斤增加132公斤，比1949年的41公斤增加179公斤。

卓尼是全省十二个重点林业县，也是黄河上游洮河水源涵养林区和实施天然林保护工程的重点地区之一。林业生产坚持以“营林为基础，注重保护，强化管理，加速培育，停止采伐”的生产方针，落实林业政策，加强了从国有林中划归县上的21.1万亩林地的经营管理。发动群众植树造林，开辟经济林基地建设，狠抓护林防火和护林刹风工作。近年来又认真实施“天保”工程和退耕还林（草）工作。截至2002年底实现林业产值2万元，比1978年的14.18万元减少12.18万元，比1962年的11.98万元减少9.98万元。2002年完成封山育林14891亩，经济林更新改造500亩，育苗200亩，全民义务植树25万株，完成退耕还林17455亩，退耕还草836亩。

工业生产以小型加工业为主，经历了艰难曲折和逐步发展壮大的漫长历程。党的十一届三中全会以来，制定了一系列优惠倾斜政策，按照分类指导的原则，狠抓企业扭亏增盈，使企业效益逐步回升。2002年，完成工业总产值2620万元，比1978年的873.8万元增加1746.2万元，比1953年的278.1万元增加2341.9万元，比1951年的361.8万元增加2258.2万元。乡镇企业从1970年以来逐步发展壮大。截至2002年底完成乡镇企业总产值8081万元，实现纯利润360万元，上缴税金106万元；总产值比1978年的65.94万元增加8015.06万元，实现利税比1978年的22.05万元增加337.95万元，上缴税金比1978年的1.67万元增加104.33万元。

交通状况显著改善。中华人民共和国成立前，卓尼仅有一条岷（县）合（作）公路穿越县境。中华人民共和国成立后，人民政府采取“民工建勤、民办公助、以工代赈”的方式，动员全县各族人民，大搞县乡公路建设，使全县所有的乡村几乎全部通车。2002年总投资2800万元的卓西公路已全面竣工，打通了麻路到合作市加茂贡乡的断头路，麻路小河桥建成通车；总投资714万元的多旗公路已全面开工建设。现全县有主要公路干线12条355.063公里。

在中华人民共和国成立初期，财税工作遵循“扩大物资交流，培养税源，增加财政收入”的精神。大力发展工商业经济，使财政收入稳步增长。截至2002年底完成大口径财政收入497万元，比1978年的153.8万元增加343.2万元，比1953年的76.6万元增加420.4万元。金融机构存款余额达

13638万元，贷款余额10149万元。

二、社会方面

文教、卫生、计划生育、广播电视、邮电通信等社会事业全面发展。2002年，全县共有各级各类学校147所，其中完全中学3所，九年一贯制学校10所，小学132所，幼儿园2所。在校学生14205人，其中藏族学生11641人，小学生12309人，适龄儿童入学率达96.51%。有教职工826人，其中专职教师780人。全县有医疗卫生机构21个，卫生技术人员266人，共有病床110张。比1978年医疗卫生机构22个减少1个，卫生技术人员213人增加53人，病床428张减少318张（其中西尼沟疗养院病床300张）。比1949年医疗卫生机构1个增加20个，卫生技术人员5人增加261人。儿童“四苗”覆盖率达到99.55%，计划生育率达97.46%。2002年，全县广播电视覆盖率分别达到68.8%、78.8%，发挥了广播电视的宣传效应，收到了良好的社会效果。

邮电通信长足发展。全县拥有邮电局（所）9处，程控电话容量达到5050线，有13个乡（镇）已开通程控电话，市话拥有总量达到2804户，农话拥有量达到1710户，电信业务总量达206万元。

三、科技方面

科研项目及成果在畜牧业、农业、林业、水利、气象等领域得到全面推广，其中一项获州科技进步特等奖，一项获州科技进步二等奖，二项获州科技进步三等奖。畜牧业进行畜种改良、畜种引进、人工牛黄培植、牧机技术推广和猪三联血清疫苗试制等，农业进行蚕豆育种，农作物优育品种的引进与推广、地膜覆盖技术的引用和农业机具的推广引用。林业上进行人工抚育造林和树种引进等。2002年，全县有各类专业技术人员1211人，其中工程技术人员93人，农业技术人员81人，卫生技术人员204人，教学人员779人。

四、人民生活

2002年底，全县农牧民人均纯收入达到1117元，城镇职工人均货币工资达到10406元，城镇和农村的低保工作扩大了覆盖范围，全县共有836户，1605人享受最低生活保障。全力以赴抓好灾民建房工作，全年共为5个乡235户无房户和危房户修建房屋706间。城镇职工有2693人参加失业保险，有756人参加养老保险，有146人参加离退休社会统筹。参加城镇职工医疗保险人数达到3249人。

2003年2月15日

红色旅游在卓尼

马永寿

红色旅游是指以1921年中国共产党建立以后相关的历史纪念地为资源的旅游。红色旅游是把红色人文景观和绿色自然景观结合起来，把革命传统教育与促进旅游产业发展结合起来的一种新型的主题旅游形式。

卓尼的红色旅游主要有：首先是卓尼第十九代土司杨积庆。在1935年9月震惊世界的中国工农红军二万五千里长征北上抗日途中，经其辖区迭部时，杨积庆审时度势，深明大义，为过境红军将士抢修栈道，开仓供粮，妥善安置流落红军，使红军顺利穿越叠山峻岭，渡过栈道险隘，攻克闻名遐迩的天险腊子口，打开了通过甘肃的南大门，为中国工农红军北上抗日和中国民主革命的伟大胜利做出了巨大贡献。1994年10月，杨积庆被甘肃省人民政府追认为革命烈士，卓尼县为其修建了烈士陵园，杨成武将军亲自题写了纪念碑正面碑文，以缅怀革命先烈。2011年卓尼县修建了

卓尼县杨土司革命纪念馆

“杨土司革命纪念馆”，同年被列入甘肃省爱国主义教育基地和甘肃省中共党史教育基地。

其次是甘肃农民起义的杰出领袖肋巴佛。肋巴佛家境贫寒，他自幼目睹和亲身经历了旧社会、旧体制下土官头人的欺凌压迫和国民党政府的苛税暴政。成年后，他为了给穷苦百姓寻找一条安宁、幸福的道路，苦苦探索。1940年，他在卓尼康多、杓哇一带秘密联系穷苦百姓，成立“草登草哇”（七部落组织）抗粮抗税，开始了反暴斗争。1943年3月28日，在冶力关泉滩举旗誓师，提出了“官逼民反，民不得不反”的口号，组成了三千余名藏汉回群众的“饥民团”，打响了甘南抗日救国、反对国民党反动政府的第一枪。1943年4月19日，他参加王仲甲在皋兰马坡召开的军事会议，并担任“西北各民族抗日义勇军”藏兵司令。此后，他率领数千藏回汉各族义军，在藏回汉各族群众的大力支持下，同数倍于我的国民党军队开展了艰苦卓绝的战斗，后终因敌众我寡起义失败。这次起义，前后达7个月之久，波及20多个县，参加的有七八个民族，人数最多时达10万以上，是具有民族联合阵线性质的起义。这次起义虽然失败了，但其声威震撼了国民党在甘肃的统治，牵制了国民党军队对陕甘宁边区的封锁与进攻。客观上为中国共产党领导的抗日民族战争和中国新民主主义革命及中华人民共和国的诞生做出了贡献。1982年，中共甘肃省委《关于1943年甘肃南部农民起义问题座谈会纪要》指出：“肋巴佛以宗教领袖活佛的身份，高举义旗，率领藏汉僧俗群众反抗国民党的暴政，后又加入了中国共产党，这在我国现代史上是很少见的”。

为纪念这位杰出的藏汉起义领袖，1987年，卓尼县在古雅川山上修建了肋巴佛烈士纪念亭，现为英雄革命事迹教育基地和甘肃省重点文物保护单位；甘肃省人民出版社出版了《肋巴佛传》；甘肃电视台摄制了电视连续剧《肋巴佛传奇》。

第三是卓尼县烈士陵园。卓尼县烈士陵园是卓尼县人民政府为了纪念在卓尼县社会主义建设中而英勇牺牲的革命烈士，主要是为解放初期在平叛、剿匪、抗美援朝战争中牺牲的革命烈士而修建的。是缅怀革命先烈的光辉业绩，并向公民尤其是青少年进行爱国主义、国际主义和革命传统教育的重要阵地。

卓尼县丰富优质的旅游资源，将构成发展红色旅游的强大物质基础。卓尼县人民政府打造的红色旅游线路和经典景区，既可以观光赏景，也可以了解革命历史，增长革命斗争知识，学习革命斗争精神，培育新的时代精神，并使之成为一种文化。

卓尼县畜牧业发展概况

杨永毅*

卓尼县地处青藏高原向黄土高原过渡的接合部，位于甘肃省甘南藏族自治州东南部，现辖3镇12乡、97个村委会、469个村民小组，总人口10.08万人，其中农牧业人口8.79万人。全县土地总面积813.7万亩，耕地面积16.77万亩，天然草原总面积499.98万亩；全县境内海拔2000—4900米，年均气温4.6℃，年均降水量580毫米，无霜期119天。

一、畜种资源

由于县域地理构造复杂，气温等自然环境差异大，畜种资源受其影响，分布不平衡，不同的自然环境分布不同的畜种。境内西北部和西南部畜种分布主要以青藏高原畜种为主，有牦牛、藏羊、河曲马、蕨麻猪等。中部洮河沿岸及东北部以黄牛、猪、细毛羊、山羊等畜种为主，兼有牦牛、藏羊等。境内畜种经长期选育、改良、引进，共有50多个品种。

二、草场资源

1.天然草原资源。草地是全县畜牧业生产和广大农牧民赖以生存的物质基础，也是黄河上游的水源涵养地和生态屏障。全县天然草原面积499.98万亩，草地类型主要有高山草甸、亚高山草甸、灌丛草甸、沼泽草

* 作者系卓尼县农牧局畜牧师。

甸等六类十一组二十个型，其中亚高山草甸是其主体和精华，分布广、面积大。全县牧草种类有47科413种，禾本科和莎草科牧草是本县各类草场的主要群种和优势种，在群落组成中占主要地位。其中草地植被型中，暖性草丛、温性草甸草原、温性草原和沼泽草甸覆盖面积较小且多呈斑块状分布，而亚高山草甸覆盖面积广且多呈区域性分布，在县境内海拔在3200米至3900米的山地阴坡，是县境内主要植被类型，这类草场的植物种类丰富，草群密集，株杆低矮，是县境内天然的优质草场。亚高山灌丛分布在海拔3600米以上的山地阴坡，主要分布在疏林迹地、森林边缘及林带以上的亚高山地区，共有高等植物近200种，其建群种为高山绣线菊、山生柳和多种杜鹃花。高寒草甸分布于3300米至3800米的广大高原面及山地阳坡，植物种类因地貌部位和土壤水分状况而异。森林草甸主要分布在洮河南岸河谷地带暗针叶林带的山地阳坡，一般海拔在2500米至3500米间，以山背和山谷为界，与针叶林混交分布。丘陵、山麓及河流高阶地多为禾草、杂草类，如异针茅、羊茅、紫羊茅和多种苔草、马先蒿及龙胆；河流低阶地与山间盆地则以禾莎草占优势，如高山嵩草、垂穗披碱草和多种苔草。

2.人工草地资源。随着农牧民群众对改变传统畜牧业生产生活方式的思想意识的提高，群众采取种草贮草的方式应对“春乏关”及灾害性天气，牧区人工种草面积逐年增加，特别是自全州实施“农牧互补”战略和省上实施草食畜牧业发展行动以来，卓尼县认真实施退粮还草工程，广大农牧民群众对种植紫花苜蓿、燕麦、豌豆等优质牧草的热情日益高涨，为抗灾保畜工作增加了后劲。截至目前，全县建植人工、半人工饲草地约18万亩，主要种植紫花苜蓿、燕麦、垂穗披碱草等多年生、当年生及禾本科牧草。建设多年生紫花苜蓿人工草地1.26万亩。

三、畜牧业发展情况

草原畜牧业是卓尼县五大优势产业之一，也是第一产业首位产业，而且卓尼县是甘肃省20个重点牧业县之一。1949年末，全县各类牲畜存栏6.78万头（匹、只），其中牛存栏2.09万头，羊存栏4.03万只，猪存栏

0.34头。1962年牧业总产值104.25万元（1949年牧业产值无法查询）。至1976年末，各类牲畜存栏18.64万头（匹、只），较1949年增长了174.93%，其中牛存栏7.44万头，羊存栏8.63万只，猪存栏1.96万头。牧业总产值309.68万元，较1962年增长197.06%。

自十一届三中全会以来，农牧村生产关系发生深刻变革，畜牧业生产能力明显提升。至2000年各类牲畜存栏32.72万头（匹、只），较1976年增长75.54%，其中牛存栏11.83万头，羊存栏14.65万头，猪存栏5.52万头（匹、只），农林牧渔业总产值5291万元，其中牧业总产值3839万元，较1976年翻了12倍。

引洮工程带给丁尕村的三个巨变

杨世明*

我18岁走出生我养我的小山村——丁尕村，一直在外谋生，每到春节、清明重要节假日时，总要借假期回家小住几日，一来是看望父母和兄弟姐妹；二来就是要回到承载了我儿时太多天真烂漫自由生活的山山水水、沟沟梁梁、大树下、山泉旁、洮河边，去搜寻儿时与小伙伴的生活印迹。虽然近几年，回家的次数明显少了，然而想回家看看的念头始终没有消失，有时还显得更加强烈。

丁尕村属于卓尼县洮砚乡纳儿村委会，位于洮砚乡的西部，距洮砚乡政府所在地不足5里。现在硬化公路从乡政府所在地经过丁尕直通藏巴哇乡，路基沿引洮工程开挖的半山腰水渠而行，没有大的陡坡，全是平路。从洮砚乡政府所在地至丁尕村，坐车不到几分钟便可到达，方便极了。但这在1958年之前是不可想象的。

1958年甘肃省为了解决甘肃中、东部地区严重干旱缺水的问题，提高粮食生产能力，举全省之力开工兴建引洮工程。

引洮工程原本计划从岷县境内的洮河古城水库引水，通过通渭县华家岭到达庆阳董志塬。但由于受大跃进时期“左”的思想影响，盲目上马，客观上受到技术力量和经济条件限制，再加上自然灾害等多种因素影响，最终整个工程半途而废。但它给卓尼洮砚乡丁尕村却带来了三大变化，而且是越变越好。

---

* 作者系卓尼县粮食局原局长。

第一个变化

丁尕村为洮砚乡一自然村，全村仅有十来户，绝大多数都是木头转角楼房，天板地板，隔墙也是板，是内不见土、外不见木的屋子，被称为“木头盒子”。据村里的老人讲述，丁尕村原来是没有通向外地的公路的，整个村子呈陡坡，房前屋后全是果树，整个村被浓密的果树掩映，远看郁郁葱葱，不见村落。寨子坐落在半山腰上，背后是松树林，前面是洮河。出村是下山，入村是上山，交通极为不便。但引洮工程带来的第一个巨变就是将村庄变陡为平。1958年丁尕村响应政府号召，配合引洮工程开工建设，全村搬迁至距村约60里的四下川村落户。村民目睹家家的楼房被民工拴一根粗绳，四五十人一起扯倒，心里有难言的苦痛。民工便在村子高处挖土窑洞居住，作为施工期工棚。原村庄被开挖成引洮水渠了。回想当年，想象中的场景便浮现在眼前：民工一字排开，挥舞锄头、铁锨，有“天连五岭银锄落，地动三河铁臂摇”的感人场面；单轮手推车来回穿梭的繁忙景象；还有那夯土的民工们唱着号子，一起用力举夯砸土时发出的咚咚声。来自陇西、通渭、临洮、会宁、定西、榆中、静宁的民工都想象着将这清澈又源源不断的洮河水引到家乡流进自家的庄稼地、果园。他们对丰收充满了憧憬，于是干起活来格外卖力。三年时间，到1961年民工撤离时，我村上下约3里地段，原有的陡坡地、果树园都成了水渠。1961年下半年，工程停工后，村民又陆续从四下川举家迁回村里，开始伐木修房。1962年全村家家盖起了新房，房子是土木结构平房。与旧房相比，房子虽然小了，但全村房子在一个水平面一字排开，特别整齐又平整，街道也平整。全村从一个陡坡阶梯状排列变为平行“一”字形排列。这是引洮工程给丁尕村带来的第一个巨大变化。

第二个变化

丁尕村特殊的地理位置，致使全村人外出道路较为艰难，不要说是汽车通行的公路，就连人力架子车也无法通行。每到春秋季节，运肥、春耕、庄稼打碾都要靠骡马，粮食晾晒后要用骡马驮着到10里外的古路沟，或者过洮河上的冰桥去庄子院水磨上磨成面，一去就是两三天。将全年吃的面一次性磨好，骡马来回要驮两三次。村里的果树一到秋天，特别是白露季节一过全部成熟可以采摘，除自食的外，绝大部分要用骡马驮上赴临潭旧城、岷县柳林集换钱或是其他日常用品运回家。赶集时，每家喂养好骡马，准备好充足的牲畜饲草料，赶着骡马。出门走过2里的下坡路就到洮河边进入石门峡。原来的石门峡水流平缓、两岸石壁如削，崖壁高耸陡峭，直通云端。两岸相距约为百米，平缓的水面没有波澜，没有声响，特别到中秋时节，月明星稀的夜晚，一轮明月悬挂于高耸云端的两山崖之间，宛如两扇大门中间悬挂着一把银锁，这一幅美景被文人墨客取名为“石门金锁”，被列入洮州八景之一。

如今的石门峡，碧蓝的洮河水一流进石门峡便成了“暴跳的雄狮”，浪多水急，浊浪排空，远看水都成了白色。巨浪翻滚，拍打两岸石崖发出震响。这是因石门峡右岸引洮工程开山炸石，巨石从200米高的山崖滚落到洮河中，使洮河河道变窄，河床巨石嶙峋，形成巨大落差而形成的景观。

除九甸峡外，石门峡是整个引洮工程施工难度最大的工段。据说当年施工时，死亡民工不少。我认为石门峡工段的施工队是一支钢铁队伍，不到三年时间，硬是把一个高耸入云的石山炸开了一道宽30多米的豁口。拦腰凿进了二三十米，初具水渠的规模，并在光滑陡峭的石壁上凿出深如房高的一道槽，成为引洮的水渠。开山炸石的工程石方量很难一时估算出来，凭一个村的人力，即便生养出一万个愚公也无法完成凿山开渠的任务。于是丁尕村的道路也改道了，不走上下坡，不走洮河边，开始走引洮工程水渠工地平坦的路了。1975年，县、乡政府在引洮工程原址上稍加平整，便修通了乡政府到达勿村的30里公路，从此，丁尕村便有了公路，孩子们不出村子也能见到汽车了。这是引洮工程给丁尕村带来的第二个巨大变化。

第三个变化

在洮砚乡来说，丁尕村亦算得上是一个好村。民风淳朴，村民勤劳。有林、有草山、有山泉水，且耕地较多。盖房、烧火取暖、做饭用材、吃水方便。阴山地方，耕地全为黄土，没有一块石头，有自然抗旱能力，土地出产高。本村饲养牛羊草场大，每家都有五六头牛，七八十只羊，故成为远近闻名的富裕村。自从引洮工程将丁尕村从陡坡挖成水渠，渠底和渠沿都成了平地。后来又有全县大兴水平梯田建设，洮砚乡率先将挖日沟、古路沟、丁尕三个村的原引洮工程水渠，动员全乡劳力全部取高填低，建成了水平梯田。丁尕村只此一年，就建成了水平梯田约100亩。如果没有1958年开工的引洮工程，丁尕村还处在交通不便、人背畜驮的状况。如果没有引洮工程，丁尕村还居住在年久失修、岌岌可危的木头转角楼上。如果没有引洮工程，丁尕村民还会在陡坡地上耕作，过着广种薄收、只够糊口的贫穷生活。丁尕村住房的变化、交通的变化、耕地的变化都是引洮工程奠定的基础。

国家的建设，每项工程的实施，必将给普天之下的人民带来发展的机遇，创造发展的条件。人民群众只有全力支持国家项目建设，才会有自身的发展，切不可将个人家庭、村子小利益当作大利益来维护，这样必然会将最大化的利益变成最小化。

1994年洮河林区护林刹风见闻

陈克仁*

正值山清水秀的夏季，笔者一行三人历时十余天，行程千余里，在有关部门的大力支持下，深入洮河林区腹地和洮河沿岸木材检查站，采访了护林刹风情况。

不看不知道，一看吓一跳。由于雨量过于充沛，7月的洮河已不再秀色怡人了。浑浊的河水夹杂着木材枝丫滔滔而去，那情景似乎在向人们诉说着一段不忍心失去的痛心故事。7月14日、15日、16日、17日、20日，我们花了5天时间，除采访洮河沿岸近20个木材检查站外，还深入西尼沟、大峪沟、卡车沟、车巴沟等主要林区实地采访。在大峪沟末端，笔者目睹到的是被乱砍滥伐的比比皆是的齐腰高的树桩，大量的木材被视为废材抛于山林，枝丫横七竖八乱躺于地，一批盗伐待运的木材已开始变质腐烂。在桑布沟工段的一条小沟里，诸多已伐的树桩似哨兵站立，有些不法分子还锯树解板并烧火烘干材，其状着实令人发指。据有关方面的人士介绍，类似的事在洮河林区已不鲜见。据不完全统计，今年上半年，卓尼县政府与洮河林业局联合行动，共计没收木材3339立方米，挡获非法盗运木材汽车31辆，小四轮、三轮车17辆；卓尼县政府还依法收审4人，行政拘留17人。

乱砍滥伐现象引起了洮河林区各级领导的重视，甘南州林区各县结合

---

* 作者系甘肃省甘南藏族自治州政协文化文史资料和学习委员会主任，甘南州《百年甘南实录》编辑部主任、主编。著有新闻作品集《甘南记忆》，文史资料集《话说铁城》《我的甘南》等。

实际制定了强有力的防范措施，甘南州政府又在今年5月上旬专门部署了白龙江、洮河、大夏河林区的护林刹风专项斗争，并取得了阶段性成果，有效地遏制了毁林歪风。7月18日，笔者专门参加了甘南州委、州政府在卓尼地区召开的全州护林刹风工作紧急会议，会议对即将在全州开展的又一次护林刹风专项斗争进行了认真部署。

毁林事件屡禁不止事出有因，林缘地区的一些群众多年盗伐，已由人背畜驮发展到大车贩运和水上编排盗运；个别群众法律意识淡薄，只顾眼前利益，对护林的意义缺乏认识，加之林业法规不够具体，助长了违法分子的毁林气焰。

笔者在采访中了解到，许多人明火执仗，强词夺理，用挑衅加威胁的办法强行通过检查站。洮河林业局设的武装检查站，临潭、岷县、卓尼县设的有关林业部门、工商部门的木材综合检查站，林区有关乡、洮河林业局林场设的检查站，沿洮河两岸足有20个，又有术布桥、卓尼桥等3个水上检查站，有的检查站相距不到1公里，但仍无法杜绝毁林事件的发生，症结是多方面的。据调查，林业因多头经营，管护措施不尽相同，加上各有关单位对所属检查站管理不力，一定程度上助长了毁林邪风。而护林、林政部门由于受经费、交通、通信设备的制约，许多本可制止的毁林事件却得不到及时制止，给犯罪分子以可乘之机。

保护绿色，使其永续利用，不是一个人或一个部门的事，应通过正确引导使护林工作得到全社会的重视。在加强对林区林缘群众思想教育的同时，各级政府不能也不应该放弃制定强硬措施和运用法律武器来保护这片森林。森林的作用人所共知，洮河林区这片原始涵养林也来之不易，林区林缘群众及林业职工没有任何理由让

拉运木材的车辆

这片天然绿色消耗殆尽。

像保护和珍惜生命一样珍惜这片绿色和这条河流，我们责无旁贷。

（原载于《甘肃经济报》1994年9月1日第2版；转自《我的甘南》，陈克仁著，中国文史出版社，2018年11月第1版）

卓尼文化与旅游结合的前景展望

马永寿　魏海军*

文化是旅游发展的灵魂，旅游是文化发展的重要载体和依托，没有文化的旅游就没有魅力，而没有旅游的文化则缺少活力。旅游的优势体现在市场，文化的优势体现在内涵。站在文化的角度看，抓住旅游就抓住了一个巨大市场；站在旅游的角度看，抓住文化就抓住了核心价值。只有把文化与旅游紧密结合起来，旅游产业和文化产业才能相互融合，相得益彰，共同繁荣。

旅游作为综合型朝阳产业，具有广阔的发展前景和强劲的发展势头。近年来，卓尼县围绕“一线三区”的产业发展总体布局，立足县情，超前谋划，凝心聚力，以加快旅游基础设施建设为重点，抢抓发展机遇，创新工作思路，优化发展环境，求实创新，使卓尼县的文化旅游产业正一步一个脚印、一年一个台阶地阔步向前。

一、卓尼县文化旅游资源现状

卓尼历史悠久、地域辽阔、人杰地灵、物产丰饶，是全省旅游资源富集地区和甘南州特色文化旅游大县。文物古迹极为丰富，境内有齐家文化、寺洼文化和马家窑文化特征的遗址；有历史悠久的安多古刹禅定寺及旗布寺、贡巴寺等十几座藏传佛教寺院；有对中国革命做出重大贡献的第

* 作者系卓尼县旅游局副局长。

十九代卓尼土司杨积庆烈士陵园、卓尼县杨土司革命纪念馆、甘南农民起义的杰出领袖肋巴佛烈士纪念碑亭、开创西藏策墨林传承制度的藏王策墨林一世家族墓地——藏王坟；还有唐代大将军哥舒翰创立的神策军重镇——迭当什、洮西地区古代著名的军政重镇阳坝古城、明代边墙古长城及烽燧墩壕等古代军事设防遗址。民俗风情绚丽多彩，至今还保留着吐蕃时期西藏农区的藏族服饰，是全藏区保留最完整的藏族古代服饰礼仪的“活化石”；觉乃藏族的阿迦、善巴、“莎目—巴郎鼓舞”是古文化艺术的历史再现，具有特殊的人文价值和开发潜力。卓尼洮砚是中国三大名砚之一。洮砚在唐宋时期就已驰名海内外，迄今已有1300多年的历史。卓尼洮砚工艺精致，品种繁多，风格典雅，图案精美，千百年来深受文人墨客的钟爱，极具收藏价值。随着洮砚在国内外知名度的不断提高，逐渐形成了一种独特的洮砚文化现象，被文化部命名为“中国民间艺术之乡——洮砚之乡”。“藏王故里、洮砚之乡”是卓尼文化旅游资源的形象定位。

二、卓尼县文化旅游产业融合发展情况

（一）齐抓共管，完善顶层设计

近年来，为强化文化旅游产业发展的统筹引领，先后成立了卓尼县“旅游兴州”战略领导小组和卓尼县文化旅游发展委员会，从各部门、各行业、各阶层来共同推进卓尼文化旅游产业的深度融合和进一步发展。

（二）强基固本，健全基础设施

一是在大峪沟国家4A级景区内的旗布沟修建了可一次性接待游客300余人的集休闲观光、商务会议，吃、住、娱为一体的多功能旅游度假公园；二是结合藏族文化特色，设计独具特色的藏式厕所，在全国旅游厕所设计大赛上获得第二名，并将其落地推广到全县旅游厕所建设当中，目前共建此类型星级旅游厕所近10座；三是投资完善了禅定寺景区基础设施，完成景区大门重建、围墙修复性重建、文物殿改造维修，配套了景区游客接待中心、停车场、旅游厕所以及其他附属工程；四是实施了卓尼县阿子滩乡阿子滩村旅游富民工程，改善了阿子塘宝塔景区基础设施，提高景区

接待服务水平；五是在岷合二级公路沿线修建了红山口、大路石梁、博峪3座观景台，配套了藏式厕所、景观石、文化墙等附属设施，以观景旅游带动了文化旅游的发展，三角石观景台目前正在建设中；六是实施了卓尼县车巴沟景区基础设施建设项目，在扎古录镇修建了柏香山观景台，配套了旅游厕所、栈道、标识牌等附属设施，进一步促进了民俗文化活动与旅游活动的深度融合；七是在县城禅定寺、杨土司革命纪念馆两个景区设计、安装完成了藏族文化元素突出的标识牌标识系统；八是结合万亩油菜花种植及打造彩色风情县项目，在红山口观景台周边设计打造了“五彩卓尼”及卓尼旅游标识油菜花景观田，借助自然资源打造了新的文化资源亮点，促进文化旅游深度融合；九是扶持鼓励全县“农牧家乐”的发展，通过农牧村民俗文化特色的展示、体验，促进农牧村特色文化与旅游的深度融合。

（三）全面提升，强化宣传推介

一是整合资金在中央电视台《朝闻天下》、甘肃卫视、旅游卫视等主流媒体深度宣传文化旅游资源；二是邀请专业团队，调研全县文化旅游资源，深度挖掘资源内涵，高品位设计了卓尼旅游LOGO，打造契合卓尼资源特色的旅游产品“卓尼国际自驾狂欢节”并成功举办三届，吸引了大量游客旅游观光；三是开通卓尼旅游微博、微信平台，改版升级卓尼旅游官方网站，定期发布文化旅游资源推介软文，全面推介以“五大文化”为主的卓尼文化旅游资源及民俗宗教佛事活动信息，强化卓尼旅游吸引力；四是设计制作卓尼旅游宣传品，《美丽卓尼》《卓尼自驾游路书》《五彩卓尼》《神秘之旅——大峪沟》《卓尼风光》《风光旖旎车巴沟》《秘境卓尼》等宣传片、宣传折页，成为推介卓尼文化旅游资源的直接宣传材料，目前共制作发放各类宣传资料达10万余册，各类宣传展板上百幅；五是全面提升宣传广告牌，以卓尼文化旅游资源为基础，在中川机场高速、连霍高速、临康高速、西寨桥头、县城大桥头、大峪沟沟口、岷合二级公路老虎湾沟口等处设立大型户外广告牌及龙门架近百个，设置各类标识标牌上百个；六是积极邀请旅行社、摄影团队、新闻媒体、自驾俱乐部等深入大峪沟、车巴沟、九甸峡、禅定寺等景区开展采风踩线、拍摄观光等活动，通过图片、视频等资料进一步加大了全县文化旅游资源的宣传推介力度；七是“走出去”到北京、兰州、银川、南京、上海等主要客源地开展文化旅游资源宣传推介暨招商引资活动，向重点客源地市场以歌舞表演、导游推介、播放宣传片、发放资料等形式，深度宣传卓尼县秀丽的自然风光和浓郁的民俗风情。

（四）多方布局，加大融合发展

一是深度挖掘“莎姆舞”、洮砚、三格毛服饰等文化资源，通过排练舞蹈、研发旅游产品、服饰展演等形式，充实了旅游活动内容，促进文化资源与旅游活动的深度融合，目前巴郎鼓舞表演已成为对外宣传的主要形式之一，觉乃三格毛及其服饰成为民族文化的代表，而目前研发出的洮砚旅游商品“佛脚”“福猪”“把玩件”等进一步丰富了文化旅游商品；二是在旅游旺季期间在县剧院、大酒店广场、旗布林卡度假公园等地开展常态化演出，在旅游艺术节期间开展歌舞表演、民族服饰展演等活动；三是公开征集宣传自然资源、民俗文化等方面的稿件，通过发布微信、微博软文，增加文化旅游资源的吸引力；四是扶持鼓励全县旅游商品生产企业参加兰洽会、省州旅游商品大赛，提升企业开发全县文化资源的动力，更好为游客服务，提供更加优质满意的旅游产品。

三、卓尼县文化与旅游结合的前景愿望

卓尼县旅游文化资源丰富，特色突出，人文资源品位高，具有较大市场潜力。依托丰富的资源优势和良好的区位优势，争取在“十三五”期间以华夏文明传承创新区建设为平台，抓住构建“一带一路”战略框架的重大历史性机遇，围绕“藏王故里·洮砚之乡”的旅游文化形象定位，实施“1234”工程：抓住“一个重点”（即抓住柳林镇——大峪沟一个精品景区，重点突破，形成拳头），围绕“两个提高”（即提高卓尼知名度，提高旅游综合服务水平），突出“三个特色”（即突出卓尼地域民族特色、自然生态特色、历史文化特色），坚持“四大发展方向”（即大旅游、大项目、大发展、建旅游大县），紧紧围绕“一个战略”（即开发战略）

“两个定位”（即主题与形象定位），“两个支撑”（即县城、麻路），“三个转变、六个增加”，全力打造“九色甘南香巴拉，五彩卓尼大峪沟”旅游品牌。努力把大峪沟国家4A级旅游景区建成基础设施更加完善、服务功能更加齐全的5A级景区，并将禅定寺、贡巴寺、杨土司纪念馆建成国家3A级旅游景区，柳林镇、扎古录镇建成藏文化特色鲜明、自然生态优良的旅游城镇，“两馆一故居”建成甘肃省红色旅游经典景区，康多奇峡建成国家4A级景区，九甸峡景区建成甘肃省最大的水上工业旅游区，麻路建成国家A级旅游区，使卓尼县成为“四川大九寨—甘南香巴拉”最佳旅游目的地。力争到2020年，卓尼县旅游总人次达到200万次，旅游总收入达到10亿元，完成旅游资源大县向旅游经济强县的转变，将旅游业培育为国民经济支柱产业，旅游业GDP比重接近全省平均水平，将卓尼建成全州、全省乃至全国的特色旅游文化目的地。

人饮工程解民忧　一股甘露润民心

——卓尼县柳林镇哇路村民彻底告别骡马驮水历史

拉毛扎西　孙维红*

柳林镇上卓行政村哇路自然村位于县城北部，距县城4.1公里，全村现有人口25户112人，耕地面积375亩。这个昔日因严重缺水被称为“驮水村”的偏僻村庄，现如今却变了大样，家家户户通水、通电、通路，生产生活有序发展。

昔日骡马驮水村

回顾昔日的柳林镇哇路村，“山大沟深，干旱缺水”让人们记忆犹新，哇路村由于处在上卓沟山梁上，山高坡陡，居住在山上的群众由于没有水源，全村人畜饮水十分困难。“蜀道难，难于上青天”，

2010 年 6 月，用骡马驮水的卓尼县柳林镇哇路村民

* 作者拉毛扎西系政协卓尼县第十四届委员会副主席，时任卓尼县扶贫开发办公室主任；孙维红系卓尼县扶贫办社会帮扶办公室副主任，时任卓尼县扶贫开发办公室文书。

而哇路村的担水路更险于登蜀道。改革开放以前，该村饮水主要依靠囤积雨水和人力从山下往返10余里肩担手提；改革开放30多年来，群众的生活条件逐步得到改善，开始了由牲畜代替人力驮水的历史。虽然有所改善，但这种现状仍然严重影响着全村群众的生产生活，每逢雨天，山陡路滑，人畜滚坡事故频发、险象环生，使人们胆战心惊。每每遇到雨雪天气，在出行不便的情况下只有接点雨水囤积使用，浑浊的饮水，水质污染严重，给群众的健康带来了危害，所以饮水安全问题成了困扰该村群众多年的一块心病。彻底改变人背畜驮、靠天接雨的现状，吃上干净的饮用水成了世世代代哇路人的夙愿，也成了卓尼县委、县政府牵肠挂肚的一件大事。

难忘的一次人饮工程

长期以来，哇路村全村20多户群众，人担畜驮找水是他们日常用水的真实写照，家家户户不得不为“一口”清水来往奔波，人畜饮水困难逐渐成为制约该村经济发展的重要“瓶颈”。从这一实情出发，卓尼县委、县政府想群众之所想，把解决人畜饮水困难作为提升该村基础设施建设的重点，安排县扶贫办立项解决。县扶贫办积极争取项目资金18万元，同时协调多方力量，邀请县水电局等业务单位技术人员，克服各项难题，为该村实施了“高抽人饮”项目。为了加快项目工程建设，省、州、县相关领导时刻关怀、督促，为了尽快让哇路村群众吃上干净的自来水，从2011年5月至8月，省扶贫办副主任苏振祥、州扶贫办主任董振国先后亲临现场检查指导，县委常委、县政府副县长岳新江，县扶贫办全体班子成员先后12次到项目实施现场进行指导。哇路村男女老少，自发投工投

2011年6月，卓尼县柳林镇哇路村村民送锦旗谢党恩

劳，与施工队一起保质量、赶工期，历时50多天，建成了18立方米蓄水池2座，完成了15千伏小高抽人饮项目。至此，哇路村人担畜驮往返10余里取水的历史画上了句号，打开了家家户户拧开水龙头就能喝上甘甜自来水的历史新画面，一股清泉引入了村里，滋润了群众的心田。

干群鱼水一家亲

2011年7月16日，是哇路村人饮工程通水的日子，外出打工的村民都欣喜地赶回了家，家家户户在水龙头上扎上了红花、被“解放”的骡马脖子上也挂上了“红”，村里好似过年一般喜庆。当县委常委、副县长岳新江亲手拧开阀门，清澈的自来水从崭新的水龙头哗哗流出时，一位村民激动地说：“活了大半辈子终于吃上了自来水。”哇路村村民心里乐开了花，全体村民出动，怀着一颗感恩的心为州扶贫办和县扶贫办分别送上了锦旗，锦旗上用金线绣着“吃水不忘引水人，党的恩情比海深”；“担担挑水寸步难，饮水不忘扶贫办。肩挑骡驮实艰险，党的恩情比蜜甜”，这是他们的心里话，更饱含着他们对党和政府的深情。

事实充分证明，实施农村人畜饮水安全工程建设，不仅让广大群众吃上了安全的、卫生的、干净的自来水，提高了农民特别是妇女儿童的健康水平，还减轻了农民找水、取水负担，极大地解放了农村劳动力，使得广大群众通过外出务工，发展家庭养殖业、种植业，增加了经济收入，生产生活条件得到了很

卓尼县柳林镇哇路村村民喝上了自来水

大改善。现如今，对于哇路村村民来说，扁担、驮桶变成了古董，驮水的牲畜也卖完了；最主要的是人力得到了解放，家家户户摆脱了缺水的困扰，日子越过越好，正在与全县人民一道奔向全面小康的幸福生活！

九甸峡库区发展冷水养殖纪实

李雪梅*

卓尼县藏巴哇乡位于卓尼县东北端，全乡平均海拔2550米。九甸峡水利枢纽穿境而过，境内水资源丰富，水域面积达到2670多亩，平均深度60米左右，水质良好，适合发展冷水鱼养殖。

“走出去”引进来积极探索脱贫致富门路

自2002年甘肃省洮河九甸峡水利枢纽及引洮工程启动以来，为确保九甸峡水利枢纽工程顺利实施，2008年3月至12月，卓尼县对九甸峡库区农民进行了搬迁安置。后靠移民失去土地后，无经济来源，仅靠政府补贴生活，出现致贫返贫现象。县委、县政府为积极引导扶持库区失地群众探索一条致富增收门路，并通过“妇女

卓尼县九甸峡库区网箱养鱼

* 作者系政协卓尼县科教文卫体委主任。

小额贷款”和“惠农贷款”等资金扶持，大力发展中藏药材种植、林果业等致富产业。

2012年3月，为充分利用九甸峡库区丰富的水资源，率先在卓尼县藏巴哇乡发展冷水鱼网箱养殖。在县委、县政府的大力支持与协调下，藏巴哇乡党委负责人带领新堡村、柳林村致富能人及乡政府水产业务干部“走出去”，到外地学习致富经验，先后5次赴刘家峡网箱养鱼基地和甘肃渔业推广总站考察“网箱养鱼”产业。在刘家峡“网箱养鱼”基地，考察组通过现场拍照、向技术人员咨询等方式，对不同阶段、不同水温的虹鳟鱼、金鳟鱼、鲟鱼的饲养方法、饲料的投喂数量、水产病害防治、水产动物疫病监测技术等方面进行了认真学习，并撰写了大量笔记。之后，考察组又深入玛曲渔场考察了解了虹鳟鱼的育种、孵化、结卵、饲养、打样分类等全部过程，为卓尼县藏巴哇乡“网箱养鱼”准备了第一手资料。

发展渔业养殖为经济转型发展探索新路子

2012年初，卓尼县藏巴哇乡党委、政府利用考察时带来的第一手资料，依托得天独厚的水利资源，鼓励致富能人和党员干部，在卓尼县藏巴哇乡新堡村、柳林村带头发展网箱养鱼，在致富能人及党员干部的带动下，藏巴哇乡11户农民加入了网箱养鱼行列。

6月7日，经过大量前期准备工作，被命名为“洮渔1号”的渔船安装上了由浙江宁波挂机厂生产的挂机，首次下水；6月19日，新建的第一个网箱在莲麓水电站水库对接成功；随后，“洮渔2号”“洮渔3号”也相继下水。在甘肃省渔业技术指导站的协助下和藏巴哇乡党委、政府负责网箱养鱼干部的协调下，养殖户购买渔网、鱼苗，订购鱼苗配套饲料。截至2012年6月20日，卓尼县藏巴哇乡九甸峡库区建成网箱鱼3.6亩，为卓尼县探索经济转型发展添上了浓墨重彩的一笔。

依托库区优势做大做强冷水养殖规模

自2012年以来，卓尼县藏巴哇乡利用九甸峡库区水资源优势，因地制宜发展网箱养殖，逐步安置了库区富余劳动力就业，为库区失地农民探索出了一条致富增收的新路子。同时，辐射带动临潭县羊沙乡、渭源县峡城乡、康乐县莲麓镇、岷县堡子乡以及卓尼县洮砚乡，发展起了网箱养鱼。出栏的虹鳟鱼、鲟鱼、金鳟鱼，缓解了周边县市淡水鱼供应需求。到2012年底，卓尼县发展“网箱养鱼”已经达到50余亩，注册养殖合作社6家，参与群众180多户，其中藏巴哇乡建成30余亩，洮砚乡建成20余亩，年创收达到200多万。

藏巴哇乡养殖户不满足于现状，通过党员干部远程教育平台、网络、电视等媒介继续学习，并再次赴外地考察学习先进致富经验。养殖户群策群力、出谋划策，利用九甸峡库区美丽的自然风光，依托网箱养殖，在九甸峡水库发展了“水上农家乐”“水上垂钓”等特色旅游项目，填补了卓尼县乃至甘南州水上休闲旅游餐饮的空白。

改革开放初期车巴沟的两位致富能人

格日才让

1978年8月，党的十一届三中全会召开后，中国实行了改革开放的政策。地处甘肃南部甘南卓尼县的车巴沟，是个半农半牧区，这个地区在改革开放政策的有力推动下，涌现出了许多勤劳致富的能手，其中，我知道的典型代表人物有刀告乡盘桥村委会当尕村民小组的班地雅，尼巴乡尼巴村委会第三村民小组的加样加措。他俩是在当时特定环境条件下，在车巴沟小区域内群众公认的勤劳致富能人。

班地雅

我最早认识班地雅是1975年秋天。当时，我前往刀告七年制学校上初中（如今的刀告中心小学前身），从家徒步，行至尕贡巴村对面时，正在此搞农业学大寨的当尕村作业组发生了土方坍塌事件，当场活埋了两个人，其中一位年轻女社员当即死亡，众多男女哭哭啼啼抬着死者的遗体前往附近的窝棚，班地雅也在其中帮忙指挥，他给我留下了很深的印象。

1982年9月，我考上了西北民族学院历史系，寒假回家途中，在车巴沟口的麻路（今扎古录镇所在地）遇上了他。他拉着我的手，到附近的一饭馆，给我买了一碗饭，并问寒问暖，时至今日我还记着这份情。当时他是个30余岁的英俊男子。那时，他在车巴沟已经有了一定的知名度，加之祖辈的声誉好，在车巴沟，他的诚实和友善也被乡亲们认可，所以与周边村子、老乡的人缘关系极佳，说话办事都得心应手。

1980年，实行大包干，他家承包土地20亩、大牲畜5头，全家辛勤操劳，到年底，农、牧、副业总收入达1330元，但全家10口人分摊，人均收入就很微薄了。班地雅细想，仅凭全家承包的这点土地和牲畜，经营产业投资大、收入少，全家人口又多，不要说他这一代，就是到儿子、孙子的时代，也不会富起来，只有调整结构，开辟新的生产门路，才能增加收入，才有致富的希望，于是在弄清政策界限，分析了本地实际情况后，终于拿定了主意，决定搞运输。

“舍不得金弹，打不了凤凰”。班地雅深深懂得这个道理。1983年5月，他从信用社贷款9000多元，购进一辆解放牌卡车，雇用了两名驾驶员，开始搞长途运输。一年多，先后数次到西藏、青海、四川等地拉运货物和朝佛人员，行程达12万公里。到了1984年5月，仅仅一年的时间，除付给驾驶员工资和车辆费用外，个人纯收入9600元，还清了信用社贷款。

1984年6月至9月底，短短四个月时间，他用自己的车辆搞长途货物贩运，纯收入8200多元，全家人均收入增加到827元。这在当时的车巴沟，不是人人能办到的事情。

班地雅搞长途运输，开始走上了致富道路。1986年，他又购进了一辆东风牌汽车，专跑西藏，年收入达到了15000元，可算是翻身得解放了。

1988年，班地雅当选为第七届全国人大代表，1993年当选为甘肃省人大代表和卓尼县人大代表；1996年被选为政协卓尼县第九届委员会委员，第九届、第十届委员会常委。进入新千年后，2002年12月，被选为政协卓尼县第十一届委员会委员；2007年1月，被选为政协甘南藏族自治州第十二届委员会委员；同时，他还担任州工商联执委、甘南光彩事业推动委员会委员、县工商联执委、卓尼县藏族中学教育基金会筹备委员会副主任等，在关心地方、关心民族教育等方面发挥了应有的作用。

加样加措

我认识加样的时间是1980年9月，当时我正在尼巴学校补习。有一天，我去尼巴村的同班同学家时，就见到了加样，他身材颀长，说话滔滔不绝，一见面就觉得他非等闲之辈。

1981年初，实行牧业大包干责任制，他家承包牛56头，绵羊38只。经过几年的辛勤劳动，到1986年时，承包的牛已经发展到93头，净增37头；绵羊已发展到83只，净增45只。

从经济效益看，出售牛11头，收入现金2700元；出售酥油500斤，收入现金2000元；长途贩运畜产品获纯利3830元。三项纯收入合计8000元，人均收入1000元。与1980年相比，提高了十倍多。

加样家之所以养畜致富，除了有广阔的草场优势，主要是提高犏雌牛在牲畜中的比例。由于犏雌牛生产性能（产奶）高，周转快，收益大，1981年仅出售犏雌牛和酥油两项收入就达3280元。为了发展商品畜牧业，提高经济效益，1982年他调整了畜种结构，使犏雌牛的比例提升到饲养总牛头数的11.83%。

母畜是畜牧业扩大再生产的基础。1982年以来，他换进、购入犏雌牛25头，使适龄牧畜的比例达到48.39%，高出全县平均水平10%以上。

加样加措一家人还设法加强牲畜的饲养管理，千方百计提高繁殖成活和成畜保活率。每年按时抓膘，及时配种，备足一定数量的补饲草料；修棚搭圈，基本上解决了畜牧业生产发展中的“冻和饿”两大难题，降低了牲畜的死亡率。几年来，他家的牛成畜保活率高达99%，繁殖成活率为53.5%；绵羊的成畜保活率在89%，繁殖成活率78.42%。每年在入冬前，他都要对牲畜进行一次大清理，对老、弱、病、残畜及时淘汰，增加商品量，减少死亡，缓解草畜矛盾，仅1983年的出栏率就达11.83%。

在实行科学养畜方面，他带头认真搞家畜的防疫灭病工作，每年给牲畜定期进行预防注射，按时驱除体内外寄生虫，对于常见病、多发病也能及时治疗，从而降低牲畜的死亡率。加样加措一家的辛勤劳动，很快使他家成为附近村寨里有名的殷实之家。1986年以后，他购买汽车跑运输，年收入达到了2万元。

1984年12月，出席甘肃省种草种树专业户先进典型会议，受到省委、省政府的表彰，获得荣誉证书；卓尼县“致富带头人”称号，受到县委、县政府的表彰；1990年又被评为“在扶贫开发工作中做出成绩的先进个人”，受到县委、县政府的表彰奖励。

1993年，加样加措当选为卓尼县人大代表；1995年担任政协甘南州第九届、第十届委员会委员，出席甘南州第九届、第十届人民代表大会代表。如今，他年已八十但仍在关心地方建设、关心民族教育、维护社会稳定方面，发挥着自己的余热。

班地雅和加样加措，有着共同的特点，就是脑子灵活，能顺应时代变化，不抱残守缺，勤劳且有思路，为此他们成为车巴沟改革开放初期治穷致富的带头人。

忆大峪沟景区开发建设

包建卫*

大峪沟景区位于甘肃省卓尼县木耳镇境内，距卓尼县城30公里，由桑布沟、旗布沟、阿角小沟、阿角大沟、燕麦沟、白崖沟、红崖沟、巴什沟、涅座沟9条支沟组成，总面积105214.6公顷。景区内植被覆盖率达86.7%，其中森林覆盖率为46%。这处“养在深闺人未识”的人间仙境，经过17年的开发，2002年列为首批国家AA级旅游景区，2003年列为国家级森林公园，2007年申报为国家AAAA级旅游景区，是甘南州十大王牌景区之一，也是省旅游局推出的王牌景区。

我作为卓尼县旅游局的工作人员，到后来成为负责人，参与了大峪沟景区从发现到规划开发的全过程。

1998年9月25日，甘肃省林业厅下发《关于认真贯彻省政府停止国有天然林采伐决定的紧急通知》，洮河林区率先停止天然林采伐，全面实施封山育林。因企业

大峪国家森林公园建园碑记

* 作者系卓尼县旅游局局长、党支部书记。

正在施工建设的一线天栈道，于 2017 年 4 月拍摄

收入中断，职工工资不能按时发放，大量职工面临下岗分流。在人、财“两困”的局面下，洮河林业局党政领导多次赴外地考察了解，决定开发森林旅游产业的森林公园，这样既能保护森林资源，又能解决企业生存问题，大峪沟景区的建设就是这一决策的成功例证。

1999年，县委、县政府在麻路乡举办了“1999年麻路商贸交流会暨民族文体运动会”，拉开了卓尼旅游业发展的序幕。2000年5月，主管全县旅游工作的卓尼县文体旅游局组建成立；7月20日至22日“回归大自然——新千年卓尼藏族风情旅游节”在大峪沟成功举办。2002年，洮河林业局职工自筹经费，自筹劳力，边考察边建设大峪沟森林公园。同时，中共卓尼县委、县政府也在科学规划、有序推进大峪沟旅游基础设施建设与旗布沟开发建设工作，先后修通了多坝至旗布寺的多旗公路，三角石至一线天的水泥硬化公路，建成了卓玛拉措湖，修建了集度假、休闲于一体的新藏式风格综合度假酒店——旗布林卡，完成了导览图、垃圾桶、景区栈道、旅游厕所等旅游基础设施的投放与建设。2003年，县政府邀请四川省旅游规划设计院有关专家调研卓尼县旅游资源。2005年，编制完成了《卓尼县旅游业发展总规划及可行性研究报告》《洮河风情线及大峪沟景区旅游开发详细规划》。其间，经过调查，发现大峪沟景区有高山耐旱针叶冷杉、云杉、松柏等乔木、灌木共19科31属100

新千年大峪沟风情艺术节帐篷城

余种，药类植物140余种，国家二、三类保护动物20余种，羊肚菌、黑木耳等菌类10多种。为了有效保护大峪沟原生态森林资源，制定了一系列严格、科学的保护规划和保护措施，为景区的永续长存奠定了坚实基础。

自2004年至今，我和同事们走遍了大峪沟的每一个角落，通过组织专家学者实地考察，查阅历史资料，采访当地农牧民，搜集了大量关于景区的自然景观与人文历史资料，拍摄了近3000张风景照片，充分利用微博、微信、网站等宣传平台，对全县旅游资源进行大力宣传，改版升级卓尼旅游官方网站，与国家旅游局、省旅游局、州旅游局、香巴拉旅游等网站进行了链接；建立了大峪国家森林公园网站，设立了公园景点路线示意图宣传牌，制作了宣传图片及视频。并通过参加兰洽会、甘肃省旅游推介会及“香巴拉旅游艺术节”等一系列节庆活动进行宣传推介，极大地提高了大峪沟的知名度。

从2014年起，每年7月在大峪沟连续举办了三届自驾狂欢节大型户外活动。游客与大自然亲密接触，在夜晚观看露天电影、星空摄影吧、户外烧烤派对，与卓尼民间艺人共同演绎了千人锅庄，观看了五百人共舞的神秘“莎姆舞”。

为了打破景区多头管理、多层经营的局面，经县上与洮河林业局多次协商，于2016年7月达成了大峪沟景区实行“一票制”管理的三年期合作协议，优化了管理模式，取得了良好的社会与经济效益。

历时17年，大峪沟已经被世人初步认识，但她神秘的面纱还未被完全揭开，亟待我们去开发和挖掘。

卓尼县城古雅洮河大桥修建概况

吴世俊*

卓尼县城古雅山脚洮河大桥是卓尼境内修建的第一座钢筋砼大桥，大桥的建成将南北连成一片，为人民群众的生产、生活提供了无比优越的条件，加速了卓尼的建设事业。

古雅洮河大桥长154.4米、高12.24米、宽7米，为五孔，结构为钢筋砼双曲拱桥，并留有排洪孔，设计轻巧，坚固耐用，外观好看，无疑是卓尼一大美景。

洮河上建大桥是卓尼两岸群众多年的期盼，从20世纪50年代县上就着手规划，到70年代终于愿望实现。

洮河大桥由卓尼县和洮河林业局实施建设，县革命委员会主任兼武装部部长刘宗礼和洮河林业局梁局长亲自挂帅，由洮局从省三建调来修了冶力关石拱桥的高级技术人员梁工程师、张工程师、樊工程师、吴技术员等以及高级钢筋工、电焊工组成技术力量很强的施工队伍进行施工。从1969年冬季开始，在本县抽调民兵工人（车巴两乡、完冒、卡车、大族、城关未抽）组成两个连（一个连120人）、七个排（一个排40人）以及洮河林业局水运队机械班职工等组成军事化管理，民工由农业社给工分，头等工10分，月工资70元，其中交给社金一天0.9元，伙食费一月有52斤粮票（一顿吃一个半馍馍，一个馍馍是0.2元，稀饭0.05分），大约一天开销1元。当时的工地在文化馆（原旧广电地址），设有两个灶，所有施工人员

* 作者系卓尼县建筑公司原总经理。

统一上大灶。

1970年12月25日正式开工开挖基础，当时总投资50万元（洮河林业局30万元，县革命委员会20万元），后来由于资金短缺，又补了一些，共投资了55.6万元。由于缺乏施工机械，全部为人工开挖运输，抽水机不断抽水。桥墩为C15毛石砼、桥梁、排洪、砌块以及构件都预制好后进行安装，施工非常严格，沙子、石子、石块都用水清洗干净，木工师傅的模板做得相当精细，吊装桥梁没有设备，工程师们土法上马，自行研制，用木杆、钢丝绳绞磨作成吊机进行吊装，正位后做好牢固焊接，每道工序、每个部位都精心施工，从上到下认真负责，以及钢筋加工、电焊的技艺高超都令人佩服。工程实行统一指挥，材料供应、人员管理、后勤保障等都做得非常到位。大桥于1971年12月25日建成通车。

20世纪90年代，洮局将大桥资产给县上移交，当时县上徐登县长非常认真负责，责令县建设公司对大桥结构认真查勘，县建司技术人员核查后，认为桥梁结构完好，只是桥面破损塌陷，原因是时间长，过往车辆多，桥面以及填充石子堆移。县上想法筹集了三万元，对桥面砼重新进行了铺设，保证了以后的使用。

2000年，县上又投入了300多万元，对洮河大桥进行了加固加宽，缓解了县城洮河南北两岸的交通紧张环境。2017年，古雅洮河大桥完成了其历史使命，拆除后，重新修建了新桥，目前该桥已竣工验收交付使用。

卓尼县1988年“7•6”特大山洪泥石流自然灾害情况纪实

格日才让

1988年7月6日晚8时10分，卓尼县城突降暴雨，持续30分钟，降雨量51.3毫米，8时40分位于县城北部的上卓尼沟、冰角沟、绍藏沟三条沟内山洪暴发，顷刻间洪水夹杂泥石流咆哮而下，上卓沟洪峰最高达每秒150—160立方米，流量每秒114立方米。洪水携带大量泥沙石块冲毁了正在修筑的城内排洪渠，冲入县城各街道，瞬间政府机关和城关粮站及附近居民住宅成了积水潭，使柳林镇435间民房受灾。由于洪水来势凶猛，使县城和上卓尼、上河、绍藏三村房屋倒塌，人畜死亡，断电断水，通信中断，交通阻塞，损失惨重，目不忍睹。

当日下午，县境的扎古录、完冒、大族、阿子滩、卡车等乡部分农作物和村子亦遭到雹灾和洪水的袭击，损失严重。大族乡一位村民被洪水冲走。

山洪泥石流劫难现场，触目惊心，县城的几条主要街道阻塞，泥沙堆积达8.4万立方米。城区街道磨盘大的石块层层叠叠，上百年的大树被掀翻，一辆江北车被冲出百米，成了一堆废铁。

灾后统计，这场暴雨引发的上卓尼沟、冰角沟、绍藏沟泥石流，造成46人死亡，损失牲畜684头，冲毁房屋483间，进水房屋3185间，造成危房1124间，围墙倒塌10538米，57户268人无家可归。冲毁汽车、拖拉机12台，架子车、自行车50辆。冲走木材225立方米，县城各主要企业损失商品、设备折价68万元，个体户损失价值15万元，冲毁公路5.7公里。

为了把灾情造成的损失减到最小，7月6日晚8时50分，县委、县政府主要领导紧急碰头，决定：（1）利用电报、电话向省、州汇报灾情；（2）分头排摸统计灾害情况；（3）决定第二天召开紧急会议，研究部署全面抗洪救灾工作。

州委、州政府在得悉这一消息后，州委书记李德奎、州政府副州长张文启、甘南军分区副司令员蒋德中带领军分区、武警支队、消防队的战士90多人组成的抗洪抢险队伍连夜赶往卓尼，于7月7日凌晨6时投入了紧张的抗洪抢险救灾工作。州委、州政府领导，深入一线察看了灾情最严重的柳林镇上卓尼、上河、绍藏三个村的受灾情况，慰问了受灾群众。

在州委、州政府工作组的帮助指导下，县委、县政府召开县直机关单位负责人会议，在组织动员、安排部署救灾工作的同时，成立“卓尼县抗洪救灾指挥部”，县委书记包建荣任总指挥，县长杨正任副总指挥，并设办公室，副县长杨士鸿任主任，水电局局长郭秉忠、县政府办公室主任李学正任副主任。抗洪救灾指挥部下设四个组：（1）重灾安置组，组长李生枝（县政府副县长），副组长李志英（县武装部部长）、李霖（柳林镇镇长）。（2）县城安置组，组长严肃成（县委副书记），副组长胡国鼎（县政协主席）、常根柱（县政府副县长）。（3）道路渠道整修组，组长孙文杰（县人大常委会副主任），副组长周旦智（县工交局副局长）、陈景龙（县城建局副局长）。（4）各乡灾情检查组，组长梁崇文（县政府副县长），副组长史希贤（县人大常委会主任）、杨世英（县人大常委会副主任）、朱发祥（县纪委书记）。决定对救灾工作分三个步骤进行：（1）首先做好群众思想工作，安定灾区群众的情绪，鼓舞灾区群众抗洪救灾的信心。（2）安置灾区群众的生活，恢复灾区的秩序。（3）在州委、州政府的具体指导下，由抗洪救灾办公室制定抗洪救灾的总体规划，在总体规划的指导下重建家园，恢复生产。

7月7日下午，各组深入受灾单位、部门和乡、村进行摸底调查，掌握灾区一线情况。至此，全县的抗洪救灾工作有计划、有组织、有领导、按序有条不紊地全面展开。

在抗洪救灾工作中，解放军、武警消防队战士表现出勇敢顽强、英勇善战、无所畏惧的英雄气概，哪里危险哪里就有人民的战士，哪里困难哪里就有人民的战士。他们抢修电路、水路、公路，抢救粮站的粮食，抢救受灾群众的生命财产。人民子弟兵到哪里，哪里的救灾工作就有起色。

一方有困难　八方来支援
干部群众齐协力　攻克艰难搞自救

一方有难，八方支援。灾情发生后，省、州和其他兄弟县，从精神和物资上都给予了大力的援助。当时在卓尼县视察工作的省政协副主席嘉木样、省政协副秘书长释融开法师、州政协副主席热旦加措等亲临一线慰问灾区群众，嘉木样给灾区捐款人民币1000元，释融开法师、热旦加措各捐款人民币100元。在卓尼县准备文艺演出的甘肃省乌兰牧骑演出队当场捐赠人民币1000元。

7月8日下午，中共甘肃省委、甘肃省人民政府委派省政府副秘书长关明函带领工作组到达卓尼，一边检查灾情，慰问灾区人民；一边帮助制定救灾措施。省民政厅、省水利厅、省防汛办、省粮食厅、省财政厅、省公安厅、省城建局、省民委、省卫生厅、省林业厅、省气象局、白龙江林管局，甘南州电力局、民政局、农林局、气象局、邮电局、广播电视局、卫生局、公安处、军分区、武警支队、消防支队、粮食局、公路总段、扶贫办、财政局、宗教局、团州委、新华书店、工商银行、工会、建设银行、商业局、体委、组织部、人大办、政协办、人民银行、畜牧局等单位的领导也亲临灾区帮助和指导抗洪救灾。

州民政局、州畜牧局各捐赠人民币1万元。8日下午3时，州民政局将合作地区干部职工捐献的第一批救灾物资运达卓尼，开始了救灾物资发放工作。

7月9日，中共甘肃省委、甘肃省人民政府给卓尼县发来了传真电报，电报全文如下：

卓尼县委、县政府：

7月6日，你县遭受特大洪水和泥石流灾害，给洮河两岸特别是县城和上卓、白塔等村的群众生命财产造成了重大损失。省委、省政府特向你们及灾区群众表示深切的慰问。

在灾害面前，你们带领全县人民，在人民解放军和武警部队的帮助下，采取果断措施，抗灾救险，在抢救人员、安排生活、恢复“三通”等方面做出了艰苦的努力，表现了勇敢顽强的大无畏精神，体现了民族团结和军民团结的巨大力量。省委、省政府希望各级领导要和灾区人民同呼吸、共命运，坚持在抗灾第一线指挥战斗，以高度负责的精神，切实安排好灾区群众的生活，并进一步组织广大干部、群众克服困难，恢复生产，实行生产自救，努力把灾害减少到最低限度，为灾后的综合治理和新的发展创造条件。

中共甘肃省委员会

甘肃省人民政府

重修卓尼县防洪长堤（汉文）碑

重修卓尼县防洪长堤（藏文）碑

7月9日下午5时许，扎古录乡又遭冰雹、洪水袭击，时间持续15分钟，全乡4705亩粮食作物，1300亩油料作物被毁。同时打死绵山羊174只，牛2头，冲走粮食1000斤，面粉600斤，冲走个体代销店货物折价损失480元，冲毁土地80亩，冲走木桥3座，木材20立方米。

7月10日上午，经过现场办公，省财政厅、省水利厅、省粮食厅、省民政厅、省城建局等部门已初步落实90多万元，为下一步抗灾救灾创造了条件。

7月12日上午，县抗洪救灾指挥部召开了抗洪救灾动员大会。县直机关、企事业单位副科级以上干部92人参加，会议号召全县广大党员、干部和灾区人民群众要增强抗洪救灾的信心，克服困难，在党和政府的亲切关怀和大力支持下坚持自力更生、生产自救的方针，夺取抗洪救灾的胜利。

在抗洪救灾会议上，县委书记包建荣宣读了省委、省政府的慰问电报并讲话。县人民政府县长杨正通报了受灾情况及抗洪救灾的成果，就当前救灾工作做了部署。杨正说：这次特大山洪泥石流自然灾害是卓尼解放以来从未发生过的一次灾难，洪灾发生后，在省州领导的直接指挥下，指挥部采取各种应急措施，抢险救灾初见成效。组织医护人员及时抢救因灾受伤人员，使他们安全脱险，灾害中遇难的已找到33人，失踪9人，继续寻找失踪遇难人员遗体，并临时筹措资金妥善安葬；对无家可归的57户268人及时发放了3300斤面粉，解决了吃饭及住宿着衣问题；城关粮站受损粮食、面粉正在抢运处理；商店被水浸商品也正在抢救；组成工作组查清了灾情。同时，修复接通了通信线路；抢修了200米公路；架通了县城10千伏供电线路，7月8日恢复了供电；接通了城镇自来水管道。杨正还对下一步工作提出了三点要求：第一，要尽快恢复生产和工作秩序。凡被洪水淹了的办公室要尽快落实地点，开展正常业务；受灾的商业、服务、医疗各单位要采取措施尽快恢复营业，学校要恢复正常的教学秩序；生产单位也要在近日恢复生产；安排好职工住房，危房中住的人员要搬出来。第二，清除泥沙，修通公路。第三，帮助群众解决住房问题。希望各级干部和广大群众团结一致，共同努力，按省州领导的要求做好各项工作。县委书记包建荣传达省州领导在视察灾情时的指示后，强调说：第一，各部门领导要按系统、单位做好动员，各级领导、干部和群众要树立抗灾的信心，从行动上落实自力更生，生产自救的方针。第二，全县人民的中心工作是抗灾，各部门的工作都要围绕抗灾来开展。第三，抗灾的具体部署是：7月15日前要基本恢复正常秩序；继续做好财产抢救工作；各单位充分发挥各自的优势，清理泥沙，疏通渠道；千方百计做好防疫工作。

几天来向灾区人民表示慰问的电报从远方频频传来，慰问信件和支援的钱物从四面八方不断送到，表达了省州县领导和兄弟地区对卓尼灾民的深厚情意，鼓舞了灾区人民战胜灾害的斗志。

7月12日，夏河县委、县政府发来慰问电说："惊悉贵县7月6日晚遭受雹灾袭击，损失惨重，谨向你们和受灾人员表示亲切慰问，并捐款1万元，祝愿你们在抗灾救灾中取得成绩，早日恢复正常生活。"7月15日，卓尼县委、县政府发出电报，代表灾区人民对夏河县委、县政府和各族人民的关怀及无私援助表示衷心的感谢。

卓尼县未发生灾区的各乡镇，从电视上看到县城遭灾的报道后，积极动员群众向灾区人民捐款慰问，这些捐款者中有干部、工人、解放军战士、个体户，也有僧人、农民和退休干部。康多乡党委书记杨完么扎西亲自把276元捐款送到县抗洪救灾指挥部。藏巴哇乡党委书记杨向荣、乡长张志德得知县城遭灾的情况后，代表干部群众向灾区送来了2000斤面粉。恰盖乡得知县城受灾的情况后，全乡群众积极捐款，乡党委书记杨国良和会计杨尕藏向抗洪救灾指挥部送来了1593元捐款。刀告乡得知县城遭灾的情况后，乡党委书记虎龙日代表乡党委、政府向灾区送来500元人民币，贡巴寺也派代表向灾区群众捐款表示慰问。唐尕川村离休干部鲁仲英、寺台子村郝镇、上城门村吴世俊、唐尕川村赵继业、赵启业也捐了款。县政府办公室、县扶贫办、县供电公司、县水电局、县农行、县草原站、县畜牧局、县乡镇局、县工商银行、县人武部、县检察院、县建设银行、县木材公司、县林业站、县兽医站、县税务局、县宗教局、县农技站、县农林局、县工交局等20多个单位的800多名职工向灾区捐了款。截至7月15日，省级单位和个人给灾区捐款2100元；州级机关和甘南军分区等单位和个人捐款12041元，粮票6139斤，衣物6157件；全县25个单位和个人向灾区捐款2777元，粮票903斤，衣物136件；深圳特区王瑜捐款200元。

领导决策英明　群众抗灾自救
专家学者来考察　分析灾情提措施

7月15日上午，县抗洪救灾指挥部召开所属各组负责人及县防汛指挥部成员参加的会议，听取了各组对抗洪救灾工作的进展情况的汇报。当时的情况是：全县受灾的6个乡镇灾情确实严重，但群众情绪稳定，抗灾信心足。群众普遍反映，这次灾情发生后，上级领导重视，抓得紧，行动快，措施扎实。

群众安置组汇报说：县城共79个单位和部门，有51个受灾，受灾面占单位总数的62.5%。其中重灾的有县委家属院、政府大院、县医院、文化馆、食品公司、气象局、柳林小学、检察院、城关粮站、服务公司、财政局、民贸公司、广播电视局、县政协、县人大、邮电局、幼儿园、农机局、招待所。进水房屋共计800余间，其中造成危房、险房564间。房屋及财产损失折合人民币247万余元；个人损失31万余元。职工及城镇居民生活有困难的15户64人。对于已成危房不能居住的采取疏散搬迁的办法坚决迁出，共疏散搬迁128户384人。县食品公司发动本单位职工抢救物资50余吨，移库25吨；县医院从洪水中抢救出4台贵重设备及60张病床。县城51个受灾单位中，有44个单位已完全恢复正常工作；3个单位部分恢复；恢复工作有困难的有县文化馆、城关工商所、幼儿园、农机厂，5个小卖部（食品3个、农副1个、民贸1个）正在积极创造条件争取尽快恢复工作。县城其他单位在清理泥污水、清理动物尸体、喷洒消毒液，防止疫病流行等项工作上也取得了显著的成绩。

农村安置组汇报说：对柳林镇、大族乡因灾而确实揭不开锅，穿不上衣，生活实在有困难的42户179人，每人解决了玉米150斤，面粉20斤，零用钱20元及衣物等，安定了人心，稳定了情绪；在洪水中遇难的群众每人（户）救济200元和50斤面粉，使之能顺利安葬；洪水冲散群众的木材、衣物、家具等和群众共同协商，做了妥善处理；绍藏村国家暂补助5000元，已开始修拦洪堤坝，以防洪水再次袭击。县城的清障工作进展快，保证了粮食和其他物资的抢救、供给及个体户摊贩点的正常营业。

在汇报会上，围绕灾情实际，与会人员提出来一些急需解决的问题：（1）要求解决化肥，以便给受了灾尚能返青的小豆、油料追肥，力争秋后有个较好的收成。（2）要求在近期内给受灾的乡镇供应燕麦种子，补种青饲料，解决明年牲畜的饲草问题。（3）要求解决口粮补助款，特别是柳林镇的上河、绍藏，阿子滩乡的闹布那、那子卡、座车首，完冒乡的沙冒多和扎古录乡及大族乡困难村，渡过灾荒确有困难，需要政府救济补助。

县委书记包建荣和县长杨正听取各组的汇报后，对下一步救灾工作进行了安排。

县农林局急群众所急，副局长带队，多方联系求助，至18日时调入燕麦8万斤，指挥部立即组织车辆，全部分送到乡镇。县农林局局长亲赴兰州，寻找省林业厅禹贵民副厅长和省人大常委会王道义副主任，汇报卓尼灾情，请求解决民用材指标。7月16日禹贵民副厅长和王道义副主任莅临卓尼县，目睹灾情后慨然答应500方民用材指标，解决了群众的建房和房屋维修用材困难。

城关粮站为抢救粮食，在副站长孙贵武的带领下，组织抢险队，摸黑苦战，挖洞放水，疏通水路，使粮站院内1米多深的积水水位降低。在这里特别值得一提的是甘南军分区、武警支队、公安消防大队组成的90人抢险队，在副司令员蒋德中和公安处处长杨国瑞的带领下，于事发次日早上开始投入了抢险第一线，军民联手，连续五昼夜苦战，终于使关乎全县人民生活的城关粮站脱离了险情。在此期间，甘南州人民政府州长胡培珍协调州级有车辆单位，派往卓尼抢运粮食，仅州运输公司就派遣37辆汽车，不分昼夜协助运粮。同时，临夏州、玛曲县、临潭县，本县的刀告、扎古录乡等国有、集体和个体的19辆汽车也无代价地抢运粮食。截至7月18日，出动车辆100多车次，清除粮站院内的泥沙300立方米；出动车辆252车次疏散转运面粉231万斤252车次；往合作发油籽31.57万斤33车次，粮食油籽到库250.06万斤。

7月18日，全县近千名干部职工，在县委书记包建荣，副书记赵德臣、严肃成，县长杨正，副县长李生枝的带领下，投入了清理路面淤泥沙石的工作。23日，县委、县政府、县人大、县政协清理完成了分给的第一段（煤炭公司以下—检察院门口）的任务后，又主动投入第二段（县委门前—政协门口）淤泥沙石量最多、拉运最困难的地段。

7月19日，正在合作参加五省区藏族教育研讨会的省委统战部副部长、省民委主任杨应忠、省教委主任王松山等专程到卓尼县，察看了7月6日遭受特大山洪洗劫的现场，并对柳林小学和部分受灾教师进行了慰问。

是日下午，甘南州交通局局长谢兴国专程到卓尼慰问灾区群众，给卓尼送来州交通机关第二次捐款的人民币225元，粮票396斤，衣物74件，并从职工福利费中捐款1000元，有力地支援了卓尼灾区。同时，看望了受灾严重的公交系统退休干部张志贵后给予人民币100元的补助。

谢兴国局长在察看灾情后，为尽快恢复线路交通提出：（1）上卓沟1.3公里的水毁公路，先修整好，简易通车，然后做出修复预算报告上报，以便省厅核准修复。（2）水毁公路2.9公里，修复工程省投资6万元，由县公交局负责施工建成油路。（3）给卓尼的救灾物资，州运输公司保证安全转运。（4）过往班车，为了支持卓尼救灾，方便群众，一律经过卓尼。卓尼县人民政府副县长、救灾指挥部办公室主任杨士鸿代表灾区群众，对州交通系统的大力支持表示了衷心感谢。

州委组织部在得知扶贫联系点柳林镇受灾的消息后，派组织部副部长加样专程来卓尼，看望安慰受灾群众，并送来人民币1100元。

7月14日，西北科学院兰州分院地质灾害研究协调中心的冯学才主任一行7人，听到卓尼县受灾的消息后，分别从兰州、宕昌专程来卓尼灾区考察调研。在三四天的时间内，对卓尼上卓沟、冰角沟、绍藏沟的泥石流和大族乡洛日村滑坡的成因及治理措施提出了可行性解决方案。

冰角沟、绍藏沟为防水灾，需修筑河堤，减少水沟固体物，减缓迭水差，以提高冲积扇上的排导能力。

上卓沟不算严重的泥石流区，主要是雨量大，强度高，沟道冲击连带固体物而冲下，给坐落在冲积扇上的县城造成灾害。今后治理措施是：沟谷上部做些地坝，毛沟冲积扇上做些小坝，以免形成“刀坎”，加宽加高排洪沟下部街道（城内）至洮河口，就近考虑可进行堤路结合排洪的防洪措施，一是河堤工程要能清一次泥石流的容量，并还可正常排水的限量；二是河堤与路面结合，设计施工时把公路边可作为排洪的辅助设施。请专家对设计文本进行多方面评审，搞好排洪的总体规划，长远设想卓尼应开发寺坪。

全力疏通渠道 认真总结经验

7月20日下午，县抗洪救灾指挥部召开会议，会上副县长梁崇文传达了副省长路明的重要指示，并进行了认真讨论，提出了贯彻实施的意见，强调要突出抓好清除排洪渠道内淤积泥沙的工作，以免灾情再次发生。

会议研究决定，集中全县7个乡镇的700人和县直单位的职工，在10天内清除县城排洪渠内和主要街道两面的泥沙。原道路渠道整修组人员不变，由副县长杨士鸿任组长，县人大常委会副主任孙维杰、县人民政府副县长常根柱任副组长，专抓此项工作。

会议还决定给柳林镇的上河村、绍藏村和大族乡的录日村等60户重灾户拨出民用材指标379立方米，解决受灾户的住房问题。会议要求有关部门抓好城市建设规划、排洪渠道工程的论证、粮站粮食的倒库和部分灾区播种燕麦等项工作。

7月23日，响应会议决定，柳林镇党委书记强丕忠、镇长李霖，木耳乡党委书记卢发荣、副书记杨自荣、乡长牛学义，卡车乡乡长黄正勇等带领群众，投入县城排洪渠道清除淤泥的工作；距离县城较远的纳浪、阿子滩、大族等乡也积极动员群众，风尘仆仆赶到县城，投入排洪渠道清除淤泥的工作。

25日下午，县城街道淤泥乱石的清理工作基本完成，所有过往车辆畅通无阻。

8月1日上午，县抗洪救灾指挥部召开会议，传达了贾志杰省长在省政府7月27日晚召开的全省防汛工作电话会议上的讲话和州防汛指挥部《关于认真贯彻7月27日晚全省防汛电话会议精神的通知》，研究布置了当前抗洪救灾和全县防汛工作任务。会议在分析前段工作的同时，对当前抗灾救灾工作提出了如下意见：第一，根据省上关于清障的要求和州防汛指挥部提出的“卓尼县的排洪沟要组织强有力的队伍，于8月3日前清除淤积的泥沙，挖通洪水通路”的意见，抽调扎古录乡的200人，于7月31日到达县城，8月1日开始清除下段排洪渠道的淤积泥沙，限期8月3日前完成任务。街道路面淤积的泥沙已基本清完，但是路下面的4座小涵洞全部堵塞，南北路两侧水沟的水不能排入主排洪渠道内，因此，要在近日设法挖出涵洞内的泥沙，以便通水。第二，上河村、绍藏村等重灾户建房工作，一是木材采伐拉运要抓紧进行。二是宅基地选址划定要解决好，上河村宅基地选址，由工交局、城建局和柳林镇依据原城市规划方案共同协商解决。第三，大族乡多尕村7月6日和7月29日两次洪水冲毁民房，乡政府报告要求县上解决投资问题，由县民政局、防汛指挥部尽快派人了解情况，提出方案后研究。第四，对最近发生的灾情，由民政局、防汛指挥部派人检查，把存在的问题带上来研究解决。

在全县干部职工的共同努力下，经过一个月苦战，到8月5日全面完成了县城排洪渠道及街道路面的泥沙清理任务，共清除泥沙石块56102.58立方米。

8月5日下午，县抗洪救灾指挥部召开会议，县四大班子主要领导和县抗洪救灾指挥部的全体成员、县民政局、县水电局、县交通局等有关部门的负责人也参加了会议。会议总结了自7月7日抗洪救灾指挥部成立以来的工作。

据不完全统计，卓尼发生特大洪水泥石流灾害后，得到了省州和兄弟县及社会团体、个人的无偿援助，共收到人民币37289.75元，粮票8545.5斤，面粉2000斤，粮食50000斤，水泥40吨，衣物7231件，被褥472床，鞋袜102双。

是月，日本发扬人道主义精神，给遭受洪灾的卓尼县、临潭县捐赠15万美元（折合人民币56万元），以维修倒塌的房屋。

7月6日，洪水袭击卓尼县城后，中央人民广播电台、《人民日报》、甘肃人民广播电台、甘肃电视台、《甘肃日报》《甘南报》等新闻单位相继向全国播发了卓尼发生特大泥石流造成重大损失的消息。

我所经历的卓尼县“非典”防治工作

王　瑾*

2003年3月15日，北大附属人民医院急诊科收治了一疑似患者。该名李姓患者年过70岁，从香港探亲回家。由于最初并不清楚SARS病情，医院没有采取相应严格措施，结果造成该院大量医护人员感染。3月17日，李某被转至北京中医药大学附属东直门医院，结果在该院又造成大面积感染。一周之内，东直门医院包括急诊科主任刘清泉在内的11位参与过救治的医护人员，全部感染SARS，其中急诊科医生段力军和一名护士不幸殉职。李某因年事已高，病情过于严重，也在3月20日不治身亡。4月13日中国决定将其列入《中华人民共和国传染病防治法》法定传染病进行管理；4月16日，世界卫生组织正式宣布SARS的致病源为一种新的冠状病毒，并命名为SARS病毒。

突如其来的SARS病毒“非典”疫情敲响了和平时期的“战争”警钟，在抗击“非典”这场没有硝烟的战斗中，在党中央、国务院和省、州各级党委政府的坚强领导下，卓尼县委、县政府把“非典”防治工作列入重要议事日程，党政领导负总责，分管领导具体抓，形成了上下联动、部门联手、相互配合、形成合力的工作格局。并从4月16日开始实行每日报告和“零”病例报告制度。

4月20日，县委、县政府扎实部署，组织卫生、防疫等部门负责人及工作人员兵分两路，一路由县委刘毓临副书记带队，带领工作人员康志耀

---

* 作者系卓尼县地方病防治领导小组办公室副主任。

（县卫生局党总支书记）、虎元胜（县卫生局副局长）、安玉文（县防疫站副站长）赴纳浪、木耳、喀尔钦、刀告、尼巴、完冒、扎古录等乡镇；一路由卢菊梅副县长带队，带领工作人员赵怀云（县卫生局局长）、李成才（县卫生局副局长）、丁利峰（县防疫站站长）赴藏巴哇、洮砚、康多、杓哇等乡镇及县直医疗卫生单位，就“非典”工作作了详细的安排部署。县委办公室、县政府办公室下发了《卓尼县非典型肺炎防治方案》《关于补充卓尼县非典型肺炎防治工作领导小组和领导小组办公室成员的通知》以及《关于建立“非典”防治工作县级干部联系点的通知》，建立了四大班子包片、分管领导包点、副县级以上领导干部包乡制度，要求各包点包乡领导亲临一线，狠抓各项防治措施的落实。“非典”防治工作领导小组办公室下发了《关于成立流行病学调查组的通知》《关于下设工作组的通知》《关于印发各消毒检疫点工作制度、消毒规范、工作职责的通知》等5个文件。县卫生局及时向全县各医疗卫生单位印发了《关于做好非典型肺炎疫情报告的紧急通知》《关于暂时取消职工休假、切实作好“非典”防治工作的紧急通知》，转发了《甘南州非典型肺炎应急处理预案》《省卫生厅关于严明工作纪律，切实作好非典型肺炎防治工作的紧急通知》等几个关于“非典”防治工作的指导性文件。

4月21日，县委召开常委会议，就全县预防非典型肺炎工作作了详细部署，成立了卓尼县非典型肺炎防治工作领导小组，领导小组办公室下设“疫情处理组”“医疗救治组”“宣传组”“保障组”四个分组，要求各组按职责积极开展防治工作。各乡镇、县直各部门（单位）、各行政村、组也成立了“非典”防治工作领导小组，做到了组织领导到位，工作措施到位。

4月22日，县政府召开了县长联席会议，就全县预防非典型肺炎工作作了详细安排部署，对防治工作提出了明确的要求，县“非典”防治领导小组多次召开专题会议，专题研究、分析、部署了全县“非典”防治工作。

4月24日起在完冒乡、上卓梁、柏林乡、纳浪西寨桥、藏巴哇乡、尼巴乡、康多乡小河口、县城公用型汽车站设立了8个固定消毒点，坚持24小时值班，撰写工作日志，对过往车辆和流动人口进行消毒、检疫，开展了全方位的疫情监测工作。

4月25日，全州“非典”防治工作会议在合作召开。会后，县委、县政府于4月30日组织召开了全县非典型肺炎防治工作会议，县四大班子，县直各部门、单位，省、州驻卓单位主要负责人及各乡镇主要领导、分管领导、卫生院院长共150多人参加了会议。会上传达了全州“非典”防治工作会议精神，结合会议精神和本县进展情况，对全县“非典”防治工作进一步作了扎实安排。

5月9日，县委再次召开常委扩大会议，认真学习了中央、省、州关于防治非典型肺炎的有关文件精神。县委、县政府从5月15日起由县级干部轮流值班并详细填写工作日志，了解和督查全县“非典”疫情的最新动态。县“非典”防治工作领导小组办公室还先后下发了《关于下设工作组的通知》《关于成立流行病学调查组的通知》《关于印发各消毒点工作纪律、职责、财务制度、消毒规范的通知》和《关于进一步做好农牧村“非典”防治工作的几点要求》等十几个文件，明确强调了“非典”防治工作人员、医护人员不放假等纪律，靠实了责任，明确了制度。

县上从各防治领导小组成员单位、各乡（镇）、洮河林业局抽调250人，组成19个流调小组，在全县范围内开展流行病学调查工作。全县98个村的469个村民小组全部成立了护村队，配合乡上统一部署开展工作，向村民宣传政策、有关精神和“非典”防治基本知识，随时做好流动人口排摸、跟踪登记和上报工作，并配合搞好疫情监测和村户消毒工作。

县卫生局、县医院、防疫站开通了疫情报告、咨询服务电话，坚持24小时值班。县直各医疗卫生单位、各乡（镇）卫生院都设立了发热门诊，“非典”收治定点医院和部分医疗单位设立了隔离留验室，做好了对可疑病人及时转留验室隔离观察的准备工作。并制定了首诊医院负责制和病人转运的有关制度，准备了部分医务人员的防护设施和调运储备治疗中的各类用药、设备。县上确定县人民医院为全县“非典”收治定点医院，按“非典”治疗要求的医护流程，加班加点改装了隔离病房，积极利用县财政支持的16万元资金，添置了心电图机、心电监护仪、呼吸机，自制50套防护衣，还在全院职工中集资贷款16万元，购置救护车1辆，并安装了密闭隔离设施。同时把全院除手术室外所有喉镜、气管导管等设备调入隔离病区待用。加强岗位练兵，多次抽派医护人员进行模拟演习，做好充分应战准备。县卫生防疫站积极组织人员加班加点，制作防护服、口罩、配制消毒液，共制作防护服137套、口罩1800只，共配用消毒液9064.5公斤，为全县非典型肺炎防治工作提供了有力的后勤保障。

县“非典”防治办公室宣传组、县委宣传部以不同形式编印了3000本《县“非典”防治工作领导小组宣传计划》《关于加强非典型肺炎防治工作的宣传提纲》和《防治非典型肺炎基本知识》，并把这些宣传册子发到每位县级领导手中，县直发到各单位，学校发到各班级，乡村发到护村队，重点加强了农牧村非典型肺炎防治知识的宣传。全县150多所学校向家长、县政府劳务办向外出和返回卓尼的打工人员、县政协向全县60多名委员开展了致一封信活动，加强了“非典”防治宣传教育。县上累计共举办专栏40期、印发宣传单12210份、发放培训教材3500本，编写《情况反映》22期。

县政府想方设法解决防治经费33万元，用于购置全县一线工作人员和医护人员防护用品、消毒药品、救治设备、消毒点工作人员生活补助。县四大班子、县交通局、各乡镇、贡巴寺院自筹资金达7.1万元，用于督查交通费、“非典”防治办公费用、加工预防藏药等，并从民政等部门解决消毒点帐篷10顶、被褥54套。包乡部门、单位的各类投入及慰问费用折合10万余元之多，加上县医院救护车的集资款16万元，现全县已有66万元经费用于“非典”防治，占全县财政收入的15%。为了开展好以预防非典型肺炎为重点的群众性爱国卫生运动，4月10日至11日，所有在家县级领导带领县直各单位职工深入县城主街道、滨河路等地段，开展了声势浩大的爱国卫生运动，重点对排洪沟、水渠、洮河两岸，卫生死角的垃圾、污泥、废纸甚至有些是数十年来积累下的垃圾进行了统一清运，彻底改善了县城卫生环境。购置1辆垃圾车，每日从早上8点到晚上6点进行不间断垃圾清运，杜绝了垃圾乱堆乱放的现象，并制定了切实可行的门前三包制度，明确了责任。

从4月30日开始，组织卫生、城建、药检、环保、工商等有关单位出动100多人次，狠抓了食品卫生、公共场所卫生、环境卫生、生活饮用水的卫生监管工作，对县城16家医疗卫生单位、个体诊所、药品经营单位进行了突击检查，没收假冒伪劣药品425种，计5272瓶（盒），标值6247.82元，罚款1700元。防止部分物价随意涨价和假冒伪劣产品流入市场。

在“非典”防治期间，卓尼县共设8个消毒检疫点，消毒车辆17041辆，登记过往人员70256人，检查54912人，共用消毒液5521.5公斤。其中发现发热30人，均已排除。

卓尼县“非典”防治工作在州委、州政府的正确领导下，精心指挥，扎实部署，通过全县上下的严防死守，人民群众团结一心，众志成城，无一例非典型肺炎病例发生，夺取了抗击“非典”斗争的阶段性胜利，这一成绩的取得凝聚着全县各级党政组织、社会各族各界和广大医务工作者的心血。

九甸峡引洮工程及库区移民工作纪实

杨志涛*

一、背景

甘肃中部的定西、会宁等地区地处黄土高原丘陵沟壑区，干旱少雨，植被稀疏，生态环境持续恶化，尤其是水资源极度匮乏，成为制约当地经济社会发展的“瓶颈”。为了解决该地区人民群众的生存和发展问题，甘肃省在20世纪50年代就提出了引洮河水到中部干旱地区的设想，并于1958年开工建设，限于当时的技术水平和经济条件，终因工程规模过大，国力民力不支被迫于1961年6月停建。

洮河是黄河上游较大的一级支流，发源于甘、青两省交界处的西倾山北麓，在永靖县境内汇入刘家峡水库，全长673.1公里。洮河流域总面积25527平方公里，流经碌曲、夏河、合作、临潭、卓尼、永靖等12个县。河源高程4260米，河口处高程1629米，相对高差2631米，多年径流量49.2亿立方米。在20世纪80年代以来，省委、省政府重新启动引洮工程的前期工作，并在1992年把引洮工程列为甘肃中部地区扶贫开发的重点项目。根据不同时期全省及当地经济社会发展需求，经过十多年的设计论证，不断调整用水思路，确定引洮工程是以解决城乡生活供水及工业供水、生态环境用水为主，兼有农业灌溉、发电、防洪、养殖等综合利用的建设项目，从而实现水资源的优化调度，从根本上缓解该地区水资源匮乏的问题。引

* 作者系卓尼县水务水电局干事。

洮工程供水范围西至洮河、东至葫芦河、南至渭河、北至黄河，受益区总面积为1.97万平方公里，涉及甘肃省兰州、定西、白银、平凉、天水5个市辖属的榆中、渭源、临洮、安定、陇西、通渭、会宁、静宁、武山、甘谷、秦安等11个国家扶贫重点县（区），155个乡镇，总人口约300万人。

二、引洮工程两期计划

引洮工程由九甸峡水利枢纽和供水工程两部分组成，计划分两期建设，一期工程建设内容包括九甸峡水利枢纽及引洮供水一期工程。九甸峡水利枢纽是引洮供水工程自流引水的龙头工程，枢纽主要建筑物包括钢筋混凝土面板堆石坝、左岸1、2溢流洞、右岸泄洪洞、右岸引水发电洞、供水工程总干渠进水口等。混凝土面板堆石坝设计坝顶高2206.5米，最大坝高136.5米，水库总库容9.43亿立方米，电站装机容量3×100兆瓦，年平均发电量10亿千瓦时。引洮供水工程以洮河九甸峡水利枢纽工程为水源，总干渠设计引水流量32立方米/秒，加大引水流量36立方米/秒，年调水总量5.5亿立方米。一期工程年调水量2.19亿立方米，配置非农业用水1.53亿立方米，约占总外调水量的70%；农业用水0.66亿立方米，约占总水量的30%。由110.48公里的总干渠、3条总长146.18公里的干渠、20条总长238.18公里的灌溉支（分支）渠、两条总长47.02公里的县城以上城市供水专用管线、10条总长66.26公里的乡镇专用供水管线等构成覆盖全供水区的输供水渠（管）网体系。受益区为定西、兰州、白银三个市辖的安定、通渭、陇西、渭源、临洮、榆中、会宁六个县区39个乡镇，人口91.41万人，发展高新农业灌溉面积19万亩。

引洮供水工程属大型跨流域自流引水工程，工程线路长，跨地域范围大，穿越流域多，供水区分散，工程地质条件复杂。总干渠自九甸峡水利枢纽大坝上游洮河右岸取水，以隧洞、暗渠、渡槽形式依次穿越九甸山、宗石山、驮子山、尖山、漫坝河、东峪沟、新寨、秦祁河、高峰进入主要灌区及供水区，之后以明渠、渡槽、短隧洞形式沿内官盆地南缘山脚向东行进，过香泉、吴家川、马莲沟、大营梁至马河镇结束。总干渠工程以隧洞为主要建筑物，初步设计阶段布置隧洞15座92.97公里，占全长的84.2%，其中3、6、7、9号隧洞的长度分别为13152米、15100米、17190米、18245米，大于10公里的隧洞占总干渠长度的57.6%。一干渠渠线自总干渠阳阴峡分水，沿内官盆地南缘北侧偏西方向前行，经店子街、称沟至宛川河流域高崖水库下游。二干渠自总干渠阳阴峡分水，渠线向北穿过内官盆地，然后沿关川河支流西河左岸下行梁家庄止，与安定区已建成的西河渠、中河渠相接，经定西市区以及巉口，沿关川河而下达会宁县境内的头寨子。三干渠自总干渠马河镇分水，渠线沿大咸河左岸山坡脚与陇海铁路平行向南下行，经通安、云田，在小金家门入渭丰渠。陇西专用供水管线自总干渠7隧洞出口分水，沿秦祁河右岸山脚向下游前行，至张家堡后跨秦祁河，在左岸经北寨镇后下行至关门村，再次跨过秦祁河后在右岸行至陇西双泉镇结束，供水管线采用重力流输水，为DN1000的玻璃钢夹砂管。定西市专用供水管线自总干渠阳阴峡分水，沿正北方向前行，经内官营镇后沿内官定西公路至祈家庄后，沿西河右岸顺水流方向至李家咀与定西现有水厂衔接，直接向水厂供水，供水管线采用重力流输水，为DN800的玻璃钢夹砂管。引洮供水一期工程共布置各类建筑物2393座，其中总干渠138座，干渠536座，支渠工程1719座。

三、引洮工程进展及移民安置、库区建设情况

（一）九甸峡水利枢纽及引洮工程

在“大跃进”的历史背景下，1958年2月，中共甘肃省第二次代表大会第二次会议确定了引洮河水上董志塬的计划。

引洮工程最早投建于1958年6月，开工典礼在岷县古城举行。工程采取“边测量、边设计、边施工”的建设方式。17万建设者高举着“水不上山不回家”的保证书，在洮河畔向世人宣示了大干苦干的决心。宏伟的工程规模，高涨的革命热情，引起了举国上下的关注。最终因当时技术水平和经济条件的限制，被迫于1961年6月停建。三年建设期间，国家共投资1.6亿元。

在此之后，甘肃省研究解决甘肃中部地区水资源严重短缺问题的举措和办法从未停止过。1992年，省委、省政府再次将引洮调水工程列为

甘肃中部地区扶贫开发的重点项目提上了议事日程。10多年间，经过反复勘测，反复论证，反复提交，不断完善，最终于2006年7月，国务院常务会议审议通过了引洮项目可行性研究报告。8月，引洮供水一期工程正式立项。

2002年9月18日，经国务院讨论通过了《甘肃省洮河九甸峡水利枢纽及引洮供水一期工程项目建议书》，2006年7月5日，国务院常务会议审议通过了九甸峡水利枢纽及引洮供水一期工程可行性研究报告。2002年12月2日甘肃省人民政府批准成立甘肃省引洮水利水电开发有限责任公司，作为引洮供水工程的项目法人，负责引洮供水一期工程的建设和运行管理。引洮供水一期工程总投资36.98亿元，国家定额补助19.7亿元，甘肃省配套资金17.28亿元，工程建设工期为六年。

（二）移民安置和库区建设情况

1.九甸峡水利枢纽工程水库淹没情况

九甸峡水利枢纽工程水库淹没区涉及卓尼县洮砚乡、藏巴哇乡6个村委会16个村民小组1035户4724人的生产生活问题，共影响区域内面积24.6平方公里。其中，陆地面积20.9平方公里、水域面积3.7平方公里、耕地面积16340亩。九甸峡库区正常水位为2202米，绝对静止水位为2166米，汛期限制水位为2199米，总库容9.43亿立方米。库区现有人口3100多人，其中，移民人口2510多人。共完成库区搬迁行政、企事业单位13个，移民1035户4724人，库区淹没拆迁各种房屋建筑面积259683平方米；淹没园地67.24亩，耕地5388亩，林地5353.14亩，草地2582.13亩；淹没交通道路43公里，电力线路35公里，通信线路35公里和广播电视线路10公里。淹没小水电站3座，提灌站5座，自流灌溉渠46公里，衬砌渠道18公里，河道防护堤6.28公里；淹没九年制学校一所，村级小学5所，村级六位一体活动室6个。

2.移民安置情况

根据2006年《甘肃省洮河九甸峡水利枢纽工程库区淹没处理及移民安置规划报告》，卓尼县九甸峡库区移民工作自2006年10月进入实质性移民动迁，在县委、县政府的坚强领导下，经过基层干部扎实工作，九甸峡移民群众得到了充分、合理的安置，移民安置划分为外迁安置和非外迁安置两种安置方式（非外迁安置包括自谋职业、投亲靠友、就地后靠等）。县境库区共有移民1035户4724人，其中：外迁酒泉瓜州安置479户2214人、非外迁安置556户2510人，非外迁安置中就地后靠323户1463人、自谋职业172户810人（其中：76户283人集中安置在本县柳林镇，96户527人分别散居安置在合作、岷县、临洮等周边地区），投亲靠友61户237人，主要以投奔子女、兄弟姐妹等为主。就地后靠中洮砚乡6个移民村共338户1209人（其中：下达勿村55户207人、丁尕村22户78人、挖日沟村111户338人、古路沟村103户379人、原四下川村沙哇口22户115人、原杜家川小湾村25户92人）、藏巴哇乡2个移民村共65户298人（其中：新堡村40户184人、古麻窝平台25户114人）。

3.库区项目建设情况

依据《国务院关于完善大中型水库移民后期扶持政策的意见》（国发〔2006〕17号）和《甘肃省大中型水库移民后期扶持政策实施方案的通知》（甘发改移民〔2006〕1066号）文件精神，在县委、县政府的正确领导和州移民局的指导下，自2007年开始至今，卓尼县库区先后实施了洮砚乡政府及驻乡机关迁建项目、库区临时搬迁道路项目、库区复建道路、库区各村委会建设、村级小学建设项目、中低产田改造、人畜饮水、农田水利建设、防洪治理及护村护田河堤、后靠安置村供电、产业扶持、村道建设及巷道硬化、亮化工程、美丽乡村建设等项目，这些基础设施项目的建成极大提高了库区的经济发展，带动当地群众的生产生活好转，使库区在基础设施方面紧跟全县步伐。

2007年，甘南州九甸峡库区移民工作推进会议

产业扶持方

面：在洮砚乡扶持发展洮砚石精加工产业，在藏巴哇乡扶持发展网箱养鱼产业，在有条件的移民家庭发展扶持“农家乐”以及对后靠移民村贫困家庭青壮年进行劳务技能培训。库区实施的这些项目进一步改善了库区群众生产生活条件，对今后的库区经济发展带来了极大的促进作用，使库区群众建设美好家园带来更大的信心。

四、后期扶持政策落实情况

（一）后期扶持工作开展情况

一是加强领导，强化政策宣传，落实责任，营造良好的后期扶持政策落实环境。根据省发展改革委《大中型水库移民后期扶持政策实施方案的通知》要求，结合卓尼县九甸峡库区移民工作的实际，及时成立了九甸峡库区非外迁移民后期扶持工作组，全面负责本县库区非外迁移民的调查摸底和人口核定工作。

二是组织移民局全体干部职工、库区乡村组相关人员认真学习相关文件精神和政策规定及法律法规，对重要的章节进行重点培训学习，做到后扶政策移民干部熟知，乡村干部了解知晓。

三是坚持正确的舆论导向，强化后扶政策宣传。从库区外迁移民搬迁工作结束，非外迁移民搬迁安置基本就绪时开始，大力宣传后期扶持政策，使全社会都了解水库移民后期扶持政策，为后扶工作的全面落实营造了一个良好的舆论环境。

2008 年 4 月，卓尼县九甸峡库区移民动迁欢送仪式（左一王忠，左二杨世英，左三杨武，右三才让当智，右二于旻）

四是严格政策界限，认真核实后期扶持人口。依据省、州有关规定，制定了《卓尼县九甸峡库区非外迁移民后期扶持政策实施方案》，明确了后期扶持兑现的原则、时限等。按照不错、不重、不漏的要求，严格政策界限，严把申报关、摸底关、登记关、审核关。经过登记核实，本县九甸峡库区有非外迁移民群众556户2510人，其中符合后期扶持的农业人口有556户2261人，非农业人口249人。在对后期扶持人口进行登记的过程中，首先将后扶人口核定登记办法、具体要求等在库区村组进行张贴公告，做到后扶政策移民心中有数；其次在移民村社组织召开移民群众大会，明确人口核定登记的范围及对象，加深移民群众对后扶政策的理解和支持，达到移民政策家喻户晓；按有关政策规定，对核实后的人员进行了三榜公示，接受移民监督。在公示期间，根据实际情况，对漏登的进行补登，对弄虚作假、虚报冒报的核实后进行了解释教育。经过多次公示，将无异议的移民名单上报州移民局。根据核实，卓尼县九甸峡水库有符合政策的农村非外迁移民556户2261人。

（二）后期扶持资金落实情况

一是强化领导，确保资金安全。卓尼县后期扶持资金划拨到移民专户后三日内召开局务会议，专门安排后扶资金发放工作。二是靠实工作责任，强调工作纪律，并指定一名副局长专门负责此项工作。三是加强协调，保证后扶资金及时发放。针对后期扶持资金到位不及时，群众对后扶政策持怀疑态度的实际，我局积极与县财政局联系，在后扶资金到位后的第一时间，协调将后扶资金划拨到移民局后扶专户。县信用联社对库区移民群众的后扶资金发放也是给予大力支持，积极筹措资金，及时将后期扶持资金划转到移民个人专户，保证

2008 年 4 月，拉运移民物资的车队

了后扶资金的及时发放，全面实现了后期扶持资金的社会化发放。四是结合库区实际，确定合理的发放办法。针对库区乡村距离县城较远，交通十分不便，移民群众生活困难的实际情况和移民群众要求库区后扶资金第一年以现金发放的实际，经移民局慎重研究，决定将2008年后扶资金以现金形式直接尽快发放到群众手中。同时在县信用联社办理后扶资金发放存折，从2009年起以存折形式进行社会化发放。五是严格工作程序，由移民干部和乡镇包村干部进村兑现后扶资金，并全面做好新增移民人口的宣传解释工作。因工作到位，措施得力，底子清楚，确保了直补资金发放工作的顺利进行。六是严格把关，确保准确。我局始终坚持对登记程序、资料信息等各环节进行严格把关，层层落实。同时加大公开公示力度，积极开展阳光操作，在实施政策和后期扶持资金发放过程中对人口登记、登记结果、项目规划、资金发放等进行公开公示，对手续不全的移民要求其补齐手续后再予以办理；对有异议的移民，由移民局和乡政府调查做好核实，确保安全。为确保后期扶持资金发放工作准确无误，移民局干部职工还利用双休日和节假日的时间加班加点，在公安部门的大力支持下，认真核对好每一户移民群众的户口簿、身份证。同时，与县信用联社的同志密切协作，对非外迁移民的“一折通”开户情况、账号、个人信息、顺序等进行全面复核，及时修改输入错漏的名字和身份证号码，做到不重不漏。

九甸峡库区牧民离村前最后在村前合影留念

根据《甘南州九甸峡水库投亲靠友、自谋职业、后靠安置移民后期扶持基金使用管理暂行办法》要求，按照每人每年600元的标准，从2008年开始，连续扶持20年，卓尼县共有2261人。后续扶持补助资金的落实，对于保障非外迁移民基本生活和解决燃眉之急发挥了积极作用。

五、全力建设和谐、稳定、大美库区

水库移民后期扶持工作政策性强，程序严格。移民工作又是一项复杂的社会系统工程，牵涉社会生活链的方方面面，因此，信访、群访、越访事件不可避免地会出现，而九甸峡库区非外迁移民人口情况又比较复杂，移民群众的特殊公民思想相当严重，特别是大中专学生农转非后还没有工作、个别城镇下岗职工、城镇户口家属等，是后扶工作的核心和工作重点，他们对后扶政策兑现具有一定的偏激思想，针对这种情况，一方面我们耐心做好信访人员的政策解释和安抚劝说工作；另一方面，我们和库区乡村组、安置区乡村组加强协调沟通，畅通信息渠道，加强信息预测和事先防范，建立健全应急预案和处置机制。对那些重点人群和问题人员，采取走下去和请上来的办法，及时解决好突出的热点难点问题，把问题解决在当地，化解在萌芽状态。同时，积极引导移民群众合理使用后期扶持资金，大力发展农牧业生产，提高收入，促进库区经济社会的又好又快发展，确保库区社会和谐稳定。

总体来讲，卓尼县的非外迁移民群众后期扶持工作进展顺利，没有发生移民群众群访越访事件，库区移民和安置区移民生产生活正常，社会稳定。